제2판 놀이의
치료적 힘

제2판

놀이의 치료적 힘

Charles E. Schaefer, Athena A. Drewes 편저
유미숙, 이윤승, 이은수, 최재정, 최진현 공역

변화의 20가지 핵심 기제

Σ 시그마프레스

놀이의 치료적 힘

변화의 20가지 핵심 기제, 제2판

발행일 | 2015년 3월 16일 1쇄 발행

편저자 | Charles E. Schaefer, Athena A. Drewes
역자 | 유미숙, 이윤승, 이은수, 최재정, 최진현
발행인 | 강학경
발행처 | (주)시그마프레스
디자인 | 송현주
편집 | 안은찬

등록번호 | 제10-2642호
주소 | 서울특별시 영등포구 양평로 22길 21 선유도코오롱디지털타워 A401~403호
전자우편 | sigma@spress.co.kr
홈페이지 | http://www.sigmapress.co.kr
전화 | (02)323-4845, (02)2062-5184~8
팩스 | (02)323-4197
ISBN | 978-89-6866-411-3

The Therapeutic Powers of Play : 20 Core Agents of Change, 2nd Edition

* 책값은 뒤표지에 있습니다.
* 이 도서의 국립중앙도서관 출판예정도서목록(CIP)은 서지정보유통지원시스템 홈페이지 (http://seoji.nl.go.kr)와 국가자료공동목록시스템(http://www.nl.go.kr/kolisnet)에서 이용하실 수 있습니다.(CIP제어번호 : CIP2015007547)

역자 서문

우리들은 누구나 놀이를 한다. 특히 어린 아이는 하루 생활의 대부분이 놀이로 이루어져 있고 놀이를 통해 배우고 발달하며 학습의 가장 좋은 매체도 놀이가 된다. 이러한 놀이는 학습에 그치는 것이 아니라 심리치료 영역으로 확장되어 놀이치료라는 전문 영역으로 발전되었다.

우리나라에 놀이치료가 소개된 지도 40년이 가까이 되었다. 놀이치료학회가 발족되고 많은 대학에서는 놀이치료를 가르치며 놀이치료자를 훈련하고 있다. 또한 놀이치료기관이 많아지고 놀이치료를 통해 많은 아동들이 효과를 보았다는 논문들도 쏟아져 나오고 있다. 그러나 놀이치료 과정에서 놀이의 어떤 힘이 어떻게 작용하여 어떤 결과를 초래하는지는 아직도 많은 연구가 필요하며, 이러한 연구의 초석이 될 변인이 놀이의 치료적 힘을 아는 것이다.

놀이의 영향력을 구체적으로 공부할 수 있도록 안내하는 책이 바로 놀이의 치료적 힘이다. '놀이의 치료적 힘'은 미국놀이치료학회의 창시자인 Chales E. Schaefer 박사와 많은 놀이치료학자들에 의해 쓰였으며 놀이치료를 공부하는 사람에게는 필독서가 되었고 이번 2판에서 다양한 부분들이 개정 보완되어 더욱 중요한 책이 되었다.

이 책은 놀이행동 자체가 광범위한 긍정적 변화를 가져온다는 기저를 설명하고 임상 현장에서 어떻게 적용되어 활용되는지를 설명하는 유용한 안내서이다. 더불어 놀이치료자는 물론 놀이를 깊이 있게 연구하는 학자, 놀이를 활용하는 다양한 상담가나 심리치료자에게도 유용하리라고 확신한다. 놀이를 매체로 활용하는 많은 전문인들에게 이 책이 큰 힘이 되길 기대하며 이들을 만나는 많은 아동들에게도 행복이 전해지길 기대한다.

끝으로 이 역서가 나올 수 있도록 많은 수정과 교정을 거치도록 도와주신 (주)시그마프레스 편집부 선생님들과 강학경 사장님께 감사드린다.

역자 대표 유미숙

저자 서문

놀이치료 성과에 대한 수많은 문헌 연구는 놀이치료가 효과적이고 내담자에게 폭넓은 효과를 미친다는 사실을 보여 준다(Bratton, Ray, Rhine, & Jones, 2005). 하지만 왜 그리고 어떻게 놀이치료가 효과적인지에 대한 의문이 남아 있다. 내담자가 치료적으로 성장하게 하는 특별한 힘에 대해 이해하기 위해서는 놀이치료의 근본적인 변화 기제를 밝히는 연구가 필요하다. 놀이의 치료적 힘 2판 : 변화의 20가지 핵심 기제의 목적은 독자에게 치료적 변화를 일으키는 놀이의 핵심 요소에 대해 종합적인 이해를 제공하는 데 있다.

심리치료의 기본 목적은 내담자에게 변화를 불러일으키는 것이다. 따라서 놀이의 변화 기제를 이해하는 것은 아동·청소년 임상가에게 매우 중요한 일이다. 우리는 놀이가 가진 이러한 치료적 힘이 놀이치료의 가장 깊은 핵심이고 본질이자 '진수'임을 믿는다.

Alan Kazdin(2003)과 Irving Yalom(1985)과 같은 심리치료 분야의 많은 선구자들은 임상적 발전을 위한 가장 좋은 방법은 변화 기제를 연구하는 것이라고 주장하였다. 그들이 수행한 연구들로 인해 보다 명확하고 효과적인 치료 방법들이 발전하였다. 분명한 것은 아동 그리고 놀이치료에서 변화를 일으키는 힘을 이해한다면 임상가는 자신의 치료 전략 목록을 확장할 수 있고, 내담자가 자신의 욕구와 만날 수 있도록 돕는 임상가의 능력을 향상시킬 수 있다는 것이다.

Schaefer(1993)는 자기표현, 관계 증진, 정화, 애착 형성과 같은 놀이의 주요한 치료적 힘을 처음으로 소개하였다. 놀이의 치료적 힘 2판은 축적된 임상 경험과 연구 결과를 통해 놀이의 주요한 치료적 힘(표 1)에 대한 지식을 보다 분명하고 심도 있게 만들어 줄 것이다.

이 책의 기본 가정은 놀이가 단지 다른 치료에 적용하기 위한 내용이나 매개체가 아니라, 타고난 놀이행동 자체가 광범위한 행동 변화를 유발하는 능동적인 힘이라는

표 1. 놀이의 주요 치료적 힘

01. 서론 : 놀이치료가 어떻게 치료적 변화를 가져 오는가

PART 1. 의사소통 촉진
02. 자기-표현
03. 무의식으로의 접근
04. 직접 교수법
05. 간접 교수법

PART 2. 정서적 건강 증진
06. 카타르시스
07. 정화
08. 긍정 정서
09. 두려움의 역조건화
10. 스트레스 면역
11. 스트레스 관리

PART 3. 사회적 기술 강화
12. 치료적 관계
13. 애착
14. 사회적 능력
15. 공감

PART 4. 개인의 능력 향상
16. 창의적 문제 해결
17. 회복 탄력성
18. 도덕 발달
19. 가속화된 심리적 발달
20. 자기-조절
21. 자아 존중감

점이다. 수련자들이 이러한 변화 기제를 보다 잘 이해함으로써 더 나은 임상가가 되고, 어떻게 그리고 왜 변화가 일어나는지를 구분하고 입증하는 연구를 더욱 발전시키는 연구자가 되기를 희망한다.

2판을 읽을 때 치료적 힘을 충분히 이해하고 효과적으로 적용하는 데 목표를 둔 독자들은 특정한 힘들을 구분하거나 혹은 통합하는 데 초점을 둘 수 있다. 또 다른 독자들은 임상 현장에서 사용할 수 있는 보다 폭넓은 놀이의 치료적 힘에 관한 목록을 개발하기 위해 이 책을 읽을 수 있다. 이 책은 아동과 청소년의 구체적인 주호소 문제를 가장 적절히 다룰 수 있는 놀이의 힘을 찾고 이를 적용할 수 있도록 실제적인 자료를 제공한다. 각 장은 치료적 힘과 어떻게 그 이점을 극대화할 수 있을지 설명해

주는 다양한 이론의 임상 사례들을 소개하고 실제 기술과 적용 방법을 알려 준다. 따라서 이 책은 여러 경험과 이론적 배경을 가진 놀이 및 아동 치료자 모두를 위해 매우 유용한 자원이 될 것이다.

Charles E. Schaefer

Athena A. Drewes

참고문헌

Bratton, S., Ray, D., Rhine, T., & Jones, L. (2005). The efficacy of play therapy with children : A meta-analytic review of treatment outcomes. *Professional Psychology : Research and Practice, 36*(4), 376-390.

Kazdin, A. (2003). Delineating mechanisms of change in child and adolescent therapy : Methodological issues and research recommendations. *Journal of Child Psychology and Psychiatry, 44*(8), 1116-1129.

Schaefer, C. E. (1993). *Therapeutic powers of play.* Northvale, NJ : Aronson.

Yalom, I. D. (1985). *The theory and practice of group psychotherapy.* New York, NY : Basic Books.

차례

01

서론

놀이치료가 어떻게 치료적 변화를 가져 오는가

ATHENA A. DREWES and CHARLES E. SCHAEFER

치료적 요소

Virgil(n.d)은 "어떤 일의 원인을 이해하는 사람은 행복하다."라고 말한 바 있는데 이는 아동과 놀이치료자가 치료와 연구를 수행하는 데 적용된다. 놀이치료가 어떻게 변화의 근거로 작용하는지에 대해 정확히 이해하기 위해서는 치료 효과에 미치는 요인을 파악하도록 블랙박스 안을 들여다보아야 한다(Holmes & Kivlighan, 2000).

치료적 요인은 내담자의 변화를 이끌어 내는 실제적인 기제이다(Yalom, 1995). 그것은 일반적인 이론들과 구체적인 기술들 사이에서 추상적 개념의 중간 단계를 차지한다. 인본주의, 정신역동이론, 인지행동이론과 같은 이론들은 추상적 개념의 가장 높은 단계에 있다. 이 이론들은 문제행동의 원인과 치료에 대한 이해의 틀을 제공하고 종종 인간 삶의 본질에 대한 철학적 관점을 제공한다. 추상적 개념의 중간 단계인 치료적 요인은 카타르시스, 역조건형성, 행동 변화와 같이 내담자의 기능 장애적 행동에 바람직한 변화를 얻기 위한 구체적인 임상치료의 전략이라고 할 수 있다. 추상적 개념의 가장 낮은 단계인 기술에는 모래놀이, 동물인형 역할놀이, 스토리텔링처럼 치료적 요인을 실행하기 위해 고안된 관찰 가능한 임상치료 과정이 있다. 치료적 요인은 '치료적 힘', '변화 기제', '변화의 매개', '인과 요인', 또 '치료 작용의 원리' 등 다양한 이름으로 명명되어 왔다. 이러한 용어들은 같은 개념을 말하기 위해 교환 가능하도록 사용되어 왔는데 이는 여러 이론 체계들에서 내담자의 변화를 유도하기 위해 명시적으로 또는 은밀하게 행해진 일이다. 치료적 힘은 예를 들면 통찰 같은 생각, 긍정적인 감정과 같은 느낌, 역할놀이 같은 행동일 수 있다. 이들은 내담자가 처한 문제에서 긍정적인 변화를 이끌어 낸다는 점에서 공통점이 있다. 치료적 힘은 문화, 언어, 나이와 성을 초월한다. 치료적 힘은 심리치료에서 '특정' 요인과 '공통' 요인으로 고려되어 왔다. 특정 요인은 특정 치료 접근만의 특유한 변화 원인을 말한다. 반면 공통 요인은 지지적 관계 혹은 희망감 고취와 같이 모든 이론에서 공통된 변화의 요소를 가리킨다.

역사적 배경

초기 치료적 힘에 관한 문헌에서는 대체로 입증되지 않은 일화적인 사례와 임상가들이 치료에서 효과적이라고 발견한 변화 원리를 설명하고 있었다. Corsini와 Rosenberg는 심리치료에서 치료적 요인들에 대한 분류 체계를 처음 제안한 것으로 평가받는다. 그들은 변화의 기제를 논하기 위해 집단 심리치료 문헌을 재검토하였고 9개의 요인을 도출하였다. Irving Yalom(1995)은 이를 11가지의 요소로 확장하여 그의 대표적인 집단치료 책에 기술하였다. 집단 구성원은 다른 집단 구성원을 위한 변화의 주요 원천이 된다는 그의 신념대로 그가 분류한 요소에는 '보편성'(혼자가 아니며 다른 이들도 같은 문제로 힘들다는 것을 알게 됨), '대리학습'(다른 집단원들의 경험을 관찰하며 발전함), '정화'(집단 내에서 내면에 누적되어 있던 감정을 방출시킴), '대인 관계 학습'(다른 집단원들과의 상호 관계를 통해 배움)이 포함되어 있다. 개인, 연인, 가족치료와 같은 다른 형태의 심리치료에서 특정한 치료적 힘을 조사하고 연구하는 관심은 최근에도 늘어나고 있다(Ablon, Levy, & Katzenstein, 2006; Holmes & Kivlighan, 2000; Spielman, Pasek, & McFall, 2007; Wark, 1994).

놀이의 치료적 힘

놀이의 치료적 힘이란 놀이 시도, 촉진, 혹은 치료적 효과의 강화와 같은 특별한 변화 요소를 말한다. 이러한 놀이는 내담자의 바람직한 변화에 긍정적으로 영향을 끼치는 중재자로서의 힘을 발휘한다(Barron & Kenny, 1986). 다시 말해서 놀이는 실질적 변화를 촉진하고 다른 변화 요소를 적용하기 위한 매개체가 아니며 치료적 변화의 강도나 방향을 조정하는 역할도 아니다. 문헌상의 리뷰와 놀이치료의 임상 경험을 토대로 우리는 20개에 달하는 놀이의 치료적 힘을 확인하였는데 이는 다음 장에서 집중적으로 다룰 것이다. 이러한 치료적 힘은 내담자의 애착 형성, 자기-표현, 감정 조절, 탄력, 자아 존중, 스트레스 관리를 향상시키는 변화의 요소이다. 다음 장에서는 이러한 힘의 특징을 설명하고 이 힘을 적용한 임상 사례를 보여줄 것이다.

놀이치료의 초이론적 모델

놀이의 치료적 힘은 치료적 변화에서 교차 원리가 적용된다는 점에서 특정 놀이치료의 모델을 초월한다(Castonguay & Beutler, 2005; Kazdin & Nock, 2003). 반면에 어떤 놀이치료자들은 그들이 선호하는 이론, 예를 들어 인지행동 놀이치료처럼 한 가지 이론에 기반한 협소한 치료 요인에 먼저 관심을 갖는 반면 더 많은 놀이치료자들은 놀이치료에서의 다양한 변화 요인을 모두 이해하고 적용하려고 할 것이다. 초이론적 방향을 채택함으로써(Prochaska, 1995) 놀이치료자는 프로크루스테스의 침대 방식, 즉 모든 내담자를 억지로 한 가지 기준에 맞추려는 단일 이론에 갇힐 수 있는 상황을 피하게 된다. 명백히 어떠한 단일 이론적 접근도 내담자의 다양한 제시 문제를 확실히 해결할 만큼 충분히 증명을 해 보인 적이 없다. 실제로 경험적 연구는 특정한 변화 요인이 다른 요인보다 특정 장애에 더 효과적이라는 '차별적 치료법'의 개념을 지지하고 있다(Frances, Clarkin, & Perry, 1984; Siev & Chambless, 2007).

초이론적 놀이치료는 놀이치료의 모든 주요 이론들 가운데 최고의 변화 요인을 당신의 치료 레퍼토리로 선택하고 추가하도록 한다. 심리치료에 있어서 절충적이고 초이론적인 접근의 기본 전제는 다음과 같다.

- 놀이치료 각각의 주요 이론들은 임상적 효과를 증대할 수 있는 실제적인 변화의 요인을 가지고 있었다(Prochaska, 1995).
- 당신의 치료 레퍼토리에 더 많은 놀이의 치료적 힘을 추가한다면 특정 장애를 치료하기 위한 최고의 경험적 근거를 가지고 절충적인 선택을 할 수 있을 것이

다(Schaefer, 2011).

● 다양한 변화 요인을 사용하여 당신만의 기술과 판단뿐 아니라 내담자 개인의 욕구와 특성에 맞게 당신의 놀이 개입을 규범적으로 맞추는 근거에 기반을 둔 치료 계획을 수행할 수 있다(Schaefer, 2001).

처방적인 놀이치료의 제일 중요한 목적은 치료 계획을 개인의 요구에 맞추는 것이다. Gordon Paul의 잘 알려진 질문을 보면 알 수 있다. "누구에 의한 어떤 치료가 어떤 환경 설정에서 특정 문제를 가진 개인에게 가장 효과적일 것인가? 그리고 그것이 어떻게 드러날 것인가?"(Paul, 1967).

● 다수 변화의 요인을 보유한 치료자는 내담자의 정신병이 복잡하거나 다중 결정되었거나 혹은 오래 지속되어야 할 경우, 놀이 개입의 효과를 극대화하기 위해 그들 중 몇몇을 통합할 수 있다.

이론적 통합은 통합의 성과가 단일 변화 기제의 효과를 능가할 것이라는 신뢰 아래 둘 혹은 그 이상의 변화 요인을 포함한다. 치료 전문가가 단일 이론을 고수하다가 다양한 방향으로 전환하는 통합적 전개가 최근 놀이치료 분야의 추세이다(Drewes, Bratton, & Schaefer, 2011).

이 책의 저자는 개인적으로 놀이치료 분야가 초이론적 접근을 적용하면서 발전했다고 믿는다. 처방적, 처방 절충적, 통합 놀이치료 등과 같이 비록 다양한 이름이 초이론적 놀이치료 확장에 적용해 왔다고 할지라도 이는 단일 학파 접근에 대한 불만과 다른 이론에 포함된 놀이치료의 변화 기제가 무엇인지 알고자 학파의 경계를 넘어 바라보려는 바람으로 특징지어졌다. 이러한 시도의 궁극적 목표는 놀이치료자로서 개인의 효과성과 효율성을 강화하기 위함이다.

발전 방향

실력 있는 많은 심리치료자들은 심리치료 훈련에서 다양한 심리치료 이론에 중점을 두던 것에서 치료적 변화 기제에 초점을 맞추도록 요구되고 있다. 놀이치료자와 다른 임상가에게 있어서 그 무엇보다도 변화 요인에 대한 이해가 매우 중요한데 두 가지 주된 이유는 다음과 같다.

1. 장애의 근본 원인에 놀이의 치료적 요인을 결부시켜 더욱 표적화되고 효율적인

치료 개입을 촉진함으로써 임상적 효과를 향상시킬 수 있다(Shirk & Russell, 1996).

이와 관련해서 Kazdin(2001)은 치료 계획에서 첫 번째 단계가 불안정한 애착과 같이 특정한 임상적 문제의 발달과 유지에 관련된 핵심 인지적, 감정적, 행동적 영향의 확인이라고 제안하였다. 장애의 주요 원인이 광범위한 진단에 의해 밝혀 지면, 장애를 일으키고 유지하는 요인의 변화를 이끌어 내도록 고안된 특정 치료적 힘을 적용할 수 있다.

2. 단일 이론 모델을 더 이상 고수하지 않고 치료 요인의 광범위한 레퍼토리의 개발을 촉진하게 한다(Goldfried & Wolfe, 1998).

우리가 정신병리학이라는 다수의 병력을 효과적이고 효율적으로 다루기 위해서는 놀이의 치료적 힘을 최대한 축적해야 한다. 확장된 지식과 중요성에 대한 훈련, 놀이 치료에서 인과관계의 메커니즘 적용과 더불어 우리는 놀이치료에 대한 연구 조사 과 정을 확대시킬 필요가 있다. 놀이치료의 구체적인 치료적 힘에 대해 더 확인하고 실 증하기 위하여 우리는 이러한 변화의 메커니즘이 놀이치료의 전부, 그리고 핵심이라 고 믿는다. 또한 그 자체로서 놀이치료의 연구자들이 무엇보다 더 큰 관심을 가질 만 한 가치가 있다.

우리는 놀이의 치료적 힘의 이해와 적용을 심화시키기 위한 저자들의 수고를 높이 평가한다.

본서에서 자료를 활용하기 위한 최선의 방법

이상적으로는 독자가 책 전체를 읽는 것이 가장 많은 효과를 보는 데 도움이 될 것이 다. 그러나 각 장은 특정한 관심 분야나 이슈를 이야기하기 위해 독립적으로 쓰여 있 어서 다른 챕터와 따로 읽을 수 있다. 또 각 장과 절들은 비슷한 흐름에 따라 진행되 는데 이는 치료가 종결되었는지 혹은 내담자가 서비스를 받았는지에 따라 하나로 읽 을 수 있다. 이미 언급한 바와 같이 내담자의 요구를 고려할 때 처방적 접근이 가장 유용한데 이는 그들의 현재 상태, 그리고 치료 계획에서의 징후와 목표가 무엇인지를 말하는 것이다. 내담자의 인지 과정, 정서 처리 과정 혹은 대인 관계 과정을 다루고 있는가?

또는 이 모든 과정이 동시에 아니면 서로 다른 단계에서 다루어지는가?

인지 과정은 적응력 학습이나 사회적 기술, 경험의 재해석과 같은 보상적인 인지 기술을 포함한다. 인지의 왜곡과 오해를 일으키는 것은 다음을 예로 들 수 있을 것이다. 자신만의 시계에 갇혀 외상 후 스트레스 장애를 앓고 있는 아동, 사회적 상호작용에 문제가 있는 아스퍼거 장애 아동이나 주의력 결핍 장애에 기인하여 실행 기능에 어려움이 있는 아동 등이 있다.

이러한 경우 치료자는 사회성 문제 해결 학습과 같은 직·간접 학습에 몰두하면서 변화의 요인에 초점을 맞추게 될 것이다. 내담자의 인지 발달, 자아 존중감, 회복 탄력성을 높이는 방법과 함께 말이다.

인지 과정에 가장 도움이 되는 장

직접 교수법(4장)

간접 교수법(5장)

창의적 문제 해결(16장)

회복 탄력성(17장)

가속화된 심리적 발달(19장)

자아 존중감(21장)

만일 내담자에게 통찰력을 발전시킬 가능성이 보이지 않고, 그들의 경험(인지적 왜곡과 잘못된 귀인)의 의미를 재구성하는 데 또는 회기 중에 세운 가정과 목표를 수정하는 데 도움이 필요하다면 (상징적으로) 놀이의 내용이나 직접적인 언어화를 통해 알 수도 있지만 독자는 다음 내용의 장에서도 관심을 가질 것이다.

자기-표현(2장)

무의식으로의 접근(3장)

내담자는 감정 처리에 있어서 어려움을 나타낼 수 있다. 좀 더 구체적으로 감정적 동일시, 감정의 표현, 부정적 감정의 토로, 감정의 통합 등에서 결핍을 보일지도 모른다. 이는 아마도 제도적이고 생물학적인 이슈에서부터 외상 후 스트레스 장애(성적 학대, 신체적 학대, 가정 폭력)에 이르기까지 다양한 원인에 기인한 것일 것이다. 이러한 경우 치료자는 억제와 조절 측면에서 성과가 있는 카타르시스적 해방을 통한 감정 조절에 대해 다룬 장을 살펴보고자 할 것이다. 내담자가 어떻게 자신의 감정을 인지하는지와 그것을 인식하는 방법, 그들이 느끼는 감정의 종류와 그것들에 대하여 이야기하도록 가르치는 것, 그들의 감정과 정서적 경험의 통화, 감정의 조절 곤란을 피할 수 있는 대처 전략이나 심리적 방어의 개발 등에 대한 것이다.

부적응적 감정의 처리에 도움이 되는 장
카타르시스(6장)
정화(7장)
긍정 정서(8장)
스트레스 면역(10장)
스트레스 관리(11장)
공감(15장)

만일 내담자가 외상 후 스트레스 장애나 다른 발달적 이슈로 인해 특정 두려움과 공포를 나타낸다면 독자는 9장의 두려움의 역조건화에 대해서 살펴보고 싶을 것이다.

대인 관계를 맺는 과정에 장애가 있는 내담자에게는 긍정적인 관계를 촉진시키기 위해 설계된 치료가 필요하다. 애착 장애는 입원이나 취업으로 인한 장기 분리가 원인일 수도 있고 부모의 방임, 학대, 별거 혹은 상실에 기인한 것일 수도 있다. 치료적 관계를 통해 내담자는 과거의 부정적 경험을 해소하고 신뢰와 결합의 대안적 관계를 발전시키기 위해 놀이치료자를 제2의 애착 대상으로 활용할 수 있다. 또래 관계에 어려움이 있고 형식적인 교제로 인해 힘들다면 내담자의 환경과 더불어 역할 기능을 강화할 수 있도록 발판을 마련해 주어야 할 뿐 아니라 사회적 감정을 지지하는 치료가 반드시 수행되어야 할 것이다.

사회적 어려움에 초점을 맞춘 장
직접 교수법(4장)
치료적 관계(12장)
애착(13장)
창의적 문제 해결(16장)
도덕 발달(18장)

우리는 본서를 읽는 이들이 내담자 개개인의 문제를 극복하기 위한 맞춤 치료 계획을 수립에 안내서와 자료를 적극 활용하기를 바란다. 놀이의 치료적 힘을 더 깊이 이해하는 것은 결과적으로 내담자를 위한 효과적인 치료에 도움이 될 뿐 아니라 더욱 공식화되고 집약된 연구 결과를 가져온다고 믿는다. 놀이치료 분야가 치료의 주요 분야로 확장되기 위해서는 놀이가 어떻게 치료적 변화를 초래하는지의 요소를 보여 주는 연구가 진행되어야 할 것이다.

참고문헌

Ablon, J., Levy, R., & Katzenstein, T. (2006). Beyond brand names of psychotherapy: Identifying empirically supported change processes. *Psychotherapy: Theory, Research, Practice, & Training*, *43*(2), 216–231.

Barron, R., & Kenny, D. (1986). The moderator-mediator variable distinction in social psychological research: Conceptual, strategic, and statistical considerations. *Journal of Personality & Social Psychology*, *5*, 1173–1182.

Castonguay, L., & Beutler, L. E. (2005). *Principles of therapeutic change that work*. New York, NY: Oxford University Press.

Corsini, R., & Rosenberg, B. (1955). Mechanisms of group psychotherapy: Process and dynamics. *Journal of Abnormal and Social Psychology*, *51*, 406–411.

Drewes, A., Bratton, S., & Schaefer, C. (2011). *Integrative play therapy*. Hoboken, NJ: Wiley.

Frances, A., Clarkin, J. F., & Perry, S. (1984). *Differential therapeutics in psychiatry: The art and science of treatment*. New York, NY: Brunner/Mazel.

Goldfried, M. R., & Wolfe, B. E. (1998). Toward a more clinically valid approach to therapy research. *Journal of Consulting and Clinical Psychology*, *66*, 143–150.

Holmes, S. V., & Kivlighan, C. (2000). Comparison of therapeutic factors in group and individual treatment processes. *Journal of Counseling Psychology*, *47*(4), 1–7.

Kazdin, A. (2001). Bridging the enormous gaps of theory with therapy, research, and practice. *Journal of Clinical Child Psychology*, *30*, 59–66.

Kazdin, A., & Nock, M. (2003). Delineating mechanisms of change in child and adolescent therapy: Methodological issues and research recommendations. *Journal of Child Psychology and Psychiatry*, *44*(8), 1116–1129.

O'Connor, K. (2010). *Beyond the power of play: Using therapeutic change processes in play therapy*. Presented at the Association for Play Therapy conference, Louisville, KY.

Paul, G. (1967). Strategy of outcome research in psychotherapy. *Journal of Consulting Psychology*, *31*, 109–119.

Prochaska, J. O. (1995). An eclectic and integrative approach: Transtheoretical therapy. In A. S. Gurman & S. B. Messer (Eds.), *Essential psychotherapies: Theory and practice* (pp. 403–440). New York, NY: Guilford Press.

Schaefer, C. E. (2001). Prescriptive play therapy. *International Journal of Play Therapy*, *10*(2), 57–73.

Schaefer, C. E. (2011). Prescriptive play therapy. In C. E. Schaefer (Ed.), *Foundations of play therapy*. Hoboken, NJ: Wiley.

Shirk, S. R., & Russell, R. L. (1996). *Change processes in child psychotherapy*. New York, NY:

Guilford Press.

Siev, J., & Chambless, D. (2007). Specificity of treatment effects: Cognitive therapy and relaxation for generalized anxiety and panic disorders. *Journal of Consulting & Clinical Psychology, 75,* 513–527.

Spielman, G., Pasek, L., & McFall, J. (2007). What are the active ingredients in cognitive and behavioral psychotherapy for anxious and depressed children? A meta-analytic review. *Clinical Psychology Review, 27,* 642–654.

Virgil (n.d.). BrainyQuote.com. Retrieved February 9, 2013, from http://brainyquote.com/quotes/authors/v/virgil.html

Wark, L. (1994). Therapeutic change in couples therapy. *Contemporary Family Therapy, 16*(1), 39–52.

Yalom, I. D. (1995). *The theory and practice of group psychotherapy* (4th ed.). New York, NY: Basic Books.

의사소통 촉진

아동의 자연스러운 언어인 놀이는 종종 아이들에게 있어 의식적이든 무의식적이든 문제가 되는 생각과 감정들을 모두 표현하기에 쉬운 방법이다. 또한 유쾌한 경험들을 학습하도록 만들어 줌으로써 내담자의 지식과 기술 부족을 극복하기 위해 필요로 하는 정보를 알려줄 수 있는 가장 좋은 치료자이다.

- 자기-표현
- 무의식으로의 접근
- 직접 교수법
- 간접 교수법

02

자기-표현

MARY MORRISON BENNET and STEPHANIE EBERTS

네살 난 소피는 자기 집에 새 아기가 올 것이며 지금 엄마 뱃속에 그 아기가 있다고 말했다. 소피는 다른 여자들도 뱃속에 아기가 있는지 질문하기 시작했고 아기를 보여 달라고 요구하였다. 소피는 놀이를 할 때 셔츠 안에 아기 인형을 넣고 방에서 나와 소파 위 엄마 옆에 앉곤 한다. 소피는 이제 임신이 어떤 것인지 서서히 이해해 가고 있다. 아기를 갖는 것이 재미있을 거라고 생각하기도 하지만 뱃속에서 아기가 자라나는 것이 어떤 느낌일지 무척 알고 싶어 한다. 그리고 아기가 언제 나오느냐고 매일같이 묻는다. 이런 종류의 놀이는 어린 아이들에게서 흔히 볼 수 있다. 놀이는 그들의 세계관을 보여 주기 때문이다.

자기-표현은 생각의 전달, 감정의 해소, 통찰, 이해해 나가는 과정, 창조의 한 부분이며 또 그 이상의 것이다. 놀이는 아이들에게 있어 의사소통의 중요한 구성 요소이며 아이들이 자유롭게 그들의 감정과 경험, 상호 관계에 관하여 탐구하도록 만든다(Axline, 1947). 또한 놀이는 아동의 발달에 있어서 매우 중요하다(Elkind, 2007). 놀이에서 자기-표현 없이는 치료가 일어나지 않는다. 모든 놀이가 자기-표현이라 할 만한 이유는, 자기 자신을 표현하지 않고는 놀이를 할 수 없을 것이기 때문이다. 성인에게 있어 자신을 표현하지 않고 말하는 것이 불가능한 것처럼 말이다. Schaefer(1993)는 놀이치료에서 놀이의 치료적 힘으로서의 자기-표현에 관한 기초를 세웠다.

왜 자기-표현이 치료적인가?

자기-표현이 인간 행복에 있어 중요하다는 것에는 대부분 동의할 것이다. 청소년과 성인은 언어적이든 비언어적이든 어떤 방법으로든 자신을 표현한다. 한편 어린 아이들이 그들 자신을 어떻게 표현하는지에 대해 관심을 갖는 사람은 매우 적다. 놀이는 아이들에게 그들의 감정과 생각을 표현하고 그들이 경험한 것에 대해 이해하도록 기회를 제공한다.

놀이는 아동의 자연스러운 언어이다.

아이들은 그들의 감정이나 상황에 대한 이해를 정확히 표현하기 위한 어휘력을 갖추고 있지 않다. "놀이치료는 기본적으로 놀이가 아동에게 있어 자기-표현의 자연스러운 매개라는 사실을 밑바탕에 두고 있다. 그것은 아동에게 그들의 감정과 문제를 '놀이를 통해 표출'하도록 하는 기회이다. 마치 성인 치료에 있어 그들의 어려움을 '언어로 표출'하듯이 말이다."(Axline, 1947).

　놀잇감은 그들의 단어이며 놀이는 그들의 언어이다(Ginott, 1960). Axline은 놀이가 아동에게 있어 발달상 가장 적합한 표현 방법이라고 믿었다. 놀이는 아동이 주저함이나 두려움 없이 그들을 마음껏 표현하게 만든다. 왜냐하면 아동은 놀이를 할 때 안정감을 느끼기 때문이다(Landreth, Homeyer, & Morrison, 2006). 특성상 아동은 그들의 내면을 언어적으로 표현하기 위한 어휘나 추상적인 사고 능력을 갖추지 못하였다. 그런데 그들은 놀이라는 표현의 자연스러운 매개를 통하여 그들의 생각과 감정, 소망에 대해 쉽게 표현해 낸다.

　Piaget는 "놀이는 아동에게 공동의 언어만으로는 표현할 수 없는, 그들의 개인적인 감정을 표현하는 데 필수적이고, 생생하고, 역동적이며, 개별화된 언어를 제공한다."고 말했다. 그는 앞서 인지 발달 연구에서의 근거, 즉 중학생 이하 아이들에게 있어 자기-표현의 수단으로 언어의 추상화보다 구체적인 놀이 재료 및 활동이 더 적절하다고 지적한 것을 예로 들었다. 주목해야 할 것은 자발적이고 자유로운 놀이와 자기-표현은 외상을 가지고 있거나 우울증 혹은 심한 불안을 겪고 있는 아동처럼 극심한 스트레스나 불안한 상황에 있는 아동들에게서는 나타나지 않는다는 점이다(Landreth, 2012). Erikson은 아이들이 경험을 펼치도록 허용하는 것은 아이들 스스로 할 수 있는 가장 훌륭한 자기 치료 방법이라고 말했다. 아이들은 놀이를 통하여 낯선 대상을 탐색하여 친숙하게 만들고 그렇게 자신과 다른 사람 그리고 그들의 경험을 이해하게 되는 것이다. Landreth는 "놀이는 이해를 촉진하고 이해는 아동의 자기-표현을 촉진한다."고 말했다.

놀이는 아동이 제삼자와 대화하는 것을 가능케 한다.

가상놀이는 아동이 '제삼자와 대화하는 것'을 가능케 한다. 이것은 아동이 직접적으로 표현하기를 두려워하는 생각, 감정, 행동들을 인형, 강아지 등 가상의 캐릭터로 하여금 표현하고 연기하도록 하는 것이다(Schaefer, 2012). 아동은 놀이에서 정서적 표현을 위하여 안전하고 아주 조심스러운 방식을 만들어 냄으로써 강렬한 느낌이나 감정을 놀잇감에 투영할 수 있다(Landreth, 1993). Gil(2006)에 의하면 어떤 아동은 어려운 느낌이나 감정에 대하여 이야기하지 않기로 의식적 선택을 하는 한편 안전한 거리를 제공하는 상징물(놀잇감)을 통하여 그러한 정신적 외상에 의한 사건을 재현하게 된다고 하였다. 그 사건에 대한 그들의 감정이나 이해를 표현하도록 허용하는 것이다. 이는 아동이 경험과 감정을 자유로이 지배하도록 만드는데 이로 인해 자기 규제 능력이 향상된다. Schaefer(1993)는 놀이가 아동으로 하여금 무의식적인 생각뿐만 아니라 의식적인 것도 표현할 수 있게 만든다고 하였다. 아동의 놀이를 이해할 수 있는 성인은 아동의 내면세계를 들여다볼 수 있으며 그 세계에 대한 고유한 이해심을 갖게 된다.

놀이는 통제할 수 없는 것을 통제하게 만든다(Landreth, 2012). 놀이가 성인에 의해 아동의 관점으로 해석되는 것은 매우 중요하다. 놀이는 아동의 세계를 들여다볼 수 있는 거울이다. 종종 성인은 놀이를 관찰할 때 그것을 아무 의미 없고 유치한 어린 시절의 단순한 활동쯤으로 본다. 그러나 아동이 놀이를 할 때는 과거의 경험들과 그 경험들에 대한 반응, 감정을 포함하여 풍부한 자기-표현이 일어난다. 아동이 갈망하고 소원하고 필요로 하는 것까지도 말이다(Landreth et al., 2006).

놀이는 실제 삶의 질이 아닌 '만약에'의 삶을 염두에 둔다.

가상놀이는 현실의 삶에서 거리를 두는 것을 허용한다. 현실에서는 표현할 수 없는 감정, 생각, 소망, 그리고 상상들이 놀이를 통해 펼쳐질 수 있다. 놀이는 내담자가 떠올리기 꺼리는 소재에 대하여 당당히 부인할 권리를 부여하는데, 이것으로 인하여 내담자가 현실을 부정할 필요가 있을 때 바로 중단할 수 있다. 그것은 상상 혹은 게임일 뿐이다(Levy, 2008). 놀이치료 회기에서는 종종 놀이를 하는 동안 아동에게서 이끌어낸 감정이 고조되곤 하는데 그때 아동에게는 휴식이 필요하다. 아동이 놀이에서 경험하고 있는 감정으로부터 휴식을 취할 때 놀이 붕괴가 일어난다(Findling, Bratton, & Henson, 2006). 아동은 가상놀이가 주는 자유를 즐김으로 그들의 생각과 감정이 적절한 것인지 시험해 볼 수 있기 때문이다. 열두 살 난 소년의 말을 빌려 설명하자면 이런 것이다. "인형 놀이는 누군가를 정말로 다치게 하거나 곤란하게 만들 수 있는 상황에서 직접 표현하는 대신 우리의 생각을 나타내는 좋은 방법이에요. 인형으로 감정을 표현할 수 있고 누군가가 '왜 그렇게 느꼈니?'라고 물어도 '몰라요, 그냥 그렇게 느껴졌어요.'라고 말하고 빠져 나오면 되잖아요."(Schaefer, 2012).

놀이는 말로 표현할 수 없는 것을 표현하게 한다.

때로 우리는 마음속의 말들을 언어로 잘 표현할 수 없지만 그림, 춤, 창작 놀이 등 창의적 예술 활동으로 더 나은 묘사를 할 수도 있다. "모래 상자를 만드는 것은 개인적인 경험을 사실에 의거한 구체적인 3차원의 형태로 바꿀 수 있다. 그림 한 장이 수천 개의 단어보다 더 많은 것을 말할 수 있듯 모래 그림은 이전에 말로 표현하지 못했던 느낌이나 갈등도 표현할 수 있다. 이런 이유로 놀이치료실에서 그려진 모래 그림은 말하기 이전의 또는 비언어적 표현을 위해 충분히 개별화된 도구로 제공할 수 있다."(Schaefer, 2012). 일상에서의 경험 중에도 말로 표현하기엔 매우 복잡하거나 놀랄 만한 일들이 종종 있다. 아동의 제한적인 언어 표현 때문에 이런 일은 흔히 발생하며 놀이는 이러한 아동의 경험을 표현하게 하는 데 있어 매우 중요하다.

놀이는 표현을 촉진하는 데 있어 안정감을 준다.

아동은 주위가 안전하다고 느낄 때 남의 시선을 의식하는 것에서 자유로워진다. 아동은 종종 그들의 놀이에 몰두하게 되는데 이 때문에 의도치 않게 그들이 평상시에 하지 않던 것들도 표현하는 것으로 보인다. 안정감 속에서 그리고 놀이치료실의 즐거운 분위기 속에서 아동은 그들의 방어막을 내려놓고 내면을 더 드러낸다. 이처럼 안전하고 편안한 환경은 아동을 안심시키고, 그렇게 놀이를 통해 자신을 표현하는 것에서 나아가 놀이를 하면서 말을 하도록 만든다(Schaefer, 2012).

대부분의 성인이라면 그들 자신을 솔직하게 표현할 수 있는 장소나 관계가 적다는 사실에 동의할 것이다. 그래서 내담자가 그들 자신에 대해 충분히 설명할 수 있게 표현을 촉진하는 편안한 환경을 제공하는 것이 치료자에게 있어서 매우 중요하다. 아동은 안전과 수용, 초대된 관계에 대한 요구가 매우 높을지도 모른다. 그것은 그들의 제한된 발달과 자기감, 자기 효능감, 자신을 표현하는 능력에 대한 자신감에서 기인한 것이다. 아동의 표현은 자주 제한되며 그들의 감정을 충분히 전달하도록 허락되는 시간은 매우 적다. 어른들은 종종 아이들의 표현을 제한하는데 이는 아이들의 감정이 그들의 기준에서는 부적절한 행동을 통하여 드러나기 때문이다. 치료적인 환경에서의 자기-표현은 치료적이다. 왜냐하면 자기-표현이 허용되며 아동은 표현을 반기는 환경을 제공받기 때문이다. 그들은 수용적이고 진심 어린 관계, 또 아동을 위해 만들어진 발달적이고 적절한 환경 안에 거한다.

Virginia Axline(1947)은 그녀의 내담자 중 한 명과 관련된 상황에 대해 설명하였다. 내담자는 22개월 된 미키였다. 그 아이의 엄마는 Axline에게 미키가 먹으려 하지 않는다고 말했다. 미키가 모래 상자에서 노는 동안 엄마의 그러한 말을 우연히 듣게 되었다. 아이는 모래 상자에서 나와 봉제 인형을 의자 위에 앉히고 장난감 접시 안에 모래를 넣었다. 그리고는 인형에게 모래 한 숟가락을 들이밀며 "먹어, 먹어!"하고 자신의 경험을 그대로 재연하였다. 그러고 나서 숟가락을 바닥에 던지고 그 자리에서 발버둥 치며 "싫어, 싫어, 싫어!"하고 소리를 질렀다. 아이의 엄마가 놀라움을 금치 못하며 바라보고 있는 동안 아이는 이를 몇 차례나 반복하였다. 그때 Axline이 말했다. "누군가 아이에게 먹이려고 하는데 아이가 싫다고 말하는구나." 아이의 엄마는 자신이 아이에게 음식을 먹도록 지나치게 강요하고 있었다는 사실을 깨달았다. 그녀는 이러한 통제에 대해 깨닫자마자 Axline를 향해 먹는 것은 더 이상 전쟁이 아닌 것 같다고 말했다.

놀이치료에서 자기-표현의 힘에 대한 경험적 근거

치료적 요인으로서의 자기-표현은 놀이치료에서 아동이 스스로를 표현하게 하여 낫게 한다는 사실을 인정받았음에도 앞으로 연구되어야 할 치료의 요소이다. 놀이치료 분야에서 여러 연구자들은 놀이에서의 자기-표현 중요성과 아동의 치료 과정에서 보여진 차이에 대하여 연구했다(Axline, 1974; Badenoch, 2008; Elkind, 2007; Kottman, 2003; Landreth, 1993, 2012; Piaget, 1951; Schaefer, 1993; Terr, 1981).

외상 후 놀이치료에서의 자기-표현

Anna Freud와 Dorothy Burlingham(1943)은 그들의 연구 전쟁과 아이들에서 폭격을 경험하였던 어린 아이들의 놀이에 대해 처음으로 묘사하였다. 그들은 어느 아이가 그의 침대를 종이비행기로 폭파하는 것을 되풀이하는 놀이에 대해 묘사하는 한편 다른 정상적인 아이들의 놀이와 다른 점에 대해서는 말하지 않았다. Terr(1990)는 외상을 입은 아이들의 '우울하고 단조로운' 놀이에 대해 처음 주목하였는데 그들은 외상의 경험이 없는 아이들에 비해 더 깊은 정서와 경험을 쏟아내고 있었다. Terr는 3~4시간 길이의 놀이치료 회기에 참여하였고 외상을 경험한 12명의 아이들과 성인 한 명을 대상으로 그들의 놀이 태도와 주제에 대하여 연구하였다. 이 연구로 Terr는 아동이 외상 후 놀이치료에 대해 말하는 11가지 특징적 결과를 밝혀냈다. 강박적 반복, 외상적 사건과의 무의식적 연계, 고지식, 불안을 해소시키지 못하는 것, 놀이하는 사람의 광범위함, 발달 이전의 지체 시간 상이, 외상을 입지 않은 아이들을 참여시키기 위해 힘을 이동시키는 것, 대를 잇는 것, 위험, 예술, 놀이의 대체 방법으로서 말하는 것, 외상 후 놀이치료를 추적하는 것이 이전의 외상을 밝혀냄에 있어 유용하다는 것이다(Terr, 1981).

Gil(2006)은 외상 후 놀이치료에 참여한 아동에게 치료적인 환경, 즉 아동이 감정을 잘 표현하고 정서적으로 충만한 놀이를 할 수 있게 적절히 반응해 주고 지지해 주는 훈련 받은 임상가가 존재할 때 가장 좋은 결과가 나온다고 말했다.

Terr의 외상 후 놀이치료의 특징들을 발판으로 삼아 Findling, Bratton, Henson(2006)은 외상 후 놀이를 볼 수 있을지 알아보기 위해 놀이치료에서 놀이를 분석하는 데 사용할 외상 놀이 척도(TPS)를 만들었다. 이 선행 연구에서 연구자들은 아동중심 놀이치료에 참가하고 있던 아동 중 외상을 겪은 아동과 외상은 없었지만 임상적으로 적용 가능한 아동들을 연구하였다. 결과적으로 외상을 겪은 아동이 외상은 없었지만 임상적으로 적용 가능한 아동보다 TPS에서 높은 점수를 얻었다. 이러한 결과는 이 아동들의 놀이에 상이한 점이 있다는 것을 가리킨다. 두 집단 모두 놀이치료에서 자기-표현에 참여하였지만 외상을 경험한 아동들이 그렇지 않은 아동들보다 그 표현에 더 다양한 특성을 가지고 있었다. Meyers, Bratton, Hagen, Findling(2011)은 TPS를 계속 발전시키기 위한 후속 연구를 마무리 지었다. 임상적 적용이 필요 없는 정상적인 발달 과정에 있는 아이들과 비교했을 때 대인 관계에 의한 외상 병력이 있는 아동은 TPS의 다섯 가지 영역 모두에서 높은 점수가 나왔다. 외상 병력과 참여자의 TPS 점수 사이에서 뚜렷한 긍정의 관계를 볼 수 있듯이 두 집단 간에는 확연한 차이가 있었다. 이러한 결과가 자기-표현에 관하여 구체적으로 말해 주는 것은 아니지만 한 가지 알 수 있는 사실은 놀이에서의 자기-표현에 대한 중요성과 그 가치이다. 아동의 개인 병리에 따라 놀이 공간에서 일어난 표현 방식에서 분명한 차이가 있었다.

두뇌 발달 측면에서의 자기-표현 놀이

아동이 놀이를 주도하는 곳에 안전하고 개방적인 관계를 제공하는 것은 대뇌의 변연계 영역을 활성화시킨다(Badenoch. 2008). 신경과학은 두뇌의 자연 치유를 활성화하는 데 있어 표현의 자유의 중요성에 대해 뒷받침한다.

변연계는 우리의 동기 회로를 둘러싸고 있으며 아동이 성인과의 관계에서 관심과 사회적 유대, 유희를 경험할 때 적극적으로 움직이게 된다. Badenoch(2008)는 이 변연계가 활성화되면 도파민이 분비되어 쾌감을 전달해 주며 과업을 달성하기 위해 집중하고 움직인다고 말했다. 그녀는 나아가 격려해 주는 어른이 있을 때 아동은 이에 더 신속히 접근할 수 있다고 말했다. 치료적 관계가 발전함에 따라 전두엽 가운데 회로와 변연계 감정이 균형을 이루고 결국 아동은 자기-통제를 할 수 있게 된다. Badenoch는 성인이 놀이 과정을 주도할 때 자신의 생각을 고집하거나 목표를 빗나가게 되면 분노 체계가 쉽게 활성화된다고 경고한다. 그러나 이는 쉽게 수정 가능하다. 치료자가 이 분노를 인식하고 아동의 존재를 부각시키기 위한 공간을 제공하기 위해 한 발 물러선다면 말이다. 치료적 관계에서 감정적 표현을 촉진하기 위해 치료자는 반드시 아동을 완전하게 신뢰하고 그의 신호에 반응할 것을 합의해야 한다. Badenoch는 치료자들에게 보통 과정선상에서 벗어나 있을 때 일이 잘 되지 않는다고 하여 '뭐든 일어나게 해야 한다'는 압박을 받지 않도록 주의하라고 경고한다. 치료자들은 아동의 자기-표현을 촉진시키기 위한 최선의 방법을 결정짓는 데 반드시 그들의 임상적 판단을 활용해야 한다.

변화를 촉진함에 있어 자기-표현의 역할

5살 미구엘은 '악당들과의 전쟁' 놀이로 자유 시간을 즐기곤 했다(이는 그 나이 또래 남자 아이들의 전형적인 발달 놀이이다). 이 놀이는 그의 내면과 자기 유능감, 자기-통제 능력을 조절하도록 도와준다. 스키를 즐기러 간 가족들과의 휴가에서 미구엘은 첫 스키 강습에 나가려고 하자 평상시와 다르게 조용해진 모습이었다. 엄마는 아이에게 괜찮은 건지, 혹시 스키 학교에 대해 걱정하는 것인지 물어보았다. 아이는 "내 무기를 어떻게 스키에다 실을지 모르겠어요."라고 대답했다. 이는 모두 가짜로 꾸며낸 것이지만(무기 따위는 있지도 않았다) 동시에 미구엘이 실제로 염려하는 부분이기도 했다. 악당들과 싸우기 위한 장비를 갖출수록 스키 학교가 더 안전하고 통제 가능하다고 느꼈다. 미구엘에게 있어 스키 학교에 없는 그의 가상 무기는 게임에서의 가상 무기와 같았다. 미구엘은 그의 안전과 통제에 대한 요구를 표현한 것이었다. 스키와 스키 학교에 대한 그의 두려움에 대해서 말하는 것보다 악당들과 맞설 적절한 무기를 가지고 있는 척 연기하는 것이 더 수월하고 편했다. 대부분의 성인은 아이들에게 그들의 두려움에 대해 이야기하게 하거나 스키에 무기를 장착하는 중요성을 무시할지도 모른다. 다행히 미구엘의 엄마는 아들이 하는 놀이의 의미와 그가 말하는 상징적 언어를 이해하였다. 그녀는 아이에게 스키 강사는 전문가이며 그가 무기를 장착하는 방법을 정확히 알 거라고 확신을 주었다. 미구엘은 한결 나아져 그의 무기를 옆에 끼고 새로운 모험을 시작할 준비가 되었다. Piaget(1951)는 상상 놀이에 대해 이렇게 서술했다. "그것은 아동에게 생생하고 역동적이며 개별화된 언어를 제공하며, 공동의 언어만으로는 부족한 그들의 주관적인 감정을 표현하기 위해 없어서는 안 되는 것이다."

미구엘의 사례가 증명하듯 아동은 자신이 경험하는 감정의 중요함을 표현하기 위해서 반드시 복잡한 단어를 쓰지 않아도 된다. 어린 아이들의 사고방식은 성인들이 가지고 있는 개념이나 범주에는 미치지 못하는 대신 동시에 다양한 차원으로 삶에 접근한다. 그들은 경험과 감정을 이미지로 또 추상적인 단어보다는 구체적인 생각으로 이해한다. Elkind는 아이들이 스트레스와 새로운 경험, 감정을 표현하도록 돕는다는 점에서 놀이가 치료적이라고 말했다. 놀이는 아동이 현실에서는 불가능한 생각과 경험들을 탐구함으로써 그들이 통제 가운데에 있게(안정감을 느끼도록) 하는데 이는 궁극적으로 자기-표현을 확대시키는 것이다. 놀이에서의 자기-표현을 통하여 아동은 갈등을 풀어나가고 그들이 내면에서 경험하는 것을 밖으로 표현하게 된다. 아동은 내면 깊숙한 곳에 있는 생각과 감정을 표현하면서 놀이를 하기 때문에 단지 자기 자신을 표현하는 것만으로도 통제하고 이해할 수 있는 기회를 얻는다. 이것이 결국 놀이의 치료적 힘인 것이다(Landreth, 2012; Ray, 2011).

자기-표현을 촉진시키기 위한 전략 및 전술

놀이치료자의 접근 방법이 무엇인지는 중요하지 않다. 놀이치료에서 무엇보다 중요한 것은 아동에게 그들 자신을 표현할 기회를 주는 것이다. 놀이치료자들은 모두 다른 방법으로 이것에 접근할 것이다. 그런데 아동이 그들 자신을 표현하는 데 있어 충분히 안전하다고 느끼게 해 주는 핵심 요소가 몇 가지 있다.

안전한 환경을 만들어 주는 네 가지 요소는 임상적 기대치, 내적 조건, 촉진적인 반응, 그리고 물리적 공간이다.

임상적 기대치

치료자에게 있어 아동에 대한 그들의 기대와 놀이의 치료적 과정이 어떻게 아동의 표현에 영향을 미치는지 염두에 두는 것이 중요하다. 아이들은 종종 어른들을 기쁘게 해 주려 노력한다. 그래서 만일 어른이 그들에게 무언가를 원한다면 최선을 다해 그것을 주려 할 것이다. 비록 항상 그런 것은 아니지만 치료의 어조와 속도는 치료자에 의해 결정되며 이것이 결과에 영향을 준다.

내담자에 대한 초기 정보 / 접수 상담 아동이 산만한 행동 때문에 놀이치료에 의뢰되는 것은 흔한 일이다. 잠재적인 새로운 내담자에 대하여 초기 접수 상담과 사정을 진행할 때 사례에 대한 정보의 대부분은 부모, 양육자, 교사 또는 다른 성인으로부터 얻는다. 이 정보는 어른들의 견해를 통해 걸러지며 정보를 제공하는 어른의 관점에 치우치게 된다. 이러한 상황에서는 치료 목적과 다르게 잘못된 방향으로 나아갈 가능성이 많다. 우선 양육자인 할머니에 의해 의뢰된 조지의 사례를 보자. 조지는 그의 부모가 사망한 이후 할머니와 지내 왔다. 조지와 할머니의 슬픔을 다루는 일은 어려웠고 그녀는 '이러지도 저러지도 못하게' 되었다. 왜냐하면 조지가 방망이로 개를 때렸기 때문이다. 동물 애호가인 치료자는 개를 죽일 뻔한 아이와 관계를 맺을 수 있을지 의문이었다. 조지의 할머니는 자신이 손자를 약간 두려워한다는 것을 깨달았다. 조지가 회기에 왔을 때 그 아이는 활기가 넘쳤고 기쁨에 가득 차 있었다. 친부모를 잃은 화, 분노와 싸우는 동안의 그는 동물을 다치게 했던 그 당시보다 더 복잡한 심정이었다. 치료자는 그녀의 기대치가 아이와 자신의 사이에 장애물이 될 뻔 했다는 것, 그리고 그것이 아이의 진정한 자기-표현을 계속 방해했을 거라는 사실을 깨달았다.

　치료자는 아동을 이해할 수 있는 종합적인 근거가 될 수 있도록 양육자와 심층적인 상담을 시행하는 것이 중요하다. Kottman(2003)은 치료자에게 도움이 될 만한 부모와 교사의 상담을 제시한다. 아동의 놀이를 주의 깊게 관찰하는 것 또한 중요하다. 자기-표현은 아동이 자신과 관련된 사건을 바라보는 시각에 대하여 치료자에게 풍부한 정보를 제공하기 때문이다. 아동에 대한 완전한, 그리고 충분한 이해는 치료자에게 아동이 보여 주고 있는 행동 너머의 것을 볼 수 있게 해 준다. 그리고 아동을 진정으로 만날 수 있게 해 준다.

문화적 고려　아동은 자신을 둘러싼 환경을 반영하여 언어를 발전시켜 나간다(Berk, 2003). 그래서 그들이 사용하는 표현들은 대부분 스스로의 세계관에 의존하고 있다. 내담자의 문화적 배경을 하찮게 여기는 것은 아동의 자기-표현을 제한할 수 있다. 비교 문화적으로 유능해지는 것은 아동의 삶에 있어 변화를 촉진하고 놀이치료실에서 자기-표현을 촉진하는 치료자의 능력에 활기를 불어넣는다. Gil(2005)은 비교 문화적으로 유능해지기 위한 세 단계를 제시하였다. (1) 감성 형성, (2) 책임감 있게 지식 획득하기, (3) 적극성 개발하기 : 알고 있는 것을 행동으로 이행하기이다.

　감성 형성하기는 타인과 그들의 세계관에 대하여 배우는 것일 뿐만 아니라 자기 반성의 과정이기도 하다. 어떤 이가 가지고 있는 편견과 추측에 대해 이해하는 것은 내담자의 자기-표현을 촉진함에 있어서 필수적이다. 지식을 책임감 있게 획득하는 것은 어떤 이의 자아에 대하여 이해하고 그가 가지고 있는 한계에 대해 아는 것을 수반한다. 그것은 치료자에게 슈퍼비전, 상담, 그리고 취약한 영역에서의 훈련을 시도하도록 요구한다. Gil의 세 단계 과정은 치료자가 자신과 타인에 대하여 새롭게 개발한 지식을 모두 받아들일 것을 그리고 그것을 훈련에 포함시킬 것을 요구한다. 그녀는 이것에 대해 만약 치료자가 비교 문화 행동 분야에서 유능해지려 한다면 반드시 추구되어야 할 복합적인 과정이라고 설명했다(Gil, 2005).

놀이와 놀이 주제에 관한 치료자의 감정 치료자는 종종 건강한 아이들이 무엇을 하고 무엇을 느끼는지 완벽히 이해한다. 하지만 치료에 의뢰된 많은 아이들은 자신의 환경을 이해하기 위해 고군분투한다. 어쩌면 그들은 가정, 사회 혹은 학교의 규칙에 맞지 않는 대처 방법을 개발해 냈을지 모른다. 아이들은 놀이치료실에서 '건강한 표현'의 틀에 맞지 않는 방법으로 그들 자신을 표현할 수도 있다. 성적 학대를 경험한 많은 아동들이 놀이 회기가 진행되는 동안에 그 학대를 재연할 것이다. 비록 이것이 관찰자에게는 힘든 것이라도 아동이 이러한 경험들을 거리낌 없이 풀어나가는 것이 중요하다. 이러한 표현에 치료자가 당혹스러워하거나 그것을 제지하는 것은 치료적 동맹 관계를 망치는 일일 뿐만 아니라 아동의 자기-표현을 억압함으로써 치료에서의 진전을 기대할 수 없게 만든다.

치료자는 또한 아동의 놀이에 지루해지거나 인내심을 잃게 될 수 있다. 치료 과정상 나타나는 표현들은 아동에 의해 흔히 반복되며 그래서 치료자는 똑같은 놀이행동을 계속해서 관찰하게 될지도 모른다. 이전에 말한 바와 같이 이 반복적인 표현은 아동을 낫게 하는 데 반드시 필요하지만(Gil, 2006) 지루해진 치료자는 아동이 다른 것을 표현하게끔 유도할 수도 있다. 이는 아동의 자기-표현을 방해하는 것이다. 이와 마찬가지로 아동이 자신의 어려움을 자기 주도적 태도로 풀어나간다면 변화의 속도는 치료자나 다른 성인들이 원하는 것보다 더 느려질지도 모른다. 어른이 강제로 정한 틀에 아동을 맞추려 하는 것은 성인에게 자기 노출을 강요하는 것과 같다. 자기를 드러낼 수 있을 만한 자존감이 채 생기기도 전에 말이다. 이러한 성급함은 아동의 자기-표현을 억압할 뿐 아니라 관계와 치료 과정에 상당한 손해를 입힐 수도 있다. 이렇듯 곤란한 상황에 처하지 않기 위해서는 치료자가 슈퍼비전과 상담을 구해야 한다.

그리고 어떤 경우에는 치료자 자신을 치료해야 할 때도 있다.

부모의 압력 때문에 내담자를 급하게 치료하거나 즉각적인 성과를 내는 것을 피하려면 부모와 양육자에게 놀이의 과정과 자기-표현의 필요성에 대해 교육하는 것이 바람직할 수도 있다. 이것은 성인이 그들의 기대치를 통제하여 치료 과정에서 협력적인 파트너가 되는 데 도움을 줄 수 있다.

내적 조건

Rogers(1957)는 치료적 변화를 위한 여섯 가지의 필수 조건과 충분 조건을 확립했다.

1. 두 사람이(내담자와 치료자) 심리적 접촉을 한다.
2. 내담자는 불일치 상태에 있고 상처받기 쉬우며 초조하다.
3. 치료자는 내담자와의 관계에서 안정되고 조화로우며 통합적이다.
4. 치료자는 내담자에게 무조건적인 긍정적 존중을 가진다.
5. 치료자는 내담자의 내적 참조 틀을 공감적으로 이해하고 내담자에게 자신의 경험을 전달하려고 시도한다.
6. 내담자는 치료자의 무조건적인 긍정적 관심과 공감적 이해를 지각하고 경험한다.

Rogers는 이상의 조건들이 필요 조건인 동시에 충분 조건이라 보았으며 이는 치료적인 관계에서 변화를 일으키기 위해 더 이상 필요한 것이 없음을 의미한다.

다른 접근 방법들은 이 조건들이 치료적 관계에서 중요하며 가치 있는 것이라 믿는다. Ray(2011)는 이러한 조건들이 아동과 작업할 때 어떻게 반응하는지 상세히 밝히고 있다. 아동과의 정신적 교류를 위해서 우리는 아동과의 관계 안에 있어야 하는데 이는 우리가 아동의 세계로 들어가는 것뿐만 아니라 아동이 우리의 세계로 들어오도록 허락하는 것이다. Ray는 치료자가 아동의 비언어적 몸짓과 표정에 의해 나타난 자기-표현, 그리고 아동과 치료자 간에 일어나는 상호작용을 잘 알아차릴 필요가 있다고 했다. 비일관적 상태에 있는 내담자의 두 번째 핵심 조건은 아동마다 다른데 이는 대부분 치료자에 의해 보여지듯이 성인이 그것을 필요하다고 결정하기 때문이다. 아동의 치료 필요성에 있어서는 성인의 판단이 대부분 맞다. 그런데 성인에 의해 지목된 내담자로부터 아동에게 잘못된 평가가 내려지는 상황도 발생한다. 그리고 그 상당수는 치료를 통해 가장 이득을 보게 될 부모나 보호자이다. Ray는 치료자가 아동의 문제행동을 통해서 비일관적 상태를 진단할 수 있다고 제안했다. 그런데 문제행동을 보이는 아동이 모두 비일관적 상태에 있는 것은 아니다. 이러한 행동들이 아동의 욕구를 충족시켜 주도록 돕는 대처 기술이 될 수도 있다. Ray는 Rogers가 비일관성에 대해 설명하기 위해 취약함이라는 용어를 쓴 것에 대해 지적했다. 아동은 취약할 수 있는데 이것이 두 번째 조건을 충족시키고 그래서 치료적 변화에 도움이 된다는 것이다. 세 번째 조건은 치료자의 관점으로부터 오는 것이다. 일치, 무조건적으로 긍정적인 관심, 그리고 공감적 이해와 같은 이러한 조건들은 모두 한 개인으로서의 치료자에게 호소하는 것이다. 치료자들이 그들 자신을 탐구하고 스스로의 편견을 인식하며 그들의 능력을 일관성과 공감에 적용시켜 아동과 그들의 보호자를 이해하는 데 시간을 할애하는 것은 중요한 일이다. 치료자들은 이 마지막 조건을 거의 조절하지 못하는데 이것은 치료자가 제공하는 바를 받아들이는 내담자에게 달려 있다. 치료자의 자질에 있어 인내는 이 마지막 조건의 과정을 신뢰하는 데 아주 중요하다. 어떤 아이들은 새로운 성인을 그들의 삶으로 받아들이는 데 시간이 걸리는데 특히 이러한 수용과 열린 관계를 경험해 보지 않은 아이들이 그렇다. 그래서 치료자는 인내심을 가지고 이러한 조건들을 신뢰해야 한다. 아동은 준비되면 그것들을 수용할 것이고 변화가 일어나기 시작할 것이다(Ray, 2011).

촉진적인 반응

놀이치료자는 아동과 작업하는 데 지시적, 비지시적, 혹은 통합적 접근을 사용할 수 있다. 치료자가 얼마나 지시적이고 비지시적인지는 중요하지 않다. 치료자가 자기-표현을 촉진하는 방식으로 아동에게 반응하는 것이 중요하다. 치료자가 놀이치료실에서 사용하는 언어는 아동이 자기 자신을 표현하는 데 안정감을 충분히 느끼도록 하는 데 필수적일지 모른다. 핵심 조건의 의사소통은 반응을 촉진함으로써 발생한다(Landreth, 2012). 다양한 형태의 반응들 중에서 감정과 내용의 반영, 격려, 제한 설정은 아동에게 그들의 내면세계를 마음껏 표현하도록 하는 데 특별히 도움이 된다.

감정과 내용의 반영 Landreth(2012)는 '함께 하는 태도'라는 것에 대하여 논의한 바 있다. 이것은 치료자가 아동을 보고 있으며 그의 이야기를 듣고 있다는 사실을 본인에게 전달해 주는 것이다. 감정과 놀이 내용을 반영함으로써 아동은 놀이치료실에 치료자가 함께 있다는 것을 인지할 수 있다. 치료자는 놀이치료실 외부의 압박에 주의를 뺏기지 않는다. 이것은 아동과 함께 있기 위한 유일한 방법이다. 치료자가 "그것 때문에 네가 좌절했구나."와 같이 촉진적인 말을 할 때 아동은 치료자가 자기를 이해하고 있다고 생각하며 그것은 아동에게 자기-표현을 하도록 격려한다. 치료자는 아동과 함께 하며 아동의 감정 표현을 확인한다. 이해심을 전달하는 것은 치료를 위한 도구가 아니라 아동과 작업하기 위한 유일한 방법이다. 그것은 누구와도 치료적 관계를 쌓을 수 있는 가치 있는 방법일 것이다. 많은 사람들이 '이를 추구하는' 이들에게 가장 편안한 감정을 느낀다. 그리고 내담자가 무엇을 느끼고 있는지, 무엇을 하고 있는지 치료자가 지켜보고 있다는 사실을 알리는 것은 치유의 다리가 될 수 있고 지속적인 자기-표현을 촉진한다.

격려　많은 사람들이 격려와 칭찬을 혼동한다. 격려가 과정에 해당하는 반응인 반면 칭찬은 결과물에 대한 것이다(Kottman, 2003). 아동이 보여 주는 노력에 대해 치료자가 인식하고 있다는 사실을 알면 아동은 실패에 대한 두려움 없이 그들의 환경을 마음껏 탐색할 수 있다. 그것은 아동이 자기 주도적일 때 가장 효과적인 방법이다. 격려하는 말의 한 예로 "네가 원하는 방법을 찾으려고 열심히 노력하는구나."를 들 수 있다. 반면 칭찬은 나중의 결과에 초점을 맞추는 것으로 "블록 집을 잘 지었구나."와 같은 것이다. 칭찬의 말은 아동의 표현을 재조명한다. 이처럼 아동을 칭찬함으로써 치료자는 의도하지 않게 아동이 무언가 하기를 기대한다는 사실을 아동에게 보여 주게 된다. 좀 더 지시적인 접근 방법을 이용하는 치료자는 치료 기간 중 격려와 칭찬을 자주 사용하게 될 것이다. 격려가 자기-표현을 촉진한다는 사실을 인식한다면 치료자가 이러한 반응을 사용할 때 그 의도를 더 잘 알 수 있을 것이다.

제한 설정　놀이치료실에서 아동에게 경계선을 정해 주는 것은 아동이 규칙을 어기는 것을 두려워하지 않고 그들 자신을 마음껏 표현하도록 만든다. 환경 제한은 아동이 따라야 할 규칙에 관한 것이 아니라 오히려 아동이 놀이 환경에서 안전을 유지하게 만드는 방법에 관한 것이다(Kottman, 2003; Landreth, 2012). 이는 아동이 진정한 선택을 하도록 만들며 자기-통제와 자기-표현을 훈련하도록 만든다. 부정적인 행동을 모두 멈추게 하려면 표현을 제한해야 할 것이다. 적당한 제한 설정은 치료자가 아동에게 그들의 결정을 존중한다는 사실을 보여 주는 데 도움이 된다. 제한은 회기에서 구조를 제공하는데 이것은 아동을 위한 안전성과 예측 가능성을 알려 준다(Bixler, 1982). 그것은 무엇보다도 아동으로 하여금 그 환경이 계속해서 자신을 표현하기에 안전한 장소일 것이라는 사실을 알게 해 준다.

물리적 공간

제한하는 것만으로도 아동이 놀이치료실에서 안정감을 느낀다면 실제의 물리적 공간으로서의 놀이치료실은 아동에게 편안함을 느끼게 해 줄 수 있다. 공간의 연속성은 아동이 그들 자신을 마음껏 표현하게 하는 데 매우 중요하다. 놀이치료실은 항상 같은 방식으로 정돈되어 있어야 하며 놀잇감들은 매회 같은 것으로 아동의 세계관을 반영해야 한다. 또 방해물은 가능하다면 모두 제거해야 한다(kottman, 2003; landreth, 2012).

놀이치료실 많은 아이들이 예측 불가능한 무서운 세상에서 살아가고 있다. 그들이 놀이치료실에서 무엇을 해야 할지 걱정할 필요가 없다는 사실은 아동 스스로를 자유롭게 표현하도록 만든다. 놀이 공간은 아동이 들어올 때마다 매번 같은 방식으로 정리되어 있어야 한다. 일관적인 배치는 아동에게 회기에서 회기로의 예측성과 구조를 제공하는데 이는 궁극적으로 자기-표현을 더 촉진한다(kottman, 2003; landreth, 2012).

놀잇감 같은 이유로 놀잇감도 그와 같은 방식을 유지해야 한다. 치료자는 사용하였거나 훼손된 놀잇감을 대체할 수 있도록 가까운 곳에 비품들을 보유하고 있어야 한다. 만일 비품들이 없어지거나 훼손되면 아동의 자기-표현은 제한받게 된다. 아동은 자기 자신을 표현하기 위해서 매번 같은 놀잇감이나 상징물을 사용해야 할 것이다. 그래서 즉각적으로 놀잇감을 대체해 주고 계속해서 유지시키는 것이 자기-표현을 촉진하는 데 있어서 매우 중요하다. 놀잇감이 아이들의 언어라면 표현을 장려하기 위한 다양한 놀잇감들을 손에 쥐어 주어야 하는 것이다. Kottman(2003)은 표현의 방대한 범위를 고려하여 놀잇감의 범주화를 확립하였다. 가족/육아 놀이 놀잇감, 공포스러운 놀잇감, 공격적인 놀잇감, 생각과 감정을 나타내는 놀잇감, 가상 놀이/상상 놀이 놀잇감 등이다.

놀잇감은 피부색, 신체 능력, 옷, 크기 등 다양하고 차별화된 모형물을 통해 아동의 문화적, 개인적 정체성을 보여 줄 수 있어야 한다. 만일 놀잇감에서 아동의 환경을 볼 수 없다면 잘못 이해하거나 예측할 수 없음으로 비롯된 감정들이 생길 수 있다. 아동이 그들과 서로 통한다고 여기는 놀잇감을 이용해 자기 자신을 표현하면서 보다 자신감을 드러낼 때 놀이치료실에서 다양한 사회를 나타내는 데 사용되는 시간이 가치 있을 것이다(kottman, 2003; landreth, 2012).

적용

자기-표현은 모든 연령의 내담자와 정신건강을 다룰 때에 매우 중요한 구성 요소이다. 아동의 자기-표현을 촉진하는 데 발달적으로 가장 적절한 방법은 놀이를 통한 것이다. 이러한 이유로 놀이는 정신치료가 필요한 어떤 아동에게나 적합한 방법이다(Elkind, 2007; Piaget, 1951). 언어적 표현에 제약이 있는 아동이라면 놀이를 통해 치료자가 그의 타고난 언어 능력을 발달시키도록 도울 수 있으며(Ginott, 1960), 이는 아동의 감정, 소망, 욕구, 견해를 표현하기 위한 편안하고 안전한 환경을 제공함으로써 가능하다. 치료자가 아동과 부모 모두에 대한 이해와 통찰을 얻는 데 가장 도움이 되는 것은 아동의 내면세계를 관찰하는 것이다(Landreth, 2012).

임상 사례

다음은 놀이치료에서 자기-표현의 실제 사례를 제공하기 위해 전문가들이 경험한 사례들이다.

타이슨의 사례

타이슨은 집과 학교에서의 폭력적인 돌발 행동으로 인해 놀이치료에 의뢰된 8살 남자아이였다. 타이슨은 선생님이 숙제를 가져오지 않은 이유를 묻자 선생님에게 의자를 집어 던졌다. 엄마는 타이슨이 아빠처럼 될까 두려웠다. 타이슨의 아빠는 술집에서 두 사람을 폭행한 혐의로 수감되었는데 한 사람은 거의 죽을 뻔했다. 그녀는 타이슨과 그의 여동생을 혼자 키우고 있었다. 타이슨은 3개월간 주 1회씩 학교에 있는 놀이치료실에서 전문가와 만남을 가졌다. 그의 놀이 주제는 대부분 공격적이었고 통제에 초점이 맞추어져 있었다. 다음은 타이슨이 12회기에서 보여 준 표현과 행동에 대한 대략의 내용이다.

타이슨은 놀이치료실에 가자며 치료자가 불렀을 때 교실에 조용히 앉아 공부를 하고 있었다. 치료자를 보았을 때 아이는 자리에서 껑충 뛰어 내려오며 친구에게 "담에 봐, 멍청이."라고 말했다. 그는 행복한 것 같았고 미소를 지었으며 놀이치료실로 이동하는 내내 공을 튕겨댔다. 치료자는 "타이슨, 여기가 놀이치료실이야. 여기에 있는 장난감을 가지고 마음대로 놀아도 돼."라는 말과 함께 타이슨을 맞아 주었다. 아이는 큰소리로 웃으며 말했다. "선생님은 맨날 그렇게 말하잖아요." 그 태도에는 장난기가 많았으며 적대적인 모습은 없었다.

그리고 나서 타이슨은 놀이치료실의 인형 영역으로 이동했다. 아이는 3개의 인형을 반원형으로 늘어놓고 그들이 레슬링 경기를 준비 중이라고 말했다. 그리고 곧 그 인형들을 가지고 바닥에 던지기, 주먹 날리기, 헤드록 걸기 등 싸우는 놀이에 임했다. 그의 이러한 행동은 약 25분간 계속되었으며 그러는 동안 이러한 은유적 표현의 동기, 의도, 감정이 함께 기록되었다. 레슬링 경기를 하는 동안 아이는 두려움에 휩싸인 얼굴로 치료자를 돌아보며 경찰이 왔다고 말했다. 그리고 모두 숨어야 한다고 말했다. 타이슨은 인형들을 가슴에 끌어안고 방 한쪽으로 몸을 숨겼다. 잠시 후에는 경찰이 둘러보다가 아무것도 못 찾고 돌아갔다고 말했다. 그는 일어서서 인형들을 떨어뜨리고는 그들을 따돌렸다고 말했다. 경찰들은 어리석었다. 그 후 타이슨은 인형들을 가지고 레슬링 경기를 다시 시작했다. 몇 분 후, 그는 경찰들이 돌아와 자기를 붙잡았다고 말하며 바닥에 앉아 숨을 거칠게 몰아쉬기 시작했다. 아이의 얼굴은 벌겋게 달아올랐고 점점 더 심해졌다. 치료자는 아이의 감정을 은유 세계 밖으로 끌어내기 위해 대화를 시도하기로 했다. 치료자는 "네가 화가 났구나."라고 말했다. 타이슨은 주먹을 쥐었다 폈다 하며 "참아, 참아."를 반복해서 말했다. 치료자는 말했다. "네가 참고 있구나. 넌 무언가 하고 싶은 게 있는데 꾹 참고 있는 거야." "너는 하고 싶지 않지만 그게 잘 안 되는구나. 그래서 너 자신에게 참으라고 말하고 있지." "참는 게 힘들면서도 너는 그것을 하고 있어." 이것은 몇 분 동안 계속됐다. 그는 주먹을 쥐었다 폈다 하기를 멈추고 자신에게 참으라고 말하는 것도 멈춘 후에 엄마를 그리기 위해 아트 코너로 갔다. 그리고 남은 시간 동안 그림을 그렸다. 오늘은 그만하자는 말에 타이슨은 치료자와 함께 교실로 돌아갔다.

이 회기는 놀이치료실에서의 자기-표현을 다양한 방식으로 묘사한다. 타이슨은 그의 공격성 때문에 치료에 의뢰되었다. 놀이치료실에서 그는 안전한 환경 가운데 이러한 감정들을 표현할 수 있었다. 그는 놀이 소품을 하나도 망가뜨리지 않았다. 그래서 치료자는 그에게 이러한 감정들을 표현할 수 있도록 허락할 수 있었다. 치료자는 폭력에 대해 불편한 감정이 있었음에도 타이슨과 함께 있을 수 있었다. 다른 현실의 공간에서는 타이슨의 좌절과 분노 표현이 억압되었으며 이는 더 심한 분노를 만들었다. 그에게는 어떤 처벌이나 비방 없이 이러한 감정들을 자유롭게 표현할 장소가 필요했던 것이다.

타이슨이 놀이치료실에서 자신의 분노를 표현했을 때 동시에 이 회기에서 스스로 감정을 통제할 수 있게 되었음을 보여 주었다. 아이가 스스로에게 참으라고 말하던 때 치료자는 걱정을 하고 있었다. 사실 타이슨은 치료자를 때리지 않도록 참고 있던 것이기 때문이다. 그가 앞으로 할 행동에 대해 제한하는 대신 치료자는 믿음을 가지고 함께 있었다. 치료자는 몸이 원하는 대로 하지 않고 참는 것이 얼마나 어려운 일인지 깨달을 수 있었고, 아이는 결국 노력으로부터 성공을 이뤄냈다. 치료자를 때리지도 않았을 뿐더러 자신도 다치지 않았다. 그는 스스로의 갈망을 표현할 수 있었으며 참으려고 노력하는 자신의 모습과 마주할 수 있었다. 그것은 치료에서 전환점이 되었다. 왜냐하면 이 회기 이후에 그는 인형에 신체적 폭력을 가하는 것에서 벗어나 모래 위의 영웅 놀이로 나아갔기 때문이다.

타이슨의 놀이치료실에서의 경험은 자기-표현의 치료적 가치를 명백히 보여 주고 있다. 아이의 행동은 외면적인 것이었으며 그 표현 또한 외면적인 것이었다. 하지만 모든 아이들이 이러한 방식으로 그들 자신을 표현하는 것은 아니다. 자기-표현이 단순히 언어적 혹은 신체적 경험이 아니라는 것을 이해하기 위해 다음의 사례에서는 자기-표현이 자신의 변하고 있는 세계를 이해하는 데 도움을 준 매우 슬프고 조용한 아이가 나온다.

말콤의 사례

이전에 언급한 바와 같이 놀이치료실에서 아동에게는 '침묵을 유지할 수 있는 권리'가 있다. 조용한 아이들은 치료자와 놀이를 시작하는 데 어려움을 겪기도 하지만 그 침묵은 아이들이 자신을 다르게 표현할 수 있도록 허용할 수 있다. 말콤은 7살 아프리카계 미국인 남자아이로 위탁 가정의 가족들과 적응해 가고 있었다. 말콤은 슬퍼 보였다. 고개를 숙이고 천천히 걸어 다녔기 때문이다. 생기도 없었다. 놀이치료실에 처음 방문했을 때 아이는 망설임 없이 아트 이젤로 가서 그림을 그리기 시작했다. 조심스럽게 페인트를 섞어 자신이 원하는 색을 만들었다. 그가 만든 그림은 종이의 대부분을 차지할 정도로 커다란 하트 모양이었다. 아이는 자신이 생각했던 대로 잘 되었는지 확인하기 위해 다시 훑어보았다. 그는 다 됐다고 만족하자마자 오른쪽 귀퉁이에 '사랑'이라고 적어 넣었다.

말콤이 침묵을 지키며 그려낸 그림은 자신의 슬픔과 상실에 대한 표현이었다. 그가 이 그림에서 보여준 진지한 자세는 치료자로 하여금 아이가 이 창조적 활동에 엄청난 에너지를 쏟고 있다는 것을 알게 해 주었고, 따라서 그 그림은 상당한 힘을 가지고 있다고 말할 수 있었다. 말콤이 만약 치료자에게 가족을 그리워하고 있으며 자신의 삶에 닥친 변화를 이해하기 위해 노력 중이라고 말했다면 그 그림은 그렇게 표현력 있거나 영향력을 발휘하지 못했을 것이다. 아이는 말하지 않고도 내면의 몸부림을 훨씬 잘 표현해 냈다.

요약

종합해 보면 연구에는 여러 놀이치료자들이 이미 알고 있는 사실, 즉 자기-표현이 놀이의 원동력이라는 사실에 대한 뒷받침이 필요하다. 아동이 직면한 문제, 상처, 욕구를 스스로 자유롭게 표현하도록 만들기 위해 안전하고 따뜻한 환경을 제공하는 것은 치유를 위한 강한 요소가 된다. 놀이치료 과정의 이 분명한 힘을 구분해 내기 위한 연구와 그것이 어떻게 작용하는지에 대한 연구는 놀이치료의 적용과 가치를 추가로 입증하고 뒷받침하는 데 도움이 될 것이다.

참고문헌

Axline, V. A. (1947). *Play therapy*. New York, NY: Ballantine Books.
Badenoch, B. (2008). *Being a brain-wise therapist*. New York, NY: Norton.
Berk, L. (2003). *Child development* (6th ed). Boston, MA: Allyn and Bacon.
Bixler, R. H. (1982). Limits are therapy. In G. L. Landreth (Ed), *Play therapy: Dynamics of the process of counseling with children* (pp. 173–118). Springfield, IL: Thomas.
Elkind, D. (2007). *The power of play*. Cambridge, MA: Da Capo Press.

Erikson, E. H. (1963). *Childhood and society*. New York, NY: Norton.

Erikson, E. H. (1977). *Toys and reason*. New York, NY: Norton.

Findling, J. H., Bratton, S. C., & Henson, R. K. (2006). Development of the Trauma Play Scale: An observation-based assessment of the impact of trauma on the play therapy behaviors of young children. *International Journal of Play Therapy, 15*(1), 7–36. doi:10.1037/h0088906.

Freud, A., & Burlingham, D. (1943). *War and children*. New York, NY: Medical War Books.

Gil, E. (2005). [electronic resource]. From sensitivity to competence in working across cultures. In E. Gil & A. A. Drewes (Eds.), *Cultural issues in play therapy* (pp. 3–25). New York, NY: Guilford Press.

Gil, E. (2006). *Helping abused and traumatized children*. New York, NY: Guilford Press.

Ginott, H. G. (1960). A rationale for selecting toys in play therapy. *Journal of Consulting Psychology, 24*, 243–246.

Kottman, T. (2003). *Partners in play: An Adlerian approach to play therapy* (2nd ed.). Alexandria, VA: American Counseling Association.

Landreth, G. L. (1993). Self-expressive communication. In C. E. Schaefer (Ed.), *The therapeutic powers of play* (pp. 41–64). Northvale, NJ: Aronson.

Landreth, G. L. (2012). *Play therapy: The art of the relationship* (3rd ed.). New York, NY: Brunner-Routledge.

Landreth, G. L., Homeyer, L. E., & Morrison, M. O. (2006). Play as the language of children's feelings. In D. Fromberg & D. Bergen (Eds.), *Play from birth to twelve* (2nd ed., pp. 47–52). New York, NY: Routledge.

Levy, A. J. (2008). The therapeutic action of play. *Clinical Social Work Journal, 36*, 281–291.

Meyers, C. E., Bratton, S. C., Hagen, C., & Findling, J. H. (2011). Development of the Trauma Play Scale: Comparison of children manifesting a history of interpersonal trauma with a normative sample. *International Journal of Play Therapy, 20*(2), 66–78. doi:10.1037/a0022667.

Piaget, J. (1951). *Play, dreams and imitation in childhood*. London, England: Routledge & Kegan Paul.

Ray, D. C. (2011). *Advanced play therapy*. New York, NY: Routledge.

Rogers, C. (1957). The necessary and sufficient conditions of therapeutic personality change. *Journal of Consulting Psychology, 21*(2), 95–103. doi:10.1037/h0045357.

Schaefer, C. E. (1993). What is play and why is it therapeutic? In C. E. Schaefer (Ed.), *The therapeutic powers of play* (pp. 1–15). Northvale, NJ: Aronson.

Schaefer, C. E. (2012). *The therapeutic powers of play*. Unpublished manuscript.

Terr, L. (1990). *Too scared to cry*. New York, NY: Basic Books.

Terr, L. C. (1981). Forbidden games. *American Academy of Child Psychiatry, 20*, 741–760. doi:10.1097/00004583-198102000-00006.

03

무의식으로의 접근

DAVID CRENSHAW and KATHLEEN TILLMAN

서론

Freud는 무의식에 대한 그의 흥미가 부분적으로 설명된 저서 일상생활의 정신병리학에서 흥미로운 이야기에 대해 언급했다. 환자 중 한 명이 급하게 그를 찾으며 전화했을 때 Freud는 자신의 집 벽난로의 따뜻한 불 앞에 앉아 있었다. 그는 따뜻하고 아늑한 집을 뒤로 하고 눈 속을 터덜터덜 걸어 사무실에 도착했다. 그러고는 문득 이 열쇠로는 사무실 문을 열 수 없다는 사실을 알아차렸다. 다양한 시도와 좌절 끝에 Freud는 자신이 집 열쇠를 들고 있었다는 것을 깨달았다. 그가 집 열쇠로 사무실 문을 열려고 계속 시도함으로써 그의 집, 따뜻한 불 앞으로 돌아가고 싶다는 강한 소망을 드러내고 있었다는 사실을 전혀 인식하지 못하고 있었던 것이다.

인간의 지각 밖, 어떠한 순간에서도 존재하는 동기와 감정, 신념 그리고 본능적이며 감각적인 정보는 무수히 많다. 이는 아동의 사례에서 더 많이 볼 수 있는데 아동은 자기반성, '정신화(mentalization)'(Fonagy, 2012) 혹은—성인의 경우 대부분 이를 얻는 데 오랜 시간이 필요하다—자기 관찰 능력이 발달하지 못했기 때문이다. 놀이는 어린 아이들에게 있어 자연스러운 언어이며 의사소통의 방식이다. 놀이를 통해 감각적이고 내적인 경험뿐 아니라 어느 정도의 동기와 감정, 신념이 표출되고 자신만의 표현을 갖게 된다. 비록 그것이 의식적인 자각 밖에서 나오기는 하지만 놀이는 아동이 의식 밖에 있는 것을 포함하여 광범한 내면의 경험을 표현할 수 있도록 안전한 정서적 분위기를 만들어 낸다.

문화주의적 정신분석과 같은 최근의 정신분석적 접근에서 보면 무의식은 그 실체가 드러나지 않는다. Montague Ullman(1982)은 이렇게 설명하였다. "놀랍게도 우리의 삶 가운데 일어나는 일들의 상당수가 우리의 주의를 완전히 벗어난 것이며, 이렇게 우리에게서 벗어나는 모든 것에 대해 '무의식'이란 단어를 적용하는 것에 조금이라도 반대할 이는 아무도 없다고 해도 좋을 것이다. 그러므로 건강하고 신경증적인 삶 뒤에 두 번째 현실로 존재한다고 믿는 '무의식'이라는 것은 사실 우리가 추정할 수 있는 것이 별로 없다. 이는 무의식적인 것이 많다는 것이지만 무의식인지를 짐작할 수 있는 것은 아무것도 없다. 그러나 현실은 하나다. 살아지는 것이 삶이다." Bonime(1982)는 꿈에 대한 그의 연구를 '수면과 깨어 있는 의식 사이, 그리고 의식과 무의식 간 연속체의 개념'으로 예견했다. Bonime은 '무의식'의 구성을 쓰지 않았고 다음과 같이 설명하였다. "사람은 의식을 가지고 있다. 중추신경계가 누적되고, 역동적이고, 창의적인 표현으로서의 의식을 말이다. 의식은 엄청나게 다양한 과정과 엄청나게 광범위한 인식의 정도로 깨고 자는 상태에서 기능한다."

두뇌에 의해 수행된 지적으로 받아들이는 과정 대부분이 지각의 밖에서 발생한다는 심리분석에 신경과학 연구가 동의한 것은 흥미로운 일이다. 하지만 신경과학 분야는 정통 정신분석학에서 선호한 무의식이라는 용어 대신에 비의식이란 용어의 사용을 더 선호하는 경향이 있다(Tamietto & de Gelder, 2010). 그리고 Bonime의 지각과 비지각 연속 견해와 일치한다. 문화예술 옹호주의자는 정신분석적 견해의 무의식을 구체화한다. Freud는 정신분석의 목적이 무의식을 의식화하는 데에 있다고 믿었다.

상징주의는 많은 부분이 무의식 속에서 이루어지고 동화, 꿈, 정신병리학에서 표현된다. 증상 자체의 선택은 아마도 그것의 진정한 의미의 비유로서 무의식적으로 선택되어 질 수도 있겠다. Sarnoff(2002)는 놀이에서 아이들에게 감정이 북받치는 역할이나 문제가 있는 이미지의 역할을 상징하라고 했을 때 당시 그들에게 필요한 보호와 안전을 제공받을 수 있는 동시에 누군지는 알려지지 않을 수 있다고 이야기했다. Sarnoff는 사람이 거슬리는 기억과 관련된 감정의 강도가 클수록 그것이 상징화될 필요가 커진다고 강조했다. 그는 "마스킹 상징은 대단히 충격적인 기억을 마스터하기 위해 반복적으로 의식하도록 해 주는 기억의 일부이다."(Sarnoff, 2002)라고 덧붙여 설명했다.

우리가 상징의 과정을 이해하는 데 Sarnoff가 기여한 한 가지 중요한 사실은 꿈과 놀이에서의 '투명한 정서 상징'이라는 개념이다(Sarnoff, 2002). 투명한 정서 상징에서는 상징되어지는 것과 그 대상 간의 연결이 여전히 억눌려 있거나, 무의식적이지만 그 사이에 충분한 거리를 두는 데 실패함으로써 놀이에서 아동이 갑자기 자신이 설명할 수 없는 이유로 놀이를 중단했을 때 감정이 과잉되거나 불안감으로 바뀌는 '변환의 순간'을 가질 수 있다는 위협이 있다(Sarnoff, 1976). 아동의 상징적인 놀이는 물론이거니와 꿈이나 악몽은 위협이나 퇴보의 상태에서 폭풍우나 홍수, 허리케인, 토네이도, 피, 그리고 그림자 등의 투명한 정서 상징을 포함할 수 있다.

무의식으로의 접근에서 놀이치료의 힘

Anna Freud의 이론은 놀이가 무의식의 마음을 밝혀낼 수 있다는 사실에 기반을 두고 있다. Melanie Klein(1976)는 "Freud의 꿈에 대한 해석과 비슷하게 아이들의 노는 모습에 접근해서 그들의 무의식 세계에 접근할 수 있다."라고 비슷한 명시를 했다. 그러나 Anna Freud는 놀이를 어른들의 것과 동일시하는 Klein의 심리분석적 놀이 기술에 대해 비판적이었다. 또 Anna Freued는 Klein이 모든 놀이를 상직적인 의미로 보거나 무의식적인 의미로 너무 잦게 해석하는 것에 대해서도 비판적이었다. Freud는 아이들을 분석하는 역할에 더 큰 중점을 두었다. 그러나 Klein과 Freud 모두 상상 놀이를 무의식으로 접근하는 가장 중요하고 자연스러우며 풍부한 근원과 방법으로 보았다.

경험적 근거

놀이는 감각 기관, 운동 감각 기관, 본능적 기관, 그리고 시각적 이미지를 담당하는 우뇌의 언어를 표현한다. Shore(2003a, 2003b)는 우뇌에 대해 인간의 처음 3년 동안을 지배하는 뇌의 부분이라고 정의했다. 그러므로 놀이는 아이의 인식 바깥 범주에 놓여 있는 최초의 경험에 접근할 수 있도록 한다. Gainotti(2012)는 무의식적으로 감각적인

정보를 받아들이는 과정이 주로 우뇌의 피질 하부를 통해 신속히 소뇌에 도달하게
되는 것이라는 주장들을 검토했다.

신경생물학 연구에서는 감정이 의식적인 선택에 의해 이루어지는 것이 아니라고
주장했다(van der Kolk, 2006). 소뇌와 같은 변연계 뇌의 구조는 받는 자극을 분류하
고 감정적인 중요성을 결정한다. 그에 따른 감정적인 중요성은 어떤 행동을 취할지
또한 결정한다. 강렬한 감정 신경 촬영법 연구는 의식적인 감정을 처리하는 전두엽의
많은 부분에서 급격히 혈액 순환이 감소되고, 피질 하부의 뇌 활성화가 향상된다는
사실을 밝혀냈다. 놀이치료는 이러한 감정적인 반응과 그 당시 무의식적으로 겪었었
던 충격적인 외상 관련 기억, 혹은 언어적인 표현에 대해 다시 분석할 수 있게 한다.
충격적인 사건이 일어날 때 왼쪽 앞부분 전액골 피질, 특히 뇌에서 언어를 표현하며
생각과 감정을 소통하는 데 필요한 브로카 영역이 상대적으로 비활성화된다(Van der
Kolk, 2006).

다양한 다른 임상적 접근들은 아이들의 감정적, 행동적, 그리고 사회적 고통을 감
소하는 데 효과적이라고 증명되어 왔다(Bratton, Ray, Rhine, & Jone, 2005; Casey &
Berman, 1985; Weisz, Weiss, Han, Granger, & Morton, 1995). 아이들을 위한 치료법에
효과성을 입증하는 다양한 시도를 연구해 본 결과 Casey와 Berman(1985)은 아동의
치료법은 치료를 하지 않는 쪽에 비해 훨씬 효과적이라고 결론지었다. 아울러 놀이를
바탕으로 하거나 하지 않아도 이 개입은 동일하게 효과적이라고도 결론지었다. 다시
말해 약 100개의 놀이치료법의 개입을 조사해 본 결과 놀이치료는 고통 받는 아동들
에게 있어서 통계적으로도 타당하다는 것이다(Bratton et al., 2005). 마지막으로 정신
역동의 정신치료 효능을 조사하는 랜드마크 연구에서 Shedler(2010)는 정신역동치료
가 인지행동적 이론과 같이 경험적으로 지지가 되는 치료법처럼 효과가 있다고 결론
지었다. 아울러 정신역동치료는 실질적인 치료가 끝난 후에도 그 혜택이 지속된다는
사실이 중요하다. 이러한 사실들을 합쳐서 볼 때(예 : 아이들 치료법은 효과적이고,
놀이치료도 효과적이며, 정신역동치료도 효과적이다.) 아이들과 함께 하는 정신분석
학적 놀이치료는 고통 속에 있는 아이들을 위한 치료법의 선택으로써 성공할 수 있다.

안타깝게도 정신분석학적 놀이치료의 효능성을 자세히 소개하는 연구는 부족한 상
태이다. 이러한 정신분석학적 놀이치료의 부족함을 바탕으로 놀이치료자들에게 다음
의 질문들에 대한 답을 찾는 연구에 매진해 달라고 독려하고 싶다.

- 정신분석학적 놀이치료는 아이들의 감정적, 행동적, 사회적 기능에 이득이 될 수 있는가?
- 어떻게 정신분석학적 놀이치료가 아이들에게 이득을 줄 수 있는가? (예 : 정신분석학적 놀이치료의 어떤 면이 이익이 될 수 있는가?)
- 정신분석학적 놀이치료로부터 구체적으로 현존하는 어떠한 문제들이 혜택을 받을 수 있을까?
- 혹은 현존하는 어떠한 문제들에 혜택이 되지 않을까? 그 경우 구체적으로 다른 어떤 놀이치료가 혜택이 될 수 있을까?

변화를 이끄는 무의식 접근의 역할

상상은 아이의 어린 시기 놀이에 있어 중요하며, 상징적 놀이는 '아이의 무의식적인 세상이자 비밀과 소통한다'는 주요한 의미이다(Sarnoff, 2002). 놀이치료는 아이의 돌출 행동과 관련된 감정 안에 내재되어 있는 무의식적 동기에 도달하는 다리 역할을 한다. 놀이치료에서 아이가 사용한 상징은 Piaget(1945)에 의하여 Ludic이라 불리는 꿈에서 찾아낸 상징과 아주 유사하다. Ludic 상징은 26개월부터 'ludic 종말'(Sarnoff, 2002)이라고 놀이 상징이 소멸되는 경향이 있는 약 11~12살까지의 시기를 지배한다. 이 시기에 나타나는 Ludic 상징은 정신분석학적 놀이치료 시간 동안 무의식적인 동기에 관한 풍부한 데이터의 근원이 된다. Freud는 꿈을 무의식으로의 연결 경로로 간주했다. 정신분석학적 놀이치료자들은 놀이를 아이들의 의식, 무의식, 혹은 인식의 바깥쪽 경험을 이해하는 첫 부분으로 보았다.

아이들은 자주 예상, 대체, 상징의 메커니즘을 그들의 놀이에서 무의식적인 충동과 소망을 안전하게 표현하는 데에 사용한다. 아이들은 자연스럽게 그러한 용어를 쓰지 않는다. 만약 어린 아이에게 "너는 개구리 인형을 악어 인형으로 막 때리는 걸 통해서 형에 대한 분노를 안전하게 표현하려고 그런 행동을 하는구나."라고 지적한다면 아이는 당황하거나 놀이치료실을 급히 나갈지도 모른다. 이러한 방어 작용은 의식하지 못한 채 계속될 것이다. 하지만 만약 아이가 노는 과정에 자연스럽게 적응을 돕기 위해 좋은 모델링을 해 준다면 강화될 수 있다. 예를 들어 한 아이가 집을 가지고 놀다가 집에 불이 나서 놀이가 중단되었다고 하자. 그때 놀이치료자가 "우와, 저기 소방차가 지나간다. 소방관들이 불 끄는 것을 도와줄 수 있을 거야."라며 문제를 해결하도록 모델링을 해 준다. 그런 식으로 아이의 방어적인 행동은 더 부각될 수도 있고, 강화될 수도 있다. 또한 아이는 과도한 불안감 없이 그러한 행동을 인식할 수 있게 된다. 왜냐하면 그러한 행동들은 놀이라는 자연스런 내용 안에서 균일하게 엮어질 수 있기 때문이다. 방어적인 행동을 의식적으로 인식할 수 있도록 하는 것의 목적은 그 방어적인 행동을 더욱 유연하게 적응할 수 있도록 그리고 자유롭게 선택할 수 있게 함으로써 개인적인 감각을 향상시키려는 데 있다. 이것은 이전엔 무의식적으로 했던 행동을 인식하게 이끌어 변화를 증진하는 놀이치료의 한 예이다.

치료적 작업에서 무의식으로 도달하게 하는 놀이의 역할은 외상 회복에 매우 중요하다. 어린 아이가 말을 하기 전의 외상은 언어에 의지하는 않는 치료를 통해서만 해결될 수 있다. 외상을 겪는 경험과 기억은 주로 소뇌에서 처리되고 그 안에 저장되어 있는 내포된 기억들로 간주되는데 이는 의식적인 기억이 아니며 의지적으로 기억할 수 없는 기억들이다(Damasio, 2010; Kandel, 2012; Ledoux, 2002). 그러나 이처럼 내포되어 있는 기억들이 특히 안전하고 신뢰하는 사람(놀이치료자)이 이끄는 내용 안에서 놀이나 다른 예술적인 묘사를 통해 표출될 때, 이러한 기억들은 덜 괴롭게 될 뿐만 아니라 생리학적인 자극이나 충격적인 사건이 일어났을 때의 내적 상태와 비슷한 안 좋은 기억, 외상에 의해 더 이상 자극받지 않게 된다.

Freud는 사람이 과거의 충격적인 사건을 의식 속에서 기억하지 못할 때, 그것을 과거에 속한 어떠한 것으로 기억하는 것과 비교해서 마치 현재의 경험처럼 그 사건을 반복하게 된다는 사실을 발견했다. 또한 Freud는 이러한 개념들을 더욱 정확하게 밝혀내는 신경생물학적 연구나 지식의 기초가 있기 오래 전부터 내재된 기억과 분명한 지식 간의 차이를 현명하게 예상했다. 한 임상 실험의 예로 8살짜리 여자아이가 인형을 바닥에 눕혀 놓고 인형의 가슴 위에 무거운 벽돌들을 올려 계속 쌓으며 인형을 으스러뜨린 적이 있었다. 약간의 변화를 주며 이러한 장면을 놀이치료에서 계속적으로 연출하다가 놀이치료자가 아이에게 물었다. "너도 이 작은 인형처럼 꼼짝 못하게 붙잡혀서 으스러진 적이 있었니?" 그 아이는 이내 감정이 폭발하여 흐느끼며 눈물을 흘렸는데, 이를 통해 덩치 크고 무거운 오빠가 성관계를 하기 위해 그 아이를 꼼짝 못하게 쓰러뜨리고 위에 올라탔었다는 사실을 알 수 있었다. 그 충격적인 장면을 놀이를 통해 인형으로 재연할 때 아이는 그것이 자신의 과거 경험과 관련되어 있다는 사실을 의식할 수 없었다. 놀이를 통한 차후 해결책은 그 아이가 바닥에 누워 벽돌들을 자신의 가슴과 몸 위에 놓아 달라고 부탁하고 다시 일어나서 그 벽돌들을 아주 신나게 집어 던져 버림으로써 치유되었다. 그러한 행동들은 아이를 두렵고 무기력하게 만들었던 과거의 충격적인 사건으로부터 자유로워지도록 효과적인 행동을 취하는 힘을 주었다. van der Kolk에 의하면 근본적인 두려움을 느끼는 당시의 상황에서 효과적인 행동을 취하지 못하는 것이 외상 후 스트레스 장애의 핵심적인 요소이다.

전략과 기술

정신분석학적 놀이치료는 아동중심 놀이치료를 제외한 놀이치료에서의 다른 접근들과 같이 많은 기술들이 알려져 있지 않다. 기술은 이론과 자유 놀이, 꿈으로 알려지며 어른들의 자유 연상과 꿈의 분석을 통한 정신분석과 마찬가지로 유용한 자료를 제공한다. 사실 어린 아이들이 꿈 내용을 자세히 묘사하는 데 있어서는 아무래도 어른에 비해 더 제한적이기 때문에—어른처럼 꿈이 아이들의 심리를 분석하는 데 가장 중요한 역할을 하는 건 아니지만—자유 놀이는 그들의 내면세계와 심리를 이해하는 데 있어서 풍부하고 충분한 정보들을 제공한다.

기초

정신분석학적 놀이치료를 활용하는 놀이치료자의 가장 중요한 기능은 아이들이 가지고 있는 불안감과 공포, 두려움, 그리고 갈등의 감정을 해소할 수 있도록 돕는 것이다. 정신분석학적 놀이치료자는 아이들을 완전히 놀이에 참여시킴으로써 무엇이든지 아이를 괴롭히는 생각에서 벗어나 스스로 놀이를 온전히 주도하도록 한다. 정신분석학적 놀이치료의 영역에서는 아이와 놀이치료자 간의 관계가 필수적이다. 정신분석학적 놀이치료에서 아이의 놀이는 아이와 치료자 간의 강한 치료 연합을 촉진시킨다(Freud, 1928). 현대의 다른 놀이치료와 비슷하게 정신분석학적 놀이치료는 아이에게 자신들의 생각, 감정, 행동을 판단하지 않는 치료자들과 함께 신체적, 정신적 상처에서 벗어나 자기 자신을 자유롭게 표현할 수 있는 안전한 장을 마련하는 데 목적을 두고 있다.

  비록 이러한 조건들이 필요하기는 하지만 성공적인 정신분석학적 놀이치료가 이루어지는 데 이것만으로 충분한 것은 아니다. 정신분석학적 놀이치료자들은 아이들을 경청해 주고 공감해 주는 동시에 아이들을 감당할 수 없게 만드는 힘든 감정들을 이해하고, 인식하고, 그들의 경험을 확실하게 인식시켜 주고, 개선될 수 있도록 격려한다(Winnicott, 1945, 1975). 또한 무의식과 의식을 분간시켜 주며 아이의 놀이에서 행동과 언어 묘사를 해석함으로써 아이를 포용하는 환경을 제공한다(Freud, 1928).

기법

다양한 상상력을 기초로 하는 기법들은 해결되지 못한 아이들의 두려움과 갈등을 해결하도록 하고 그들의 무의식 세계를 들여다 볼 수 있도록 이용될 수 있다. 분석학적인 놀이치료자들은 모래 놀이, 인형극, 연극, 그림과 조각, 쓰기와 책의 삽화 그리기 등의 놀이를 통해 아이들이 걱정과 갈등을 표현하도록 한다. 이러한 상상을 기초로 하는 기술을 이용할 때 치료자들은 아이들이 놀이를 통해 그들의 갈등과 걱정을 표현할 수 있도록 돕는 다양한 기법들을 이용한다. 아이들이 자신을 표현하는 안전한 장을 만들어 내는 데 있어서 많은 분석학적인 일은 그들이 중심이 되는 일과 중복된다. 가장 중요한 차이는 분석학적 놀이치료가 아이들이 무의식적인 문제의 인식을 증대시키는 데 목적을 두고 있다는 것이다.

정신분석학적 놀이치료 기술

정신분석학적 놀이치료자들은 서술과 객관적인 관찰에 중점을 둔다(Quackenbush, 2008). 예를 들어 이런 얘기들을 할 수 있다. "엄마 인형이 아기 인형을 안고 있구나." 이는 아이에게 이 순간에 일어나고 있는 일에 대한 아무런 판단 없이 당신이 아이에게 관심이 있고 무엇을 하는지에 집중해 주고 있다는 것을 말해 준다.

정신분석학적 놀이치료에서 놀이치료자는 아이의 감정을 받아 주고 그들의 내적인 경험을 말로 표현할 수 있도록 돕는다. 예를 들어 아이가 형 혹은 오빠와의 관계에 대해 논의하는 동안 놀이 테이블을 망치로 시끄럽게 내리치면서 얘기하면 치료자는 그 아이가 화가 나 보인다고 진술한다. 같은 맥락에서 놀이치료자는 아이들이 그들의 감정을 언어로 표현하도록 도우면서 차분하게 수용하는 자세로써 아이가 아직 알아차리지 못하는 감정을 밝혀 주고, 아이가 확인하는 감정을 다시 이야기해 줌으로써 놀이의 내용에 대해 판단 없는 입장에서 그들의 감정을 받아주는 데 목적을 둔다. 감정은 감정이다. 감정엔 옳고 그름이 없지만 분석학적 놀이치료의 영역 안에서 수용된다. 이러한 감정들로 말미암아 치료자들은 아이들이 무의식적인 감정의 인식을 증대시키도록 도움으로써 행동의 변화가 뒤따를 수 있도록 하는 데 목적을 둔다.

치료자들은 아이들이 갈등을 해소하도록 돕는 다른 방법들도 제안한다(Quackenbush, 2008). 예를 들어 만약 아이가 반복적으로 고양이 인형을 괴롭히는 나쁜 역할의 인형놀이를 한다면 놀이치료자는 그 인형극에 다른 인형을 투입시킴으로써 고양이 인형이 뭔가 새로운 일(예 : 어른에게 얘기한다든지 그 자리를 떠난다든지)을 시도하게 해준다.

또 치료자는 아이의 자존감을 건드리는 것처럼 들리는 질문을 피한다(Quackenbush, 2008). 예를 들어 "왜 아빠가 엄마에게 소리를 질렀니?"는 방어적인 대답을 하도록 자극하는 반면 "아빠가 엄마에게 소리를 질러."는 아이가 소리를 지르는 행동에 대해 아무런 판단을 하지 않으면서도 놀이를 온전히 이해하고 표현한다는 것을 말해 준다.

해석

치료상의 관계와 기반이 성립된 후에 정신분석학적 놀이치료자들은 Melanie Klein이 어른들의 치료에서 자유롭게 연관 짓는 것과 유사한 과정으로 주요 해석을 시작하면서 앞에서 언급된 기술을 이용하여 계속적으로 관계를 유지한다(Klein, 1932, 1975). 해석이란 본질적으로 아이가 인식할 수 있는 외부 세상의 반영이다. 놀이치료자들은 정확한 해석을 할 때 아이들이 이야기한 것들을 스스로 인식할 수 있게 해 주고 아이 삶 속에서 무의식적인 것들의 의미를 알아 낼 수 있다. 그래서 종종 아이들의 행동이 그들에게 당황스러울 수도 있다. 신중하고 정확한 해석을 할 수 있을 때 아이들의 행동을 이해할 수 있는 것이다.

Erikson(1940)은 치료자를 관찰자와 해석자로 논의하며 아이의 놀이를 해석하는 데 있어 분명한 세 가지 단계를 제의했다. 첫 번째, 치료자는 아이의 놀이를 보면서 그것을 다루는 관찰자로서의 역할을 담당한다. 이러한 관찰과 자기 성찰은 아이의 놀이에 관해 가능한 해석의 가정을 치료자가 만들도록 도움을 준다. 예를 들어 놀이는 아이가 피하려고 하는 사람이나 생각을 상징적으로 표현할 수 있다(예 : 아이가 남자 형상으로부터 숨으려 하는 반면 여자의 형상과는 잘 놀 수 있다). 두 번째, 치료자는 아이의 언어 표현과 행동에 집중하면서 관찰자의 역할을 감당할 수 있다. 이러한 지속적인 과정은 치료자가 아이에게 관계되는 환경이나 그 환경의 본질적인 질을 반추해 볼 수 있게 한다. 예를 들어 아이가 계속적으로 겁에 질려 소리를 지르며 남자 형상을 숨기려 한다면 이런 것들은 아이가 어릴 때 아빠로부터 신체적 학대를 당했거나 언어적인 학대를 당한 것에 대한 두려움과 연관될 수 있다. 세 번째, 타이밍이 적합하다면 놀이치료자는 아이에게 놀이에서 본 치료적인 해석에 대해 이야기할 수 있다. 예를 들어 놀이치료자는 오래 전 남자가 아이를 때렸고 아이가 너무 무서워했기 때문에 그 남자 가까이에 있는 것이 안전하지 않았던 거라고 말해 줄 수 있다.

O'Connor(2002)는 아이의 놀이에서 행동과 언어 표현을 해석하는 총괄적인 6단계 접근 방법에 대해 이야기했다.

1. 놀이치료자는 아이가 직면한 이슈를 어떻게 가지게 되었는지와 무엇이 그 이슈를 계속적으로 유지하게 하는지에 관한 가정을 포함한 심도 있는 심리학적 사례를 개념화한다. 이 정보를 바탕으로 치료자는 아이에게 행동 뒤의 무의식적인 힘에 대한 이해를 증대한다. 정신분석학적 놀이치료자는 해석의 정확도를 평가할 수 있도록 아이가 해석에 대해 어떻게 반응하는지를 보기 위해 적절한 타이밍에 해석한 내용을 아이에게 전달한다.

2. 놀이치료자는 아이의 무의식을 의식으로 옮겨가도록 내용과 동기의 반향을 이용한다. 반향이라는 것은 단순히 아이가 말한 것을 따라 흉내내는 것이 아니라 아이의 언어 표현과 행동에 해석의 강도를 높이고 첨가하는 것이다. 예를 들어 내용의 반향으로 한 아이가 놀이치료실 한쪽 구석에 있는 장난감 더미 아래로 숨는다면 치료자는 "너 무서운가 보다."라고 말할 것이다. 동기의 반향으로 만약 아이가 도와주겠다는 치료자의 손길을 거부하고 동물 인형을 던지며 반복적으로 닿기 어려운 책장 위의 게임을 꺼내려고 점프를 시도한다면, 치료자는 "내 생각에 네가 계속 동물 인형을 나에게 던지는 이유는 내 도움을 원치 않고, 네가 직접 게임을 꺼내겠다는 걸 알리고 싶어서인 것 같다."라고 이야기할 수 있다.

3. 해석을 하는 과정의 결합으로 아이는 새로운 방법을 배우는 것에 대한 저항을 하며 그들의 두려움과 갈등을 반복적으로 그리거나 행동으로 표현할 것이다. 예를 들어 2001년 911 사태를 목격한 아이는 반복적으로 화난 사람들이 아이가 사랑하는 누군가가 안에 있는 건물을 폭파시키는 그림을 그릴 수 있다. 분석학적

놀이치료자는 이러한 그림을 보면서 아이가 똑같은 그림을 4번이나 그린 것에 대해 2001년 911 사태를 목격한 무서움 때문에 세상은 안전하지 않은 곳이라고 믿는 두려움과 연관되어 있는 것이라고 해석할 수 있다.

4. 이러한 단계에서 놀이치료자는 단순하고 역동적인 진술을 할 수 있다. 본질적으로 놀이치료자는 아이의 감정과 생각, 동기 사이의 연관성을 생각해 낸다. 아이가 이런 과정으로 쉽게 들어오게 하려면 놀이치료자는 해석할 수 있는 놀이와 치료 시간 동안에 일어난 아이의 행동을 해석하는 것에서 시작하여 다수의 치료 시간을 통해 관찰된 놀이와 행동의 패턴 해석을 진행해야 한다. 아이들은 이미 해석된 내용과 동기에 대해 받아들였기 때문에 이 단계에서 나타난 두 가지의 결합을 쉽게 받아들인다.

5. 이러한 단계는 아이의 생각과 감정, 치료 시간 외의 행동들에 대한 치료자의 지식을 포함한다. 치료 시간 동안에 일어난 아이의 생각, 감정, 행동을 관찰하고 정의하는 것들의 결합을 이용하여 놀이치료자는 놀이치료실에서의 세계와 바깥 세상 사이의 연관성에 대한 해석을 한다.

6. 마지막 단계는 유전적인 수준에서 해석하는 것을 포함한다. 이러한 수준은 아이가 누구이고 어떻게 기능하는가에 핵심적인 믿음을 가진다. 이러한 믿음은 보통 놀이 주제를 거친 여러 치료 시간을 통해 나타난다. 예를 들어 아이는 적합한 시간에 도와주려 했을 때 반복적으로 화를 내거나 난폭하게 군다. 도움에 대한 이러한 거부는 놀이치료 시간 외에도 일어날 수 있고, 그들의 부모님이 부재되어 있었다거나 도움이 필요할 때 부모가 아이에게 의지했다거나 하는 등 어릴 적 경험과 연관되어 있을 수 있다.

임상 적용 및 사례

아이들은 일반적으로 불안과 두려움을 경험한다. 그들은 버려질까, 거절받을까, 사랑받지 못할까, 돌봐주는 사람들에게서 보호받지 못할까 두려워한다. 왜냐하면 아이들은 본질적으로 스스로 방어를 할 수 없고 어른들에 의해 그들의 기본적인 필요를 채워야 하기 때문이다. 학대받고, 방치되고, 맞고 자란 아이들에게 있어서 이 두려움은 더욱 증폭된다. 이러한 아이들은 고조된 불안감과 다른 사람들이 그들을 해치고 싶어

할 것 같다는 무의식의 두려움을 경험하게 된다. 이와 같은 무의식적 두려움은 다른 사람들을 향한 방어를 하게 만들고 그들이 삶에서 믿을 수 있는 사람과 관계를 맺는 능력에 영향을 미친다. 정신분석학적 놀이치료의 목적은 많다. 그리고 아이들이 덜 고생하도록 그들을 돕는 것을 포함한다(예 : 평정된 불안감과 연관된 신체적 증상, 우울감의 고조, 복잡한 비탄을 해결하는 것). 그 외에도 외상을 극복하는 것, 이혼과 같은 삶의 사건들에 적응하는 것, 질병에 대처하고 치료를 준수하는 것, 공포증을 극복하는 것, 학교에서 좀 더 잘 집중하고 배우고 일하는 것, 개인적인 분노와 공격성을 관리하는 것, 학습 장애 혹은 신체적 장애를 가지는 것 등이다(Bromfield, 2003).

사라의 사례

사라는 방치되고 신체적 학대만이 가득한 틀 없는 세상에서 자란 6살 소녀이다. 그 아이는 그녀를 사랑하는 양모와 함께 왔는데, 양모는 사라가 남자들과의 교류를 거부하는 것, 폭력적인 성질, 악몽, 밤잠을 잘 못 이루는 것 등에 대해 걱정하고 있었다.

보통 사무실에 온 사라는 문을 닫고 문의 아랫부분과 바닥 사이의 공간을 돌멩이들로 막아 바깥의 빛이 방 안으로 들어오지 못하게 한다. 그 공간을 작은 돌들로 채운 후, 아이는 돌들의 가장자리에 마법의 지팡이를 올려놓고 돌 꼭대기에 소파의 베개를 놓는다. 빛이 절대로 들어오지 못하도록 한다는 것이었다. 이렇게 안전한 요새를 만든 후에 사무실의 불을 끄고 문 옆 바닥에 누워서 아무 빛도 들어오지 않는지, 자신의 보호 시스템이 제대로 작동하는지 확인한다. 외부 세상의 그 어떤 것도 그녀를 해치지 못 한다는 것을 확인하고 재확인한 후에 그녀가 불을 켜면 치료가 진행된다. 이러한 일상을 통해 사라는 그날의 놀이 주제에 더 잘 몰두할 수 있도록 두려움과 불안감을 감소시키고 방어를 낮추며 자신의 놀이를 주도하는 자유를 가질 수 있다.

그러나 어느 날엔 절대로 불을 다시 켜지 않았다. 무려 45분을 어둠 속에서 보냈다. 치료 시간이 시작되자 사라는 모형 콜렉션의 아기 동물들을—대략 20여종이 있었는데—모래 상자에 모두 파묻었다. 방에는 빛이 전혀 없었다. 아이는 모래 상자 옆에 있는 쟁반에서 각각의 아기 동물 인형들을 가져다가 따로따로 전혀 빛이 없는 가운데에 묻었다. 그녀는 벽과 선반의 모서리를 따라 각 동물 인형들 위로, 그리고 모래 상자로 가기 위해서 카페트를 손으로 더듬었다. 그녀의 생부모, 가족들과 어둠 속에서 함께 있었던 어린 시절처럼 말이다. 사라는 어릴 때 자신이 했었던 것처럼 자신의 어린 형제들을 보호하려고 시도하는 것이었다. 이렇게 한 후 그녀는 하나밖에 남지 않은 가족들도 묻기로 결심했고 그렇게 했다. 그렇게 하면서 계속적으로 치료자가 방에 같이 있는지 물어보고 확인했다. 그녀는 불안해했지만 치료자의 목소리를 듣고는 다시 하던 일을 계속했다.

> 사라 : 여기 같이 있어요?
> 놀이치료자 : (아이의 목소리가 무서워하는 것을 알아차리며 방에 함께 있다는 것을 필사적으로 알리고 싶었고, 아이의 무의식 세계에 대한 인식을 증대시키고 싶었다.) 네 목소리가 무서워하고 있는 것 같아.
> 사라 : 음… 여기 있어요?
> 놀이치료자 : (목소리에서 들리는 두려움을 덜어주고 싶어서 존재를 재확인시킨다.) 난 네 바로 옆에 있어.
> 사라 : (깊이 숨을 쉬며) 알았어요.

아이는 그러고 나서 모래 상자 콜렉션 안에 있는 모든 가족 단위의 인형들을 묻었다. 그리고 인형을 가지러 갔다. (치료자는 아이가 뭔가 심각하고 중요하게 필요로 하는 것 같아서 모래 상자 안에 모래 상자용 놀잇감만 비치해 놓았고 그녀가 하는 일을 중단시키지는 않았다.) 그녀는 '엄마'라고 부를 인형을 결정할 때까지 여러 가지 인형들을 가져왔다. 이후에 엄마마저 묻었다. 그녀는 모래 상자의 모래 위에서는 아무것도 보이지 않도록 완벽하게 묻었다. 누구라도 이 모래 상자를 보았다면 그 많은 물건들을 작은 모래 상자 안에 모두 숨기는 것이 얼마나 어려웠을지 다 알 것이다. 아이는 일을 마쳤을 때 치료자에게 모래의 표면을 손으로 만져 봐서 아무것도 만져지지 않고 안전한지 느껴 보라고 했다. 그녀는 모든 아기들과 가족, 그녀의 형제, 자매들이 안전하기를 원했다.

> 놀이치료자 : (해석을 해 주며) 이걸 보니 모두 해를 당할까 봐 두려워하는 것 같아. 안전한 것이 그들에게는 아주 중요한 것 같아.
> 사라 : 맞아요. 남자로부터 숨고 있는 거예요.

사라의 놀이에서 방어가 드러났다. 그녀는 모래 상자 콜렉션에 있었던 모든 동물 모형(거의 100개)을 모래 상자 안에 던져 넣었고, 조직적이고 의도적이었던 일은 억압

받고 체계적이지 못하게 신속히 바뀌었다. 아이가 그 모형들에 대해 "죽었지만 숨을 쉬고 있다."라고 얘기함으로써 그 두려움이 다시 놀이에 나타났다. 사라는 치료 시간이 끝나기 5분 전이라고 알려주기 전까지 그 일을 거의 광적으로 계속했다. 이번에는 아무 말도 없이 모래 상자의 덮개로 상자를 덮고 문으로 갔다. 그리고 치료 시간 때마다 일상으로 하는 두 번째 의식을 행했다. 그녀는 각각의 베개를 옮기고, 각각의 마법 지팡이를 원래 있었던 테이블로 가져다 놓고, 조심스럽게 문 옆에서 각각의 돌들을 있던 자리로 옮겼다. 흥미로운 것은 늘 치료 시간에 하듯이 마법의 지팡이를 옮길 때 출입구로 가는 문이 천천히 열리는 것처럼 행동하는 것이다. 그러고 나서 물건들을 옮길 때마다 보여 주었다. 이후 치료자의 손을 잡고는 대기실에서 기다리고 있는 그녀의 양모와 만나기 위해 나갔다. 아이는 치료자를 끌어안고 걸어 나간다.

사라와 지속적으로 일하면서 무의식을(예 : 모든 남자들이 그녀를 해칠지도 모른다는 두려움) 의식으로 가져올 수 있도록 함께 했다. 이것은 모래 놀이를 통해 아이의 내적 두려움을 표출할 수 있는 안전한 장소를 제공함으로써 이루어졌다. 사라는 남자에 대한 두려움과 어린 시절 경험에 연관된 것들을 일깨워 주는 해석을 받아들였다. 이러한 해석을 인식하고 받아들임으로써 그녀의 놀이 주제는 '나쁜 남자'로부터 가족과 아기들을 숨기는 것에서 가족과 아이들을 도와주러 오는 '좋은 남자'로 전환되었다. 아이가 '좋은 남자'를 받아들임으로써 양모는 사라가 양부와도 교류하기 시작하고 밤에 책을 읽어 달라고 요구까지 했다고 했다. 놀이를 통해 자신의 감정을 온전히 표현하고 무의식적인 것들을 인식하는 것이 증가함에 따라 사라의 행동은 급격하게 향상되었다. 성질을 부리는 것, 악몽을 꾸는 것, 수면을 취하는 것조차 어려워하던 것 모두가 완화되었다.

콜린의 사례

콜린은 말을 할 수 있기 전에 겪었던 외상이 5살 때 놀이의 힘에 의해 재연됨으로써 말을 하기 전의 기억들이 안전한 맥락에서 표현될 수 있고, 내재된 기억이 일관되게 묘사되도록 정리될 수 있다는 것을 입증한 주목할 만한 예이다. 콜린은 엄마의 알코올 중독자 남자친구가 잠을 자지 않는다는 이유로 쌍둥이 누나 레베카를 심하게 때렸을 때에 겨우 14개월이었다. 레베카는 목숨은 건졌지만 폭행에 의한 심한 뇌손상으로 고생했다. 엄마는 집에 도착했을 때 의식을 잃고 있는 레베카와 부엌의 빗자루 보관

함에 숨어 있는 콜린을 발견했다. 남자친구는 3일 후에 체포되긴 했지만 사건 당시엔 사라졌었고, 결국엔 생각할 수도 없는 끔찍한 폭행으로 인해 감옥형을 선고받았다.

콜린은 비상 위탁 센터에 보내졌다. 엄마는 아이들의 보호 서비스 기관에서 요구하는 모든 요구 사항에 부응하고 난 1년 후─비록 레베카는 그 당시 지역 트라우마 센터에서 말도 못 했고, 오른쪽 몸의 부분 마비로 최소한의 반응도 못했기 때문에 이를 위한 치료가 남아있긴 했지만─두 쌍둥이 남매의 양육권을 다시 얻었다. 엄마는 레베카를 일주일에 3번 방문했고 콜린은 주말에 엄마, 외조부모와 함께 누나를 방문했다. 콜린은 아주 짧은 시간동안만 이 방문을 견딜 수 있었다. 아이가 불안해하고 가만히 있지를 못해서 그의 외조부모가 다시 엄마와 만날 때까지 아이스크림을 사 준다든가 놀이터에 콜린을 데려가는 등 집에 데려가 뭔가 재밌는 일들을 하며 안정시키려 애썼다.

놀이치료실에서 안전한 분위기와 놀이치료자와의 신뢰가 형성되기까지 콜린의 놀이는 무질서했고 혼돈스러웠다. 상상 놀이를 할 때 불안해하며 집 놀이를 한다거나 전쟁 놀이를 하기 위해 군인들을 세팅한다든지 하다가 갑자기 중단해 버렸다. 8번째 치료 시간까지는 마치 ADHD 증상을 가진 아이처럼 한 놀이에서 다른 놀이로 쉽게 옮겨 가며 어떤 한 놀이에 오랫동안 흥미를 느끼지 못했다. 하지만 이번 경우에는 감당할 수 없는 불안감 때문에 그러한 과잉 행동을 한다는 것이 확실했다.

9번째 치료 시간을 시작하며 콜린의 놀이는 차츰 더 집중되었고 놀이 내용도 더 정돈되고 길어졌다. 12번째 치료 시간에 콜린이 왔을 때 치료자의 아무런 지시 없이 온전히 자신의 주도하에 놀이가 이루어졌는데 완전히 정신을 빼앗길 정도의 일이 일어났다. 콜린은 대부분 집 모형으로 가서 아주 짧게 그 놀이에 흥미를 보이다가 보통 때는 좀 더 다른 블록이나 차, 트럭 같은 중립적인 장난감으로 갑자기 옮겨 가곤 했었다.

그러나 이번엔 그 집에 계속 흥미를 보이더니 말을 배우기 전인 14개월 때 목격했던 것의 상징적인 재연이자 주목할 만한 일관성이 있는 외상 묘사를 해냈다. 콜린은 아기들이 자고 있는 침실에 주목했다. 아기 침대에는 아기가 자고 있었고 그 주위는 근육질의 남자들이 에워싸고 있었다. 경찰, 전사, 벌목꾼 그리고 모든 종류의 요원(18개 모두)들이었다. 그것은 정말 숨이 멎을 것 같은 장면이었다. 치료자는 콜린에게 "이 모든 요원들이 아기를 지켜보고 있으니 아기가 지금은 안전하니?"라고 물었고 콜린은 거의 들릴까 말까한, 아직까지도 등골이 오싹하게 만드는 목소리로 "잘 모르겠어요."라고 대답했다.

　콜린의 안전과 세상에 대한 신뢰는 그가 말로 표현할 수도 없는 나이에 목격한 장면에 의해 너무도 충격적으로 산산조각이 나 있었고, 18명의 무시무시한 경비 요원들이 아기의 침대를 둘러싸고 있어도 4년이 지난 후조차 그 아기가 안전한지 확신할 수 없었다. 그 집에서 작은 소년 하나는 한 층 아래, 화장실 안의 욕조 뒤에 숨어 있었는데 상징적으로 그 순간의 공포를 나타내는 것이다.

　콜린이 끔찍한 충격에 노출됨으로써 겪었던 애처로운 증상 중 하나는 어떨 때는 하루에 두 번 이상 계속되는 악몽이었다. 그는 소리를 지르며 깨어났고 너무 무서워서 다시 잠이 들기 어려웠다. 아이는 꿈의 일부를 엄마에게 묘사할 수 있었는데 보통 그의 집이나 어둠 속에서 그를 추격하거나 공격하는 침입자, 약탈자 등의 이야기였다.

　이 주목할 만한 치료 시간 후에 치료자는—너무도 괴롭고 어렵겠지만—콜린이 14개월 때 그의 침실에서 목격했던 것을 본인에게 알려야 한다는 것에 대해서 아이의 엄마는 동의했다. 엄마가 이 비극적인 이야기를 그에게 해 줘야 한다고 동의는 했지만 가족 치료 시간으로 해서 치료자가 엄마와 아이 둘 모두에게 지원을 해 주기로 했다. 엄마는 콜린에게 그 끔찍한 밤에 일어난 일을 설명하는 아주 용감한 일을 했다. 아이는 엄마의 무릎에 앉아 울었고 엄마는 그를 꼭 안아 주었다. 슬프고 가슴 찢어지는 이야기를 들으면서 콜린이 왜 그동안 매일 밤 그를 자지 못하게 괴롭히는 악마와 씨름하며 엄마와 함께 밤잠을 설쳤어야 했는지에 대해 이해함으로써 뭔가 안도감을 느끼는 것이 증명되었다.

　한두 번의 드라마틱한 치료 시간을 갖는다고 해서 완전히 치료가 되는 것은 아니다. 그가 괴로워하며 쌍둥이 누나를 보거나 그 누나가 지속적으로 쇠약해지며 고생하는 것을 볼 때마다 악화되는 콜린의 외상 치유 과정에는 아직도 상당히 많은 일이 남아 있다. 그러나 2번의 획기적인 치료 시간 후, 두 가지 눈에 띄는 주목할 만한 변화가 있었다. 악몽을 꾸는 횟수가 줄어들기 시작했고 6개월 후에는 완전히 사라졌다. 그리고 누나를 방문하는 시간에도 더 오래 견딜 수 있게 되었고, 자신의 의지로 누나를 방문할 때마다 누나에게 줄 선물들을 직접 만들기 시작했다. 그것들은 보통 그림이나 그가 만든 레고 작품들인데 누나의 침대 위나 침대 옆 탁자 위에 놓고 오곤 했다. 무의식적이고 언어가 발달하기 전의 기억들로 접근하며 그것들을 연관된 묘사 형식으로 구성하는 놀이치료의 힘에 의한 치유가 시작된 것이다.

요약

우리의 많은 기억의 광대한 범위는 의식의 외부 쪽에 있다. 우리의 주요 자원은 감정적인 중요성에 의해 할당된다. 위협, 위험, 외상을 느낄 때는 스트레스에 반응하는 시스템이 활성화되는데 이는 소뇌의 편도체에 의해 들어오는 자극을 다루고 전두엽 피질에 의해 인식되는 의식적인 것을 다루는 것에서 우회한다. 노벨 평화상을 받은 Kandel(2006)은 얼마나 분명하게 내재된 기억들이 뇌의 각기 다른 부분에서 다뤄지고 저장되는지에 대해 기술했다. 의식적인 기억은 대뇌 측두엽의 해마에서 다뤄지지만 무의식적인 기억은 해마가 아닌 소뇌의 편도체, 소뇌, 선상체에 저장된다. 내재된 기억은 언어적으로나 의지적으로 기억될 수 없다.

놀이치료는 언어 표현에 의지하지 않는 개입의 형태로써 내재된 무의식이 분명하고 의식적인 기억으로 전환되도록 재탐구 할 수 있게 한다. 놀이치료는 놀이가 상징적, 예술적, 창조적, 직관적, 전체적인 언어, 우뇌의 언어를 표현하는 것이기 때문에 감정을 담당하는 우뇌가 받아들이는 것들을 표현할 수 있는 독특한 기회를 제공한다. 놀이를 통해 말로 표현할 수 없는 내재된 기억들이 표현될 수 있고 다시 탐구될 수 있다. 놀이는 조심스럽고, 안전하고, 상징적인 영역 안에서의 재연을 통해 이처럼 내재된 생각들이 분명하게 연관된, 그리고 융화된 기억들로 전환되는 것을 도모한다. 무의식을 의식적으로 바꾸는 것에 대한 막대한 이점은 Freud 때부터 인정되어 왔다. 그러나 지금은 신경과학이 이러한 임상적인 돌파구로서의 뇌 기능과 구조의 변화에 대해 설명할 수 있게 되었다. 아이들이 놀이를 통해 무의식을 의식할 수 있게 되고 동기, 감정, 갈등, 악용된 방어, 인식하지 못하고 전에 경험한 트라우마 등을 인식할 수 있게 된다면, 의식적으로 어떠한 행동을 할지 선택하며 잘 알고 결정을 내리는 개인적인 혜택도 크게 누릴 수 있다. 놀이치료자가 된다는 건 얼마나 흥미로운 시간인가!

참고문헌

Bonime, W. (1982). *The clinical use of dreams*. New York: Da Capo Press.

Bratton, S. C., Ray, D., Rhine, T., & Jones, L. (2005). The efficacy of play therapy with children: A meta-analytic review of treatment outcomes. *Professional Psychology: Research and Practice, 36*(4), 376–390.

Bromfield, R. (2003). Psychoanalytic play therapy. In C. Schaefer (Ed.), *Foundations of play therapy* (pp. 1–13). Hoboken, NJ: Wiley.

Casey, R., & Berman, J. (1985). The outcome of psychotherapy with children. *Psychological Bulletin, 98*, 388–400.

Demasio, A. (2010). *Self comes to mind: Constructing the conscious brain*. New York, NY: Pantheon Press.

Erikson, A. (1940). Studies in the interpretation of play: Clinical observations of play disruption in young children. *Genetic Psychology Monographs, 22*, 557–671.

Fonagy, P. (2012). The neuroscience of prevention. *Journal of the Royal Society of Medicine, 105*, 97–100.

Freud, A. (1928). *Introduction to the technique of child analysis*. New York, NY: Nervous and Mental Disease.

Freud, A. (1976). The role of transference in the analysis of children. In C. E. Schaefer (Ed.), *Therapeutic use of child's play* (pp. 141–149). New York, NY: Aronson.

Gainotti, G. (2012). Unconscious processing of emotions and the right hemisphere. *Neuropsychologia, 50*(2), 205–218.

Kandel, E. (2006). *In search of memory: The emergence of a new science of mind*. New York, NY: Norton.

Kandel, E. (2012). *The age of insight: The quest to understand the unconscious in art, mind, and brain, from Vienna 1900 to the present*. New York, NY: Random House.

Klein, M. (1932/1975). *The psycho-analysis of children*. New York, NY: Delacorte.

Klein, M. (1976). The psychoanalytic play technique. In C. E. Schaefer (Ed.), *Therapeutic use of child's play* (pp. 125–140). New York, NY: Aronson.

Ledoux, J. (2002). *Synaptic self: How our brains become who we are*. New York, NY: Viking.

O'Connor, K. (2002). The value and use of interpretation in play therapy. *Professional Psychology: Research and Practice, 33*(6), 523–528.

Piaget, J. (1945). *Play, dreams and imitation in childhood*. London, England: Heinemann.

Quackenbush, R. (2008). The use of modern psychoanalytic techniques in the treatment of children and adolescents. *Modern Psychoanalysis, 33*(2), 88–101.

Sarnoff, C. A. (1976). *Latency: Classical psychoanalysis and its applications*. New York, NY: Aronson.

Sarnoff, C. A. (2002). *Symbols in structure and function: Vol. 2: Symbols in psychotherapy*. New York, NY: Xlibris.

Schore, A. N. (2003a). *Affect dysregulation and disorders of the self*. New York: Norton.

Schore, A. N. (2003b). *Affect regulation and the repair of the self*. New York: Norton.

Shedler, J. (2010). The efficacy of psychodynamic psychotherapy. *American Psychologist, 65*(2), 98–109.

Tamietto, M., & de Gelder, B. (2010). Neural bases of the non-conscious perception of emotional signals. *Nature Reviews Neuroscience, 11*, 697–709.

Ullman, M. (1982). Foreword. In W. Bonime, *The clinical use of dreams* (p. x). New York: Da Capo Press.

Van der Kolk, B. A. (2006). Clinical implications of neuroscience research in PTSD. *Annals of the New York Academy of Sciences, 1071*, 277–293.

Weisz, J., Weiss, B., Han, S., Granger, D., & Morton, T. (1995). Effects of psychotherapy with children revisited: A meta-analysis of treatment outcome studies. *Psychological Bulletin, 117*, 450–468.

Winnicott, D. W. (1945/1975). Primitive emotional development. In *Through pediatrics to psychoanalysis* (pp. 145–156). New York, NY: Basic Books.

04

직접 교수법

THERESA FRASER

서론

놀이치료는 지난 100년간 성장해 오며 다양한 이론적 접근들을 보유하게 되었다. 놀이의 치료적이고 발달적인 특성들은 아동을 치유시키고 최선의 성장과 발달에 이르게 한다(Landreth, Ray, & Bratton, 2009). 그런데 놀이의 형태나 초점은 아동 발달, 놀이의 발달이 이루어지는 사회문화적이고 환경적인 배경 모두에 의해 영향을 받는다. 이러한 요소들은 서로 밀접한 관계에 있다(Kernan, 2007). 놀이치료가 제공되는 곳(이야기 치료나 성인 치료에서와 같은)이라면 어디든 항상 내담자를 위한 비밀 보호 또는 사생활 보호가 반드시 성립되어야 하며 이는 매우 중요하다. 덧붙여 내담자가 표현하고자 하는 것들을 표현하기 위한 장소와 도구를 가지고 있어야 하는 것도 중요하다(Landreth, 1993).

놀이의 치료적 힘, 혹은 변화의 메커니즘은 내담자가 그들의 심리사회적 어려움을 극복하고 건설적인 발전을 이루어 내도록 돕는 놀이가 지닌 효력이다(Nash & Schaefer, 2011). 놀이의 주요 효력 가운데 하나인 직접 교수법은 치료자가 지시, 모델링, 통제된 훈련, 긍정적 강화와 같은 전략을 통해 지식과 기술을 전달하는 과정이다.

놀이치료자는 아동의 관심을 끌고 그들의 학습 동기를 끌어올리기 위해 놀이와 게임을 이용한다(Drewes & Schaefer, 2011).

지시 받기, 다른 사람의 모델링 관찰하기, 통제하에(실패한 곳에서 재시도할 수 있는) 훈련 참여하기는 결과적으로는 긍정적 강화를 경험하면서 내담자에게 강화가 필요한 지식, 기술의 강화 및 이후 자아 존중감의 증대를 제공할 수 있다. 또 직접 교수법은 놀이치료자가 긍정적인 성장을 방해하는 사회정서적 행동을 발견하고 내담자가 이러한 이슈와 결함을 극복하도록 돕는 데 적절할지도 모른다. 교수법을 하는 동안에 유쾌한 시간을 보내고 놀이치료자나 가족 구성원 혹은 다른 집단 구성원들과 즐겁게 교감하는 것은 학습과 기술의 발달을 강화시킨다.

놀이치료실에서 직접 교수법을 통해 얻는 경험은 아동이 미스터 로저스, 세서미 스트리트, 일렉트릭 컴퍼니와 같은 프로그램을 시청할 때 겪는 교훈과는 다른 것이다. 왜냐하면 아동은 놀이를 하면서 학습 과정에 적극적으로 참여하게 되기 때문이다. 경험은 어떤 정보가 머릿속에 들어가는지 결정할 뿐만 아니라 우리의 머리가 그 정보를 처리하는 능력을 개발하는 방법까지도 결정짓는다(Siegel, 1999). 내담자에게 정보를 얻고 처리할 수 있도록 아주 즐거운 기회를 제공함으로써 우리는 그들의 학습 능력과 새롭게 배운 기술을 놀이치료실 밖에서 활용하도록 변형하는 능력을 촉진한다. 놀이를 통해 우리는 다른 가능성과 존재의 방식을 가늠해 볼 수 있다(Cattanach, 2008).

변화를 이끄는 직접 교수법의 역할

내담자가 제시하는 문제는 종종 사회적 기술이나 자기-통제 결여와 같은 지식, 기술의 부족에서 기인한다. 또한 아동치료자에게 가상 놀이의 힘은 의식적 표현이 정상적으로는 어려우며 고통스럽고 정신적인 소재를 표현하도록 돕는 매개물로 오랜 시간 여겨져 왔다. 치료에서 놀이는 때때로 언어화, 상상의 표현, 자유로운 교제를 위한 대안이 될 수 있다(Schaefer & Reid, 2000). 어떻게 놀이가 필요한 정보나 대처 능력을 가르치는 데 촉진하는 역할을 하는가? 아래에는 교수 과정을 강화하는 놀이의 특징이 나와 있다.

주의 끌기

대부분 아이들은 치료에 응하려 하지 않는다. 그들의 상당수는 연장선에 있는 가족, 학교, 혹은 법원을 통해 권고받은 부모에 의해 이끌려 온다(Crenshaw, n.d.). 아이들은 대부분 치료를 위해 그들 자신을 드러내려 하지 않기 때문에 문제의 존재를 인식하거나 인정하지 않는다. 그리고 치료의 목표에 대해 그들의 부모와 대립하는 경우가 많다. 청소년들과 동맹 관계를 형성하기란 만만치 않은 과제이다(Shirk & Russell, 1998, Shirk & Karver, 2003).

이것이 의미하는 바는 회기가 시작되면 아동을 치료에 참여하게 하는 것이 치료자에게 달려있다는 것이다. 재미있고 유쾌한 회기를 만들어 가면서 치료자는 아동의 주의를 끌게 되고 아동은 놀이 활동에 적극적으로 참여할 수 있는 동기를 가지게 된다. 이처럼 즐거운 놀이 환경을 만드는 것은 공간에만 국한된 것이 아니라 도구에도 적용된다. 놀이치료실에서 사용되는 도구는 그 도구가 쓰이는 환경뿐만 아니라 놀이치료자가 작업하는 대상인 집단 구성원이나 내담자에 따라서도 다양할 것이다. 개인이나 집단 사이에서 시행되는 인형 놀이와 게임은 언급되거나 드러난 욕구를 이야기하기 위해 아동, 청소년, 집단, 그리고 가족들과 할 수 있는 유쾌한 놀이 활동의 예이며 이것들은 가정, 학교, 임상의 공간에서 활용하기에 적절하다.

인형 놀이는 어떤 면에서는 직접 교수법에 도움이 된다. 인형 놀이는 내담자에게 당장의 과업을 해결하도록 지원할 것을 요구하면서 인형이 시나리오대로 연기하도록 활용할 수 있다. 이러한 면에서 인형은 아동을 '전문가'로서 재발견하고 있다. 아동은 새로운 혹은 변화된 전략을 제안하는 모험을 할 수 있도록 기회를 만들어 내는 전문가이다. 이 과정은 아동의 다른 삶의 현장에서 실제 적용될 수 있다. 직접 교수법에서 아동은 놀이치료실 모래 놀이 영역의 모형물을 사용하도록 장려받을 수도 있다. 모형물은 아동의 내면 혹은 외면 세계에서 구체적인 개인을 드러내기 위해 선택될 수 있다. 치료자는 이러한 모형물을 아동의 실제 삶과 관련된 갈등 해결 문제에 아동을 참여시키기 위해서 사용할 수 있다.

모든 놀이치료자는 치료 공간을 연출하면서 놀이치료를 위해 구입한 다양한 예술품들과 모형물, 육아 장난감, 인형, 게임들로 인해 다소 흥분될 수도 있다. 초보 놀이치료자는 치료 도구들을 수집하지 말고 신중하게 선택하라고 배운다(Landreth, 2002).

놀이치료실은 놀이치료에서 보여지는 문화적 규범을 반영해야 한다는 것을 마음에 새겨야 한다. 그들은 내담자 집단의 흥미를 자극할 뿐만 아니라 놀이를 오래 지속할 만한 가치가 있고 그래서 개인, 가족, 집단 간에 활용할 수 있는 놀잇감을 찾도록 장려된다(Glovwe, 1999). 아동의 관심을 끌기 위해 놀잇감과 재료들은 재미있고 밝고 감각적으로 만족을 주는 것이어야 한다. 예를 들어 2004년 발표된 한 연구는 전반적 발달 장애로 진단받은 아동들에게 사회적 기술을 가르치기 위해 개인과 집단 세팅에 전부 레고를 사용하였다. 레고는 그 자체로 흥미롭고 동기를 유발하는 존재로 묘사되었다. 협동과 상호적인 놀이, 또래 모델링을 강화하기 위해 내담자가 사회 동의의 필요를 개발하도록 돕는 사회 집단의 창조 등을 통해 내담자의 사회적 상호작용과 사회적 능력의 개발을 촉진하게 만든다(LeGoff, 2004).

적극적 개입

놀이치료자는 개별적으로나 집단 환경에서나 제공받는 개입이 모든 참가자들의 적극적인 개입을 촉진시킬 필요가 있다는 사실을 잊지 말아야 한다. 예를 들어 최근 영국에서 발표된 한 연구는 "심한 성적 학대(IPV)를 목격한 유아들은 광범위한 정서적, 행동적, 인지적, 건강 문제 등의 위험에 더 많이 노출되어 있다."고 밝혔다(Miller, Howell, Hunter, & Graham-Bermann, 2012). 키즈 클럽 프로그램에 참여한 아동들은 감정 동일시, 안전 계획 구조화된 갈등 해결 등의 활동을 포함하여 10회기로 구성된 집단에 동참하였다. 이러한 정신 교육적 활동은 아동에게 다른 대인 관계 기술뿐만 아니라 감정을 통제하도록 도와주는 훈련과 기술을 강화하는 기회를 모두 제공하는 구조화된 개입에 연결되었다(Cook, Blaustein, Spinazzola, & van der Kolk, 2003; Fraser & Kenney-Noziska, 2010). Chu와 Kendall(2004)과 Karver(2008) 등은 치료 결과와 치료 중에 있는 아동의 참여 사이에 상관관계가 있다는 것을 증명하였다.

기술의 통합

아동이 기술 통합을 경험하게 하려면 기술을 규칙적으로 반복해야 할지도 모른다. 놀이에서 아동은 어떤 활동을 계속해서 반복하려는 경향이 있는데 이는 그것이 본질적으로 보람 있기 때문이다. 아이들은 회기 밖에서도 기술 습득에 도움이 되는 반복, 사이먼 가라사대(Simon says)와 같은 유쾌한 게임이나 이와 유사한 엄마 나 이거 해도 돼요?(Mother May I?)와 같은 자기-통제식 게임을 요구할 가능성이 크다. 학습에 있어 이러한 반복의 힘은 '동시에 활성화되는 세포들이 함께 연결되는' 관찰에 의해 최근 신경계 문학에 종종 거론된다(Spenrath, Clarke, & Kutcher, 2011). 개개인의 마음속에서 감정을 동반한 사고, 논리를 가진 육체적 감각과 같이 통합은 서로를 향한 각각의 정신적 과정의 연합을 포함한다(Siegel, n.d.).

예시

직접 교수법에서 치료자 혹은 집단 치료에서의 동료들은 내담자를 향한 바람직한 행동을 모델로 삼을지도 모른다. 이러한 구체적인 모델링은 종종 내담자의 위기 관리와 새로운 행동을 테스트하는 데 일조하곤 한다. 일단 성공을 경험하고 나면 내담자는 그 기술이 내담자의 레퍼토리에 통합될 때까지 놀이 회기의 안전에서 적응 행동을 반복할 수 있다. 예를 들어 이러한 접근은 사회적 기술 프로그램에서 매우 효과적이다. 다른 예는 자녀에게 변기 사용 방법의 시범을 보이기 위해 배변 훈련을 하는 동안 그 부모가 물을 채운 동물이나 물에 적신 인형을 사용하는 경우이다(Schaefer & DiGeronimo, 1989).

전략과 기술

치료에서 놀이는 때때로 언어화, 공상 표현이나 자유로운 교제를 대신한다(Schaefer & Reid, 2000). 아동중심의 접근은 아동이 놀이를 현실에서의 경험과 연결하도록 유도하거나 가르치는 데 의존하지 않는다. 그런데 이와는 대조적으로 직접 교수법은 아동이 지식과 기술을 습득하고 그렇게 해서 이러한 관계들을 연결하도록 돕기 위해 강화된 기능의 잠재 목적을 활용한다.

그래서 직접 교수법은 놀이치료 과정의 세 단계 모두에서 활용될 수 있다. 놀이치료자는 라포 형성 단계에서 새 내담자에게 놀이치료 활동을 소개하며 놀잇감 사용의 시범을 보이는 것이 여의치 않다면 격려를 해 줄 수도 있다. 이러한 모델링은 내담자에게 새로운 놀잇감을 소개할 때에도 종종 발생한다.

내담자는 탐색 단계에서 이러한 교육이나 유도된 훈련과 같은 전략에 특히 잘 따라올 수 있다. 이는 게임을 하는 동안 반복적으로 일어난다. 치료를 위한 게임 중 유아기의 특수한 문제들을 위해 개발된 것으로는 아동의 상실을 다루는 좋은 위로 게임, 부모의 이혼에 대처하도록 도와주는 나의 분노 들여다보기, 나의 두 가족, 이혼 대처, ADHD 아동을 다루는 기술을 강화시켜 주는 멈추고 진정하고 생각하기, 그리고 이야기하고 느끼고 행동하기 게임, 내가 생각하고 알고 있고 느끼는 것에 대한 게임과 언 게임(Ungame) 등이 있다. 이것들은 모두 내면의 생각과 감정의 표현, 아동, 양육자와 가족들의 바람을 촉진한다.

치료를 위한 보드게임은 교수(익힌 기술을 연습할 수 있는), 중재 학습(촉진자 혹은 치료자가 개입을 촉진하고 내담자가 자기 침묵 전술과 같은 추가적인 기술을 연습하도록 돕는), 게임을 통한 학습이 일반화되는 것을 포함한 여러 수준의 학습을 제공한다(Hromek & Roffey, 2009).

트위스터(Twister), 해적 룰렛(pop up pirate), 나비와 엘레펀 : 나비 잡기 게임(Butterflies and Elefun : The Butterfly Catching Game)과 같이 흔한 아동 게임도 지식과 기술 습득을 위해 치료적으로 이용될 수 있다. 치료자는 아동이 선택할 만한 게임을 이용하여 확인된 치료 목표를 이야기하도록 적응시킨다. 예를 들어 해적 룰렛 게임에서 아동은 그가 가져 본 적 있는 감정을 드러내 주는 색깔을 밝힐 수 있다(Lubimiv, 2006). 그런 다음 아동은 특별한 감정에 빠져들었던 경험에 대해 이야기를 나누도록 권유받을지도 모른다. 만약 내담자가 다른 사람들의 감정을 인식하도록 만든다면(공감 형성의 첫 단계), 그 다음에 내담자는 가족 구성원이나 친구가 특별한 감정을 인식하였던 경험에 주목하도록 권유받는다.

시나리오를 묘사하는 카드 게임, 혹은 내담자가 과제를 고민하거나 해결하는 역할놀이가 있다. 비언어적 표현이 더 수월한 아동들에게 픽셔너리(Pictionary)는 감정을 주고받거나 결정하는 것을 연습하도록 돕는 데 적합한 또 다른 게임이다.

또 근육 이완과 음악, 이미지를 통합시키는 이완의 단계를 활용하는 것은 치료자, 의사, 교사, 그리고 부모가 아동과 양육자의 긴장을 풀도록 훈련하기 위해 만든 수많은 연구와 프로그램에서 받아들여져 왔다(Bath, 2008; Klein, 2008). 치료자는 아동과 부모에게 기술을 가르칠 수 있는데 회기에서 기술을 연습하거나 숙제로 돌릴 수도 있다. 부모의 참여는 학생의 성공이 증가하는 것과 연관이 있는데 특히 가정과 학교 사이에서 정보의 쌍방 교환을 포함할 때 그렇다(Adams, Womack, Shatzer, & Caldarella, 2010). 치료자는 이것이 치료에서도 발생하면 내담자의 성공이 종종 증가했다고 덧붙일 것이다.

입양 아동(특히 복합적인 외상을 가진)과 작업할 때 이 치료자는 부모에게 시각적으로 명시화된 안내서를 제공하거나 아동이 마법의 방, 궁전, 자연 속 장소에서 끝나는 여행을 완성하도록 도와주는 이야기를 만들어 내게 돕는다. 이는 휴식이나 자기 관리의 목적으로 만들어진 것이다. 부모들은 녹음기를 통해 MP3 파일로 만들어진 이야기를 아동이 잠들기 전이나 정해진 때에 계속해서 들을 수 있게 한다. 부모의 목소리는 아동에게 우리가 그들을 도와주기 위해 있다는 것을 감각적인 방법으로 전달하는 데 쓸모가 있다. 후에 아이들은 자신의 목소리를 녹음하도록 격려받을지도 모른다. 그래서 궁극적으로는 그들이 필요할 때 언제든 자신과의 대화로 머릿속에 이미지화된 것을 재생시킬 수 있도록 말이다.

치료의 '종결 단계'에서 내담자의 학습을 축하해 줄 파티는 지식 및 기술의 습득을 강화하고 놀이치료 과정을 통해 달성한 것들을 유지, 정착시키는 데 도움을 줄 수 있다.

직접 교수법은 인지행동치료(CBT), 외상을 중심으로 하는 인지행동치료(TF-CBT), 놀이치료, 사회적 기술 놀이 집단, 가족과의 놀이치료와 같이 수많은 모델에서 종종 중요하게 사용된다. 통합된 다요소적인 개입은 대부분의 정신적 질환이 복잡하고 다차원적이라는 사실을 반영한다. 이는 바로 그러한 질환들이 생물학적이고 심리적이며 사회적인 요소들의 상호작용에 의해 일어난다는 것이다(Schaefer, 2011).

경험적 근거

최근의 한 연구(Neef, Perrin, Haberlin, & Rodrigues, 2011)는 오하이오 주의 학생들, 게임 활동을 통한 수업 자료를 배운 학생들이 게임을 하지 않은 집단의 학생들보다 다음 수업의 퀴즈에서 상당한 진척을 보인 것을 알아냈다. 이들 게임 집단과 비게임 집단은 다중 요소 설계에서 균형을 이루고 있었다.

두뇌 연구에서는 반복적으로 사용된 신경 회로가 강화되고 사용되지 않는 것은 퇴화된다고 말한다. 인간의 뇌는 매우 유연하다. 놀이와 같이 일정한 방식으로 인해 반복적인 활성화가 일어나는 것에 대한 반응으로 변화의 가능성이 있다(Perry, n.d., 2006).

Perry(2009)는 다음과 같이 말한다.

자기-조절에서 발전이 있으면 치료상의 작업은 더 전통적인 놀이나 예술치료를 활용하면서 관계상의 문제들로 옮겨갈 수 있다. 그리고 궁극적으로 기본적인 쌍방의 관계 기술이 개선되면, 치료상 기법은 다양한 인지행동적 혹은 정신역학 접근을 이용하면서 보다 언어적이며 통찰지향적으로 가게 된다.

임상적 적용

정서적 상태는 모방과 '감정의 전염'에 의해 개인적인 것에서부터 다른 것으로 곧장 바뀔 수 있다. 신체 활동과 관련된, 특히 타인에게 비친 표정을 정서적으로 모방하며 이것은 정상화될 수 있는 유사 문제들을 가지고 있는 아동들 간의 작업에서 놀이 집단이 매우 효과적일 수 있는 이유 중 하나이다. 몇몇 일반 집단은 친구 사귀는 방법을 모르는 아동을 위한 사회적 기술 집단을 포함한다. 가족의 사망으로 상실을 경험한 아동을 위한 비통과 상실의 집단, 이혼 가정 아동을 위한 집단 등이다. 자기 규제 전략에 집중적인 초점을 맞춘 분노 조절 집단들은 분노 폭발을 통제하려 노력하는 아동들에게도 효과적이다. 또 주의력 깊은 인식에 의해 증진된 관점에서의 변화는 치료 과정을 견고하게 만든다. 나아가 다른 사람과 어떻게 노는지 모르는 자폐아를 위한 통합 놀이 집단에서도 효과적이다. 이는 직접 교수법이 아동에게 모델과 교사로서 수준 높은 역할을 맡은 아이들과 상호작용하는 동안에 사회적 기술을 연습할 기회를 제공하기 때문이다.

　　Hromek와 Roffey(2009)는 현장 인터뷰가 어떻게 게임 플레이의 향상과 동시에 직접 교수법을 유용하게 하는지에 대해 발표하였다.

- 경청한다.
- 감정의 응급 처치 활용에 대해 배운다(산책, 음주, 이완 운동 훈련 등도 포함될 수 있다).
- 게임을 하는 동안 일어날 수 있는 사고에 집중한다.
- 내담자의 감정이나 가치관을 확인한다.
- 문제를 해결하고 보상한다.
- 성공을 위한 계획을 세우고 다른 게임 플레이어의 감정을 예측하는 것뿐만 아니라 시연해 보는 것까지 포함할 수 있다. 이후 그들의 행동 결과에 대해 수용한다.

Stokes와 Baer(1977)는 "많은 아동들이 단편적 상황에서 배운 기술을 일반화하는 데 어려움을 느낀다는 것을 발견했다."(Adams et al., 2010)고 하였다. 그래서 부모들은 아동이 모든 삶의 현장 가운데에서 기술을 실행하고 일반화할 수 있게 그들의 기술을 강화해 줄 것을 당부받는다.

놀이치료는 부모와 함께 하는 직접 교수의 또 다른 예이다. 부모들은 집중 분야(구조, 양육, 도전, 개입)를 바탕으로 하여 구체적 놀이 활동을 어떻게 가르칠지에 대해 교육을 받는다. 치료자는 아동과 함께, 그리고 부모의 참여하에 구체적인 활동의 활용에 대해 시범을 보인다. 그런 다음 부모들은 먼저 자녀와 함께하는 놀이치료 회기에서 그 활동을 활용하도록 배운다. 그리고 나중에 부모와 자녀의 놀이 시간의 일부로서 진행되는 부모-자녀 관계치료(CPRT)는 집단 형태에서 부모의 직접 교수로 시작하는 또 다른 부모-자녀 프로그램이다. 구체적인 상호작용의 가치는 예고된 시간의 틀 안에서 아동에게 온전히 주의를 기울이는 것처럼 배우는 것이다. 이러한 가치나 기술은 그 다음 부모와 자녀의 놀이 시간에 적용된다. 부모들은 그들의 자녀와 함께 기술을 실행하고 놀이 시간을 녹화하며 동료와 치료자의 피드백을 위해 녹화 테이프를 집단으로 다시 가져온다(Bratton, Landreth, Kellan, & Blackard, 2006).

사례

다음의 사례에서 잠재적 연령의 한 남자와 그의 부모가 직접 교수법의 경험에 대해 이야기하고 있다. 부모는 아들이 학교를 기피하는 행동과 혼자 놀려고 하는 '뭔가 심각한 문제'가 있는 것에 대해 매우 우려하고 있다고 고백했다.

자비에의 사례

자비에는 두 남매 중 첫째인 10살 소년이었다. 그에게는 7살인 여동생이 있었다. 엄마와 아빠는 맞벌이 중이었고 친척들은 모두 6시간 떨어진 도시에 살았다. 부모는 자신들은 건강한 결혼 생활을 하였으며 친구들이 내뱉은 부정적인 말에 쉽게 영향을 받는 아들에 대해 비통함을 느낀다고 말했다. 아이는 친구가 거의 없었고 자신의 삶 대부분에서 과도기를 겪고 있었다. 부모는 그가 학교나 음악 수업에 가지 않으려고 하며 어떤 일이든 그의 방식대로 되지 않으면 쉽게 격앙된다고 말했다. '포기할' 가능성이 더 많았다. 자비에는 '예민한' 아이로 설명되었으며 '실패하는 것'에 대해 분노할 때나 스포츠, 학업, 사회적 상호작용의 기회에서 실패할 거라고 예견될 때 행동으로 나타났다.

자비에는 학교에서 따돌림을 당한다고 말하고 등교 거부를 행사했다. 그의 담임 교사는 교실 안의 정서적 안정 유지에 대한 필요도 인식하지 못할 뿐더러 그럴 능력도 없어 보였다. 부모는 더 많은 정보를 얻기 위해 부모와 교사 간 회의를 만들어 주재하였다. 자비에는 시시때때로 울고 있었으며 그때마다 무엇 때문에 이토록 극한 감정 상태에 빠진 것인지 말하지 않았다. 아이는 집에 가기 위해서 학교에 아프다고 말하였다. 부모는 그가 일단 집에 오면 30분 후엔 상태가 나아지기는 하지만 학교에 돌아가지는 않으려 한다고 했다.

자비에는 그의 가족뿐만 아니라 같은 골목에 살던 유일한 친구와도 멀어지기 시작했다. 아이는 혼자서 하는 비디오 게임에 빠지기 시작했는데 부모가 그에게 매우 실망해 가고 있는 부분이었다. 아이는 늘 피곤하다는 말을 일삼았고 배고프지 않다고 말했다. 잠을 자는 데 어려움은 없어 보였다. 그의 부모는 이러한 기피 현상이 가족 간 소통과 대화를 피하는 것임에 걱정스러웠다. 치료자는 우울 증상뿐 아니라 불안 증상도 염려되었다. 가족력을 조사해 본 결과 양쪽 집안 모두에서 우울증과 불안증 병력이 나타났다. 치료에 앞서 자비에의 소아과 의사에게 신체 검사에 대한 권고가 즉각 내려졌으며 의학적 진단의 베이스 라인도 갖게 되었다.

자비에는 치료가 시작되기 6개월 전 아버지와도 같았던 할아버지를 잃긴 했지만 어떤 트라우마도 갖고 있지 않았다. 가족들은 먼 거리를 달려 장례식에 참여하였다. 부모는 비록 자비에가 할아버지와의 정서적 유대가 깊었지만 가족 모두가 이 일을 잘 넘겼다고 생각했다. 자비에의 부모는 접수 상담 시 회복 요인에 대해 어렵지 않게 말할 수 있었다. 아이는 과학을 좋아했으며 공상과학 책도 많이 읽었다. 비디오 게임도 좋아했다. 그는 여동생에게도 상냥했으며 부탁하기 전에 먼저 부모에게 일상에 대해 이야기를 해 주기도 하였다. 부모는 그가 남을 기쁘게 하기 위해 노력하는 모범적인 아들이라 설명했다. 자비에는 경쟁심이 강하지도 않았으며 시간이 나면 자신이 먼저 친구들과 지내려 했다. 골키퍼를 맡지 않는 이상 실내 축구도 즐겨 했다.

치료적 동맹 관계가 성립되자마자 자비에는 스카이 트레블러(Sky Travelers)라는 게임을 하도록 권유받았다. 이 게임에서 참가자는 지구를 사랑하는 평화적인 하늘 여행자가 된다. 그들은 팀을 이루어 모선이 그들을 태우러 오기 전에 비행선을 고치는 데 필요한 아이템을 모으기 위해 행성의 다른 부분을 찾아야 한다. 이 행성에는 UTOCS (통제 밖 불순물들)가 있다. 이 하늘 여행자들은 UTOCS가 상하지 않게 살려야만 하며 그래서 팀을 이루어야 한다. UTOCS에는 수질 오염, 지진, 미친 동물들, 무장 충돌, 살인 벌, 노천 채굴 등이 있다. 치료자와 아동은 2회기 동안 게임을 했으며 그 게임은 집으로 가져올 수 있었다. 그래서 자비에는 부모님과 같이 게임을 즐기며 친숙한 말들을 주고받았다. 특히 '통제 밖 불순물들'이란 말을 말이다.

이 게임을 실시함으로써 치료자는 자비에의 능력을 평가하고 싶었다.

- 즐길 수 있다.
- 좌절을 극복할 수 있다.
- 다른 상황을 가정해도 그 역할을 해낼 수 있다.
- 외부와 내부의 스트레스 요인을 알 수 있다.
- 내부와 외부의 회복 요인을 알 수 있다.
- 지지 체계를 알 수 있다.
- 스트레스 요인에 대해 이야기하는 전략을 알 수 있다.
- 인지 왜곡이 일어나고 있음을 알 수 있다.

자비에는 놀이에서 처음으로 도착했다. 친구들과 게임을 할 때 보통은 친구가 먼저 도착했었다. 그래서 그는 '이번 한 번' 처음으로 갈 기회를 가지게 된 것에 좋아했다. 자비에가 게임에 임하는 자세는 사람들이 즐거워하듯 일반적인 모습이었다. 이 보고는 자비에의 부모가 접수 상담 시에 제공한 정보와 일맥상통하는 것이었다. 자비에는 친구들과 게임을 할 때 체스를 제외하고는 대부분 졌다고 말한 바 있었는데 이러한 이유로 그는 이 게임이 이기거나 지는 게임이 아니라는 것에 기뻐했다.

이 사례는 자비에가 활동을 해 나가면서 자아 존중감이 높아졌다는 것을 보여 준다. 특별한 힘이든 뭐든 이것을 활용하면서 우리가 찾은 변화는 아동과 치료자 모두에게 인정받은 것이다. 그래서 그 팀은 모선이 도착하기 전에 우주선을 고칠 수 있었다. 이는 자비에가 어떤 감정에 사로잡혔을 때 기피 행동을 행사한 것은 스스로를 옹호하고 자신의 내적 자원을 활용하는 능력이 부족했기 때문이란 것을 보여 준다. 그에게는 도움을 요청하는 능력 또한 부족했다. 이 치료자는 자비에에게 팀원들이 함께 협력하지 않으면 모선에 올라탈 수 없음을 알려 주었다. 따라서 우리에게 지지 체계가 있다는 것을 인식하는 것뿐만 아니라 우리가 가진 혹은 발전시키고자 하는 특별한 힘을 강화하는 것이 중요하다.

또한 그가 아직 발견하지 못한 특별한 힘이 많이 있다는 것에 의의가 있다. 도움이 필요할 때 자기 옹호를 발휘해야 한다. 게임을 진행한 후에 치료자와 아동은 자비에가 가지고 있는 특별한 힘과 더불어 그의 삶 가운데에 있는 UTOCS의 리스트를 만들어 보았다. 우리는 그러고 나서 그의 친한 친구와 가족, 담임 교사를 포함한 지지 체계의 리스트도 완성했다. 그들의 특별한 힘은 무엇인지, 게임 속과 게임 밖에서 각각 무엇이 될 수 있을지도 적어 보았다.

마지막으로 자비에가 개발하고자 하는 특별한 능력들을 확인하였다. 이 과정은 "나는 실패자야." "사람들은 나에 대해 관심이 없어." "내 편은 아무도 없어."와 같은 생각들을 포함해 그가 가졌던 인지 왜곡들에 직접 영향을 미쳤다. 내담자와 게임을 통해 직접 교수법을 활용함으로써 플레이어에게 UTOCS를 연관시키는 연습을 할 수 있는 기회와 우리에게 특별한 힘을 활용한다면 상호작용이나 상황들이 어떻게 다를 수 있을지에 대해 생각을 나누어 보는 기회를 제공하였다.

LeGoff(1994)에 의하면 현존하는 치료 문헌은 정신-교육적 개입이 개개인의 아동과 가족의 욕구, 강점에 맞추어져야 함을 지적하고 있다(Albanese, San Miguel, & Koegel, 1995; Harris & Weiss, 1998; Schopler, 1987). 그러므로 정신-교육적 요소는 자비에와 그의 부모에게 자비에가 자기 옹호를 위해 필요한 격려를 깨닫고 욕구를 구체적으로 계획하고 세우게 하는 데 가장 중요한 것이었다.

또한 자비에의 부모에게는 그들의 교사와 함께 아들의 행동을 지지하기 위한 허용과 지시의 직접 교수법 경험이 필요했다.

그러나 그들은 간섭하기 좋아하는 부모로 보이는 것이 싫었다. 치료자가 지적한 것은 바로 아들을 지지해 주는 모습을 보여 주면 이를 모범 삼아 아들이 스스로 무엇을 해야 할지 알게 될 것이라는 것이었다. 자비에의 부모는 이를 납득할 수 있었다. 후에 밝혀진 것처럼 그의 선생님은 교실에서 따돌림이 발생한 것을 알지 못했다. 이 사실이 밝혀지자 그녀는 학급 회의를 통해 따돌림에 대해 이야기를 나눌 수 있도록 구체적인 조치를 취했다.

자비에의 인지 왜곡은 이 게임을 통해 도전받았고 점점 사라졌다. 부모는 아이의 인지 왜곡을 인식하지 못하였으나 곧 인식하였을 때에는 그의 강점을 지지해 주며 그와 여동생에게 자아 탄력성의 요인들을 촉진시켜 줌으로써 가정이라는 사회적 환경 안에서 그것들에 대해 이야기를 나누고자 노력하였다. 자비에는 특별한 힘이란 말의 사용을 좋아하게 되면서부터 마음속에 시각화할 수 있는 능력을 갖게 되었다. 그는 또한 필요할 때 다른 팀원에게 어떻게 도움을 구할지 설명해 보일 수 있게 되었다. 자비에와 그의 부모는 이 기술들을 정리하여 마음속에 새겨 넣었다. 스카이 트레블러 게임이 새로운 기술들을 이해하고 삶의 현장에서 사용하도록 훈련할 수 있는 상징적 경험을 제공하였듯이 말이다. 자비에는 이 게임을 삶의 경험으로 연장할 수 있을지 무척 기대하고 있었다. 게임을 하면서 일어난 직접 교수법에는 지식을 공유하고, 가르치고, 모범을 보이고, 훈련을 지도하는 것이 포함되었다. 종결 직후 통화에서 그의 엄마는 우울증과 불안 증세는 이제 덜 염려된다고 말했다. 그들은 또한 해마다 소아과 건강 검진을 이어나가는 것이 중요하다는 것에 동의했고 필요 시 회기를 열도록 치료자와 함께 일정을 잡을 수 있음도 알게 되었다.

요약

직접 교수법은 효과적이고 강력한 치료적 도구이다. 이 예에서 자비에는 혼자였으며 외톨이라 느꼈고 자신이 UTOCS에 대항할 수 있으리라 생각지 못했었다. 그는 불안을 유발하는 상황을 회피하는 것처럼 그가 겪게 되는 UTOCS의 일부를 만들어 낸다는 사실을 깨달았다. 직접 교수법을 통하여 자신의 동료들이 잠재적 친구들처럼 그를 지지해 주지 않을 수도 있다는 인식과 함께 그의 대처 기술은 향상되었다. 그 결과 그의 사회적 상호작용 방식에 있어 내성적인 부분이 더 줄어들게 되었다. 부모는 그가 새로이 찾게 된 '목소리'로 남의 기분을 맞춰 주려는 부분이 줄어들게 되었다고 말했다. 자비에는 또한 새로운 활동을 시도해 보려 하고 쉽게 포기하려 하지 않음에 있어 더 끈기가 생겼다. 그가 속한 축구팀에서 골키퍼를 흔쾌히 맡으려는 모습에서 볼 수 있듯이 말이다. 직접 교수의 도구로서 게임의 적용은 특별히 공상과학에 빠져있었던 그리고 그에 대해 많이 안다고 자부했던 이 아동에게 잘 받아들여졌다.

참고문헌

Adams, M. B., Womack, S. A., Shatzer, R. H., & Caldarella, P. (2010). Parent involvement in school wide social skills instruction: Perceptions of a home note program. *Education, 130*(3), 513–528.

Albanese, A. L., San Miguel, S. K., & Koegel, R. L. (1995). Social support for families. In R. L. Koegel & L. K. Koegel (Eds.), *Teaching children with autism: Strategies for initiating positive interactions and improving learning opportunities* (pp. 95–104). Baltimore, MD: Brookes.

Badenoch, B. (2008). *Becoming a brain-wise therapist: A practical guide to interpersonal neurobiology.* New York, NY: Norton.

Bath, H. (2008). The three pillars of trauma-informed care. *Reclaiming Children & Youth, 17*(3), 17–21.

Bratton, S., Landreth, G., Kellan, T., & Blackard, S. R. (2006). CPRT Package: Child Parent Relationship Therapy (CPRT) Treatment Manual: A 10-session filial therapy model for training parents. New York, NY: Routledge Taylor & Francis.

Cattanach, A. (2008). *Creative interventions with traumatized children.* New York, NY: Guilford Press.

Chu, B., & Kendall, P. (2004). Positive association of child involvement and treatment outcome within a manual-based cognitive-behavioral treatment for children with anxiety. *Journal of Consulting and Clinical Psychology, 72*, 821–829.

Cook, A., Blaustein, M., Spinazzola, J., & van der Kolk, B. (2003). Complex trauma in children and adolescents. Durham, NC: National Child Traumatic Stress Network.

Crenshaw, D. (n.d.). *Being creative when children clam up.* Retrieved from www.childtherapy techniques.com

Fowler, H., & Christakas, N. (2008). Dynamic spread of happiness in a large social network: Longitudinal study over 20 years in the Framingham heart study. *BMJ, 337*, a2338.

Fraser, T., & Kenney-Noziska, S. (2010). *Integrating play in adolescent intervention.* Mining Report, Association for Play Therapy.

Glover, G. (1999). Multicultural considerations in group play therapy. In D. S. Sweeney & L. E. Homeyer (Eds.), *The handbook of group play therapy: How to do it, how it works, whom it's best for* (pp. 278–295) San Francisco, CA: Jossey-Bass.

Harris, S. L., & Weiss, M. J. (1998). *Right from the start: Behavioral intervention for young children with autism.* Bethesda, MD: Woodbine.

Hromek, R., & Roffey, S. (2009). Promoting social and emotional learning with games: "It's fun and we learn things." *Simulation & Gaming, 40*(5), 626–644. doi: 10.1177/1046878109333793.

Karver, M., Shirk, S., Handelsman, J., Fields, S., Gudmundsen, G., McMakin, D., & Crisp, H. (2008). Relationship processes in youth psychotherapy: Measuring alliance, alliance-building behaviors, and client involvement. *Journal of Emotional and Behavioral Disorders, 16*(1), 15–28.

Kernan, M. (2007). Play as a context for early learning and development: A research paper. Dublin, Ireland: National Council for Curriculum and Assessment.

Klein, R. (2008). *Ready set relax: Relaxation strategies for children and adolescents in creative interventions with traumatized children.* New York, NY: Guilford Press.

Landreth, G. L. (1993). Child-centered play therapy. *Elementary School Guidance and Counseling, 28*(1), 17.

Landreth, G. L. (2002). *Play therapy: The art of the relationship* (2nd ed.). New York, NY: Brunner-Routledge.

Landreth, G. L., Ray, D. C., & Bratton, S. C. (2009). Play therapy in elementary schools. *Psychology in the Schools, 46*(3), 281–289.

LeGoff, D. B. (2004). Use of LEGO© as a therapeutic medium for improving social competence. *Journal of Autism & Developmental Disorders, 34*(5), 557–571.

Lubimiv, G. (2006). *Understanding and communicating with children through play* workshop. Brampton, Ontario.

Miller, L. E., Howell, K. H., Hunter, E. C., & Graham-Bermann, S. A. (2012). Enhancing safety planning through evidence-based interventions with preschoolers exposed to intimate partner violence. *Child Care in Practice, 18*(1), 67–82.

Nash, J., & Schaefer, C. (2011). Play therapy basic concepts and practices. In C. Schaefer (Ed.), *Foundations of play therapy* (2nd ed., p. 4). Hoboken, NJ: Wiley.

Neef, N. A., Perrin, C. J., Haberlin, A. T., & Rodrigues, L. C. (2011). Studying as fun and games: Effects on college students' quiz performance. *Journal of Applied Behavior Analysis, 44*(4), 897–901.

Perry, B. D. (n.d.). *The amazing human brain and human development. Lesson 5: Plasticity, memory and cortical modulation in the brain.* Retrieved May 20, 2012, from http://www.childtraumaacademy.com/amazing_brain/lesson05/page01.html

Perry, B. (2006). Applying principles of neurodevelopment to clinical work with maltreated and traumatized children. In N. Webb (Ed.), *Working with traumatized youth in child welfare* (pp. 27–52). New York, NY: Guilford Press.

Perry, B. D. (2009). Examining child maltreatment through a neurodevelopmental lens: Clinical applications of the neurosequential model of therapeutics. *Journal of Loss & Trauma, 14*(4), 240–255.

Russell, R. L., & Shirk, S. R. (1998). Child psychotherapy process research. *Advances in Clinical Child Psychology, 20*, 93–124.

Schaefer, C. (2011). *Foundations of play therapy* (2nd ed.). Hoboken, NJ: Wiley.

Schaefer, C. E., & DiGeronimo, T. (1989). *Toilet training without tears.* New York, NY: New American Library.

Schaefer, C. E., & Reid, S. E. (2000). *Game play: Therapeutic use of childhood games.* New York, NY: Health Press.

Schopler, E. (1987). Specific and nonspecific factors in the effectiveness of a treatment system. *American Psychologist, 42*, 376–383.

Shirk, S. R., & Karver, M. (2003). Prediction of treatment outcome from relationship variables in child and adolescent therapy: A meta-analytic review. *Journal of Consulting and Clinical Psychology, 71*(3), 452–464. doi: 10.1037/0022-006X.71.3.452

Siegel, D. J. (n.d.). *More about interpersonal neurobiology.* Retrieved May 20, 2012, from http://drdansiegel.com/about/interpersonal_neurobiology/

Siegel, D. J. (1999). *The developing brain.* New York, NY: Guilford Press.

Spenrath, M. A., Clarke, M. E., & Kutcher, S. (2011). The science of brain and biological development: Implications for mental health research, practice and policy. *Journal of the Canadian Academy of Child & Adolescent Psychiatry, 20*(4), 298–230.

Stokes, T. F., & Baer, D. M. (1977). An implicit technology of generalization. *Journal of Applied Behavior Analysis, 10*(3), 349–367.

05

간접 교수법

AIDEEN TAYLOR DE FAOITE

서론

간접 교수법은 메시지를 전달하고 의미와 이해를 돕기 위해 세대, 문화, 국가를 통틀어 시행되어 왔다. 이는 전통적으로 자연과 인간 발달 또 인간 상황을 설명해 주는 이야기다. 예를 들어 내 이름과 연관된 Etain라는 이야기가 있는데 이는 아일랜드 전설에 나오는 요정의 사랑에 대한 이야기다. 그녀는 요정 세계와 현실 세계를 여행하며 두 세계의 다름을 이해하는 것을 옹호했다. 나는 놀이치료자의 역할을 설명하기 위해 자주 이 은유를 사용하였다. 치료자는 아동들의 세계로 들어가 아동의 세상과 경험 사이에서 메시지, 의미, 이해의 전달자가 된다.

나는 아동이었을 때 이야기 속에서 자랐다. 이야기 중에는 문화, 종교 이야기가 있었고 가족들 사이에서 구전되어 온 이야기도 있었다. 문화 이야기로는 지혜와 힘으로 역경을 이겨내고 목표를 달성하는 여전사 Madb 여왕(Maeve라 발음한다)의 이야기가 있었다. 아일랜드의 수호성인 성 패트릭은 세 잎 토끼풀로 삼위일체설을 설명한 것으로 유명하다. 이야기는 보통 잠자리에 들 밤 시간에 이루어졌다. 이야기는 그날의 노력이나 고난을 담고 있었고, 어떻게 이들에 직면하게 되었는지부터 행복한 결말로 끝나도록 이겨내는 것까지 담곤 했었다. 이러한 이야기는 곱슬머리 위와 멋쟁이 거위 (Curly Wee and Gussy Goose) 같은 주인공에 의해 발생하였다. 이는 동떨어진 매커니즘으로 연기되었기에, 아동이었을 때의 우리는 이 이야기가 우리의 이야기인 지 알지 못했다.

이번 장은 간접 교수법의 역할을 놀이의 치료적 힘으로 바라본다. 간접 교수법의 정의를 규정하며 치료적 힘을 뒷받침할 변화도 설명된다. 또한 치료적 효능과 이의 변화 메커니즘을 소개하는 심리 이론이 이야기되었다. 이론을 통해 설명할 수 있는 전략과 기술이 소개되며 이 장의 끝 부분에는 이를 묘사한 다양한 종류의 사례들이 설명되어 있다.

간접 교수법

"문에 말하면 벽이 듣는다."라는 페르시아의 오래된 속담이 있다. 이것이 바로 간접 교수법의 기초다. 정보는 이미지, 이야기, 은유로 보여진다. 간접 교수법의 정의는 '듣는 사람의 저항이나 의심을 이끌어 내지 않고 메시지를 전달하는 강력한 방법'이다 (Rowshan, 1997). 이야기되거나 쓰여진 이야기는 놀이의 치료적 힘과 같이 아동의 감정과 경험의 이해, 고민과 불안을 옹호한다. Margot Sunderland(2000)는 아동이 얼마나 그들의 감정을 헷갈려하는지와 단어로 그들의 감정을 표현하고 이름을 짓는 것이 자연스러운 감정 언어처럼 충분치 않다는 것을 이야기한다. 그녀는 이 은유를 '다이제스티브 시스템(degestive system)'이라고 한다. 음식을 씹어서 소화하는 게 좋은 것처럼 감정들은 생각을 거쳐 건강을 위해 가공되어야 한다. 이야기, 그림, 은유는 문제를 이해하기 위한 다이제스티브 시스템을 제공한다. 어른이 그들의 감정을 떠올리고 경험하기 위해 생각과 언어를 이용하는 것처럼 아동은 이야기를 상상과 표현을 하기 위한 수단으로 삼는다. Sunderland는 아동들이 혼란의 감정을 느끼는 '과정'을 중요시한다. 그녀는 감정이 거치는 과정을 '실제로 생각할 시간을 주지 않거나 감정을 방해하면서 느끼는 완전히 고통스럽고 어려운 과정'이라 정의한다(Sunderland, 2000). 간접 교수법 전략으로서의 치료적 스토리텔링은 아동에게 고통스럽고 어려운 느낌을 가공할 수 있는 수단으로서 제시된다. Sunderland는 이야기가 '아동의 건강한 정신 소화 시스템에 아주 중요한 부분'이라 주장한다(Sunderland, 2000). 이야기와 은유의 구체적인 효력은 언어의 상상 속에서 혼란스러운 감정 및 경험을 가공하는 수단을 제공한다. 상상은 명확성에 기인한 아동의 자연 언어이며 아동들과의 직접 대화에서 비롯된 저항을 막아 준다.

이야기를 들으면서, 영화를 보면서, 그림을 보면서, 음악을 들으면서 '생각지 못한 지식'과 '교차성 근원 찾기'라는 이름의 두 가지 과정이 발생한다. Sunderland(2000)는 이 치료 이야기를 "아동들이 '생각지 못한 지식'을 이야기할 때…… 나는 정확히 안다. 그러나 그것에 대해 생각해 본 적이 없다."라고 규정했다.

이야기가 철저하게 아동 위주일 경우 아동들에게 심오한 감정 및 위안의 느낌을 준다. David Mckee(1990)의 *Not Now, Bernard*라는 책은 어느 쌍둥이에게 매력적으로 다가갔다. 이 쌍둥이들은 질병과 입원 때문에 첫 1년을 떨어져 지내야 했다. 부모는 입원 때문에 그들이 다른 마을에 사는 것처럼 둘 사이의 시간을 갈라놓아야 했다. 각 아동이 놀이치료실로 들어올 때 그들은 놀이방에서 볼 수 있는 범위에 놓인 이 책을 보았고 읽어달라고 요구했다. 쌍둥이는 항상 그림 모두가 보이고 치료자의 눈을 바로 마주볼 수 있는 자리에 앉았다. 쌍둥이는 그림을 골똘히 바라보고 왜 버나드가 부모를 불러도 부모가 돌아오지 않았는지를 물어봤다. 그들은 성인들의 작은 사고를 목격하고 왜 어머니가 침대 밑에 버나드가 아닌 괴물이 있었음을 알지 못했는지 따졌다. 이 이야기는 어느 방면에서 쌍둥이에게 생각지 못한 지식을 제공하는 듯했다. 이 이야기를 통해 생각지 못한 지식에 접근하는 것은 이 쌍둥이 치료의 전환점으로 보였다.

두 번째 과정은 교차적으로 근원을 찾는 것이다. 이는 이야기를 듣는 아동이 지속적으로 이야기와 이야기의 주인공을 자신의 경험 혹은 사건과 연관시키는 과정이다(Rowshan, 1997). Bandler와 Grinder(1975; Mills & Crowley, 1986)는 은유 작동이 세 단계로 진행된다고 제안했다.

1. 표면의 구조, 이야기의 실제 단어에 있는 은유의 존재
2. 관련된 의미의 깊은 구조, 이는 듣는 사람에게 간접적인 영향을 주기에 활성화
3. 회복된 의미의 깊은 구조, 이는 듣는 사람에게 직접적인 영향을 주기에 활성화

이것이 듣는 사람을 위한 교차성 근원 찾기가 활성화되는 세 단계의 은유이다. 학계에 보고한 바 있듯이(Taylor de Faoite, 2011) 어머니에게서 버림받고 아버지로부터 길러진 아동들과 함께 일을 하다 보니 아동들이 *Bye Bye Baby : A Sad Story with a*

*Happy Ending*이라는 책에 흥미를 가지는 것을 알게 되었다(Ahlberg & Ahlberg, 1991). 아동들이 이 책을 읽어주기를 바라기에 이야기를 상연하기 시작했다. 교차성 근원 찾기의 과정은 이야기에서 아동이 은유를 사용할 때 기록되었다. 이야기 속 어머니가 아기를 찾았을 때 아동은 치료자에게 잔혹스러운 연기를 해 달라 주문했다. 어머니를 연기하는 치료자가 미처 잔혹스러운 행동을 보이지 못하자, 아동은 아기가 찾고 있던 무조건적인 사랑과 새엄마의 조건부 사랑에 대해 연결 고리를 만들기 시작했다. 이 과정의 첫 번째 단계는 아동이 이야기를 여러 번 읽고 이야기의 의미와 표면 구조를 알아차리는 것이다. 두 번째, 관련 의미의 깊은 구조 단계에서 아동은 역할 놀이와 이야기의 정립을 통해 이해한다. 마지막 단계는 아동들이 이야기 내부의 조건부 사랑과 무조건적인 사랑의 주제, 자신의 가족 삶에서의 경험 사이를 연결하는 것으로 완수된다. 은유의 기능과 교차성 근원 찾기의 과정은 아동의 치료 변화 과정의 요소가 되었다.

경험적 근거

간접 교수법에서의 문학 리뷰와 스토리텔링에서의 은유 사용은 치료 효능이나 변화 메커니즘의 효과를 규정하는 경험적 근거가 거의 없다고 한다. 아동을 옹호하는 것의 변화에서 간접 교수법이 효과 없음을 시사하는 것이 아니라, 극을 통한 치료 효능으로서의 간접 교수법 효과에 있어 연구자들에게 고려 사항이 거의 주어지지 않았다는 것을 뜻한다.

결론적으로 이 장은 간접 교수법 내 치료 변화의 몇몇 이론적인 관점과 가설들을 그려낸다. 어떠한 이론도 간접 교수법과 변화 메커니즘 내의 은유 사용을 정의하지 못한다. 그러므로 저자는 아동의 정신분석적 사고와 이론, 내러티브 놀이치료, 은유, 간접 교수법에 관한 변화 메커니즘을 규정하기 위해 뇌 연구로부터 기인한 이론과 우리 지식에 관한 최신 발전을 포함한 범위의 내용을 제시한다.

Mills와 Crowley(1986)는 동양 관습과 서양 관습, 1980년대에 떠오르던 뇌 연구에서 온 이론들을 복습하였고 은유 사용에 있어서 이 4개의 기여 요소를 융합하였다(Mills & Crowley, 1986).

1. 은유는 우선적인 경험이다.
2. 이는 우뇌의 과정을 통해 중재된다.
3. 무의식적 연관 패턴은 의식의 새로운 반응을 보여 주기 위해 더해진다.
4. 이는 교차성 근원 과정을 통해 수행된다.

그 이후로 상당량의 이론적 관점이 발달하였고 우리의 뇌 발달 지식은 기능적 자기 공명영상(f-MRI) 스캐닝과 같은 연구 도구와 함께 확장되었다. Schore(2001)는 우뇌의 발달과 그에 대한 유아기 정신 건강 및 영향 규제에 끼치는 영향의 방대한 연구를 통해 우뇌의 여섯 가지 중요 프로세스를 정의하였다.

1. 사회 감정적 정보를 진행
2. 부록 기능 동화
3. 전체적이며 영향력 있는 상태의 규제
4. 생존을 지지하는 중요한 기능의 조절
5. 스트레스를 능동적·수동적으로 이겨내는 기능의 가능
6. 자발적 감정 커뮤니케이션 시스템의 위치 : 우뇌

우뇌 기능에 관한 연구와 앞서 다룬 Mills와 Crowley(1986)를 추론하여 이야기를 하는 그 안의 목소리 톤, 공유된 태도, 이야기의 주제와 목적 태도 사이의 움직임을 통해 최적의 사회-감정 환경이 형성된다는 것을 알 수 있었다. 영향을 받은 공시 상태는 상호작용과 이야기의 공통 경험을 통해 완성된다.

확장 이론

정신분석학 이론은 뇌 연구의 지식 발전을 고려하며 확장되었다. Levy(2009)는 놀이와 정신분석학적 아동 이론이 치료 변화를 촉진하는 다양한 뇌 프로세스의 통합을 장려한다고 주장하였다. 말하는 것, 듣는 것, 이야기를 만드는 것을 포함하는 은유 사용은 저장된 경험을 뇌에서 다르게 조합하면서 다양한 모드의 통합을 허용한다(Levy, 2008; Levy, 2009). Levy는 다음과 같은 2개의 과정이 관여되었다 제시한다. 암시된 인지와 명백한 인지가 바로 그것이다. 놀이는 암시와 분명함 두 가지를 융합하며 더 복잡한 통합 시스템을 형성하기 위한 중립 구조의 재배열을 발전시킨다.

간접 교수법은 암시된 인지와 명백한 인지 두 가지를 통합하는 것으로 개념화된다. 은유가 되는 이미지나 이야기에서는 명백한 인지가 있으며 암시된(비상징적) 인지는 이야기의 구조 및 이야기꾼과 청취자의 맥락에 있다.

정신분석학적 사고는 개인이 지식, 인지, 통찰을 요구하며 변화를 이해하는 것에서 조직적 구조 및 관계적 행동의 이해를 내포하는 것으로 바뀐다(Fosshage, 2004; Levy, 2009). 따라서 놀이와 은유는 광화 작용이라 불리는 아동들의 반영적 기능 개발을 용이하게 한다.

요약하자면 은유, 이야기, 간접적인 교수의 신경생물학은 이야기가 다양한 수준에서 작용하는 것이라 할 수 있다.

- 명백한 단계 : 단어, 그림, 이미지
  - 표면적인 이야기
  - 명백한 치료적 메시지를 가지고 있는지의 여부
- 암시된 단계 : 이야기의 구조
  - 시작, 전개, 끝
  - 듣는 사람, 청중, 이야기하는 사람

간접 교수법의 통합적인 성질은 뇌 구조의 변화, 조직, 재구성을 허용하여 새로운 관계의 행동, 사건, 감정을 통합한다.

내러티브 놀이 이론과 치료는 이야기를 매우 강조하며 내담자가 변화하는 관점에서 자신의 이야기를 하도록 옹호한다. 내러티브 놀이 이론에서 간접적 교수와 은유의 변화 메커니즘은 이야기의 유동적인 성격, 확장 및 수축 방식, 그리고 다양한 엔딩이 적용되는 방식에 기반을 둔다. 다음과 같은 내러티브 놀이치료의 다섯 가지 가정은 내러티브 놀이치료 : 이론과 실제(*Narrative Play Therapy : Theory and Practices*)(Taylor de Faoite, 2011)에 설명된 것으로서 이야기의 역할과 관련되어 있다.

1. 놀이 중 스스로 만들어 냈거나 출판된 이야기들 중 아동이 고른 이야기는 아동에게 자신의 세계를 통제할 수 있는 기회를 제공한다.
2. 출판된 이야기의 구조는 예측과 일관성을 제공한다. 놀이 시 이야기를 만들어 내는 것은 놀이 중 아동이 자신만의 세계를 구축(따라서 통제)할 수 있도록 해

준다.

3. 아동들이 놀이 중 만들어 내는 이야기나 출판된 것 중에서 선택한 이야기들의 주제는 아동들의 실제 삶의 주제와 똑같을 필요는 없지만 종종 유사한 경향을 보인다.

4. 놀이 시 출판된 이야기들을 공유하고 이야기를 함께 구축하면서 어른과 아동 간의 관계는 발전 및 확장된다.

5. 내러티브 놀이치료에서 이야기를 만들어 내는 것과 아동들이 가장 좋아하는 이야기의 범위를 넓히는 것은 다양한 이야기들이나 결말을 변경하거나 확장시키고 그 이야기들을 시도해 보도록 하는 기회를 제공한다. 이 과정에서 아동들의 실제 세계에 그 이야기들을 가져올 필요는 없다.

결론적으로 내러티브 놀이치료는 아이가 자신의 상황에 대해 만족스러운 이해를 할 수 있도록 돕는다는 점에서 이야기의 치료적 가치를 구현하는 것이다(Taylor de Faoite, 2011).

Shechtman(2000)은 아동과 청소년의 공격성 치료 시 중재의 역할을 수행하는 독서 치료를 연구하였다. 이 연구에는 영화와 이야기들이 사용되었고, 보여 준 영화 및 이야기와 관련된 추천 활동들을 통해 그 속의 은유를 다루었다. 연구 결과에 따르면 이러한 중재치료는 통찰력, 자기-통제성, 공감을 증가시켰고 적응성 행동을 촉진하였으며 공격성을 감소시켰다. Shechtman 또한 치료 요소들을 개인 간의 카타르시스 배움, 사회적 능력 개발, 응집력으로 규명하였다. 흥미롭게도 참가자들에게는 영화와 이야기가 가장 의미 있는 활동이었음이 나타났다(Shechtman, 2000).

변화를 일으키는 간접 교수법의 역할

간접 교수법과 이야기 및 은유를 사용하는 것은 다양한 방식으로 놀이 및 놀이치료에 적용될 수 있다. 그중 하나가 치료적 이야기를 도입하는 것이다. 특정한 주제와 이슈로 아동을 옹호하는 치료용 이야기들이 많이 출판되었다. 이러한 이야기들에는 내용을 다른 맥락에 두거나 상상 속 인물 및 생명체를 사용하는 거리 두기가 포함되어 있다. 이것의 목적은 방어기제를 증가시킬 수 있는 확률이나 긴장을 줄이면서 문제를 규명하는 것이다. 치료자들에게는 자신들이 선호하는 작가가 있을 것이다. 나 역시 Margot Sunderland가 쓴 책들이 환자들에게 굉장한 혜택이 된다는 것을 알았다. 그녀의 책들 중 몇 가지는 다양한 감정 및 경험들에 대해 생각하게 하는 구체적인 주제가 있다. 예를 들어 *Teenie Weenie in a Too Big World*는 아름다운 일러스트로 채워져 있으며 아동들을 이끄는 이야기를 가지고 있다. 이야기는 아동들에게 감정을 통제하는 방법, 특히 두려움이라는 감정을 다루는 방법에 대해 간접적으로 가르쳐 준다. 이 책은 무의미함에 대한 이야기와 다른 이들의 응원이 어떠한 방식으로 이 크고 무서운 세상을 덜 무섭고 적응할 만한 세상으로 보이게 하는지 다양한 배경 및 문제를 가진 많은 아동들에게 친근하게 다가간다. Sunderland가 출판한 다른 이야기들이 다루는 테마에는 왕따, 긴장, 소유욕, 누군가에 대한 사랑을 갈망하는 것, 아동들이 자신의 희망과 꿈을 간직하도록 돕는 것 등이 있다.

아동 문학은 간접적인 교수의 또 다른 방향을 제시한다. 각 문화, 전통, 시간에는 간접적 교수의 이러한 요소를 포함할 수 있는 이야기가 있다. 전래 동화 역시 이러한 이야기의 범주를 포함한다. 동화의 전통적 버전은 이러한 이야기들의 변화 요소와 주인공들이 다차원적인 만큼 더욱 큰 기회를 준다(이는 주로 디즈니식의 동화에서 보여지는 축약 및 불쾌한 부분이 제거된 이야기들과 대조를 이룬다). 다음은 놀이치료실에서 이롭다고 증명된 아동 문학을 추천한 것이다.

*The Three Little Pigs*라는 전래 동화와 이를 번안한 *The True Story of The Three Little Pigs*(Scieszka, 1989)가 있다. 비난을 받은 기분이거나 항상 문제가 있다고 느끼는 아동들은 늑대가 출연하며 늑대의 동기가 오해를 사는 번안한 버전에 이끌리는 반면, 변화를 겪고 있는 아동들은 전통 버전에 이끌리는 편이다.

Bye Bye Baby : A Sad Story with a Happy Ending(Ahlberg & Ahlberg, 1991) 역시 다양한 아동들에게 이롭다고 증명된 아동 문학 중 하나이다. 임상학적 관찰을 통해 보호 시스템에 있는, 특히 보호자 간의 변화를 겪고 있는 아동들이 이 이야기에 이끌린다는 것을 알 수 있었다. Dr. Seuss가 쓴 *Oh, the Places You'll Go*는 다문화적 입양이나 피난의 결과로 변화를 겪고 있는 아동들이 스스로를 발견하는 데 도움을 주었다.

Play Therapy with Abused Children(1992)이라는 Cattanach의 책에서 그녀는 아동 문학이 다양한 테마와 사건들을 표현한다고 말한다. 이러한 문학에는 유아기 아동들의 행동 및 감정, 어둠과 밤에 대한 두려움이 포함되어 있다(Cattanach, 1992). 아동들

이 배변 훈련을 받을 때 가장 좋아했던 이야기 중 하나는 Tony Ross가 쓴 *I Want My Potty*였다. 이 이야기가 아동들을 끌었던 요인은 주인공인 공주의 전지전능함이다. 딸에게 요강이 필요한지 필요하지 않은지를 이야기하고 토의하는 대신 우리는 공주가 자신의 요강을 요구한다며 행동할 수 있고 따라서 상황에 유머를 더할 수 있다.

Oram과 Kitmura의 *Angry Arthur*(1984)는 2살에서 3살이 될 때 끔찍할 정도로 성질을 부렸던 나의 막내딸이 매우 좋아한 이야기다. 아마 더 성질을 부렸을 수도 있었을 것이다. 아이는 종종 잠을 자기 전, 특히 피곤한 날에 이 이야기를 읽어달라고 요구했다.

악몽에 대항하는 것을 목표로 했을 땐 *The Wish Factory*(Riddell, 1990)가 임상학적으로 유용한 간접적 교수 장치가 되었다. 나는 이 책을 잠을 자는 데 어려움을 겪거나 악몽을 꾸는 아이들의 부모에게 추천해 왔다. 부모들은 아이에게 이 책을 읽어준 후 개선되었다는 것을 내게 알려 왔다. 치료를 받고 있는 아동의 부모와 상담을 하면서 나는 분홍색의 폭신한 돼지 그림이 반복적으로 나타나는 것이 궁금했다. 아이의 엄마는 이 그림이 아이가 꿈 공장에서 모은 선물로서 꿈을 덜 무섭게 하는 데 도움이 된다고 설명했다.

놀이에 기반한 이야기들은 간접 교수법의 또 다른 요소이다. 예를 들면 놀이치료실에서 아동은 모래나 인형과 같이 작은 물체들을 가지고 놀며 이야기들을 만들기 시작한다. 놀이를 하면서 아동들이 의견을 덧붙이기 시작할 때 나는 그 이야기를 기록할 것이다. 그렇게 하면 아동들이 사용하는 단어를 쓸 수 있다. 헷갈리는 것들은 아동이 놀이를 하면서 제공한 은유에 입각한 일련의 질문들을 통해 규명할 수 있을 것이다. 그런 다음 이렇게 완성된 이야기를 다시 아동에게 읽어 주며 해당 아동이 출연하는 개정된 이야기를 들려 준다. 이러한 방식으로 아동은 그때의 만족감을 선사한 이야기를 만드는 데 지원을 하게 되는 것이다. 이후 이러한 이야기들은 놀이치료실에서 아동이 보내는 시간 동안 사용될 수 있다.

간접적 교수, 이야기, 은유를 사용하는 것은 의식적이 되거나 되지 않을 수 있는 무의식 차원의 문제, 사건들을 해결하고 이를 다루는 것을 돕는다. 투영은 간접적 교수에서의 변화 과정 중 한 요소이다. 아동은 이야기의 주인공을 규명하고 자신이 실제 세계에서 해 보지 않은 해결이나 느껴 보지 않은 감정들을 이 주인공에게 투사한다. Schaefer는 간접 교수법과 관련된 변화 과정에 대해 일곱 가지 요소들(personal communication, 2012)을 규명하였다.

1. 행동의 적응 교육
2. 감정 표출
3. 활발한 행동
4. 문제 해결 기술
5. 방어기제의 촉진
6. 치료적 통찰
7. 문제에 대한 새로운 해결책 제공

일반적으로 이야기와 간접 교수법은 다양한 각도에서 시행될 수 있다. 이야기들은 위협적이지 않다. 이들은 시작, 중반부, 끝으로 구성되어 있다. 또한 아동들에게 매력적으로 다가간다. 아동들은 자주 이야기를 다시 해달라고 하거나 읽어달라고 요구한다. 만약 쓰여진 이야기를 바꾸거나 줄이려고 하면 아동은 이것을 알아채고 바로잡으려 한다. 이야기는 아동들이 이야기 및 이야기 자체의 주요한 메시지, 자신들만의 결말과 행위를 선택할 수 있게 하기 때문에 독립심을 키워 준다. *Not Now, Bernard*를 요구했던 쌍둥이의 경우 부모가 알아차리게 된 것은 아동들이 일란성 쌍둥이임에도 불구하고 침대에 있지 않고 종종 나를 놀리려고 했다는 것이다. 간접적 교수 시 이야기는 의도적으로 교훈적이지 않다. 따라서 아동들에게는 자신이 듣기로 선택한 이야기에 대해 자신만의 생각을 할 수 있는 여지가 있는 것이다. 방어 기제와 변화로의 저항은 우회한다.

간접 교수법은 치료적 관계를 지탱할 수 있다. 놀이치료실에 이야기를 가져오는 치료자는 '떠올랐다'는 말을 도입할 수 있다. 나는 종종 "지난주에 너에 대해 생각했고, 그래서 이 이야기가 떠올랐단다."라고 말하며 이야기를 시작한다. 이를 통해 아동들에게 이야기를 읽어 줄 수 있는 기회를 잡는 것이다. 이야기를 하는 사람과 듣는 사람의 관계는 그렇게 안전한 구조의 상호작용을 형성하게 된다. 이야기의 시작, 중간, 끝에서 예측을 하는 것은 아동들의 일관성 있는 집중을 가능하게 한다. 또한 간접적 교습과 관련된 변화 과정은 감정이나 행위를 생산할 필요 없이 이야기 내의 감정 인지를 통해 거울 뉴런(mirror-neurons) 및 아동들의 행동과도 관련될 수 있다(Ramachandra, Depalma & Lisiewski, 2009). 이야기는 응집력 있는 내러티브 모형과 대안적 결말의 모형을 제공한다.

요약하자면 변화를 이끌어 내는 간접 교수의 역할은 3차원이다. 새로운 접근법, 적응행동, 그리고 문제 해결 기술을 배울 수 있는 기회를 제공해 주는 동시에 이러한 기술이나 행동들이 직접적으로 교수되었을 경우 활성화될 수 있는 불안감이나 방어기제를 줄일 수 있다. 간접적 교수는 아이들의 인지 수준에 더욱 발전적인 형태로 적합한 이미지나 은유를 사용하며, 이를 통해 아이들은 자신에게 더욱 의미 있는 언어를 사용하며 감정에 대해 생각할 수 있게 된다. 간접 교수는 다양한 방법의 치료로 사용될 수 있다. 여기에는 치료적 통찰력을 기르는 것과 현 문제에 대한 새로운 해결책을 제공하는 것들이 있다. 스토리텔링의 구조는 변화를 용이하게 하는 주요 요소로 여겨지는 치료적 관계의 발전을 지원한다.

1. 아동 문학과 동화를 사용하는 스토리텔링
2. 치료적 스토리텔링 사용
3. 이야기 만들기
4. 놀이-중심, 함께 이야기 만들기

아동 문학과 동화를 사용하는 스토리텔링

이 장에서 나는 네 가지의 주요한 간접 교수법 기술에 대해 말하고 이들이 치료에 어떻게 사용될 수 있는지를 설명할 것이다. 다음에 나오는 일화들은 다양한 맥락을 가진 아동들을 향한 이 기술들의 사용을 설명한다. 이 전략은 치료자나 어른이 이야기, 그림책, 시를 포함한 다양한 아동 문학들에 친숙해져야 적용이 가능하다. 치료자들은 아동을 위한 책을 선택하고 그 이야기가 가치 있도록 아동들의 문화 및 생태에 민감해야 한다. 치료자들은 이야기를 선택할 때 이야기의 다양한 요소들에 대해 인지하고 있어야 한다. Rossi(1985; Mills & Crowley, 1986)는 공유된 현상학적 경험의 중요성을 강조하였다. 은유 선택 역시 아동의 경험과 맞닿아야 하는 것이다. 세 가지 방식의 공감이 치료자, 아동, 이야기 간에 이루어진다. 아동은 등장인물 및 사건에 자신을 동일시하고 따라서 이야기의 해결에 자신을 연관 지을 수 있다. 또한 아동은 이야기에서 창조된 이미지에 자신을 동일시할 수 있어야 한다. 이야기를 고를 때 은유, 친숙함, 이미지와의 관련성이 만들어 낸 이미지 조합과 같은 것들은 아동들의 이야기가 치료로 사용될 수 있게 하는 요소임을 고려한다. 이는 다음과 같은 공식으로 설명할 수 있다(Mills & Crowley, 1986).

은유의 이미지 + 친밀한 관계 = 치료적 이야기

아동은 제시된 이미지들과 주요 등장인물에 자신을 관련지을 수 있으며 그렇게 등장인물의 은유적 세계에 진입하고 해결책을 자신의 실제 세계로 가져온다. Mills와 Crowley(1986)는 아동에 대해 공유된 현상학적 현실을 용이하게 하는 전래 동화의 여섯 가지 주요 특성들을 규명하였다.

1. 은유적 갈등 : 주요 테마는 주인공에게 은유적 갈등을 설정할 것이다.
2. 무의식적 과정 : 스토리 내에서 능력과 자원들이 주인공이나 조력자들에게 맞춰지는 반면 공포와 부정적인 믿음은 악당과 장애물에 놓여지게 된다.
3. 평행적 배움의 상황들 : 이야기에는 성공적인 등장인물에 대한 평행적 배움의 상황들이 포함된다.
4. 은유적 비극 : 주인공이 장애물을 극복하거나 문제를 해결하는 부분이다.
5. 일단 영웅이 승리를 거두면 새로운 동일시가 일어나게 된다.
6. 영웅의 특별한 가치를 축하한다.

앞서 언급했던 *Bye Bye Baby*(Ahlberg & Ahlberg, 1991)는 아동들에게 치료적으로 이로운 책이다. 이 책이 성공을 거둔 주요한 이유는 이러한 이야기를 통해 경험과 감정들을 탐험하고 이해하게 되는 아동들에 대해 공유된 현상학적 현실을 용이하게 하였다는 것이다. 이야기는 자신이 아기임에도 스스로를 돌볼 수 있는 등장인물의 힘과 함께 시작한다. 하지만 이는 슬픔의 원인이고 엄마를 필요로 하게 되는 은유적 충돌을 발생시킨다. 평행적 배움 상황은 엄마를 찾기 위해 고양이, 테디 베어, 암탉, 삼촌과 함께 도움을 얻는 데 성공하는 것이다. 은유적 위기는 아기가 '넘어져서 코를 찧었을 때' 모습을 드러내며, 지원을 받던 주인공의 세상은 등장인물 모두가 언덕 위에 앉자 비가 내리면서 무너지기 시작한다. 동일시의 새로운 관점은 아기가 엄마를 부르자 유모차를 끄는 엄마가 나타나면서 발생한다. 엄마의 보살핌 및 엄마를 찾는 데 성공하면서 아빠를 찾기 시작하는 것이 마지막 단계인 축하라고 할 수 있다.

이러한 여섯 가지의 특성을 고려하며 이야기들을 선택하면서 아동과 주인공 간의 공유된 현상학적 현실을 용이하게 할 수 있다. 이는 주인공과 아동의 동일시를 용이하게 하며 상상 속 세계에서의 해결책을 실제 생활로 가져올 수 있는 잠재력을 갖게한다.

치료적 스토리텔링의 사용

이 기술에서 치료자는 아동이 동일시할 수 있는 아동을 위한 이야기를 개발한다. 하지만 방어기제를 상승시키고 긴장감을 증가시키는 위험이 될 수 있는 직접적인 방식으로는 이야기의 동일시가 이루어지지 않는다. 기술로서의 치료적 스토리텔링의 목적은 아이가 겪은 사건이나 감정들을 담는 용기로 기능하는 동시에 발생 문제들에 대한 해결책을 제시하는 것이다. Platteuw(2011)는 Sutherland의 모형을 채택하여 치료적 이야기를 만들었고 이야기를 만들 때 필요한 요소들을 다음과 같이 규명하였다.

- 아동이 겪고 있는 문제를 정립한다.
- 규명된 어려움에 대해 은유적 구조를 형성하는 등장인물, 장소, 상황을 만든다. 또한 주인공은 아동이 겪은 것과 똑같은 문제를 겪고 있다.
- 아동에게 사용된 것과 유사한 적용 전략들을 사용하여 주인공을 설명한다. 이 과정이 아동이 자신 및 타인을 바라보는 양상, 즉 위기로 이어질 수 있는 것과 관련된 문제들에 어떻게 연결되는지를 제시한다.
- 위기를 헤쳐 나갈 길을 설명하고 이를 통해 해결책을 도출한다. 누군가 또는 어떤 것은 다른 접근법을 사용하고 다른 방식으로 다루기 위해 이야기에 발을 들일 것이다. 이러한 변화들은 주인공이 스스로나 다른 이들에게 느끼는 감정을 변화시킨다. 이러한 변화는 세상을 더욱 나은 곳으로 만들어 준다(Platteuw, 2011).

이 기술은 치료적 환경에서 다양한 방식으로 사용될 수 있다. 치료자는 아동이 치료를 받는 경우 해결책 없이 테마만을 반복하거나 아동이 선택한 해결책의 효과가 없을 때 이 기술을 채택하여 사용할 수 있다. 이 사례의 목적은 치료 시 아동이 제시한 테마에 대해 대안적 해결책을 제시하는 것이다. 또한 치료적 이야기는 치료 외부에서도 발생할 수 있다. 이는 아동의 삶에서 중요한 사람들로부터 진행 중인 어려움이나 문제를 보고받는 것을 뜻한다. Platteuw는 이 구조로 새롭게 입양한 아동을 지원하고자 하는 부모들과 함께 치료적 이야기를 함께 만드는 데 사용한 방법을 저술하였다. 이러한 방식으로 입양 부모들은 아동에게 전하고자 하는 치료적 메시지를 구현하는 데 중요한 역할을 할 수 있다.

치료적 이야기 만들기

이 치료적 기법은 성인 및 청소년 집단과의 치료에서 개발되었다. Gersie(1997)는 치료적 이야기를 만드는 것에 대해 "창의적이고 표현적인 집단 활동으로서 고통을 완화하기 위해 이야기를 할 수 있는 사람의 능력을 복구하고 이와 함께 다른 사람의 이야기와 의미 있는 상호작용을 하고자 하는 그들의 의지를 발전시키는 것에 초점을 맞추고 있다."고 정의하였다. Cattanach(1994)는 이러한 접근법을 아동들의 개별적 상황에 맞추어 적용하였다. 그녀는 이 치료 기술을 아동들이 '이야기를 즐기고 탐방할 수 있는 놀이 방법'이라 주장하였다. 그녀의 저서 *Play Therapy : Where the Sky Meets the Underworld*에서 Cattanach는 이 치료 기술이 *The Witch and the Rainbow Cat* (Cattanach, 1994)라는 이야기에 사용될 수 있는지 그 사례를 들고 있다. 이 치료 기술을 사용할 때의 이야기는 글쓰기, 미술 행동과 같은 다양한 창의적인 활동들을 수행하기 위해 많은 감탄사를 사용하며 읽혀진다. 이러한 방식으로 아동은 '살아가는 다양한 방법들을 실험해 보며 과거를 잊고 치료의 안전한 장소 안에서 미래를 탐방할'(Cattanach, 1994) 기회를 얻게 된다. 이후 임상학적 적용 사례에서 나는 *Badger's Parting Gifts*가 형제자매를 잃은 아이들의 마음을 달래는 데 사용된 사례를 설명할 것이다.

함께 이야기 만들기

아동들이 놀이, 역할 놀이, 모래에 그림 그리기, 작은 물체를 가지고 놀거나 그림을 그리는 활동 등을 할 때 이들은 본인이 인지하고 있든 아니든 이야기를 만든다. 치료자의 역할은 이러한 아동들의 창의력 개발을 도와서 '가상의 이야기가 아동들의 경험을 바꾸는 데 도움이 될 수 있도록'(Cattanach, 1994) 해 주는 것이다. 아동들의 놀이에서 이야기가 발생하면 치료자는 글을 쓸 때 그 이야기를 기록하도록 한다. 이렇게 함께 만들어진 스토리텔링 기술에서 치료자는 이야기의 구조 및 인과 관계를 구축하고자 질문을 하고, 이야기 속 다양한 등장인물들의 행위의 의미를 분명하게 한다(Taylor de Faoite, 2011).

임상 적용 및 사례

이 장에서 나는 내가 시행한 놀이치료에서 겪은 다양한 사례들을 들어 간접 교수법의 임상학적 적용을 살펴볼 것이다. 여기에는 간접 교수법의 서로 다른 4개의 전략 및 치료 기술을 사용한 사례와 놀이치료에 도입된 방법, 그리고 아동들의 놀이에서 도출된 방법이 설명되어 있다.

아동 문학과 동화를 사용하는 스토리텔링

내가 존조를 처음 만났을 때 아이는 8살이었고 희귀성 유전학적 질병을 앓고 있었다. 병원에 오기 전 특별한 증세는 없었지만 청소년기와 성인기의 가장 좋은 예후를 확실히 하기 위해 골수 이식 수술을 요청했다. 골수 이식 수술 전, 아이는 자신의 골수를 죽이기 위한 화학치료를 거치게 된다. 골수 이식 수술을 기다리는 동안 아이는 역방향으로 차단된 상태에 놓이게 되며, 면역 체계는 이러한 환경에 맞춰지면서 감염에 취약한 상태가 된다. 역방향 차단은 감염이 일어날 수 없게 고도로 살균된 환경이다. 이 방에 들어서는 모든 사람들은 일단 가운과 마스크를 착용하여야 한다. 존조는 입원 전 개방적이고 자유롭게 놀며 신체적으로도 활달한 아이였다. 하지만 병원에서 집까지의 거리나 다른 가족들과의 약속 때문에 그는 주말에 병문안을 오는 몇 사람 정도만 만날 수 있었다.

나는 그 시점에서 치료를 전환하기 전에 존조를 만나 달라는 부탁을 받았다. 의사가 시행할 의학적 절차에 대해 설명하려 하면 존조가 이들을 완전히 묵살해 버리고 긴장하기 시작한다며 간호사들은 걱정을 했다. 고도로 멸균된 상황에 있어야 했기 때문에 장난감이나 재료들은 거의 가지고 들어갈 수 없었다. 일반적으로 나는 찰흙이나 점토, 점액 물질과 같은 감각적인 놀잇감들을 선택하곤 한다. 이러한 놀잇감들은 아동이 화학치료 이후 느끼는 감정을 즉시 상징적으로 나타내는 데 도움이 된다는 것을 알았기 때문이다. 하지만 재료들은 역방향으로 차단된 환경에서 반입이 전면 금지되었다. 의료진과의 협상 끝에 새 책, 새 종이, 크레파스를 가지고 들어갈 수 있게 되었다. 이렇게 재료들이 제한적이었기 때문에 치료에 사용할 책을 신중하게 선택해야 했다.

나는 Roald Dahl의 *George's Marvellous Medicine*이라는 책을 선택했다. 의학적으

로 개입해야 하는 상황이 있었기 때문에 특정한 시간에서의 치료 예측 가능성이 불가능했다. 각 절로 나뉜 책을 짧은 시간에 몰아서 읽으며 회기의 구조에 대한 예측을 했다. 나는 아동을 방문해 달라는 요청을 받았을 때 이 책이 떠올랐던 것을 포함하여 이 접근법이 제공하는 관계 형성의 기술을 차용하였다. 나는 이 책이 아동과 같은 8살 남자 아동에 관한 이야기이며 그처럼 시골에 산다고 소개했다. 나는 존조와 마찬가지로 책의 주인공 역시 사회적으로 고립되어 있다는 사실에는 초점을 맞추지 않기로 했다. 하지만 이 부분을 존조에게 읽어주었을 때 아이는 자신과의 유사한 점을 알아차렸다. 각 회기를 시작할 때 우리는 무슨 일이 있었는지를 기억해 보았고 회기가 끝날 무렵에는 어떤 일이 일어날지를 예측했다. 이를 통해 회기 사이사이가 지속적으로 연결되어 있다는 것과 '기억해 둔다'는 감각을 확보할 수 있었다. 우리가 회기와 장을 진행할수록 존조는 빠르게 이야기에 몰입하였으며 낙서하는 것도 잊었다. 그는 전체적인 이야기에 대해 질문을 했다. 그의 질문은 등장인물들의 동기에 관한 것이었다. 아이는 주인공이 약을 만드는 동기와 이 약의 효과를 확신할 수 없었다. 또 아이는 주인공의 할머니가 왜 그를 귀찮게 하는지 이해하지 못했다. 할머니의 동기를 살펴보며 우리는 병에 걸렸다는 것을 탐구했고 이것이 그녀에게 어떤 기분이 들게 하며 이를 통해 그녀가 다른 이들에게 어떻게 행동하게 되는지를 생각했다. 아이는 머리가 바닥을 뚫고 나올 정도로 크게 자랐을 때 즐거워하던 할머니로 인해 덩달아 즐거워했다. 또 할머니가 음식을 어떻게 먹을지 궁금해했다. 이야기가 끝나자 존조는 주인공의 마술 브러시에 즐거워했다.

　이 치료에서 아동 문학을 사용한 것은 시작, 중간, 끝 부분에서의 예측 가능성을 제시하였다. 회기 사이사이, 그리고 회기 내내 하나의 통합적인 장치로 작용한 것이다. 이는 아동이 스토리텔러와 관객의 역할에 익숙해짐에 따라 치료적 협력이 빠르게 이루어지도록 도와주었다. 이 치료 기술은 존조에게 치료 및 사람이 미칠 수 있는 영향과 관련된 감정, 동기를 탐구할 수 있는 여유를 주었다. 약을 지어내는 것에 대한 감각적인 성질은 이러한 감각적 재료를 가지고 노는 것에 대해 신체적 활동이 결여된 상태에서 거울 뉴런을 활성화하였다. 이를 통해 환경과 고립되고 고요한 환경 내에서 존조에게 유머와 재미를 가져다주었으며 주인공의 능력 역시 과장하지 않았다. 이야기의 은유와 더불어 할머니에게 작용한 약의 효과를 알게 되면서 약에 대한 이야기를 해도 아동은 더 이상 긴장 상태가 되지 않았다. 결론적으로 이러한 스토리텔링 기법

덕분에 간호사들은 존조가 덜 긴장하며 자신의 약에 대한 질문들을 던지기 시작했고, 그 약들이 어떤 식으로 자신을 도울 수 있는지 묻게 되었다고 말했다.

치료적 스토리텔링의 사용

많은 사람들이 치료적 이야기를 사용하는 방법에 대해 저술하였다. 그중에는 Platteuw, Sunderland, Rowshan 등이 있다. Platteuw는 저서의 내용 중 '입양한 아동들과의 내러티브 놀이치료'에서 6살 환자와 치료성 이야기를 사용한 방법에 대해 설명하고 있다 (Platteuw, 2011). 앞서 언급했듯 Sunderland(2000)는 아동들을 위한 다양한 감정, 테마, 문제들을 설명하는 치료성 이야기들을 출판했다. Rowshan(1997)은 치료성 이야기에 대해 저술하고 이 이야기들이 다양한 문제에 사용되는 방법, 부모들이 자신의 아이를 지원하기 위해 이러한 치료성 이야기들을 사용하는 방법 등에 대해서 저술하고 있다.

나는 스트레스를 받는 상황에서 내 아이들을 지원하기 위해 치료성 이야기 기술을 사용해 왔다. 이파가 3살이 되었을 무렵 굴뚝을 통해 새가 날아든 일이 있었다. 그때 우리는 둘 다 집에 있었고 나는 임신 7개월째였다. 나는 처음에는 놀라며 긴장했고 새를 집에서 어떻게 내보내야 하는지 생각하다가 공황 상태에 빠졌다. 그 새 역시 스트레스를 받았는지 밖으로 나가기 위해 창문에 머리를 연신 부딪치고 있었다. 나는 가까스로 창문을 열어 새를 날려 보냈다. 그 즉시 이파는 끝 부분이 부리 모양을 닮은 나무 장식을 집어 들더니 방 안을 돌아다니며 그것을 날리면서 장식에 말을 걸었다. 나는 새가 모험을 떠나는 것을 얼마나 좋아하는지에 대한 이야기를 하기 위해 이 장식을 은유로서 사용하기로 결정했다.

어느 날 굴뚝 부분에 앉아 있던 새는 긴 터널 끝에 빛이 있다는 것을 알아차렸다. 그는 그 밑에 무엇이 있는지 보고 싶어졌다. 새는 아래로 날아 내려갔다. 하지만 어미 새에게 다시 돌아갈 방법을 모르고 있다는 것을 깨닫자 새는 겁에 질렸다. 작은 소녀가 이 새를 발견하고 자신이 이곳을 나가는 데 도움을 줄 수 있다고 설명했다. 작은 소녀는 새가 들어온 곳으로는 나갈 수 없다는 것을 깨닫고는 다른 방법을 찾았고 그 새는 어미 새를 찾아 날아갈 수 있었다. 때때로 두렵기도 했지만 모험의 짜릿함을 좋아하는 이 새는 모험을 계속했다.

작은 새의 모험 이야기는 침대 머리맡에서 해 주는 이야기가 되었다. 이파는 점차적으로 자신의 작은 도서관에 가 침대맡에서 읽어 달라고 할 이야기를 골라 오기 시작했고, 이야기 종류들의 균형은 작은 새 이야기에 편중되지 않고 고루 맞추어졌다.

이야기 만들기

이야기를 만드는 이러한 기술은 6~11살 아동들에게 사용되었다. 이 아동들에게는 모두 암으로 죽은 형제자매가 있었다. 치료 회기는 형제자매가 치료를 받았던 병원 소속의 종합 의료진이 실시하였으며 장례의 일부처럼 시행되었다. 치료에 참가한 아동들은 병원에 올 때마다 의료진 중 몇몇을 만났기 때문에 이들에게 친숙했다. 이 집단에 참여한 모든 아동들은 형제자매와 사별한 지 최소 6개월이 되었으며, 그중 다수는 형제자매가 세상을 떠난 지 1년 정도 지난 아동들이었다.

다음은 아동들이 형제자매의 죽음과 관련한 자신의 감정에 대해 생각하는 것과 형제자매와의 관계를 기억하는 것을 지원하기 위해 스토리텔링 기법이 사용된 것에 대한 개요이다. 부모들은 죽음의 원인과 병을 앓은 기간, 사별을 겪은 아동이 죽음에 대해 이해하고 있는 것에 대하여 간단한 정보를 제공하였다. 또 가족 전체가 이 사별에 어떻게 대처했는지에 대한 부모들의 의견 역시 참고하였다.

- *Badger's Parting Gifts* 그림 책(Varley, 1984)
- 예술 재료, 다양한 색종이(검정색 종이 포함), 연필, 물감, 크레파스, 깃털, 부드러운 솜털, 둥근 막대기, 다양한 재료들과 접착제
- 감정 표정 카드, 감정 포스터
- 다양한 봉제 인형, 동물 인형

진행되는 절차는 다음과 같다.

반원으로 앉은 아동들에게 읽어 주는 이야기를 볼 수 있게 했다. "그의 유일한 걱정은 자신이 떠났을 때 남겨질 친구들의 마음이었어요." 감정 카드와 포스터를 사용하여 아동들은 오소리가 떠났을 때 남겨졌던 친구들의 마음에 대한 생각을 목록으로 만들었다. 그런 다음 만들어진 감정의 목록을 "그의 친구들은 …한 기분이 들 것이고, 그 이유는…"이라는 구조로 말하며 공유했다.

그 다음 "그는 두더지와 개구리가 오랫동안 친구였던 것을 지켜봐 왔어요. 그는

자신의 친구들이 좋은 시간을 보내고 있는 것을 즐겁게 바라봤죠."라고 이야기를 읽었다. 대화는 조부모에 관한 것으로 시작되었고 아동들에게는 조부모만큼 나이가 든 것에 대해 생각하도록 했다. 짧은 숨을 쉰 뒤 그들은 눈을 감거나 아래를 내려다보며 어린 시절을 회상하는 조부모가 되었다고 상상했다. 아동들이 기억할 만한 것으로는 휴가, 크리스마스, 해변에서의 하루, 일요일 점심에 할머니와 할아버지 댁을 방문한 것들이 있었다. 그런 다음 아동들에게 머릿속에 떠오른 것을 그림으로 그리게 했다. 그리고 그린 그림을 보여 주며 그림 속 이야기를 원하는 방식으로 설명하도록 했다. 아동들은 "아주 오래 전에 내가 어렸을 때…"라고 이야기를 시작하며 그 이야기에 대한 거리감을 나타냈다.

　그 다음 "저녁 식사를 한 오소리는 책상에 앉아 편지를 썼습니다."라고 이야기를 재개했다. 아동들에게는 그때 오소리가 썼을 편지를 쓰게 했다. 아동이 요청한다면 어른들이 대신 써 줄 수도 있었다. 그들은 편지를 쓴 뒤 편지 봉투에 그것을 넣었다.

　각 아동들은 이야기를 듣는 동안 새 종이와 낙서를 할 만한 크레파스 몇 개, 그리고 만지작거릴 점토를 가지고 있었다. 이야기는 "동물들이 종종 서로를 방문하며 오소리가 살아 있을 때에 관한 이야기를 했어요."까지 진행되었다. 모든 동물들이 둘러 앉아 말하고 있는 사진을 보여 주었다. 아동들에게 원으로 둘러 앉은 동물들 중 하나를 선택하게 했다. 플라스틱의 작은 인형이나 솜 인형으로 그림 속 동물과 유사한 동물들을 고를 수 있었다. 각 아동은 동물을 선택한 다음 자신이 선택한 동물이 오소리에 대해 기억할 수 있는지와 친구들이 방문했을 때 그 기억에 대해 대화하던 것에 대해서 생각했다. 그리고 동물 집단이 만나서 그들이 기억하는 것에 대한 이야기를 시작했다. 다시금 각 아동에게 "나는 (동물 이름)이고, 내가 기억하는 것은…"이라고 시작하는 문장을 사용하게 했다.

　이야기를 끝까지 읽고 난 후 아동들은 오소리에게 선물하고 싶은 이별 선물을 그리기 시작했다. 각각의 아동은 그 그림에 이름을 써 넣었다. 마치 전시회처럼 그 그림들을 걸어 놓고 각자의 그림을 감상했다.

　이 치료 회기를 마치면서 아동들은 자신이 만든 모든 것들을 한데 모았고 그것들을 한눈으로 보았다. 그런 다음 색깔이 있는 카드를 골라 떠난 형제자매에게 메시지를 써서 헬륨 풍선에 묶어 하늘로 날려 보냈다.

스토리텔링의 이러한 전략은 아이들이 자신의 기분에 대해 탐험하고 생각하게 하는 기회를 주며, 이야기의 구조나 내용의 은유를 사용하여 기억하거나 미래를 상상할 수 있게 한다. 회기 중에는 슬펐던 순간, 조용했던 순간, 바빴던 순간, 그리고 즐거웠던 순간도 있었다. 놀라웠던 것은 과정 내내 집중했던 아이들의 모습과 이야기의 은유에 머무르는 것의 효과였다. 이는 고통스러운 감정을 유지하면서 이 감정들을 탐험할 수 있는 여유를 주었으며 아이들과 그를 돌보는 어른들이 감정적으로 격양되는 것을 막아 주었다.

함께 이야기 만들기

사라제인은 놀이치료를 받을 때 겨우 3살이었다. 아이의 엄마인 케이트는 사라제인이 30개월일 때 집 근처에서 비극적인 교통사고로 아버지가 죽은 이후 놀이치료를 요청했다. 케이트는 사라제인과 남편의 관계가 가까웠다고 설명했다. 그는 평소 많이 돌아다녔지만 집 근처에서 근무할 때는 저녁마다 아이와 놀아주곤 했다. 케이트는 사라제인에게 가장 걱정되는 것이 아빠와의 유대 관계를 잃어버린 것임을 확인했다. 아이는 죽음에 대해 거의 이해하지 못했고 사고도 인지하고 있지 않았다. 행동만으로 봤을 때 사라제인의 상태는 괜찮았다. 엄마는 유일한 변화가 밤에 깼을 때 아빠를 찾는 것이라고 말했다. 사라제인은 엄마의 침대에서 재우면 다시 잠드는 것을 어려워했다. 사라제인은 놀이치료실과 놀잇감들을 둘러보기 시작했고 작은 물체들을 가지고 놀기 시작했다. 아이는 인형의 집을 사용하지 않으면서도 의도적으로 인형의 집 가구를 선택하는 모습을 보였다. 또 사각형 모양의 카펫 타일(장판)을 사용했는데 각각의 사각형은 욕조, 세면대, 변기가 있는 화장실과 의자가 있는 주방처럼 가구로서 구별 가능한 방처럼 기능했다. 일단 이렇게 설정한 사라제인은 사람들을 찾기 시작했다. 아이는 간호사, 소방관, 작은 소녀를 골랐다. 유사한 범위의 사람들을 고르면서도 소방관은 다른 세트에서 골라 왔고 소방관이 속한 선택 범주는 무척 컸다. 차와 교통신호가 집 밖에 나타났고 소방관과 간호사는 치료 3~4주만에 이곳에 도입되었다. 나는 작은 물체들을 창조하는 아이들의 사진을 찍는다. 부모들과의 미팅 검토 전, 나는 부모 또는 보호자와 공유하려고 생각한 정보를 발전적이며 적절한 방식으로서 미팅과 관련된 아이들과 공유한다. 내가 사라제인에게 엄마와 만나야 한다는 것을 알리자 아이는 사진들을 엄마에게 보여 달라고 했다. 케이트는 사진을 보고 깜짝 놀랐다. 그녀는 사고가 있었던 밤에 사고를 보고하러 집에 온 사람이 소방관이었고, 집 근처에서 도로 공사가 진행되는 동안 일시적인 교통 신호가 설치되어 있었으며, 사고 이전 자신은 수습 간호사로 일했다고 말했다. 케이트는 아이가 매우 어려서 사고와 관련해 무슨 일이 일어났는지를 보거나 듣고 이해하지 못할 거라 생각했다. 나는 그날 밤 일어났던 일들에 대해 응집력 있는 이야기를 해 줄 필요가 있다고 제안했다. 우리는 함께 이야기를 구성했고 케이트를 초청하여 사라제인에게 그 이야기를 해 주도록 했다. 하지만 그 당시 케이트는 이 이야기를 할 수 있을 것 같지 않다고 했다. 만약 이야기의 장면들이 치료 시 다시 탄생할 때 그녀가 선택한 등장인물들을 사용해서 이야기의 장면을 구성한다면 이야기는 내가 하겠다고 말했다. 이는 다음번 놀이치료 회기에서 시행했다. 이야기가 진행될수록 사라제인은 안정이 되는 것처럼 보였다. 아이는 치료자와 엄마가 자신이 놀던 사진을 보고 이야기를 썼다는 것을 알고 있었다. 이야기 속에서 간호사의 역할은 아이를 돌보는 것과 나쁜 소식이 있을 때 그것으로부터 아이를 지켜 주는 것이었다. 소방관의 역할은 사고를 설명하는 동안 그것을 돕는 것이었다. 다음 몇 차례의 회기를 거치면서 사라제인의 놀이는 변화했다. 아이는 다양한 놀잇감들을 살펴보았고, 엄마와 아기를 가지고 놀았으며, 아이의 놀이는 더욱 발전적이고 적절한 방식으로 변화했다. 케이트는 사라제인이 이제는 잠을 잘 자며 정기적으로 가족 사진을 보려 하고 잠들기 전에는 그 사진들에 대한 이야기를 듣고 싶어 한다고 말했다. 그 시점에서 치료를 종료하기로 결정했다.

아이가 놀이 중 사용했던 물체를 통해 사실을 첨가하며 이러한 이야기를 공동으로 만드는 것이 치료의 전환점이었던 것으로 보인다. 이는 아버지의 사고가 있던 밤에 대해 아이가 가지고 있던 단편적인 이미지들을 하나의 응집력 있는 내러티브로 제공한다.

결론

간접 교수법은 아동들에 대한 감정 및 문제점의 생각을 지원하는 데 사용할 수 있는 놀이 및 놀이치료와 관련된 전략이다. 이 교수법은 치료적 협력의 발전을 용이하게 하면서 긴장감과 방어기제의 활성화를 감소시키고 문제 해결력을 모형화하며 응집력 있는 내러티브 모형을 제공하는 등의 변화를 가능하게 한다. 또한 우뇌를 통한 정보처리의 기회도 제공한다. 이 치료법은 정신분석학적 놀이치료 이론, 내러티브 놀이치료 이론, 애착 이론과 같은 다수의 이론에 영향을 주었다. 치료적 스토리텔링, 이야기 만들기, 아동 문학을 사용한 스토리텔링, 놀이에 기반한 이야기 함께 만들기 등의 몇 가지 치료 기술들이 규명 및 탐구되었다. 치료 기법을 선택할 땐 아동들의 놀이나 아동들을 치료받게 한 문제점들에 있는 주제, 은유를 고려해야 한다. 임상학적인 관찰에 따르면 이 기술에 아동들이 참여하는 것은 아동들을 지원하는 데 있어 기술의 유용함을 알려 주는 최고의 지표라고 할 수 있다.

참고문헌

Ahlberg J., & Ahlberg, A. (1991). *Bye bye baby: A sad story with a happy ending*. London, England: Mammoth.

Cattanach, A. (1992). *Play therapy with abused children*. London, England: Kingsley.

Cattanach, A. (1994). *Play therapy: Where the sky meets the underworld*. London, England: Kingsley.

Dahl, R. (1994). *George's marvelous medicine*. London, England: Puffin Books.

Dr. Seuss. (1990). *Oh, the places you'll go!* London, England: Harper/Collins.

Fosshage, J. L. (2004). The explicit and implicit dance in psychoanalytic change. *Journal of Analytical Psychology, 49*(1), 49–65.

Gersie, A. (1997). *Reflections on therapeutic storymaking: The use of stories in groups*. London, England: Kingsley.

Levy, A. J. (2009). Neurobiology and the therapeutic action of psychoanalytic play therapy with children. *Clinical Social Work Journal, 39*, 50–60.

McKee, D. (1980). *Not now, Bernard*. London, England: Random House.

Mills, J. C., & Crowley, R. J. (1986). *Therapeutic metaphors for children and the child within*. New York, NY: Brunner/Mazel.

Oram, H., & Kitamura, S. (1984). *Angry Arthur*. London, England: Puffin Books.

Platteuw, C. (2011). Narrative play therapy with adopted children. In A. Taylor de Faoite (Ed.), *Narrative play therapy theory and practice* (pp. 214–229). London, England: Kingsley.

Ramachandra, V., Depalma, N., & Lisiewski, S. (2009). The role of mirror neurons in processing vocal emotions: Evidence from psychophysiological data. *International Journal of Neuroscience, 119*, 681–691.

Riddell, C. (1990). *The wish factory*. London, England: Walker Books.

Rowshan, A. (1997). *Telling tales, how to use stories to help children deal with the challenges of life*. Oxford, England: One World.

Schaefer, C. E. (2012). *The therapeutic powers of play*. Unpublished manuscript.

Schore, A. N. (2001). Effects of a secure attachment relationship on right brain development, affect regulation, and infant mental health. *Infant Mental Health Journal, 22*, 7–66.

Scieszka, J. (1989). *The true story of the three little pigs!* London, England: Penguin Books.

Shechtman, Z. (2000). An innovative intervention for treatment of child and adolescent aggression: An outcome study. *Psychology in the Schools, 37*(2), 157–167.

Sunderland, M. (2000). *Using story telling as a therapeutic tool with children*. Milton Keynes, England: Speechmark.

Taylor de Faoite, A. (2011). *Narrative play therapy theory and practice*. London, England: Kingsley.

Varley, S. (1984). *Badger's parting gifts*. London, England: Little Greats.

정서적 건강 증진

다양한 형태의 놀이는 클라이언트 내담자가 괴로운 감정들을 인식하고 통제하는 능력을 한 단계 더 발전시키도록 돕는다. 게다가 놀이를 하면서 경험하게 되는 긍정적인 감정들이 내담자의 정서적 건강과 안녕을 증진시킨다.

- 카타르시스
- 정화
- 긍정 정서
- 두려움의 역조건화
- 스트레스 면역
- 스트레스 관리

06

카타르시스

ATHENA A. DREWES and CHARLES E. SCHAEFER

서론

역사적으로 카타르시스는 경험의 치유, 정화 및 변화로 인식되어 왔으며 문화적 치유의 관행, 종교, 의학, 문학, 연극, 심리학에 사용된 용어다. 카타르시스는 분노나 슬픔과 같이 억눌린 부정적 영향의 방출을 수반한다. 이러한 감정들이 방출되면 부정적인 영향이 줄어들며 심지어 긍정적인 영향을 증가시키는 결과를 가져올 수도 있다. 많은 사람들은 이를 심리치료 변화에서의 주요한 메커니즘이라고 인식하지만 최근에는 몇 가지 모순적인 점이 드러나고 있다.

카타르시스라는 말은 그리스어인 katharsis에서 파생되었다. 이 단어는 문자 그대로 정화, 정제, 배기를 의미한다(Bushman, 2002). 대부분의 정의들은 감정적 관점(강한 감정의 표현 및 방출)과 인지적 관점(통찰력, 새로운 깨달음, 무의식이 의식이 되는 것)이라는 카타르시스의 두 가지 치료적 특성들을 강조한다. 미국 심리학회(American Psychological Association, APA) 역시 정신역학적 이론과 카타르시스의 특정한 형식을 연관시키며 이를 정의하면 "이전에 억압되어 있던 트라우마적 사건들과 관련된 영향력을 배출하는 것으로, 이는 해당 사건들을 의식 세계로 불러일으키며 다시 경험하는 과정을 거쳐 발생한다."고 하였다.

카타르시스는 2천여 년 전 아리스토텔레스의 시학(2001)에서 최초로 기록되었다. 그는 비극을 공연하거나 관람하는 것이 사람들에게 공포 및 동정의 감정으로부터 감정적인 카타르시스를 준다고 말하며 이것이 개인 및 사회 모두에게 이득이 된다고 믿었다(Bushman, Baumeister, & Stack, 1999). 카타르시스는 깊은 곳에 축적된 감정들을 방출할 뿐 아니라 그러한 감정들을 의식적으로 인지하고 통제하는 것이 증가하면서 치료적인 변화를 만들어 낸다고 여겨진다. 그런 다음 통제의 외부적 중심이 내부적 중심으로 변화할 수 있다(Schaefer, 1993, 2001).

아동들의 카타르시스 놀이는 스트레스를 줄여 주는 효과가 있다. 카타르시스는 아동들에게 이전에 억눌린 것들이나 자기-표현에 있어 방해된 결과의 모든 것을 완수하는 만족감을 선사한다. 안전한 놀이치료실에서 어린 아동은 목소리나 신체로 그때의 화나는 경험이나 좌절의 표현에 대한 자연스러운 반응을 안전하고 발전적이며 상처 입지 않는 방법으로 방출할 수 있다(Nichols & Efran, 1985). 이렇게 '완료되지 않은 일'의 종료는 차후의 감정적 흥분을 막아 준다. 놀이는 아동들에게 좋지 않은 경험을 연기하게 하고 초래될 수 있는 부정적인 심리적 영향력을 최소화하는 수단이 된다(Freud, 1920). Erikson(1963, 1977)에 따르면 카타르시스 놀이는 그렇게 여러 번 되풀이되며 만족을 향하는데 이는 붕괴와는 반대 개념이다. 이 놀이는 '효과 있는 꿈을 꾸는 사람으로서 어린 아동이 일으키는 놀이'인 것이다(1963).

카타르시스에 대한 설명

공격성과 분노 같은 개인의 부정적인 감정을 배출함으로써 어린 아동이나 청소년은 고요한 심리적 상태를 얻을 수 있다. Freud는 억압된 감정들이 개인에게 쌓여 히스테리나 공포증 같은 생리적 증상을 유발할 수 있다는 점에서 카타르시스의 개념을 되풀이하였다(Wegman, 1985). 좌절이 분노, 분노가 좌절이 되는 간단한 인과적 유압식 모형, 즉 폐쇄적 환경 내의 유압적 억압과 유사한 모형이 특정한 방식으로 방출될 때까지 개인의 내부에 형성되는 것이다.

방출되는 감정의 비유는 신체 시스템을 따라 흐르는 체액에 비교할 수 있다. 감정적인 고충은 표출되지 않을 경우 내부에 쌓여서 신체 시스템을 압박하고, 따라서 뿜어져 나오는 감정은 긴장감을 줄여야 하는데 이에 결과적으로 부정적인 심리적 경험과 증상들 역시 줄어들게 된다. 부정적인 감정의 표현이 클수록 안도감 역시 커진다 (APA, 2007).

따라서 공격적인 에너지는 행동이든 환상이든 반드시 특정한 공격적인 표현 방식으로 '남김없이 빠져 나와야' 한다. 이러한 방식은 수반되는 공격성의 표출 가능성을 줄여 준다. 정신분석학적, 행동학적, 본능 이론과 공격의 동인 이론은 분노와 공격성의 통제 및 변형에 대해 유사한 영향력을 가진다.

최근 몇몇 연구자들은 부정적인 감정을 뿜어낸다는 것이 실제로 그 감정을 줄인다는 전통적인 관점에 도전했다. 그들은 또한 인지적 변화 없이 감정 그 자체가 방출되는 것은 심리치료에서 긍정적인 결과를 이끌어 내기에 부족하다는 관점을 지지하였다(Bohart, 1980; Drewes, 2008; Kennedy-Moore & Watson, 1999; Nichols & Efran, 1985; Rachman, 2001).

강도 높은 카타르시스적 경험을 내담자 스스로가 통합하고 이것이 이전보다 적은 강도로 일상생활에 전이 및 확장된다면 카타르시스를 촉진하는 중재 작용이나 카타르시스가 되는 경험들은 심리치료에서 필수적이며 잘 정립된 역할을 수행할 수 있다 (Klopstech, 2005). 심리극, 게슈탈트 치료, 깊이 중심의 간단한 치료와 같은 것들은 논리적으로나 이성적으로 바라지 않은 행동들과 생각들을 움직이는 '진실된 감정'을 의식으로 불러일으키는 기술을 사용한다(Ecker & Hulley, 1996). 이러한 진실들이 바라지 않은 행동과 생각들의 결과로 인한 인지적 평가와 암묵적으로 결합할 때 변화가 일어난다. 다양한 놀이치료 목적과 재료들은 아동이 자신들의 분노를 표출하고 자신을 화나게 한 사람에 대해 쉽게 생각하게 한다. 고무 '보보' 인형은 이러한 재료들 중 하나로서 아동중심의 놀이치료자들이 자주 사용한다.

경험적 근거

긍정적인 치료 변화를 이끌어 내는 카타르시스에 대해 현존하는 과학적인 근거는 상충적이다. 이러한 혼란은 카타르시스를 구성하는 것들에 대한 심도 있는 정의와 동의가 없기 때문에 발생하는 것이다.

경험적 연구에 따르면 공격적인 충동을 고치는 데 카타르시스만 사용하는 것은 항상 도움이 되지는 않으며 공격적인 행동을 보이는 아동들의 실제 생활에서 공격성을 증가시킬 수도 있다(Bushman, 2002; Drewes, 2008; Littrell, 1998; Schaefer & Mattei, 2005). 분노의 카타르시스에 관한 수많은 연구 끝에 Bohart(1980)는 단순한 환기 및 카타르시스적인 배출이 분노의 감소 및 해결로 이어지지 않는다고 결론지었다. 오히려 이러한 환기 및 배출은 분노를 증가시켰다. 도발의 순수한 이성적 분석과 개인의 분노 역시 거의 도움이 되지 못했다. 분노를 삭이는 데 도움이 된 것은 분노의 의미를 인지적으로 탐구하는 것과 함께 분노를 표출하고 환기하는 것이었다. Bohart에 따르면 개인은 분노에 대한 이유 및 그 결과를 인지해야 하며 그러한 분노를 통제할 새롭고 적용이 용이한 전략을 배워야 한다.

다른 연구에 따르면 분노한 사람들이 무언가(예 : 일상생활에서의 일, 스트레스 완화 방법)에 대해 생각할 때 분노가 곧 소멸한다는 것을 알 수 있다(1999; Bushman, 2002; Bushman et al, 1999; Rusting & Nolen-Hoeksema, 1998). Geen과 Quanty(1977)는 분노를 표출하는 것이 생리적 흥분 상태를 감소시킬 수는 있지만, 반드시 분노를 유발한 대상에게 직접 표현해야 한다는 것을 알아냈다. 사람들은 또한 분노를 유발한 대상이 보복하지 않는다는 것도 믿어야 한다.

Bemak과 Young(1998)은 집단심리치료에서 카타르시스의 효능에 대해 심도 있는 설문 조사를 수행하였다. 그 결과 일반적으로 카타르시스는 태도 및 행동 변화를 일으키는 데 효과가 있음을 알아냈다. 그들은 카타르시스가 통찰, 태도 변화, 인지적 부조화, 끝나지 않은 행위의 완료를 위한 방법이라는 것을 증명하는 연구의 중요 부분을 알아낸 것이다. 또한 그들은 흥분하는 것과 표현을 최대화하는 것이 치료적 변화를 이끌어 내는 데 충분하지 않다는 것 역시 알 수 있었다. 그리고 일반적으로 인지적 통찰, 재구성, 교육(해제 반응 전과 후, 특히 후에 시행)이 치료 효과를 최대화하는 데 필요하다고 결론 내렸다. 감정의 노출은 감정적 표현 및 고백으로 인한 새로운 통찰력과 새로운 배움의 경험처럼 중요하지 않다는 것이다(Bohart, 1980; Chefetz, 1997; Kraus, 1997; Mathe, 2001; Pennebaker, 1990; Straton, 1990).

새로운 인지적 연계 이론은 기억 속에서 공격적인 생각들이 서로 연관성 있는 네트워크를 형성한다는 것을 앞당겼다. 일단 공격적인 생각이 진행되거나 자극되면 네트워크 관계를 따라 그에 대한 활성화가 퍼져 나가고 그와 연관된 생각이나 감정적 반응, 행위들의 순위를 매기거나 이들을 활성화한다(Bower, 1981; Bushman, 2002). 불쾌한 일들(예 : 좌절, 도발, 고온)은 부정적인 영향을 준다. 부정적인 영향은 자동적으로 싸움 및 비행 성향과 관련된 생각, 기억, 표현적 운동 반응, 생리적 반응들을 자극한다. 이 이론은 배출하는 것이 분노의 감정을 줄이는 것이라고 예측한다. 배출은 '안전하면서도' 움직이지 않는 대상에 대해 공격적으로 행동하는 것(예 : 베개를 때리거나 펀칭 백, 인형을 강타하는 것)을 포함한다.

Rolfe(2000)가 보고한 최근의 신경생물학적 연구는 감정 및 발전의 새로운 모형을 설명한다. 이 모형들은 감정이 기억 속에서 중요한 '묶는 역할'을 수행한다고 주장한다. Rolfe는 실험적 재연이 인지 외부의 감정들을 의식 속의 인지로 묶어 내는 방법이라고 생각하였다. 그리고 다음과 같이 주장한다.

안와 전두 피질은 반응 유연성의 과정을 통해 마음의 타고난 상태 변화를 조직하는 것으로 보인다. 감정적 변화는 실제로 안와 전두 영역의 인지적 기능을 통해 중재된다. 이는 작동하는 기억 플랫폼을 통해 새로운 정보 및 감정적 경험들이 내면의 오래된 상태와 통합하는 반응 유연성을 거쳐 중재되는 것이다. 그 결과 더욱 새롭고 유연한 내면 상태가 만들어진다.

변화를 유발하는 카타르시스의 역할

놀이는 몇 가지 방식으로 카타르시스의 효능에 기여한다(Schaefer, 2012).

- 놀이치료실은 명확한 경계로 구분되어져 있으며 안전하고 협조적인 환경을 제공한다. 이곳은 아동의 삶 중 어디에서도 받아들일 수 없는 부정적인 영향을 배출하는 곳이며 치료자들은 이를 제한한다.
- 상징 놀이 표현은 놀이를 하는 아동들에게 분노와 슬픔 같은 고통스러운 영향을 경험하고 극복하는 것으로부터 충분한 심리적 거리를 확보해 준다.
- 고무 '보보' 인형에 대한 간접적인 분노와 공격성 표현은 아동에게 실제로 분노를 유발한 대상이 보복할 수도 있다는 것으로부터 아동을 보호해 준다.
- 찰흙 놀이, 공기 방망이로 벽 때리기, 풍선 터뜨리기와 같은 신체적 활동은 근육의 긴장감과 부정적인 영향을 완화한다(Schaefer, 2012).
- 놀이 중 발생하는 긍정적인 감정(힘, 재미)은 방출되는 부정적인 감정들의 균형을 맞추는 데 도움이 되며 따라서 참여한 아동의 심리적 안정을 지원한다(Schaefer,

2012).

- 유머(언어유희)는 진심 어린 웃음을 자아내며 이는 신체 및 심리적 긴장감을 방출한다. 큰 웃음은 긴장을 완화하고 부정적인 영향을 표출하는 데 도움이 되는 내부적 조깅의 형태라고 생각할 수 있다.
- 놀이는 부정적 감정의 표현과 무의식 속 내면 감정과의 화해를 허용한다(Freud, 1967, 1920).

Freud(1967, 1920)는 물건을 던지고 소파나 의자와 같은 물체 뒤로 사라지는 행위를 계속해서 반복하는 유아들을 관찰했다. Freud는 그 아이가 자신을 두고 나간 엄마에 대해 시간마다 느끼는 감정을 조절하는 것이라 설명하였다. 대부분의 어린 아동들과 마찬가지로 유아 역시 엄마가 가고 오는 것에 대한 통제력을 가지고 있지 않다. 하지만 그 아이는 자신이 던지는 물건이 가고 오는 것에 대한 통제력을 가지고 있었던 것이다. 그렇다면 아이는 놀이에서도 놀이 외부에서 습득하기 어려운 좌절 및 무기력함의 감정을 통제할 수 있을 것이다.

Piaget(1951)는 회복할 수 있는 기능을 수행하는 2개의 개별적이지만 훌륭한 놀이 유형을 제안하였다. 보상의 결합과 정리의 결합이 바로 그것이다. 이는 아동의 소망에 맞는 실제 사건들을 변형하여 부정적이거나 스트레스 받았던 경험을 더욱 행복하고 만족스러운 경험으로 바꾸어 주는 놀이이다. 보상의 결합에는 실제 생활에서 금기시되거나 할 수 없는 환상을 만족시키는 것을 포함한다. 예를 들어 갓난아기를 안는 것이 금지된 어린 아동은 바위를 아기로 상상하며 들 수 있는 것이다. 정리의 놀이에서는 아동이 공격을 받았던 상황에서 반대로 공격을 가하는 사람이 될 수 있다. 정리의 조합은 아동들이 특정한 사건으로 인해 발생한 강한 감정들을 중재하는 데 도움을 주고 그 과정에서 즐거움을 준다. 예를 들어 한 아동은 부모에게 맞아서 생긴 분노와 좌절의 감정을 아기 인형을 때리며 방출할 수 있는 것이다(Scarlett, Naudeau, Salonius-Pasternak, & Poute, 2005; Schaefer, 1993).

Ginsberg(1993)는 놀이치료에서의 감정 노출에 대해 다음과 같은 네 가지 단계를 규명하였다.

첫 번째 단계는 영향의 전체적인 방출로서 다른 이들에게 향하는 경향이 있다. … 치료자는 아동이 안전하다는 느낌을 받게 하며, 놀이치료의 지속적인 수용, 구조, 한계를 통해 자신의 영향력에 대한 더욱 큰 책임감을 느끼게 할 수 있다.

(다음 단계에서) 아동은 치료자보다 놀이방에 있는 물체를 향해 부정적인 영향을 더욱 많이 방출한다. 이 단계는 아동이 긍정적인 영향을 표현하는 놀이를 에피소드화하기 시작할 때 발생한다. 자신의 영향을 수용하는 것을 배울수록 아동은 자신의 감정을 방출하는 데 긍정적인 영향과 부정적인 영향을 통합하기 시작한다. 다음 단계는 어린 아동이 감정적 표현을 자신의 환상 속 삶에서 수행하며 환상 및 역할 놀이 활동에 이를 포함시키기 시작하는 것이다. 마지막 단계에서 아동은 놀이치료자와 함께 이러한 감정적 표현을 공유(일방적으로 표현하는 것이 아님)할 수 있게 된다. 어린 아동이 다른 사람과 자신의 감정을 더욱 친밀하고 개방적으로 공유하는 것이 가능해지면서 아동은 더욱 안전함을 느끼게 되고 크게 발전한 통제력을 습득할 수 있게 된다. 이를 통해 실제 생활의 문제를 표현하는 것과 어른들과의 게임을 하는 것이 증가하게 된다.

임상적 접근

이완치료라 불리는 접근법에서 Levy(1939)는 아이들이 카타르시스 기술을 사용하여 부정적인 감정을 방출하는 법을 배울 수 있게 돕는다. 그는 놀이치료실에서의 이완치료를 다음과 같은 세 가지 형태로 구별하였다. (1) 놀잇감을 던지면서 공격적인 태도를 단순하게 방출하는 것, (2) 형제간의 경쟁 구도와 같은 가족적 상황으로 인해 발생한 부정적 감정을 방출하는 것, (3) 스트레스를 주거나 트라우마가 되는 실제 생활 속 사건과 비슷하게 재구성된 시나리오를 연기하면서 부정적인 감정을 방출하는 것이 그 세 가지에 해당한다. 이완치료 중 후자는 이완 반응이라 불린다. 카타르시스의 종류 중 하나인 이완 반응은 놀이방에서 스트레스를 받거나 트라우마가 되는 실생활의 사건을 반복적으로 재연하는 것을 수반하여 점진적으로 강도 높은 부정적 감정들을 방출하는 정신분석학적 전략이다(Waelder, 1933). 본 장에서 초점을 맞출 것은 부정적인 영향을 단순히 방출하는 것으로서 이완치료는 다음 장에서 다루어질 예정이다.

독서치료는 아동들이 자신의 개인적 상황에 관련되었을 수도 있는 등장인물들이나 스토리 라인과 관련을 맺고 이를 규명하는 활동을 도울 수 있다(Pehrsson, 2011). 놀이치료자들은 아동이 안전한 놀이치료실 및 관계하에서 자신의 감정, 인지, 걱정을 목소리로 표현할 수 있도록 돕는다. 감정, 인지, 걱정, 그리고 등장인물과 동일시하는 것을 설명하면서(목소리를 내서 말을 하거나 연기를 하거나 두 가지를 모두 병행) 이야기는 내담자가 통찰력을 얻을 수 있게 치료자로 하여금 인도하도록 돕는 가치 있는 장치가 될 수 있다. 이야기 속 등장인물의 문제점, 감정, 반응은 내담자의 걱정에 대해 토의나 영향을 표현하는 역할 놀이를 시작하는 안전한 방법이 될 수 있다.

집단놀이치료는 카타르시스라는 관점에서 개별놀이치료보다 장점이 많다(Ginott, 1999). Slavson(1951)은 집단놀이치료가 '자유 연관 카타르시스' 외에도 '간접적' 및 '유도성' 카타르시스 역시 제공한다고 말했다. 특히 공포에 질린 어린 아동들은 그들이 열망하지만 공포를 느끼는 활동들에 은밀한 관전자로 참여할 수 있다. 집단은 상황 설정의 허용에 대한 감정을 가속화할 수 있다. 따라서 한 아동이 대담한 활동을 시작했다면 집단 내의 다른 아동들은 그 활동에 동참하는 것을 더욱 쉽게 느껴 똑같이 행동하게 된다. 그러므로 스스로 활동하는 것이나 분노와 공격성의 강한 감정 표출을 무서워하는 아동들은 다른 사람과의 집단 속에서 그 활동을 할 용기를 얻는다. 아동들은 권위의 공포와 무모한 소통으로부터 휴식을 취하고 돌아다닐 수 있으며 실제와 동떨어진 '안전 지역'으로 놀이치료실을 인식하도록 서로 돕는다(Ginott, 1999).

기술

풍선 터뜨리기 Levy(1959)는 이 기술을 통해 수줍음이 많고 소심한 아동들이 억압된 공격성을 표출하면서 자기주장을 더욱 촉진할 수 있도록 하였다. 놀이 시 사용하는 물체들은 다양한 크기와 모양의 여러 색깔 풍선으로 구성되었다. 놀이치료자는 첫 번째 풍선을 조금만 분다. 그것을 터뜨렸을 때 큰 소리가 나서 아동들이 겁을 먹지 않도록 해야 하기 때문이다. 아동에게는 이 첫 번째 풍선을 밟거나, 위로 뛰어 오르거나, 앉거나, 날카로운 물건으로 찌르거나, 다트로 쏘거나 하는 등 자신이 원하는 방식으로 터뜨리도록 권한다. 그 과정을 반복하면서 풍선들은 점점 더 커진다. 나중에 아동이 원하면 그들은 풍선의 바람을 빼서 날려 보내거나 풍선 끝을 묶을 수 있다.

카타르시스적 유머 웃음, 눈물, 분노 섞인 외침은 인간이 자신의 긴장감, 슬픔, 스트레스, 분노를 스스로 표출하는 데 사용되는 자연스러운 자원이다. 웃음치료는 치료자가 웃음을 사용하여 내담자들이 이러한 부정적인 영향의 카타르시스를 성공적으로 얻을 수 있도록 돕는 것이다(Falk & Hill, 1992; Grumet, 1989; Mahrer & Gervaize, 1984).

카타르시스적 유머와 풍선 터뜨리기 외에도 구체적인 놀이치료 기술이 광범위하게 존재한다(Cavett, 2010; Drewes, 2006; Goodyear-Brown, 2002, 2005; James, 1989; Kaduson & Schaefer, 1997; 2001; 2003; Kenney-Noziska, 2008; Lowenstein, 1999, 2002). 이는 찰흙 놀이, 발자국 찍기, 펀칭 백이나 고무 인형 때리기, 부드러운 공기 방망이나 빈 의자로 물체 때리기 등 강한 영향을 단순한 방식으로 방출하는 것을 돕는 기술이다. 이렇게 부정적인 영향, 특히 분노를 표출하는 직접적인 기술들은 연령에 상관없이 많은 아동들에게 도움이 될 수 있다.

더욱 구체적으로 말하면 분노 풍선은 널리 사용되는 놀이치료 기술로, 어린이들이 분노의 감정을 방출할 수 있도록 돕는다. 분노 풍선은 놀이치료자인 Tammy Horn (Kaduson & Schaefer, 1997)이 개발한 것으로 어떻게 분노가 아동들의 내면에서 형성되는지, 그리고 분노가 천천히 안전하게 방출되지 않았을 경우 그것이 어떻게 폭발하여 당사자 및 다른 이들에게 상처를 주는지를 시각적으로 보여 주기 위해 사용되었다. 처음에 아동은 풍선을 불고 치료자는 이 풍선을 묶는 걸 돕는다. 그런 다음 치료자는 풍선 안에 있는 공기가 분노라고 설명한다. 아동은 그것이 터질 때까지 밟으라는 지시를 받으며 풍선이 터지면 모든 분노가 방출된다. 이후 치료자는 만약 풍선이 사람이었다면 풍선의 폭발은 공격적이고 상처가 되는 행위로 이어질 수 있음을 설명한다. 그리고 아동은 다른 풍선을 불어 그 풍선을 꽉 묶은 채로 둔다. 이후 그 안에 들어 있는 공기를 천천히 빼내는 방법을 지켜본다. 마지막으로 치료자는 실제 생활에서 분노를 천천히 안전하게 방출하는 방법에 대해 아동과 토론한다.

Tammy Horn은 이 기술이 충동적인 성격을 통제하는 데 어려움을 겪는 공격 성향의 어린 아동들 및 분노를 안전하게 표현하고 방출하는 것 대신 속으로 삭이는 아동들에게 효과적이라는 것을 알아냈다.

찰흙 폭탄 Beverly James(1989)는 분산된 공격성이 효과적이지 않으며 아동들이 그로 인한 혼란 및 죄책감을 느낄 수 있다는 것을 알아냈다. 따라서 치료자와 안전한 파트너십을 형성한 아동은 중요한 그림에 대해 직접적으로 행동하는 집중적 방식으로 분노의 감정을 표출한다. 아동은 어떤 경우에서든 자신에게 모욕을 가한 사람이나 사고 및 질병에 원인이 되는 누군가의 그림을 아주 큰 종이에 그린다. 아동은 찰흙 조각이나 젖은 티슈, 화장지, 핸드 타월을 사용하여 만든 이 '폭탄'을 그림에 던진다. 그리고 "오늘 우리는 찰흙 폭탄을 만들 거야. 대부분의 아이들은 이걸 정말 좋아한단다. 안전한 방법으로 화난 감정을 표현하게 도와주고, 투수들처럼 팔에 큰 근육을 만드는 운동을 할 수 있게도 해 주지. 그리고 우리는 서로 응원해 주며 야구 경기처럼 '야호!'라는 소리도 낼 수 있어."라는 설명을 듣는다. 그런 다음 아동은 (재활용될 수 있는) 10개의 폭탄을 만들고, 바닥에 있거나 벽에 걸려 있는 그림에 폭탄 하나를 던져 탁! 하고 맞는 소리를 듣는다. 치료자는 처음 폭탄을 던지면서 이렇게 말한다. "규칙은 바로 네가 방 안을 가로질러 서 있는 거야. 프레드에게 이 폭탄 중 하나를 던지려면 프레드에게 반드시 뭔가를 말해야 해. 그렇게 하면 내 차례가 되는 거야. 이번엔 내가 먼저 해 볼게. '네가 제니에게 했던 일 때문에 화가 난다고!'" 그런 다음 치료자는 아동에게 차례를 넘겨 주며 감정을 표현하도록 북돋는데 그것이 치료자의 감정이 아닌 아동의 감정임을 확실히 한다. (예 : "당신이 감옥에 갔으면 좋겠어! 난 네 손이 정말 싫어! 내가 꾸는 꿈처럼 끔찍한 악몽을 꾸길 바라!") 저자 Drewes는 분노를 느끼는 아동들이 안전하고 만족스러운 방식으로 이를 방출하는 데 이 기술이 굉장히 유용하다는 것을 발견했다. 그는 인지적 재구성과 진행에 도움이 되는 분노의 표현에 또 다른 것을 덧붙였다. 약 5분에서 10분이 지난 후 다시 아동에게 폭탄을 던지도록 북돋아 주는데 이번에는 그들 상태의 긍정적인 재구성이나 아동 스스로에 대한 긍정적인 것들을 떠올리도록 요구한다. 예를 들어 치료자는 폭탄을 던지면서 이렇게 말할 수 있다. "제니는 정말 예쁜 미소를 가지고 있어." "제니는 강해. 감정을 표현할 줄 알아." 아동은 자신에 대한 다른 긍정적인 것들을 생각할 수 있게 되는데 만약 이것들을 떠올리는 데 어려움을 겪는다면 치료자가 도움을 줄 수 있다. 또한 이 활동은 아동들을 지켜보며 그들의 감정을 입증할 수 있는 부모 및 보호자가 있을 때 하는 것도 도움이 되고, 그들이 참여함으로써 아동은 강력한 응원에 대한 기억을 가질 수 있게 된다.

사용 금지 사유

아동이 자제력을 잃거나 해로운 실제 결과 없이 분노 표출을 다룰 수 있게 하기 위해 치료자는 사려 깊게 고려해야 한다.

몇몇 저자들은 카타르시스적 방법을 부적절하게 사용함으로써 야기되는 잠재적 해로움에 대해 글을 썼다(Corey & Corey, 1992; Lieberman, Yalom, & Miles, 1983; Peebles, 1989). 그들은 카타르시스적 방법을 사용하는 내담자들의 효능과 안전성을 위해 가이드라인이 존재해야 한다는 것을 발견했다. 특히 내담자들은 카타르시스적 경험의 내용, 형태, 강도에 대한 통제력을 가져야 한다. 카타르시스적 경험들은 통찰, 통합, 재구성, 재교육을 위해 설계된 감정적 및 인지적 지원으로 뒷받침되어 선행되어야 한다. 내담자를 상대하는 의사는 특히 카타르시스적 경험 전에 내담자의 자아 강도와 감정적 통제를 평가하고 이러한 경험을 하는 그들을 모니터해야 한다. 내담자 및 카타르시스적 활동에 참여하는 다른 이들의 신체적 안전을 위해서는 특별한 보살핌이 필요하다(Mathe, 2001).

Bushman(2002)은 '분노 표출'이 화를 줄이는 데 도움이 되지 않으니 치료에 사용해서는 안 된다고 주장했다. Jemmer(2006)는 트라우마적 경험이 반복적으로 카타르시스를 통해 완화되었다면 다시 배울 수도 있으며 해로워질 수 있다고 주장했다. Schaefer(2001)은 카타르시스의 효능은 과거의 고통과 현재의 안전함, 옹호의 균형을 맞추는 데 강하게 의존하고 있으며, 따라서 '관찰자'로서의 내담자 및 참가자들과 트라우마적 사건의 최적 '거리감'을 확보한다고 주장했다. 적절한 거리 및 옹호와 함께 슬픔, 공포, 분노의 반복적인 신체적-감정적 방출은 성공을 위해 필요한 구성 요소들이다(Powell, 2012).

카타르시스적 방법들이 모든 내담자들에게 적절한 것은 아니다. Bemak과 Young (1998)은 놀이치료실에서 공격성을 카타르시스적으로 방출하는 것은 반사회적인 젊은이들이 실제 생활에서 더욱 공격적으로 행동할 수 있게 한다고 발표했다. 나아가 표현을 잘하고 자신의 감정적 충동의 강도를 조절하는 데 어려움을 겪는 사람들보다 감정을 표현하는 데 어려움을 겪는 사람들이 실제로 감정적으로 환기된 표현을 통해 더욱 도움을 받을 수 있다. 그들은 자신의 표현적이고 실험적인 치료를 통해 경계성 성격 장애, 분열 장애, 폭발적 성격 장애와 같은 감정적인 통제 장애를 겪는 내담자들이 개별적인 자아의 힘, 감정적 통제 기술, 강한 지지적 네트워크를 쌓지 않으면 카타르시스적 치료에 적절하지 않다고 밝혔다.

임상 사례

Axline(1969)은 찰흙으로 절름발이 남자를 만든 어린 소녀의 사례에 대해 설명하였다. 그녀는 그에게 구멍을 뚫거나 조각조각 찢으면서 자신의 분노를 방출했다. 몇 주간의 놀이 회기를 거치면서 아이는 절름발이를 만들고 파괴하기를 반복했다. Axline은 후에 아이의 엄마가 장애를 가진 남자와 결혼을 고려하고 있음을 알 수 있었다(Schaefer, 2012).

저자가 다룬 대표 사례를 보자. 8살인 제이가 놀이치료실로 들어와 팔을 꼬고 앉아서 시무룩한 표정을 지었다. 왜 기분이 좋지 않은지를 물으니 아이는 선생님이 멍청해서 학교에 가고 싶지 않다고 대답했다. 치료자는 무슨 일이 일어났는지 설명해 달라고 요구했다. 처음에는 자신의 경험에 대해 말하고 싶어 하지 않았고 기억이 나지 않는다고 했다. 하지만 이내 교장실로 불려 갔었다는 이야기를 했다. 치료자는 교장실로 불려 가기 직전에 무슨 일이 있었는지를 물으며 이야기의 끝에서 시작까지 말해 달라고 제이에게 요구했다. (그 이유는 화가 났을 때는 처음부터 끝까지 자세한 사항을 기억하는 것이 더욱 힘들기 때문이다.) 아이는 테이블과 의자를 집어 던졌다고 대답했다. 치료자는 자신이 그때까지 들은 이야기의 조각들을 반복했다. "네가 테이블과 의자를 던졌고 그래서 선생님은 너를 교장실로 보냈구나." "네."하고 아이는 대답했다. "그럼 테이블과 의자를 집어 던지기 전에는 무슨 일이 있었니?" 제이는 대답했다. "애들이 저를 보고 비웃었어요." 그런 다음 치료자는 또다시 아동의 이야기 순서를 바로 잡아 말해 주었다. "아이들이 너를 비웃어서 테이블과 의자를 집어 던졌고, 선생님은 너를 교장실로 보냈구나. 그럼 너를 비웃기 전에는 무슨 일이 있었어?" 치료자는 다시 한 번 물었다. 어느 시점에서 제이는 이야기를 처음부터 시작할 수 있게 되었다. 아이는 할 일을 하기 위해 연필을 깎으려고 자리에서 일어났다. 그러자 친구라고 생각했던 어떤 소년이 의자를 잡아당겼고, 의자에 앉으려던 아이가 그대로 엉덩방아를 찧은 것이다. 결국 바닥에 넘어졌고 교실에 있는 아이들이 제이를 보고 웃기 시작했다. 이 때문에 제이는 분노 충동을 느끼고 징계받을 행동을 한 것이다. 우리는 이야기를 나눈 후 '당신의 분노 다루기(Managing Your Anger)'라는 포스터를 사용하였고(Creative Therapy Associates, 2000) 분노의 깊숙한 내면에는 어떤 감정이 있는지를 알아보았다. 제이는 콩 주머니를 반복적으로 포스터에 던지면서 당황, 슬픔, 상처,

실망, 긴장, 걱정, 공포와 같은 감정들(포스터 속 부모에게 훈육되는 것에 대한 감정들)을 확인했다. 그 과정에서 그 감정들이 각각 상황과 어떻게 관련이 되어 있는지를 설명하였다. 아이는 친구가 자신에게 그런 짓을 했다는 것에 슬펐고 이제 더 이상 그 애는 친구가 아니라는 것에 대한 통찰을 얻을 수 있었다. 이 과정이 끝날 때쯤 제이는 분명한 카타르시스적 방출을 보였고 더욱 진정되어 더 이상 시무룩하지 않았으며 때때로 웃음을 짓기도 했다. 아이는 앉을 수 있었고 치료자 함께 역할극을 하며 화가 날 때 의자나 테이블을 던지는 것 외에 분노를 표현할 수 있는 음성적, 인지적, 신체적인 사항들을 배웠다. 또한 자신이 느낀 슬픔과 실망감을 친구에게 말하는 방법과 우정을 복구할 수 있는 방법도 사용할 수 있게 되었다.

참고문헌

American Psychological Association. (2007). *Dictionary of psychology*. Washington, DC: Author.

Aristotle. (2001). *The basic works of Aristotle*. McKeon, R. (Ed.). New York, NY: Modern Library.

Axline, V. (1969). *Play therapy* (rev. ed.). New York, NY: Ballantine Books.

Bemak, F., & Young, M. E. (1998). Role of catharsis in group psychotherapy. *International Journal of Action Methods*, 50(4), 166–184.

Bohart, A. (1980). Toward a cognitive theory of catharsis. *Psychotherapy: Theory, research and practice*, 17, 92–201.

Bower, G. J. (1981). Mood and memory. *American Psychologist*, 36, 129–148.

Bushman, B. (2002). Does venting anger feed or extinguish the flames? *Personality and Social Psychology Bulletin*, 28, 724–731.

Bushman, B. J., Baumeister, R. F., & Stack, A. D. (1999). Catharsis, aggression, and persuasive influence: Self-fulfilling or self-defeating prophecies? *Journal of Personality and Social Psychology*, 76(3), 367–376.

Cavett, A. M. (2010). *Structured play-based interventions for engaging children and adolescents in therapy*. West Conshohocken, PA: Infinity Press.

Chefetz, R. A. (1997). Abreaction: Baby or bathwater? *Dissociation: Progress in the Dissociative Disorders*, 10(4), 203–213.

Corey, M. S., & Corey, G. (1992). *Groups: Process and practice*. Pacific Grove, CA: Brooks/Cole.

Creative Therapy Associates. (2000). *Managing your anger. What's behind it?* Cincinnati, OH: Creative Therapy.

Drewes, A. A. (2006). Play-based interventions. *Journal of Early Childhood and Infant Psychology*, 2, 139–156.

Drewes, A. A. (2008). Bobo revisited: What the research says. *International Journal of Play Therapy*, 17(1), 52–65.

Ecker, B., & Hulley, L. (1996). *Depth-oriented brief therapy: How to be brief when you were trained to be deep—and vice versa* (1st ed.) San Francisco, CA: Jossey-Bass.

Erikson, E. H. (1963). *Childhood and society* (2nd ed.). New York, NY: Norton.

Erikson, E. H. (1977). *Toys and reasons*. New York, NY: Norton.

Falk, D., & Hill, C. (1992). Counselor interventions preceding client laughter in brief therapy. *Journal of Counseling Psychology, 39*(10), 39–45.

Freud, S. (1967). *Beyond the pleasure principle*. London, England: Routledge. (First published 1920)

Geen, R. G., & Quanty, M. B. (1977). The catharsis of aggression: An evaluation of hypothesis. In L. Berkowitz (Ed.), *Advances in Experimental Social Psychology* (pp. 1–37). New York, NY: Academic Press.

Ginott, H. G. (1999). Play group therapy. A theoretical framework. In D. S. Sweeney & L. E. Homeyer (Eds.), *The handbook of group play therapy* (pp. 15–35). San Francisco, CA: Jossey-Bass.

Ginsberg, B. G. (1993). Catharsis. In C. E. Schaefer (Ed.), *The therapeutic powers of play* (pp. 107–114). Northvale, NJ: Aronson.

Goodyear-Brown, P. (2002). *Digging for buried treasure: 52 prop-based playtherapy interventions for treating the problems of childhood*. Nashville, TN: Paris Goodyear-Brown.

Goodyear-Brown, P. (2005). *Digging for buried treasure 2: Another 52 prop-based play therapy interventions for treating the problems of childhood*. Nashville, TN: Paris Goodyear-Brown.

Grumet, G. (1989). Laughter: Nature's epileptoid catharsis. *Psychological Reports, 65*, 1059–1078.

James, B. (1989). *Treating traumatized children: New insights and creative interventions*. New York, NY: Free Press.

Jemmer, P. (2006). Abreaction-catharsis: Stirring dull roots with spring rain. *European Journal of Clinical Hypnosis, 7*(1), 26–36.

Kaduson, H. G., & Schaefer, C. E. (1997). *101 favorite play therapy techniques*. Northvale, NJ: Aronson.

Kaduson, H. G., & Schaefer, C. E. (2001). *101 more favorite play therapy techniques*, Northvale, NJ: Aronson.

Kaduson, H. G., & Schaefer, C. E. (2003). *101 favorite play therapy techniques* (Vol. III). Northvale, NJ: Aronson.

Kennedy-Moore, E., & Wastson, J. C. (1999). *Expressing emotion*. New York, NY: Guilford Press.

Kenney-Noziska, S. (2008). *Techniques, techniques, techniques: Play-based activities for children, adolescents and families*. West Conshohocken, PA: Infinity Press.

Klopstech, A. (2005). Catharsis and self-regulation revised. *Bioenergetic Analysis, 15*, 101–133.

Kraus, G. (1997). The psychodynamics of constructive aggression in small groups. *Small Group Research, 28*(1), 122–145.

Levy, D. M. (1959). Release therapy. *American Journal of Orthopsychiatry, 9*, 713–736.

Lieberman, M. A., Yalom, I. D., & Miles, M. B. (1983). *Encounter groups: First facts*. New York, NY: Basic Books.

Littrell, J. (1998). Is the re-experience of painful emotion therapeutic? *Clinical Psychology Review, 18*(1), 71–102.

Lowenstein, L. (1999). *Creative interventions for troubled children and youth*. Toronto, Canada: Champion Press.

Lowenstein, L. (2002). *More creative interventions for troubled children and youth*. Toronto, Canada: Champion Press.

Mahrer, A., & Gervaize, P. (1984). An integrative review of strong laughter in psychotherapy: What it is and how it works. *Psychotherapy: Theory, Research, Practice, Training, 21*(4), 510–516.

Mathe, C. (2001). The history of catharsis in psychological theory and practice. Catharsis in groups. *Small Group Research, 28*(1), 122–145.

Nichols, M., & Efran, J. (1985). Catharsis in psychotherapy: A new perspective. *Psychotherapy, 22*,

46–58.

Peebles, M. J. (1989). Post traumatic stress disorder: A historical perspective on diagnosis and treatment. *Bulletin of the Menninger Clinic, 53,* 274–286.

Pehrsson, D-E. (2011). Utilizing bibliotherapy with play therapy for children with anxieties and fears. In A. A. Drewes, S. C. Bratton, & C. E. Schaefer (Eds.), *Integrative play therapy* (pp. 207–223). Hoboken, NJ: Wiley.

Pennebaker, J. W. (1990). *Opening up: The healing power of confiding in others.* New York, NY: Morrow.

Piaget, J. (1951). *Play, dreams and imitation in childhood.* London, England: Heinemann.

Powell, E. (2012). *Catharsis in psychology and beyond: A historic overview.* Retrieved from http://primal-page.com/cathar.htm

Rachman, S. (2001). Emotional processing, with special reference to post-traumatic stress disorders. *International Review of Psychiatry, 13,* 164–171.

Rolfe, W. (2000). Rethinking feelings: Integrating the biology of emotion with redecision therapy. *Journal of Redecision Therapy, 2*(1).

Rusting, C. L., & Nolen-Hoeksema, S. (1998). Regulating responses to anger: Effects of rumination and distraction on angry mood. *Journal of Personality and Social Psychology, 74*(3), 790–803.

Scarlett, G., Naudeau, S., Salonius-Pasternak, D., & Poute, I. (2005). *Children's play.* Thousand Oaks, CA: Sage.

Schaefer, C. E. (2012). *The therapeutic powers of play.* Unpublished manuscript.

Schaefer, C. E. (Ed.). (1993). *The therapeutic powers of play.* New York, NY: Aronson.

Schaefer, C. E., & Mattei, D. (2005). Catharsis: Effectiveness in children's aggression. *International Journal of Play Therapy, 14*(2), 103–109.

Scheff, T. J. (2001). *Catharsis in healing, ritual, and drama.* Lincoln, NE: iUniverse.com.

Slavson, S. R. (1951). Catharsis in group psychotherapy. *Psychoanalytic Review, 38,* 39–52.

Straton, D. (1990). Catharsis reconsidered. *Australian & New Zealand Journal of Psychiatry, 24*(4), 543–551.

Waelder, R. (1933). The psychoanalytic theory of play. *Psychoanalytic Quarterly, 2,* 208–224.

Wegman, C. (1985). *Psychoanalysis and cognitive psychology.* Orlando, FL: Academic Press.

07

정화

EILEEN PRENDIVILE

정화라는 단어는 '해소하다'의 뜻을 가진 독일어 abreagieran에서 유래되었다. 정신적 외상과 이 단어가 밀접한 연관이 있다는 것은 의심할 여지가 없다. 재연 경험은 우리를 혼란스럽고 압도되게 하며 영향력을 빼앗는 예상치 못할 통제 불가의 경험을 완전히 이해하려는 우리의 시도라고 이해할 수 있다. 이 개념은 정신적 외상 반응과 정신적 외상 회복 모두와 관련이 있다. 정화의 방법은 정신적 외상 사건을 재경험하거나(Kaduson, 1950; Terr, 1981) 숙달을 가능하게 하여 치유하는 방식(Ekstein, 1996; Erikson, 1950; Freud, 1920; Piaget, 1962; Van der Hart & Brown, 1992)으로 제시된다.

Comstock(1986, 1988)은 '증상으로 나타나는 플래시백'과 '정신적 외상의 치료적 재경험'을 구별하였다. 0~3세 연구(2005)에서도 마찬가지로 외상 후 놀이와 적응적인 놀이에서의 재연을 구분 지었다. Steele과 Colrain(1990)은 플래시백 또는 관련 없어 보이는 현상들을 자발적인 정화로 간주했다. 그들은 이것을 '무의식에서 생겨나는 많은 내용으로 정신적 외상에 대한 반사적인, 불완전한, 통제하기 힘든, 부분적인 재경험'이라고 정의했다. 이러한 현상들이 어떤 정서적 이완 또는 통찰을 제공하지 않는다면 이것을 진실로 정화라고 생각할 수 있을 것인가? Schaefer(1993)는 정화가 "카타르시스보다 더욱 고조된 과정이므로 감정적 해방이 더 크다."고 하였다. Nader와 Pynoos(1991)는 대처 능력은 통제에 대한 자각과 충분한 인지 처리 능력에 의해서 증가된다고 언급하였다. Colrain과 Steele(1991)는 문제 해결을 방해하는 것은 플래시백(또는 관련된 현상)의 불완전성 그리고 동반된 인지 체계의 부재(Van der Hart & Brown, 1992)라고 하였다.

이 장에서는 카타르시스와 연관된 정화에 대한 간략한 역사적 개관을 하고, 성인과 아동 모두를 위해 정화를 어떻게 사용할지 다룬다. 나는 정신적 외상 후 놀이와 관련된 문헌들을 검토하여 정화 놀이가 놀이치료에서 활용될 때 발생하는 치료적 과정을 살펴보았다. 또한 정서적 이완과 통합이 발생했을 때의 치유 가능성과 어린 시절 정신적 외상이 일어났을 때 존재할 수 있는 해로운 가능성을 둘 다 신경생물학적 증거와 연결해 보았다. 놀이치료에서 정화 과정이 어떻게 치유를 가능하게 하는지 탐색하면서 나는 관련 있는 심리 기제와 적절한 개입에 대해 설명하였다. 그리고 아동 내담자와의 실제 치료에서 사용할 수 있는 개입 예시를 제공하였다.

고대부터 정화와 카타르시스의 본질은 모두 깨끗이 함, 정제, 더러움에 대한 주제와 의료적 · 철학적으로 같이 연결되어 있었다(Jacnkson, 1994; Jemmer, 2006). 정화와 카타르시스는 보통 심리치료 문헌에 언급되어 있다(Jemmer, 2006). 그러나 둘 중 무엇이 먼저인지 또는 이 둘이 본질적으로 같은 접점을 가지고 있는지는 항상 분명하지만은 않다. 정화는 일반적으로 정서적 이완/방출을 포함하고 이전에 억눌려 있던 기억을 되찾는 통찰의 증가를 가져온다고 여겨진다(Schaefer, 1993; Van der Hart & Brown, 1992). 카타르시스를 강조하는 정화적 치료는 일반적으로 Breuer와 Freud(1895, 1974)의 작업에서 나타나는데 특히 1880년대 초반에 Breuer의 잘 알려진 Anna O양의 사례에서 유래한다(Van der Hart & Brown, 1992). 초기 강조점은 정서 또는 신체적 방출보다 언어적 표현에 있었다. 이후에 불변성의 원리로 인해 정신적 외상 경험과 관련된 과잉 흥분을 방출하는 정화를 통해 균형을 맞출 수 있다는 신념으로 이어졌다. 최면은 종종 분열이나 정신적 외상과 관련된 기억을 방출하기 위한 개입으로 사용된다. 스스로 억압된 감정을 해제하기 위해 의식으로 기억을 가져오게 하는 것이 대표적인 치료 목표다. 거기에는 밝혀진 또는 밝혀지지 않은 기억의 통합이 자리하고 있다. 이것은 나중에 많은 논란이 되기도 하였다.

시간이 흐르면서 카타르시스는 감정적 해소와 연결되어 정신적 외상이 기억에 저장되고, 치유가 일어나기 위해 뒤늦게 방출이 필요하다는 것을 이해하면서 정화는 정신적 외상의 개념과 연결되었다. 이것을 배출하는 것이 치료적 요인으로 여겨졌다. Breuer와 Freud는 평소의 방식으로 처리하기엔 너무 과도한 극도의 흥분을 일으키는 사건은 초자연적인 정신적 외상을 만들어낸다고 발표했다.

정화가 성인 내담자를 치료하는 데 유익하다고 주장하는 몇몇 이론을 보면 성인은 아동보다 압도적인 경험을 다룰 준비가 더 되어 있다는 신념 쪽으로 기울어졌다. 다른 연구자들(Grof, 1988; McGee, Browne, Kenny, & Mcgennis, 1984)은 아동은 완전히 경험할 수 없고 '심각한 심리적 충격'에 기인하는 사건을 심리적으로 소화할 수 없다고 믿었다. 그리고 놀이치료를 하는 동안에 사건을 다시 체험한다면 이것은 사건에 대해 처음으로 완전히 의식적인 경험을 한 것이 될 수 있다고 하였다.

정신적 외상을 겪은 아동은 흔히 정신적 외상의 재경험 또는 적응, 둘 다 될 수 있는 재연 놀이를 한다(Gil, 2006; Nader & Pynoos, 1991). Dripchak(2007)은 외상 후 놀이를 긍정적, 부정적 유형으로 나누어 설명하였는데 이것은 Gil(1999, 2006)의 역동과 정지 유형과 유사하다. 정지된, 유독성인, 부정적인 유형은 안심할 수도 해결할 수도 없이 갇힌 것을 의미한다. 그리고 역동 또는 긍정적인 유형은 숙달, 통제, 긍정적 정서로 묘사한다. 놀이치료자가 정신적 외상을 재경험 하는 것과 치유 놀이를 정확히 구별하는 것은 필수적이다. 그리고 놀이치료자는 아동이 감정을 표현하고, 안심하고, 역량을 강화하고, 만족스러운 결과를 얻고, 인지적 재검토를 할 수 있게 한다. Chazan과 Cohen(2010)은 아동 23명의 외상 후 놀이 패턴을 분석하여 적응-방어 전략의 패턴 중 매우 유용한 세 가지를 기술하였다. 이것은 위안이 있는 재연, 위안이 없는 재연, 압도되는 재경험으로 구성된다. 연구자들은 적응적인 불안 감소 전략을 설명하고, 대처 전략 및 놀이 패턴을 확인하며 '아동의 놀이 능력'을 통해 전달된 역동과 개인적 의미에 대해 질적 연구로 기술하면서 세 가지 유형을 분석하기 시작했다. 자기 위안을 하는 것으로 보이는 아동은 더 계획적이고 예측 가능했으며 일반적인 재연보다 상징 놀이를 더 많이 활용하여 재연할 수 있었고, 보다 더 높은 수준의 자기 효능감을 가지고 있어 자신의 능력을 자랑스러워했다. 그리고 치료자와 안전하고 수용적인 감정을 구축하는 긍정적인 관계를 형성했다.

정신적 외상 놀이 척도(Trouma Play Scale, TPS)(Findling, Bratton, & Henson, 2006; Myer, Bratton, Hager, & Findling, 2011)는 정신적 외상 과거를 가진 아동의 놀이행동

과 이러한 과거가 없는 아동을 식별하기 위한 관찰 기반 평가이다. 다섯 가지 평가영역은 강렬한 놀이, 반복되는 놀이, 놀이 중단, 회피성 놀이, 부정적 정서로 구성된다. 정신적 외상을 겪은 아동의 놀이와 정상 발달을 하는 아동의 놀이를 비교해 보았을 때 TPS 다섯 가지 모든 영역에서 유의미한 차이가 나타났다(Myers et al., 2011). 그러나 다른 이유로 놀이치료에 참여하고 있는 아동과 정신적 외상을 입은 아동의 놀이를 비교했을 때 반복되는 놀이 영역에서는 유의미한 차이를 발견하지 못했다.

정신적 외상 이후 아동의 놀이 장면(Terr, 1983)은 문자 그대로 그냥 재연될 수 있는데 이는 정신적 외상을 악화시킬 수 있다(van der Kolk, McFarlane, & Weisaeth, 1996). Terr(1983)는 '정신적 외상 후 놀이'의 11개 특징을 목록화했다. 이 개념은 캘리포니아의 차우칠라에서 납치당한 23명의 아동 관찰을 바탕으로 처음 기술되었다(Terr, 1979, 1981). Terr(1983)는 안도감을 주지 않는 초기 경험에 있어 무의식적이고, 반복되고, 변하지 않고, 자발적으로 재연되는 외상 후 놀이에 대해 기술하였다. 이 유형의 놀이는 정신적 외상의 숙달과 해결로 나아가기보다 정신적 외상의 재경험으로 여겨진다. Terr는 Erikson(1950), Freud와 Burlington(1942), 그리고 Gardner(1971)의 초기 문헌에서 외상 후 놀이에 대해 고찰한 사례를 연결시켰다. 강박적인 놀이는 아동의 불안과 무력감을 고조시키거나 심지어 공포를 촉발할 수도 있고 여러 해 동안 주기적으로 반복될 수 있다(Terr, 1990). Terr(2003)는 치료자가 놀이치료실 특정 위치에서 같은 물건으로 매번 놀이하는 외상 후 놀이는 보기 어려울 것이라고 주장한다. 그녀는 평가 가치가 있는 외상 후 놀이를 발견했는데 그것은 아동이 의식적으로 기억하지 못할지라도 실제 사건에 대한 직접적인 반응을 표현할 수 있다는 것이다. 재현하는 놀이 부분은 때때로 신나 보일 수도 있지만 정화 놀이보다 암울하고 기쁨이 없어 보이는 것이 사실이다.

정화에 대한 설명

Steele과 Colrain(1990)은 정화에 대해 "억압된 정서 방출로 과거 기억 부활 그리고 기억된 사건의 대해 억압 또는 분열된 측면의 회복… 이것은 학대에 대한 미해결된 측면을 찾아 방출하고 완전히 이해하게 하며 정신적 외상에 대한 정신적 재작업을 제공한다. 이는 정신적 그리고 육체적인 수준 모두에서 해결과 통합을 가능하게 한다."고

하였다. Fine(1991)은 정화의 목적이 알려주고, 교육 또는 재교육하고, 억압된 정서를 방출하고, 기억 내용에 대한 논리적 연속성을 획득하고, 신체적으로 압축된 정신적 외상을 방출하고, 인지 도식과 신념을 새로 만드는 데 있다고 말했다.

Gil(2006)은 정화 놀이를 자기가 시도하는 '점진적 노출'의 자연스러운 형태로 본다. 그 결과 재연 놀이의 치료적 힘을 강하게 해 준다(Ekstein, 1966; Erikson, 1950, Freud, 1920; Gil, 2006; Goodyear-Brown, 1992; Waelder, 1932). 정화는 감각적이고 신체적인 형태로 저장되어 있던 외상 기억을 처리할 수 있게 한다. 또한 성격의 재조직을 가능하게 하고, 정신적 외상을 입은 아동을 치료할 때 자주 사용되는 개입 방법이다. 치료자가 이끄는 추가적인 개입의 필요 없이 스스로 시작한 재연 놀이는 가벼운 스트레스 사건을 경험한 아동의 문제를 해결할 수 있다. 더 심각한 정신적 외상 경험이 있는 아동은 신중하게 시기를 고려하여 개입하여야 한다. 치료자가 방출과 동화를 모두 지지적으로 제공하는 성인 정화 작업에서도 효과적일 수 있다. 경험적 놀이치료로 아동을 연구한 Norton, Ferriegal, Norton(2011)의 입장과 비슷하게 Putnam(1989)은 정서적, 신체적 요소에 주의를 기울일 필요가 있다고 느꼈다.

정화 놀이는 정신적 외상 사건의 통합을 왜 강조하는가? 놀이의 가상 세계에서는 새로운 현실을 상상하는 능력이 활성화될 수 있어서 기억과 연관된 정서적 분위기를 바꿀 수 있다. 배운 것을 완전히 이해하려 하거나 새로운 환경에 적응하려고 애쓰는 아동은 숙달감을 발달시킬 수 있다. 무력감에 괴로워하는 아동은 힘을 가질 수 있고 압도된 아동은 통제감을 다시 얻을 수 있다. 굴욕감이나 창피를 경험한 아동은 자존감과 자기 효능감을 되찾을 수 있다.

정지 정화 놀이에서 역동적인 정화 놀이로 옮겨가고 안전해진 세계에서 건강한 적응을 하기 위해 치료적 관계의 맥락과 치료자의 개입은 대부분 필수적이다(Gil, 2006). 치료자는 아동이 놀이에 참여하는 것을 지원하기도 하고 방해하기도 한다. '반응, 관심, 공감의 결여'를 보이는 치료자(Chazan, 2002)는 아동의 놀이를 방해할 수 있다. 정신적 외상을 경험한 아동의 정화 놀이를 어떤 이유(예 : 경험 부족, 역전이)에서건 수용할 수 없는 치료자는 아동이 반복하는 놀이 장면에서 해결책을 찾기 위해 치료자의 도움을 가장 필요로 할 때 아동을 무심코 버려둘 수 있다.

놀이는 복잡한 사고, 감정, 인상, 지각에 집중할 수 있도록 한다. 반복되고 재연되는 놀이 주제는 이전에 미해결된 내용을 해결하려는 시도로 볼 수 있다(Erikson, 1950;

Gil, 1991; Terr, 1990). 반복되는 놀이는 정신적 외상을 가진 아동과 다른 임상적 문제를 가진 아동 모두에게 나타난다(Findling et al, 2006). 놀이 영역 중 아동의 활동을 막는 긴장과 정서적 강렬함이 증가될 때 놀이는 중단, 혼란, 분열을 동반할 수 있다(Erikson, 1950; Chazan, 2002; Yasenik & Gardner, 2004, 2012). 그 활동과 이와 연관된 감정은 더 이상 안전한 놀이 체계 안에 들어 있지 않다(Chazan, 2002). 자기 안에서 또는 치료자와의 관계 안에서 긴장이 증가할 때 아동은 방을 떠남으로써 놀이를 중단할 수 있다. 이와 같이 아동은 스트레스를 줄이기 위해 회피를 사용한다.

만일 우리가 정신적으로 소화되지 않은 외상 경험을 재연하여 완전히 소화시키게 하는 심리 기제로써 정화를 본다면, 그리고 압도적일 수 있는 기억과 감정으로부터 아동이 보호가 필요함을 기억한다면, 은유와 투사를 사용하여 생겨난 심리적 거리가 정화를 촉진시키는 강한 치료적 요인으로써 추가적인 안전을 제공할 수 있다. 놀이하는 사람은 자기가 아닌 놀이 주인공에게 결정적 사건이 생기게 하여 위협적인 기억을 극복하고 숙달감을 얻을 수 있다. '마치 ~인 것처럼'하는 놀이의 특성은 어떤 것이 현실인 동시에 현실이 아닌 것이 되는 이중성을 가능하게 한다. 이것은 상징과 은유를 사용하여 아동이 정서적 거리와 안정감을 얻을 수 있다는 이점이 있다.

창조적 표현은 아동이 단어에 담을 수 없는 경험, 기억, 감정을 표현할 수 있게 하여 그 의미를 전달한다(Eaton, Deherty, & Widrick, 2007). 활동적인 놀이 과정 중 혼란된 내적 경험을 밖으로 표현하는 것은 놀이하는 사람이 논리적으로 자신의 줄거리를 배열할 수 있게 하고 감각적, 신체적 경험에 더 깊이 관여할 수 있게 한다. 또한 자신의 신체 감각을 보다 잘 알아차릴 수 있고, 감정을 어떻게 처리할지에 관한 통찰을 발달시킨다. 놀이치료자가 제공하는 해석은 아동의 정서적 어휘력을 풍부하게 하고 일관성 있는 놀이 흐름과 숙달로 끝나는 결말의 발달을 도와준다. 이것은 이전에 경험한 정신적 외상 사건을 거울처럼 비춰 주는 것과 같다. '마치 ~인 것처럼'하는 놀이는 오히려 실제 사건과 이전에 막혀 있던 사고 및 감정에 가까이 다가가도록 놀이하는 사람을 촉진시킨다. 이 역설적인 상황은 정화 과정에서 가장 중요하다. 상징적 놀이와 은유의 사용은 부정적인 외상 후 놀이와 관련된 강박적이고 세밀하게 반복되는 경험에 통제당한다기보다 아동이 정서적 걱정거리를 통제한다는 느낌을 들게 한다. 놀이할 때 긍정적인 정서를 일으키게 돕는 이러한 방식을 통해 정화 놀이는 정신적 외상 사건의 숙달을 촉진하는 조직 체계를 제공할 수 있다.

경험적 근거

심각한 지진이 이탈리아 6개 마을을 완전히 파괴한 지 6개월 후, Galante와 Foa(1986)는 가장 심하게 파괴된 두 마을 중 한 곳의 아동들에게 정화 놀이치료를 실시했다. 7개월간의 집단 회기 동안 1~4등급으로 나뉜 아동은 그들의 놀이에서 지진 경험을 재연할 수 있는 기회와 지진에 대한 그들의 감정을 표현할 수 있는 기회를 가졌다. 지진을 재연하기 위해 그들은 테이블을 마구 흔들어 장난감 집을 넘어뜨렸다. 그러고 나서 그들은 생존자를 돕고 마을을 재건하는 데 도움을 주는 소방관 또는 구조대처럼 연기했다. 치료받지 않은 마을 아동과 비교하였을 때 정화 놀이를 한 아동의 불안 증상은 유의미하게 감소하였다. 치료 효과는 18개월간의 사후 점검에서 유지되고 있었다.

Chemtob, Nakashima, Hamada(2002)는 허리케인 피해 아동을 대상으로 학교에서 프로그램 지침서에 따라 4회기 치료를 진행하였다. 치료는 놀이, 표현 미술, 대화의 조합으로 구성되었다. 아동은 개별 치료, 집단 치료, 대기자 통제 집단으로 구성된 세 집단에 무선 배정되었다. 치료를 받은 아동은 통제 집단보다 외상 후 스트레스 장애 증상에서 의미 있는 감소를 보였다. 집단 또는 개별 치료 방식에 따른 효과 차이는 없었지만 집단 치료는 더 높은 완치율을 나타냈다. 치료 효과는 1년간의 사후 점검에서 유지되고 있었다.

Saylor, Swenson, Powell(1992)은 질적 연구를 통해 허리케인 휴고의 피해를 입은 미취학 아동이 허리케인과 관련한 주제를 반복적으로 놀이하려는 경향이 있다고 보고했다. 예로 폭풍이 지나가고 8주 뒤에 한 어머니는 자신의 4세 아들이 반복적으로 저녁 식탁에 놓인 브로콜리 줄기를 포함한 모든 재료를 가지고 휴고 폭풍을 놀이한다고 보고했다. 이 놀이는 시속 175마일로 몰아치는 바람에 때문에 나무가 계속해서 파괴되는 것을 표현했다.

Maqwaza, Kilian, Petersen, Pillay(1993)는 미취학 아동이 만성적인 폭력 속에 있는 그들의 일상 경험을 더 많이 표현할수록 그들이 외상 후 스트레스 장애 증상으로 고통 받는 정도가 더 적다는 것을 발견했다.

뇌의 '더 원시적인' 신체적·시각적 영역에 있는 정신적 외상을 겪은 아동의 정서적·운동 감각적 기억 저장소에 대한 신경생물학적인 단서는 van der Kolk(1996a)에 의해서 증명되었다. 압도되는 경험과 마주할 때 우리의 서술 기억 능력은 감소하고 맥락 기억 능력은 약화된다(van der Kolk, 1996b). 이것은 대뇌변연계를 활성화시키고 브로카 영역을 비활성화시켜(van der Kolk, 1996c) '이루 말할 수 없는 공포'를 초래하며 우리는 즉각적인 경험에 대해 이야기할 수 없게 된다. 대신 우리는 논리 정연하게 이해하거나 장기 기억으로 경험을 이동시킬 수 없는 더 원시적인 감각과 신체적 수준에 머물게 된다. Harris(2009)는 "정신적 외상을 기억하는 인간의 뇌 저장소는 언어화하는 기능을 약화시킨다."고 말했다. 그는 '구조가 있는 놀이의 독특한 힘'과 '치유의 핵심인 재구조화하는 상상들'에 접속하도록 아동을 촉진시키는 재연 놀이의 장점을 강조했다.

기억은 뇌의 단일한 장소에 저장되지 않고 감각, 신체, 운동 요소와 같이 PRM 복합체와 연관된 여러 영역에 퍼져 있다고 발표한 Hogberg, Nardo, Hallstrom, Pagani(2011)의 최신 연구에서는 침습하는 기억을 행동 기반의 정화 놀이로 연기하도록 제안하였다. 즐겁고 안전한 환경에서 기억이 활성화되었을 때 재통합에 앞서 나타나는 기억 속 정서적 분위기는 변화를 흔쾌히 받아들인다. 이 때문에 우리는 정화 놀이의 치료적 힘이 정신적 외상 반응과 관련된 뇌의 관계망을 변화시키는 데 기여할 것이라 추정할 수 있다. 재연 놀이는 좀 더 심리적 거리가 있는 단편적인 사건 기억을 이용해 괴로운 기억을 다시 체험하게 하여 변화를 도울 수 있다. 또한 놀이하는 사람이 기억 과정을 충분히 거칠 수 없었던 이전의 능력 때문에 병리학적으로 유지되어 온 두려움 반응을 차단함으로써 특정한 단편적 사건의 기억과 관련 있는 부정적인 정서를 줄일 수 있다. '마치 ~인 것처럼'하는 놀이는 긍정적인 변화를 향상시키고 정서적인 불안감을 적게 주는 기억을 생성하기 위해 긍정적 상상을 기억에 통합시키는 것을 돕는다. Gantt와 Tinnin(2009)의 정신적 외상에 대한 신경생물학적 관점은 '외상 후 장애는 언어적 사고를 무시하거나 벗어난 비언어적 정신 활동과 관련 있다는 연구 결과와 임상적 관찰'에 기반하고 있다. 그들은 이 주장을 뒷받침해 줄 세 가지 내용을 제시했다. 첫 번째로 '본능적인 정신적 외상 반응'(Gantt & Tinnin, 2007) 기간 동안 나타나는 반사적인 포유류의 반응은 인간에게도 보이며, 이 반응 기간에 언어적 처리 과정은 실패한다. 그리고 비언어적 정신은 이야기식 기억 능력을 잃는다. 그 결과 인식과 사고는 조각난 형태로 저장된다. 두 번째로 뇌 영상 연구에서도 뇌의 언어적 처리 과정 영역이 활발하지 않게 나타났다. 세 번째는 감정 표현 불능증, 이해의 부족, 처리과정 또는 정서적 상태에 이름 붙이기와 관련되어 있다. 이것은 뇌반구 간 소통 기능의 약화 그리고/또는 신체 단서를 읽는 어려움과 연결될 수 있다. 우리의 가설은 감정적·비언어적 뇌와 합리적인 언어적 뇌 간의 일반적인 통합이 약화되었다는 것이다(Gantt & Tinnin, 2009). 그들은 "정신적 외상은 비언어적 문제다. 이런 이유로 비언어적 해결이 필요하다."며 사례를 만들어 나갔다. 그러나 단순히 이완된 정서만으로 치유가 되기에는 충분하지 않다고 주장했다. 대신 이미지 만들기와 미술 치료를 활용한 치료 프로토콜을 발표했다. 이것은 (시각적으로) 일관성 있는 이야기로 발달시키고, 조각난 맥락을 재설정, 비언어적 기억의 언어적 묘사와 관련시켜 생각하고, 기억들을 과거 기억으로 이동하는 것을 촉진함으로써 시간 순서 감각을 회복하려는 데 그 목적이 있다. 정화 기제로 재연 놀이를 사용함으로써 이것들과 같은 결과를 얻을 수 있다.

변화 이론들 간의 관계, 구체적으로 창조적 치료들과 외상 중심 CBT 모델(Cohen, Mannarino, & Deblinger, 2006)과 같은 인지행동치료 접근 간 관계에 대해 Johnson (2009)은 "CBT는 내담자가 외부에서 설정된 '건강한 인지'에 적응한다."고 주장하고 "그들만의 '뒤틀어진 인지'는 맞서거나 몰아낼 필요가 있는 정신적 외상 도식의 산물로 본다."고 말했다. 창조적 치료들, 그리고 Piaget가 언급한 놀이는 전통적으로 '내담자가 예술 작업을 거치면서 그들의 내적 도식을 놀이로 표현하도록 격려받으며 나타나는 동화에 기반을 두는 것'으로 보았다. 그러나 Johnson은 이 두 가지 접근은 꽤 유사하며 많은 CBT 기법이 실질적으로 창조적인 자료에서 비롯되었다고 언급하였다. 창조적 예술치료들은 경험적으로 효과가 증명된 상상력을 이용한 노출, 인지적 이야기의 재구성, 스트레스 관리 기술, 회복력 향상시키기, 심리 교육 방법 등의 치료적 요인을 활용하므로 이러한 주장이 타당성을 갖는다(2009).

변화를 이끄는 정화의 역할

Panskepp(2005)은 핵심 정서 행위 체계로 놀이를 제안했다. 그는 놀이가 뇌의 운동, 시각, 청각 및 다른 감각 영역을 통합하고, 대뇌 피질 및 피질하 영역의 조직화를 돕고, 뇌의 발달을 촉진하며, 인지 능력을 향상시키고, 장기적인 정서 변화를 가능하게 한다고 설명했다(1998, 2003). 놀이는 내재화된 생각과 표면화된 생각의 변화를 가능하게 한다(Levy, 2008). 놀이치료에서 카타르시스와 정화의 사용에 대해 논했던 Smith (2009)는 "정화를 통해 억압된 정서적 장애는 의식화되면서 이러한 감정의 영향을 줄이거나 대처할 수 있는 방법을 발전시킬 수 있는 기회가 된다."고 말했다. 정화 놀이는 작은 놀잇감을 사용한 스트레스 경험의 축소화, 경험에 대한 적극적인 통제 및 숙달감, 반복 놀이를 통한 경험의 개별적 흡수와 같은 여러 치료적 기제를 활용한다(Ekstein, 1996). 이로 인해 놀이하는 사람은 인지적 동화와 정서적 해방이라는 정화의 목적을 성취한다(Schaefer, 2012). 아동은 수동적으로 회피하던 것에서 적극적으로 맞서게 된다(Schaefer, 1994). Schaefer(1994)는 놀이의 네 가지 특성으로 상징화, '마치 ~인 것처럼', 투사, 대치를 꼽았다. 이 특성들은 심리적 거리를 제공한다는 점에서 의의를 가지며, 이로 인해 외상과 관련한 정화/숙달 놀이를 할 때 아동은 안전을 느끼게 된다.

그들이 작은 세계나 역할 놀이 장면을 창조하면서 외상 후 이야기의 끝을 변화시킬 수 있을 때, 아동은 이 경험을 동화시키고 이전의 기억과 연결되어 있는 부정적 자극을 극복하는 힘을 얻기 시작한다. 해결로 나아가는 반복 놀이는 아동이 그들의 외상을 정서 및 정신적으로 이해하게 하고 다른 불안감을 주는 경험들도 이해하도록 돕는다. 그 결과 더 일관성 있고 조직화된 기억이 된다. 즐거움이 있는 반복은 부정적인 영향을 감소시키고, 숙달을 향상시키며, 점진적인 동화를 촉진시키는 것이 분명하다. 또한 치료적 관계 안에서 이러한 놀이를 통해 서로 상호작용하게 하는 활동은 아동이 인지적 왜곡을 수정하고 외상 반응을 재구성하도록 도울 수 있는 기회를 치료자에게 제공한다.

불안을 완화시키기 위해 아동이 상상 놀이를 사용하는 재인(recognition)에서 Levy(1938)는 Freud의 반복 강박 이론을 기반으로 한 이완치료를 발전시켰다. 이렇게 하여 아동은 그들의 '고유한 방법'인 놀이를 사용하여 힘든 경험을 한 후 나타나는 불안을 극복할 수 있도록 도움을 받게 되었다. 연령은 10세 이하로 비교적 안정적인 가족 안에 있고, 최근에 일어난 구체적이고 복잡하지 않은 사건으로 인한 불안의 발생이 어디인지 찾을 수 있으면 치료에 적절한 사례로 볼 수 있다. 치료의 목적은 사건과 연관된 억압된 감정을 정화를 통해서 표출하도록 돕고 스트레스 상황을 놀이하면서 재창조를 가능하게 하는 것이다. 치료자는 치료적 관계를 형성하기 전에는 이 기법을 사용하지 않는다. 또한 필요성을 고려하지 않은 채 통찰을 위한 해석을 제공하지 않는다. 이 치료의 유익한 점은 파괴적인 행동, 엉망진창 놀이, 일반적인 무례함을 발산하는 데 있다(Levy, 1976). 아동이 생활 사건을 재창조하면서 놀이할 때, 치료자는 '그 행위가 계속 유지되도록' 기법들을 사용한다. Soloman(1938)은 외상 장면의 축소판에 확실히 직면시키는 보다 지시적인 접근을 지지하였다. 비슷한 기법으로 아동에게 일어난 사건을 놀이나 그림으로 표현하도록 할 때 외상에 대해 이야기하는 개입과 평가를 사용할 수 있다(Lipovsky, 1991; Nder & Pynoos, 1991).

Levy(1938, 1939)는 언어적 대화가 필요없는 놀이를 통한 정서적 표출은 외상 아동을 치유하는 데 충분하다고 제안하였다. 하지만 Terr(2003)는 이에 동의하지 않았다. 그녀는 완전히 진행된 외상 후 스트레스 장애(PTSD)를 가진 아동을 치료하기 위한 정화 놀이는 반드시 정서를 동반하고 언어가 뒤따라야 한다고 믿었다. 그러나 그녀는 이러한 강렬한 감정이 반드시 아동에게 필연적으로 속한다기보다 아동 놀이의 특징인 것으로 보았다. 그녀는 아동의 외상 경험에 대한 온전한 정서적 표현은 치료 과정에서 필수적인 요소라고 주장한다. 나는 이러한 종류의 표현을 '정화'라고 재명명하였다(Terr, 2003). Kaduson(2011)은 이완 놀이치료에서 놀이의 가장 효과적인 힘으로 정화를 기술했다. 그리고 과거에 외상을 경험한 아동에게 사용할 수 있는 구체적인 이완 놀이치료를 언급했다.

Oremland(1993)는 아동에게 정화 놀이 과정은 무의식적 경험뿐 아니라 의식적으로 깨달은 사건과 관련되어 있다는 것에 주목했다. 그는 "아동의 의식과 무의식은 아직 성인만큼 나뉘어져 있지 않다."고 말했다.

Mann과 McDermott(1983)는 외상을 겪은 아동의 놀이치료 과정을 개념화하기 위한 단계별 모델을 제시하였다. 네 가지 치료 단계 중 두 번째는 '외상으로의 회귀와 정화'라고 이름 붙였다. 이 단계에서 내담자의 놀이는 힘든 경험을 상징적 형태로 재연하면서 힘겨운 정서를 극복하는 힘을 얻기 위해 노력한다는 것을 보여 준다. 치료자는 아동의 놀이에 등장하는 인물들의 감정 상태를 반영해 주거나 추가적인 인물을 소개해 주는 식으로 놀이를 확장하면서 아동을 도울 수 있다. 이것은 관계 형성과 놀이 기술 단계를 발달시키는 것에 뒤따르고, 마지막 종결 단계에 이르기 전에 현실적인 관계를 탐색하고 자아 존중감을 높이며 충동 조절 능력이 발달하는 단계 앞에 온다.

Irwin(1983)은 치료에서 아동의 이야기를 연기하는 것이 어떻게 그들의 이야기를 각본으로 조직화할 수 있게 하는지 기술하였다. 이 이야기는 과거와 현재, 현실과 상상, 사건으로 구성되어 있다. 이 활동 방법은 기억을 대신하기 위해서 Erikson(1950)이 제시하였다. Irwin은 Woltmann(1964)이 놀이는 "아동에게 분열, 갈등, 혼란을 주는 상황을 '시연'할 수 있는 기회를 제공한다."고 말한 것을 우리에게 상기시킨다.

외상(또는 다른 미해결되거나 혼란스러운 내용)의 재연과 가장 동일시할 수 있는 놀이 형태는 가상 놀이이다. Stagnitti(1998)는 가상 놀이가 상징 놀이와 더 관습적인 상상 놀이 모두를 포함하고 있다고 주장한다. 또한 이것은 아동이 대상 치환을 활용하고 대상에 특성을 부여해 보며 없는 대상이나 행동을 나타내기 위해 상징적 행동으로 대치할 수 있게 한다고 주장한다. Ariel(1992)은 가작화 놀이를 주로 복잡한 정신적 활동으로 설명하였고 부차적으로 표면적인 행동이라 설명하였다. 놀이하는 사람이 활동에 참여하는 동안 현실화, 동일시, 즐거움에 대한 구체적인 요구를 한다면 그 사람의 언어와 비언어적 행동은 가작화 놀이로 변환된다. 현실화는 정신적 이미지가 장기 기억으로부터 검색되고 마치 현재 그 일이 일어나는 것처럼 대하는 것이다. 동일시는 놀이 공간에 있는 어떤 것이 회복된 이미지인 것처럼 여겨지기도 한다. 즐거움은 놀이하는 사람이 단지 가상으로 행동한다는 사실을 인식하게 한다(Ariel, 1992). 정보 처리 체계에서 일어나는 가작화 놀이의 개념화는 더욱 성숙하고 진화된 이해로 이끄는 변화 생산 과정으로써 그리고 과거와 최근 경험 모두와 관련되어 있고 저장된 감각적 요소와 관련됨으로써 이것의 힘을 확인하게 한다. 이것은 향후 기억 과정을 가능하게 한다. 치료에서 놀이 활동은 과거 경험의 수정 및 새로운 대처 전략의 시도를 촉진시킨다. 치료 동안 아동 놀이 활동에서의 변화는 아동에게 의미 있는 관계에 대한 관점을 변형시키고 주변에 대한 그의 적응을 달라지게 한다(Chazan, 2002).

Ariel(1992)은 가상놀이가 정서적으로 무거운 주제에 대한 자극 수준을 조절하기 위한 장치로써 작용한다고 주장한다. 그는 문제 해결 과정이 반복 놀이를 통한 습관화, 새로운 사고 및 이해와 연결시켜서 인지 재구조화하기, 즐거운 자극과 연결시켜서 탈조건화하기, 놀이 주제와 관련된 정서에 힘을 실어 숙달하기를 포함한 여러 과정과 연관되어 생긴다고 언급한다. 치료에서 오래된 기억을 재작업하는 것은 힘든 기억과 연관된 정서적 분위기를 바꾸는 것을 스스로 경험할 수 있게 하는 방법이 된다(Hogberg et al., 2011; Stern, 1985). 치료에서 놀이 활동은 과거 경험의 수정과 새로운 대처 전략의 시도를 촉진한다(Chazan, 2002). Loewald(1980)는 가상 놀이가 아동이 반응적인 기술을 쌓고 본래의 행동에 대한 재조직 및 재해석를 할 수 있게 한다고 강조했다. 치료적 관계의 맥락은 이러한 재조직이 가능하도록 지지해 준다(Levy, 2008).

성적 학대를 당한 아동을 위한 적절한 놀이치료 개입을 선택하는 데 있어서 Ramussen

과 Cunningham(1995)은 비지시적 놀이치료의 핵심 기술인 '관계 형성을 결합한 처방적인 접근'을 발표했다(예 : 인지행동치료, 은유, 독서치료, 미술치료). 1997년 Kaduso, Cangelosi, Schaefer는 여기저기에 다 맞는 접근보다 처방적인 방법을 통해 구체적으로 확인된 문제에 치료자가 어떻게 개입 유형을 결정할 수 있을지에 대한 논의를 넓혀 나갔다. 오늘날 대부분은 아니더라도 많은 놀이치료자들은 개별적 아동의 요구에 빠른 반응을 보이는 다중 모델 접근법 활용을 목표로 삼고 있다. 통합적 접근법(Drewes, 2011; Brewes, Bratton, & Schaefer, 2011)은 2개 또는 그 이상의 모델을 혼합하여 사용하거나, 다른 이론에서 영향을 받은 이론적 모델 하나를 쓰거나, 주어진 환경에 가장 적절하다고 여겨지는 모델을 치료자가 활용할 수 있다. 이러한 처방적 접근(Schaefer, 2003, 2011)은 보통 아동이 의뢰된 문제와 진단, 개입과 관련된 자료를 참고하여 진행된다. 처방적 놀이치료자가 진단에 맞게 개입을 결정하는 가장 중요한 기준은 과학적 증거이다(Schaefer, 2003). Yasenik과 Gardner(2004, 2012)는 연속적인 치료 회기 또는 심지어 한 회기에서 보이는 다양한 요소에서 개별 아동의 변화 욕구에 대응하는—종종 직관적이지만 체계를 개념화하는—유연한 통합적 접근에 대해 기술했다.

전략과 기술

성공적인 놀이치료를 통해 수동적으로 경험한 외상 사건에서 벗어나 놀이하는 사람이 힘을 얻고, 능동적으로 숙달해 가는 데 유익하다고 밝혀진 전략과 기술에 대해 살펴보고자 한다.

재연 놀이에서 적극적이고 생산적으로 작업하길 바라는 치료자는 체계와 접근의 범위를 실용적으로 활용할 수 있다. 이것들은 Nortons의 네 가지 S(C. Norton & Norton, 2006; Norton et al., 2011)와 Jennings의 EPR(1990, 1998, 1999, 2004, 2005, 2011), Gil(2006)의 TF-PT(trauma-focused play therapy), Yasenik와 Gardner의 네 가지 관점(2004, 2012), Terr의 세 가지 원리(2003), 그리고 Goodyear-Brown(2010)의 FSPT(flexibly sequential play therapy)를 포함한다. 이 모두는 임상적 결정을 도와주고 치유 과정을 개념화하는 데 도움을 준다.

나만의 개입인 치료적 기준(Prendiville, 2009)은 아동이 자신의 인생 이야기를 연령에 맞는 언어로 심리적 거리를 유지하면서 말할 수 있도록 인형 놀이를 활용한 이야기 만들기 접근이다. 이 개입은 정화 놀이로의 전환을 촉진할 수 있다. 이야기를 만들어 가는 개입을 활용하는 것은 경험상 아동이 치료자를 신뢰롭게 여기고, 안전을 구축하고, 치료적 동맹의 형성을 촉진하며, 치료적 과정 초기에 의미 있는 놀이를 표현할 수 있도록 돕는다.

Terr(1983)는 외상 후 스트레스 장애 아동에게 사용하는 놀이치료의 유형에 대해서 논했다. 그녀는 이완치료와 정화치료(Levy, 1938), 자발적인 놀이를 활용한 심리치료(Erikson, 1950), 통제 놀이(Levy, 1939), Terr에 의해서 새롭게 만들어진 교정적 결말 놀이와 같이 자발적으로 발생하거나 치료자가 유도하는 정화 놀이에 초점을 맞췄다. 각각의 접근법들은 정화 놀이의 치료적 힘에 기반을 두고 있고, 구체적인 놀이에 착수하고, 자발적으로 새로운 놀이를 진행하고, 외상과 관련된 놀이를 불러들이는 데 치료자가 관련되어 있다. 여러 수준의 해석과 의식적 수준에서 작업하는 방법이 기술되어 있다. 자발적인 반복 놀이는 사건에 대한 이해를 돕고 불안을 감소시킬 것이라 예상된다. 그러나 좋은 치료적 실제는 외상이 재현되는 어떤 징조가 보이는지 놀이치료자가 상황을 면밀하게 관찰하고 개입이 제자리에 머무는지 자세히 보는 것이다. 반복 놀이의 중단, 표출 없는 불안, 공포, 무력함에 대한 의미 있는 부정적 감정 또는 강박적으로 놀이가 변하는 것은 숙달을 촉진하지 못하고 상당한 기간이 지난 후에도 해결을 향해 나아가지 못한다. 때로 아동은 치료자가 놀이를 이끌어 자신이 통제를 경험함으로써 숙달을 성취하고, 놀이를 만족스럽게 마무리하고, 부정적 정서를 표현·표출하고, 인지적으로 사건을 재평가하도록 돕는 '적극적인 중재자'로 있어 주길 원할 것이다(Schaefer, 1994). Kaduson(2011)은 정화 놀이를 따라갈 때 우리의 지식과 직관을 모두 사용하기를 당부한다. 일치된 치료자는 그들의 내적 과정을 반영하면서 아동이 표현하는 것에 대한 그들의 감정적, 신체적 반응을 알아차릴 것이다. 치료자는 아동의 놀이 기술, 외상에 관한 과거력과 현재의 주호소 문제, 치료 국면(C. Norton & Norton, 2006, 2008, 2011), 치료적 관계, 그리고 아동과의 놀이가 안전하게 종료되거나 새로운 국면으로 이동하면서 나눴던 것(Yasenik & Gardner, 2004, 2012) 등 아동에 대한 그들의 지식을 사용할 것이다. 아동은 새로운 등장인물을 소개하거나 무언가를 의식적인 자각으로 가져오면서 놀이를 자세히 설명하거나 확장한다. 다른 유용한 치료적 개입에는 새로운 결말 같이 만들기, 등장인물의 감각, 감정, 생각을 묘사하기 위해 치료자가 많은 역할을 통해 말하기, 단순히 역할극 안에서 감각적, 신체적 경험을 증폭시키기가 있다. 치료자는 통찰을 촉진할 수 있는 기회와 말로 표현 못할 공포로 묘사되던 장면으로부터 새로 창조된 장면을 인지적으로 재평가하고 그 장면에 온전히 참여할 수 있는 방향으로 옮겨갈 수 있는 기회를 준다. 이것은 상황에 대한 등장인물의 반응을 재구성하는 것—무력감보다는 그들이 할 수 있는 최대한 표현하는 것—을 포함한다. 다른 적용 가능한 방법으로 지각된 상상이나 두려움에 목소리를 주는 것과 (실행 불가능할지라도) 소망을 표현하고 차단되었던 행동과 말을 표출하는 것이 있다. 또한 치료자는 자각을 높이고 통찰을 증가시키며 등장인물의 대화나 서술자 역할을 하는 동안 놀이하는 사람의 세계관과 인지적 왜곡에 영향을 미칠 수 있는 기회가 있다.

정신적 외상은 신체적 경험이어서 대화를 통해 회복이 촉진되지는 않는다. 활동은 아동의 자존감과 역량, 통제를 되찾으려고 시도하는 아동에게 필수적이다(C. Norton & Norton, 2006). 아동은 그들의 언어를 통해서 그리고 신체적 요소를 강조함으로써 이해를 전달하려고 노력하는 치료자가 적극적 또는 수동적 역할 모두를 가지고 있다고 생각할 수 있다. 치료자는 온전히 공감적 태도로 이해하는 것을 보여 주기 위해 주어진 정서 경험을 놀이하고(C. Norton & Norton, 2011), (얼굴 표정과 소리를 포함한) 감각적, 신체적 요소를 재연하며 정서적 표현을 강조한다. 이것은 아동의 발달적 단계에 맞아야 한다.

Gil(1991)은 정신적 외상 작업을 위한 맥락 설정하기가 아동의 정신적 외상 후 놀이와 행동적 재연을 촉진시킬 수 있으며, 불안을 완화하지 않고 상상력 없이 놀이가 유지되거나 교정적 정서 경험을 제공하지 못할 때는 치료자가 놀이를 중단시키거나 놀이에 참여할 수 있다고 하였다. 이러한 개입은 놀이가 8~10회 동안 변하지 않을 때 통제감을 고취시키기 위한 목적으로 소개되었다. 개입에는 신체적 움직임을 알려 주는 것, 자기 몰두를 중단시키기 위해 놀이에 대해 언급하는 것, 아동에게 다른 역할을 하도록 해서 놀이의 흐름을 중단시키는 것, 등장인물을 조종해서 '만약 ~한다면 어떤 일이 일어날지'에 대한 질문에 답하게 하는 것, 기억하는 사건과 현재의 안전함 사이의 차이를 강조하는 것, 놀이를 기록하고 논의를 위해 이것을 다시 놀이하는 것이 포함된다. Gil(1991)은 아동이 작업을 하면서 이완 기술이나 안내된 심상을 사용해 적절하게 이완되는 것이 중요하다고 강조한다. Gil(2010)은 정신적 외상 후 놀이에 초대하고 점진적인 노출을 시작하도록 아동을 촉진하는 매우 민감한 접근법에 대해 구체적으로 알려 준다. Gil은 그녀가 참고하는 원리를 제공한 Herman(1997)의 말을 인용하였다. "첫 번째로 가장 흔한 치료적 오류는 외상 내용을 회피하는 것이고, 두 번째로 흔한 오류는 안전하고 안정된 치료적 동맹 형성에 충분한 주의를 기울이지 않고 너무 빨리 탐색 작업에 들어가거나 또는 느닷없이 탐색에 몰아넣는 것이다." 그래서 Gil은 항상 다중 모델 접근법을 활용했는데 외상 후 놀이를 포함하여 아동의 의지대로 치유적인 접근을 사용하게 하려고 처음에는 비지시적(Axline, 1947; Landreth, 2002)으로 접근하였다(Gil, 2010). 그녀는 구체적인 프로토콜이나 예정된 활동을 적용하거나 제시된 안건을 사용하는 것은 아동의 고유한 치유 능력을 막는다고 경고했다. 그러나 그녀는 외상을 경험한 아동에게 그들이 피하고 싶은 것과 대면하게 해주는 적극적인 치료적 도움 역시 필요하다고 지적했다. 그녀는 말로 바꾸어 말하기가 치유의 필수적인 요소라고 제안하면서 아동은 그들의 놀이를 통해서 '단어와 같은 가치를 지닌' 이야기를 창조한다고 언급했다. Gil(2006)은 각 내담자의 외상 경험에 대한 기록을 적고, 그들이 그토록 원했던 문자 그대로의 묘사를 재창조할 수 있도록 재료를 제공하였다.

임상 적용 및 사례

압도되거나 혼란스러운 어떤 경험을 했거나 자연재해나 아동 학대와 같은 경험을 한 아동에게 정화 놀이를 치료적으로 사용함으로써 효과를 얻을 수 있다. 정화 놀이는 적응 문제, 정신적 외상 반응 또는 단순하거나 복잡한 외상 후 스트레스 장애를 가진 아동에게도 적용할 수 있다. 그러므로 증상 군집의 세 종류(침습적인 재경험, 회피 증상과 각성 과민)를 유념하는 것이 유용하다. 외상 후 스트레스 장애에 효과적인 치료적 핵심 구성 요인에는 '외상 반응에 대한 정신 교육하기, 습관화될 때까지 외상과 관련된 단서나 기억에 대한 노출 견뎌내기, 아동의 불안을 다룰 수 있게 대처 기술 훈련하기, 부모 교육하기'가 있다(Carr, 2004). 놀이치료는 정신적 외상을 경험한 아동에게 발달적으로 적절한 개입으로 잘 구축되어 있다(Bratton& Ray, 2000; Bratton, Ray, Rhide, & Jones, 2005; Drewes, 2009; Dugan, Snow, & Crowe, 2010; Gil, 2006). Schaefer(1994)는 정화 놀이의 치유적 과정은 힘과 통제, 통찰, 인지적 재평가, 정서적 이완, 반복, 사회적 지지를 포함한다고 말했다. 신중하게 선택된 모형 놀잇감으로 아동은 놀이치료에서 드러낼 수 있는 정신적 외상과 관련된 이상적인 단서를 발견하면서 '교정적 정서 반응'을 제공하는 치료자의 지지와 함께 불안을 다루는 것을 연습할 기회를 얻을 수 있다(Alexander & French, 1980).

Terr(1993)는 정화, 맥락, 교정의 세 가지 필수 요소를 통해 정신적 외상을 경험한 캐미라는 어린 여자 아이와 12년간의 치료 과정을 기록했다. 각 요소들은 외상 후 스트레스 장애 치료 프로토콜에서 각각 사용하거나 연속하여 사용할 수 있다. 또는 이 사례에서 적용한 것처럼 개입의 기간에 상관없이 그것들을 통합시키면서 사용할 수 있다. 이에 더하여, 이 세 가지 구성 요소는 반드시 창조성과 즐거움을 동반하여 치료 과정에서 즐거움을 느낄 수 있어야 한다. 이 사례는 Terr가 어떻게 아동 정화 놀이 작업을 하는지에 대한 유용한 통찰을 우리에게 보여 준다. Terr는 정신분석적 시각을 통해 캐미가 나타내는 것과 그녀의 치유 과정을 보면서, 방어와 전이 기간에 그녀의 대처 방식과 행동에 대한 체계를 만들었다. 캐미가 '빨간 모자' 게임을 통해 그녀의 외상을 온전히 표현하기 시작할 때 Terr는 그녀가 놀이에 등장하는 인물이 방어를 한다면 어떻게 느낄지 강조하는 해석을 하여 '그녀의 정화 반응을 적절한 위치에 재설정'하는 것이 필수적이라고 생각했다. 이 게임은 Terr가 늑대의 동기와 관련된 맥락적 사고를 이야기할 때까지 교정적인 결론 없이 계속 진행되었다. Terr는 인지적 수준에서 이 작업을 따라갔다. 자발적인 놀이 재연으로 시작해서 그녀의 유아 시절 이야기와 외상 후 스트레스 장애 전후 사정에 관해 말하는 '개방된 논의와 탐색'(Yasenik& Gardnet, 2004, 2012)으로 옮겨갔다. 힘에 대한 주제는 계속 그녀의 놀이 주제를 장악하였다. 그리고 놀이 장면에서 그녀가 희생자의 정서적 경험을 온전히 표현할 수 있었음에도 불구하고 공격한 사람을 계속 확인한다는 것(Freud, 1937)을 Terr가 인식하자 그녀는 새로운 등장인물을 투입하여 악당을 무찌를 수 있는 전략을 같이 계획함으로써 놀이를 촉진하였다. 이 놀이는 유의미한 변화를 이끌었다. 인식은 장애를 극복하는 데 유용하게 쓰이는 인지 능력이다.

나는 아동이 회기 내에서 개인적으로 관련 있는(C. Norton & Norton, 2006, 2008) 역할 놀이에 참여할 때 외상을 연기하는 것의 생리적인 영향을 발견했다. 또한 나는 놀이 회기 내에서 아동이 이끌고, 각본을 짜고, 재연하는 놀이 상황에서 희생자 역할을 할 때의 투사적 동일시 과정을 통해 이것을 경험하였다. 아니면 이것은 아마도

Terr(1990)가 기술한 외상 후 재연의 '전염성' 요소 중 한 부분일까? 또는 아동이 자신만의 생리적 반응을 이해하거나 담아두거나 처리하거나 돌볼 수 있는 능력이 없기 때문에 전염이 된 것인가? 이것이 표출되어 다른 사람에게 전달되었을 때 더욱 온전히 이 사건을 경험할 수 있는 기회가 생긴다. 이것은 또다시 극적인 거리감에 대한 역설이다.

이러한 현상에서 심리치료적으로 작업하는 나만의 방법은 아동과 아동의 놀이에서 내가 보는 것뿐만 아니라 내 안에서 무엇이 일어나고 있는지 면밀하게 관심을 기울이는 것이다. 나는 나의 내적 처리 과정을 관찰하고 아동의 심리적 어려움을 만들 수 있는, 또는 심리적 어려움의 원인이 되는 아동의 생활 사건 경험과 나의 경험이 같은 과정을 거치는지에 관한 잠정적인 가설을 만든다. 나는 조용히 진술(중얼거림)하고 나에게 부과된 역할 내에 머물면서 내가 경험하는 신체적, 정서적, 인지적 요소를 묘사 및 연기하면서 나의 가설을 시험한다. 예를 들면 "나는 지금 점점 무서워지고 있어. 내 속이 울렁거리는 것 같아. 의사가 나를 해칠 것만 같아." 또는 "무슨 일이 일어나고 있는데 나는 그게 뭔지 모르겠어. 이거 꼭 속임수처럼 보인다." 등 아동의 반응에 따라 앞으로 내가 경험하는 것에 대해 더 자세히 설명할 수 있다.

데브라는 12세이다. 그녀는 놀이치료 회기에서 규칙적으로 학교 게임 놀이를 한다. 사실 우리는 몇 주간 매 회기 계속 이 게임을 반복했다. 이야기 흐름은 조금씩 달랐다. 그녀는 화난 선생님인 반면 나와 테디 인형은 학생들이다. 우리는 항상 뭔가를 잘못하고 결국 문제가 생긴다. 회기 내용은 다음과 같다. 선생님인 데브라는 칠판 앞에서 수학 수업을 진행하다 돌아서서 나를 가리키며 소리친다. "2 더하기 2는?" 학생인 나는 머리를 살짝 움직이며(역할 밖으로 나왔다는 것을 알려 주며) 속삭인다. "내가 뭐라고 말하면 되니?" 그녀는 신나는 말투로 대답한다. "3이요, 3이라고 말해요." 나는 "3이요."라고 대답하고 심하게 질책을 받는다. 이것은 여러 번 반복되었다. 나는 항상 멍청하고, 무례하며, 골치 덩어리이다. 나쁜 학생 명단에 내 이름이 올라갈 것이며, 내가 너무 쓸모없기 때문에 부모님에게 전화할 것이라는 소리를 들었다. 이 장면은 몇 주 동안 아무런 해결책 없이 놀이로 진행되었다. 내가 나의 내적인 반응을 더 사용하기로 마음먹었을 때 내 반응 레퍼토리에 약간의 중얼거림을 넣기 시작했다. 나는 데브라가 칠판에 글을 쓰려고 나에게 등을 돌렸을 때 겁먹은 목소리로 속삭였다. "이 선생님은 너무 화나 있어. 그녀는 나를 무섭게 해. 가끔 나는 정답을 알고 있는데도 선생님이 나를 너무 무섭게 해서 계속 틀린 답을 말하게 돼." 이 시점에서 데브라는 팔을 등 뒤로 뻗어서 계속 하라는 몸짓을 하며 말했다. "계속 말해요, 계속 말해요." 이 게임은 조금씩 달라지기 시작했다. 때때로 내가 "뭐라고 말하면 되니?" 라고 물을 때 나는 정답을 말해도 된다는 허락을 받았다. 심지어 가끔 나는 칭찬도 받았다. 그러나 선생님은 나를 불공평하게 대하고 계속 화가 난 듯이 보였다. 그리고 계속해서 친구들 앞에서 나를 창피하게 하였다.

데브라의 놀이 회기는 시간이 흐르면서 변하기 시작했다. 나는 중얼거림에 (멍청한 학생인 것이) 혼란스럽고, 좌절되고, 슬프고, 걱정되고, 불안하다는 감정을 추가하기 시작했다. 또한 나는 감각과 신체적 경험을 과장하며 설명했다. 선생님이 아이들을 이렇게 대해도 되는지 '의아해' 하기 시작했다. 나는 엄마에게 말하는 것에 대해서도 고려해 보았다. 데브라는 모든 발언을 놀이에 적극적으로 포함하고 말하도록 부추겼다. 엄마에게 말해보겠다고 제안한 다음 주에 데브라는 이번 주 게임할 때는 집에 가서 말하라고 나에게 말했다. 새로운 장면이 다음 주에 계속 진행되고 놀이에서 힘의 불균형이 묘사되면서 드디어 중요한 변화가 나타났다. 데브라의 정화 놀이는 그녀가 외상을 경험한 과거와 은유적으로 연결되어 있었고 극적인 거리는 그녀에게 놀이로 표현할 수 있는 기회를 주었다. 이것은 그녀의 아버지가 그녀를 성적으로 학대한 기억과 경험을 극복할 수 있는 힘을 얻게 해 주었다.

빌은 6세 남아로 높은 수준의 불안을 경험하고 있어서 놀이치료에 의뢰되었다. 그의 반복되는 놀이 주제는 신체 게임과 연관되어 있었다. 야구 방망이로 공을 치고 '세이프'를 외치며 바닥에 뛰어들어 고무 매트를 손으로 쳤다. 반면 나는 공을 다시 가져오기 위해 방 안을 돌아다녀야 했다. 그리고 빌이 베이스로 오기 전에 내가 먼저 공을 가지고 베이스로 가려고 노력해야만 했다. 그러나 이것은 불가능한 일이었다. 왜냐하면 베이스는 빌의 발 바로 옆에 있었기 때문이다. 어느 날 빌의 호흡이 고통스러워 보였다. 그때까지는 이 놀이의 어떤 의미도 생각해낼 수 없었다. 나는 그가 실제로 그렇게 무리하지 않았음을 알고 있었다. 그래서 숨을 헐떡거리는 것이 그의 치료 과정에서 중요하다는 것을 알아차렸다. 그는 물을 달라고 하였고 나는 물을 주었다. 그는 컵을 입으로 가져가서 입 안의 반을 물로 채우고 그 상태로 계속해 숨을 쉬면서 가글 소리를 내며 숨을 헐떡거렸다. 물을 마시면서 숨을 쉬기가 얼마나 힘든지 언급하였고 이 반영을 하면서 이것이 대단히 중요한 요인임을 알아차렸다. 치료를 시작하기 몇 개월 전 빌은 강에 빠진 적이 있었다. 그는 수영을 잘했고, 여러 어른들과 같이 있었음에도 물에서 구조되기 전에 두 차례 정도 수면 밑으로 빠졌다. 놀이와 강에서의 사건 간에 확실한 연결점이 있다는 것을 지각했음에도 불구하고 야구 게임과는 어떻게 연결점을 찾아야 하는지 고민하고 있었다. 빌의 어머니는 아이가 회기를 끝내고 집에 오는 길에 "왜 선생님은 놀이치료실에 수영 부낭을 가지고 있어요?"라고 물었다고 말해 주었다. 바로 그것이었다. 빌이 만든 베이스는 사실 정원 손질할 때 쓰는 무릎 깔개였지만 수영 부낭과 유사하게 생겼다. 이것이 놀이의 힘이다.

에밀리는 성적 학대가 밝혀져 놀이치료에 의뢰된 4세 여아이다. 치료 중기에 그녀는 이전에는 말하지 않았던 새로운 성적 학대 내용을 폭로하기 시작했다. 어느 회기에서 그녀는 범죄자를 언급하며 "내 엉덩이에 돌을 넣었어요."라고 말했다. 그녀는 자발적으로 "그는 나의 모든 좋은 사랑을 없애버리고 그의 나쁜 사랑만 내 안에 넣었어요."라고 말했다. 나는 재빨리 그녀 가까이 다가가 그녀에게 매우 중요한 것을 말해 주겠다고 하였다. 나는 좋은 사랑은 절대 없어지지 않지만 가끔 나쁜 사랑이 들어오면 좋은 사랑은 어디론가 숨을 곳을 찾아야 한다고 설명해 주었다. "만약에 네 몸에 숨어 있는 좋은 사랑이 어디 있는지 찾는다면, 너는 다시 그것들을 자유롭게 해줄 수 있을 거야." 에밀리는 바닥에 누워 눈을 꼭 감고 자신의 온몸을 애정을 담아 쓰다듬었다. 그녀는 갑자기 "내가 그걸 찾았어요. 내가 그걸 찾았어요."라고 하며 왼쪽 팔 밑을 쓰다듬으며 신나서 외쳤다. "여기 밑에 있었어요." 나는 아이에게 그 안을 재빨리 살펴보고 어떻게 생겼는지 말해 달라고 하였다. 그녀는 "아주 많은 작은 핑크색 하트예요."라고 답했다. 나는 그것을 찾아서 기쁘다고 말해 주었고, 네가 준비가 되면 언제든지 핑크 하트들을 나오게 할 수 있고 몸을 가득 채울 정도로 자라게도 할 수 있다고 말해 주었다. 우리는 그 회기에 핑크 하트가 나올 수 있게 하는 데 시간을 할애했다. 다음 회기에 에밀리는 '돌들'이 여전히 자기 안에 있다며 걱정을 표현했다. 그녀는 큰 종이에 누웠고 나는 그녀의 윤곽을 따라 그렸다. 그녀는 돌과 '좋은 사랑/핑크 하트'를 그렸다. 하트는 여전히 그녀의 팔 밑에 무리지어 있었다. 핑크 하트는 돌들이 사라지기 전에는 자유로울 수 없었다. 처음에 그녀는 자신의 감정이 빠져나오지 않길 바란다고 확신했었지만 그 다음에 그녀는 그들이 나올 수 있게 '아주 아주 작은 길'을 만들어도 좋다고 하였다. 그녀는 종이에 몇몇 물건들을 그렸다. 그것은 망치, 손톱, 총, 칼, 총알, 쌍안경이었다. 나는 우리의 목소리를 사용하는 것은 감정들이 나오게 할 수 있는 또 다른 방법이라고 언급했다. 그러자 그녀는 두 번째 놀이 장소로 가야 한다고 말했다. 그녀는 감정을 위한 '탈출구'로 만든 목록의 물품과 타이머, 마이크를 포함한 아기 인형과 젖병, 놀잇감 몇 개를 모았다. 그녀는 총, 망치, 그리고 다른 도구들을 거대한 곰 인형 머리 위에 두고 나머지 놀잇감들은 그녀의 주변에 놓았다. 곰 인형은 그녀가 학대 사실을 밝히면서 이름을 지은 사람(우리는 그를 MR. X라고 불렀다)을 의미했다.

아이는 나에게 무슨 일이 일어났는지 보여 주고 싶다고 말했다. 그리고 카우치에 누워서 타이머의 태엽을 감아 탁자 위에 두고 이 종이 울리면 MR. X가 방 안으로 들어온다고 했다. 에밀리는 매우 구체적으로 자신이 어떻게 누웠는지, 그가 정확히 무엇을 했는지 묘사했다. 아이는 나에게 남자 역할을 하도록 제안했지만 나는 그것이 잘못된 것이기 때문에 하지 않겠다고 설명해 주었다. 그녀는 남자 성인을 대신 묘사하기 위해 작은 곰 인형을 선택했다. 타이머가 울렸을 때 에밀리는 작은 곰 인형을 그녀의 등 뒤에 놓고 자발적으로 신체적 경험을 재연하였다. 그녀는 몸을 움직이고, 흐느껴 울고, 떨고, 발버둥 치며, "그만!"이라고 외치는 것을 묘사했다. 나는 이것을 중단시키거나 그녀를 위로하지 않은 채 이 장면을 목격하는 것이 매우 힘들었다. 하지만 나는 깊은 수준에서 이것이 회복을 위해 필요한 것임을 그녀가 알고 있다고 믿는 게 중요하다는 것을 알았다. 나는 아이를 위해서 목격자가 될 필요가 있었다. 그녀는 더 힘을 얻어 태도를 바꾸어 벌떡 일어나서 소리쳤다. "그만! 나는 당신이 정말 싫어. 나를 가만히 내버려 둬." 거대한 곰 인형을 때리고, 던지고, 놀이 영역으로 가져온 도구들과 주먹으로 공격했다. 나는 아이가 "이제 이걸 다시 해야겠어."라고 말했을 때 깜짝 놀랐다. 그 장면을 다시 만들었다. 나는 심지어 두 번째 장면에 더 힘을 실어 묘사하는 것을 보고 너무 놀랐다. 타이머가 울렸을 때의 장면은 반복되지 않았고 이전에 그녀가 이름을 지어 주고, 3살이라고 한 아기 인형을 집어 들어 밥을 주고 편안하게 보살펴 주는 장면을 만들었다. 그녀는 나머지 회기에 회복하는 놀이를 하며 시간을 보냈다.

이러한 지지적인 환경에서 외상을 재경험하는 것은 치료적이다(Littrell, 1998). Hogberg 등(2011)은 "부정적인 감정과 긍정적인 감정은 모두 치료 회기 동안 활성화되어야 한다."고 말했다. 에밀리가 보여 준 변화는 기억의 새로운 버전이 되었다. 그녀는 힘 있고, 책임질 수 있고, 아기 인형을 돌볼 수 있다는 것으로 끝을 맺었다. 지지

적인 목격자가 함께하는 장면에서 재연함으로써 에밀리는 숙달과 고통의 제거를 경
험했다(Shelby, 1997). 사건이 일어났을 때 가지고 있던 그녀의 충동, 즉 그만하라고
소리치고 감정을 표현하고 복수하는 것은 상상 속에서 이제야 경험되었다. 이것은 그
녀가 더욱 안전하게 느끼고 자신과 동일시했던 인형을 보살피는 행동을 할 수 있는
원인이 되었을 수 있다. 에밀리는 정화 놀이의 치료적 힘을 확실히 보여 주었다.

참고문헌

Alexander, F., & French, T. (1980). *Psychoanalytic theory*. Lincoln: University of Nebraska Press.

Ariel, S. (1992). *Strategic family play therapy*. West Sussex, England: Wiley.

Axline, V. (1947). *Play therapy*. New York, NY: Ballantine Books.

Bratton, S., & Ray, D. (2000). What the research shows about play therapy. *International Journal of Play Therapy, 9*, 47–88.

Bratton, S., Ray, D., Rhide, T., & Jones, L. (2005). The efficacy of play therapy with children: A meta-analytic review of treatment outcomes. *Professional Psychology: Research and Practice, 36*, 378–390.

Carr, A. (2004). Interventions for post-traumatic stress disorder in children and adolescents. *Paediatric Rehabilitation, 7*(4), 231–244.

Chazan, S. E. (2002). *Profiles of play: Assessing and observing structure and process in play therapy*. London, England: Kingsley.

Chazan, S., & Cohen, E. (2010). Adaptive and defensive strategies in post-traumatic play of yound children exposed to violent attacks. *Journal of Child Psychotherapy, 36*(2), 133–151.

Chemtob, C., Nakashima, J., & Hamada, R. (2002). Psychosocial intervention for postdisaster trauma symptoms in elementary school children. *Archives of Pediatric & Adolescent Medicine, 156*, 211–216.

Cohen, J. A., Mannarino, A. P., & Deblinger, E. (2006). *Treating trauma and traumatic grief in children and adolescents*. New York, NY: Guilford Press.

Colrain, J., & Steele, K. (1991, November). *Treatment protocols for spontaneous abreactive memory work*. Paper presented at the Eighth International Conference on Multiple Personality/Dissociative States, Chicago, IL.

Comstock, C. (1986, September). *The therapeutic utilization of abreactive experiences in the treatment of multiple personality disorder*. Paper presented at the Third International Conference on Multiple Personality/Dissociative States, Chicago, IL.

Comstock, C. (1988, October). *Complications in abreactions during treatment of multiple personality disorder and dissociation*. Paper presented at the Fifth International Conference on Multiple Personality/Dissociative States, Chicago, IL.

Drewes, A. A. (2009). *Blending play therapy with cognitive behavioral therapy: Evidence-based and other effective treatments and techniques*. Hoboken, NJ: Wiley.

Drewes, A. A. (2011). Integrative play therapy. In C. E. Schaefer (Ed.), *Foundations of play therapy* (2nd ed., pp. 349–364). Hoboken, NJ: Wiley.

Drewes, A. A., Bratton, S. C., & Schaefer, C. E. (2011). *Integrative play therapy*. Hoboken, NJ: Wiley.

Dripchak, V. L. (2007). Posttraumatic play: Towards acceptance and resolution. *Clinical Social Work Journal, 35*, 125–134.

Dugan, E., Snow, M., & Crowe, C. (2010). Working with children affected by Hurricane Katrina: Two case studies in play therapy. *Child & Adolescent Psychiatry, 15*(1), 52–55.

Eaton, G., Doherty, K., & Widrick, R. (2007). A review of research and methods use to establish art therapy as an effective treatment method for traumatized children. *Arts in Psychotherapy, 34*, 256–262.

Erikson, E. H. (1950). *Childhood and society.* New York, NY: Norton.

Ekstein, R. (1966). *Children of time and space, of action and impulse.* New York, NY: Appleton-Century-Crofts.

Freud, A. (1937). *The ego and the mechanisms of defense.* New York, NY: International Universities Press.

Freud, S. (1920). Beyond the pleasure principle. In J. Strachey (Ed.), *The standard edition of the complete psychological work of Sigmund Freud (SE)* (Vol. 18). London, England: Hogworth Press.

Findling, J. H., Bratton, S. C., & Henson, R. K. (2006). Development of the trauma play scale: An observation-based assessment of the impact of trauma on the play therapy behaviors of young children. *International Journal of Play Therapy, 15*, 7–36.

Fine, C. G. (1991). Treatment stabilization and crisis intervention: Pacing the therapy of the multiple personality disorder patient. *Psychiatric Clinics of North America, 14*(3), 661–675.

Freud, A., & Burlington, D. (1942). *War and children. Report 12* in *The writings of Anna Freud* (Vol. 3, pp. 143–211). New York, NY: International Universities Press.

Galante, R., & Foa, E. (1986). An epidemiological study of psychic trauma & treatment effectiveness of children after a natural disaster. *Journal of the American Academy of Child Psychiatry, 25*, 357–363.

Gantt, L. M., & Tinnin, L. W. (2007). The instinctual trauma response. In D. B. Arrington (Ed.), *Art, angst, and trauma: Right brain intervention with developmental issues* (pp. 168–174). Springfield, IL: Thomas.

Gantt, L., & Tinnin, L. W. (2009). Support for a neurobiological view of trauma with implications for art therapy. *Arts in Psychotherapy, 36*, 148–153.

Gardner, R. (1971). *Therapeutic communications with children: The mutual storytelling technique.* New York, NY: Science House.

Gil, E. (1991). *Healing power of play: Working with abused children.* New York, NY: Guilford Press.

Gil, E. (1999). Understanding and responding to post-trauma play. *Association for Play Therapy Newsletter, 17*(1), 7–10.

Gil, E. (2006). *Helping abused and traumatized children: Integrating directive and nondirective approaches.* New York, NY: Guilford Press.

Gil, E. (2010). *Working with children to heal interpersonal trauma.* New York, NY: Guilford Press.

Goodyear-Brown, P. (2010). *Play therapy with traumatized children: A prescriptive approach.* Hoboken, NJ: Wiley.

Grof, S. (1988). *The adventure of self discovery: Dimensions of consciousness and new perspectives in psychotherapy and inner exploration.* Albany: State University of New York Press.

Harris, D. A. (2009). The paradox of expressing *speechless terror*: Ritual liminality in the creative arts therapies' treatment of posttraumatic distress. *Arts in Psychotherapy, 35*, 94–104.

Herman, J. (1997). *Trauma and recovery: The aftermath of violence—From domestic abuse to political terror* (2nd ed.). New York, NY: Basic Books.

Hogberg, G., Nardo, D., Hallstrom, T., & Pagani, N. (2011). Affective psychotherapy in post-traumatic reactions guided by affective neuroscience: Memory reconsolidation and play. *Psychology Research and Behaviour Management, 4*, 87–96.

Irwin, E. C. (1983). The diagnostic and therapeutic use of pretend play. In C. E. Schaefer & K. J. O'Connor (Eds.), *Handbook of play therapy* (pp. 148–173). New York, NY: Wiley.

Jackson, S. (1994). Catharsis and abreaction in the history of psychological healing. *Psychiatric Clinics of North America, 17*(3), 471–491.

Jemmer, P. (2006). Abreaction—Catharsis: Stirring dull roots with spring rain. *European Journal of Clinical Hypnosis, 7*(1), 26–36.

Jennings, S. (1990). *Dramatherapy with families, groups and individuals.* London, England: Kingsley.

Jennings, S. (1998). *Introduction to dramatherapy.* London, England: Kingsley.

Jennings, S. (1999). *Introduction to developmental play therapy: Playing and health.* London, England: Kingsley.

Jennings, S. (2004). *Creative storytelling with children at risk.* Milton Keynes, England: Speechmark.

Jennings, S. (2005). *Creative play with children at risk.* Bicester, England: Speechmark.

Jennings, S. (2011). *Healthy attachments and neuro-dramatic-play.* London, England: Kingsley.

Johnson, D. R. (2009). Commentary: Examining underlying paradigms in the creative arts therapies of trauma. *Arts in Psychotherapy, 36,* 114–120.

Kaduson, H. G. (2011). Release play therapy. In C. E. Schaefer (Ed.), *Foundations of play therapy* (2nd ed., pp. 105–126). Hoboken, NJ: Wiley.

Kaduson, H. G., Cangelosi, D., & Schaefer, C. E. (Eds.). (1997). *The playing cure: Individualized play therapy for specific childhood problems.* Northvale, NJ: Aronson.

Landreth, G. L. (2002). *Play therapy: The art of the relationship* (2nd ed.). Muncie, IN: Accelerated Development.

Levy, A. J. (2008). The therapeutic action of play in the psychodynamic treatment of children: A critical analysis. *Clinical Social Work Journal, 36,* 281–291.

Levy, D. M. (1938). Release therapy in young children. *Psychiatry, 1,* 387–390.

Levy, D. M. (1939). Release therapy. *American Journal of Orthopsychiatry, 9,* 713–736.

Levy, D. M. (1976). Release therapy. In C. E. Schaefer (Ed.), *The therapeutic use of child's play* (pp. 173–186). Northvale, NJ: Aronson.

Lipovsky, J. A. (1991). Posttraumatic stress disorder in children. *Community Health, 14,* 42–51.

Littrell, J. (1998). Is the re-experience of painful emotion therapeutic? *Clinical Psychology, 18*(1), 71–102.

Loewald, H. W. (1980). *Papers on psychoanalysis.* New Haven, CT: Yale University.

Maqwaza, A., Kilian, B., Petersen, I., & Pillay, Y. (1993). The effects of chronic violence on preschool children living in South African townships. *Child Abuse & Neglect, 17,* 795–803.

Mann, E., & McDermott, J. F. (1983). Play therapy for victims of child abuse and neglect. In C. E. Schaefer & K. J. O'Connor (Eds.), *Handbook of play therapy* (pp. 283–307). New York, NY: Wiley.

McGee, D., Brown, I., Kenny, V., & McGennis, A. (1984). Unexperienced experience: A critical reappraisal of the theory of repression and traumatic neurosis. *Irish Journal of Psychotherapy, 3*(1), 7–19.

Myers, C. E., Bratton, S. C., Hagen, C. K., & Findling, J. H. (2011). Development of the trauma play scale: Comparison of children manifesting a history of interpersonal trauma with a normative sample. *International Journal of Play Therapy, 20*(2), 66–78.

Nader, K. O., & Pynoos, R. S. (1991). Play and drawing: Techniques as tools for interviewing traumatized children. In C. E. Schaefer, K. Gitlin, & A. Sandrgund (Eds.), *Play, diagnosis, and assessment* (pp. 375–389). New York, NY: Wiley.

Norton, B., Ferriegal, M., & Norton, C. (2011). Somatic expressions of trauma in experiential play therapy. *International Journal of Play Therapy, 20*(3), 138–152.

Norton, C., & Norton, B. (2006). Experiential play therapy. In C. E. Schaefer & H. G. Kaduson (Eds.), *Contemporary play therapy: Theory, research, and practice* (pp. 28–54). New York, NY: Guilford Press.

Norton, C., & Norton, B. E. (2008). *Reaching children through play therapy: An experiential approach* (3rd ed.). Denver, CO: White Apple Press.

Norton, C. C., & Norton, B. E. (2011). Experiential play therapy. In C. E. Schaefer (Ed.), *Foundations of play therapy* (2nd ed., pp. 187–204). Hoboken, NJ: Wiley.

Oremland, E. K. (1993). Abreaction. In C. E. Schaefer (Ed.), *Therapeutic powers of play* pp. (143–166). Northvale, NJ: Aronson.

Panskepp, J. (1998). *Affective neuroscience.* New York, NY: Oxford University Press.

Panskepp, J. (2003). At the interface of the affective, behavioral, and cognitive neurosciences: Decoding the emotional feelings of the brain. *Brain and Cognition, 52,* 4–14.

Panskepp, J. (2005). Affective consciousness: Core emotional feelings in animals and humans. *Conscious Cognition, 14,* 30–80.

Piaget, J. (1962). *Play, dreams and imitation in childhood.* New York, NY: Norton.

Prendiville, E. (2009, June). *The therapeutic touchstone.* Paper presented at the International Play Therapy Study Group, Wroxton, UK.

Putnam, F. W. (1989). Diagnosis and treatment of multiple personality disorder. *Psychiatric Clinics of North America, 14*(3), 489–502.

Ramussen, L. A., & Cunningham, C. (1995). Focused play therapy and non-directive play therapy: Can they be integrated? *Journal of Child Sexual Abuse, 4*(1), 1–20.

Saylor, C., Swenson, C., & Powell, P. (1992). Hurricane Hugo blows down the broccoli: Preschoolers post-disaster play and adjustment. *Child Psychiatry & Human Development,* 22(3), 139–149.

Schaefer, C. E. (1993). What is play and why is it therapeutic? In C. E. Schaefer (Ed.), *The therapeutic powers of play* (pp. 1–15). Northvale, NJ: Aronson.

Schaefer, C. E. (1994). Play therapy for psychic trauma in children. In K. J. O'Connor & C. E. Schaefer (Eds.), *Handbook of play therapy: Advances and innovations* (Vol. 2, pp. 297–318). New York, NY: Wiley.

Schaefer, C. E. (2003). Prescriptive play therapy. In C. E. Schaefer (Ed.), *Foundations of play therapy* (pp. 306–320). Hoboken, NJ: Wiley.

Schaefer, C. E. (2011). Prescriptive play therapy. In C. E. Schaefer (Ed.), *Foundations of play therapy* (2nd ed., pp. 349–364). Hoboken, NJ: Wiley.

Schaefer, C. E. (2012). *The therapeutic powers of play.* Unpublished manuscript.

Shelby, J. (1997). Rubble, disruption, and tears: Helping young survivors of natural disaster. In H. G. Kaduson, D. Cangelosi, & C. E. Schaefer (Eds.), *The playing cure* (pp. 141–169). Northvale, NJ: Aronson.

Smith, P. (2009). *Children and play: Understanding children's worlds.* West Sussex, England: Wiley-Blackwell.

Soloman, J. C. (1938). Active play therapy. *American Journal of Orthopsychiatry, 8,* 479–498.

Stagnitti, K. (1998). *Learn to play: A practical program to develop a child's imaginative play skills.* Australia: Co-ordinates.

Steele, K., & Colrain, J. (1990). Abreactive work with sexual abuse survivors: Concepts and techniques. In M. A. Hunter (Ed.), *The sexually abused male: Volume 2, Applications of treatment strategies* (pp. 1–55). Lexington, MA: Lexington Books.

Stern, S. (1985). *Interpersonal world of the infant.* New York, NY: Basic Books.

Terr, L. (1979). Children of Chowchilla: A study of psychic trauma. *Psychoanalytic Study of the Child, 34,* 547–623.

Terr, L. (1981). Psychic trauma in children: Observations following the chowchilla schoolbus kidnapping. *American Journal of Psychiatry, 138,* 14–19.

Terr, L. (1983). Play therapy and psychic trauma: A preliminary report. In C. E. Schaefer & K. J. O'Connor (Eds.), *Handbook of play therapy* (pp. 308–319). New York, NY: Wiley.

Terr, L. (1990). *Too scared to cry: Psychic trauma in childhood.* New York, NY: Basic Books.

Terr, L. C. (2003). "Wild child": How three principles of healing organized 12 years of psychotherapy. *American Academy of Child and Adolescent Psychiatry, 42*(12), 1401–1409.

Van der Hart, O., & Brown, P. (1992). Abreaction re-evaluated. *Dissociation, 5*(3), 127–140.

Van der Kolk, B. A. (1996a). The body keeps the score: Approaches to the psychobiology of posttraumatic stress disorder. In B. Van der Kolk, A. Mc Farlane, & L. Weisaeth (Eds.), *Traumatic stress: The effects of overwhelming experience on mind, body and society* (pp. 214–241). New York, NY: Guilford Press.

Van der Kolk, B. A. (1996b). The complexity of adaptation to trauma: Self-regulation, stimulus discrimination, and characteriological development. In B. Van der Kolk, A. Mc Farlane, & L. Weisaeth (Eds.), *Traumatic stress: The effects of overwhelming experience on mind, body and society* (pp. 182–213). New York, NY: Guilford Press.

Van der Kolk, B. A. (1996c). Trauma and memory. In B. Van der Kolk, A. Mc Farlane, & L. Weisaeth (Eds.), *Traumatic stress: The effects of overwhelming experience on mind, body and society* (pp. 279–302). New York, NY: Guilford Press.

Van der Kolk, B., Mc Farlane, A., & Weisaeth, L. (Eds.). (1996). *Traumatic stress: The effects of overwhelming experience on mind, body and society.* New York, NY: Guilford Press.

Waelder, R. (1932). The psychoanalytic theory of play. *Psychoanalytic Quarterly, 2,* 208–224.

Woltmann, A. G. (1964). Concepts of play therapy techniques. In M. R. Haworth (Ed.), *Child psychotherapy: Theory and practice.* New York, NY: Basic Books.

Yasenik, L., & Gardner, K. (2004). *Play therapy dimensions model: A decision making guide for play therapists.* Alberta, Canada: Rocky Mountain Play Therapy Institute.

Yasenik, L., & Gardner, K. (2012). *Play therapy dimensions model: A decision making guide for integrative play therapists.* Philadelphia, PA: Kingsley.

Zero to Three. (2005). *Diagnostic classification of mental health and developmental disorder of infancy and early childhood: Revised edition. (DC:0-3R).* Washington, DC: Zero to Three Press.

08

긍정 정서

TERRY KOTTMAN

서론

"나는 당신 말고 미소와 웃음, 긍정 정서(즐거움, 유쾌함, 흥분, 쾌활함, 행복 등)에 대해 더 잘 알고 있는 사람은 생각나지 않아요. 많은 내담자들이 긍정 정서에 대한 절실한 욕구로 찾아오죠(2012년 2월 C. Schaefer의 개인 서신)." 이 말은 본 장을 쓰도록 나를 매혹시켰다. Schaefer가 놀이의 치료적 힘 개정판의 한 장를 쓰도록 부탁했을 때 (나는) 들뜨고 감격하였다. 놀이치료학회(APT) 창시자의 부탁이라니! 나는 즐거움과 행복을 퍼트리기 좋아하고 전문 영역에서 이처럼 '영향력 있는 사람'이 유머와 놀이성을 활용하는 나의 능력을 인정했다는 것에 기뻤다. 또한 놀이치료 과정이 내담자들을 즐겁고 기쁘게 하고, 미소 짓고 웃게 만들며, 단순하게 하고 행복을 느끼도록 하는 공간을 제공해 주기 때문에 많은 내담자들이 성장한다는 그의 말에 전적으로 동의하였다. 그래서 내가 글쓰기를 싫어한다는 것을 잊은 채―그건 나 자신보다 편집자를 만족시키려고 애쓰느라 글쓰기를 즐길 수 없게 되기 때문이다―"네, 할 수 있어요."라고 답하였다. 나는 "물론 할 수 있지. 그냥 머리에서 꺼내기만 하면 될 거야. 난 긍정적인 정서로 똘똘 뭉쳐 있어. 문제없어."라고 부주의하게(약간은 무지하게) 생각했다. 지하실 청소를 하고, 솔리테르 게임을 하고, 메일함을 정리하고, 완전히 다른 내용의 책 작업을 시작하고, 17살짜리 아들의 방을 청소하고, 지역 극장에서 연극을 보고, 콜라주를 만들고, 그러고 나서야 멈추었다. 이 장에 대해 작업을 할 때마다 나는 때때로 압도되기도 하였다. 나는 학문적이고 형식적이기 위해 애썼고 그것은 나를 짜증나게 하였다. "어떻게 심각하고 경직된 방식으로 긍정적인 감정을 유발하는 즐거움에 대해서 쓸 수 있지?"에 대한 의문에 갇혔다. 결국 마감일이 지난 후 Schaefer 박사는 정중하게 압력을 주기 시작했고 (아마도 부탁과 칭찬을 후회하면서) 그제야 이제는 핑계 대기를 멈추고 부지런히 글을 써야 한다는 사실을 깨달았다. 마음 상태를 학구적이 되게 애쓰면서 짜증과 비참함을 느끼며 스스로를 '꾸짖던' 중, 처음 Schaefer 박사가 글을 써달라고 나에게 요청했던 이유를 잊은 채 스스로를 필요 이상으로 힘들게 만들고 있을 뿐 아니라 자포자기하고 있었다는 갑작스러운 깨달음을 얻게 되었다. 즐기고 행복해하는 대신 부정적 감정을 느끼면서 이 장을 고역으로 만들고 있었다. 본 장은 그 최종 결과이고 전달할 내용에 실제를 추가하는 것으로 형식을 결정하였다. 글을 쓰기 전에 어떻게 즐거움과 유머, 긍정 정서를 담을지 생각해야 했다. 나는 본 장을 읽고 쓰는 데 있어 형식적이지 않고 유머러스하며 재미있게 쓰기로 결심했다. [과카몰리 소스를 만들려고 잠깐 휴식을 취했는데 소스를 다 만든 후에야 단 4개의 칩만 남아 있다는 것을 발견했다. 나는 칩을 사러 가게에 달려가고 싶은 충동을 간신히 견뎌냈다.]

긍정 정서에 대한 설명

본 장을 쓰려고 준비하면서 나의 개인 도서관(편리하게도 내 침대에 있다)을 뒤지고, 긍정 정서와 놀이에 대한 수많은 책을 사서 읽고, 인터넷 검색을 하고, 놀이에 대한 저널과 논문들을 읽는 데 수많은 시간을 쏟아 부었다. 그리고 놀이와 놀이치료에 의해 유발되는 완벽한 긍정 정서 목록을 찾으면서 모든 관련 논문들을 숙지하는 데 몇 주를 보냈다. 나는 그것을 발견하지 못했고 결국 포기했다[비록 저 어딘가에 나보다 더 나은 여성(?), 연구자(?), 사람(?)에 의해 발견되기만을 기다리고 있는 게 분명하지만 말이다]. 이처럼 유용하고 계시적인 목록을 찾기 위해 몸부림치는 동안 내가 생각한 것이 훌륭한 통찰이었음을(사실 여전히 그렇다) 알았다. 나는 그 원천으로 가고 있었던 것이다. 그 후 몇 회기 동안을 나와 작업하는 아이들이 놀이에서 보이는 긍정 정서들을 보고 듣는 데 보냈다. 이것이 나의 목록이다. 아이들은 이러한 감정들을 느끼는 것으로 보였다.

행복한	기쁜	기대에 찬	신이 난	즐거운
재미있는	다정한	고마워하는	평안한	자신감 있는
차분한	자랑스러운	만족스러운	자족감을 느끼는	흥분된
신뢰를 느끼는	충족스러운	유쾌한	참여적인	좋아하는
사랑을 느끼는	관심 있어 하는	웃기는		

몇몇 정서들은 언어로 표현되었고(예 : "난 여기 오는 게 좋아요." "놀게 해 주셔서 감사합니다." "어떻게 맞추는지 알아내서 뿌듯해요." "정말 보고 싶었어요, 그리고 개학해서 같이 놀 수 있게 되어 너무 기뻐요." "방에 새로운 물건들이 생겼어요. 와!") 다른 정서들은 행동을 통해 나타났다(예 : 끌어안기, 미소, 웃음, 주의 기울이기). 분명 놀이치료 과정 동안 다른 긍정 정서 역시 나타나겠지만, 많은 놀이치료 회기에서 나타나는 긍정 정서들을 충분히 대표할 수 있는 것을 목록으로 포함하였다. [놀이치료 회기에서 오직 긍정 정서들만 경험되고 표현되는 것은 아님을 언급하고 싶다. 치료는 결코 따뜻한 햇살과 무지개로만 채워져 있지 않다. 때때로 아이들은 좌절하고 불안해하며 걱정하고 짜증을 내기도 하는데, 이 또한 놀이치료에서 나타나는 비긍정적 정서들 중 하나이다.]

많은 사람들이 청소년이나 성인들과 놀이치료를 하기 때문에 그들과의 치료에서 나타나는 동일한 정서(긍정 정서와 비긍정적 정서들을 포함한다) 역시 언급해야 할 것이다. 나의 경우는 아동과의 경험만 있었다. 긍정 정서에 대한 대부분의 연구들이 성인을 대상으로 이루어진 반면 놀이와 놀이치료 연구의 대부분은 아동에게 초점을 맞추고 있다는 것이 흥미롭다. 청소년이나 성인과 작업하기를 원하는 놀이치료자들은 전문 자원이 제한되어 있다. Terr(1999)와 Frey(1993, 1994)는 성인 대상 놀이치료에 대해 저술하였다. Gallo-Lopez, Schaefer(2005), Ashby, Kottman과 DeGraaf(2008) 역시 청소년과의 놀이치료에 초점을 둔 연구자들이다. 하지만 나는 청소년과 성인 내담자들이 몇몇 방식에서 아동보다도 더 많은 긍정 정서를 활용할 수 있다고 생각한다. 그들은 대부분의 아동처럼 놀이에 자연스럽게 참여하지 못하기 때문에 행복, 기쁨, 즐거움, 신남 등의 여러 긍정 정서들을 일으키는 여러 종류의 즐거움에 대해 흔히 더 많은 욕구를 느낀다.

여기에서는 왜 이러한 힘이 치료적인지에 대해 답해 보고자 한다. 이것이 여러 면에서 본 장을 쓰기 시작할 때 어려웠던 핵심적인 부분이었다. 물론 이러한 감정의 경험이 내담자에게 도움이 된다는 사실—치료적이고 치유적이다—은 나에게 너무 분명해 보였다. 그래서 그냥 이 부분을 "당연한 거지!"라고 쓰고 싶었지만 긍정 정서의 치료적 힘을 설명하는 전문적인 책임을 충분히 다하지 못할 것이 분명했다. 이런 이유로 긍정 정서 경험이 왜 치료적일 수 있는지에 대해 언급한 많은 전문가들을 찾고 무수한 자료에 발을 담그기로 했다.

Fredrickson(1998, 2001, 2003)은 그의 '확장과 수립 이론(broaden and build theory)'에서 왜 긍정 정서가 치료적인지에 대한 기초 이론을 제공하였다. 이 이론에 따르면 다수의 긍정 정서는 개인의 일시적인 사고 행동 레퍼토리를 확장해 주며, 이는 놀이하기, 탐색하기, 즐기기, 통합하기와 같은 전형적인 것에서 보다 폭넓은 범위의 사고와 행동을 가능하게 해 준다(Fredrickson & Branigan, 2005). 긍정 정서의 확장 수립 효과가 시간이 지남에 따라 확장되고 조합되기 때문에 긍정성은 개인을 건강하게 만들고 사회적으로 보다 통합적, 지식적이며 효과적이고 회복 가능하도록 변형할 수 있다(Fredrickson & Losada, 2005). Fredrickson(2001)은 어떻게 이러한 '확장'이 일어나는지에 대한 예로 몇몇 긍정 정서에 대한 개념 분석을 하였다. 기쁨은 놀이하려는 추동을 이끌고 한계를 밀어붙이고 창조적이게 함으로써 확장을 일으킨다. 만족감은 현재 삶의 환경을 즐기려는 추동을 이끌고 자기와 세계에 대한 새로운 관점을 환경에 통합하도록 함으로써 확장을 일으킨다. 자부심은 타인과 성취 경험을 공유하고 보다 큰 미래의 성취들을 그리도록 추동을 갖게 함으로써 확장을 일으킨다. 그러므로 사고 행동 레퍼토리를 확장하는 이러한 긍정 정서를 경험한 사람은 생애 동안 그들을 도울 인적 자원의 토대를 쌓게 된다.

대중 서적과 전문 심리 서적 모두 정서적, 심리적, 인지적, 신체적, 행동적, 사회적 영역에서 왜 긍정 정서의 치료적 힘을 고려해야 하는지에 대한 정보들로 가득 차 있다. Baker와 Stauth(2003), Chittister(2011), Rubin(2009), Ryan(2005), Salmansohn(2001)과 같은 대중 작가들과 Frederickson(2000, 2001, 2003), Neuhoff와 Schaefer(2002), Sin

과 Lynbomirshy(2009), Teach와 Lyubomirsky(2006)와 같은 연구자들에 따르면 행복, 환희, 즐거움, 기쁨 등의 긍정 정서들은 두려움, 슬픔, 화, 침체, 절망의 해독제이다. 이런 긍정 정서가 있을 때는 비긍정적 정서들이 함께 있기 어렵다. 긍정 정서를 유발하는 경험들은 상담에서 치료적 동맹 형성을 촉진하고(Bedi, Davis, & Williams, 2005) 치료적 변화를 이끌며 정신 건강의 증진을 도울 수 있다(Cloninger, 2005; Fitzpatrick & Stalikas, 2008; Russsell & Fosha, 2008; Seligman & Csikszentmihalyi, 2000). 치료에서 즐거움은 과정이 고통스럽거나 힘든 중에도 치료를 지속하도록 하는 동기로 작용할 수 있다(Ashby, Kottman, & DeGraaf, 2008; Carol, 2002; Kottman, 2011). Kissel (1990)은 놀이와 긍정 정서가 '지나치게 경직된(too tight)' 내담자의 '긴장을 풀어주는데' 매우 유용할 수 있다고 하였다. 또한 심리적 영역에서 긍정 정서는 삶의 만족도, 대처 기술, 행복, 탄력성, 성취를 향상시켜 준다(Chon, Fredrickson, Brown, Mikels, & Conway, 2009; Frederickson & Joiner, 2002; Frederickson & Losada, 2005; Lyubomirsky, King, & Diener, 2005; Sin & Lyubomirsky, 2009; Tugade, Frederickson, & Feldman-Barrett, 2004). 창의성, 인지적 기술, 문제 해결 또한 긍정 정서에 의해 증진된다(Fredrickson, 1998; Fredrickson & Branigan, 2005; Fredrickson & Joiner, 2002; Fitzpatrick & Stalikas, 2008; Isen, 2000). 긍정 정서는 신체적 건강을 증진시키고(Martin, 2004; Steptoe, Dockray, & Wardle, 2009; Teitelbaum, 2006) 고통과 통증을 경감시키며(Christie & Moore, 2005; Goodenough & Ford, 2005) 심지어 장수하게 한다(Xu & Roberts, 2010). Elkind(2007), Brown(2007), Heidemann과 Hewitt(2010), Landreth (2002), Kottman(2003, 2011), Kissel(1990), Terr(1999)는 놀이에 의해 유발되는 긍정 정서가 긍정적 행동 변화를 이끌 수 있다고 주장한 수많은 놀이 및 놀이치료 전문가 중 하나이다. 유머가 공격 행동을 변화시키고 갈등 해결 기술을 향상시키는 데 활용됨을 보여 주는 몇몇 경험 연구들도 있다(Norrick & Spitz, 2008; Ziv, 2001). 또 다른 연구자들(Hromek & Roffey, 2009; Johnston, Miles, & Macrae, 2010; Nezlek & Derks, 2001; Waugh & Fredrickson, 2006)은 유머, 재미, 게임과 긍정 정서 표현이 사회적 기능을 향상시킬 수 있다고 제안하였다. Cohen(2002), Elkind(2007)와 Kottman(2003)은 즐겁고 기쁨이 넘치는 부모-자녀 상호작용에서의 긍정 정서가 부모와 자녀 간 관계를 증진시키고 포괄적으로 가족 관계를 향상시킨다는 사례를 보여 주었다.

긍정 정서는 긍정적인 감정, 심리, 인지, 신체, 행동, 사회적 변화를 이끄는 데 기여한다. 긍정 정서를 놀이의 치료적 힘으로 고려해야 한다는 이러한 주장을 뒷받침해 주는 매우 많은 경험 연구들이 있다. [쉬어 가기 : 내가 자연 보호 구역에 갔을 때 거기서 (a) 주차된 차로 달려가며 킥킥거리는 가족들과 수많은 다람쥐, 셀 수 없는 새들, 사슴 8마리를 지켜보고 (b) 사진을 찍어달라고 부탁하는 다른 가족과 이야기 — 나는 바보스러운 포즈를 시도해 보자고 제안했고, 함께 킥킥거리고 깔깔대며 웃었다 — 하는 과정에서 많은 긍정 정서를 경험하였다.]

경험적 근거

긍정 정서의 치료적 힘에 대한 많은 경험적 근거가 있다. 연구자들은 긍정 정서가 정서, 심리, 인지, 신체, 사회, 행동적 변화를 촉진한다는 사실을 지지해 주는 자료들을 수집하였다. 하지만 대다수의 연구들은 아동이나 청소년보다는 성인을 대상으로 하기 때문에 본 조사에 의한 긍정 정서의 경험적 근거들은 아동과 청소년에 적용하여 추론될 수 있다고 가정하고 있음을 특히 염두에 두어야 한다.

정서적, 심리적, 인지적

긍정 정서가 개인의 정서적, 심리적, 인지적 기능에 유용한 영향을 미친다는 사실을 지지해 주는 많은 경험 연구들이 심리학 분야에 있다. Garland 등(2001)은 긍정 정서에 대한 많은 연구를 고찰함으로써 "정신병리는 정서적 부적응으로 특징 되는데, 긍정 정서는 두렵거나 불쾌감을 느끼는 이러한 상태 특성을 상쇄시키는 힘이 있다."고 언급하였다. 다시 말해 연구자들은 긍정 정서가 부정성 유지를 어렵게 한다는 주장을 뒷받침하는 다양한 연구들을 수집하였다. 상향 나선은 하향 나선에 대응할 수 있다. 또한 연구자들은 "행동 및 뇌 과학의 증거들을 보면 가벼운 정서 상태의 반복된 활성을 통해서도 영구적으로 정서적 특성이 변하며 변화 과정은 뇌 기능과 구조의 지속적 변화에 의해 유발된다."고 주장하였다.

Frederickson과 동료들은 긍정 정서의 확장-수립 이론에 대한 일련의 연구들에서 긍정 정서가 정서 및 심리 건강(Burns et al., 2008; Catalino & Fredrickson, 2011; Cohn et al., 2009; Frederickson & Joiner, 2002; Frederickson & Losada, 2005; Frederickson et al., 2003; Tugade & Frederickson, 2004; Tugade et al., 2004)과 인지적 기능

(Fredrickson & Branigan, 2005)의 향상을 도와준다는 근거를 제시하였다.

Burns 등(2008)은 긍정 정서와 포용적 대처, 상호적 신뢰, 사회적 자원 간 관계를 알아보기 위한 연구에서 긍정 정서가 사회적 자원 외에 긍정적 대처, 대인 관계 신뢰와 정적 관계가 있음을 발견하였다. 또한 긍정 정서와 도파민 활성화 기능 간 정적 관계가 있다고도 밝혔다. 하지만 이 증거는 다소 제한적이기 때문에 이 영역의 세부적인 생물학적 연구가 이를 보다 분명하게 입증해 줄 것을 언급하면서 추후 연구를 제안하였다.

Fredrickson과 Losada(2005), Catalino와 Fredrickson(2011)은 그들이 번영가라고 정의한 사람의 긍정 정서를 살피는 연구를 하였다. 번영은 인간 기능의 최적의 범위 내에서 사는 것을 의미하며 이는 선함, 생산성, 성장, 회복성을 내포한다(Fredrickson & Losada, 2005). Fredrickson과 Losada(2005)는 번영가들이 통계적으로 유의미하게 부정 정서보다 긍정 정서를 느낀다는 것을 발견했는데, 번영적이라고 분류된 사람들은 부정 정서에 대한 긍정 정서의 평균비가 2.9 이상이었고 번영적이지 않은 사람들은 2.9 이하로 나타났다. Catalino와 Fredrickson(2011)은 번영가가 삶의 일상 사건들에 대해 상대적으로 더 많은 긍정 정서를 경험하는지 알아보기 위해 번영가와 비번영가, 우울을 가진 사람들을 비교하였다. 비번영가, 우울을 가진 사람과 비교했을 때 번영가들이 돕고 놀이하고 배우고 타인과 상호작용할 때 훨씬 더 많은 긍정 정서 반응을 보임을 발견하였다. [좋다. 그렇다면 이건 바보같은 짓이다! 오늘 오후 내가 가장 좋아하는 스프를 만들려고 했지만, 이걸 하느라 멈출 수 없었고 한 시간 동안을 쳇바퀴를 돌았다! 이런!]

Cohn 등(2009)은 연구에서 하루에 한 번 대학생 집단의 정서 상태를 측정하고 학생들의 생활 만족도와 탄력성을 측정하였다. 그들은 긍정 정서가 생활 만족도와 탄력성을 증진시킴을 발견하였다. 생활 만족도는 기초선과 최종 탄력성 간 관계를 매개하지 않았지만 긍정 정서는 매개하였다. 연구자들은 이 연구가 "긍정 정서는 사람들이 원하는 결과를 얻도록 적극적으로 돕는다. 일시적 긍정 정서가 전반적 생활 만족도로부터 나타날 때 예측 가능하다."는 사실을 뒷받침해 준다고 결론을 내렸다.

Fredrickson과 Joiner(2002)는 긍정 정서가 보편적인 정서적 행복의 증가를 이끈다는 가설에 대한 증거를 찾고자 하였다. 그들은 다음의 가정을 하였다. (a) 긍정 정서의 초기 경험은 포용적 대처 증가를 예측하고 부정 정서는 이를 예측하지 않을 것이다. (b) 초기의 포용적 대처 수준은 긍정 정서 증가를 예측하고, 부정 정서는 예측하지 않을 것이다. (c) 다른 대처 양식도 긍정 정서와 유사한 관계가 있지만 부정 정서와는 유사 관계가 없을 것이다. (d) 긍정 정서와 포용적 대처는 서로 순차적인 영향을 미칠 것이다. 연구 결과는 첫째, 둘째, 넷째 가정을 확인해 주었다. 긍정 정서가 포용적 대처의 증가를 예측하고 포용적 대처가 긍정 정서의 증가를 예측한다는 순차적인 결과가 있었다(이는 긍정 정서가 정서적 행복의 증가를 이끈다는 주장을 뒷받침해 준다). 하지만 세 번째 가정—긍정, 부정 정서와 동일한 관계를 가진 다른 대처 양식은 없었다— 은 확인하지 못했다.

Frerickson, Tugade, Waugh와 Larkin(2003)은 긍정 정서가 정서적 탄력성의 직접적인 요인인지를 탐색하는 연구를 하였다. 그들은 미국 911 테러의 여파를 경험했을 때 고마움, 관심, 사랑과 같은 긍정 정서가 우울로 발전하는 것을 줄이고 위기 후 심리적 자원의 성장을 촉진시키는 경향이 있음을 발견하였다. 그들은 논의에서 "긍정 정서는 911 테러로 인한 정서적 강타에도 불구하고 탄력적인 사람들이 성장하도록 돕는 결정적인 직접 요인이었다."고 말하였다.

Tugade와 Fredrickson(2004)은 회복 탄력적인 사람들이 스트레스를 유발하는 투쟁과 부정적 환경에서 긍정적인 의미를 찾고 다시 극복하기 위해 어떻게 긍정 정서를 활용하는지를 조사하기 위해 세 가지 다른 연구들을 설계하였다. 첫 연구에서 그들은 "상대적으로 적은 긍정 정서를 경험하는 덜 탄력적인 사람에 비해 탄력적인 사람에게 부정적 정서 각성으로 인해 빨라진 심장을 진정시키는 데 긍정 정서의 경험이 유용한 것으로 보인다."고 밝혔다. 두 번째 연구에서는 위협에 반해 긍정 정서와 도전에 대한 평가가 심리적 회복 탄력성에 기여하는 주요 요인이라는 가정을 확인하였다. 세 번째 연구에서는 긍정 정서가 부정적인 경험을 극복하는 개인의 능력을 강화시킨다는 주장을 뒷받침하였다. 긍정 정서의 반복 경험은 개인이 이후의 스트레스 사건에서 긍정적인 의미를 발견하고 긍정적인 평가를 내릴 가능성을 증가시키는 것으로 보인다.

Tugade, Fredrickson과 Feldman-Barrett(2004)은 두 번의 연구에서 심리적 회복 탄력성(긍정 정서를 대처에 활용함으로써 부정적인 사건으로부터 회복하는 능력)과 긍정 정서성(긍정 정서 경험이 나타날 때의 명확하고 특징적인 경향)을 탐색하였다. 연구 1에서 스트레스 상황을 효과적으로 회복할 수 있다고 자가 측정한 대상들은 부정적 정서 각성 이후 기초선 수준으로 심리적 반응이 빠르게 돌아옴으로써 이 능력을 나타냈다. 연구 2에서 낮은 정서성을 가진 사람과 비교했을 때 긍정 정서 경험에 사용된 정서표에서 분명하게 높은 정서성을 보이는 사람들은 (a) 스트레스 상황에서 정신적으로 방해를 적게 받고 (b) 자신의 대처 전략에 더 몰입하며 (c) 무의식적인 반응을 적게 하고 (d) 스트레스 상황에 대한 반응을 하기 전에 자신의 행동 선택권에 대해 보다 숙고하는 경향이 있었다. Tugade 등(2004)은 자료들을 기초하여 긍정 정서가 "부적응적인 건강 결과들을 막아주는 주요 요인이며 긍정 정서를 발달시키는 의미 있는 방법을 찾는 것이 최적의 신체적, 심리적 기능에 결정적으로 필요하다는 사실이 최근 연구를 통해 나타나고 있다"고 하였다.

Fredrickson과 Branigan(2005)은 독립적인 긍정 정서들이 중립 또는 부정 정서보다 활성 규칙, 사고, 행동 추동의 범위를 확장시키는지를 측정하기 위해 두 번의 연구를 고안하였다. 그들은 특정한 두 유형의 긍정 정서(즐거움과 만족감)가 주의 영역과 사고 행동 레퍼토리를 확장시켜 주고, 특정한 두 유형의 부정 정서(화와 불안)가 사고 행동 레퍼토리를 일시적으로 감소시킨다는 사실을 발견하였다.

Fredrickson과 그의 동료들에 의해 실시된 광범위한 연구들뿐 아니라 기타 연구자들 또한 긍정 정서가 개인의 심리적, 정서적 기능에 중요한 영향을 미친다는 사실을 밝히는 데 기여하였다. Neuhoff와 Schaefer(2002)는 최소한 하루에 1분 이상 행복을 경험한 성인들이 적어도 일시적으로 자신의 기분을 고양시킨다는 것을 발견하였다.

이러한 연구들은 긍정 정서의 효과 연구들을 맛본 것에 불과하다. Lyubomirsky, King, Diener(2005)는 275,000명 이상의 참가자에게서 얻은 293개 표본의 225개 자료에 대해 메타 분석을 하였다. 그들이 분석한 모든 연구에서 행복과 긍정 정서 또는 이와 밀접하게 관련된 구성 요소들을 측정하였고 결과, 특징, 자원, 기술, 행동 중 하나 이상이 분석되었다. 그들은 행복과 잦은 긍정 정서 경험이 취업, 업무의 질, 수입, 지역 사회 참여, 사회적 관계, 친구와 사회적 자원, 결혼 만족도, 긍정적 정신 건강과 신체 건강을 포함하는 다양한 성공적 결과와 연관되고 그 결과들에 선행한다는 것을 밝혔다. 또한 긍정 정서─행복(well-being)의 특징─가 행복과 관련된 많은 적합한 성격, 자원, 성공의 요인일 수 있다고 결론지었다.

실제 치료 과정에서 긍정 정서를 측정한 적어도 2개 이상의 연구들이 있다. Sin과 Lyubomirsky(2009)는 긍정적인 심리적 개입(긍정적 감정, 행동 또는 인지를 촉진하기 위해 설계된 활동)이 행복을 증가시키고 우울 증상을 감소시키는지를 조사하기 위해 51개의 연구를 메타 분석하였다. 그들은 이러한 개입들이 유의미하게 행복을 증가시키고 우울 증상을 감소시킨다는 것을 밝혔다. Bedi, Davis, Williams(2005)는 성인 내담자를 인터뷰한 질적 연구에서 '긍정적 감성(긍정 정서와 태도에 대한 경험과 관련된 언어적, 비언어적 표현)'이 놀이치료자와의 치료적 동맹 형성에 대한 내담자의 인식에 가장 중요한 요소 중 하나였다고 밝혔다. [나는 여전히 이 모든 것에 관심이 있고 점점 그 마음이 강해지고 있다—식사도 나를 멈추게 할 수 없다—나는 긍정 정서에 매료되었다.]

신체 건강

긍정 정서와 유머가 신체 건강에 미치는 영향에 대한 수많은 연구들이 있다. 몇몇 연구들은 유머와 긍정 정서 및 신체 건강 간 상관이 있다는 주장을 뒷받침하지만 다른 몇몇 연구는 그렇지 않다(Martin, 2004). 이 주제 전체를 완전히 탐색하는 것은 본 장에서 다룰 범위를 넘어선다. [그리고 본 장을 기술하고 있는 저자의 인내심 역시 넘어서는 것이다.] 이 연구의 관점을 깊게 탐구하는 데 관심이 있는 독자들은 Lyubomirsky 등의 광범위한 메타 분석 연구(2005)를 살펴보아야 한다. 몇몇 연구자들(예 : Christie & Moore, 2005; Goodenough & Ford, 2005)은 환자들이 고통과 아픔을 이겨내도록 돕기 위해 유머를 활용하는 것에 대한 경험적 근거들을 제공하였다. Xu와 Roberts(2010)는 주관적 행복감(그 구성 요소인 긍정적 감정, 긍정적 정서, 포괄적 생활 만족도), 부정적 감정 및 장수 간 관계를 탐색하기 위해 종단 연구를 실시하였다. 그들은 부정적 감정의 출현이 장수를 예측하지 않는 반면 주관적 행복과 그 긍정적 요소들이 전체 요인, 선천적 요인, 후천적 요인에서 낮은 사망 위험성과 장수를 유의미하게 예측해 준다고 결론을 내렸다. 이는 긍정 정서를 충분히 느끼며 생활을 하는 사람들이 더 오래 사는 경향이 있음을 암시해 준다. [그러므로 더 즐거워져라. 그것은 오래 살 가치가 있게 만든다. 아, 이건 저자의 의견이고 위 연구의 내용은 아니었다.]

행동적 그리고 사회적

연구자들은 유머와 긍정 정서가 사회적 기능을 향상시키고 부정적인 행동을 감소시키는지 살펴보기 위한 연구를 설계하였다(Johnston et al., 2010; Nezlek & Derks,

2001; Waugh & Fredrickson, 2006; Ziv, 2001). Johnston, Miles, Macrae(2010)는 기쁨을 담은 미소와 기쁨 없이 짓는 미소에 상대방이 다르게 반응하는지를 알아보기 위해 3번의 실험을 하였다. 그들은 참가자들이 미소 유형 간 차이를 알아챘고, 특히 협력과 신뢰가 중요한 환경에서 더 쉽게 알아차린다는 것을 발견했다. 실험 참가자들은 기쁜 미소를 보인 사람들을 긍정적으로 여기고, 기쁨 없이 미소를 지은 참가자보다 협력하려는 의지를 많이 보이는 경향이 있었다. 이는 긍정 정서를 표현하기 위해 진심으로 웃는 사람이 긍정적으로 평가되고 그들에게 협력하도록 타인의 의지를 이끌어냄을 의미하는데 이것은 사회 관계에 중요한 영향을 미친다. Nezlek과 Derks(2001)는 대처 기제, 심리 적응, 사회적 상호작용으로서 유머의 사용에 대해 조사하였다. 그들은 스트레스에 대처하는 수단으로서 유머의 사용이 사회 생활의 즐거움 및 타인과 상호작용하는 능력에 대한 자신감과 연관된다는 것을 발견하였다. 연구자들은 대처를 위해 유머를 사용하는 사람은 그렇지 않은 사람과 비교했을 때 타인에 의한 부담을 덜면서 자신의 문제를 쉽게 대처하고, 타인에게 더욱 적절한(보다 유머러스하고 덜 심각한) 격려를 하는데 이것이 사회 관계를 용이하게(그리고 보다 즐겁게) 만들어 줄 수 있다고 결론 내렸다. Waugh와 Fredrickson(2006)은 대학교 1학년 학생을 대상으로 한 연구에서 높은 수준의 긍정 정서를 보이는 학생이 보다 긍정적인 관계를 맺고 자신의 룸메이트에 대한 이해 수준이 높았다고 밝혔다. Ziv(2001)는 유머가 교실에서의 공격성 해소에 미치는 영향에 대한 연구에서 좌절한 학생이 재미있는 영상을 봤을 때 공격적 반응의 경향성이 감소함을 발견하였다. 이는 유머가 부정 정서를 경감시키고 반사회적이거나 부적절한 행동을 감소시킬 수 있음을 암시해 준다.

따라서 이 주제를 정리해 보면 치료적 힘으로써 긍정 정서의 효과성에 대한 수많은 경험적 증거들이 있다. [수없이 조사하고 정리하고 기록한 것처럼 보이겠지만 이보다 훨씬 더 많은 연구 자료들이 있다. 그러나 나의 긍정 정서가 사라지기 전에 여기서 멈추려고 한다.]

변화를 이끄는 긍정 정서의 역할

분명하게도 놀이는 즐겁고 즐거움은 긍정 정서를 불러일으킨다. 따라서 놀이는 자연스럽게 긍정 정서를 만들어 낸다. 당신이 즐겁게 놀면서 동시에 지루하고 슬프고 우울해하고 화를 내거나 걱정을 한다는 건 어려운 일인 반면 행복, 기쁨, 신남, 뿌듯함 등을 느끼는 것은 쉽다. 놀이하지 않는 아동보다 놀이를 하는 아동이 더 많은 긍정 정서를 보인다는 주장을 뒷받침해 주는 연구들도 있다(Moore & Russ, 2008). 또 다시 "당연하지."라고 생각하겠지만, 긍정 정서가 놀이치료에서 (놀이를 하는) 내담자에게 치료적 힘을 가진다고 가정할 때 이는 매우 중요한 점이다. 놀이가 긍정 정서를 이끈다는 경험적 증거들도 있다. Teach와 Lyubomirsky(2006)는 연구에서 사람들이 성공적으로 행복을 추구하는 방법 중 하나가 활동적 여가(즉 '놀이')라는 요소를 발견했다. 또 다른 요소는 사회적 협력 관계(기본적으로 '친구들과 어울리는 것'인데 보통 놀이에 뒤따라오며 명백한 놀이치료의 구성 요소이다)였다.

Schaefer(1983)는 놀이라는 용어가 어떤 의미인지에 대해 명확하게 이해하기가 어려운데 이는 포괄적인 용어 정의를 내리지 못했기 때문이라고 하였다. [20년이 지났지만 여전히 그렇다. 만약 발전이 있었다면 내가 찾지 못하는 곳에 숨겨져 있는 것이다.] 만족스러운 정의가 없음에도 불구하고 Schaefer는 대부분의 사람들이 놀이는 재미있으며 긍정 정서를 불러일으킨다는 것에 동의할 거라고 인정했다. 그는 놀이를 즐거운 것으로 묘사한 몇몇 출처들을 인용하기도 하였고 "놀이는 일반적으로 일과 반대 개념으로 인식된다. 그것은 즐겁다."고 주장하였다. 놀이의 개념과 어떻게 놀이가 긍정 정서의 발생과 연관되는지에 대해 보다 깊이 이해하기 위해서 놀이에 대한 몇 가지 공인된 정의와 설명들을 수집하였다. 놀이의 대부분의 정의들은 놀이가 여러 긍정 정서를 불러일으킨다는 생각을 포함하는 것으로 보인다. 딕셔너리닷컴 웹 사이트에 따르면 놀이는 '재미 또는 오락을 위한 행동 또는 활동'이다. Terr(1999)는 놀이를 '즐거움을 느끼기 위한 활동'으로 정의했다. Landreth(2002)는 놀이를 '즉흥적이고 즐거우며 자발적이고 목적 지향적이지 않은 것'으로 묘사했다. Piaget(1962)는 "터득하는 데 노력이 필요하지 않고 단지 그 자체로 활동에 동화될 때, 즐거움을 위한 것일 때, 그것을 놀이라고 한다."고 하였다.

미국 놀이 연구소(National Institute for Play)의 설립자 Stuart Brown(2010)에 따르면 놀이는 몇 가지 필수적인 특성을 가진다. 놀이는 (a) 명백히 비목적적이고 (b) 자발적이며 (c) 본질상 흥미롭고 (d) 시간 제약으로부터 자유로우며 (e) 자아의 의식을 감소시키는 경향이 있고 (f) 즉흥적인 가능성으로 차 있으며 (g) 계속 하고 싶은 욕구를 불러일으킨다. 놀이는 어떤 실용적 가치를 위해 하는 것이 아니기 때문에 명백히 비목적적이다. 놀이 그 자체를 위해 하게 된다. 자발적 속성의 한 부분으로써 놀이는 의무적이지 않고 의무에 의해 요구되지도 않는다. 사람들은 놀이에 참여하게 되면 자주 시간이 지남을 잊고 자의식이 줄어드는 것을 느끼면서 더 이상 자신의 한계에 대해서나 타인이 자신을 어떻게 생각할지를 걱정하지 않게 된다. 즉흥성 때문에 놀이하는 사람들은 엄격한 행동 패턴에 갇히지 않고 규칙을 바꾸거나 무시할 수 있게 된다. 놀이가 재미있고 즐겁기 때문에 사람들은 놀이를 할 때 흔히 계속하기를 원하고 이후에 다시 하기를 바라게 된다.

> 이러한 특성들은 무엇이 나에게 놀이를 자유의 본질로 여기게 하는지에 대한 것이다. 당신을 가장 얽매고 제약을 가하는 것들 — 실용적이어야 하고 정해진 규칙을 따라야 하며 다른 사람을 기쁘게 해야 하고 시간을 잘 활용해야 한다는 필요들 모두 자의식이 죄책감에 사로잡히게 한다 — 은 사라진다. 놀이는 그 자체로 보상이고 그 자체로 존재의 이유이다(Brown, 2010).

놀이의 신경학적, 생물학적 측면과 관련된 중요한 생물학적 고려 사항도 있다. 과학자들(예 : Burgdorf et al., 2011; Panksepp, Sivily, & Normansell, 1984, Trzza, Baaendse, & Vanderschuren, 2010)이 놀이와 뇌의 사회적 보상 기제에서 놀이의 역할에 대해 초점을 두는 정신생물학 연구 영역도 있다. 이 분야 연구자들의 발견은 「놀이의 즐거움 : 사회적 보상 기제에 대한 약리학적 관점」(Trezza et al., 2010)이라는 제목의 연구에서 적절히 축약되었다. 사회적 놀이는 자연적인 강화물이고, 신경 전달 물질 체계는 오피오이드, 엔도카나비노이드, 도파민, 노르아드레날린뿐 아니라 사회적 놀이 수행에서 중요한 조절 기능을 하는 놀이처럼 유도적이고 쾌락적이며 인지적 측면의 자연적 또는 의약적 보상과 밀접하게 연관된다. 다시 말해 놀이는 Breuning (2010)이 '행복한 화학 물질'이라고 부른 물질들을 방출시킨다. 이러한 화학 물질들(오피오이드, 엔도카나비노이드, 도파민, 노르아드레날린, 옥시토신, 세라토닌)은 놀이와 같은 즐거운 경험에 대한 반응으로 뇌의 변연계에 의해 방출되며 긍정 정서를 만들어 낸다.

이 모든 요소들은 나의 기존의 논점을 더욱 강조해 주는 것으로 보인다. 놀이는 즐겁다. 즐거움은 긍정 정서를 불러일으킨다. 심지어 우리의 뇌도 놀이를 좋아한다. 그리고 다수의 경험적 근거들이 보여주듯이 긍정 정서는 회복을 이끈다.

전략과 기술

놀이의 다른 치료적 힘과는 달리 놀이치료 회기에서 긍정 정서를 불러일으키기 위한 특별한 도구나 기술 개입은 불필요하다. 하지만 어제 공원을 걷다가 긍정 정서가 놀이치료 회기에서 나타나도록 돕기 위한 간단한 '지침'이 있음을 깨달았다. 또한 나는 놀이치료 회기에서 즐거움을 높이기 위해 활용하는 활동 유형 목록을 갖고 있다.

이것이 놀이치료자가 놀이치료 과정 동안 확실한 긍정 정서를 이끌어내기 위해 이행하기를 원하는 나의 지침 목록이다.

안전한 공간을 만들어라.
재밌어지고 즐거워해라.
긍정 정서를 경험하고 표현하는 모델이 되어라.
허용해 주어라.
그들이 놀이치료실 밖에서 긍정 정서를 발달시키도록 부모 또는 교사와 협력하라.

아동이 안전하다고 느끼지 못한다면 긍정 정서가 나타날 수 없기 때문에 놀이치료자는 놀이치료실이 안전한 환경인지를 확인하는 작업을 해야 한다. 놀이치료실을 안전하게 만드는 것은 비밀 보장(예외 사항 포함)에 대한 분명한 설명, 아동과 놀이치료자 모두의 신체적 안전과 관련된 제한을 확인하는 것, 내담자에 대한 진실성(비록 어려운 주제라 할지라도), 예측 가능하고 일관된 위치에 놀잇감과 도구를 두는 것, 온전히 내담자와 함께 그리고 내담자를 위해 있기를 선택하는 것을 포함할 수 있다. 나는 제한이 곧 치료라는 Bixler(1949)의 의견에 동의하는 편이다. 나는 아동들이 구조와 제한을 원하며 놀이치료자가 제한을 설정하고 시행하기를 바란다고 믿는다. 놀이치료실이 안전하다는 느낌을 이끌기 위해 임상가와 아동 모두 신체적 또는 정서적으로 다치지 않을 거라고 신뢰하는 것이 중요하다.

긍정 정서를 촉진하는 분위기를 만들기 위해 놀이치료자는 기꺼이 재미있어하고 즐거워해야 한다. [무엇보다도 분위기를 망치는 놀이치료자와 즐겁게 보내기란 어려운 일일 것이다.] 회기 중 적절한 순간에 유머, 미소, 웃음—때로는 바보스러움도—을 사용하는 것이 유용하다. 놀이성과 유머에 익숙한 재미있는 놀이치료자는 내담자가 놀이를 좋아하고 즐거움을 느끼도록 이끌 것이다. 회기에서 놀이치료자의 기쁨은 전염될 수 있다. 만일 놀이치료자가 즐겁다면 내담자 역시 즐거움을 느낀다. Goldin과 Bordan(1999), Franzini(2001)는 성인과의 상담 회기에서 유머 사용에 대한 정보를 주었다. 아동과 작업하는 놀이치료자들은 이 연구에서 설명한 몇 가지 방안들을 아동 내담자에게 적용할 수 있다. 내담자가 어떤 불쾌한 일로 인해 극심한 고통을 받는 중이라면 분명 이것을 피해야 하는데 이런 상황은 자주 나타난다. 놀이치료자는 회기에서 분별력을 사용해 아동의 전반적 감정에 일치해야 한다. 아동이 슬퍼하고 화가 나 있거나 괴로워할 때 놀이치료자가 신나서 즐거워하는 것은 부적절하다.

기꺼이 긍정 정서를 경험하고 표현하는 시범을 보임으로써 놀이치료자는 아동이 긍정 정서를 경험하고 표현하도록 촉진할 수 있다. 이는 회기 동안 놀이치료자 개인이 경험한 감정에 대한 분명한 자기 노출 수준을 포함한다. 아동에게 반감이나 화를 전달하지 않고 표현하는 것이 중요하다. 놀이치료자는 긍정 정서에 초점을 둠으로써 아동을 격려하고 수용을 전달할 수 있다. 놀이치료자가 감정 표현에서 언어적, 비언어적 방법을 둘 다 모델링 하는 것이 유용하다. 다양한 범위의 감정 어휘 단어를 활용하는 것은 아동의 감정 표현 어휘를 향상시키는 수단이 되고, 감정에 대해 의사소통을 하는 데 몸 전체(얼굴, 자세 등)를 사용하는 것은 아동의 신체적인 감정 표현 능력을 증진하는 수단이 될 수 있다. 놀이치료자는 감정을 표현하기 위한 명확하고 특정한 단어를 사용하면서 높은 수준의 정서성을 발휘해야 한다. 이것이 놀이치료 내담자를 위해 이러한 기술들을 시연하는 과정이다.

놀이치료실에서 즐거움을 이끌기 위한 또 다른 방법은 허용해 주는 것이다. '지나치게 경직된' 내담자뿐 아니라 '지나치게 풀어진' 내담자들에게 모두에게 말이다[이러한 내담자들에 대한 더 자세한 설명을 위해 Kissel(1990)을 보아라]. 보통 '지나치게 경직된' 내담자들, 특히 소심하고 수줍음이 많으며 위축돼 있거나 불안한 내담자들은 놀이치료실(또한 아마도 그들 삶의 모든 곳)에서 자신이 긍정 정서를 경험하고 표현하는 것을 스스로 막는다. Kissel이 '지나치게 풀어진'이라고 명명한 사람들은 통제에서 벗어난 행동을 보이고 보통 화가 나 있고 적대적이거나 공격적으로 보이며 좀처럼 긍정 정서를 드러내지 않는다. '지나치게 경직된' 내담자에 대한 '허용'은 온전히 자신을 표현하는 데 대한 저항을 깨닫고 자기-표현에 좀 더 많은 자유를 주도록 이끄는 것을 포함한다. 심지어 그들을 억제하는 근본적인 이슈들에 대해 메타 커뮤니케이션(Kottman, 2003)을 하는 것도 도움이 된다. '지나치게 풀어진' 내담자에 대한 '허용'은 그들의 모든 감정(심지어 긍정적이지 않은 감정일지라도)을 반영하는 것, 긍정적 감정 부족에 대한 반감을 갖지 않는 것, 놀이치료자가 회기 내에서 목격한 긍정적 감정을 강조하고 확장하는 것을 포함할 것이다. 또한 놀이치료자가 회기 내에서 놀이치료자 자신에게 '놓아버리기(let go)'를 허용하는 것도 중요하다. 이는 그들이 스스로 즐거워지도록 허용한다는 의미이다. 만일 자신 스스로에게 허용해 주지 않는다면 재밌어하고 즐거워하기란 어려워질 것이다.

놀이치료자는 내담자의 삶 속 다른 사람들과 비교했을 때 오직 제한된 시간 동안만 상호작용하기 때문에 부모와 교사의 지원을 요청하는 것은 긍정 정서의 치료적 힘을 높일 것이다. 놀이치료자는 부모와 교사가 긍정 정서를 내보이고 표현할 수 있게 교육하고 그들이 아동의 긍정 정서 경험과 표현을 지지할 수 있도록 격려함으로써 이 치료적 힘을 극대화할 수 있다. 한 가지 방법은 성인이 즐거운 경험에 의해 유발되는 긍정 정서를 언급해 주고 설명해 주면서 가족/학급이 다 같이 즐거운 활동에 참여하도록 제안하는 것이다. 나는 성인들에게 어려운 시기를 극복하는 가장 좋은 방법은 그들이 관계의 '은행'에 '긍정적인 에너지'를 채울 수 있도록 즐거운 경험을 공유하는 것이라고 설명한다. 또한 이 전략이 성공적일 때 가족/학급에서 건강한 상호작용 패턴을 늘릴 수 있다.

여기에 긍정 정서를 이끄는 수단이자 놀이치료 회기 동안 즐거움을 높일 수 있는 방법으로 내가 선택한 활동 유형 목록이 있다. (a) 어지럽혀라. (b) 격려해라. (c) 몸을 활용해라. (d) 바보처럼 행복하라. (e) 큰 소리를 내라. (f) 게임을 해라. (g) 무언가를 만들어라. (h) 무언가를 채워라. (i) 웃음과 유머를 나눠라. (j) 긍정 정서를 알아채고 반영해라. (k) 다정해져라. 나는 회기 안에서 어지럽히기를 좋아하는데─물약 만들기, 비눗방울 불기, 핑거 페인트나 면도 크림으로 놀기, 물과 모래 섞기─그 이유는 내가 재미있다고 생각하면 다수의 내담자들도 그것을 재미있다고 여기기 때문이다. 격려─자원, 노력, 과정 언급하기─는 아동의 자기 확신, 긍지, 성취감을 쌓게 하기 위해 활용하는 전략(Kottman, 2003)이며 이는 긍정 정서를 불러일으켜 준다. 몸을 사용해 움직이기(춤추기, 뽐내며 걷기, 꿈틀거리기, 몸짓 사용하기)는 아동이 더 자유롭게 느끼고 긍정 정서를 표현할 수 있게 돕는 방법이다. 대부분의 아동들은 기꺼이 그들과 함께 바보처럼 되려는 성인─표정 짓기, 웃기게 걷기 등─에 의해 충격을 받고 놀란다(그리고 흥분하고 기뻐한다). 또한 큰 소리─소리 효과, 노래 짓기, '캐릭터'

목소리, 기타 소리들—를 내는 성인을 보았을 때도 같다. 대부분의 성인들이 이러한 행동들을 억누르고 참기 때문이다. 나는 '승리의 짜릿함(보통 긍정 정서를 야기한다)'과 '패배의 고통(아동에게 비긍정적 정서를 표현하게 한다)'을 경험하도록 하는 수단으로써 모든 종류의 게임들—숨바꼭질, 던지고 받기, 볼링, 농구, 보드 게임—을 아동과 함께 한다. 나와 만난 대부분의 아동들은 블록, 미술 도구, 기초물, 재활용품 등의 쌓기를 좋아하고, 이 과정은 흔히 흥미, 참여, 행복, 기쁨, 긍지, 희망, 만족, 자신감과 같은 감정을 일깨워준다. 나는 놀이 회기의 상당한 시간을 내가 개발한 기술을 활용하여 아동과 놀이하는 데 보낸다. 나는 무언가를 채우는 것을 좋아하고 그것을 아동에게 소개하면서 내가 그들의 욕구와 흥미에 맞출 수 있도록 도와달라고 부탁한다. 이것은 나에게 지루하지 않으면서 스스로 회기가 즐겁도록 도와주며 결과적으로 내담자들이 회기를 즐겁게 보낼 수 있도록 한다. 회기 동안 웃음을 나누기는 쉽다. 아동이 미소 짓거나 웃기 시작할 때 긍정 정서를 촉진하고자 하는 놀이치료자는 함께 웃는다. 유머의 공유는 어떤 아동—서로 비슷한 것에 재미있어 하는 아동—에게는 쉬우나 어떤 아동에게는 좀 더 어렵다. [방귀 소리가 누구나 웃게 하던가?] 심지어 평소에는 나를 즐겁게 하거나 기쁘게 하지 못하는 것일지라도 그것으로 아동과 기쁨을 나눌 수 있고 즐거움에 참여할 수 있다는 사실을 기억하는 것이 도움이 된다. 나는 아동이 경험할 가능성이나 잠재성이 있는 어떠한 긍정 정서라도 기대하고 찾는다(비록 나의 상상 속에서만 존재하는 감정일지라도 반영해 주어야 한다). 때로는 일말의 감정을 찾아 확장하고 실제 감정보다 더 크게 보곤 한다. 자신이 사랑스럽고 사랑받고 있는 존재라는 아동의 감각을 증대시키는 가장 좋은 방법은 아동에 대한 당신의 애정을 표현하는 것이다. 상황에 따라 접촉이나 포옹을 포함할 수 있고 혹은 언어적인 관심 표현에 한정될 수도 있다.

임상 적용 및 사례

솔직히 말해서 내담자에게 높은 긍정 정서가 유용하지 않다는 어떠한 표출 문제나 상황이 하나도 떠오르지 않는다. 말했다시피 어떠한 내담자들은 치료 효과로부터 최대한의 유익을 얻는다고 생각한다. 과도하게 비긍정적인 정서—좌절, 우울, 불안, 분노, 슬픔—에 의한 표출 문제를 가진 내담자들은 집중적으로 긍정 정서를 활용함으로써 정신 건강이 증진된다. 어려운 생활 환경에 처한 내담자들(이혼 가정 아동, 입양 아동, 사별을 경험한 아동, 학교 문제를 겪는 아동) 역시 놀이치료 회기 동안 배려적인 긍정 정서 함양을 통해 도움을 받을 수 있다.

내가 가장 좋아하는 긍정 정서 활용 사례 중 하나는 키산드라의 사례인데, 그녀는 친부모의 약물 사용과 가정 폭력 문제 때문에 친부모에게서 분리되어 입양된 유아였다. 키산드라는 매우 침통한 어린 소녀로 좀처럼 웃거나 눈 맞춤을 하지 않았다. 그녀는 작은 노인처럼 행동했다. 그녀는 뻣뻣하게 경직된 채 움직였고 가능한 한 적게 말했다. 또 놀이 회기에서 항상 동일한 카드 게임을 하고 싶어 했는데 엄격하게 규칙을 따르고 지켰다. 나는 내 지침을 따르면서 회기 동안 쾌활하고 활기차게 행동하였고, 내가 얼마나 놀이를 즐기고 있고 그녀와 함께 있는 것을 좋아하는지 그리고 얼마나 즐거운지에 대해 말하였다. 긍정 정서의 경험과 표현을 모델링 하였다. 나는 아이를 데리러 교실에 갈 때마다 여러 동물들처럼 걷자고 하였고 동물 소리를 내고 그 동물처럼 움직이며 미소를 지었다. 때로는 그녀가 고쳐 줄 수 있도록 완전히 터무니없는 모습을 보이기도 했다. 나는 유머와 바보스러움으로 그녀가 말하는 것에 반응해 주었다. 나는 그 아이의 창의성과 춤추는 능력에 대한 자부심, 기쁨에 대해 반영하면서 자신의 감정—좋은, 나쁜, 추한—을 표현할 수 있게 몇 가지 춤을 만들도록 이끌었다. 나는 놀이할 게임의 규칙을 바꿔 보기를 제안했고, 놀이하는 동안 또는 각각의 카드마다 편하게 표정을 짓고 재미있어하거나 기존의 놀이 방법을 조금이라도 바꿔 볼 때에 기쁘게 웃음을 보였다. 나는 애정 어린 감정을 표현하면서 데리러 갈 때마다 항상 손을 내밀었고 회기를 마칠 때 포옹을 원하는지 물었다. 시간이 지남에 따라 키산드라의 정서는 느리지만 꾸준하게 변했다. 그녀는 더 편안해했고 유연해졌으며 덜 위축하게 되었다. 새로운 것을 시도하고, 나이에 맞게 행동하고, 놀이를 좋아하고 즐거워하며 긍정 정서를 표현하려는 그녀의 의지는 유연하게 행동하는 것과 동시에 커졌다. 비록 긍정 정서를 꾸준히 느끼고 사용하며 인식하는 것이 필요하겠지만 싹을 틔우고 있었다(심지어 학급 댄스 경연대회에서 상을 받았다).

긍정 정서의 활용을 통해 도움을 받은 또 다른 사례는 세스의 사례로 그는 분노와 공격성 표출 문제를 가진 4학년 아동이었다. 세스는 전형적인 '화가 난 소년'—실제적, 상상적 위반 둘 모두에 대해 세상에 화가 난—이었다. 그는 주의력 결핍과 과잉 행동 장애로 진단받았고 그의 부모는 그에게 개입하지 않기로 결정한 상태였다. 이는 주의력 문제, 학습 지연, 학교 친구들과 교사들에 대한 공격 행동을 야기했다. 내가 치료를 시작했을 때 방과 후 프로그램 담당자는 그가 폭력을 쓰거나 함께 있기를 거부할 수 있기 때문에 그와 게임을 할 때 절대 이겨서는 안 된다고 주의를 주었다. 세스는 나와의 치료 과정에 대해 의심이 많았기 때문에 매우 작은 것부터 시작했다. 나는 그가 놀이치료실에 오면 항상 웃으면서 여기 와서 나와 함께 시간을 보내기로 결정해 줘서 행복하다고 말해 주었다. 인터넷에서 재미있는 만화와 유머를 찾아 인쇄해서 놀이치료실에 가져왔다. 나는 평소보다 조금이라도 덜 적대적인지 얼굴 표정 변화를 살피고, 표정에 어울리는 가벼운 긍정적인 감정을 조심스럽게 반영하였다. 그의 자원과 노력을 언급하기 위해 격려를 활용하였다. 때로는 웃긴 목소리로 소리를 내거나 웃긴 표정을 지었는데 그는 항상 나를 '절름발이'라고 불렀다. 나는 운동장 주위의 산책로로 데려와 모래 상자와 '조각품'을 만들 수 있는 것들을 찾았는데, 야외에서의 자유가 긍정 정서 혹은 내가 반영할 수 있는 감정을 불러일으키기를 바랐다. 그리고 우리는 게임을 했다. 그는 나보다 자신에게 기술이 많고 더 자주 해봤기 때문에 이길 수 있는 게임을 선택하는 편이었고 나는 승리할 때 느끼는 긍정 정서들을 반영해 주었다. 내가 이길 때에는(나는 이겼고 그는 풀리지 않았다) 그가 감정을 공유하지 않을 것을 알고 있었지만 내가 느끼는 긍정 정서를 표현했다. 한 학년이 지났을 때 세스의 분노와 공격성은 줄었고 긍정 정서에 대한 그의 인식과 표현은 향상되었다. 이것은 특별한 방법으로 인한 기적적인 치료가 아니었다. 그는 만족하는 사람으로 바뀌지는 않았지만 태도, 행동, 사회적 기술은 우리가 처음 만났던 때처럼 규칙적으로, 학교에서 내쫓기지 않을 만큼 충분히 향상되었다.

나는 명료하고 멋지게 결론 맺는 것을 정말 못한다. 항상 내가 말하고 싶은 모든 것을 이미 말한 것처럼 느껴지는데도 이제 또 다시 말해야 할 시간이다. 긍정 정서는 놀이의 놀라운 치료적 힘이다. 놀이치료 회기에 즐거움과 기쁨을 포함하는 것은 필수적이고 이 사실을 검증하는 것에는 경험적 연구와 뇌 과학이 있다.

참고문헌

Ashby, J., Kottman, T., & DeGraaf, D. (2008). *Active interventions for kids and teens*. Alexandria, VA: American Counseling Association.

Baker, D., & Stauth, C. (2003). *What happy people know: How the new science of happiness can change your life for the better*. New York, NY: St. Martin's Griffin.

Bedi, R., Davis, M., & Williams, M. (2005). Critical incidents in the formation of the therapeutic alliance from the client's perspective. *Psychotherapy: Theory, Research, Practice, Training, 42*(3), 311–323.

Bixler, R. (1949). Limits are therapy. *Journal of Consulting Psychology, 13*, 1–11.

Brown, S. (2010). *Play: How it shapes the brain, opens the imagination, and invigorates the soul*. New York, NY: Avery.

Breuning, L. (2012). *Meet your happy chemicals*. Seattle WA: System Integrity Press.

Burgdorf, J., Kroes, R., Weiss, C., Oh, M., Disterhoft, J., Brudzynski, S., . . . Moskal, J. (2011). Positive emotional learning is regulated in the medial prefrontal cortex by GluN2B-containing NMDA receptors. *Neuroscience, 192*, 515–523.

Burns, A., Brown, J., Sachs-Ericsson, N., Plant, E., Curtis, J., Fredrickson, B., & Joiner, T. (2008). Upward spirals of positive emotion and coping: Replication, extension, and initial exploration of neurochemical substrates. *Personality and Individual Differences, 44*, 360–370.

Carol, J. (2002). Play therapy: The children's views. *Child and Family Social Work, 7*, 177–187.

Catalino, L., & Fredrickson, B. (2011). A Tuesday in the life of a flourisher: The role of positive emotional reactivity in optimal mental health. *Emotion, 11*(4), 938–950.

Chittister, J. (2011). *Happiness*. Grand Rapids, MI: Eernmans.

Christie, W., & Moore, C. (2005). The impact of humor on patients with cancer. *Clinical Journal of Oncology Nursing, 9*(2), 211–218.

Cloninger, C. R. (2006). The science of well-being: An integrated approach to mental health and its disorders. *World Psychiatry, 5*(2), 71–76.

Cohen, L. (2002). *Playful parenting*. New York, NY: Ballantine Books.

Cohn, M., Fredrickson, B., Brown, S., Mikels, J., & Conway, A. (2009). Happiness unpacked: Positive emotions increase life satisfaction by building resilience. *Emotion, 9*(3), 361–368.

Elkind, D. (2007). *The power of play: Learning what comes naturally*. Philadelphia, PA: Da Capo Press.

Fitzpatrick, M., & Stalikas, A. (2008). Positive emotions as generators of therapeutic change. *Journal of Psychotherapy Integration, 18*(2), 137–154.

Franzini, L. (2001). Humor in therapy: The case for training therapists in its use and risks. *The Journal of General Psychology, 128*(2), 170–193.

Fredrickson, B. (1998). What good are positive emotions? *Review of General Psychology, 2*, 300–319.

Fredrickson, B. (2000). Cultivating positive emotions to optimize health and well-being. *Prevention and Treatment, 3*. http://journals.apa.org/prevention/volume3/toc-mar07–00.html

Fredrickson, B. (2001). The role of positive emotions in positive psychology: The broaden-and-build theory of positive emotions. *American Psychologist, 56*, 218–226.

Fredrickson, B. (2003). The value of positive emotions: The emerging science of positive psychology is coming to understand why it's good to feel good. *American Scientist, 91*, 330–335.

Fredrickson, B., & Branigan, C. (2005). Positive emotions broaden the scope of attention and thought-action repertoires. *Cognition and Emotion, 19*(3), 313–332.

Fredrickson, B., & Joiner, T. (2002). Positive emotions trigger upward spirals toward emotional well-being. *Psychological Science, 13*, 172–175.

Fredrickson, B., & Losada, M. (2005). Positive affect and the complex dynamics of human flourishing. *American Psychologist, 60*(7), 678–686.

Fredrickson, B., Tugade, M., Waugh, C., & Larkin, G. (2003). What good are positive emotions in crises? A prospective study of resilience and emotions following the terrorist attack on the United States on September 11th, 2001. *Journal of Personality and Social Psychology, 84*(2), 365–376.

Frey, D. (1993). I brought my own toys today! Play therapy with adults. In T. Kottman & C. Schaefer (Eds.), *Play therapy in action: A casebook for practitioners* (pp. 589–606). Northvale, NJ: Aronson.

Frey, D. (1994). The use of play therapy with adults. In K. O'Connor & C. Schaefer (Eds.), *Handbook of play therapy: Advances and innovations* (Vol. 2, pp. 189–206). New York, NY: Wiley.

Gallo-Lopez, L., & Schaefer, C. (Eds.). (2005). *Play therapy with adolescents.* Lanham, MD: Aronson.

Garland, E., Fredrickson, B., Kring, A., Johnson, D., Meyer, P., & Penn, D. (2010). Upward spirals of positive emotions counter downward spirals of negativity: Insights from the broaden-and-build theory and affective neuroscience on the treatment of emotional dysfunctions and deficits in psychopathology. *Clinical Psychology Review, 30*, 849–864.

Goldin, E., & Bordan, T. (1999). The use of humor in counseling: The laughing cure. *Journal of Counseling and Development, 77*, 405–410.

Goodenough, B., & Ford, J. (2005). Self-reported use of humor by hospitalized pre-adolescent children to cope with pain-related distress from a medical intervention. *Humor, 18*(3), 279–298.

Heidemann, S., & Hewitt, D. (2010). *Play: The pathway from theory to practice.* St. Paul, MN: RedLeaf.

Hromek, R., & Roffey, S. (2009). Promoting social and emotional learning with games. *Simulation Gaming, 40*(5), 626–644.

Isen, A. (2000). Positive affect and decision making. In M. Lewis & J. Haviland-Jones (Eds.), *Handbook of emotions* (2nd ed., pp. 417–435). New York, NY: Guilford Press.

Johnston, L., Miles, L., & Macrae, C. N. (2010). Why are you smiling at me? Social functions of enjoyment and non-enjoyment smiles. *British Journal of Social Psychology, 49*, 107–127.

Kissel, S. (1990). *Play therapy: A strategic approach.* Springfield, IL: Thomas.

Kottman, T. (2003). *Partners in play: An Adlerian approach to play therapy* (2nd ed.). Alexandria, VA: American Counseling Association.

Kottman, T. (2011). *Play therapy: Basics and beyond* (2nd ed.). Alexandria, VA: American Counseling Association.

Landreth, G. (2002). *Play therapy: The art of the relationship* (2nd ed.). New York, NY: Brunner-Routledge.

Lyubomirsky, S., King, L., & Diener, E. (2005). The benefits of frequent positive affect: Does happiness lead to success? *Psychological Bulletin, 131*(6), 803–855.

Martin, R. (2004). Sense of humor and physical health: Theoretical issues, recent findings, and future directions. *Humor, 17*, 1–19.

Moore, M., & Russ, S. (2008). Follow-up of a pretend play intervention: Effects on play, creativity, and emotional processes in children. *Creativity Research Journal, 20*(4), 427–436.

Neuhoff, C., & Schaefer, C. (2002). Effects of laughing, smiling, and howling on mood. *Psychological Reports, 91*, 1079–1080.

Nezlek, J., & Derks, P. (2001). Use of humor as a coping mechanism, psychological adjustment, and social interaction. *Humor, 14*(4), 395–413.

Norrick, N., & Spitz, A. (2008). Humor as a resource for mitigating conflict in interaction. *Journal of Pragmatics, 40*, 1661–1686.

Panksepp, J., Sivily, S., & Normansell, L. (1984). The psychobiology of play: Theoretical and methodological perspectives. *Neuroscience and Biobehavioral Reviews, 8,* 465–492.

Piaget, J. (1962). *Play, dreams and imitation in childhood.* New York, NY: Norton.

Rubin, G. (2009). The happiness project: Or, why I spent a year trying to sing in the morning, clean my closets, fight right, read Aristotle and generally have more fun. New York, NY: HarperCollins.

Russell, E., & Fosha, D. (2008). Transformational affects and core state in AEDP: The emergence and consolidation of joy, hope, gratitude, and confidence in (the solid goodness of) the self. *Journal of Psychotherapy Integration, 18*(2), 167–180.

Ryan, M. (2005). *The happiness makeover.* New York, NY: Broadway Books.

Salmansohn, K. (2001). *How to be happy, dammit: A cynic's guide to spiritual happiness.* Berkeley, CA: Celestial Arts.

Schaefer, C. (1983). Major approaches to play therapy: Advances and innovations. In C. Schaefer & K. O'Connor (Eds.), *Handbook of play therapy* (pp. 1–10). New York, NY: Wiley.

Seligman, M., & Csikszentmihalyi, M. (2000). Positive psychology: An introduction. *American Psychologist, 53*(1), 5–14.

Sin, N., & Lyubomirsky, S. (2009). Enhancing well-being and alleviating depressive symptoms with positive psychology interventions: A practice-friendly meta-analysis. *Journal of Clinical Psychology, 65*(5), 467–487.

Steptoe, A., Dockray, S., & Wardle, J. (2009). Positive affect and psychobiological processes relevant to health. *Journal of Personality, 77*(6), 1747–1750.

Teach, C., & Lyubomirsky, S. (2006). How do people pursue happiness? Relating personality, happiness-increasing strategies, and well-being. *Journal of Happiness Studies, 7,* 183–225.

Teitelbaum, J. (2006). Joy-based healing: "A smile a day keeps the doctor away." *Total Health, 28*(1), 59–61.

Terr, L. (1999). *Beyond love and work: Why adults need to play.* New York, NY: Simon & Schuster.

Trezza, V., Baaendse, P., & Vanderschuren, L. (2010). The pleasures of play: Pharmacological insights into social reward mechanisms. *Trends in Pharmacological Science, 31*(10), 463–469.

Tugade, M., & Fredrickson, B. (2004). Resilient individuals use positive emotions to bounce back from negative emotional experiences. *Journal of Personality and Social Psychology, 86*(2), 320–333.

Tugade, M., Fredrickson, B., & Feldman-Barrett, L. (2004). Psychological resilience and positive emotional granularity: Examining the benefits of positive emotions on coping and health. *Journal of Personality, 72*(6), 1161–1190.

Waugh, C., & Fredrickson, B. (2006). Nice to know you: Positive emotions, self-other overlap, and complex understanding the formation of a new relationship. *Journal of Positive Psychology, 1*(2), 93–106.

Xu, J., & Roberts, R. (2010). The power of positive emotions: It's a matter of life or death—subjective well-being and longevity over 28 years in a general population. *Health Psychology, 29*(1), 9–19.

Ziv, A. (2001). The effect of humor on aggression catharsis in the classroom. *Journal of Psychology, 121*(4), 359–364.

09

두려움의 역조건화

TAMMI VAN HOLLANDER

두려움을 역조건화하기 위해 놀이를 사용하는 것은 놀이의 가장 유용한 치료적 힘 중 하나이다. 그러나 그동안 놀이치료 문헌에서는 이러한 힘이 간과되어 왔다. 이 장은 이 힘이 어떻게 치료적 변화를 이끄는지 설명하고, 놀이가 어떻게 치료적 효과를 높이는지 명확히 하며 이 중요한 힘의 다양한 기법과 임상 적용 방법을 설명하는 데 그 목적이 있다.

두려움의 역조건화 설명

두려움을 역조건화하는 것은 이완, 먹기, 놀기와 같이 내담자가 공포, 불안과 양립할 수 없는(반대되는) 반응을 익히도록 하여 공포스럽고 불안한 자극에 대한 반응을 감소시키거나 소멸되도록 한다. 예를 들어 캄캄한 방안에서의 즐거운 놀이 경험은 어둠에 대한 아동의 두려움을 억제하거나 약화시킬 것으로 예상할 수 있다. 불안하면서 동시에 즐겁기란 어렵다. 공포스러운 반응과 함께 기쁨이라는 반대되는 반응을 쌍으로 반복함으로써 공포 반응이 약화되도록 조건화(암묵적 학습)한다.

　남아프리카 정신과 의사이자 행동 치료의 선구자인 Joseph Wolpe(1958)는 상호 억제(reciprocal inhibition)라고 명명했던 역조건화 과정을 처음으로 대중화하였다. Wolpe (1969)는 '체계적 둔감화' 3단계 전략에 역조건화를 포함시켰다. 높은 효과를 내는 전략의 첫 번째 단계는 내담자에게 이완과 같이 공포와 양립할 수 없고 대립되는 반응을 가르치는 것이다. 두 번째 단계는 내담자의 공포 반응 정도를 가장 낮은 수준부터 가장 공포스러운 정도까지의 위계로 설정한다. 어둠에 공포를 가진 아동에게 가장 낮은 공포 감정은 불빛이 어둑한 방안에서 1분간 있는 것일 수 있고, 가장 공포스러운 것은 밤에 어두운 침실에서 자는 것일 수 있다. 마지막 단계는 상충되는 반응, 예를 들면 가장 낮은 공포 자극을 상상하거나 마주하는 동안 이완하기를 연습해 보는 것이다. 공포와 상충되는 반응은 영향을 상쇄시켜(역조건화) 공포 반응을 약하게 한다. Wolpe(1969)는 점진적 노출이 공포와 불안을 극복하는 핵심이라고 보았다. 즉, 공포 반응보다 대립되는 반응이 더 강해질 때까지 서서히 반복적으로 훈련하는 것이다. 통제된 환경에서 둔감화를 시행하는 것은 괴물과 같은 상상 속의 위협을 극복하게 하고 거미와 같은 현실적인 위협에 대한 공포 반응을 약화시킨다.

변화를 이끄는 두려움의 역조건화 역할

Wolpe(1969)는 성인 내담자에게 공포 반응에 대한 역조건화로 이완을 폭넓게 썼다. 그러나 어린 아동의 경우 스트레스 상황에서 사용하기 위해 이완 활동을 배우고 기억하는 것이 어렵다는 것을 발견했다. 아동에게 적합한 대안적 대립 반응은 그들에게 자연스럽고 매력적인 것, 즉 놀이이다. 놀이행동은 아동에게 유쾌함, 즐거움, 유능감, 신남, 몰입, 행복을 포함한 다양한 긍정적 감정을 유발한다. 이 모든 정동은 공포나 불안과는 상충된다. 수년간 부모, 교사, 놀이치료자가 찾은 아동의 부적응적인 행동을 변화시키는 가장 쉬운 방법은 아동에게 그 행동이 우스꽝스럽게 느껴지도록 하는 것이었다.

놀이 전략과 기술

놀이치료자는 아동이 두려움과 공포증을 극복하도록 돕기 위해 게임 놀이와 상상 놀이를 포함한 여러 재미있는 방법들을 개발해 왔다.

정서적 심상

역조건화 기술인 정서적 심상은 두려움, 불안과 상반되는 긍정적 정서를 자극하는 정신적 그림(심상)을 사용하는 것이다(Lazarus & Abramovitz, 1962). 따라서 자신이 막강한 힘을 가졌다고 상상하는 것처럼 재미있고, 신나고, 즐거운 심상을 떠올리는 것은 불안을 일으키는 사건이나 사물로 인해 부정적인 감정이 일어나는 것을 상쇄한다. 정서적 심상은 힘, 유쾌함, 애정 또는 불안 억제 감정과 유사한 감정을 불러일으킨다. 상반되는 심상을 짝을 이뤄 반복하다 보면 불안은 완전히 상쇄된다. 정서적 심상 기술은 5세 이상의 아동에게 적절하다. Jackson과 King(1991)은 정서적 심상과 빛을 사용해 어둠에 대한 5세 남아의 극심한 공포를 둔감화하였다. 긴 시간적 간격을 두고 진행된 4회기 프로그램을 통해 아동을 성공적으로 치료하였다. 치료 종결 후 1, 2, 3, 15, 18개월간의 사후 점검을 한 결과 치료 효과는 지속되고 있었다.

David Crenshaw(2001)가 만든 '파티 모자를 쓴 괴물(Party Hats on Monsters)'은 정서적 심상의 한 방식으로 재미있는 그리기 기법이다. 우선 아동에게 악몽에 등장하여 자신을 불안하게 하는 괴물을 그리게 한다. 악몽을 종이에 그림으로써 아동은 그 이미지를 머리에서 끄집어내어 종이 위에 표현하게 된다. 아동이 그린 그림은 그들의 상상만큼 무서워 보이지 않는다. 그들이 꿈에서 본 무서운 이미지를 그린 후에 그 괴물에게 파티 모자를 씌우고 가능한 우스꽝스럽고 바보스럽게 만들어 보도록 한다. 무서운 장면을 우스꽝스럽게 만들면서 두려움은 사라지게 된다. 그림 그리기의 대안으로 아동은 놀이치료실에 있는 손 인형 같은 놀잇감을 사용하여 더 우스꽝스럽고 재미있게 상황을 재연할 수 있다.

게임 놀이

아동의 두려움을 없애는 데 도움이 되며 매 회기에 적용 가능한 다양한 게임들이 있다. Croghan와 Musante(1975)는 7세 아동이 고층 빌딩 공포를 극복하도록 게임 놀이를 사용했다. Wallick(1979)은 '엘리베이터 게임'을 개발하여 2세 아동의 엘리베이터 공포를 없앴다. 이 게임은 농구공과 152cm 높이의 농구 골대, 가짜 엘리베이터 버튼을 가지고 놀이하게 된다. 아동이 '버튼'을 누르고 놀이치료자가 아동을 높이 들어 올리는 동안 아동은 엘리베이터 소리를 흉내 낸다. 엘리베이터 놀이를 한 지 4주 후, 아동은 두려움 없이 놀이치료자와 함께 실제 엘리베이터를 탈 수 있게 되었다. Mikulas,

Coffman, Dayton, Frayne와 Maier(1986)는 아동의 부모에게 그들의 자녀와 어두운 방에서 놀이할 수 있도록 훈련한 결과 4~7세 사이 아동의 어둠에 대한 두려움을 감소시켰다.

불결 공포증으로 알려진 세균 공포증을 가진 아동을 게임 놀이로 치료한 경우도 있다. 그는 장애 행동이 있었으며 화장실과 소변에 대한 문제가 있었다. 놀이치료자는 아동에게 컵에 소변을 보게 하고 물이 담긴 그릇에 소변 한 방울을 떨어뜨렸다. 99%의 물과 1%의 소변으로 된 액체를 2개의 물총에 채우고 놀이치료자와 아동은 물총 싸움을 했다. 이러한 개입은 전통적인 방식이 아니라고 생각될 수도 있지만 이 게임을 통해서 아동의 세균 공포증은 사라졌다. 아동은 물총을 가지고 노는 것을 매우 즐거워했으며 소변 자극에 대한 그의 부정적인 반응은 줄어들었다.

'슈퍼 영웅 가제트 기술'(Rubin, 2006)은 아동의 두려움을 극복하도록 돕는 또 다른 기술이다. 아동은 점토나 레고를 사용해 각기 다른 힘들을 가진 만능 도구를 만든다. 가제트 또는 마법 지팡이를 만들어도 된다. 다 만든 후 놀이치료자는 다음의 질문을 한다.

너의 가제트는 어떤 힘을 가지고 있니?
너는 그것을 어떻게 사용할 거니?
너의 가제트의 이름은 무엇이니?
너만 그것을 사용할 수 있니, 아니면 다른 사람도 그것을 사용할 수 있니?

아동에게 자신이 두려운 상황에 처했을 때 정서적 심상을 통해 이 가제트를 떠올리게 한다. 아동의 상상력은 한계가 없고 그들의 가제트는 아동에게 안전함을 느끼게 하는 힘을 가지고 있다. 이러한 지시적 개입을 통해 내담자는 그들의 두려움을 극복할 수 있는 자원 및 힘을 얻게 된다. 이 활동은 개별 성인은 물론 가족 전체를 대상으로 할 수 있다. 성인은 이 활동이 효과적이며 즐겁다고 느낀다. 성인은 아동기의 기억을 연상시키는 점토를 가지고 놀이하는 것을 좋아한다.

비눗방울은 스트레스 받고 불안한 아동에게 적용하기에 매우 좋다. 비눗방울을 부는 행동은 아동을 이완시키고 느긋하며 재미도 있다. 이완을 유도하기 위해 호흡 기술을 가르치는 것은 중요하다. 비눗방울을 불 때나 깊은 호흡을 연습할 때 아동은 자신의 호흡에 집중하고 생각을 멈출 수 있다. 바람개비 역시 아동이 느리고 깊은 호흡을 하면서 이완을 배울 수 있는 훌륭한 도구다.

웃음 치료

독일의 철학자 Friedrich Nietzsche는 "나는 왜 인간만이 웃는지 알고 있다. 인간만이 이 세상에서 매우 깊이 괴로워한다. 그러므로 인간은 웃음을 발명하지 않을 수 없었다."고 말했다. 웃음은 진실로 최고의 약이다. 웃음과 약에 대해서 생각할 때 나는 Patch Adams가 생각난다. 그는 의학 박사이자 광대이자 사회 행동가였다. 그는 유머와 연민으로 환자를 치료한다는 자신의 철학을 바탕으로 병원을 세워 발전시켰다. 환자들은 우울하고 겁에 질려 있으며 희망이 없지만 병원 안에 유머와 연민을 가져옴으로써 그들의 기분은 한결 나아진다. 그는 환자들이 병에 대한 두려움을 잊게 하고 그 자리에 웃음과 희망이 대신하게 한다. 이와 유사하게 Nevo와 Shapira(1989)는 치과에 대한 아동의 공포를 없애기 위해서 소아과 의사, 치과 의사의 유머 사용에 대해서 기술하였다. 치과 의사들은 재미있는 리듬과 모순, 우스꽝스러움, 과장, 수수께끼를 사용하여 즐겁고 유쾌한 분위기를 만들었다. 치과 의사들은 성인에게도 치료에 대한 두려움을 완화시키고 진정할 수 있도록 재미있는 전략을 사용할 수 있다. 한 치과 의사는 환자의 입을 편안하게 하고 치료 동안에 입을 다물지 않도록 알파벳을 흥얼거리도록 했다. 치과 치료에 대한 두려움 외에도 Ventis, Higbee와 Murdock(2001)은 거미에 대한 극심한 두려움을 유머를 사용한 둔감화 기법으로 제거하였다.

반복하기

반복하는 절차는 자폐 아동의 두려움과 불안을 둔감화시키기 위한 가상 놀이의 사용과 관련이 있다. 처음에 놀이치료자는 아동의 두려움이 촉발되는 경험의 한 부분을 강렬한 정서적 반응의 즐거운 버전을 포함시켜 인형, 손 인형, 역할 놀이를 사용하여 재연한다. 반복하는 동안 강력한 긍정적 영향을 아동에게 일으키기 위해서 놀이치료자는 바보스러운 목소리로 익살스럽게 과장하고 개성을 표현하는 재미있는 전략을 사용한다. 놀이뿐 아니라 나중에 현실에서 사용할 수 있는 적응적인 대처 기술을 모델링 하는 동안 아동이 즐겁게 치료에 참여하게 되면 놀이치료자는 현실에서의 스트레스 요인에 노출시키는 강도를 점차 높여간다. 반복하기 기술은 단계별로 이루어지는 실제적 둔감화 과정이다.

경험적 근거

Santacruz, Mendez와 Sandhez-Meca(2006)는 암흑 공포증을 가진 4~8세 아동 78명을 무작위로 게임 놀이 집단, 게임 놀이 및 독서치료 집단, 대기자 통제 집단으로 나누었다. 게임 놀이 집단에서는 20분 동안 아동이 어두운 방 안에서 게임을 할 수 있게 어머니를 교육시켰고 주 3회 진행되었다. 게임 중 하나는 어두운 방에서 숨겨진 장난감을 찾는 것이었고, 다른 하나는 점점 길어지는 시간 동안 어두운 방에 혼자 있으려 노력할 때 자신이 용감한 캐릭터인 척하도록 아동에게 요구하는 것이었다. 게임 놀이 집단의 암흑 공포는 사후 점검 결과, 통제 집단과 비교하여 유의미하게 감소하였다. 효과 크기는 1.1에서 3.2로 커졌다. 1년간의 사후 점검 결과 치료 효과는 증가하였다.

Mendez와 Garcia(1996)는 게임 놀이와 모델링을 사용하여 아동의 공포에 대한 체험적 둔감화를 시행하였다. 4~8세 사이 15명의 아동 중 6명은 여아, 9명은 남아로 구성되었다. 이들은 어둠과 큰 소리에 관련된 공포를 가지고 있었다. 20분간 8회기 진행되었으며 치료는 주 2회씩 이루어졌다. 그 결과 두 가지 공포 모두 유의하게 감소하였으며 종결 3개월 후, 6개월 후 사후 점검한 결과 치료 효과는 유지되고 있었다.

Kuroda(1969)는 개구리를 무서워하는 3.5~5세 사이의 아동 35명을 체험적 둔감화로 치료하였다. 치료는 재미있는 활동, 예를 들면 아동이 방에서 춤추고 개구리 소리와 움직임을 흉내내는 활동을 하며 짧게 시행되었다. 이 개입은 대기자 통제 집단과 비교하였을 때 높은 효과를 나타냈다. 두 번째 연구에서 Kuroda는 비슷한 방법으로 아동의 고양이 공포를 감소시켰다.

Lazarus와 Abramovitz(1962)는 9가지의 공포증이 있는 7~14세 사이 아동에게 정서적 심상을 적용하였다. 7명의 아동은 평균 3.3회기 만에 성공적으로 치료되었고, 12개월 후의 사후 점검에서 공포의 재발이나 증상 대체는 나타나지 않았다. 역조건화 기법에서 주목할 만한 점은 놀라울 정도로 빠른 차도를 보인다는 것이다.

실험 설계를 한 2개의 집단에서 Cornwall, Spence, Schottie(1996)는 암흑 공포증을 가진 7~10세 사이의 아동 24명을 치료하기 위해 정서적 심상을 사용하였다. 아동은 대기자 통제 집단과 치료 집단으로 나뉘었다. 정서적 심상은 주 6회 시행되었다. 통제 집단과 비교하여 정서적 심상 치료 집단은 부모와 아동 보고를 비롯한 다수의 검사 결과에서 의미 있는 감소를 나타냈다. 3개월 후 사후 점검에서 치료적 효과는 유지되고 있었다.

임상 적용

두려움을 역조건화하여 만들어진 긍정적인 정서를 사용하는 것은 분리 불안, 어둠에 대한 두려움, 엘리베이터 또는 개 공포와 같은 특정 공포증, 악몽 장애와 같은 다양한 내재화 장애를 나타내는 아동을 위한 치료적 선택이 될 수 있다.

임상 사례

애니는 분노 폭발 행동과 경직된 사고, 과도한 염려 때문에 치료 받으러 온 7세 쌍둥이다. 애니는 가족을 힘들게 하고 그녀의 일상이 방해받을 정도로 많은 두려움을 가지고 있었다. 그녀는 조숙하고 창의성과 즐거움이 가득했다. 매주 그녀와 놀이치료자는 다른 종류의 두려움을 목표로 삼았다. 그녀는 판지를 깃털 모양으로 자르고 극복하고 싶은 두려움을 그 깃털에 그렸다. 그리고 두건에 이것을 붙였다. 각 깃털은 그녀의 용기와 용감함을 나타내었다. 이러한 기법은 구슬을 사용할 수도 있다. 아이가 두려움을 극복했음을 나타내기 위해 목걸이나 팔찌에 구슬을 추가한다. 애니는 '용기' 두건을 그녀의 머리에 두르고 노래와 춤을 만들었다. 그녀의 어머니는 그 모습을 사진으로 찍었다. 그리고 불안을 일으키는 새로운 상황에 직면하기 전에 용감함을 되새기게 하려고 그 사진을 보여 주었다. 그러면 애니는 노래를 부르고 그녀가 만든 특별한 춤을 추었다.

놀이치료자는 내담자 중심 놀이와 이완 기법, 심호흡 훈련도 치료에 포함하였다. 애니는 비눗방울을 좋아해서 이완을 치료에 부가적으로 사용하였다. 그녀의 어머니도 스트레스로 완전히 지쳐 있었기에 애니와 집에서 비눗방울 테니스 놀이를 하도록 권하였다. 비눗방울 테니스는 관계와 도전에 초점을 맞춘 개입이다. 놀이치료자는 부모와 자녀 사이에서 비눗방울을 공중에 높이 불어 이 기술을 시범 보였다. 그 후 아동에게 1개의 비눗방울을 선택해서 비눗방울이 터지기까지 부모와 주고받으며 불도록 하였다. 비눗방울 테스트는 치료자뿐 아니라 부모와도 처음으로 일대일로 놀이한 게임이었다. 이 게임은 두려움을 촉발시키는 상황에 들어가기 전에 아동을 진정시키는 차분한 게임이었다. 애니는 엄마, 그리고 자매들과 자주 게임을 즐겼다. 어느 날 놀이 치료자는 애니가 무서워하는 개가 살고 있는 집에 비눗방울을 가져가게 해서 게임을 했다. 개는 분리된 방의 상자 안에 있었다. 이 활동에서 주안점은 개보다는 그녀의 호흡에 있었다. 그녀는 5개의 비눗방울을 집 밖에서 불어 본 다음 그 집 안에서 이웃과 함께 비눗방울을 불었다. 이 활동은 웃음과 재미가 가득했고 개에 대한 두려움을 극복할 수 있게 도와주었다.

　　케빈은 하교 시간에 어머니가 그를 데리러 갈 때마다 불안해하는 8세 내담자이다. 그는 긴 복도 앞에 서면 얼어버린다. 어머니가 복도 끝에 있지 않을 거라는 두려움 때문이었다. 아이는 어머니에게 학교 안으로 들어오지 말고 '인솔 장소'로 지정된 곳에 있으라고 말했다. 그의 어머니는 아들의 말을 따랐다. 부모가 자녀의 두려움을 받아줄 경우 불안은 오히려 점점 더 커지므로 불안과 두려움을 치료하기 위해서 노출은 필수적이다. 공포 자극에 대한 가장 작은 노출일지라도 그것이 올바른 길로 향하는 첫 단계이다. 노출 동안에는 아동이 편안하고 즐거움을 더 많이 느낄수록 좋다. 놀이 치료자는 케빈과 어머니에게 아동 자신이 두려움과 맞서는 연습이 필요하며 이 연습은 점점 더 쉬워질 것이라고 설명해 주었다. 케빈이 수영을 좋아하는 것을 알고 놀이 치료자는 다음과 같이 말했다. "네가 처음으로 수영장에 들어갔을 때 무서웠지. 어떻게 수영하는지도 모르고, 물에 빠질까 봐 겁이 났기 때문이었을 거야. 하지만 너는 용감하게 수영장에 뛰어들었고 연습을 계속했어. 그 결과 지금 네가 얼마나 멋진 수영 선수가 되었는지 보렴." 회기 내에서 아동이 복도 한쪽 끝에 있고 어머니가 다른 끝에 있는 장면을 상상했을 때의 두려움을 1에서 10까지의 숫자로 평가하였다. 통제 가능한 환경에서 떠올리는 정서적 심상 전략은 불안과 관련된 행동으로 구성되어 있다. 그는 어머니와 만나서 포옹하고 당당하게 복도를 걸어가는 것을 상상해 보았다. 그는 놀이치료자와 같이 복도를 걸어가면서 느껴지는 정서적 반응을 연습했다.

　　케빈과 어머니는 그를 데리러 학교에 가는 날을 정했다. 그는 두려움의 수치가 0인 상태로 복도를 성공적으로 내려왔다. 또 치료 시간을 매우 기다렸고, 놀이치료자와 성공을 나누고 싶은 마음에 모래 상자를 꾸몄다. 그는 어머니를 만나기까지 몇 걸음이 필요한지 정확히 알고 있었고 모래 상자에 28개의 돌을 줄지어 놓았다. 한쪽 끝에는 자신이 있고 다른 한쪽 끝에는 어머니가 있는 장면을 모래 상자에 담았다. 그는 소년 피규어를 어머니를 상징하는 피규어 쪽으로 걷게 하고 소년 옆에 트로피를 놓았다. 그 다음 용감상을 만들어 모래 상자 안에 두었다. 그의 성공을 기념하는 의미로 케빈과 모래 상자를 사진으로 찍었다. 그는 자신이 얼마나 자랑스러운지 말로 표현했다.

다음 사례는 아동의 불안을 받아주는 것의 위험성에 대해서 설명한다. 조쉬는 4세 남아로서 심각한 분리 불안을 주호소로 의뢰되었다. 그가 18개월 때 조쉬의 아버지는 교통사고로 극심한 뇌손상을 입어 고통 받고 있었다. 조쉬의 어머니는 아들을 보호하려 노력했고 그의 모든 불안을 받아 주었다. 조쉬의 분리 불안이 매우 심각했기 때문에 어머니는 어린이집이나 치과에도 가지 않았으며 어떠한 과외 활동에도 보내지 않았다. 그녀는 조쉬를 이모에게 맡기고 떨어져 보려 했지만 어머니와 떨어지자마자 아이는 발작하듯이 울었다. 그녀는 다시 돌아와 조쉬를 데리고 회사에 갔다. 가족 사업이라 융통성 있게 일을 할 수 있었지만 어머니는 제대로 일에 집중할 수 없었다.

놀이치료자가 처음 조쉬를 만났을 때 그는 말을 하지 않았다. 끙끙대기만 하고 두려움 때문에 아무것도 할 수 없었다. 놀이치료실에 올 때마다 길에서 토할 것 같은 기분이었다. 여러 회기가 지난 후 조쉬는 놀이치료실에서 좀 더 편안해졌고 어머니와 분리될 수 있었다. 조쉬와 어머니는 그와 아버지의 사진으로 책을 만들었다. 최근에 조쉬 자신과 아버지에게 무슨 일이 일어났는지 이야기했다. 아버지가 건물 짓는 것을 좋아해서 조쉬도 건물을 만들었다. 놀이치료실에서 만든 건물을 사진으로 찍고 그의 특별한 책에 추가하였다. 그의 책은 그가 두려워하는 상황에 처했을 때 어머니와 분리하는 것을 도와주는 전이 도구가 되었다. 그 책이 자기 손에 있는 것만으로도 조쉬는 안전하며 그의 아버지와 연결되어 있다고 느꼈다. 이 사례의 경우 어머니와 떨어지는 것이 불안을 일으키는 자극이었다. 아동에게 전이 가능하고 위안을 주는 물건을 줌으로써 안전하다고 느끼게 되며 두려움이 감소되었다. 놀이는 조쉬의 불안을 진정시켰고, 어머니와 놀이치료실에서 성공적으로 분리할 수 있었으며, 놀이치료자와 신뢰로운 관계를 형성할 수 있었다.

매기는 중상위 계층 가정의 6세 아동으로 삼남매 중 첫째이다. 그녀는 감각 통합에 문제가 있었으며 어머니는 매우 예민한 아이라고 보고했다. 매기는 음식에 대한 불안으로 의뢰되었으며 그녀는 자신이 싫어하는 음식이 있을까 봐 두려워했다. 매기는 이러한 상황을 피하려 했고 감정적으로 철회해 버렸다. 그녀의 두려움을 역조건화하는 특정 노출을 치료에 포함하였다. 그녀가 항상 피했던 음식을 가지고 와서 안전한 놀이치료실에서 몇 입 베어 물어 보았다. 놀이치료자는 아동이 자신과 여러 동물들에게 음식을 줄 수 있는 즐거운 소풍 장면을 연출하였다. 그 다음 주에 아동과 놀이치료자는 동네 식당에 점심을 먹으러 나갔다. 그녀는 차분하고 즐거워하며 힘들어하지 않고 새로운 음식을 시도했다. 두려운 자극에 대해 둔감해진 것으로 보였다. 이때 중점이 된 것은 음식이 아니라 놀이치료자와 함께하는 즐거운 특별 시간이었다. 아동은 특별 점심 데이트를 매우 고대하였고 둘의 친밀한 관계가 아동을 두려움에서 벗어나게 했다. 그녀의 불안 정도는 아주 적었다. 그러나 그녀가 식당에서 편안해했음에도 불구하고 치료적 관계 밖에서 그녀의 두려움은 완화되지 않았다. 그녀는 모든 답을 가지고 있었고 무엇을 말해야 할지도 알고 있었다. 하지만 어머니는 그녀의 기피와 두려움이 여전히 심하다고 보고하였다. 그녀에게 지시적, 비지시적 전략을 다 사용했다. 그녀는 자신의 걱정거리 뇌(Chansky, 2001)에 대해서 명확하게 이해하고 있었다. 그리고 치료자는 걱정거리 뇌를 제압할 수 있도록 용기를 북돋았다. 걱정거리 뇌는 자신의 두려운 생각들에 대해 책임을 지게 하여 내담자가 힘을 갖게 하는 인지행동 전략이다. 매기는 자신을 아프게 만드는 음식을 먹도록 강요하는 걱정거리 뇌 그림을 정성 들여 그렸다. 그녀의 걱정거리 뇌는 "이 음식은 너를 아프게 해서 너는 토하게 될 거야. 그러면 모든 사람들이 널 보며 비웃겠지. 너는 이걸 반드시 먹어야 해!"라고 말한다. 역할 놀이 중에 그녀에게 자신의 걱정거리 뇌를 제어할 수 있는 강한 목소리를 사용하도록 지시하였다. 그녀는 자신이 할 수 있는 가장 단호한 목소리로 걱정거리 뇌에게 말했다. "가버려. 네가 더 이상 여기 있는 걸 원치 않아."라고 소리쳤다. "가서 다시는 오지마. 너는 진짜가 아니야! 나의 똑똑한 머리는 너보다 강해!" 그녀는 걱정거리 뇌를 잘 알고 있었고 자신의 뇌가 속임수를 쓰고 있다는 것을 알아차릴 수 있었다. 그러나 음식 불안은 계속되었다.

점심 데이트 후 그 다음 회기에서 놀이치료자는 걱정거리 뇌를 위한 함정을 제안했다. 매기는 기대하면서 모래 상자 선반으로 달려가 모형들을 바구니 안에 담았다. 그러고 나서 튼튼한 기초를 다지고 건설에 필요한 물건들을 모아 함정을 만들기 시작했다. 함정 안에는 요리사, 탁자, 식탁 위의 음식들이 있었다. 그녀는 걱정거리 뇌를 나타내는 모형을 함정 안에 집어넣었다. 요리사는 걱정거리 뇌를 잡아둘 수 있는 단 1명의 병사였다. 요리사가 걱정거리 뇌를 함정으로 유인할 때 그녀는 블록을 가지고 와서 함정 주위에 높고 파괴할 수 없는 벽을 쌓았다. 또한 걱정거리 뇌가 도망칠 수 없게 커다란 뱀으로 함정 주위를 에워쌌다. 아이는 이것을 '걱정거리 뇌의 방음 함정'이라고 불렀다. 걱정거리 뇌는 함정에 갇혔을 뿐 아니라 걱정거리 뇌가 함정에서 말을 해도 그녀에게는 들릴 염려가 없었다. 다음 주에 그녀는 놀이치료실을 환하게 만드는 큰 웃음을 지으며 팔짝팔짝 뛰어 들어왔다. 그녀는 달려와 소파에 뛰어들어 물렁물렁한 핑크색 뱀을 주머니에서 꺼냈다. 그녀는 놀이치료자에게 이 뱀을 주머니에 가지고 다니다가 음식을 먹으려고 자리에 앉을 때마다 식탁 위에 올려놓는다고 하였다. 그 뱀은 그녀가 만든 함정에서 걱정거리 뇌가 절대 빠져나오지 못하게 막아 준다. 이 일은 매기의 치료에 있어서 중요한 돌파구가 되었다. 그녀의 음식 공포는 내적인 둔감화를 통해서 사라졌고 그녀는 자신이 힘 있고 용감하다고 느꼈다. 또 놀이치료 회기 내에서 뱀을 생각해내어 두려움을 물리치고 두려운 자극을 없애는 데 활용하였다.

매튜는 아스퍼거 증후군을 가진 9세 아동이다. 그와 엄지손가락 공(Thumb Ball)[1] 게임을 하면서 회기를 시작했다. 공은 여러 다른 느낌들을 가지고 있다. 그래서 그가 한 주간 그 감정을 느꼈던 때를 말로 표현하도록 했다. 엄지손가락 공이나 다른 공들은 아동과 관계 맺고 이야기하도록 격려하는 데 유용하다. 게임 진행은 다음과 같다. 그는 이 게임을 하면서 떠오른 감정 단어를 무엇이든지 말할 수 있었다. 그가 공을 주고받으며 한 대화는 다음과 같다.

걱정 : 항상

부끄러움 : 항상

즐거움 : 없음

비관적 : 항상

낙관적 : 없음

안도함 : 없음

두려움 : 항상

당황 : 항상

사랑스러움 : 없음

다정함 : 없음

----
1) 역주 : 흡입 도구를 엄지손가락으로 조종해 공을 주고받는 놀이이다.

매튜는 공으로 기어가 몸을 뒤척이기 시작하더니 집에 가고 싶다고 울었다. 이러한 감정에 동일시하는 것은 아이에게 너무 힘들었고 그는 압도되어 중단해 버렸다. 그가 자신의 감정을 인정한 후 놀이치료자는 그에게 비눗방울 게임을 제안하면서 모든 부정적인 감정을 불어버리고 행복을 방 안으로 가져오자고 하였다. 그는 즉시 소파에서 뛰어내려왔다. 발갛게 상기된 채 인상을 쓰고 있던 얼굴에 웃음이 번졌고 눈동자는 즐거움으로 가득 찼다. 순응적이지 않던 아동이 비눗방울을 어떻게 터뜨리는지 알려 주는 구체적인 지시를 따랐다. 그는 놀이치료자가 말해 주는 지시 사항을 좋아했다. "너의 팔꿈치로 비눗방울을 터뜨려 봐."라고 놀이치료자가 말한다. "이제 너의 손가락으로 그걸 터뜨려 봐. 너의 발가락으로 터뜨려 봐." 아동은 놀이치료자에게 어려우면 재미가 없으니 지시 사항을 쉽게 내달라고 요청했다. 그는 두려워하며 방에 들어왔으나 비눗방울 놀이 이후 한 줄기 빛이 방 안으로 들어온 듯 했다. 매튜는 놀이치료자 쪽으로 비눗방울을 불기 시작했고 깊고 느린 호흡을 연습했다. 그는 어머니에게 보여 주려고 비눗방울을 가지고 나갔다. 어머니와 만났을 때 그는 매우 행복한 얼굴로 비눗방울 그림을 그렸다. 그는 부정적인 생각을 할 수 없었다. 왜냐하면 비눗방울의 즐거움에 초점을 맞추고 있었기 때문이다. "그게 비결이야." 놀이치료자가 속삭였다. "네가 행복하고 편안한 기분을 느끼고 즐거워하면서 동시에 걱정하거나 무서워하거나 '비관적'일 수는 없어." 그는 큭큭 웃으며 말했다. "비눗방울 놀이가 정말 좋아요. 집에 가서 비눗방울 총이 있는지 찾아볼래요." 다음 회기에 놀이치료자는 비눗방울 총 놀이를 준비했다. 그는 나중에 숙제할 때 긴장감이 느껴지면 이를 이완하기 위해 집에서도 비눗방울 놀이를 했다.

결론

이 사례는 아동이 즐거운 놀이에 참여하면서 그들의 두려움을 어떻게 역조건화하는지 보여 준다. 불안은 평온함으로, 두려움은 즐거움으로, 정서적 마비는 웃음으로 바뀔 수 있다. 두려움의 역조건화는 중요한 놀이의 치료적 힘으로 모든 아동 놀이치료자들이 사용할 수 있는 방법이다.

참고문헌

Chansky, T. (2004). *Freeing your child from anxiety*. New York, NY: Broadway Books.

Cornwall, E., Spence, S., & Schottie, D. (1996). The effectiveness of emotive imagery in the treatment of dark phobia in children. *Behavior Change, 13*, 223, 339.

Crenshaw, D. (2001). Party hats on monsters: Drawing strategies to enable children to master their fears. In H. Kaduson & C. Schaefer (Eds.), *101 more favorite play therapy techniques*. New York, NY: Aronson.

Croghan, L., & Musante, G. (1975). The elimination of a boy's high-building phobia by in vivo desensitization and game playing. *Journal of Behavior Therapy & Experimental Psychiatry, 6*(1), 87–88.

Jackson, T., & King, N. (1981). The emotive imagery treatment of a child's trauma-induced phobia. *Journal of Behavior Therapy & Experimental Psychiatry, 12*(4), 325–328.

Kuroda, J. (1969). Elimination of children's fears of animals by the method of experimental desensitization: Application of learning theory to child psychology. *Psychologia, 12*, 161–165.

Lazarus, A., & Abramovitz, A. (1962). The use of "Emotive Imagery" in the treatment of childrens' phobias. *British Journal of Psychiatry, 108*, 191–195.

Levine, K., & Chedd, N. (2007). *Replays: Using play to enhance emotional & behavioral development for children with autistic spectrum disorders*. Philadelphia, PA: Kingsley.

Mendez, F., & Garcia, M. (1996). Emotive performances: A treatment package for childrens' phobias. *Child & Family Behavior Therapy, 18*(3), 19–34.

Mikulas, W., Coffman, M., Dayton, D., Frayne, C., & Maier, P. (1986). Behavioral bibliotherapy and games for treating fear of the dark. *Child & Family Behavior Therapy, 7*(3), 1–8.

Nevo, O., & Shapira, J. (1989). The use of humor by pediatric dentists. *Journal of Children in Contemporary Society, 20*(1–2), 171–178.

Rubin, L. C. (2006). *Using superheroes in counseling and play therapy*. New York, NY: Springer.

Santacruz, I., Mendez, F., & Sanchez-Meca, J. (2006). Play therapy applied by parents for children with darkness phobia: Comparison of two programmes. *Child & Family Behavior Therapy, 28*(1), 19–35.

Ventis, W., Higbee, G., & Murdock, S. (2001). Using humor in systematic desensitization to reduce fear. *Journal of General Psychology, 128*(2), 241–253.

Wallick, M. (1979). Desensitization therapy with a fearful two-year-old. *American Journal of Psychiatry, 136*(10), 1325–1326.

Wolpe, J. (1958). *Psychotherapy by reciprocal inhibition*. Stanford, CA: Stanford University Press.

Wolpe, J. (1969). *The practice of behavioral therapy*. New York, NY: Pergamon Press.

10

스트레스 면역

ANGELA M. CAVETT

치료자는 내담자의 변화를 돕는다. 치료를 효과적으로 만드는 변화의 기제를 찾는 데 최근 많은 관심이 있다. Corsini와 Rosenberg(1995), Yalom과 Leszcz (2005)는 집단 치료에서 치료적 변화의 요인을 찾아내는 연구를 시작하였다. Corsini 와 Rosenberg는 치료에 영향을 미치는 것으로 보이는 요소들을 찾아내기 위해서 이론적 배경들을 전체적으로 분석하였다. 그러나 이론적 배경에 따라 요소들이 서로 다르게 불리고 있어서 이론 간의 소통이 어려웠다. 이론들은 서로 다른 것들을 언급하거나 한 이론에서 강조하는 것을 다른 이론에서는 강조하지 않았다. 이렇듯 이론들 간의 용어가 달라서 이론들을 아우르는 효과적인 요소를 찾아내기는 불가능했다. Corsini 와 Rosenberg는 이론적 배경에 상관없이 효과적이라고 언급된 요소들을 찾는 것을 목표로 삼았다.

치료적 요소들은 성인 치료에서 처음 밝혀졌지만 아동치료자 및 놀이치료자들 역시 무엇이 그들의 치료를 효과적으로 만드는지 밝히고자 하였다. 놀이치료 과정은 종종 부모뿐 아니라 놀이치료를 활용하지 않는 임상가, 그리고 전문 기관의 의뢰 자료에서도 그 가치를 제대로 인정받지 못하고 있다. 놀이치료자는 내담자의 주호소 문제의 제거 또는 감소를 일으키는 놀이의 치료적 힘인 변화 기제를 확인, 이해, 적용함으로써 그들의 임상 가치를 높일 수 있다. Charles Schaefer(1993)는 놀이치료의 주요한 치료적 힘을 처음 밝혔다. 이 장에서 설명하고 있는 스트레스 면역은 밝혀진 치료적 요소 중 하나이다.

스트레스 면역에 대한 설명

놀이치료에서 스트레스 면역은 스트레스가 될 것 같은 미래의 사건과 관련된 불안을 아동이 다루게 하고 불안에 대해 알게 해 준다. 역사적으로 스트레스 면역은 수술 예정인 성인 환자에게 처음 사용되었다. Janis(1958)는 수술 환자와 수술에 대해 예상되는 걱정거리를 나누었다. 그의 연구에서는 수술에 대해서 걱정한 환자가 수술 후 더 잘 회복하였다고 보고했다. 그는 환자들이 '걱정하는 작업'을 해온 것이라고 언급했다. 이 작업은 환자들이 실제 사건에 대해 심리적으로 준비할 수 있게 해 주었다. 걱정하는 작업, 또는 정신적 예행 연습은 앞으로 일어날 사건을 극복할 수 있는 기술들을 예상해 보고 발전시킬 수 있게 한다. 개학과 같이 미래의 스트레스 요인이 되는 장면을 아동이 놀이로 표현할 때, 그들은 위협적인 장면을 덜 낯설게 만들어 보고 자신의 감정을 표현하며 이것을 다룰 수 있는 방법을 연습하게 된다.

스트레스 면역은 면역성에 비유하여 이해할 수 있다(Meichenbaum, 1993). 환자에게 약한 박테리아균을 투여하면 신체 면역 체계가 반응한다. 이러한 반응은 이후에 환자가 박테리아에 노출되었을 때 반응할 수 있는 항체를 높여 준다. Meichenbaum(1997, 1985)은 스트레스 예방 및 감소를 위해 성인을 대상으로 스트레스 면역 훈련을 발전시켰다. 중간 수준의 불안은 견딜 만하다. 성인 치료에서는 수술과 같은 미래의 사건에 대해 다룰 때 스트레스 면역을 사용한다. 그렇게 하면서 수술 기간과 수술 후에 생기는 불안을 줄이고 기능을 높일 수 있다. 비슷한 방법으로 미래에 발생 가능한 사건에서 일어날 수 있는 중간 정도의 불안을 유발하는 자극에 아동을 노출시킴으로써 나중에 실제 자극에 노출되었을 때 아동의 불안을 줄일 수 있다. 스트레스 면역은 스트레스 상황이 임박하게 다가왔거나 언젠가 그 상황이 아동에게 일어날 것 같을 때 사용할 수 있다. 중대한 불안을 경험해 본 아동은 그들의 두려움을 처리할 수 있게 된다.

Meichenbaum(2007)은 스트레스 면역을 사용하는 데 적절한 각본이 될 수 있는 다양한 유형의 스트레스 사건을 (Elliot과 Eisdorfer가 설명한 분류학에서) 찾아냈다. 그 내용은 의학적 절차(수술)나 학업 평가와 같은 '급성 한시적 스트레스 요인', 가족의 죽음과 같은 '연속적인 스트레스 사건', 재발되는 의료 처치와 같은 '만성적인 간헐적 스트레스 요인', 가족 문제나 빈곤과 같은 '만성적인 지속적 스트레스 요인'을 포함한다. 아동의 경우 대표적인 급성 한시적 스트레스 요인은 치과 치료나 유치원에 입학하는 것 등 발달과 관련된 변화일 것이다. 연속적인 스트레스 사건은 이혼과 관련된 변화로 양육권의 변화와 비양육친과의 면접교섭을 들 수 있다. 계속되는 의료 처치를 받는 아동과 마찬가지로 가정 위탁 보호에 있는 아동은 만성적인 간헐적 스트레스 요인이 일치하는 경험을 할 것이다. 심각한 폭력이나 극심한 아동 학대 속에서 사는 아동은 만성적인 지속적 스트레스 요인을 경험하고 있을 것이다. 아동의 스트레스 요인은 정신적 외상/상실, 발달적 변화나 가족의 변화에 기인한다고 볼 수 있다.

위독한 상황에 있는 가족 구성원이 있다면 아동은 정신적 외상과 상실을 경험하게 된다. 아동과 가족은 여러 방법을 동원하여 예상되는 상실에 대비해야 한다. 아동에게는 놀이가 우선적인 대비 방법이다. 아동은 이사 갈 때 상실을 경험할 수 있다. 광범위한 화상과 같이 중요한 의료 처치를 받고 있는 아동은 정신적 외상이 지속된다. 초기 과정은 예상하기 어려울 수 있지만 오래 지속되는 의료적 개입의 경우 놀이를 기반으로 한 스트레스 면역을 사용하여 대비할 수 있다. 덜 심각한 수술(편도선 절제술)이 예정된 아동은 실제 수술에 들어가기 전에 놀이를 기반으로 한 노출을 통해 효과를 볼 수 있다. 주사, 수술, 치과 치료 같은 의료 처치에도 놀이 기반 스트레스 면역을 사용하여 숙달감을 얻고 불안을 감소시킬 수 있다.

위탁 아동이나 입양 아동은 적절한 준비 없이 여기저기로 자주 옮겨 다니게 된다. 놀이 기반 스트레스 면역은 이러한 변화를 사전에 다룰 수 있게 해 준다. 아동이 발달함에 따라 발생하는 변화는 아동에게 스트레스가 된다. 예를 들면, 아동이 유치원에 등원하거나 친구들과 밤샘 파티를 하게 되는 경우이다. 이러한 변화와 연관된 스트레스는 실제 경험을 하기 전에 이 사건을 놀이로 풀어내면서 스트레스를 감소시킬 수 있다. 가족의 변화 역시 아동에게 스트레스가 된다. 이것 역시 놀이를 기반을 둔 스트레스 면역으로 감소시킬 수 있다. 예를 들어 이혼은 가정, 거주지, 면접교섭과 같은 가정 내 여러 변화를 가져온다. 아동이 놀이로 경험하고 대처 기술에 대해 배울 수 있다면 비양육친과의 만남처럼 이혼과 관련한 변화를 더 잘 견딜 수 있다.

주의할 점으로 놀이치료자는 아동이 큰 관심을 갖지 않는 부정적인 사건에 대해 아동을 준비시켜 달라는 요구를 받을 수도 있다. 예를 들면 아동이 부적절하게 성적 학대나 언어 및 신체 학대를 한 부모와 만나야 할 때 스트레스 면역을 사용하여 아동을 대비시켜 달라는 것이다. 놀이가 아동의 불안을 확실히 감소시키긴 하지만 불안할 만한 타당한 이유가 있으면 아동이 본래 가지고 있는 불안은 줄어들지 않을 것이다. 스트레스 면역은 유치원에 처음 간다거나 편도선 절제술 같은 의료 처치를 받아야 하는 상황처럼 불안을 촉발하는 사건을 맞닥뜨려서 이것이 아동의 큰 관심사일 때 시행해야 한다.

스트레스 면역의 경험적 근거

모든 종을 다루는 신경과학 연구는 스트레스 면역에 대한 경험적 근거를 제공한다.

가벼운 스트레스는 아동이나 다른 어린 영장류에게 불안을 경험하게 하고, 이를 감소시키고, 숙달감을 얻게 하기 때문에 유익하다. 다람쥐원숭이 연구에서 이들이 새끼였을 때 가벼운 스트레스를 경험한 경우 이후에 발생한 스트레스에 더 적절하게 대처하는 것으로 보였다(Katz et al., 2009). 가벼운 스트레스 사건은 그들에게 예방 접종과 같은 역할을 하는 것으로 보였고, 그 결과 회복 탄력성과 대처 기술에 영향을 미쳤다. 또한 그들은 자극을 더 잘 통제하는 것으로 보였다. 실제로 신경학적 수준에서 보면 생애 초기에 가벼운 스트레스에 노출된 원숭이는 복내측 전전두엽 피질의 부피가 확장되었다. 이것은 피질의 두께가 아닌 두뇌 표면적이 증가한 것이다. 두뇌 크기의 증가는 전전두엽 부분의 신경 섬유에 수초화가 활발히 일어나고 있음을 나타낸다. 전전두엽 피질은 회복 탄력성과 각성 상태 통제와 관련 있다. 이러한 결과는 어린 시절 원숭이가 경험한 가벼운 스트레스 사건은 신경 수준에서 뇌를 변화시킨다는 것을 나타내며 이것은 불안 관련 행동의 변화에 의해서 증명되었다. 이러한 변화는 원숭이의 어린 시절에만 국한되는 것이 아니라 원숭이의 청춘기까지 계속되는 것으로 보였다 (Parker, Buckmaster, Lindley, Schatzberg, & Lyons, 2012).

스트레스 상황은 구조적인 신경계의 변화 외에도 생리학적 변화를 일으킨다는 것이 발견되었다. 예를 들면, 원숭이가 추후에 가벼운 스트레스 상황에 노출될 경우 코르티솔 같은 스트레스 호르몬 수준이 변한다(Lyons, Parker, Katz, & Schatzberg, 2009).

스트레스 면역을 경험한 원숭이는 삶의 후반기에 탐색을 하는 경향이 더 높았고, 전전두엽에 의존하여 인지적으로 통제 행동을 하는 것으로 나타났다(Lyons et al.,2009; Parker, Buckmaster, Justus, Schatzberg, & Lyons, 2005; Parker, Buckmaster, Schatzberg, & Lyons, 2004; Parker et al., 2007).

문헌에 따르면 통제 상태로 돌아오는 가벼운 스트레스를 사용하는 치료적 방법은 유익하다고 한다. 예를 들어 스트레스가 없는 통제 상태에서 가벼운 스트레스 상황에 처했다가 다시 스트레스가 없는 상황으로 돌아오면 이것은 스트레스 활동 주기를 한 바퀴 마친 것이다(Feder, Nestler, & Charney, 2009; Haglund, Nestadt, Cooper, Southwick, & Charney, 2007; Lyons et al., 2009). 스트레스에 대한 면역은 스트레스 사건을 가볍게 인식하는 유기체에게 달려 있다. 스트레스 수준이 높아진다고 해서 면역 효과가 높아지는 것이 아니라 이것은 오히려 유기체를 위험에 몰아넣는 것으로 보인다. 스트레스 상황은 회복 탄력성이 증가되어 몸이 스트레스가 없는 상태로 돌아오는 동안 나타날 필요가 있다.

영장류에 관한 문헌을 보면 영장류와 인간의 감정 및 행동적 반응이 일치하는 것을 볼 수 있다. 어린 시절에 경험한 스트레스 상황이 압도적이면 부정적인 결과를 야기시킬 수 있다. 예를 들면, 아동 학대는 뇌에 장기간 부정적인 영향을 미친다(Bremner & Vermetten, 2001). 특히 동물 연구에 의하면 노르아드레날린 시스템과 부신피질 자극 호르몬 방출 요인(CRF) 및 시상하부 뇌하수체 부신피질 축(HPA axis)은 생애 초기 생물체에게 스트레스가 발생했을 때 더 활성화된다고 나타났다. 그러나 스트레스 사건이 압도적인 것이 아니라 도전을 주는 정도라면 이것은 회복 탄력성을 구축하고 감정 조절을 통한 적응을 촉진시킨다(Lyons et al., 2009). 유아기의 가벼운 스트레스는 면역과 같은 활동을 하면서 그들이 어른이 되었을 때 경험할 수 있는 스트레스 요인에 맞서 개인을 보호할 수 있다. 유아기에 스트레스에 노출되었던 사람들은 배우자의 상실, 질병, 사고와 같은 성인 스트레스 요인에 더 잘 대처한다(Khoshaba & Maddi, 1999).

이에 더하여 신경과학 근거에 따르면 스트레스 면역과 관련된 치료적 개입이 유익하다고 한다. 첫 번째로 스트레스 면역 과정은 수술 전 환자에게 적용되었다. 수술과 같은 의료 절차는 불안을 유발할 수 있다. 의료 절차 전에 스트레스 면역을 경험한 성인은 수술 절차에 대해서 생각하는 것을 회피한 사람들에 비해 덜 불안하다는 것이 밝혀졌다. 많은 연구에서 수술에 앞서 수술과 관련된 놀잇감을 가지고 놀이한 아동은 스트레스를 덜 받고 수술 후 불안도 낮다는 것이 밝혀졌다(Burstein & Meichenbaum, 1979; Li & Lopez, 2008; McGrath & Huff, 2001). 수술 전에 수술에 대해 아동에게 안내하는 것이 필요하고 수술에 대한 안내는 사건을 놀이로 경험하면서 가장 잘 전달될 수 있다.

변화를 이끄는 스트레스 면역의 역할

놀이는 아동의 자연스러운 언어이다(Landreth, 1991). 아동은 종종 놀이를 통해 더 잘 배우고, 두려움과 불안을 포함한 자신의 감정을 더 잘 표현할 수 있다. 놀이를 관찰함으로써 놀이치료자는 아동의 내적 세계를 알게 된다. 그리고 어떻게 그들 자신의 경험을 인식하고 있는지도 알게 된다. 스트레스 면역에 활용되는 놀이치료는 아동이 앞으로 일어나게 될 절차나 사건을 익힐 수 있게 한다. 또한 놀이는 아동이 자신의 감정과 생각을 표현할 수 있게 한다. 어른이 실제 사건에 앞서 그들의 불안을 언어로 처리하는 것과 비슷하게 아동은 놀이를 통해 불안을 다뤄나갈 수 있다.

놀이치료에 적용하는 스트레스 면역은 임상가가 놀이 과정을 평가하고 놀이를 통해 아동에게 정보를 제공하며 도움을 주는 등 적극적인 역할을 하는 직접적인 접근이다. 임상가는 아동에게 발생 가능한 스트레스 상황이 무엇인지 평가하여 놀이를 기반으로 한 스트레스 면역을 시작한다. 만일 아동에게 수술 일정이 잡혀 있다면 임상가는 부모/보호자와 다른 정보원(의사, 간호사, 사회복지사)으로부터 스트레스 사건에 관한 정보를 모은다. 정보가 자세할수록 스트레스 면역이 아동에게 더 유익해진다. 예를 들어 의료 절차와 관련된 놀이 기반 스트레스 면역을 실시하기 위해 정보를 모을 때는 다음과 같은 질문을 해 봐야 한다. 그 수술은 몇 시에 일어날 예정인가? 그 수술에 누가(간호사, 의사, 아동 전문가) 참여하고 그들의 역할은 무엇인가? 어떤 도구(주사기, 혈압계 밴드)가 사용될 것인가? 수술이 진행될 장소(병원, 진료소)는 어디이며 그 방에 대해 묘사한다면 어떠한가? 아동이 어떤 감각을 경험(진통제 주사, 혈압계 밴드의 압박, 혈액 채취로 인한 손가락 끝 찔림, 제한된 옷으로 인한 추위)할 것인가? 평가를 통해 얻은 정보는 놀이를 통해 아동에게 전달할 수 있도록 놀이치료자에게 제공한다.

아동에게 무엇이 스트레스 상황이 될지 평가한 후 임상가는 놀이 기반 도구, 즉 스트레스 요인과 관련된 놀잇감과 재료들을 모은다. 이 도구들은 스트레스가 되는 사건 동안에 일어나는 일들을 놀이로 표현할 수 있게 해 준다. 그 예로 수술을 받게 될 아동에게는 청진기, 주사기, 마스크, 수술복, 정맥 주사용 주머니와 지지대, 아동의 수술에 특별히 사용되는 다른 기구들 같은 의료용 장난감을 제공할 수 있다. 편도선 절제술을 받아야 하는 아동이 이 경험을 긍정적으로 받아들일 수 있게 놀이치료자는 놀이 기반 스트레스 면역 치료가 끝나면 아이스크림을 줄 수 있다. 수술이 아동의 몸에 미치는 영향에 대해서도 스트레스 면역 놀이로 준비시켜야 한다. 그래서 장루 설치 수술을 받는 아동에게는 장루(노폐물을 제거하기 위해 장점막을 복벽으로 끌어내 만든 신체 개구부)가 있는 인형뿐 아니라 장루 주머니, 테이프, 거즈, 접착 스프레이 등 아동이 보게 될 모든 것을 보여 주고 수술에 대처할 수 있는 방법을 놀이한다. 아동기에는 스트레스 면역 치료가 유용하게 쓰일 만한 여러 가지 스트레스 사건이 매일 일어난다. 이혼하기로 결정한 부모의 자녀일 경우(아동이 비양육친과 면접해야 할 상황일 때) 2개의 인형 집과 면접 교섭 센터, 장난감 운송 수단이 유용하다. 법정 진술을 할 아동의 경우 아동이 접하게 될 사람들의 역할을 반영하는 인형들(장난감 법원 청사, 판사, 배심원, 경찰 또는 보안관, 대리인, 법정 변호사 등)을 준비하는 것이 중요하다. 아동이 유치원같이 다른 학교 또는 새로운 학교 경험을 준비하기 위해 놀이 기반 스트레스 면역을 사용할 경우 놀잇감들은 아동의 미래 경험을 정확히 반영해야 한다. 학교 모형, 선생님을 상징하는 인형, 교장, 운전 기사, 통학 차량, 보조 교사, 요리사 등은 학교를 미리 경험해 보게 하는 데 유용하다. 그래야 아동이 이 경험을 천천히 자기 것으로 소화할 수 있다.

앞으로 다가올 스트레스 사건을 즐겁게 미리 경험해 보는 것은 여러 번 반복해야 한다. 그로써 아동은 앞으로 일어날 일이 예측 가능하다는 것을 배우고 놀이치료자가 제시하는 유용한 대처 기술을 연습할 수 있다.

독서치료 역시 스트레스로부터 아동의 면역력을 높이는 데 유용하다. 비슷한 스트레스 상황에 맞닥뜨리고 이를 성공적으로 대처하는 등장인물의 이야기를 아동이 접할 수 있다. 예를 들면 가정 위탁 보호 서비스에 의뢰되어 한 가정에서 다른 가정으로 옮겨지는 아동의 경우 빌리 이사 가야만 해요 : 가정 위탁 이야기(*Billy Had to More : A Foster Care Story*)(Fraser, 2009)를 활용할 수 있다. 그러나 단순히 책을 읽는 것보다 더 많은 것을 배우게 해 주는 놀이는 아동에게 더 활동적이고, 구체적이며, 다양한 경험을 제공할 수 있다. 독서치료 내용을 읽은 후 각본을 가지고 놀이로 연기해 보는 것은 사건을 극복하는 숙달감을 느끼게 해 준다. 요약하자면 놀이 기반 스트레스 면역은 아동과 성인이 당장 또는 미래에 발생 가능한 스트레스 사건에 대해 배우고 더 잘 대처하도록 한다. 이러한 준비 놀이는 (1) 앞으로 일어날 일을 익숙하게 한다. 즉, 낯선 것이 익숙해지고 예측 가능하게 되어 덜 두렵다. (2) 스트레스 요인을 다룰 수 있는 대처 기술을 배우고 연습하게 한다. (3) 즐겁고 재미있는 놀이 예행 연습을 가능하게 한다. 그리하여 스트레스 요인에 의해서 촉발되는 불안을 줄인다. (4) 사건을 활동적인 역할극으로 표현함으로써 이를 극복하는 힘을 느끼게 한다.

전략 및 기법

지시적 놀이 기법(Goodyear-Brown, 2010)은 아동에게 대처 기술을 가르칠 때 활용할 수 있다. 화 메뉴/대처 기술 메뉴(Cavett, 2010)는 아동이나 청소년이 이완을 촉진할 수 있는 기법을 찾도록 도와준다. 이 메뉴는 아동이 재미있는 방식으로 선택 사항을 생각하게 해 주고 또한 필요할 때 사용할 수 있는 시각적 메뉴를 그림으로 창조하게 한다. 미래의 스트레스 요인에 대처할 수 있는 유용한 점진적 근육 이완 기법으로는 생면 스파게티와 요리한 스파게티 기법(Cohen, Mannarino, & Deblinger, 2006), 머리부터 발끝까지 점진적 근육 이완 기법, 점진적 근육 이완(PMR) 형태의 게임 놀이(Cavett, 2010), 긴장과 이완의 춤(Cavett, 2010)이 있다. 이 모든 기법은 점진적 근육 이완(PMR)과 관련된 개념을 가르치기 위해 놀이를 사용한다. 아동이 호흡을 연습할 수 있는 놀이 기반 호흡 기법으로는 나만의 바람개비가 있다(Goodyear-Brown, 2005). 사회적 지지 역시 스트레스에 대처할 때 유용하다. 아동이 지지적인 사람들에게 도움을 요청하는 행동 강화 놀이 기반 기법으로는 우리 팀의 도움의 손길 : 전문적이고 개인적인 아동의 지원자와 그들의 역할 정의하기(Cavett, 2012), 내 길의 빛(Cavett, 2010), 구도자(Kenney-Noziska, 2008)가 있다.

스트레스 면역은 아동이 대처 기제를 사용해서 성장하고 자신감을 느끼게 해 준다. 스트레스 면역은 아동·청소년의 성적 학대를 예방하는 방법으로 적용할 수 있다. 성적 학대 예방은 어린아이들을 성적 대상으로 삼으려 하는 가해자의 성적 학대나 성적 행동의 위험에 처했을 때 그러한 구체적인 상황에 대하여 생각할 수 있게 해 준다. 위험한 함정에 사전에 노출되면서 아동은 어떻게 함정을 알아차릴지 그리고 어떻게 처신할지를 배운다. 예를 들어 속임수 모자 기법(Grotsky, Camerer, & Damiano, 2000)은 성적 학대를 당했거나 예방책을 배우려는 아동에게 유용하다. 이러한 개입은 범인이 일을 꾸미는 동안 하는 '속임수' 과정을 아동과 청소년에게 해 보게 한다. 개입을 통해 자신을 믿도록 속임수를 쓰는 사람이 하는 말이나 행동에 대해서 아동이 배울 수 있게 해 준다. 또한 가해자가 사용할 법한 다른 조종 전략을 알려 줄 수 있다. 아동은 "안 돼."라고 말하는 것과 신뢰할 수 있는 어른에게 말하는 것을 연습한다. 이러한 연습은 불안에 대한 면역성을 제공한다. 만일 속임수가 즐거운 개입을 통해서 적극적으로 다뤄지지 않는다면 불안은 아동을 얼어 붙게 만들 수 있을 것이다.

임상 사례

다음 사례는 스트레스 면역이 아동치료에 있어서 유익한 임상적 장면을 묘사하고 있다. 각각의 사례는 활용한 재료들을 제시하고 있고 이 과정은 면역 시행과 관련이 있다. 첫 번째 사례는 유치원에 처음 등원하는 것에 불안을 경험하는 아동의 스트레스 면역 치료이다. 두 번째 사례는 부모의 군 파견에 대한 스트레스 면역 치료이고, 세 번째 사례는 법정 증언과 관련된 것이다.

사례 연구 : 유치원 처음 등원하기

자스민은 5세 혼혈 여아이며 2개월 후 유치원에 가게 된다. 그녀는 태어난 후로 어머니, 할머니와 함께 지냈고 어머니가 일하러 간 동안 할머니가 그녀를 돌봐주었다. 자스민은 대게 아는 사람과 밖에 나갔지만 모르는 사람이 주변에 있을 때는 불안해했다. 그녀의 어머니는 자스민이 유치원에 갈 때 버스를 타는 것 때문에 어려움을 겪을 것이라고 생각했다. 자스민이 처음으로 상담실에 들어왔을 때 그녀는 수줍고 내성적으로 보였다. 아이는 어머니에게 매달리고 속삭였다. 어머니는 자스민이 어머니 없이 놀이치료실 안에 있어야 할까 봐 걱정했다고 나중에 이야기해 주었다. 놀이치료자는 유치원과 선생님(이름, 인종, 성별), 유치원에서의 일상에 관한 정보를 모았다.

정보를 모은 후 놀이치료자는 자스민과 그녀의 어머니에게 놀이치료실을 소개했다. 자스민은 놀잇감에 관심을 보였고 몇 분 후 놀이를 시작했다. 그녀는 어머니 없이 놀이치료자와 놀이하는 것에 동의했다. 놀이치료자는 자스민에게 유치원과 관련된 놀잇감을 보여 주었고, 유치원에서의 생활이 어떨지 궁금하냐고 물었다. 자스민은 알고 싶다고 하였고 '유치원에서의 하루' 연기를 보겠다고 하였다. 놀이치료자는 인형의 집에서 인형을 유치원 등원 버스에 태웠다. 인형은 각 사람을 상징하는 성별과 피부색을 가지고 있었다. 놀이치료자는 자신이 유치원에 가 있는 동안 엄마와 할머니가 무엇을 할지, 자신을 보고 싶어할지 궁금해 하는 여자아이 인형을 연기했다. 스트레스 면역 놀이를 하는 동안 인형의 말과 행동은 자스민이 유치원에서 분리 불안을 느낄 거라는 어머니의 생각뿐 아니라 적응적인 대처 행동도 반영하였다. 놀이치료자는 인형이 교실에 들어가는 것, 자신의 사물함에 외투와 가방을 놓는 것, 이야기 시간, 휴식 시간, 간식 시간, 이야기 나누기 활동을 하는 것까지 보여 주었다. '유치원에서의 하루' 연기 마지막에 인형이 선생님의 지시에 따라 자신의 가방과 외투를 정리하는 것을 보여 주었다. 그리고 나서 인형은 줄 서서 유치원 하원 버스가 있는 곳으로 선생님과 걸어갔다.

자스민은 놀이치료자가 유치원 놀이하는 것을 집중해서 보았고 심지어 선생님 이야기를 듣는 것이 좋다고 말했다. 이 각본으로 다시 연기했고 자스민은 "가방을 가져가는 것을 잊어버리면 어떻게 해요? 화장실에 가고 싶으면 어디로 가요?"와 같은 질문을 했다. 이후 자스민은 유치원 놀잇감으로 놀자고 하며 유치원 생활에 대한 다양한 각본을 연기했다. 이로 인해 더 많은 질문과 관심사들을 표현할 수 있게 되었다.

사례 연구 : 부모의 군 파견

마크는 백인과 아프리카계 미국인 혼혈 8세 남아이다. 그는 부모님과 2명의 여동생과 함께 군인 관사에 살았다. 그의 아버지는 군인이었다. 그의 문제는 반항 행동이었다. 치료를 시작한 지 두 달, 마크의 아버지는 아프카니스탄에 자대 배치를 받았다. 그는 몇 해 동안 계속되는 아버지의 부재로 인해 어려움을 겪고 있었고 앞서 3번의 다른 자대배치도 있었다.

마크의 부모님은 그의 아버지가 떠나는 날에 대한 계획을 놀이치료자와 함께 논의했다. 가족은 아침 6시에 군 소집 강당까지 아버지와 함께 가야 한다. 준비하고 강당까지 운전해 가려면 적어도 5시에 일어나야 한다. 아버지는 군복을 모두 갖춰 입을 것이다. 어머니는 파견 가는 날과 차츰 가까워지는 그 주에 집에서 남편의 파견을 준비하는 시간과 강당에서 헤어질 때가 가장 힘들게 느껴진다고 말했다. 강당에서 가족은 사랑하는 사람들과 작별 인사를 하는 다른 가족들에게 둘러싸일 것이다. 그러고 나서 아버지는 자기 짐을 버스에 싣고 가족과 작별 인사를 할 것이다.

놀이치료자는 파견 준비와 실제 파견을 반영하는 여러 놀잇감들을 모았다. 가족 구성원과 인종이 동일한 인형, 인형의 집을 사용하였다. 군복과 군화, 물을 담는 배낭, 군모, 총, 여러 날씨에 대비한 장비 등의 놀잇감들과 군인 인형을 활용했다. 놀이치료자는 아버지 인형이 집에서 짐을 싸는 것을 연기했다. 가족 인형은 짐 싸는 과정에 대한 감정을 표현했다. 놀이치료자는 아이 인형이 아버지의 군화를 신어 보려 하면서 아버지에게 헤어지는 것에 대해 이야기하는 장면을 연출했다. 가족 인형은 차를 타고 강당으로 갔다(2단 신발 수납장을 강당으로 썼다). 여러 가족 인형이 '강당' 안에 있었다. 그리고 파견 가는 날에 나타날 수 있는 다양한 감정을 반영하였다. 가족 인형은 사진을 여러 장 찍고 강당에서 기다리는 동안 게임을 하였다. 그 후 아버지 인형은 가족 모두에게 사랑이 담긴 작별 인사와 포옹을 받고 다른 군인들과 함께 버스에 탔다. 아이 인형은 어머니, 두 여동생 인형과 함께 인형의 집으로 돌아왔다. 이 상황을 여러 번 재연한 후에 마크는 장면을 같이 연기했고 그의 아버지에게 작별 인사를 할 때마다 세부 내용을 덧붙였다. 그렇게 하면서 그는 아버지와 즐겁게 의식을 치렀고 그들의 일상적인 환영 인사에 대해서도 생각해 볼 수 있었다. 마크는 놀이에서 아버지가 자주 그에게 했던 말을 떠올렸고 그 여러 문장들을 아버지에게 써달라고 해서 자신의 방 벽에 붙였다. 마크를 마지막 회기에 초대했다. 부모님과 여동생은 마크와 함께 기대와 두려움에 관한 것 외에도 아버지가 돌아왔을 때의 계획에 대해서 이야기했다. 놀이가 진행되는 동안 마크의 예기 불안은 뚜렷한 감소를 보였다. 그의 가족원 역시 단순히 말로 자신의 생각을 표현하는 것보다 이것을 연기해 본 것이 더 도움이 되었다고 하였다.

사례 연구 : 법정 증언

케일라는 7세 백인 여아이다. 그녀는 의붓아버지의 성적 학대로 인해 놀이 기반 인지행동치료를 받게 되었다. 그녀는 법정 증언을 위해 검찰에 소환되었다. 스트레스 면역 놀이치료는 법정 진술에서 겪을 스트레스에 대비시키기 위해 적용하였다. 먼저 케일라의 어머니와 법원의 아동 변호사는 케일라가 법정 진술을 할 때에 예상되는 상황에 대해 논의했다. 그녀가 법정에서 만날 사람들의 이름을 확인하고 놀이치료자가 그들의 사진을 받았다. 그리고 나서 놀이치료자는 어머니에게 놀이용 법정을 소개했다. 아동 변호사는 재판이 열릴 실제 공간을 반영하기 위해 놀이용 법정 모형들과 가구가 어디에 위치해야 하는지 알려 주었다. 놀이치료자는 법정 관리인, 판사, 배심원, 피고 측 변호사, 검사, 법정 변호사와 같은 법정 핵심 인물을 나타내는 인형들을 찾았다. 놀이치료자는 법정에 있는 사람들의 신분과 역할을 케일라에게 알려주었다. 판사의 역할뿐 아니라 증인으로써 케일라가 할 일에 대해서도 알려 주었다. 케일라는 사람들이 어디에 앉는지, 무슨 옷을 입고 있는지 듣게 되었다. 놀이치료자는 각 사람들의 역할을 재연했다. 놀이치료자는 검사나 판사가 케일라에게 질문할 것이고 케일라는 진실을 말해야 한다는 것을 언급했다. 놀이치료자는 서기관의 대행하에 선서하기와 같이 증언 외의 상황도 연기하였다. 이것은 학대와 관련된 법정 소송 사건에서 묻는 일반적인 질문이기 때문에 Sandra Butler Smith 판사(1987)는 아동과 법정 준비를 위한 스트레스 면역 놀이를 사용할 때 '무엇이 진실인지'에 대해서 아동과 논해야 한다고 제안하였다. 그래서 케일라와 그녀의 놀이치료자는 무엇이 진실인지와 진실을 말하는 것의 중요성에 대해서 이야기했다.

케일라에게 의붓아버지가 법정에 참석할 것이라고 이야기해 주었다. 그녀는 법정 관리인이 케일라의 안전을 지키기 위해 있을 것이며, 때때로 변호사가 그녀에게 질문할 것이라고 알려 주었다. 케일라가 증언할 때 어머니는 옆에 있을 수 없다고 말해 주었다. 놀이치료자는 놀이를 통해서 아이가 질문을 이해하지 못했을 때 어떻게 해야 하는지와 같은 대처 전략들을 배울 수 있도록 도와주었다. 놀이하는 동안 놀이치료자는 케일라가 잠시 울다가 다시 평정심을 되찾는 장면을 연출하였다. 더 구체적으로 놀이치료자는 케일라 인형이 휴지로 눈물을 닦고 나서 잠깐 진정할 시간을 달라고 하고는 깊은 호흡을 하면서 숫자 다섯을 세는 것을 보여 주었다.

아이는 치료 중에 습득한 대처 전략들을 활용하는 놀이를 하면서 힘을 얻었다. 법정에서 어떤 기술을 사용할 수 있을지 논의하는 것도 유용했다. 예를 들면 짧은 호흡 훈련은 케일라에게 유용할 것이고, 점진적 근육 이완법은 법정에서 불가능할 수 있겠다는 내용 등이다. 케일라는 법정에 가지고 갈 동물 인형을 고를 수 있었다(몇몇 법정은 아동이 증언하는 동안 동물 인형을 가지고 있는 것을 허락하는데 아동과 논의하기 전에 먼저 이것이 가능한지 알아보는 것이 중요하다). 케일라는 놀이치료자가 법정 절차를 묘사하고 각 역할의 일부분을 동일하게 실연하는 것을 보았다. 그런 다음 케일라는 법정 놀잇감을 가지고 스스로 놀이를 할 수 있었다. 그녀는 법정 절차가 진행되는 동안 화장실에 가고 물을 마시는 것을 연기했다. 그녀는 놀잇감을 가지고 충분히 들릴 만큼 크고 분명한 목소리로 말하는 것을 연습했다. 그리고 나서 그녀는 실제 법정에 잠깐 방문하는 것에 관심을 보였다. 그녀는 각 의자에 앉아 보고 이완 운동을 연습해 볼 수 있었다. 법정 놀이는 법정에서 증언할 때 초래되는 스트레스로부터 아이를 지키는 데 매우 유용하였다.

결론

스트레스 면역은 미래에 경험하게 될 상황에 대한 불안을 줄이기 위해 성인과 아동에게 사용되었다. 성인은 다가올 스트레스 요인에 대해 이야기하고, 그 요인에 대해서 더 알고, 대처 기술을 발달시키는 등 스트레스 면역 치료를 위해 대화치료를 사용한다. 아동에게는 놀이가 언어인 만큼 놀이는 아동에게 스트레스 면역 기법을 시행하기 위해 우선적으로 고려되는 방안이다. 스트레스 면역 기법이 놀이의 중요한 치료적 힘이지만(Schaefer, 1993) 지침과 슈퍼 비전의 부족으로 인해서 아동치료자와 놀이치료자들에게 종종 간과된다. 또한 스트레스 면역 기법을 적용한 놀이를 중점적으로 다룬 연구도 부족하다. 더 발전된 훈련과 슈퍼 비전 기회를 결부시킨 향후 연구는 임상가들에게 놀이의 힘을 적용한 스트레스 면역 기법에 대해 더 효과적인 활용 방안을 만들 수 있는 근거를 제공할 것이다.

참고문헌

Bremner, J. D., & Vermeten, E. (2001). Stress and development: Behavioral and biological consequences. *Development and Psychopathology, 13,* 473–489.

Burstein, S., & Meichenbaum, D. (1979). The work of worrying in children undergoing surgery. *Journal of Abnormal Child Psychology, 7*(2), 121–132.

Cavett, A. M. (2010). *Structured play-based interventions for engaging children and adolescents in therapy.* West Conshohocken, PA: Infinity Press.

Cavett, A. M. (2012). *Playful cognitive behavioral therapy interventions for children.* West Conshohocken, PA: Infinity Press.

Cohen, J., Mannarino, A., & Deblinger, E. (2006). *Treating trauma and traumatic grief in children and adolescents*. New York, NY: Guilford Press.

Corsini, R. J., & Rosenberg, B. (1955). Mechanisms of group psychotherapy: Processes and dynamics. *Journal of Abnormal and Social Psychology, 51*, 406–411.

Eliot, G. R., & Eisdorfer, C. (1982). *Stress and human health*. New York, NY: Springer.

Feder, A., Nestler, E. J., & Charney, D. S. (2009). Psychobiology and molecular genetics of resilience. *Nature Reviews Neuroscience, 10*(6), 446–457.

Fortier, M. A., Chorney, J. M., Rony, R. Y., Perret-Karimi, D., Rinchart, J. B., Camilon, F. S., & Cain, Z. N. (2009). Children's desire for perioperative information. *Anesthesia and Analgesia, 109*, 1085–1090.

Fraser, T. A. (2009). *Billy had to move: A foster care story*. Ann Arbor, MI: Loving Healing Press.

Goodyear-Brown, P. (2005). *Digging for buried treasure 2: Another 52 prop-based play therapy interventions for treating the problems of childhood*. Nashville, TN: Goodyear-Brown.

Goodyear-Brown, P. (2010). *Play therapy with traumatized children: A prescriptive approach*. Hoboken, NJ: Wiley.

Grotsky, L., Camerer, C., & Damiano, L. (2000). *Group work with sexually abused children*. Thousand Oaks, CA: Sage.

Haglund, M. E. M., Nestadt, P. S., Cooper, N. S., Southwick, S. M., & Charney, D. S. (2007). Psychobiological mechanisms of resilience: Relevance to prevention and treatment of stress-related psychopathology. *Development & Psychopathology, 19*(3), 889–920.

Katz, M., Liu, C., Schaer, M., Parker, K. J., Ottet, M. C., Epps A., . . . Lyons, D. M. (2009). Prefrontal plasticity and stress inoculation-induced resilience. *Developmental Neuroscience, 31*, 293–299.

Kenney-Noziska, S. (2008). *Techniques, techniques, techniques: Play based activities for children, adolescents, and families*. West Conshohocken, PA: Infinity Press.

Khoshaba, D. M., & Maddi, S. R. (1999). Early experiences in hardiness development. *Consulting Psychology Journal: Practice and Research, 51*(2), 106–116.

Janis, I. L. (1958). *Psychological stress: Psychoanalytic and behavioral studies of surgical patients*. New York, NY: Wiley.

Landreth, G. (1991). *Play therapy: The art of the relationship*. Muncie, IN: Accelerated Development.

Li, H., Lopez, V., & Lee, T. (2007). Effects of preoperative therapeutic play on outcomes of school-age children undergoing day surgery. *Research in Nursing & Health, 30*, 320–332.

Lyons, D. M., Parker, K. J., Katz, M., & Schatzberg, A. F. (2009). Developmental cascades linking stress inoculation, arousal regulation, and resilience. *Frontiers in Behavioral Neuroscience, 3*. Retrieved from http://www.frontiersin.org/neuroscience/behavioralneuroscience/paper/10.3389/neuro.08/032.2

McGrath, P., & Huff, N. (2001). "What is it?": Findings on preschoolers' responses to play with medical equipment. *Child: Care, Health, and Development, 27*(5), 451–462.

Meichenbaum, D. (1977). *Cognitive behavior modification: An integrative approach*. New York, NY: Plenum Press.

Meichenbaum, D. (1985). *Stress inoculation training*. Elmsford, NY: Pergamon Press.

Meichenbaum, D. (1993). Stress inoculation training: A 20-year update. In P. M. Lehrer & R. L. Woolfolk (Eds.), *Principles and practice of stress management* (pp. 373–406). New York, NY: Guilford Press.

Meichenbaum, D. (2007). Stress inoculation training: A preventative and treatment approach. In P. M. Lehrer, R. L. Woolfolk, & W. S. Sime, *Principles and practice of stress management* (3rd ed.). New York, NY: Guilford Press.

Parker, K. J., Buckmaster, C. L., Schatzberg, A. F., & Lyons, D. M. (2004). Prospective investigation of stress inoculation in young monkeys. *Archives of General Psychiatry, 61*, 933–941.

Parker, K. J., Buckmaster, C. L., Justus, K. R., Schatzberg, A. F., & Lyons, D. M. (2005). Mild early life stress enhances prefrontal-dependent response inhibition in monkeys. *Biological Psychiatry, 57*, 848–855.

Parker, K. J., Rainwater, K. I., Buckmaster, C. L., Schatzberg, A. F., Lindley, S. E., & Lyons, D. M. (2007). Early life stress and novelty seeking behavior in adolescent monkeys. *Psychoneuroendocrinology, 32*, 785–792.

Parker, K. J., Buckmaster, C. L., Lindley, S. E., Schatzberg, A. F., & Lyons, D. M. (2012). Hypothalamic-pituitary-adrenal axis physiology and cognitive control of behavior in stress inoculated monkeys. *International Journal of Behavioral Development, 36*(1), 45–52.

Schaefer, C. E. (1993). *The therapeutic powers of play*. Northvale, NJ: Aronson.

Smith, S. B. (1987). *Children's story: Sexually molested children in criminal court*. Ann Arbor, MI: Launch Press.

Yalom, I. D., & Leszcz, M. (2005). *The theory and practice of group psychotherapy* (5th ed.). New York, NY: Basic Books.

11

스트레스 관리

KRISTIN S. BEMIS

서론

우리 사회의 일상에서 역할 스트레스 놀이에 대한 인식이 점차 증가하고 있다. 성인과 아동 모두 자신의 스트레스 수준을 관리할 수 있는 더 나은 방법을 찾아야 할 필요가 있다는 것을 절실히 인식하기 시작한 것이다. 최근 미국 심리학회(APA)가 실행한 조사에 따르면 다수의 미국인이 보통 또는 높은 수준의 스트레스 속에 살고 있으며 (APA, 2010) 같은 연구에서 아동의 1/3은 스트레스와 관련된 신체적 증상이 있다고 한다. 스트레스는 이것의 주관적인 속성 때문에 정의하기가 어렵다. 한 사람은 스카이다이빙이 흥미진진하고 모험심을 자극한다고 생각하는 반면 다른 사람은 똑같은 활동을 불안과 스트레스로 심신을 약화시키는 수준의 경험이라 생각하기도 한다. 반면에 높은 절벽에 섰을 때 무서워하던 사람이 많은 군중 앞에서 연설을 할 때는 아무문제가 없을 수 있다. 하지만 이러한 노력에도 여전히 손바닥이 땀으로 흥건해진 무모한 다이빙 시도자로 기억될 것이다. 개인의 생물학적, 신경학적 반응인 우리의 생각과 환경 간의 상호작용 결과로 스트레스로 인식되는 상황에 대한 우리의 반응에는 큰 차이가 만들어진다.

스트레스의 정의는 최근에 진행된 연구와 스트레스가 유발하는 광범위한 영향에 대한 우리의 높아진 이해로 발전되어 왔다. 현대 연구자들은 스트레스를 '환경적 요구가 유기체의 타고난 수용 가능 한계를 초과하는 상태'라고 정의한다(Koolhaas et al., 2011). 서양 문화에서는 스트레스라는 용어가 나쁜 스트레스(distress)와 같은 뜻으로 쓰이게 되었다. 그러나 스트레스는 긍정적일 수 있다. 긍정적 스트레스(eustress)는 도전적인 과제를 준비할 수 있게 자극하거나 성장을 위한 기회를 제공해 준다. 이러한 기회들은 빨리 소멸되는 예측 가능한 작은 스트레스 요인과 관계 있고, 에너지를 고갈시키기보다는 대처 방안들을 실행해 볼 기회를 제공한다. 이를 통해 '더 회복력 있고 유연한 스트레스 반응 수용 능력'이 만들어진다(Perry & Szalavitz, 2006).

전에 경험해 보지 못한 높은 수준의 스트레스를 경험한 성인 연구에서 그들은 자녀를 대할 때 자신의 스트레스 수준을 성공적으로 줄일 수 있을 것이라 믿었다. 미국 심리학회 스트레스 보고에 의하면 부모의 69%는 스트레스가 그들의 자녀에게 미치는 영향이 없다고 보고한 반면 63~80%의 아동·청소년은 부모가 느끼는 슬픔이나 걱정, 좌절과 같은 부모의 스트레스 수준에 대한 정서적 반응을 보고하였다(APA, 2010). 국제 아동발달과학협회는 스트레스 반응을 '긍정적 스트레스', '견딜 만한 스트레스', '독이 되는 스트레스' 세 가지로 분류한다(Shonkoff & Garner, 2012). 긍정적 스트레스와 견딜 만한 스트레스 반응은 둘 다 안전하며, 스트레스 반응을 줄여 주는 안전한 부모나 성인 애착 관계에 의해 만들어지는 '완충 장치'를 가진 아동에게 나타나는 특징이다. 이것은 스트레스에 대한 우리의 신체 반응을 책임지고 있는 뇌 속의 체계들 사이를 연결하기 위해 만들어졌다. 즐거움을 가능하게 하는 이러한 체계들은 대인 관계에서 얻어진다(Perry, 2009). 반면에 독이 되는 스트레스는 '성인과의 관계에서 지지적인 보호 완충 장치가 부재한 상태에서 강도가 높거나 발생 빈도가 잦거나 긴 시간 작용하는 신체의 스트레스 반응 체계'의 결과로 일어난다(Shonkoff & Garner, 2012). 아동에게 독이 되는 스트레스는 단기적인 영향뿐 아니라 뇌 발달 및 뇌 기능에 영구적인 변화를 가져올 수 있다. 스트레스는 아동에게 공격성, 성급함, 신경 과민, 식습관 및 수면의 변화, 두통, 복통을 나타나게 할 수 있다(DeBord, n.d.). 스트레스의 신체 및 생리학적인 부분에 대한 완벽한 설명은 지금 논하는 범위 밖에 있지만 스트레스가 뇌와 신체의 세포 수준에까지 화학적 변화를 초래한다는 사실을 아는 것은 중요하다.

스트레스 관리에 대한 설명

미국 스트레스 협회는 미국 내 가장 큰 건강 문제로 스트레스를 꼽는다(American Institute of Stress [AIS], n.d.). 유아기에 빠르게 발달하는 뇌는 쉽게 손상되기 때문에 어린 시절에 스트레스가 미치는 광범위한 영향은 점점 더 명확해졌다. 그 결과 스트레스 관리를 위한 전략은 필수가 되었다. 스트레스 관리의 정의는 스트레스란 단어만큼 모호하고 포괄적이다. 스트레스 관리란 대부분 스트레스가 신체 또는 정서에 미치는 영향을 감소하거나 스트레스에 대처할 수 있도록 돕는 기술, 개입 방법이라고 기술되어 왔다. 스트레스 관리에 대한 관점을 통합한다면 우리가 더 균형 잡힌 상태로 돌아오기 위해 우리의 몸이 스트레스로부터 편안해지는 것이 필요하다(DeBord, n.d.). 미국 소아학회(AAP)는 유아기에 독이 되는 스트레스의 영향을 완화시키는 검증된 전략은 '소아과 혁신의 새로운 장'이 될 것이라고 발표했다(Shonkoff & Garner, 2012). 그 목적을 달성하기 위해서 미국 심리학회는 많은 성인 질병들을 발달상의 장애로 봐야한다고 제안하는 '생태 생물 발달'(ecobiodevelopmental, EBD)의 틀을 마련하는 패러다임의 전환을 제시했다(Shonkoff & Garner, 2012). 아동처럼 개인이 효과적인 스트레스 대처 방법을 찾지 못했다면 그들은 교육 상태와 건강에 있어서 취약해지며 스트레스 기술들을 발전시킨 사람보다 향후 스트레스에 더 취약할 위험성이 있다. 유아기에 독이 되는 스트레스의 감소와 예방은 다음 세대에 발생할 우리 사회의 사회적, 경제적 비용에 영향을 미친다(Shonkoff & Garner, 2012). 아동이 스트레스 관리를 사용할 수 있도록 우리는 어떻게 해야 할 것인가? Jewett과 Peterson(2002)은 '스트레스를 관리하고 이에 적응하는 것은 아동의 발달 능력과 보유한 대처 기술의 양에 달려있는 것'으로 보인다고 말했다. 구체적으로 6~7세 이하의 아동을 위한 스트레스 관리 전략은 아동의 인지적 발달 수준을 감안하고 아동이 인지, 감정 또는 행동에 대한 추상적 추론 능력이 부재하다는 것을 중요하게 고려해서 아동에 맞게 수정하여야 한다. 이 모든 것이 인지행동적 대처 전략 교육의 중요한 원리이다. 놀이는 아동의 언어이므로(Landreth, 2002) 효과적인 대처 전략과 스트레스 관리 기술을 찾기 위해 놀이라는 같은 언어를 사용해야 한다.

경험적 근거

스트레스 감소는 여러 분야의 연구에서 증명된 대로 많은 이점이 있다. 스트레스가 뇌 발달에 미치는 부정적인 영향은 잘 규명되어 있다. 신경학적 수준에서 만성적이고 독이 되는 스트레스는 해마, 편도체, 전전두엽 피질 발달의 구조적인 변화와 관련 있다. 뇌의 구조에 가해지는 이러한 공격은 성인기의 정신 및 신체 건강에 파급 효과가 있다. 즉, 손상된 기억력, 기분 조절의 어려움, 미래에 발생 가능한 부정적인 상황 또는 스트레스에 대응하는 능력의 부재가 나타날 수 있다는 것이다(Shonkoff & Garner, 2012; Stern, 2011). 생리학적 수준에서 스트레스는 의사 결정을 위해 뇌와 대근육으로 흐르는 혈류를 활성화하기 때문에 맥박과 혈압의 상승을 초래한다. 이것은 혈당의 급증을 초래할 수 있고, 코르티솔과 아드레날린 수준의 증가와 면역 체계 기능의 약화를 가져올 수 있다(AIS, n.d.) 심리적 수준에서 불안과 우울 증상의 증가는 스트레스와 연관된 것으로 관찰된다(Perry & Szalavitz, 2006; Stern, 2011). 이것을 고려해 볼 때 스트레스의 감소는 이 모든 영역에서 유익을 가져올 것이라고 추정할 수 있다. 스트레스 관리 전략은 혈압 감소, 고통 수준의 감소, 질병의 위험 및 다른 건강 관련 문제가 감소됨을 경험적으로 보여 준다. 연구에 따르면 효과적인 스트레스 관리는 암의 재발 비율 및 암의 위험을 감소시키며 심장 질환의 영향을 뒤바꿀 수 있음을 보여 준다(Stress Institue, 2010).

아동의 비만과 스트레스의 관계가 최근 탐색되고 있다. 미국 심리학회는 과체중 아동에게 스트레스 증상이 더 많을 뿐 아니라 이 아동들이 스트레스를 경험할 때 덜 적극적인 대처 전략을 가지고 있음을 보고하였다. 그리고 이 아동들은 스트레스를 관리하기 위해서 음식과 잠을 더 많이 선택하는 것으로 나타났다(APA, 2010). 연구자들은 최근 스트레스 관리 방법으로 놀이에 주목하고 있다. 스트레스 협회의 Kathleen Hall 박사의 말에 따르면 우리가 놀이할 때 혈압은 내려가고 맥박 수는 증가하며 엔돌핀이 생성된다(Dador, 2008). 놀이가 자연스럽게 스트레스를 감소시키고 생리적 수준에서 눈에 띄는 변화를 가져오는 것으로 보아 놀이와 스트레스는 상호 배타적인 것으로 보인다. 놀이 또는 놀이치료를 결합시킨 성인 스트레스 관리 프로그램은 127%에 이르는 생산성 증가와 스트레스 수준의 전반적인 감소를 나타낸다. 추가로 진행된 연구에서는 놀이가 면역 체계 기능을 향상시키고 스트레스 호르몬 수준을 낮춘다는 것을 입증하였다(Dador, 2008). Miller와 Almon(2009)의 유치원 교실에 대한 최근 연구에서는 현재 유아들이 비현실적인 기대와 마주하는 큰 스트레스에 놓여 있는 반면 '스트레스를 다루는 그들의 주된 방식인 창조적인 놀이'를 빼앗기고 있다고 언급한다. 이로 인해 교실에서의 공격성과 화, 문제 행동 비율이 눈에 띄게 증가한다. 충분한 스트레스 감소가 없다면 우리 사회는 질병과 비만, 학습 장애, 기분 장애, 행동 문제에 대한 높은 위험 수준을 계속해서 만들어 낼 것이다.

변화를 이끄는 스트레스 관리의 역할

모든 아동은 스트레스를 다루는 방법에 있어 놀이를 치료적으로 활용한다(Ray, 2011). 앞서 논의한 대로 스트레스 관리 전략은 우리의 몸과 마음에 긍정적 작용을 하고 놀이는 이러한 유익한 것이 모여 있는 지점이다. 놀이는 아동이 스트레스를 관리하고 감소할 수 있는 신체적, 인지적, 정서적 기회를 촉진시키는 방법이다. 연구에서 놀이를 '잘'하는 아동의 능력과 대처를 '잘'하는 아동의 능력 간에 정적 상관관계가 있음이 밝혀졌다(Christiano & Russ, 1996). 신경학적 입장의 연구에서 놀이는 영아의 신체적 스트레스 반응으로 분비되는 물질인 코르티솔 호르몬 수준을 감소시켰다(Bernard & Dozier, 2010). 놀이는 아동이 자기만의 방법으로 스트레스 수준을 감소하고 관리할 수 있게 하는 매우 소중한 기회이다.

자기 진정/이완 놀이

아동이 주도하고 자발적이며 목표가 없다는 특징을 가진 가장 진실한 형태의 놀이는 자기 진정 놀이를 할 수 있는 기회를 제공한다. 물과 모래, 채색 도구를 가지고 놀이할 때 아동은 감각 및 촉각 놀이를 하는 것이다. 스트레스가 발생하면 흥분 상태가 되기 때문에 흥분 수준을 감소하고 진정하는 방법을 찾는 능력이 필수적이다. 신경과학 연구에서 반복적이며 리듬이 있는 활동은 자기-조절을 담당하는 뇌의 수준을 적절하게 낮춰 준다고 밝혔다(Perry, 2009). 또한 감각적이고 촉각적인 놀이는 비언어적, 표현적 방식을 사용하여 조절과 기능을 향상시키는 우반구를 활성화시킴으로써 뇌의 양쪽 반구 모두를 사용하게 한다고 연구에서 밝혔다(Gil, 2006). 진정은 간단한 촉각 놀이 도구에 의해 촉진될 수 있다. 또한 아동은 발달에 적절한 자기 진정을 하기 위해 숙달 지향 놀이를 활용한다. 숙달 놀이는 아동이 '특정한 기량을 능숙하게 하려는 노력'과 관련 있다(Ray, 2011). 그 예로 3세 아동은 정신적 외상 기억을 재연하기 위해서 자신의 놀이를 활용할 것이다. 하지만 그 후 아동은 곧 미술 작업대로 돌아가 자르고, 붙이고, 그리는 작업을 한다. 모든 과제는 아동이 능숙해지려고 하는 작업이다. 아동의 놀이는 이제 단지 재료만 사용하는 자기 진정이 아니라 눈앞에 있는 과업이다. 또한 10세 남자 아동은 스트레스 장면에 대해서 논할 때 더 효과적인 조절과 자기 진정을 하기 위해서 농구공을 튀기는 것과 같이 더 많은 신체적 활동을 사용할 것이다. 이완 놀이에는 음악, 호흡 운동, 근육 이완을 사용할 수 있다(Nel & Spies, 2005). 더 직접적인 가르침을 위한 구체적인 전략은 '전략과 기술' 부분에 나와 있지만 아동 놀이 관찰자는 높이 쌓은 블록이 무너졌을 때 다시 쌓기 위하여 아동이 드럼 치기, 비눗 방울 불기 또는 깊은 호흡하기와 같은 활동 중 몇몇을 자주 사용한다는 것을 알아차렸을 것이다.

상상/가상 놀이

이러한 종류의 놀이는 다양한 이름이 있고 주로 창작 놀이, 상상 놀이, 가상 놀이, 가작화 놀이 또는 극 놀이로 불린다. 이러한 종류의 놀이 핵심은 환상 놀이가 현실에 구애받지 않는다는 것과 아동이 상징 또는 은유를 사용하여 자신의 세상과 경험을 연기하기 위해 놀이를 활용한다는 사실이다. 가상 놀이는 스트레스 관리에서 다양한 역할을 한다. 우선 이러한 종류의 놀이는 점진적인 노출과 탈감각화 기회를 제공한다. 아동이 선반에 있는 무서운 공룡에 다가갈 때, 더 심각하게는 정신적 외상을 일으킨 의료 상황을 경험한 아동이 자신의 속도에 맞춰 의료 상자에 접근할 때이며, 신경성 식욕 부진증 아동은 자신이 준비되었다고 결정하고 장난감 부엌 근처에서 그림을 그릴 때를 정한다. 이상적인 치료적 세팅은 놀이치료자가 이러한 노출 과제를 계획하기보다 아동이 놀이를 통해서 노출의 속도와 유형을 통제하는 것이다. 이러한 맥락에서 놀이 도구를 매체로 하여 '현실에서 통제할 수 없는 것을 통제하기 위해' 놀이는 변화한다(Landreth, 2002). 아동은 현실에서 도망치거나 더 작고 안전한 형태의 현실을 창조하는 자신의 상상 각본을 통해서 통제 감각을 회복한다. 그로써 아동의 통제 감각은 스트레스 감소를 돕는다. 게다가 아동은 상상 놀이를 하면서 혼잣말을 자주하는데 이것은 정서를 다루는 중요한 기능인 자기-조절과 집행 기능의 발달을 촉진시킨다(Berk, Mann, & Ogan, 2006; Spiegel, 2008). 연구에 따르면 상상 놀이와 창의적인 문제 해결, 확산적 사고와 같은 인지 대처 전략을 사용하는 것 간에는 정적 상관관계가 있다고 한다(Christiano & Russ, 1996; Russ, 1998). 예를 들면, 슈퍼맨과 외계인이 나쁜 사람을 물리치려고 힘을 합해 싸운다는 각본을 만든 아동은 스트레스 사건이나 의료 과정에 대처할 수 있는 해결책이 나오는 데 큰 어려움을 겪지 않을 것이다. 게다가 상상 놀이를 하는 아동은 유연한 문제 해결 기술이 발달하고 현재와 미래의 스트레스 요인에 대한 적응 능력이 높아진다는 연구 보고가 있다(Chrstiano & Russ, 1996). '아동이 자신의 세계를 숙달할 때' 놀이는 앞으로 시련을 마주할 때 필요한 새로운 능력과 회복 탄력성이 발달되도록 돕는다(Ginsburg, 2007). 아동이 자유롭고 비구조화된 복잡한 상상 놀이를 할 수 있는 기회를 빼앗긴다면 아동은 그들의 삶 전반에 있어서 신체 및 정서적 건강을 향상시킬 수 있는 스트레스 관리 기술을 발달시킬 결정적인 기회를 빼앗기는 것이다.

사회 놀이

사회 놀이 또는 집단 놀이는 종종 거친 신체 놀이라 불린다. 일반 동물 영역에서는 이와 관련하여 고도화된 연구가 되어 있다. 연구자들은 뇌와 놀이 간의 관계를 알아내려고 노력하였다. 일반 동물 연구에서는 거친 신체 놀이가 '사회적 능력의 발달을 촉진시키는 것'(Pellis & Pellis, 2007)뿐만 아니라 스트레스를 유도하는 우울 반응에 대한 저항성을 만든다고 밝혔다(*American Journal of Play*, 2010).

탐색 놀이

아동을 돌봐주는 사람은 아동이 새로운 환경을 탐색하는 것을 보게 된다. 새로운 환경을 돌아다니며 발견하는 새로운 도전에 흥분하고 자극을 받은 아동은 긍정적인 결과를 가져오는 스트레스를 경험하는 중이다. 최근 연구 발표는 우리에게 '고통스러운 스트레스에 단순하게 대처하여 긍정적 스트레스를 맛보는 것'을 살펴보도록 하였다(Nelson & Cooper, 2005). 기꺼이 새로운 환경을 즐겁게 탐색하려는 아동의 의지는 아동이 이 상황을 위협적이기보다는 자극이 되는 도전으로 받아들이고 있다는 것을 보여 준다. 게다가 다음 번에 아동이 새로운 상황을 마주쳤을 때 자신의 성공적인 탐색 놀이 기억을 떠올릴 수 있으므로 이 상황을 긍정적인 경험으로 볼 가능성이 크다.

그 결과 아동의 지각된 스트레스는 처리할 수 있는 수준에 머문다. 그러나 새로운 환경에서 자기 스스로 탐색 놀이를 어떻게 책임지고 주도할지 확신이 없는 아동도 있을 수 있다. 그 결과 적절한 수준을 넘어서는 어려움을 느끼면서 상황은 고통스러운 스트레스가 된다. 놀이의 치료적 힘을 이용하려는 사람들은 아동의 스트레스 반응을 알아차리고 이에 맞게 적용하는 것이 중요하다.

전략과 기술

스트레스 관리 전략은 개인에게 맞아야 한다. 그리고 아동 자신의 본래의 대처 양식과 공존할 수 있는 대처 전략을 사용하도록 도와야 한다(Russ, 1998). 이것은 아동중심, 비지시적 자유 놀이로 아동이 쉽게 이용할 수 있다. 다음은 스트레스 관리를 위해 쉽게 사용할 수 있는 전략과 기술에 관한 것이다. 아동이 성인의 촉진 없이도 다음 중 몇몇 기술을 사용할 수 있다는 사실을 기억해야 한다.

자기 진정/이완 놀이

앞에서 언급한 대로 아동 자신만의 놀이를 구성할 수 있는 장소에 마련된 간단한 촉감 및 감각 놀이 기회는 아동의 스트레스 감소를 촉진시킨다. 더욱 구체적인 접근 방법으로 모래 상자와 미술 자극, 이완 기술을 사용할 수 있다. Homeyer와 Sweeney(2011)는 모래 상자가 촉각적, 운동 감각적인 경험에 더하여 자연스러운 경계를 제공하며 이 모든 것이 스트레스 감소를 돕는다고 하였다. 아동이 'Lowenfeld의 세계 기법'을 자유롭게 완성하게 하는 것은 스트레스 요인을 발견하고 아동이 자신의 세계를 능숙하게 다루며 자기 창조적 은유를 통해서 통제 감각을 회복하게 하는 훌륭한 자극제이다. 미술 재료는 놀이에서 또 다른 감각적, 촉각적 기회를 제공한다. 구슬과 물감, 점토는 비지시적 및 지시적 기술에 많이 활용할 수 있다. 모래 상자와 같은 재료가 사실상 위안을 준다면 표현 예술 작업 기법은 더욱 효과적이다. 스트레스 요인이나 갈등을 형상화하기 위한 점토, 조형 반죽은 섭식 장애와 강박증을 가진 내담자의 장애를 비인격화하고 추상적인 질병을 구체적으로 표현하기 위해 치료에서 자주 사용된다. 놀이는 배움을 향상시키기 때문에(Miller & Almon, 2009) 놀이 기반 전략은 아동에게 깊은 호흡과 상상치료, 점진적 근육 이완법을 가르칠 때 더 효과적이다. 몇

몇 놀이치료자들은 아동의 독특한 경험과 기능 수준에 더 적절하게 적용하기 위해서 다양하고 재미있는 접근법을 활용한다. Paris Goodyear-Brown(2009)은 비눗방울을 가지고 깊은 호흡 게임을 하는 '크게 만들기' 전략과 바람개비로 주의 집중 과제를 하는 '균형 잡기' 전략, 스트레스 감소를 촉진하기 위해 리듬을 세는 전략을 사용했다. 또한 6세 아동이 이해할 수 있게 '복식 호흡'을 보여 주어(Culbert & Kajander, 2007) 스트레스와 고통, 불안을 줄이는 데 이것들을 적절히 사용하도록 하였다.

상상/가상 놀이

이 놀이 형식 역시 아동중심 활동이다. 하지만 이 놀이는 놀이치료자들에게 구체적인 전략을 자주 사용하라고 요구하지 않는다. 손 인형, 인형의 집과 작은 조각상, 의상, 블록, 동물 같은 놀잇감은 모두 상상 놀이를 촉진한다. 손 인형은 상상 놀이의 촉진을 넘어 대처 기술과 역할 놀이, 문제 해결 전략을 위한 창조적인 사고를 가르치고 노출과 탈감각 기회를 제공하는 데 더 직접적인 방법으로 활용될 수 있다(Chibbaro & Bradley, 2012). 구조화된 인형 놀이나 적응적 인형 놀이는 아동이 불안 자극이나 잠재적 스트레스에 대비할 수 있도록 책 없이 스토리텔링 형태로 부모나 임상가에게 활용될 수 있다. 스트레스와 불안을 감소시킬 수 있는 구체적인 놀이 도구를 활용해 사건을 연습하고 준비하는 것은 아동에게 도움이 된다(Bratton, Landreth, Kellam & Blackard, 2006; Danger, 2010).

유머

유머는 대처 전략이자 스트레스에 반대되는 완충 장치로서 위협을 덜 부정적인 상황으로 평가하도록 개인의 지각을 변화시키기 위한 방법으로 다양하게 기술되었다(Abel, 2002). 웃음은 유머와 자연스럽게 대응된다. 그리고 유머에는 엔돌핀의 방출과 스트레스 호르몬, 혈압의 감소를 포함한 여러 신체적, 정신적 이점이 있다는 것이 밝혀졌다(Schaefer, 2011). 웃음은 종종 놀이에서 자연적으로 일어난다. 인간의 즐거움에 대한 본성은 치료적 관계를 구축하거나 대화를 촉진하도록 돕는다. 다른 구체적인 기법으로는 아동이 통찰하고 새로운 관점을 얻게 하는 과장과 역설 지향, 탈감각화를 들 수 있다(Wolf-Wasylowich, 2011).

임상 적용 및 사례

특정한 스트레스는 신체적 통증에서부터 행동적 변화까지 다양한 방식으로 자신을 드러낸다. 아동과 부모의 고유한 스트레스 원인을 평가하는 것은 임상적 평가에서 우선시되어야 한다. 정신 장애 진단 및 통계 편람은 다축적 평가로 폭넓은 스트레스 원인을 추적 관찰한다(APA, 2000). 스트레스와 관련된 진단은 명백히 제시된 증상과 덜 분명한 증상 모두를 포함한다.

적응 장애는 특히 정서적, 행동적 증상을 야기하는 스트레스 요인에 개인이 노출되었는지가 판단의 기준이 된다. 불안 장애, 더 구체적으로 급성 스트레스 장애와 외상 후 스트레스 장애는 모두 정신적 외상을 일으키는 스트레스 요인에 개인이 노출된 경험이 있다(APA, 2000). 스트레스 수준과 우울의 연관성 역시 더더욱 분명해지고 있다. 불분명하게 나타나는 다른 문제로는 두통 또는 기능성 복통, 다른 섭식 장애 증상으로는 설명이 안 되는 제한적 섭식 습관의 발생 등의 과거력이 있다. 배변 훈련 시기 즈음의 유아는 종종 대변을 참거나 변비나 유분증을 보이면서 스트레스를 나타낸다. 전환 장애 역시 스트레스가 신체적 증상으로 변환되어 나타난다. 다음은 내가 진행한 아동의 사례이다. 스트레스 관리를 촉진하는 놀이의 기능이 아동의 전반적인 대처 능력과 기능, 신체적 발현과 정서적 증상을 개선시킨다는 것이 확실히 증명되었다.

급성 스트레스 장애 사례

킴벌리는 6세 여아로 아동 중환자실에 입원하면서 놀이치료에 의뢰되었다. 아동 중환자실에 입원할 때는 대체적으로 많은 스트레스가 동반되지만 의식이 있는 상태에서 기도 삽입물을 넣는 매우 충격적인 사건을 경험한 이 아동에겐 특히 정신적 외상이 컸다. 킴벌리는 병원 직원과 이야기하길 거부했고 누구든 방으로 들어오면 눈을 감아 버렸다. 킴벌리의 병은 그녀의 몸을 마비시켰다. 그녀를 담당하는 아동 전문가는 킴벌리의 스트레스 수준이 명확히 증가하고 있다고 나에게 의뢰하였다. 나는 아동이 놀이치료실로 오지 못하고 신체적으로 어떤 재료도 다룰 수 없다는 것을 알기에 병실에 무엇을 가지고 가야할지 고민하였다. 나는 구슬, 채색 도구, 가위, 풀, 마커와 같이 치우기 쉽고 이동 가능한 미술 재료들을 가져가기로 결정했다. 내가 방에 들어가자 킴벌리는 즉시 눈을 감았다. 그리고 내가 부모에게 방에서 나가 있으라고 이야기하자

아이는 울었다. 20분 동안 나는 그녀의 침대 맡에 앉아서 내가 위협적이지 않음을 알려 주려는 기대를 가지고 킴벌리에게 이야기했다. 나는 킴벌리가 치료 개입을 감당할 수 있는지 확인하기 위해 계속해서 그녀의 얼굴과 심박 수를 번갈아 보았다. 난 그녀에게 복도와 방에서 일어나는 모든 일을 설명해 주었다. 왜냐하면 발자국 소리나 목소리가 들릴 때마다 놀라서 아이의 심박 수가 높아진다는 것을 발견했기 때문이었다. 그녀에게 이야기해 주는 동안 나는 나의 스트레스 수준을 조절하기 위해서 주로 목걸이를 만들었다. 목걸이를 만드는 동안 내가 무엇을 하고 있는지 킴벌리에게 자세히 설명해 주었다. 시간이 조금 지난 뒤에 나는 그녀의 심박수가 정상으로 돌아왔음을 알아차렸고 마침내 킴벌리는 눈을 뜨고 나를 보았다. 그녀는 곧 놀이 회기에 직접 참여하기 시작했고 채색 도구를 골랐다.

나는 이 순간을 절대 잊지 못한다. 하늘을 무슨 색으로 칠하고 싶은지 킴벌리에게 묻자 킴벌리는 내가 색칠하길 제안했다. 나는 그녀에게 "특별한 놀이 시간에는 네가 원하는 어떤 색으로든 하늘을 칠할 수 있어."라고 알려 주었다. 킴벌리는 활짝 웃으며 신나서 "핑크요. 나는 하늘이 핑크색이길 바라!"라고 대답했다. 그녀는 직접적으로 재료들을 다룰 수 없었지만 놀이는 킴벌리에게 자유와 통제감을 가져다 주었다. 내가 킴벌리에게 사용한 다른 전략은 병원을 방문하는 어릿광대 프로그램과 킴벌리와의 회기 내에서 유머를 사용한 것이다. 나는 깊은 호흡법을 가르쳤다. 킴벌리는 입원 기간 동안 급성 스트레스 장애 기준에 속했지만 다음 진료 때는 이 문제가 해결되었기 때문에 그녀의 진료 기록에서 그 표시는 사라졌다.

우울/불안 사례

마크는 고등학생이자 드럼 악단의 주장으로 최근 근육에 생기는 악성 암인 횡문근육종 진단을 받았다. 대부분의 연부 조직 암은 아동에게서 발견된다. 마크는 대학 진학에 집중하는 대신 강도 높은 화학치료와 방사선 치료를 받게 되었다. 그는 중요한 학교 행사들을 '놓치는' 것과 치료에 대한 스트레스, 그리고 죽음을 피할 수 없음에 괴로워했다. 나는 일반적으로 후기 청소년의 의뢰를 잘 받지 않는다. 하지만 마크가 종양학 심리학자와 대화하기를 거부했다. 그들은 비언어적 전략을 갖춘 사람이 더 효과적일 것이라 생각했다. 나는 환자 침대 머리맡에서 진행된 첫 회기에 Oaklander(1978)의 '색, 형태, 선'을 활용했다. 마크에 대한 진단보다 더 중요한 것은 예술과 음악이 그의 주된 대처 전략이었다는 것이다. 하지만 그는 화학 치료가 시작되면서 그것들을 더 이상 하지 않았다. 초기 회기 후에 마크는 집에 돌아갔고 이후에 그는 예술 대회에 참가 신청서를 내는 또 다른 버전의 Oaklander 활동도 마쳤다. 때때로 임상가로써 우리의 역할은 단순히 우리의 내담자가 자신만의 대처 전략을 상기하고 활용할 수 있도록 어떤 식으로든 그들을 안내하는 것이다. 그가 놀이치료실에 올 수 있었을 때 마크는 모래 상자에 다가가 여러 회기 동안 모래상자를 사용했다. 마크는 미래에 대해 고심하면서 여러 의미 있는 모래 상자를 만드는 것을 출발점으로 Lowenfeld의 세계 기법을 사용했다(Homeyer & Sweeney, 2011). 그는 작은 조각상을 사용해 모래 상자에서 변화를 창조했다. 병원이 지배적이던 세계관에서 새로운 모험과 가능성이 펼쳐지는 낙관적 미래로 이끌고 갔다. 대학 1학년을 마친 여름, 마크는 대학에서 예상치 못한 여러 도전들로 스트레스를 받은 채 집에 돌아와서 아마도 항우울제를 바꿀 때가 되었다고 느꼈다. 마크는 놀이치료실에서 과거에 자신을 성공적으로 지탱해 준 대처 전략을 상기시키는 회기를 마친 뒤 약물 조절 없이 떠나면서 "결국에는 내가 이걸 다룰 수 있을 것 같은 기분이 들어요."라고 말했다.

전환 장애 사례

레아는 9세 여아였는데 그녀는 자신의 침을 포함한 모든 음식과 수분 섭취를 하지 않아서 섭식 장애로 진단되었다. 그녀의 입원 수속을 진행하면서 전환 장애가 더 적절한 진단이라는 것이 분명해졌고 이를 뒷받침할 수 있는 더 정확한 과거사가 나왔다. 전환 장애 사례에서 일반적으로 있는 일인데, 레아는 자신의 삶에서 슬프고 무서운 일이 일어난 적이 단 한 번도 없다고 강하게 부정했다. 첫 회기에 모래 상자 놀이를 하는 동안 나는 전환 장애에 사용하는 기법을 적용했다. 레아는 걷잡을 수 없이 많은 묘비와 죽음이 주제인 장면을 만들었다. 모래 상자를 완성하고 나서 레아는 나에게 돌아와 "사람들은 가끔 자동차 사고로 죽어요."라고 말했다. 그리고 나서 갑자기 놀이치료실의 다른 영역으로 관심을 돌렸다. 치료 과정 동안 레아는 여러 모래 상자를 만들었다. 머지않아 죽음에 관한 주제는 줄어들었고 그녀의 주 증상은 개선되었다. 또한 그녀는 점진적 노출 과제로 놀이용 부엌을 활용했으며 먹고 마시는 것도 정상으로 돌아왔다. 놀이용 부엌에서 레아는 나에게 오더니 마침내 모래 상자 작업에서 사용했던 은유를 극복하고 말했다. "내 가장 친한 친구가 자동차 사고로 죽었어요."

임상 경험에서 스트레스 수준을 감소시키기 위해 놀이를 활용한 결과 놀이치료실에 온 아동의 신체적, 정서적 증상이 감소되었다. 아동에게 놀이는 현재, 그리고 미래의 역경을 다룰 수 있도록 돕는 도구를 발견하고, 발달시키고, 연습할 수 있는 기회이다.

참고문헌

Abel, M. H. (2002). Humor, stress, and coping strategies. *Humor: International Journal of Humor Research, 15*(4), 365–381.

American Institute of Stress. (n.d.). *America's no. 1 health problem.* Retrieved May 31, 2012 from http://www.stress.org/americas.htm?AIS=5b019612b71a363b42ec0ec90cd9628e

American Journal of Play. (2010). Science of the brain as a gateway to understanding play: An interview with Jaak Panksepp. *American Journal of Play, 2*(3), 1–33.

American Psychiatric Association. (2000). *Diagnostic and statistical manual of mental disorders* (4th ed., text rev.). Washington, DC: Author.

American Psychological Association. (2010). *Stress findings in America.* Washington, DC: Author.

Berk, L. E., Mann, T. D., & Ogan, A. T. (2006). Make-believe play: Wellspring for development of self-regulation. In D. G. Singer, R. M. Golinkoff, & K. Hirsh-Pasek (Eds.), *Play = learning: How play motivates and enhances children's cognitive and social-emotional growth* (pp. 74–100). New York, NY: Oxford University Press.

Bernard, K., & Dozier, M. (2010). Examining infants' cortisol responses to laboratory tasks among children varying in attachment disorganization: Stress reactivity or return to base-line? *Developmental Psychology, 46*(6), 1771–1778. doi: 10.1037/a0020660

Bratton, S., Landreth, G., Kellam, T., & Blackard, S. (2006). *Child parent relationship therapy (CPRT) treatment manual: A 10-session filial therapy model for training parents.* New York, NY: Routledge.

Chibbaro, J., & Bradley, L. (2012, March). Exploring puppetry as a treatment option. *Play Therapy, 7*(1), 6–9.

Christiano, B. A., & Russ, S. W. (1996). Play as a predictor of coping and distress in children during an invasive dental procedure. *Journal of Clinical Child Psychology, 25*(2), 130–138.

Culbert, T., & Kajander, R. (2007). *Be the boss of your stress: Self-care for kids.* Minneapolis, MN: Free Spirit.

Dador, D. (2008, September 25). *Kids have "secret" anti-stress weapon.* Retrieved from http://abclocal.go.com/kabc/story?section=news/health&id=6414669

Danger, S. (2010). Adaptive doll play: Helping children cope with change. *International Journal of Play Therapy, 12*(1), 105–116. doi: 10.1037/h0088874

DeBord, K. (n.d.). *Helping children cope with stress* (North Carolina Cooperative Extension Service). Retrieved May 31, 2012, from http://www.ces.ncsu.edu/depts/fcs/pdfs/fcs457.pdf

Gil, E. (2006). *Helping abused and traumatized children: Integrating directive and nondirective approaches.* New York, NY: Guilford Press.

Ginsburg, K. R. (2007). The importance of play in promoting healthy child development and maintaining strong parent-child bonds. *Pediatrics, 119*(1), 182–189.

Goodyear-Brown, P. (2009, April). *Play therapy with traumatized children: Glimpses into the child's heart*. Paper presented at the Texas Association for Play Therapy Conference, San Antonio, TX.

Homeyer, L., & Sweeney, D. (2011). *Sandtray: A practical manual*. New York, NY: Routledge.

Jewett, J., & Peterson, K. (2002, December). *Stress and young children*. Retrieved from http://www.athealth.com/consumer/disorders/childstress.html

Koolhaas, J. M., Bartolomuccic, A., Buwaldaa, B., de Boera, S. F., Flüggeb, G., Kortei, S. M., . . . Fuchsb, E. (2011). Stress revisited: A critical evaluation of the stress concept. *Neuroscience and Biobehavioral Reviews, 35*, 1291–1301.

Landreth, G. L. (2002). *Play therapy: The art of the relationship* (2nd ed.). New York, NY: Brunner-Routledge.

Miller, E., & Almon, J. (2009). *Crisis in the kindergarten: Why children need to play in school*. College Park, MD: Alliance for Childhood.

Nel, D., & Spies, G. M. (2005). *The use of play therapy mediums in a stress management program with corporate employees*. Retrieved from http://abclocal.go.com/kabc/story?section=news/health&id=6414669

Nelson, D., & Cooper, C. (2005). Guest editorial: Stress and health: A positive redirection. *Stress and Health, 21*, 73–75. doi: 10.1002/smi.1053

Oaklander, V. (1978). *Windows to our children*. Highland, NY: Real People Press.

Pellis, S. M., & Pellis, V. C. (2007, April). Rough-and-tumble play and the development of the social brain. *Current Directions in Psychological Science, 16*(2), 95–98. doi: 10.1111/j.1467–8721.2007.00483.x

Perry, B. (2009). Examining child maltreatment through a neurodevelopmental lens: Clinical applications of the neurosequential model of therapeutics. *Journal of Loss and Trauma, 14*, 240–255. doi: 10.1080/15325020903004350

Perry, B., & Szalavitz, M. (2006). *The boy who was raised as a dog: What traumatized children can teach us about loss, love and healing*. New York, NY: Basic Books.

Ray, D. (2011). *Advanced play therapy: Essential conditions, knowledge, and skills for child practice*. New York, NY: Routledge.

Russ, S. (1998). Play, creativity, and adaptive functioning: Implications for play interventions. *Journal of Clinical Child Psychology, 27*(4), 469–480.

Schaefer, C. S. (2011, September). The importance of the fun factor in play therapy. *Play Therapy, 6*(3), 16–19.

Shonkoff, J. P., Garner, A. S., Committee on Psychosocial Aspects of Child and Family Health, Committee on Early Childhood, Adoption and Dependent Care. (2012). The lifelong effects of early childhood adversity and toxic stress. *Pediatrics, 129*, e232–e238. doi: 10.1542/peds.2011–2663.

Spiegel, A. (2008, February). *Old-fashioned play builds serious skills*. Retrieved from http://www.npr.org/templates/story/story.php?storyId=19212514

Stern, C. (2011, February). Corticotropin-releasing factor in the hippocampus: Eustress or distress? *Journal of Neuroscience, 31*(6): 1935–1936. doi: 10.1523/JNEUROSCI.5611–10.2011

Stress Institute. (2010). *Stress management*. Retrieved from http://stressinstitute.com/the_effects_of_stress.asp

Wolf-Wasylowich, R. (2011). *Humor within the therapeutic relationship: Mental health therapists' experiences and understandings* (Master's thesis, Prescott College). Retrieved from http://gradworks.umi.com/1492623.pdf

사회적 기술 강화

유아기 초기인 감각 운동기에 하는 블록 놀이, 가장 놀이 그리고 게임 놀이는 애착, 친밀감, 공감하기, 그리고 타인에 대한 존중을 유발함으로써 사회성 발달을 촉진한다.

- 치료적 관계
- 애착
- 사회적 능력
- 공감

12

치료적 관계

ANNE L. STEWART and LENNIS G. ECHTERLING

서론

우리는 진화론적 입장에서 연결되어 있고 서로 연관되어 있으며 관계 속에 있다. 유아기에서 계속 진보해 가는 우리의 '사회적 뇌'는 평생 공사 중이다. 즉, 관계를 구축하고, 유지하고, 보수해 간다. 유아와 부모 간의 상호작용을 관찰해 보면 우리는 신뢰로운 관계를 쌓는 데 필수적인 미묘한 상호작용을 목격할 수 있다. 건강한 부모 자녀 관계는 서로 바라보고, 웃고, 만지고, 속삭이는 것으로 이루어진, 한없이 즐겁고 리드미컬한 대화를 통해서 자란다는 것을 알 수 있다. 생애 초기에 매일 유아와 소통하는 '대화'를 통해 유아는 양육자에게 돌봄과 사랑을 받는다(Lieberman & Van Horn, 2010). 놀이치료자는 동일한 힘, 즉 공감하고 반응적인 상호작용의 힘을 사용한다. 놀이치료자는 아동의 정서 세계를 이해하는 자신의 관심을 보여 주고 효과적인 치료적 관계를 쌓기 위해 그 힘을 사용한다(Badenoch, 2008; Siegel, 2007).

종종 간과되었지만 놀이는 성공적인 치료적 관계의 필수 요소이다. 놀이는 다양한 형태를 띨 수 있다. 그 예로 신체 놀이 혹은 거친 신체 놀이, 사회 놀이, 언어 놀이, 대상 놀이, 창작 놀이, 표현 예술, 가상 놀이가 있다. 정신과 의사이자 국제 놀이 협회를 설립한 Stuart Brown은 놀이가 모든 인간 관계의 초석이며, 놀이는 부모님과의 첫 사랑 관계에 그 뿌리를 내리고 있다고 말했다. Brown(2009)은 아동과 부모 간의 자발적이고 상호 간에 일어나는 즐거움은 놀이 상태에서 이루어지며 반응과 연결은 진화적으로 발생하게 되어 있다고 하였다. 이러한 관점에서 안전한 관계를 만드는 것과 놀이는 밀접하게 관련되어 있다.

치료적 관계에 대한 설명

치료적 동맹은 정신건강 놀이치료자와 내담자 간에 일어나는 다양한 놀이치료자-내담자의 상호작용 요인과 관계 요인을 설명하는 포괄적인 용어이다(Green, 2006). 치료적 동맹은 놀이치료를 포함한 효과적인 상담 및 심리치료를 시행하는 데 필수적인 요소로 고려되었다.

　　Bordin(1979)은 이론적 관점을 뛰어넘는 치료적 동맹을 위한 모형을 제시하였다. 그는 치료적 동맹이 목표(goal), 과제(task), 유대감(bond), 이 세 가지 구성 요소로 이루어져 있음을 제시했다. 그러므로 건강한 치료적 동맹은 내담자가 놀이치료자와 같은 목적를 가질 때(목표), 치료적 과정에서 안정감과 신뢰감을 경험할 때(과제), 놀이치료자와 편안함을 경험할 때(유대감) 분명해진다. 첫 번째 요소인 목표는 치료에서 바라는 결과에 대해 놀이치료자와 내담자가 동의하는 것과 관련이 있다. 과제는 치료에서 이루어지는 협력 작업으로 목표를 성취하기 위해 이용하는 치료적 원리, 방법, 활동이다. 효과적인 치료에는 목표, 과제, 유대감으로 이루어진 치료적 동맹의 힘이 작용한다는 Bordin의 주장은 여러 연구에서 지지되어 왔다. 일반적으로 아동, 청소년, 성인 심리치료의 연구 결과에서는 치료적 동맹이 변화의 30%를 설명한다(Lambert & Barley, 2002; Shirk, Karver, & Brown, 2011). 아동, 청소년, 그리고 성인 놀이치료자는 변화를 이끄는 결정적 요인이 긍정적인 치료적 동맹이라고 생각하며, 강한 치료적 동맹은 모든 연령층의 내담자와 진행하는 치료에서 더 나은 결과를 가져온다는 확실한 증거가 있다(Fluckiger, Del Re, Wampold, Symonds, & Horvarth, 2012; Whirk, Caporino, & Karver, 2010).

왜 이 힘이 치료적인가?

우리는 부모, 다른 성인과 상호작용하는 것이 아동의 삶에 중요하다는 것을 오래 전부터 알고 있다. 신경과학 연구 결과는 아동을 둘러싼 '관계의 환경'이 뇌의 구조를 구축하는 원재료라는 것을 우리에게 보여 준다. 이러한 입증은 대인 관계 상호작용과 관계의 질이 실제로 뇌 회로를 형성한다는 것, 이것이 이후 학업 수행부터 정신 건강 및 대인관계 기술에 이르는 발달적 결과의 토대가 된다는 것을 보여 준다(Cozolino, 2010; Siegel, 2007). 치료적 동맹은 건강한 부모-자녀 관계의 특징을 구현하는 것과 같은 방식으로 치유적 힘을 갖는다. 다시 말해 관계에 대한 공유된 목표나 목적이 있고, 서로 관계를 맺을 수 있는 조화로운 방법을 알며, 긍정적 정서의 연결이 있는 것이다.

놀이치료 실제에서 치료적 동맹의 이 세 가지 관점을 어떻게 찾아볼 수 있을까? 놀이치료자의 이론적 기반과 아동의 연령에 따라서 부모와 자녀가 같이 결정하고 공유한 목표는 광범위해질 수 있다. 예를 들면 '아동 또는 청소년의 정서적 안녕을 지원하기' 또는 '더 긍정적인 자아감을 발달하기', 더 구체적으로 설정하면 '함께 놀이하고 대화하면서 아동이 가진 걱정 찾기', '아동이 슬픔을 느끼기 시작할 때 진정할 수 있도록 깊은 호흡 사용하기', '무엇이 아동의 화를 유발하는지 이해하고, 나의 격렬한 감정에 대해서 사람들에게 말할 수 있는 새로운 방법을 연습하기'가 될 수 있다.

성인이 발달적으로 적절하고 맥락상 앞뒤가 맞는, 즉 예상하고 예견 가능한 방식으로 아동과 상호작용을 할 때 아동은 안전을 느낀다. 이것은 아동의 발달적 능력과 놀이치료자의 이론적 기반이 조화를 이루는 치료적 활동과 이에 더하여 민감하게 조율된 상호작용이 이루어져야 한다는 것을 의미한다. 내담자와 놀이치료자는 치료적 목표를 달성하기 위해 함께 작업하는 그들만의 독특한 방법을 구축해 나간다. 회기들은 아동중심놀이, 상상치료, 문제 해결, 역할 놀이 또는 표현 예술을 포함한 폭넓은 범위의 활동들을 담을 수 있다.

마지막으로 치료에서 협동 과정과 목표 설정은 돌봄 관계 속에서 일어난다. 치료 '작업'에는 회기를 구성하는 처음 두 가지 관점(목표와 과제)이 반영된다. 반면 유대감은 놀이치료자와 내담자 사이의 정서적 연결 또는 치료적 관계로 만들어진다. 아동이 맞닥뜨리는 수많은 문제들은 그들의 관계 파괴 때문이거나 또는 그것에 기인한다. 그러므로 아동이 정서적, 사회적, 행동적 스트레스를 경험할 때 아동의 정신 건강을 촉진시키기 위한 중요한 요소로 성인과의 관계를 살피는 것이 필요하다.

　　신경생물학, 행동, 사회 과학의 진보로 생애 전반에 걸쳐 건강한 발달을 돕는 반응적 관계의 결정적 역할에 대해 수렴적이고 주목할 만한 발견을 했다. 유대감의 중요성과 동맹의 치료적 힘을 이해하기 위해서 우리는 건강한 부모-자녀 상호작용과 이론적, 경험적으로 얻은 치료적 동맹 간의 유사점을 증명하였다.

경험적 근거

아동·청소년에게 쏟는 치료적 노력 중 놀이치료자-내담자 동맹의 효과와 특징에 대해서 우리는 무엇을 알고 있는가? 치료적 동맹의 구축은 아동·청소년 치료를 논하는 데 있어서 중요한 역할을 한다(Axline, 1950; Freud, 1946). Anna Freud는 놀이의 주된 기능이 치료적 동맹을 가능하게 하는 것이라고 주장했다. 아동의 대부분이 부모나 선생님, 건강 보호 기관에 의해서 치료에 의뢰된다는 것을 고려해 볼 때 아동은 타인에게 이끌려 마지못해 놀이치료실에 올 수 있다. Chethik(2001)은 아동과의 소통 방식으로 놀이의 사용을 장려하였고 놀이치료자와 아동 간의 긍정적 유대감을 만드는 놀이의 힘을 강조하였다.

　　아동·청소년 치료에서 동맹에 관한 경험적 연구 결과는 점차 쌓이고 있다. 아동과 십대를 대상으로 동맹에 관해 수행한 연구를 보면 목표, 과제, 유대감의 관점으로 이루어진 Bordin의 성인 동맹 모형에서 많은 부분을 차용하였다. Shirk와 Saiz(1992)는 치료적 관계와 치료 과제에 대한 아동의 정서적 견해를 평가하는 자기 보고식 척도를 개발하기 위해서 이 모형을 사용하였다. 이들의 연구 결과에서 놀이치료자와 아동의 정서적인 관계와 치료 과제에 대한 그들의 협력 간에 연관성이 있다고 나타났다. 또 연구 결과에서는 유대감과 과제의 규모에도 관계가 있음이 나타났는데 높은 수준의 유대감은 치료 과제에 대한 높은 참여를 예측할 수 있었다. 다른 측정 방법을 채택한 Estrada와 Russell(1999)은 아동치료 과정의 차원을 평가하기 위한 관찰 시스템을 발전시켰다. 연구자는 아동과 놀이치료자의 협조 및 신뢰 관계와 치료적 참여에 대한 준비도 간의 상관관계를 발견했다. 연구 방법과 측정 방식이 다르더라도(자기 보고식과 관찰 측정) 두 연구 결과에 따르면 성인 심리치료 문헌에서 종종 '치유적' 요인이라고 불리는 치료적 관계와 긍정적 참여의 중요성이 모두 강조되었다.

아동·청소년 치료 동맹에 대한 많은 연구들이 Bordin의 3요인 모형에 부합하는 결과를 도출했음에도 불구하고 아동과 십대를 대상으로 한 연구 문헌은 충분하지 않다. Shirk와 Karver(2011)는 최소 두 연구가 과제 및 관계 요인의 상호작용에 대한 단일 요인 해결책을 도출했다는 것을 알아냈다(DiGiuseppe, Linscott, & Jilton, 1996; Faw, hogue, Jonson, Diamond, & Liddle, 2005). 아동·청소년을 대상으로 하는 다른 동맹 연구는 2개로 분리되어 보고된다. 하지만 정서적 유대감과 과제 협력 차원으로 구성된 요인은 서로 관련되어 있다(Estrada & Russell, 1999, Shirk & Saiz, 1992). Shirk 등(2010)은 청소년 동맹 연구자들이 정서적 유대감 요소 또는 과제와 목표에 대한 동의를 강조하는 경향이 있다는 것에 주목했다. 그들이 설명한 변화량에 유대감과 과제 동의에 대한 높은 관계성은 없었다. Shirk 등(2010)은 유대감, 과제, 목표를 포함하는 '협력적 유대감' 같이 비교적 포괄적인 구성으로 청소년 동맹을 보는 것이 유용할 것이라고 발표했다.

Shirk, Karver, Brown(2011)은 치료적 동맹에 있어 성인과 아동 모형 간에 유사 또는 차이가 있는지 증명하는 엄격한 메타 분석을 실시했다. 그들은 아동의 치료적 동맹의 효과가 성인 연구 결과와 일치한다는 의미 있는 발견을 했다. 다시 말해 아동·청소년 내담자를 대상으로 한 연구에서 다양한 임상적 문제와 증상에 상관없이 동맹은 치료 성과를 예측하는 것으로 나타났다. 게다가 아동·청소년의 동맹에 대한 종합적 메타 분석 결과는 성인 개별 치료 연구와 비교할 만한 효과성을 나타냈다. 저자는 치료 동맹의 본질에 영향을 미칠 수 있는 몇몇 발달적 요인에 주목했다. 그 요인은 아동의 제한된 문제 인식 및 변화를 위한 동기, 비자발적인 치료 의뢰, 증가하는 청소년의 자율성, 그리고 정서적 유대감에 대한 아동의 경험이다. 어떻게 아동이 놀이치료자-아동 간 유대감을 경험할 수 있는가라는 마지막 요인은 치료적 변화를 촉진하는 실제적인 관계의 역할 및 놀이의 역할에 대한 이 분야의 반복되는 논란거리이다. 우리는 직접적인 치유 요인 또는 변화의 기폭제로써 치료 관계와 놀이의 역할을 계속해서 탐색하며 효과적인 놀이치료에서는 놀이와 정서적 유대감을 모두 중요한 요인으로 인정한다는 공통점을 발견했다.

변화를 이끄는 치료적 관계의 역할

놀이는 즉흥적이고 정서적으로 연결되며 활동적인 경험이다. 최근 신경과학 연구에서 밝혀진 바와 같이 놀이는 옥시토신의 수준을 높이고 정서적 행복의 생성과 신뢰를 증가시킨다. 놀이는 아동의 감정에 정확하게 공명하도록 놀이치료자를 돕는 거울 뉴런을 활성화시킨다. 놀이는 새로운 신경 패턴의 창조를 촉진함으로써 신경 가소성을 촉진시킨다(Cozolino, 2010). 이로 인해 놀이 경험은 치료적 동맹을 향상시킨다.

놀이로 촉발되는 긍정적 효과는 우리를 다른 사람과 연결하는 접속 감정이다. 놀이와 같이 서로 즐거운 활동은 두 사람 간의 관계를 강화하는 '즐거운 유대감'을 창조한다. Masselos(2003)는 아동과 당신이 함께 있을 때 즐겁다면, 아동은 당신을 더 신뢰롭고, 배려심 있고, 가까워지기 쉽게 여긴다고 하였다. 놀이에 의해 촉발된 신남은 동맹을 더 재미있고 열정 넘치게 만들며 관계를 구축할 수 있게 한다.

치료적 관계 안에서 놀이의 영향력

의사소통은 언어적이면서 동시에 비언어적이다. 정보적이기도 하고 정서적이기도 하다. 이는 놀이치료자가 자신의 머리와 마음, 그리고 눈과 귀 모두를 사용해 들을 수 있는 기회를 제공한다. 놀이치료자는 놀이의 흐름이나 주제가 변하는 내내 내담자의 단어와 몸짓, 목소리 톤, 자세, 얼굴 표정에 주의를 집중한다. 놀이치료자는 지금 여기에서 이 역동적인 과정의 리듬과 분위기에 대해 반응하며 내담자와 호흡을 맞춰 놀이라는 춤을 춘다. 내담자는 놀이 활동에 몰두하고 자아에 대한 인식이 사라질 때 몰입감을 경험한다(Csikszentmihalyi, 1990). 놀이치료자와의 즐거운 몰입 경험은 치료적 관계를 온전히 깊어지게 하고 관계의 질을 높인다.

전략과 기술

Cozolino(2010)는 풍요로운 환경에 대한 전문화된 유형으로서의 심리치료에 있어서 혁신적인 생물 행동 관점을 개발했고 '심리치료는 다양한 신경망 사이의 조정을 회복시키고 창조하는 방법'이라고 주장했다. 그는 최적의 뇌 기능과 정신 건강은 모두 성장과 통합, 복잡성과 연관되어 있다고 주장했다. 그리고 놀이치료자는 새로운 신경 연결 통로의 생성을 돕는, 다시 말해서 신경 가소성을 촉진하는 신경과학에 대한 최근 지식을 사용해야 한다고 말했다. 새로운 신경 연결 통로와 신경 연결망을 창조하는, 즉 신경 가소성을 자극하는 Cozolino의 요인들을 사용하여 어떻게 놀이가 건강한 치료적 동맹을 창조하는 데 도움을 주는지 보여 주기 위한 몇몇 전략과 기술을 서술하였다. 이 기술들은 개별, 가족, 집단 놀이치료에 적용할 수 있다. 내담자의 안정 수준과 나이, 현재 나타나는 어려움, 그리고 치료적 목표를 고려하여 놀이치료자는 무엇을 언제 사용할지 선택하고 시기도 결정해야 한다. 대부분의 기술은 초기 '냉랭함을 깨는(ice breaker)' 활동으로 제공할 수 있고 특정한 고민거리를 찾을 목적으로 쓸 수도 있다.

공감적 조율

내담자와 놀이치료자 간에 감정적 유대감을 만들고 유지하는 핵심적 요인은 공감적 조율이다. 공감적 조율은 놀이치료자가 필요한 시점에 지지적인 말을 해 주고 언어적 · 비언어적인 관심을 표현하며 따뜻함을 전달하고 제한을 설정하면서 민감하게 아동의 놀이에 반응하는 대인 관계적 아동 주도 놀이에서 나타난다. 놀이치료자는 또한 이 접근을 관계의 불화를 회복하거나 안전과 안정감을 재건하는 데 사용할 수 있다. 놀이치료자는 항상 놀이 기반(또는 언어 기반)의 LUV 개입으로 치료적 동맹에 주의를 기울인다. 놀이치료에 적용하는 LUV는 Look & Listen(보고 듣기), Understand(이해하기), Validate(입증하기)의 머리글자다. 우리는 이것이 성공적인 관계의 기초가 된다고 믿는다(Echterling, Presbury, & McKee, 2005).

LUV를 제공할 때 당신은 적극적으로 아동의 언어적 · 비언어적 메시지에 반응하고, 생각과 감정에 대한 공감적 이해를 전달하며, 절대적으로 인간에 대한 가치를 인정한다. 유쾌한 놀이치료자는 아동에게 위협적이지 않은 안전한 장소에 있다는 신호를 보낸다. 연구 결과에서도 미소 짓고, 웃고, 즐거움이 있는 사람이 다른 사람에게 더 신뢰롭게 비춰진다고 밝혔다. 내담자가 수용되고, 이해받고 있고, 경청되고 있다고 느끼지 못할 경우 창조적 개입은 조작 또는 기껏해야 의미 없는 수법으로 보일 뿐이다. Shirk와 Karver(2011)는 표현된 정서를 알아차리고 내담자의 경험에 주목하기 위해 내담자 주도적인 상호작용을 지지한다. 특히 치료를 시작할 때 더 그러하다. 초기 놀이 회기에서 재미와 즐거움을 찾은 아동은 다음 회기가 돌아오길 기대하고 놀이치료자에게 호감을 느끼는 경향이 더 높았다. 놀이치료자로서 LUV를 내담자에게 적용하는 것은 가장 기본적이고 변함없는 개입이다. LUV는 치료적 관계의 핵심으로 여겨진다.

거울, 반영

당신의 조율을 보여 줄 수 있는 즐겁고 직접적인 방법은 아동의 행동을 흉내내는 것이다. 이 활동을 할 때 놀이치료자는 자신이 아동을 반영하는 거울처럼 행동할 것이며 아동의 행동을 따라할 것이라고 말한다. 아동과 놀이치료자는 60~90cm 떨어져서 서로 마주본다. 그들은 서로를 분명히 볼 수 있고 방해 없이 움직일 수 있고 실수로라도 서로를 다치지 않게 해야 한다. 대표와 따라하는 사람을 정하고 '거울처럼 따라하기'를 시작한다. 이 활동을 재미있게 하려면 '손 따라하기'처럼 놀이치료자가 그들의 손바닥을 사용해 본다. 놀이치료자와 아동은 60cm 정도 떨어져서 서로 마주보고, 아동이 움직이며 돌 때 놀이치료자는 아동의 앞에서 계속 따라한다.

감정과 생각 통합하기

놀이는 긍정 정서를 가져다주고 창조적인 생각을 높인다. 놀이는 생각과 감정을 통합하는 새로운 해결책을 위한 조건을 마련한다. 게다가 놀이 기반 개입은 과거 분리해서 생각하거나 부정하고 억압했던 생각 및 감정을 창의적으로 표현할 수 있는 기회들을 제공한다. 놀이치료자로부터 지지와 안내를 받으며 내담자는 정서와 인지적 경험을 통합함으로써 극심한 불안, 두려움, 화, 큰 슬픔을 극복하고, 표현과 이해, 숙달감을 얻는 새롭고 안전한 방법을 탐색할 수 있다.

누가 그 말을 했을까?

스트레스가 있는 시기에 다른 사람의 관점을 취하는 능력을 사용하기란 매우 어렵다. 가족 또는 집단이 사용할 수 있는 이 구조화된 게임은 즐겁고 의미 있는 주제에 대해 위협적이지 않은 방식으로 다른 사람의 관점을 상상할 수 있도록 돕는다. 한 사람이 "내가 좋아하는 색은 무엇이며 왜 좋아할까요?", "내가 가장 만나고 싶은 연예인은 누구일까요?", "가장 당황했던 순간은 언제일까요?"와 같은 질문을 하며 시작한다. 질문을 하는 사람을 제외하고 모든 참가자는 질문에 대한 답을 적는다(글을 못 쓰는 어린 아동은 지정된 사람에게 귓속말을 할 수 있다). 적은 답을 섞은 후 하나씩 크게 읽는다. "누가 그 말을 했을까?" 추측하기 전에 모든 대답이 공유되는 것이 중요하다. 모든 답을 들은 후에 그 답을 적은 사람과 연결시켜 본다. 게임 참여자는 모든 답을 추측할 때까지 자신이 적은 답을 말하지 않는다.

모든 답을 추측하고 나서 게임 참여자는 "누가 그 말을 했을까?"라고 말한다. 가족 또는 집단은 이 과정에서 논의할 수 있다. 어떤 답이 그들을 놀라게 하거나 아주 즐겁게 하는지 살피고 다른 사람에 대해 그들이 배우는 것이 무엇인지 주목한다.

개별 아동에게 이것을 적용하더라도 가족은 언제나 심리적으로 존재한다는 것을 필수적으로 기억해야 한다. 아동은 그들의 마음과 정신에 가족을 데리고 온다. 가족의 신념, 기대, 목소리, 이미지, 과거는 아동의 내적 세계에 영원히 고정되어 있다. 그리고 이것은 관계를 맺는 그들의 능력에 엄청난 영향을 미친다. 성공적인 놀이치료자는 이 가족 맥락을 존중하고 이를 기반으로 아동과 부모 모두와 건강한 치료적 동맹을 창조한다. 흥미롭게도 몇몇 연구는 부모와의 치료적 동맹이 아동과의 치료적 동맹보다 특정한 결과(치료적 참여)를 더 잘 예측한다는 것을 보여 준다(Hawley & Weisz, 2005).

문화적 요인 역시 치료적 동맹을 구축할 때 핵심적으로 고려해야 한다. Smith, Domenech, Rodriguez, Bernal(2011)은 윤리적으로, 언어적으로, 문화적으로 다양한 내담자와 치료적 동맹을 맺을 때 문화적 적합성이 중요함을 강조했다. 저자는 내담자를 존중하고, 내담자의 기대와 정신 건강에 대한 기대를 확인하고, 치료 목표를 협력적으로 결정하기 위해 이러한 정보들을 사용하며 내담자의 가치에 맞는 치료적 방법을 적용(예 : 조상의 문화적 관점을 유지하기, 문화에 맞는 은유를 사용하기)하고, 내담자의 피드백에 즉시 반응하는 모습을 보여 주는 것이 놀이치료자에게 중요함을 언급했다.

임상 적용 및 사례

치료적 관계의 발전을 가능하게 하는 놀이의 힘은 다양한 주호소 문제에 상관없이 유용한데 그중에서 대인 관계에 어려움을 겪을 때 특히 유용하다. 다음 임상 사례는 강한 치료적 동맹을 맺기 위한 놀이의 사용에 대해서 설명하고 있다.

카트리나가 지나간 자리

카트리나가 지나간 자리는 수안이라는 아이의 이야기다. 정상적인 발달을 하고 있던 아이는 자연 재해 피해로 만성적인 스트레스를 겪게 되었다. 이 대화는 반응적이고 조율된 놀이 기반 개입을 통해서 어떻게 아동과 치료자가 함께 정서적 유대감을 창조하고 치료적 과업을 해 나가는지 보여 준다.

수안은 8세 여아로 미국 미시시피 주 남동부 빌럭시에서 왔다. 그녀의 가정은 허리케인 카트리나로 파괴되었다. 일 년 후 그녀는 가족과 거주지에 있는 임시 거처에 살고 있었다. 수안은 자신감과 에너지가 넘치는 아이였다. 하지만 지금은 걱정이 많고, 쉽게 잘 놀라는 아이가 되었다. 그녀는 집에서 엄마 곁에 달라붙어 있었고, 학교 친구나 다른 친구들과는 멀어졌다. 아이는 이러한 문제들로 놀이치료자에게 의뢰되었다.

3회기 동안 수안은 앞선 2회기 동안 그랬다시피 천천히 놀이치료실로 들어왔다. 놀이 재료들을 훑어보고 방 주변을 돌아다니다가 놀잇감을 집기 위해 여러 번 멈춰 섰다. 그녀는 양손에 놀잇감을 각각 잡고 자신의 얼굴 가까이 가져다 대었다. 집중하는 표정을 지으며 놀잇감을 보다가 원래 있던 곳에 가져다 놓았다.

놀이치료자는 작은 의자에 앉아서 몸을 앞으로 기대고 그의 팔꿈치를 무릎에 대두 손을 포갠 채 편안한 미소로 아동을 보고 있었다. 치료자는 수안이 방을 돌자 따라가기 위해 의자를 돌렸다.

놀이치료자 : 이 방에 있는 많은 놀잇감들을 살펴보고 있구나.

(놀이치료자가 이러한 말을 하자 수안은 그를 힐끔 쳐다보고는 다시 탐색하던 쪽으로 몸을 돌리며 부드럽게 흥얼거리기 시작한다. 그녀는 강아지 인형을 집어 손에 들고 작은 소리로 훌쩍거린다. 그리고 나서 그녀는 강아지 머리를 쓰다듬으며 강아지를 껴안고 흥얼거리는 목소리로 단어를 강하게 강조하기 위해 음절을 천천히 늘어뜨리면서 강아지에게 말한다.)

수안 : 거봐아아아, 거봐아아아, 거봐. 내가 널 붙잡았어. 너는 이제 완전히이 괜찮을 거야.

놀이치료자 : 너는 강아지를 보살펴 주고 이제 괜찮을 거라고 알려 주고 있네.

(수안은 강아지 인형을 팔 안에 부드럽게 안아 흔든다. 그리고 부드러운 목소리로 말한다.)

수안 : 너는 혼자 어둠 속에 있어, 그렇지? 이 집에는 아무도 너를 보살펴 줄 사람이 없어. 하지만 이제 나랑 있으니까 너는 더이이이이상 두려워할 필요가 없어.

놀이치료자 : 이 강아지는 어둠 속에 혼자 있어서 매우 무서웠구나. 지금 네가 강아지를 보살펴 주고 있구나.

(수안은 바닥으로 내려와 양반 다리를 한 채 강아지를 안고 털을 쓰다듬으면서 아이 달래듯 몸을 앞뒤로 천천히 흔들기 시작한다. 그녀는 아기 젖병이 근처 상자에 있는 것을 알아차리고 강아지 인형을 두 팔로 부드럽게 안은 채 젖병에 손을 뻗는다.)

수안 : 너는 정마아아아알 배가 고프구나. 그렇지, 강아지야? 너에게 맛있는 우유를 줄게.

놀이치료자 : 너는 네 강아지가 배고픈 것도 알고 있네. 그래서 너는 먹이를 줄 거구나.

(그녀는 아기 젖병을 강아지 인형의 입에 넣고 인형 쪽으로 얼굴을 숙여 긴 숨을 내쉬며 안도와 만족을 나타내는 과장된 표현을 하며 웃는다.)

수안 : 아아아아아! 정마아아알 맛있지, 그렇지?

(그녀는 강아지 인형을 팔에 안아 계속 흔들고 먹여 주고 쓰다듬는다.)

놀이치료자 : 너의 강아지는 네가 그렇게 잘 돌봐주는 것을 정말 좋아하는구나.

(수안은 조심스럽게 아기 젖병을 그녀 근처 바닥에 놓고 인형에게 음식 주는 것을 멈추며 진지하게 치료자를 보며 끄덕인다. 그리고 인형을 흔들면서 자장가를 부르기 시작한다.)

수안 : 나무 꼭대기에 자장 자장. 바람이 불면 요람은 흔들릴 거야. 가지가 부러지면 요람은 떨어지지. 아래로 떨어질거야… 요람도 다.

놀이치료자 : (아동과 같이 리듬에 맞춰 가볍게 몸을 흔들며 부드럽게 이야기한다.)

이제 네 강아지를 안고 흔들면서 노래를 불러 주고 있구나.

(수안은 블록 상자가 방에 있는 것을 알아차리고는 밝게 웃었다. 아이의 얼굴에는 생기가 돌았다. 그녀는 놀이치료자를 돌아보며 회기 내에서 처음으로 직접 말했다. 놀이치료자는 눈썹을 들어올리며 수안의 미소를 기대하고 보았다.)

수안 : 강아지 집을 짓는 데 이 블록들을 사용해도 괜찮나요?

놀이치료자 : 여기서는 네가 그걸 결정할 수 있어. 건물을 만들 계획인가 보구나.

수안 : 완전 새 강아지 집을 만들 거예요.

놀이치료자 : 오, 강아지를 위한 집을 만들기로 결정했구나.

수안 : 여기, 내가 집 만드는 동안 강아지를 돌보고 계세요.

놀이치료자 : (속삭이며) 네 강아지를 돌보기 위해 난 뭘 해야 하지?

수안 : 이렇게 강아지를 안고 노래를 불러 줘요. 강아지는 이제 배고프지 않아요. 그
　　냥 졸려요.

놀이치료자 : (다시 속삭이며) 무슨 노래를 부를까?

수안 : '자장 자장 강아지'를 불러요. 강아지는 그 노래를 좋아해요.

(놀이치료자가 인형을 안고 노래를 부르는 동안 수안은 블록으로 강아지 집을 짓는다.)

놀이치료자는 놀이치료 과정에 대해 논하기에 위해 앞서 수안의 부모님과 만나서 그들의 걱정거리를 들었다. 놀이치료자는 3주마다 한 번씩 부모님을 만나서 수안의 진척을 논하고 부모와 동맹을 계속 만들어 가게 되었다.

이 대화는 놀이치료자가 수안과 정서적 유대감을 쌓기 위해 조율된 반응을 제공하는 것을 보여 준다. Shirk 등(2011)에 의해 입증되었듯이 치료 초반에 아동이 주도하는 상호작용을 제공하고, 정서적으로 민감한 문제들을 말하도록 강요하지 않고, 정서적인 취약점이 드러났을 때 버팀목이 되어 주고, 적극적 경청의 균형을 맞추고, 부모와 치료적 동맹을 쌓는 것과 같은 치료자의 언행은 건강한 치료적 동맹을 쌓게 하는 것과 관련이 있다는 치료적 실제를 보여 준다.

천사처럼 날기

천사처럼 날기 사례의 내담자인 십대 청소년은 자신이 또래에게 받아들여질 수 있을지 고심한다. 그는 창조적인 예술 표현과 회복 탄력성을 활용하는 과제를 위해서 놀이치료자와 강한 정서적 유대감을 사용한다.

　16세의 비쩍 마른 데릭은 그의 성 정체감에 대해 여러 해 동안 고심해 왔다. 자신이 다른 남자들에게 매력을 느낀다는 것을 알게 되었을 때 데릭은 그것이 부적절하다는 생각에 불안하고 걱정되기 시작했다. 한때 환경과 사회 정의에 큰 관심을 가진 주체적인 사상가였던 그는 이제 남의 시선을 의식하고 남들에게 자신이 받아들여질 것인지 걱정하게 되었다. 우수했던 그의 성적은 보통 수준에 머물렀다.

　놀이치료를 받게 되었을 때 데릭은 주로 그림으로 표현했다. 그는 크레파스만 사용하여 그의 내적 혼란과 자기 혐오, 학교에서 따돌림 받는 것에 대한 두려움, 그리고 그의 미래에 대해 커져 가는 두려움을 원색으로 자세히 묘사하여 그렸다.

데릭 : (그 그림을 보여 주며) 밤에 가끔 창문 밖을 보면 현관 불빛을 향해 계속해서 부딪치는 바보 같은 벌레들을 볼 수 있어요. 나방이나 뭐 그런 거요.

놀이치료자 : 이 나방들이 계속해서 불빛이 있는 곳으로 날아가 부딪치는 게 어떤데?

데릭 : 그게 지금 내가 느끼는 기분이에요… 바보같이 계속해서 여기에 머리를 들이받고 있는 내 자신이 불만스럽고 지긋지긋해요.

놀이치료자 : 있잖아. 네가 원하는 곳으로 날아갈 수 있다면, 너에 대한 좋은 느낌을 가진다면, 네가 살고 싶은 삶을 향해 나아갈 수 있다면 어떻게 할지 궁금하다. 계속해서 너의 머리를 거기에 부딪칠 수밖에 없는, 완전히 그 빛에 속수무책인 상황을 이 크레파스로 표현해 보자. 그리고 48색 크레파스 상자가 네가 가지고 싶은 자신감과 희망을 나타낸다고 해 보자. 지금 너의 상자에는 얼마나 많은 크레파스가 있니?

데릭 : 음, 모르겠어요. 아마 내가 생각하기엔 9개요.

놀이치료자 : 그게 10개가 되려면 지금과 다른 어떤 일이 일어나야 될까?

데릭 : 음, 정확히 모르겠어요. (그는 잠시 멈추고 생각했다.) 이건 정말 설득력이 없지만 내가 독수리가 되는 것이랑… 이건 더 이상하지만, 몇몇 녀석들이 나에게 던진 모든 쓰레기가 솟구치게 할 수 있는 거요.

놀이치료자 : 와우. 데릭 그거 정말 생생하다. 그것을 그림으로 그려보는 게 어떻겠니?

Shirk 등이 임상 실제에서 추천하는 것과 일치하는 이 대화는 강한 치료적 동맹의 많은 요인을 반영한다. 그 요인은 치료적 과정에 대해 데릭이 잘 이해하도록 한 것, 적극적 경청과 치료적 과제 간의 균형, 창조적인 표현으로 데릭의 생각과 감정을 통합시키는 데 도움을 주는 그림 재능과 그의 관심을 결합시킨 것이다.

회복으로 가는 오솔길

'회복으로 가는 오솔길'은 종합적인 리더십 프로그램의 제목이다. 저자는 전쟁 후 자신의 마을에 남겨진 불발탄과 지뢰로 인해 피폐해진 주민의 심리를 다루는 정부를 돕고 있다. 전쟁과 관련된 폭력을 경험한 성인 생존자들을 위한 일주일간의 이 프로그램은 전통적인 짧은 강의, 역할 놀이 기술, 놀이 기반의 활동을 통해서 참여하고 탐색할 수 있는 많은 기회를 제공한다. 이 사례는 치유를 위한 자발적인 또는 계획된 놀이의 힘, 치료적인 놀이의 힘, 의미 있는 의식의 창조, 나이, 성별, 문화를 불문하는 즐거움의 촉진을 설명한다.

예맨에서 온 어느 젊은 여성은 항상 우아한 두건을 한 채 조용히 관찰하고 있었다. 그녀의 이름은 아이샤였다. 그녀는 크고 인상적인 눈과 평화로운 미소를 가지고 있었고 워크숍의 다른 참가자들처럼 다리가 하나밖에 없었다. 이 워크숍에는 5개의 서로 다른 중동 국가의 동료 지지 프로그램에서 온 지뢰 피해 생존자가 참여하였다. 이들의 외상 후 성장을 촉진하고, 도움이 되는 기술을 향상시키고, 잠재된 리더십을 발달시키기 위해 일주일간의 워크숍이 계획되었다. 역할극, 강의, 실연, 프로젝트 기획 회기, 글짓기 연습 등 혁신적인 훈련 프로그램도 놀이 기반 활동에 포함되었다. 이러한 활동은 아이샤의 외상 후 성장을 위한 강력한 치료가 되었음이 입증되었다.

주초 저녁에 손을 사용할 수 있는 젊은 참가자들과 2명의 교육 담당자가 농구장에서 즉흥적으로 게임을 하기로 결정했다. 아이샤는 휠체어에서 운동을 하거나 공을 던져본 적은 이번이 처음이었는데 그녀가 예상했던 것보다 훨씬 더 어려웠다. 그럼에도 불구하고 그녀의 팀에 있는 워크숍 교육 담당자는 그녀에게 계속 공을 던져 주며 골대 안에 공을 넣으라는 몸짓을 했다. 비록 그녀도, 교육 담당자도 말을 하진 않았지만 그들은 놀이가 그들의 공통된 언어임을 발견했다. 그들은 미소를 주고받았고, 예상치 않은 방향으로 공이 날아 갔을 때 웃었으며 그녀가 득점했을 때 환호했다.

　남은 워크숍 기간 동안 교육 담당자는 아침에 아이샤를 맞이할 때마다 그녀가 공을 넣는 장면을 흉내내며 승리의 기쁨으로 팔을 들어 올렸다. 아이샤는 그 모습에 큰 미소로 팔을 흔들며 답했다. 훈련이 진행되면서 아이샤는 다른 새로운 것들을 시도했고 더 위험한 것에도 도전했다. 그녀는 점차 논의에서 적극성을 띠고 위기 개입 연습에 자원자로 참여하였다. 아이샤는 또한 자신의 인공 다리로 꽤 오랜 시간 동안 걸을 수 있음에도 불구하고 결혼 파티에서 그녀의 삼촌과 춤을 추다 지뢰를 밟은 이후로 한 번도 춤을 추지 않았다는 사실을 밝혔다. 그러나 이제 그녀는 춤을 출 준비가 되었다. 그날 저녁 여자 단원들은 아이샤를 격려하기 위해 모였고 아이샤는 환한 미소를 지으며 기품 있게 전통 춤을 선보였다. 다음 날 아침, 그녀는 어제 저녁에 자신이 춤을 추었음을 자랑스럽게 교육 담당자에게 무언극으로 보여 주었다. 자발성과 위험, 신뢰를 포함한 그들의 즐거웠던 농구장에서의 만남은 관계의 도화선이 되었다. 명예롭고 축하받을 만한 개인적 변화와 성장이 있었다.

결론

사회 과학, 행동, 신경생물학의 연구는 발달적 궤도상에서 아동에게 가능성이 있는지 혹은 문제가 있는지의 판단에 영향을 미치는 조건을 이해하는 데 중요한 진보를 가져왔다. 최근 연구는 아동의 '관계의 환경'이 뇌 발달을 구성한다는 상호 역동적인 영향을 설명하고 있다. 이렇듯 과학에서 얻은 결과는 치료적 동맹을 형성하는 놀이의 중요성과 반응적인 관계 그리고 조율된 상호작용이 극히 중요한 역할을 한다는 것에 대한 더 깊은 공감을 만들어 낸다. 이러한 진보는 놀이치료에서 굉장히 유의미한 치료적 동맹을 구축하는 데 더 많은 도움이 된다.

참고문헌

Axline, V. (1950). Entering the child's world via play experiences. *Progressive Education, 27,* 68–75.

Badenoch, B. (2008). *Being a brain-wise therapist: A practical guide to interpersonal neurobiology.* New York, NY: Norton.

Bordin, E. (1979). The generalizability of the psychoanalytic concept of the working alliance. *Psychotherapy: Theory, Research, and Practice, 16*, 252–260.

Brown, S. (2009). *Play: How it sharpens the mind, opens the imagination, and invigorates the soul.* New York, NY: Bantam Books.

Chethik, M. (2001). The play relationship and the therapeutic alliance. *Psychoanalytic Social Work, 8*, 9–20.

Cozolino, L. (2010). *The neuroscience of psychotherapy: Healing the social brain* (2nd ed.). New York, NY: Norton.

Csikszentmihalyi, M. (1990). *Flow: The psychology of optimal experience.* New York, NY: Harper & Row.

DiGiuseppe, R., Linscott, J., & Jilton, R. (1996). Developing the therapeutic alliance in child-adolescent psychotherapy. *Applied and Preventive Psychology, 5*, 85–100.

Echterling, L. G., Presbury, J., & McKee, J. E. (2005). *Crisis intervention: Promoting resilience and resolution in troubled times.* Upper Saddle River, NJ: Merrill/Prentice Hall.

Estrada, A., & Russell, R. (1999). The development of the child psychotherapy process scales. *Psychotherapy Research, 9*(2), 154–166.

Faw, I., Hogue, A., Johnson, S., Diamond, G. M., & Liddle, H. A. (2005). The adolescent therapeutic alliance scale: Development, initial psychometrics, and prediction of outcome in family-based substance abuse prevention counseling. *Psychotherapy Research, 15*, 141–154.

Freud, A. (1946). *The psycho-analytic treatment of children.* London, England: Imago.

Flückiger, C., Del Re, A., Wampold, B., Symonds, D., & Horvarth, A. (2012). How central is the alliance in psychotherapy? A multilevel longitudinal meta-analysis. *Journal of Counseling Psychology, 59*(1), 10–17.

Green, J. (2006). The therapeutic alliance—A significant but neglected variable in child mental health treatment studies. *Journal of Child Psychology and Psychiatry, 47*(5), 425–435.

Hawley, K. M., & Weisz, J. R. (2005). Youth versus parent working alliance in usual clinical care: Distinctive associations with retention, satisfaction and treatment outcome. *Journal of Clinical Child and Adolescent Psychology, 34*, 117–128.

Lambert, M. J., & Barley, D. E. (2002). Research summary on the therapeutic relationship and psychotherapy outcome. In J. C. Norcross (Ed.), *Psychotherapy relationships that work: Therapist contributions and responsiveness to patients.* New York, NY: Oxford University Press.

Lieberman, A., & Van Horn, P. (2010). *Psychotherapy with infants and young children.* New York, NY: Guilford Press.

Masselos, G. (2003). When I play funny it makes me laugh. In D. E. Lytle (Ed.), *Play and educational theory and practice.* Westport, CT: Praeger.

Schaefer, C. E. (2012). *The therapeutic powers of play* (unpublished manuscript).

Shirk, S. R., Caporino, N., & Karver, M. (2010). The alliance in adolescent therapy: Conceptual, operational, and predictive issues. In D. Castro-Blanco & M. S. Karver (Eds.), *Elusive alliance: Treatment engagement strategies with high-risk adolescents.* Washington, DC: American Psychological Association.

Shirk, S. R., & Karver, M. (2011). Alliance in child and adolescent psychotherapy. In John C. Norcross (Ed.), *Psychotherapy relationships that work: Therapist contributions and responsiveness to patients.* New York, NY: Oxford University Press.

Shirk, S. R., Karver, M. S., & Brown, R. (2011). The alliance in youth psychotherapy. *Psychotherapy, 48*(1), 17–24.

Shirk, S. R., & Saiz, C. (1992). The therapeutic alliance in child therapy: Clinical, empirical, and developmental perspectives. *Development and Psychopathology, 4*(4), 713–728.

Siegel, D. J. (2007). *The mindful brain: Reflection and attunement in the cultivation of well-being.* New York, NY: Norton.

Smith, T., Domenech Rodriguez, M., & Bernal, G. (2011). Culture. In John C. Norcross (Ed.), *Psychotherapy relationships that work: Therapist contributions and responsiveness to patients.* New York, NY: Oxford University Press.

Stewart, A., Echterling, L., Macauley, C., Hamden, H., Neitzey, N., & Ghannam, G. (2011). Pathways to resilience workshop promotes leadership and peer support. *Mine Action Information Journal, 15.*

13

애착

WILLIAM F. WHELAN and ANNE L. STEWART

서론

안정적인 관계는 정상 발달을 위한 기초와 친밀한 환경을 제공해 준다(Bowlby, 1969, 1988). Mary Ainsworth는 양육자에 대해 아동이 세상으로 나아가고 세상에 대해 배울 수 있도록 하는 '안전기지'이며 재충전과 보호를 위해 돌아올 수 있는 피난처라고 묘사하였다. 또한 이러한 관계 발달 및 치료 모델에서 놀이치료자는 반응적인 놀이에 개입함으로써 아동을 위한 안전기지와 피난처로서 기능한다(Ainsworth, Blehar, Waters, & Wall, 1978).

Schaefer(2012)는 놀이의 치료적 힘이 건강한 기능에 어떠한 영향을 미치는지에 대한 네 가지 포괄적 범주를 정의하였다. 의사소통, 정서적 건강, 사회적 관계, 개인적인 힘. 다르게 표현하자면 정확한 의사소통과 정서적 신호 주기, 사고, 정서, 행동에 대한 적절한 상호 조절(궁극적으로 자기-조절), 건강한 관계를 새롭게 맺는 능력, 공감과 양심에 대한 역량, 탄력성과 낙천성이 정상 아동 발달의 결과로 포함된다. 이는 지난 40년간의 아동 발달 종단 연구 결과들(Grossman, Grossman, & Kinder, 2005; Sroufe, Egeland, Carlson, & Collins, 2005)과 일치하는데, 긍정적 관계 발달 및 적절한 정서, 행동, 사회적 기능과 연관된 전형적인 결과 중 하나이다. 따라서 가정, 학교, 지역 사회에서의 아동 놀이 일상 활동들은 이후 생애의 안정 애착과 기타 주요 성과를 위한 결정적인 구성 요소이다.

애착에 대한 설명

애착은 유아기와 전 생애에 걸쳐 영향을 미치는 유아와 양육자 간의 정서적 유대이다 (Bowlby, 1969). 모든 유아들은 신체적, 심리적 안전에 대한 필요를 충족시키기 위해 부모와 정서적 결합을 형성하려 한다(Ainsworth et al., 1978). 애착은 생존 기회를 높여주는데, 그 이유는 애착이 유아를 보다 강하고 현명한 대상과 밀접한 거리를 유지하게 만들기 때문이다. 연구자들은 애착 안정성이 유아와 성인 모두에게서 관계 기능, 정서 조절, 정신 병리의 개인차를 예측해 준다고 충분히 입증하였다(Cassidy & Shaver, 1999; Schaefer, 2012).

안정 애착이 왜 치료적인가?

안정 애착 아동은 다소 약한 스트레스가 발생할 때 부모에게 자동적으로 명확한 정서적 신호를 보내는데, 이 정서적 신호 전달은 강하기 때문에 더 성공적으로 그들의 욕구를 충족시킬 수 있다. 안정 애착 아동은 그들의 욕구를 행동 및 정서 신호로 전달한다. 이 신호는 읽기 쉽고 분명하며 직접적이다. 그들이 행동하고 느끼는 방식은 상황에 부합하며 부모들은 그것이 예측 가능하다는 것을 알아챈다. 그들의 정서적 신호 주기는 부모 또는 놀이치료자가 신호를 정확하게 인식하고 아동의 욕구가 무엇인지에 대한 정확한 참조를 만들며 그 욕구에 적절히 반응하는 것을 용이하게 만든다. 결과적으로 아동의 정서적, 행동적 욕구는 그때그때마다 적합하고 일관되게 충족되며 그들의 발달적 궤도는 건강한 방향으로 발달해 간다. 진화적 관점과 실제적 관점에서 이 애착 유형의 단기적인 영향과 힘은 아동의 욕구가 정서적, 행동적 사건마다 대개 즉각적으로 바르게 인식되고 충족된다는 것이다. 장기적 영향은 아동의 뇌가 보다 정교한 신경 연결 및 보조 경로 구조를 구축하게 하고, 이는 효과적으로 진정 리듬을 만들어 준다는 점이다. 여기엔 사고, 정서, 행동 간 상호 조절, 자기-통제 능력, 행동 및 사회적 유능성 등이 있다(Schore, 2001).

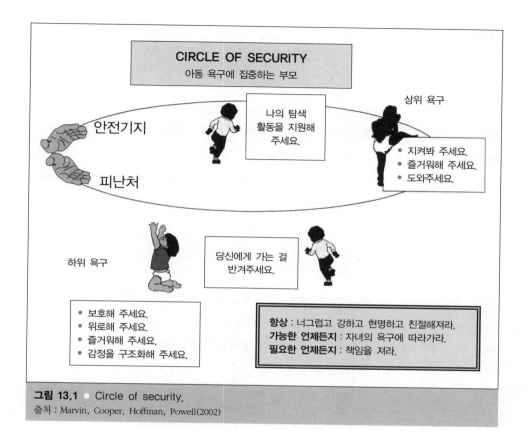

그림 13.1 ● Circle of security.
출처 : Marvin, Cooper, Hoffman, Powell(2002)

　애착 기반 놀이치료의 전반적 목표는 양육자 또는 놀이치료자와 조율되고 반응적인 상호관계를 통해 아동의 내적 경험을 재배열하고 재구조화하는 것이며 이는 아동의 자동적인 감정과 행동을 보다 일관되고 만족스럽게 해 준다. 애착 기반 치료, 특히 COS(Circle of Security)의 힘은 놀이치료자(또는 양육자)가 놀이를 기반으로 한 개입을 통해 아동의 기본적 관계 욕구 충족에 집중할 수 있도록 돕는 데 있다. Circle 모델에서 이러한 욕구는 상위와 하위 욕구로 구분된다(그림 13.1 참조). 아동 Circle의 상위 욕구에 포함되는 것은 다음과 같다. 나의 탐색 활동을 지원해 주세요, 지켜봐 주세요, 도와주세요, 즐거워해 주세요, 나와 즐겨주세요. 하위 욕구에 포함되는 것은 다음과 같다. 반겨 주세요, 보호해 주세요, 위로해 주세요, 구조화해 주세요, 즐거워해 주세요. 통합된 놀이 기반 방식으로 이러한 욕구들이 충족될 때 욕구들은 진정 리듬, 정서와 사고 및 행동의 상호 조절, 협력 행동, 궁극적으로 자기-조절과 유능성 능력을 위한 아동 신경계의 보조 경로 및 기능들을 구축하기 위해 함께 작용한다.

Circle 치료에서 놀이치료자는 아동을 위해 순환이 이루어지도록 애쓰는데, 부모뿐 아니라 대리 부모 또는 보다 너그럽고 강하고 현명하며 친절한 다른 성인들도 가능하다. COS는 일반적인 건강한 아동이 대부분의 시간을 탐색을 위해 떠났다가 재충전과 보호를 위해 돌아오는 것을 반복하며 양육자를 중심으로 선회하는 방식을 보여 준다. 놀이치료자는 이러한 치료적 관계 안에서 보다 너그럽고 강하고 현명하며 친절하도록 애쓴다. 또 아동의 욕구를 따르고 필요할 때 책임을 지고자(아동을 돕고 보호하고 이끌기 위해) 한다.

경험적 근거

전 세계의 연구들(Grossman, Grossman, & Waters, 2005; Sroufe et al., 2005; Van Ikzendoorn, Schuengel, & Bakermangs-Kranenburg, 1999)에 따르면 가장 일반적 또는 전형적인 아동 애착 유형은 안정 애착이고, 저위험군의 약 65~70%의 아동에게서 발견된다(고위험군에서는 비율이 훨씬 낮다). 안정 애착 유형은 평생 동안의 우수한 성과를 보증해 주지도 않고 모든 스트레스 형태 및 수준으로부터 보호해 줄 수도 없다. 그럼에도 불구하고 아동 관계 발달에서 안정 유형은 학령기와 성인기에서 탄력성, 보다 나은 성과와 가장 밀접한 관련이 있는 유형이다(Sroufe, 2005; Sroufe & Siegel, 2011). 실제로 최근의 연구들(Dozier, 2005; Stovall & Dozier, 2000)과 지난 15년간의 임상 현장(Whelan & Marvin, 2011)에서 모두 안정 애착을 가진 양육자가 아동의 정서적 신호에 대한 정확한 인식과 민감성을 활용하여 아동과 간단한 일상적 상호작용을 통해 아동의 경험과 유형을 건강한 형태로 만들 수 있다는 사실이 드러났다. 이러한 양육자들은 자동적으로 민감하고 유연하며 적응적인 정서적 양육 환경을 제공해 줄 수 있고 대개 아동의 특별한 욕구를 충족시키기 위해 미세 조율을 할 수 있다. 이 양육 유형은 아동의 신호뿐 아니라 잘못된 신호에 대해서도 예리한 민감성을 보인다(예 : Hoffman, Marvin, Cooper, & Powell, 2006; Marvin, Cooper, Marvin, & Powell, 2002). 의미 있는 상실이나 학대 또는 외상을 경험한 아동의 경우 안정 애착은 아동의 회복과 강하게 연관된다(Whelan & Marvin, 2011). Dozier(2005)는 입양 아동이 안정 관계 유형을 가진 양육자가 있을 때 더욱 빠르게(예 : 3달 내) 회복의 증거를 보여 주는 경향이 있음을 밝혔다.

임상가로서 우리의 도전은 놀이치료에서 만나는 대부분의 아동들이 다소 심한 가족 스트레스 환경(상실, 방임, 외상을 포함)이나 환경적 스트레스에서 성장했으며 Schaefer(2012)에 의해 알려진 건강한 발달의 네 가지 주요 징후를 보여 주지 못한다는 것이다. 애착과 치료적 관점에서 임상가로서의 우리의 책무는 아동의 신체가 사고, 감정, 행동에 대해 보다 건강한 신경 패턴을 발달시킬 수 있도록 관계적, 상호적 치유 환경의 제공을 돕는 것이다. 놀이치료에서 형성된 치유 관계는 과거의 만성적 가족 스트레스(상실, 외상, 방임 등)에 맞서는 기회를 제공하고 아동이 건강한 방향으로 발달하도록 도울 수 있다. 다시 말해 놀이치료 맥락에서 우리는 아동에게 비교적 낮은(보통의) 스트레스 환경의 정상 발달 중에 일어나는 상호작용과 유사한 새롭고 민감하며 안정적인 상호작용 관계를 제공하려고 시도한다(또한 부모가 동일하게 할 수 있게 격려한다). 다른 이들이 언급했듯이 상호적 놀이는 신체적, 사회적, 신경학적 발달에서 매우 많은 잠재력이 발휘되는 아동기의 과업이고(Axline, 1947; Seigel, 1999, 2010), 안정적인 관계는 민감한 지원과 안정성의 형태로 즉각적인 상호작용을 제공해 준다.

변화를 이끄는 애착의 역할

놀이는 건강하고 만족스러운 애착을 형성하는 필수 요소이다. 유아와 부모는 즐거운 정서적 의사소통을 통해 사회적 관계를 맺고 애착 유대를 형성한다. 유아는 첫 사회적 미소를 지음으로써 부모가 더욱 끌림을 느끼게 한다. 미소와 웃음은 부모와 아동 모두의 우반구 내 보상 체계를 활성화시키고 연대를 촉진한다(Nelson, 2008). 부모와 아동 사이의 즐거운 상호작용은 미소와 웃음을 짓게 하고 아동에게 애착의 감각을 높여 주는 경향이 있다. 실제로 Maccoby(1992)는 몰입과 긍정적인 정서로 가득 찬 부모와 유아 간 상호작용은 유대를 위한 기초를 형성하도록 돕는다고 주장하였다(Schaefer, 2012).

신경과학 분야의 설득력 있는 결과는 애착을 형성하는 데 대한 놀이의 이점을 지지해 준다. 부모-자녀 상호작용 연구는 부모가 놀이에서 그들의 자녀에게 조율할 때 끊임없는 화학적, 신경학적 현상이 일어난다는 것을 보여 준다. 핵심 역할은 화학 물질인 옥시토신—'유대 호르몬'이라고 불리는— 에 의해 일어난다. 자폐를 가진 유아와 부모 간 즐거운 상호작용은 자폐 아동의 옥시토신을 증가시켜 준다. 아동의 옥시토신 수준을 높이는 이 기제는 아동과 부모 간 상호작용의 질을 통해 나타난다(Gorden, Zagoory-Sharon, Leckman, & Feldman, 2010).

놀이는 놀이치료자와 아동의 관계에서 아동이 적극적인 개입을 하도록 해 준다. 이는 아동의 행동 및 정서, 특히 아동의 관계 욕구와 무의식적 방어, 건강, 탄력성과 관련된 참조와 판단을 형성하기 위해 놀이치료자가 관찰할 수 있는 즉각적인 상호작용을 제공해 준다. 이러한 점에서 놀이는 놀이치료자에게 아동이 보다 건강하고 치유적인 관계 패턴을 갖도록 영향을 미치는 상호작용을 제공해 준다.

놀이치료실에서 안정 애착과 불안정 애착 아동 사이에서 발견되는 가장 두드러진 차이 중 하나는 그들의 위안과 이완, 개입 수준이다. 안정 애착 유형의 아동은 놀이에서 자연스럽고 무의식적이며 편안하게 호기심을 드러낸다. 그들은 놀이에 쉽게 몰두되며 행동과 정서, 상호작용에 주제가 있고 일관성이 있다. 그들은 양육자를 활용하듯이 몰입되고 만족스러우며 효과적이고 수월한 놀이 참여를 위해 놀이치료자를 활용한다. 그들의 상호작용은 대개 동시적이고 상호적이다. 친밀함, 즐거움, 기쁨의 순간은 보통 아동이 많은 시간 동안 자신의 욕구를 민감하게 읽고 반응해 주는 놀이치료자 또는 양육자와 상호작용할 때 안정적인 양자 관계 안에서 관찰된다. 반면에 불안정 애착 유형의 아동은 놀이에서 비교적 적은 만족감, 즐거움, 자유를 보인다. 그보다는 자주 불안, 애착 행동과 욕구 억제를 보이고 때로는 공포나 경계심을 보이기도 한다. 그들의 놀이는 끊기고 반복되며 맥락에 맞지 않고 비생산적이다. 편안함, 기쁨, 생산성은 과거 또는 현재에서 오는 불안과 공포로 대체된다. 따라서 놀이의 복합적인 기능과 유익은 재조직에 있다. 놀이는 자연적인 경험이라기보다 생존을 높여 주고 뇌를 형성하며 공감을 촉진하고 사회적 기술, 문제 해결 기술, 자기-조절 기술을 발달시키는 복합적인 과정으로 인정되기 시작하였다(Brown, 2009).

놀이치료자를 위한 지침으로써의 애착

애착 이론은 치료 놀이(Booth & Jernburg, 2010), 애착 기반 부모 교육(Jughes, 2009), 마인드 사이트(Seigel, 2010)를 포함해 놀이치료자가 활용할 수 있는 많은 치료적 접근을 알려 준다. 언급된 모든 접근들은 Bowlby의 애착 이론(1969)과 Ainsworth의 연구

(1978)를 이론의 토대로 인정한다. 또한 모든 접근들은 신뢰 있는 자료를 얻기 위한 정확한 관찰의 중요성을 강조하고 있는데 이를 통해 정확한 참조와 판단 도출이 가능하기 때문이다. 우리는 특정한 애착 양육자 상호작용 모델인 COS(Marvin, Cooper, Hoffman, & Powell, 2002)를 활용한 아동 애착 및 발달 형성에서 놀이치료자(즉 치료적 양육자)의 역할에 대해 논의하려고 한다. 애착 관점에서 보면 경험적으로 증명된 이론의 양자 관계를 정확하게 관찰하고 묘사하는 것은 이해와 원조의 기초이다.

COS 모델은 아동의 관계 행동을 이해하고 Circle을 둘러싼 아동의 욕구를 식별하기 위한 구체적인 안내도를 제공해 주며 놀이 회기 동안 치료자가 아동의 욕구를 충족시키기 위한 구체적인 방법을 탐색하도록 도와준다. 놀이치료자를 위한 모델 훈련에는 놀이치료자(가능하다면 부모 또한)가 발달적 관점 내에서 정확성을 발달시킬 수 있는 관찰 훈련을 포함한다. 이는 이후에 관계 및 치료적 안내도로 Circle을 활용할 수 있도록 해 준다(Stewart, Gilbert, Whelan, & Marvin, 2007; Stewart, Whelan, Gilbert, & Marvin, 2011). 놀이치료자는 놀이치료실에서 아동의 상호작용을 관찰하는 동안 여러 행동 방식에 주의를 기울여야 하는데 여기에는 아동의 근접성, 신체 위치, 목소리 톤, 말의 내용, 정서, 신체 언어가 포함된다. 관찰이 정확하고(보통 녹화된 행동의 재검토가 필요) 정상 발달에 대한 지식을 바탕으로 활용된다면 놀이치료자는 특정 순간에서 아동이 정서, 의도, 사고에 대해 보이는 증거를 기초하여 참조를 만들 수 있고 아동이 놀이치료자에 관한 Circle에 있는지(즉, 아동이 관계/애착 욕구를 위해 어떻게 놀이치료자를 활용하는지) 결정할 수 있는데 Circle 주위의 욕구는 아동에게 가장 중요하게 여겨지는 경향이 있다.

Circle 주위에 나타나는 아동의 주된 욕구들에 대한 간략한 설명은 다음과 같다. 상위 Circle에는 다섯 가지 주요 욕구가 있다. (1) 탐색을 위한 지원은 탐색을 위한 놀이치료자의 승인과 격려를 경험하고자 하는 아동의 욕구를 의미하는데, 흔히 민감한 상호작용과 진술뿐 아니라 놀이치료자의 정서와 목소리 톤을 통해 전해진다. 탐색의 대상은 놀이 공간, 놀잇감, 활동, 놀이치료자와의 관계뿐 아니라 감정, 기억, 걱정, 두려움, 남아 있는 과거 외상, 상실, 학대를 포함한다. 아동의 탐색을 지원할 때 놀이치료자는 아동의 욕구에 기반을 두어 그때그때의 행동을 수정하고, 능동적으로 아동의 욕구를 따라갈 때인지 아동을 이끌고 보호하기 위해 그의 정서적 경험과 행동을 책임질 때인지 판단한다. (2) 아동 지켜보기는 아동의 행동에 대한 정확한 관찰을 의미하며 그 결과 다수의 결정 변수에 대해 정확한 참조와 판단을 끌어낼 수 있는데 이는 아동의 정확한 정서적 신호를 반영하는 행동인지 잘못된 신호를 반영하는 행동인지 또는 Circle에 속한 현재 가장 중요한 욕구는 무엇인지에 대한 참조들이다. (3) 즐거움은 놀이치료자가 아동에게 '정서적 공급'을 전달하거나 아동의 정서적 잔을 채울 수 있게 하는 긍정적인 정서적 감정과 에너지를 의미한다. 즐거움은 시선이나 접촉 또는 목소리 톤에 힘, 안정성, 애정, 희망, 용서를 실어 준다. 이는 아동이 계속해서 연결되고 희망을 품을 수 있게 하는 역할을 하고, 혼란스럽거나 외상적 환경에서 흔히 발견되는 스트레스와 정서적 붕괴를 건너가거나 가로지를 수 있게 한다. 만성적인 가족 스트레스 환경에서 즐거움은 애착 Circle 주위의 욕구 중 가장 빠르게 잃거나 사라지게 되는 욕구이다. 즐거움은 회복의 필수적인 역할 때문에 Circle의 상위와 하위 모두에서 나타나는 유일한 욕구이다. 놀이치료자의 목표는 만날 때마다 아동이 즐거움을 느낄 수 있는 짧지만 진실된 방법을 발견하고 양육자가 아동과 즐거움을 공유하도록 돕는 것이다. Schaefer(2011)에 따르면 '재미있는' 놀이 활동은 성인과 아동 간 즐거운 감정을 가장 잘 자극시켜 준다. 재미있는 활동은 아동과 양육자 사이에 미소, 웃음, 즐거움의 감정을 유발시켜 주는 것이다. (4) 나를 도와주세요는 놀잇감, 놀이 주제, 정서적 문제 및 놀이치료자와의 관계를 탐색하는 아동의 노력에 대한 발판을 의미한다. (5) 나와 함께 즐거워해요는 아동과 재미있는 활동을 즐기고 사귐이 즐거워서 아동과 함께 있는 것을 의미한다. 이는 아동이 수용적이고 동시적인 순간순간의 협력 행동을 경험하고 무조건적 관계에 내재된 따뜻함과 기쁨을 경험하도록 해 주기 때문에 중요하다.

Circle의 하위 또한 다섯 가지 주요 욕구가 있다. (1) 내가 당신에게 가는 걸 반겨주세요는 아동의 주저함, 괴로움, 혼란스러움, 버릇없음, 거부, 슬픔, 공격, 오해, 잘못된 판단 등을 반기는 것을 의미한다. 이것은 잘못된 행동에 대한 용납이나 강화가 아니라, 오히려 아동이 보다 너그럽고 강하고 현명하며 친절한 존재로서 놀이치료자를 경험할 수 있도록 그가 가져오는 무엇이든 반기는 것을 의미한다. (2) 나를 보호해 주세요는 신체적, 정서적 보호에 대한 아동의 욕구를 의미하며 놀이치료실에서의 사건, 놀이치료에서 활성화되는 부정적이거나 압도적인 기억과 정서, 그리고 때때로 나타나는 놀이치료자의 무감각으로부터의 보호를 포함한다. (3) 나를 위로해 주세요는 아동의 불안과 고통을 진정시키고 과잉 각성되거나 억제된 아동의 패턴을 흡수하고 조절하려는 놀이치료자의 시도를 포함한다. (4) 나와 즐거워해 주세요는 아동과 양육자 모두에게 재미있는 놀이 개입을 통해 아동에게 짧지만 진실된 기쁨의 순간을 전달하고 나누는 것을 의미한다. (5) 나의 감정을 구조화해 주세요(그리고 회복하는 과정으로 이끌어 주세요)는 놀이치료자가 아동의 정서적 경험을 책임지고 정서적 톤을 맞춰주는 방식을 의미하며 아동의 마음이 상하고 불안할 때 더 건강한 관계의 춤을 추도록 이끌어 준다. 이것은 상호작용에서 놀이치료자의 존재와 민감성, 목소리 톤과 태도, 신체 언어, 언어적 표현, 신체적 움직임을 통해 이루어진다. 놀이치료자는 아동이 안전하게 정서적 상호작용과 아동의 정서를 이끄는 타인(즉, 보다 너그럽고 강하고 현명하며 친절한)을 경험할 수 있게 한다. 또한 아동에게 누군가가 정서적 각성과 고통 가운데서 안전하게 자신을 이끌도록 허용하는 연습을 하게 하고, 타인의 강함과 안정감에 자신을 맡길 때 오는 안전함, 기쁨, 평안함을 경험하게 한다. 아동의 욕구 충족은 사소한 방법으로 또는 아동과의 구체적인 짧은 상호작용을 하는 순간 가장 잘 일어난다. 놀이치료자는 짧은 순간 동안 아동에게 안전하게 담아지고 이해되는 경험 및 치유적이고 격려적인 정서적 관계의 춤으로 이끌리는 경험을 제공할 수 있다.

전략과 기술

여러 치료적 배경을 가진 놀이치료자 모두는 치료적 과정이 일어나기 위해서 아동과 임상가 간 조율된 정서적 연결이 중요함을 인식하고 있다. 부모의 양육 관계에서와 마찬가지로 아동과 놀이치료자의 관계는 놀이치료실에서의 순간적인 상호작용 내에서 맺어지며 이 상호작용에는 아동을 반기고 탐색을 격려하고 압도적인 감정을 처리하도록 돕는 것들이 포함된다. 반응적인 놀이 기반 활동 맥락에서 놀이치료자들은 아동과 적극적이며 상호 간 안전하고 만족스러운 관계를 형성한다. 다음의 전략과 기술은 애착 접근에 일치하는 예시이다. 물론 이 전략들은 강하고 확고한 치료적 동맹을 맺은 상태에서 반응적으로 활용하기를 권고한다. 다시 말해 이 전략들은 애착 관계에 어려움을 가진 어떤 아이에게나 포괄적으로 적용할 수 있도록 계획되지는 않았다.

너와 나의 이야기

너와 나의 이야기(You-and-me stories)는 아동과 놀이치료자 간의 재미있는 상호작용과 애착의 발달을 설명해 준다. 놀이치료자는 아동과의 최근 상호작용(예 : 지난 치료 회기)에서 간단하고 단편적인 기억들을 활용하여 성장하고 있는 관계에 대한 짧은 이야기를 들려 준다. 이야기들은 행복하고 재미있는 혹은 다정하고 반영적인 놀이 탐색을 강화시킬 수 있다. 놀이치료자는 스토리텔링을 할 때 그들이 함께 하는 사람에 대한 이야기와 성장하고 있는 관계에 대한 이야기를 들려줌으로써 아동의 마음을 열수 있게 접근한다. 예를 들어 놀이치료자는 초기에 다음과 같은 말을 할 것이다.

나는 네가 오늘 다시 와서 너무 기뻐. 오늘 아침 너에 대해 생각하고 있었는데 그게 나를 웃음 짓게 했어. 네가 지난주에 처음 왔던 것이 얼마나 용감했었는지 기억해. 심지어 너는 내가 누구인지, 무슨 일이 일어날 건지 확신도 없었지. 블록을 쌓고 커다란 탑을 만드는 걸 보도록 내게 허락해 줬던 것을 기억해. 넌 정말 열심히 만들었고 나는 그곳에 너와 함께 있어서 좋았어. 물론 탑이 무너졌을 때 넌 매우 실망하고 화가 났었지만… 다음에 무슨 일이 있었지? 기억나니? 너는 그걸 다시 쌓는 것을 내가 도울 수 있게 허락해 줬어, 그렇지? 우린 함께 그걸 했어.

짧은 이야기들은 놀이치료자가 아동의 정서, 사고 및 행동을 상호 조절하고 보호하기 위해, 아동의 능력을 축하하고 확증하기 위해, 또한 정서적 치유를 이끌기 위해 아동의 경험을 반기고 구조화할 수 있는 기회를 제공해 준다. 앞으로 몇 주간 놀이치료자는 더 많은 이야기들을 들려 주고 아동이 함께 참여하도록 도우며 점진적으로 '너와 과거' 그리고 '너와 엄마(또는 아빠, 형제, 친구)'의 이야기로 확장해 간다. 이러한 이야기들은 공유된 경험을 갖게 하고, 아동에게 일관된 상호작용과 이야기 안에서 자신의 내적 경험을 구조화해 보는 연습 기회를 갖게 한다.

정서적인 동물 연기

정서적인 동물 연기(affective animal charades)는 아동이 다양한 정서를 경험하고 놀이치료자가 다양한 정서 상태를 상호 조절할 수 있도록 기회를 준다. 놀이치료자와 아동은 두 카드 더미—다양한 동물들이 있는 카드(단어나 사진, 그림을 활용), 감정들이 적힌 카드—를 만든다. 섞인 카드들은 조심스럽고 꼼꼼한 거북이에서부터 요란하고 바보스러운 원숭이, 무섭고 화난 벨로시랩터 공룡까지 다양한 캐릭터를 보여 주어야 한다. 카드는 아동에게 친숙하고 잘 조절되어 보이는 정서뿐 아니라 치료 문제와 연관된 정서 또한 포함해야 한다. 차례가 돌아오면 아동과 놀이치료자는 각 더미에서 카드를 선택해 상대방에게 그들이 선택한 것을 연기한다. 참가자들은 연기를 할 때 단어 없이 오직 소리와 행동만 사용한다. 당신은 신이 난 나무늘보나 몹시 화가 난 강아지를 연기할 수도 있다. 좀 더 나이가 있는 아동이나 청소년과 할 때에는 공동 만들기 작업과 4부분 악수(four-part handshake) 혹은 엄지손가락 씨름과 같은 간단한 참여 활동에서 정서를 상호 조절해 보는 기회를 제공할 수 있다(Booth & Jernberg, 2010). 이 모든 활동들은 정서를 확장하고 상호 조절해 보는 연습의 기회를 제공해 준다.

비눗방울 불기

아동과 청소년이 정서 조절을 연습하도록 돕는 방법 중 하나는 심호흡을 활용하는 것이다. 비눗방울은 판매 제품이나 직접 만든 것, 아니면 가상의 비눗방울을 사용할 수도 있다. 비눗방울을 불려고 할 때 너무 세게 불면 어떤 일이 일어날지 아동에게 먼저 묻는다. 그 후 여러 개의 비눗방울을 만들기 위해 부드럽게 천천히 살살 공기를 불어 보는 실제 또는 상상 활동에 아동이 참여할 수 있도록 한다. 또한 아동이 비눗방울을 불 때 준비했던 것처럼 그들의 소망이 계속 떠 있을 수 있게 도와주는 한 가지를 말해 보도록 격려할 수 있다.

　당신은 심호흡이나 요가를 소개함으로써 청소년 활동에도 적용할 수 있다. 그들을 화나게 하는 한 가지와 그들을 계속해서 차분하고 사려 깊도록 도와줄 수 있는 지인을 떠올려 보게 해라. 그리고 극복하도록 도와주는 사람의 지혜를 들이마시고 마음을 어지럽히는 감정을 내뱉고 있다고 상상하면서 입을 통해 깊이 그리고 천천히 숨을 들이마시고 내뱉는다. 예를 들어 청소년들은 평온함을 들이마시고 두려움을 내뱉을 수 있다. 또한 그들이 스트레스, 화, 두려움에 반응하는 신체 영역으로 숨을 '보내는 것' 혹은 가장 마음을 진정시키는 색을 들이마시고 그것을 신체 곳곳에 '보내는 것'을 상상하게 할 수 있다.

　모든 놀이치료 개입은 양육자와 아동의 적극적인 의사소통을 포함한다. 또 다른 가치 있는 접근은 부모에게 직접적으로 치료적 개입을 하는 부모-자녀 놀이치료 모델을 따르는 것이다(Guerney, 2000; Landreth & Bratton, 2006). 애착 증진을 위해 놀이치료실에서 부모 및 아동과 함께 다양하고 대표적인 아동 게임들을 할 수 있다. 이러한 많은 애착 기반 놀이 활동에 놀잇감은 필요하지 않다. *Playful Parenting*(2002)의 저자 Lawrence Cohen은 부모가 까꿍 놀이, 숨바꼭질, 간지럼 놀이, 거친 신체 놀이와 같은 기초적인 게임에서 '재미있는' 상호작용을 통해 자녀와 관계를 맺는 많은 방법들이 있음을 발견하였다(Schaefer, 2011, 2012).

많은 아동과 청소년들은 정서 조절 관련 문제와 어떻게 압도적인 감정을 다룰 수 있는지에 관한 문제를 갖고 치료에 온다. 과잉 또는 과소 각성될 때 명확히 생각하고 집중하는 능력을 잃거나 발휘하기 어렵게 된다. 놀이 기반 기술은 아동과 청소년이 최적의 각성 수준을 찾고 그들의 정서를 다루며 성공적으로 대처하는 전략을 발전시키도록 돕는 데 활용할 수 있다. 애착 기반 놀이 기술은 치료적 관계 맥락에서 아동이 치료적 과업에 협력할 수 있게 하며 아동의 정서 조절을 돕는다. 놀이는 긍정적 감정을 일으키고 창의적 사고를 촉진시키면서 새로운 신경 경로를 만들고 사고와 감정을 통합하는 새로운 해결 방법을 위한 환경을 조성한다. 놀이 기반 개입은 이전에 단절, 부인 또는 억제되었던 사고와 감정에 대한 가상적인 표현 기회를 제공한다. 아동은 놀이치료자의 지원과 안내를 받으면서 강한 불안, 두려움, 슬픔, 분노를 경험하고 이해하며 성공적으로 해소하기 위한 새롭고 안전한 방법을 탐색할 수 있다.

임상 적용 및 사례

Circle of Security를 포함한 애착 기반 개입은 상실, 외상, 별거, 이혼, 양육자 변경, 부모 또는 아동의 질병, 만성적인 환경적·사회적 스트레스 등을 포함한 다양한 스트레스 상황을 경험하는 아동과 가족을 위해 폭넓게 활용되어 왔다. 대부분의 상황에서 치료와 평가를 이끄는 부모의 걱정은 상호 조절과 행동 및 정서의 자기-조절, 화가 난 상태에서 진정하고 돌아오는 것에서의 문제와 과잉 각성, 조절 장애 특성을 포함한다. 좀 더 구체적으로 흔히 애착 기반 개입에 잘 반응하는 아동 문제 유형에는 다양한 표출 행동과 위축, 우울 행동, 정서적 억제, 불안 회피, 양육 역할 전이, 보복 행동과 같은 내재화 문제들이 포함된다.[2]

놀이치료자는 내담자를 좀 더 이해하며 관계를 맺고 개입하기 위해 아동의 애착사와 현재 관계에 대한 정보를 활용한다. 아동의 발달사는 아동이 지속해 온 중요한 결

---

2) 버지니아에서는 버지니아 사회서비스국의 지원을 통해 수백 명의 위탁 및 입양 아동에게 애착 기반 개입을 제공하였다. 전국적 보급을 위해 노르웨이 보건부는 Circle of Security 가족 및 집단 개입을 선정하였다.

핍과 양육자가 얼마나 일관되고 반응적이었는지, 현재 성인의 양육 관계망이 얼마나 안정적이고 예측 가능한지를 놀이치료자에게 알려 준다. 동시에 놀이치료자는 놀이치료실에서 나타나는 자신의 애착 반응을 알기 위해 애착 관점을 활용한다. 자기-인식은 모든 치료 접근에 걸친 전문적 정체성에서 필수적인 요소이다. 애착 이론은 놀이치료자가 내담자 및 그들 자신과 회복적 놀이를 증진시키는 치료 관계를 깊이 이해하기 위한 확고한 토대를 제공해 준다. 애착 개념에 대한 지식이 어떻게 7세 소년 쉬리야스와 놀이치료실에서의 과정을 안내해 주는지 살펴보자.[3]

쉬리야스는 혼란스러운 애착사를 가졌다. 2세 때 생물학적 부모의 학대와 방임으로부터 분리되어 5살까지 가족들과 다양한 장소로 옮겨 다녔다. 그는 약 2년 동안 입양을 위한 위탁 가정에 있었다. 위탁 부모는 그를 입양하기로 결심하고 그를 이해하며 '분노 조절'을 돕는 것에 관심을 가졌다. 그들은 저녁을 먹으러 오라고 하거나 잘 준비를 하라는 일상의 요구에 대해 보이는 그의 간헐적인 폭발 행동 때문에 놀이치료를 원했다. 다음은 다섯 번째 놀이치료 회기를 마치려 할 때 무슨 일이 일어났는지에 대한 놀이치료자 관점에서의 이야기이다.

쉬리야스의 빛나는 검은 눈은 희망과 저항이 섞인 채 나를 쳐다보았다. 나는 그에게 놀이치료실을 떠날 시간이라는 것을 막 말한 참이었다. 처음에는 그가 내 말을 못 들은 것처럼 보였다. 그는 머뭇거리면서 올려다보고는 침착한 목소리로 "정말 이 강아지 집이 갖고 싶어요."라고 말했다. 그는 "다음번에 내 소방차를 선생님에게 줄게요."라고 하며 좀 더 애원했다.

그가 언급한 '강아지'는 놀이치료실에 있는 특별한 장난감으로써 빨간 개집과 함께 있고 털로 덮인 작은 봉제 동물 인형이다. "진짜 그거 갖고 싶어요. 정말 잘 보살필게요." 쉬리야스는 고집스럽고 화가 난 목소리로 계속 말하였다. "왜 가질 수 없어요?" 아이의 몸과 목소리 톤이 바뀌었다. 그는 인형을 가슴에 끌어안은 채 뒤로 물러났다. 눈을 가늘게 뜨고 턱을 내밀며 문에서 먼 곳에 굳게 자리를 잡았다. 나는 이것이 부모님이 언급했던 것들이고, 그가 협력적으로 놀이에 참여하며 행복했던 아이에서 싸움을 준비하고 있는 아이로 얼마나 빨리 바뀌는지에 대해 속으로 생각했다. 내가 무엇을 할 수 있을까?

---

3) 쉬리야스는 가명이고 묘사된 상황은 저자의 임상 경험에서의 상호작용으로 구성되었다.

　　나는 쉬리야스를 바라보고 그에게 가까이 다가간 후 그를 내려다보지 않게 무릎을 굽혔다. "너는 오늘 강아지랑 나와 함께 정말 재미있는 시간을 보냈지. 네가 강아지를 집에 데려간다면 정말 많이 즐거울 거야."라고 나는 말하였다. 그는 재빨리 "맞아요! 그래서 강아지를 집에 가져갈 거예요!"라고 소리쳤다. 나는 몸을 기울인 채 다소 강함을 싣고 친절하게 말했다. "음, 보자. 너는 여기에서 그 강아지와 노는 걸 정말 좋아했어! 물론 넌 그걸 집에 가져가기를 바라지. 강아지가 있는 곳을 네가 알 수 있게 방에 강아지를 놓을 수 있는 특별한 곳을 찾아보자. 그러면 강아지와 나는 네가 다음 주에 다시 올 때 여기에 있을 거야. 아마도 강아지를 시끄러운 녹색 트랙터 옆에 놓을 수 있겠지? 그 장소를 어떻게 생각하니?" 쉬리야스는 어깨를 좀 더 편하게 한 채로 내 얼굴을 살펴보았고 강아지를 잡은 손을 풀었다. 그는 천천히 놀이치료실을 돌아보기 시작했다. 그는 내가 보고 있는지 확인하기 위해 흘낏 보았고, 강아지 바구니에 손을 뻗어 부드럽게 바닥에 강아지와 개집을 놓았다. 나는 "아, 너는 방금 강아지가 한 주 내내 안전하고 따뜻하게 있을 만한 알맞은 곳을 발견했구나."라고 말했다. 쉬리야스는 끄덕이며 미소를 지은 후 함께 문 밖으로 나왔다.

　　이 이야기는 짧은 상호작용 순간에서 특히 즐거움이 부분적으로 섞여있을 때 치유가 일어나는 방식에 대한 사례를 보여 준다. 아동의 불안과 저항에 직면할 때 놀이치료자는 가까이 다가가서 자신의 감정, 목소리 톤, 말, 신체 언어를 통해 다음의 내용을 전한다.

네가 무엇을 느끼고 생각하든지 나는 그걸 감당할 만큼 충분히 크니까 그걸 여기에 가져와. 그러면 내가 도와줄 거야. 나는 네가 장난감에 집중하고 있는 지금 이 순간, 네가 많은 욕구를 가지고 있다는 걸 알아. 그리고 네 감정을 구조화하고 그 감정들이 너무 강해지는 것으로부터 보호받기 위해 도움이 필요하다는 것도 안다. 나는 지금 너의 행동과 너의 관계사에 대한 정보를 통해서 이 순간에 네가 나에게 바라는 가장 중요한 욕구는 관계에 책임을 지고 너를 반겨 주며(너의 현재의 감정과 과거의 미해결된 경험과의 연관된 감정을 포함해서) 여기서 너를 안전히 지켜줄 것을 보여주는 거란 걸 이해해. 네가 나에게 맞서는 것을 이해하고, 강아지 인형을 납치할 거라는 너의 암묵적인 협박이 나를 끌어당기기보다 밀어내게 한 잘못된 신호임을 안단다. 그리고 이 잘못된 행동을 놓아두고 너를 위해 여기에 있을 자유를 나에게 줄 수 있다는 것 또한 안다. 먼저 이건 너의 행동이 잘못된 신호지만 그 신호를 따르느라 부질없는 시도를 하도록 했다고 해서 너를 훈육하거나 교육하는 시간은 아니란다. 그리고 훈육과 교육은 네가 조절되고 생각할 수 있고 쉽게 참여할 수 있을 때를 위한 활동이야. 이 순간 내가 너의 욕구를 충족시키기 위해 애쓰는 것처럼 네가 나에게 반응하고 협력하기 시작한 것을 알고 있어. 작지만 이 중요한 방법으로 내가 도울 수 있도록 네가 허락해 준 지금이 진심으로 기쁘단다. 게다가 우리 둘 다 힘든 무언가를 막 지나 왔고 우리가 들어온 것보다 더 행복하고 나은 모습의 반대편으로 함께 나왔다는 것을 알고 있지. 오늘은 좋은 날이고 나는 그걸 기억할 거야… 다음 주에 네가 그 사실을 알 수 있도록 이 이야기를 너에게 들려줄게.

결론

즐거움으로 가득한 놀이 기반 활동에서 놀이치료자와 부모는 아동과 긍정적인 정서적 유대를 형성하기 위한 수많은 기회를 가진다. 이러한 순간에 놀이치료자와 부모는 아동에게 정서적으로 가까워지기 위해 놀이를 활용한다. 양육자와 아동의 상호 간 미소 및 웃음 짓기와 기쁨을 느끼게 하는 상호적인 놀이는 특히 정서적 유대의 강력한 원천이다.

참고문헌

Ainsworth, M. D. S., Blehar, M. C., Waters, E., & Wall, S. (1978). *Patterns of attachment: Psychological study of the strange situation.* Hillsdale, NJ: Erlbaum.

Booth, P. B., & Jernberg, A. M. (2010). *Theraplay: Helping parents and children build better relationships through attachment-based play* (4th ed.). San Francisco, CA: Jossey-Bass.

Bowlby, J. (1969). *Attachment and loss, Vol. 1: Attachment.* New York, NY: Basic Books.

Bowlby, J. (1988). *A secure base: Parent-child attachment and healthy human development.* New York, NY: Basic Books.

Brown, S. (2009). *Play: How it sharpens the mind, opens the imagination, and invigorates the soul.* New York, NY: Bantam Books.

Cassidy, J., & Shaver, P. (1999). *Handbook of attachment.* New York, NY: Guilford Press.

Cohen, L. (2002). *Playful parenting.* New York, NY: Ballantine Books.

Dozier, M. (2005). Challenges of foster care. *Attachment and Human Development, 7*(1), 27–30.

Gordon, I., Zagoory-Sharon, O., Leckman, J., & Feldman, R. (2010). Oxytocin and the development of parenting in humans. *Biological Psychiatry, 68*(4), 377–382. doi: 10.1016/j.biopsych.2010.02.005

Grossmann, K., Grossmann, K. E., & Kindler, H. (2005). Early care and the roots of attachment and partnership representations. In K. E. Grossmann, K. Grossmann, & E. Waters (Eds.), *Attachment from infancy to adulthood* (pp. 98–136). New York, NY: Guilford Press.

Grossman, K., Grossman, K., & Waters, E. (2005). *Attachment from infancy to adulthood.*

New York, NY: Guilford Press.

Guerney, L. (2000). Filial therapy in the 21st century. *International Journal of Play Therapy, 9*(2), 1–18.

Hoffman, K. T., Marvin, R. S., Cooper, G., & Powell, B. (2006). Changing toddlers' and preschoolers' attachment classifications: The circle of security intervention. *Journal of Consulting and Clinical Psychology, 74*(6), 1017–1026.

Hughes, D. (2009). *Attachment-focused parenting: Effective strategies to care for children*. New York, NY: Norton Books.

Landreth, G., & Bratton, S. (2006). *Child parent relationship therapy (CPRT): A 10-session filial therapy model*. New York, NY: Taylor & Francis.

Maccoby, E. (1992). The role of parents in the socialization of children: An historical overview. *Developmental Psychology, 60*, 1405–1411.

Marvin, R., Cooper, G., Hoffman, K., & Powell, B. (2002). The circle of security project: Attachment-based intervention with caregiver–preschool child dyads. *Attachment and Human Development, 4*, 107–124.

Nelson, J. (2008). Laugh and the world laughs with you: An attachment perspective on the meaning of laughter in psychotherapy. *Clinical Social Work Journal, 36*(1), 41–49.

Schaefer, C. E. (2011). The importance of the fun factor in play therapy. *Play Therapy Magazine, 6*(3), 16–19.

Schaefer, C. E. (2012). *The therapeutic powers of play*. Unpublished manuscript.

Schore, A. N. (2001). Effects of a secure attachment relationship on right brain development, affect regulation, and infant mental health. *Infant Mental Health Journal, 22*(1–2), 7–66.

Seigel, D. J. (1999). *The developing mind: Toward a neurobiology of interpersonal experience*. New York, NY: Guilford Press.

Seigel, D. J. (2010). *Mindsight: The new science of personal transformation*. New York, NY: Bantam Books.

Sroufe, L. A. (2005). Attachment and development: A prospective, longitudinal study from birth to adulthood. *Attachment and Human Development, 7*(4), 349–367.

Sroufe, L. A., Egeland, B., Carlson, E., & Collins, W. A. (2005). *The development of the person*. New York, NY: Guilford Press.

Sroufe, L. A., & Siegel, D. (2011). The verdict is in. *Psychotherapy Networker, 34*–39, 52–53.

Stewart, A. L., Gilbert, J. L., Whelan, W. F., & Marvin, R. S. (2007, October). *Patterns of attachment, caregiver behavior, and parental reflective functioning: The importance of the parent-child relationship for play therapists*. Association for Play Therapy Annual Conference, Hollywood, CA.

Stewart, A. L., Whelan, B., Gilbert, J., & Marvin, R. (2011, October). *Applying attachment theory and the circle of security model in play therapy*. A presentation for the Association for Play Therapy International Conference, Sacramento, CA.

Stovall, K. C., & Dozier, M. (2000). The development of attachment in new relationships: Single subject analyses for 10 foster infants. *Development and Psychopathology, 12*, 133–156.

Van Ijzendoorn, M. H., Schuengel, C., & Bakermans-Kranenburg. (1999). Disorganized attachment in early childhood: Meta-analysis of precursors, concomitants, and sequelae. *Development and Psychopathology, 11*, 225–249.

Whelan, W. F., & Marvin, R. S. (2011). Caregiver patterns that moderate the effects of abuse and neglect. Presentation of results from the Virginia foster care study (NIH award GC11456) at the Biennial meeting of the Society for Research in Child Development (SRCD), April 2, 2011, Montreal, Quebec, Canada.

14

사회적 능력

JULIE BLUNDON NASH

서론

사회적 능력은 주로 바람직한 사회적 기술들의 총합으로 볼 수 있다. 이러한 기술에는 대화, 공감, 호혜, 협력, 즐기는 것에 대한 숙련이 모두 포함된다. 아동일 때 필요한 사회적 기술을 갖추지 못한 사람은 종종 청소년, 성인이 되었을 때 어려움을 겪는다. 한 연구는 어렸을 때 사회적 능력과 이로 인한 긍정적인 또래 관계가 발달하게되면 어른이 되었을 때 여러 긍정적인 효과들이 나타난다는 결과를 뒷받침한다. 이장에서는 사회적 능력의 특성과 중요성, 아동의 사회적 능력을 조성하는 데 있어서놀이의 역할, 치료에서 이러한 기능을 발달시키기 위한 전략, 그리고 놀이 기반 개입으로 사회적 기술이 향상됨을 뒷받침하는 연구에 대해 논의할 것이다. 놀이는 아동이사회적 기술들을 배우고 이를 발달시키는 주된 무대가 되기 때문에 사회적 능력 발달에 특히 중요한 것으로 나타난다.

사회적 능력에 대한 설명

사회적 능력이란 사회적 기술들을 습득하고 이를 효과적으로 활용하는 것을 말한다. 일반적으로 의사소통, 충동의 통제, 호혜, 감정 인지 및 조절 분야의 사회적 기술들이 조합되어 나타난다. 적절한 사회적 기술을 활용한다는 것은 언제 특정 기술들을 사용하고 언제 충동을 억제할지 모두 안다는 것을 내포한다.

사회적 능력의 특징은 개인의 연령대에 따라 달라진다. 예를 들면, 사회적 능력을 갖춘 미취학 아동은 사회적 능력을 갖춘 청소년과는 매우 다른 행동을 보일 것이다. 아동과 또래 아동의 관계를 관찰해 보면 사회적 능력이나 사회적 문제에 관한 중요한 사실을 알 수 있다. 예를 들면, 몇몇 아동들은 자기보다 더 어리거나 혹은 나이가 더 많은 아동들과 일반적인 기술들을 사용하여 관계를 맺으려 할 것이다. 몇몇 아동들은 자신의 고유한 감정은 쉽게 인지하지만 그들 또래 아동들의 감정 반응은 쉽게 알아차리지 못한다. 사회적 능력이 결여됨으로써 발생하는 문제 중에는 사회적 위축, 사회적 고립, 사회적 거부, 외로움, 사회적 공격성, 집단 따돌림, 그리고 진정한 친구가 거의 없는 것이 있다.

또래 아동들과 친밀한 관계를 형성시키지 못하는 아동은 사회적 문제뿐만 아니라 학업 및 성격에서도 문제가 나타날 위험이 매우 크다. 더욱이 이러한 문제들은 아동의 장기적인 안녕에 심각한 결과를 초래하기 쉽다. Hartup(1992)이 적절하게 언급한 바와 같이 진정으로 성인 적응에 대해 가장 좋은 어린 시절의 예측인자는 IQ도, 학교 성적도, 교실에서의 행동도 아닌, 아동이 다른 아동과 잘 어울릴 수 있는가이다.

경험적 근거

놀이와 놀이의 사회적 능력과의 관계에 대해 많은 연구들이 있었다. 연구자들은 또래 수용, 우정, 인기의 형성과 관련하여 놀이의 빈도뿐 아니라 종류에 대해서도 시험하였다.

예를 들면 Connolly와 Doyle(1984)는 미취학 아동들에게 사회적 상상 놀이를 하게 하고 교사들이 사회적 능력, 역할을 받아들이는 능력, 또래 사이에서의 인기, 사회적 행동 참여를 평가하도록 하여 이 둘의 관계를 시험하였다. 이때 놀이의 종류로는 역할극 및 상상의 사회적 상황 시연 등이 있다. 이들 연구에서 좀 더 복잡한 사회적 가상 놀이를 빈번하게 한 아동들은 또래들 사이에서 더 인기 있고 사회적 능력을 갖춘 것으로 평가되었다. 또한 이런 아동들은 다른 사람들의 감정을 이해하는 능력이 더 강하고 긍정적인 사회 활동에 참여하는 것으로도 평가되었다.

Gagnon과 Nagle(2004) 또한 85명의 취학 전 아동을 대상으로 이들의 활동을 관찰하며 놀이를 시험하였다. 그들은 또래와의 상호적 놀이와 사회적·정서적 발달 간의 관계를 관찰하였는데, 이들은 사회적 능력이 또래의 상호적 놀이의 빈도와 정적 상관관계가 있음을 발견하였다. 이와 같이 상호적 또래 놀이를 더 많이 하는 아동들은 좋은 사회적 기술을 갖출 가능성이 더 크다.

상호적 또래 놀이는 아동들이 하나의 공통된 목적을 달성하기 위해 함께 하는 협동 놀이의 형태를 띨 수 있다. Bay-Hinitz, Peterson, Quilitch(1994)는 협동적 게임 놀이 그리고 경쟁적 게임 놀이 두 상황 모두에서 70명의 아동들을 관찰하였다. 아동들은 협동적 게임에 참여하며 전반적으로 협동적 행동이 증가하는 경향을 보였다. 협동 놀이에 참여한 아동들은 또한 구조화된 놀이와 자유 놀이를 할 때 모두 공격적 행동이 줄어들었다. 이와는 대조적으로 순수하게 경쟁적 놀이에만 참여한 아동들은 놀이를 좀 더 공격적으로 하고 협동적 행동은 덜 보이는 경향을 나타냈다. 협동은 사회적 능력 발달에 있어 필수적인 사회적 기술이므로, 이 연구는 즐거운 협동적 놀이를 해 보는 것이 이 기술을 더 잘 습득하게 하고 또한 활용하는 능력을 증가시킨다고 제안하였다.

몇몇 반직관적인 연구 결과도 찾아볼 수 있는데, Pellegrini는 1988년 그의 연구에서 거친 신체 놀이(rough-and-tumble play, R&T)를 하는 인기 있는 아동들이 따돌림을 받은 아동들보다 더 높은 사회적 능력을 갖는다고 주장하였다. 이후 연구에서는 이러한 결과가 특히 남자 아동들에게 나타난다는 것을 확실히 밝혔다(Pellegrini, 1989). 초기 연구에 따르면 R&T 놀이에 참여한 인기 있는 아동들은 그 후 발달적으로 좀 더 복잡한 놀이 규칙이 있는 게임에도 참여하는 경향을 보였다. 따돌림을 당하는 아동들은 이러한 경향을 보이지 않았고, 이들은 대신 R&T 놀이를 한 뒤에 공격적인 행위를 나타내었다. 따라서 R&T 놀이 참여와 결합된 남자 아동들의 인기 분류는 좀 더 고등적인 발달 단계에서의 긍정적인 사회적 기술을 계속 발달시킬 기회와 관련 있으며 또한 이는 사회적 능력과도 관련이 있는 것으로 보인다.

놀이 기반 사회적 기술 집단은 다양한 문제를 보이는 아동들에게 사회적 기술을 가르치는 데 효과적인 것으로 나타났다. 예를 들어 한 연구에 따르면 사회적 기술 집단은 사회 불안을 보이는 아동들에게서 이를 감소시킬 수 있는 것으로 나타났다 (DeRosier, 2004). 사회 불안을 보이는 것으로 보고된 3학년 아동들이 사회 기술 훈련 집단에 참여하였을 때 사회 불안이 감소하였을 뿐만 아니라 자부심도 증가함을 보였다. 놀이 집단 회기에 참가한 아동들 역시 참가하지 않은 아동들에 비해 또래 아동들과의 소통 능력이 더 강했다.

DeRosier, Swick, Davis, McMillen, Mattews(2011)은 고기능 자폐증(high functioning autism)이 있는 아동들에게 필요한 특정 기술을 포함한 사회 불안을 관리하기 위해 이전에 제시한 다양한 교육과정을 이용하였다. 놀이 기반 사회적 기술 집단에 참가한 55명의 아동들은 사회적 기술을 더 잘 활용하는 것으로 보였고 아동의 부모들도 이에 동의하였다. 실험의 기본 조건인 불안 증세만 보이는 아동을 위한 놀이 기반 사회적 기술 집단에 참여한 아동의 부모들은 자녀들의 사회적 자기 효능감(social self-efficacy)이 변화되었다고 보고했다. 이 연구는 놀이 기반 집단의 접근법을 활용하는 것이 아동의 욕구에 따른 특정 기술의 결핍을 보완해 가는 데 효과적이라고 제안하고 있다.

한 가지 구체적인 필요를 목표로 하는 놀이 기반 사회적 기술 집단의 또 다른 예로는 Webster-Stratton, Reid, Hammond(2001)의 연구가 있다. 이들은 품행 문제를 보이는 99명의 초등학교 저학년을 대상으로 하여 놀이 기반 사회적 기술 집단의 효과에 대해 알아 보았다. 연구 결과에 따르면 놀이치료에 참여한 아동들은 친사회적 행동과 갈등 해결 행동은 증가한 반면 외현화 문제(externalizing problems)와 공격성은 감소한 것으로 나타났다. 이와 같이 놀이 기반 개입은 긍정적인 사회적 기술 및 행동을 습득하고 수행하도록 한다.

연구는 또한 다양한 문제가 나타나는 아동들에게 놀이 기반 집단 경험을 하는 것이 효과적이라고 한다. 사회 불안, 주의력 결핍 과잉 행동 장애, 아스퍼거 장애의 증상을 보이는 아동들이 10주간 놀이 기반 사회적 기술 집단에 함께 참여하였을 때, 아동들의 사회적 기술이 상당히 개선되었음을 그들의 부모와 집단 놀이치료자 모두가 보고하였다(Nash, 2008). 이러한 결과는 아동만 훈련을 받는 것이 아니라 부모도 동시에 훈련에 참여하여 아동이 배운 기술에 대해 배우는 경우에도 나타났다. 이 모델에 대해서는 임상 적용 및 사례에서 심도 있게 다룰 것이다.

변화를 이끄는 또래 관계의 역할

사회적 기술과 긍정적인 또래 관계의 발전을 촉진하는 상호적 또래 놀이에는 크게 세 가지 종류가 있다(Schaefer, 2012). 발달적으로 사회적 기술의 습득을 돕는 아동들의 놀이 중 가장 초기의 형태는 거친 신체 놀이(R&T)이다. R&T 놀이와 공격적 놀이 간에는 확연한 차이가 있다. R&T에 참여한 아동들이 놀이 및 몸싸움을 할 때 장난기 있고 비공격적이며 활기찬 모습을 보인 반면 공격적인 놀이에 참여한 아동들은 놀잇감 및 소지품을 가지고 다투며 부정적 정서를 보이면서 치고 밀치고 움켜쥐고 차지하는 모습을 보였다(Pellegrini & Perlmutter, 1988). R&T 놀이에서 보인 긍정적인 사회적 특성은 발달을 촉진하고 우정을 유지하게 한다(Schaefer, 2012). R&T 놀이를 하는 아동들은 다양한 사회적 역할에 참여하여 이러한 사회적 기술이 심화되고 더 발전하여 적절한 또래 간 상호작용을 시도하는 기회를 갖는다(Pelligrini & Perlmutter, 1988; Smith, 1982). 특히 연구에서 남자 아동들이 R&T 놀이에 참여하는 것은 문제를 해결하는 긍정적인 행동과 또래들 간 인기가 증가하는 것에 관련이 있다(Pellegrini & Perlmutter, 1988). 이와 같이 R&T 형태의 놀이는 아동들이 문제를 해결하는 기술을 익히고 놀이 에너지를 표출하려는 욕구를 활용하여 다양한 사회적 역할을 안전하며 친숙하고 즐거운 환경 속에서 해볼 수 있도록 한다.

사회적 능력이 잘 발달할 수 있도록 하는 또 다른 형태의 놀이로는 사회극 놀이가 있다. 사회극 놀이에서 아동들은 사회적 상상을 통해 역할극에 참여할 수 있는 능력을 갖추게 되고 자신이 가진 다양한 능력과 가능성(skill set)을 향상시키게 된다. 이러한 양상 내에서 아동들은 놀이치료자나 또래 아동들과 상호작용하도록 장려된다. 아동들이 사회 상황 이야기를 하면서 여러 역할을 수행하기 위해 상상력을 활용하도록 격려받으면 사회적 능력에 긍정적 영향을 얻는다. 예를 들어 어떠한 역할극에서 수줍음을 타는 한 아동은 좀 더 적극적인 아동의 역할을 맡도록 격려받을 수 있다. 아동의 심리적 안전 지대 밖에서의 이러한 행동은 이것이 가정된 상황이므로 다른 때보다 두려움이 적기 때문에 더 쉽게 받아들이게 된다. 아동은 긍정적이고 즐거운 상황 속에서 시연을 하도록 격려받기 때문에 기술을 좀 더 쉽게 배우고 터득하게 된다. 따라서 사회극 놀이는 친밀한 사회적 관계, 문제 해결 기술, 관계에서의 융통성, 상호작용을 발전시킨다.

게임 놀이의 경우 아동들은 규칙을 가지고 함께 게임을 하게 된다. 이러한 게임은 구조화된 보드 게임 및 활동적인 야외에서의 게임같이 경쟁적인 것일 수도 있고, 또는 하나의 공통된 목표(물체를 블록들 밖으로 쌓는 게임 등)를 성취하기 위해 함께 하는 협력적 게임일 수도 있다. 아동의 발달에 관해 Piaget(1967)는 자신의 연구에서, 사회화는 게임 놀이에 의해서 강하게 영향을 받으며 특히 이러한 상호작용이 반복적이고 오랜 시간에 걸쳐 일어날 때 그러하다는 것에 주목했다. 이런 사회화에 대한 긍정적 영향은 아동이 지속적으로 순서 바꾸기, 규칙 따르기, 협력, 문제의 해결, 공유, 좋은 스포츠맨십, 공감, 호혜 같은 다양한 사회적 기술들을 접해 보고 시도해 봄으로써 발생한다.

사회적 능력에 변화를 일으키는 놀이의 또 다른 역할은 또래들 간의 유쾌한 미소와 웃음처럼 놀이에 의해 유발되는 긍정적인 감정이 유대감을 형성하는 데 영향을 미친다는 것이다. 유아들과 성인들은 모두 비슷하게 자신에게 미소를 지어 주는 사람에게 웃어 주는 것을 선호한다(Jones & Raag, 1989). 이는 다른 사람과 상호작용을 할 때 미소 짓지 않는 아동들이 긍정적 상호작용에 즐겁게 참여할 가능성이 적음을 암시할 수 있다. 웃음이라는 간단한 행동은 이러한 방식으로 그 사람이 다른 사람들에게 매력적으로 느껴지도록 촉진한다. 아동들이 즐거울 때 웃음은 하나의 자연스러운 반응이다. 웃음과 미소는 긴밀한 관계를 맺고 싶은 욕구와 정적 상관이 있다(McAdams, Jackson, & Kirshnit, 1984). 이렇듯 웃음과 미소가 자연적인 반응으로 나오는 재미있고 활발한 활동을 하게 되면 아동이 긍정적인 사회적 상호 활동을 할 수 있는 능력이 향상된다.

전략 및 기술

아동들의 사회적 능력을 뒷받침해 주고 북돋아 주는 주요한 방법 중 하나는 치료적 집단 활동을 통한 것이다. 사회적 기술 훈련 집단은 아동들이 관계를 쌓으면서 기술들을 배우고 써볼 수 있는 구조적이고 유용한 장을 제공한다. 또한 사회적 기술 훈련 집단은 다양한 문제들을 위해 존재한다. 앞에서 말한 바와 같이 연구들에서 이러한 집단은 기본적인 사회적 기술들을 가르치는 데 효과적인 것으로 나타났다. 아동들은 이러한 기술들을 재미있지만 구조화된 방식으로 배우는 것을 즐긴다. 이러한 능력들을 사용해 보고 놀이치료자 및 또래들로부터 즉각적인 피드백을 받을 수 있는 능력은 중요하다. 사회적 기술 집단의 커리큘럼은 사회적 능력의 바탕이 되는 핵심적인 기술을 갖추는 데 주된 초점을 맞춘다. 기술을 접하고, 집단 리더와 아동들 간에 기술을 사용해 보고, 그 뒤에 게임 형식으로 사용해 보는 3단계의 모델을 활용하는 것이 좋다.

다양한 문제를 나타내는 아동들을 위한 놀이 기반 사회적 기술 집단 매뉴얼은 Nash와 Schaefer(2010)가 개발하였고 사례 부분에서 짧게 다룰 것이다. 놀이 집단 치료는 다양한 사회적 문제, 예를 들면 너무 제멋대로이거나 너무 수줍음을 타는 등의 다양한 사회적 어려움을 가진 아동들 혹은 주의력 결핍 과잉 행동 장애(Reddy, 2010), 사회 공포증(Spence, Donovan, & Brechman-Toussaint, 1999), 행동 장애(Webster-Stratton & Reid, 2010), 자폐 장애(DeRosier, Swick, Davis, McMilen, & Matthews, 2011) 같은 특정 진단을 받은 아동들이 대상이 될 수 있다. 일반적으로 놀이 기반 사회적 기술 집단의 구성은 기술을 도입하고 재미있게 연습해 보는 것 등을 포함한다. 이러한 형식을 통해 집단의 리더는 기술을 소개하는 아동의 도움을 받아 대표로 기술을 사용하는 모습을 보인다. 아동들은 방금 배운 기술을 연습하기 위해 발달적으로 적절한 게임을 하는 것을 격려받는다. 또 이러한 방식을 통해 웃음과 긍정적 상호작용은 더 많이 배우고 더 기억하도록 격려받는다.

개별 치료에서는 또한 강화된 사회적 기술들을 이용한다. 놀이치료자들은 사회적 기술들을 습득하고 발전시킬 수 있도록 하기 위해 모델링 및 역할극을 활용할 수 있다. 어떤 아동들은 이러한 방식으로 개개인에 대한 관심을 받거나 집단 형식으로 나가기 전에 일대일 방식으로 기술을 배우는 것이 유용하다. 아동들에게 기본적인 기술을 가르치고 아동들이 사회적 환경 속에서 그것을 어떻게 적절하게 사용할지 생각하도록 북돋아 주기 위해 이런 가능성을 목표로 하는 보드 게임이나 카드 게임을 이용할 수 있다.

치료적 스토리텔링은 사회적 능력을 발달시키기 위한 또 다른 유용한 전략 중 하나이다. 이야기 치료 이론이 이 기술의 기초를 형성한다. 예를 들면, 건강하게 사회적 문제를 해결하는 방식으로 아동이 이야기하면 놀이치료자가 이를 반복하는 상호 스토리텔링 방법을 이용하는 것이 꽤 유용할 수 있다(Stirtzinger, 1983). 어떻게 집단에 참여하는가와 같이 특정 사회적 기술을 모델링 하고 연습하는 것에 역할극을 활용하는 것은 또 다른 유용한 방법이다(Pomerantz, 2007).

임상 적용 및 사례

일반적으로 또래 아동들과의 상호 만족스러운 관계를 맺고 지속적인 우정을 형성하는 것이 어려운 아동들에게는 놀이 기반 치료가 도움이 될 수 있다. 진단적으로 여기에는 사회적 불안, 사회적 공포, 사회적 공격성, ADHD, 선택적 함구증, 자폐 스펙트럼 장애 등이 있는 아동들이 대상이 될 수 있다.

경험적 근거 부분에서 언급한 바와 같이 Blundon과 Schaefer(2006; Nash, 2008)는 내재화 및 외현화 장애를 둘 다 보이는 취학 아동을 대상으로 놀이 기반 사회적 기술 집단 과정을 실시하였다. 아이들은 10회의 놀이치료 회기 동안 대화를 시작하고 유지하기, 기존의 또래 집단에 참여하기, 수동적이거나 공격적인 대신 적극적이기, 거절에 대처하기, 훌륭한 스포츠맨십, 감정에 대한 인식 쌓기, 협동, 그리고 사회적 문제 해결 등에 대해 교육받고 이러한 기술들을 연습하여 이에 대해 피드백을 받았다.

위 연구의 덕을 특히 본 아이가 한 명 있는데 이 아이를 제시카라고 하겠다. 제시카는 10살의 여자아이로 아이의 부모는 제시카가 또래 아이들과 지내는 데 점점 어려움을 겪는 것을 염려하고 있었다. 제시카는 자주 놀림을 당했고 반 아이들과 상호작용을 하려 노력하였지만 거절당했다. 왜냐하면 부정적인 방법으로 접근하고 있기 때문이었다. 예를 들어 제시카는 쉬는 시간에 아이들 집단에 달려간 후 잠시 동안 그들이 무엇을 하고 있는지 살펴보고 자신이 놀이에 어떻게 적절히 참여할 수 있을지에 대한 생각을 해 보지 않은 상태에서 억지로 그 무리에 끼어든다. 자신이 좋아하는 주제(만화 및 일본 만화 영화 등이 주로 포함된다)에 대해서는 쉴 새 없이 크게 말했다. 제시카는 계속 거절당하면서 사회 불안이 점점 쌓이고 있었다. 제시카는 종종 과도하게 활동적인 아이로 보였으며 그녀의 불안이 이런 현상에 기여하고 있다는 것이 명백했다. 아이의 부모는 제시카의 생일 파티로 또래들을 초대하려는데 아이가 친구 이름을 하나도 대지 못하자 한계에 도달하였다.

제시카는 집단 설정의 규칙과 구조에 대해 모순된 방식으로 반응하였다. 처음에 제시카는 자신의 차례를 기다리는 데 어려움을 겪고 집단에게 질문을 하기도 전에 손을 들었다. 아동은 집단에서 다섯 가지 규칙을 따르고 스티커를 받는 동기 부여 시스템에 참여하고 싶어 했지만, 자신의 차례가 아님에도 큰소리로 말하거나 혼자서 가만히 있지 못한다거나 하여 스스로 참여를 방해하였다. 매 회기의 마지막에 제시카는 이런 모순되는 두 면이 집단 활동을 하는 동안 집단 리더들로부터의 즉각적이고 잦은 피드백에 잘 반응하고 관리하는 것을 가장 어렵게 한다는 사실을 알 수 있었다.

첫 집단 회기에서 제시카에게 약간의 반구조적 인터뷰 기술을 사용하여 또래 아이 한 명과 대화를 시작해 보라고 하였다. 제시카와 또래 아이는 서로에게 자기 소개를 하고, 좋아하는 것과 싫어하는 것을 찾기 위해 질문을 하고, 서로를 좀 더 큰 집단에 소개하였다. 제시카는 둘이 활동하는 동안에 신체적으로는 자신을 유지할 수 있었으나 언어적으로 적절하게 상호작용하는 것은 어려워하였다. 제시카는 다른 사람에게 자신의 관심사와 관련된 질문만을 하였다. 예를 들면, 또래 아이가 "일본 만화 영화가 뭔지 몰라!"라고 말했음에도 그 후에 그 아이에게 "좋아하는 일본 만화 영화 캐릭터가 뭐야?"라고 물어 보았다. 하나의 원 안에서 짧은 문장을 옆에 있는 사람에게 속삭이는 전화(Telephone)라는 게임을 하게 되었을 때 제시카에게 듣기 기술을 연습해야 할 필요가 있다는 것이 확실해졌다.

집단이 진행됨에 따라 자신의 생각으로 끼어들기 전에 멈추고 또래 아이들의 말을 듣도록 제시카를 격려하였다. 제시카는 방법이 이미 정해진 게임 중 역할극처럼 안내하는 활동은 상당한 도움 덕분에 할 수 있었다. 제시카는 손을 다리 위에 올려놓고 신체적으로 자신에게 느긋해지라고 상기시킴으로써 즉시 멈추고 들을 수 있었다. 제시카는 또한 다른 활동 찾기와 긍정적으로 혼자 말하기와 같이 거절에 대처하는 몇몇 기술도 배웠다. 자기만 이러한 사회적 기술 부족을 겪고 있는 것이 아니라는 것을 알기 시작하게 되자 제시카는 이전의 불안을 일으키는 상황에서 새로운 기술을 사용하는 것을 좀 더 편안해하였다. 또래의 말에 더욱 귀를 기울이기 시작하자 제시카는 더 좋은 대화 기술을 사용하고 공감하는 모습을 보일 수 있었다.

제시카는 다른 사람들이 나타내는 감정을 확인하는 방법에 대해 배우는 마지막 단계의 집단 회기에 빠르게 참여하게 되었다. 그녀는 다양한 감정을 표현하는 유명 인사들의 사진을 보는 것을 좋아하였고, 가능한 감정을 확인하는 것뿐만 아니라 사진에 찍혔을 때 그들이 무엇을 하고 있었을지에 대한 짧은 이야기를 포함시킴으로써 게임을 확장시켰다. 제시카는 또한 감정 제스쳐 놀이(*Feelings Charades*)라는 것을 좋아했는데 이 놀이는 집단 멤버들이 여러 가지 감정을 연기하면 아이들이 이를 맞추는 것이다. 다른 사람들이 나타내는 감정을 확인하는 제시카의 능력이 상승함에 따라 집단에 참여하는 그녀의 능력 또한 더욱 적절해졌다. 제시카는 느긋하게 집단이 시작되는 것을 보고 또래에 참여하기에 좋은 때와 그렇지 않은 때를 구별할 수 있었다. 개인적으로 불안이 줄고 사회적 능력이 증가하는 만큼 그녀는 더 이상 거절당하지 않게 되었다.

10주 과정의 이 집단 회기를 마치고 난 뒤 제시카의 부모는 아이의 기술과 자신감을 더욱 높이기 위해 다른 회기에도 참여하기를 바랐다. 제시카는 다양한 가능성과 기술에 대해 기본적인 이해를 갖추었기 때문에 신체적·정서적으로 제한이 있는 아이들에게 '특별한 친구'가 되어 보도록 하였다. 그녀는 이를 큰 영광으로 받아들인 뒤 자신만의 다양한 가능성과 기술을 계속해서 발달시키고 새로운 친구에게 기술들을 가르치며 10주를 보냈다. 제시카는 이렇게 20주를 매우 즐겁게 보냈고 그녀가 느꼈던 즐거움은 불안을 줄이고 기술 유지를 증가시키는 역할을 하였다. 제시카의 부모는 아이가 학교에서 친구를 사귀고 있으며 한 달에 몇 번 놀이 약속도 가졌다고 말하였는데 이는 상당한 개선이 있다는 증거였다.

또한 사회적 기술은 집단 회기에서 나타난 많은 기술들을 활용하여 개별 치료 회기 동안에도 배울 수 있다. 예를 들어, 나는 션이라고 부르는 현재 12살이 된 남자아이와 3년 동안 비정기적으로 놀이치료를 했다. 션은 아스퍼거 장애를 보였는데 이는 진단에 상당한 사회성 결여를 포함하고 있는 장애이다. 션의 주호소에는 금방 화가 나고 그렇게 된 이유를 알지 못하는 감정 조절 장애, 구조화되지 않은 집단 세팅에 들어가게 되었을 때 나타나는 분노 발작, 그리고 또래와 대화를 하는 능력 부족이 포함되어 있었다. 아이의 분노 발작이 예측 불가능성과 강도의 측면에서 악화되는 모습을 보임에 따라서 부모와 나는 감정에 대한 구별을 배우는 것으로 치료를 시작하기로 결정했다. 션은 행복하고, 슬프고, 화나는 것 외에 다른 감정은 알지 못하였다. 아이는 자신이 매우 자주 화를 낸다는 것은 알고 있지만 어떤 자극 때문인지 심지어 그 당시 자신의 내부에서 느꼈던 것에 대해서도 말하지 못했다.

션이 좋아하는 활동 중 하나는 다양한 정서적 상태가 나타난 얼굴이 표면에 그려져 있는 카드로 놀이를 하는 것이었다. 격려 속에서 아동은 자신의 분류 기준에 근거하여 감정 표현 그림 카드를 분류할 수 있었다. 션이 처음에 이 활동을 하였을 때는 '분노' 파일에 카드가 약 20장이나 쌓여 있었다. 카드를 분류할 때 나는 '당황한, 질투, 겁이 난' 등과 같은 감정에 대한 단어들을 도입하였다. 션은 그러면 다섯 가지의 감정들을 선택하고 지난주 동안 그가 이 감정들을 어느 정도로 느꼈는지 순위를 매겼다. 아동에게 5개의 세로 줄이 나뉘어져 있는 종이 1장을 주면(각각의 줄에는 각 감정들이 쓰여 있었다) 아동은 각 줄을 색칠하여 그 감정의 정도를 나타내었다. 션은 시간이 지남에 따라 자신의 감정에 어떠한 변화가 나타나는지를 확인하기 위해 각 주마다 이 종이들을 작성하였다. 더욱 많은 감정에 대한 아동의 이해가 확장됨에 따라 아동의 분노 수준은 점차적으로 줄어들었고 '당황한'과 '겁이 난' 감정이 대신 자리를 차지하게 되었다. 어느 날 션은 크게 짜증을 냈던 예전 체육 시간에 대해 자랑스럽게 회상하였는데 당시 자신이 당황했다고 말하였다. 션은 분노 외에 다른 감정을 안다는 것에 매우 신났고 자신의 반응이 분노 이상의 다른 감정에 의해 나타난다는 것을 이해하기 시작하였다. 션은 또한 자신의 행동이 또래 아동들에게 어떠한 영향을 미치고 반대로 또래 아동들의 행동이 자신에게 어떠한 영향을 미치는지를 이해할 수 있었는데 이는 그가 상호 관계를 이해하는 데 기초가 되었다.

션이 다양한 감정을 구별할 수 있게 되어 우리는 분노 온도계에 대해 연구하기 시작했다. 션은 두 단계의 분노를 확인하였는데 이는 낮은 분노와 폭발하는 분노였다. 한 달여의 시간에 걸친 많은 증거를 가지고 그는 분노의 수준을 0에서 100까지 나누어 분류하고 확인할 수 있었다. 그는 '이미 돌아갈 수 없는 단계'를 60으로 놓고 이 수준 이상으로 화가 치솟는 경우에 대해 이야기하였다. 션은 서서히 또래 집단에 왜 적절히 들어갈 수 없고 이를 거부당할 때 자신의 반응이 어떻게 분노를 60 이상으로 높이는지 확인할 수 있었다. 션은 똑같은 온도계를 학교 책상에 붙여 두었고 부모는 그의 신체적 신호와 감정 반응을 이해하는 데 도움이 되도록 하루 동안 그의 분노 정도를 매겨 보도록 북돋아 주었다. 3년이 지난 지금도 션은 여전히 이 온도계를 사용하여 분노의 단계를 확인하고 스스로 조절한다.

션은 분노 단계가 변화함을 알게 되자 그것과 또래와의 상호작용을 연결시킬 수 있었다. 그는 언제 상황에서 벗어나야 할지, 숨을 깊게 쉬는 등 오감을 이용하여 이완하는 기술은 언제 사용해야 할지에 대해 배웠다. 이러한 이완 기술은 그가 또래 집단에 성공적으로 들어가는 법을 배우는 데 큰 도움이 되었다. 션은 자신의 신체 반응을 조절할 수 있는 능력을 발달시키게 되자 다른 사람들의 말을 경청할 수 있을 만큼 충분히 마음을 진정시킬 수 있었다. 그는 또래 집단(그의 엄마, 치료자와 함께 역할극을 통해 여러 회기에서 연습한) 밖에서 견딜 수 있었고, 대화를 경청할 수 있었고, 쉬는 시간을 기다리며 집단과 같은 주제로 집중할 수 있게 되었다. 션의 교사들은 이러한 단계에 따라 최근에 그가 학교에서 또래 집단을 보다 기능적인 집단으로서 성공적으로 변화시켰음을 보고하였다. 그는 식당에서 3일에 걸쳐 이 단계들을 실시할 수 있었고 다른 아동들에게 성공적으로 수용되었다.

결론

사회적 능력은 성인이 되어 여러 측면에서의 성공을 장려할 수 있도록 아동기에 발달되어야 하는 아동의 필수적인 성격 특성이다. 놀이는 특히 집단 및 개인의 형식에서 사회적 능력을 발달시키도록 가르치고 북돋아 주는 유용한 방식이다. 놀이치료는 재미와 웃음을 활용하면서 새로운 기술들을 배우고, 유지하고, 사용해 보는 데 도움이 되도록 놀이의 자연적이고 긍정적인 사회적 특성에 특별한 초점을 맞춘 것이기 때문에 사회적 능력 향상에 효과가 있다. 놀이와 사회적 학습의 이러한 핵심 원칙들은 상호작용을 통해 임상적인 효율성과 성과를 향상시키므로 사회적 능력과 놀이의 치료적 효과를 증진시키게 된다.

참고문헌

Bay-Hinitz, A. K., Peterson, R. F., & Quilitch, H. R. (1994). Cooperative games: A way to modify aggressive and cooperative behaviors in young children. *Journal of Applied Behavior Analysis*, 27, 435–446.

Blundon, J., & Schaefer, C. (2006). The use of play group therapy for children with social skills deficits. In H. Kaduson & C. Schaefer (Eds.), *Short-term play therapy for children* (2nd ed., pp. 336–375). New York, NY: Guilford Press.

Connolly, J. A., & Doyle, A. (1984). Relation of social fantasy play to social competence in preschoolers. *Developmental Psychology*, 20, 797–806.

DeRosier, M. E. (2004). Building relationships and combating bullying: Effectiveness of a school-based social skills group intervention. *Journal of Clinical Child and Adolescent Psychology*, 33, 196–201.

DeRosier, M. E., Swick, D. C., Davis, N. O., McMillen, J. S., & Matthews, R. (2011). The efficacy of a social skills group intervention for improving social behaviors in children with high functioning autism spectrum disorders. *Journal of Autism and Developmental Disorders*, 41, 1033–1043.

Gagnon, S. G., & Nagle, R. J. (2004). Relationships between peer interactive play and social competence in at-risk preschool children. *Psychology in the Schools*, 41, 173–189.

Hartup, W. W. (1992). *Having friends, making friends, and keeping friends: Relationships in educational contexts*. (Report No. EDO-PS-92-4.) Urbana, IL: ERIC Clearinghouse on Elementary and Early Childhood Education. (ERIC Document Reproduction Service No. ED345845).

Jones, S. S., & Raag, T. (1989). Smile production in older infants: The importance of a social recipient for the facial signal. *Child Development, 60,* 811–818.

McAdams, D. P., Jackson, R. J., & Kirshnit, C. (1984). Looking, laughing, and smiling in dyads as a function of intimacy motivation and reciprocity. *Journal of Personality, 52,* 261–273.

Nash, J. B. (2008). Children's social skills training: Relative effectiveness of three training models (Doctoral dissertation, Fairleigh Dickinson University). *Dissertation Abstracts International, 69*(6-B) 38–57.

Pellegrini, A. D. (1988). Elementary-school children's rough-and-tumble play and social competence. *Developmental Psychology, 24,* 802–806.

Pellegrini, A. D. (1989). Elementary school children's rough-and-tumble play. *Early Childhood Research Quarterly, 4,* 245–260.

Pellegrini, A. D., & Perlmutter, J. C. (1988). The diagnostic and therapeutic roles of children's rough-and-tumble play. *Children's Health Care, 16,* 162–168.

Piaget, J. (1967). *The child's conception of the world.* London, England: Routledge & Kegan.

Pomerantz, K. A. (2007). Helping children explore their emotional and social worlds through therapeutic stories. *Educational and Child Psychology, 24,* 46–55.

Reddy, L. A. (2010). Group play interventions for children with attention deficit/hyperactivity disorder. In A. Drewes & C. Schaefer (Eds.), *School-based play therapy* (2nd ed., pp. 307–329). Hoboken, NJ: Wiley.

Schaefer, C. E. (2012). *The therapeutic powers of play.* Unpublished manuscript.

Smith, P. K. (1982). Does play matter? Functional and evolutionary aspects of animal and human play. *Behavioral and Brain Sciences, 5,* 139–184.

Spence, S. H., Donovan, C., & Brechman-Toussaint, M. (1999). Social skills, social outcomes, and cognitive features of childhood social phobia. *Journal of Abnormal Psychology, 108,* 211–221.

Stirtzinger, R. M. (1983). Story telling: A creative therapeutic technique. *The Canadian Journal of Psychiatry, 28,* 561–565.

Webster-Stratton, C., & Reid, M. J. (2010). The incredible years parents, teachers, and children training series: A multifaceted treatment approach for young children with conduct disorders. In J. R. Weisz & A. E. Kazdin (Eds.), *Evidence-based psychotherapies for children and adolescents* (2nd ed., pp. 194–210). New York, NY: Guilford Press.

Webster-Stratton, C., Reid, M. J., & Hammond, M. (2001). Social skills and problem-solving training for children with early-onset conduct problems: Who benefits? *Journal of Child Psychology and Psychiatry, 42,* 943–952.

15

공감

RICHARD GASKILL

아동 외상학회의 선임 연구원 Bruce Perry 박사의 수년간의 격려와 지도, 조언에 대해 감사를 표한다. 그의 도움이 없었다면 이 장을 완성하지 못하였을 것이다.

서론

공감은 철학자들로부터 현재 신경과학자들에게까지 한 세기 이상 끊임없는 관심을 받았다(Leslie, Johnson-Fry, & Grafton, 2004). 공감은 본래 Carl Rogers(1957)에 의해 핵심 원조 요소로 묘사되었다. 후속 연구자들(Egan, 2002; Ivey & Ivey, 2007)은 공감적 반응에 대한 척도를 개발하고 매뉴얼화하며 체계화하였다. 공감은 먼저 Viginia Axline(1947)에 의해 놀이치료 분야에서 강조되었고, 보다 최근에는 외상을 경험한 아동에게 효과적인 변화 인자로 그 중요성이 강조되어 왔다(Garza & Bruhn, 2011; Green, Crenshaw, & Kolos, 2010). 또한 공감은 학대나 방임을 겪은 전형적인 피학대 아동을 위한 치료의 기대 결과로 확인되어 왔다(Perry, 2008; Spehar, 2012). Luby-Dobson과 Perry(2010)는 사회의 건강이 충분한 공감적 양육을 경험한 아동의 수에 의해 측정될 수 있으며 결과적으로 자녀를 유능하게 양육할 수 있게 된다고 하였다.

Landreth(2002)는 사람들이 받아보지 않은 것은 줄 수 없다고 언급하면서 이 개념을 재인용하였다. Landreth의 주장에 따르면 놀이치료자들은 아동이 다른 사람들을 공감적으로 대할 수 있도록 아동을 공감적으로 대해야 한다.

최근 사회신경과학은 기능적 자기공명영상(f-MRI)의 발달로 인해 공감에 대한 이해를 확장시켜 주었다(Elliott, Bohart, Watson, & Greenberg, 2011). 현재 사회신경과학 연구는 공감이 놀이치료자와 내담자 간 동맹에 필수 요소이고 긍정적 결과를 강하게 예측해 주며 발전적인 치료 전략을 알려 준다는 주목할 만한 과학적 증거들을 도출하였다(Shirk & Karver, 2010). 놀이치료자는 효과적 치료의 강력한 요소이자 건강한 아동 발달의 요소인 공감을 이해해야만 하고 궁극적으로 두 가지 모두를 촉진해야 한다.

공감에 대한 설명

신경과학은 공감을 타인의 사고와 감정을 이해하기 위해 사용되는 관찰, 기억, 이해, 추론을 포함한 복잡한 신경생물학적 과정으로 정의한다(Decety & Lamm, 2006). 공감 능력은 우리를 인간이자 진정한 존재로서 정의해 준다. 공감 능력은 우리의 사회적 상호작용과 동맹 형성, 사회적 판단에 영향을 미친다. Decety(2011)는 인간이 생존 확률을 높이기 위해 다른 포유류보다 공감을 보다 정교하게 할 수 있게 되었다고 추측하였다. 정확하게 타인의 감정과 의도를 알아챌 수 있는 인간은 훨씬 생존하기 쉽다(Ludy-Dobson & Perry, 2010). 포유류 생존에 공감이 기능하면서 신경학적으로 우리의 뇌에 열중하였을 것으로 추정된다(Decety & Lamm, 2006). 진화적 생존에 공감적 의사소통이 미친 영향은 안전하고 정서적으로 돌봐줄 것임을 언어적, 비언어적으로 전달하는 성인에게 아동이 보이는 강한 반응을 설명해 준다(Decety, 2011).

아동의 사회적 건강은 성인과의 관계의 질과 밀접하게 연관된다(Green etl al., 2010; Perry, 2000; van der Kolk, 2006). 양육자와 아동 간 초기의 반복적인 관계 경험은 그들의 배우자, 아동, 가족, 지역 사회와 관계를 맺는 내내 지속적인 신경생물학적 기억을 형성한다. 게다가 공감적 양육의 질은 행동, 정서적 표현, 사회적 관계 조절 능력을 의미하는 아동의 자기-조절 능력을 결정한다. 결과적으로 이는 이후의 사회적, 학업적, 직업적 성공을 예측해 준다(Ludy-Dobson & Perry, 2010). 공감적이거나 폭력적인 양육자와의 초기 경험은 아동이 세상을 바라보고 결정을 내리고 그들의 지역 사회와 관계 맺는 동안 네트워크를 형성하게 한다(Perry, 2001).

놀랄 것도 없이 부모 또는 다른 성인과의 공감적 관계가 부재하거나 부족했던 피학대 아동은 타인으로부터 단절되었다고 느낀다. 또 왜곡된 인식을 가지며 부정적 정서를 표현하고 방어적·공격적으로 행동하거나 공감적으로 관계를 맺는 능력을 상실한다(Malchiodi, 2010). 마지막으로 타인에게 공감적으로 반응하는 능력은 필수적인 사회적 자질로 밝혀졌다. 이는 사람들과 경험, 욕구, 목적을 공유하게 하고 궁극적으로 돌봄, 치유, 변화를 촉진해 준다(Carr et al., 2003; Ivey & Ivey, 2007). 게다가 공감적으로 행동하는 능력이 도덕적인 추론과 친사회적 행동 증진, 공격성 억제, 타인의 안녕에 도움이 되는 행동을 증진시키는 데 필수적이라는 사실은 충분히 입증되었다(Lawrence etl al., 2006). 사회 기술 발달에 공감이 미치는 막대한 기여와 공감이 박탈된 관계에 필요한 막대한 대가를 고려할 때 놀이치료자가 일반적으로 놀이치료에서 아동과의 언어적, 행동적인 공감적 의사소통에 매우 집중하는 것을 이해할 수 있다. 놀이치료자가 아동과 함께할 때 보이는 진실성, 진정성, 공감, 따뜻함(Rogers, 1980)은 놀이치료의 성과에 막대하고 결정적인 영향을 미친다. 이는 생존을 위한 진화상의 원시적 요구를 기초로 한 복잡한 신경생물학적 과정에 기반을 둔다(Decety, 2011).

경험적 근거

앞서 말했듯이 인간은 본질적으로 사회적이며 평생 동안 생존을 위해 타인과 공유된 관계에 의존한다. 이를 위해 신경생물학적 체계는 이 사회적 생존 메커니즘의 일부분으로서 타인의 내적 상태를 인식하고 이해하고 예측하며 반응하도록 진화했다. 최근 신경과학 연구는 공감 능력을 뒷받침하는 신경 경로가 있음을 입증하였다(Decety, 2011). 처음에는 이것을 공감의 지각 행동 모델로 설명하였다(Decety & Lamm, 2006). 타인의 상태 지각은 그에 연관된 운동 행동, 감각, 감정, 정서와 같은 신체적인 자율 반응을 자동적으로 활성화한다. 그리고 자연스럽게 상호 연결을 맺도록 고려한다. 이 정서 과정에 대한 시뮬레이션 행동 모델은 내적으로 동일한 심리 상태인 것처럼 가장함으로써 타인의 의도와 감정을 이해한다고 가정한다(Decety, 2011; Gallese, 2009).

하지만 인간의 공감적 잠재력은 두 사람 사이의 단순한 무의식적 감정 연결보다 훨씬 복잡하다. 인간의 공감은 오래된 사회적·정서적 능력 중 언어, 마음 이론, 작용 주체, 조망 수용과 같은 많은 상위 실행 과정을 포함한다. 이러한 새로운 능력들은 관심사 나누기, 돌보기, 돕기의 이점을 얻도록 공감 레퍼토리를 늘려 준다(Decety, 2011). 풍부한 공감 반응은 언어 발달을 포함한 실행 기능의 향상을 통해 진화되었다. 오래되었으면서 동시에 새로운 공감 기능들은 다면적인 과정에 영향을 미친다(Batson, 2009; Decety & Lamm, 2006). 따라서 Decety(2011)는 정서적 공유의 상향(bottom-up) 과정과 동기, 의도, 자기-조절 요소 및 하향(top-down) 과정 모두를 포함한 통합적 처리 모델을 제안하였다. 통합 모델은 심각한 어려움을 가진 아동을 위해 놀이치료자에게 훌륭한 안내서를 제공해 준다(Decety & Jackson, 2010).

　　또한 학령 전기와 학령 초기 아동의 사회극 역할 놀이는 공감, 협동, 이타심, 자아 탄력성 발달과 연관된다(Connolly & Doyle, 1984; Gottman & Parker, 1986; Iannotti, 1978; Strayer & Roberts, 1989). Howes(1988)의 연구에서 역할 놀이를 포함한 가상 놀이에 더 많이 참여한 유아가 또래와 교사로부터 호감도와 사교성에 더 높은 점수를 받았다. 그리고 Bohart(1977)는 여대생을 대상으로 한 연구에서 갈등 상황에서 갈등을 유발하는 사람의 역할 놀이를 하는 것이 카타르시스나 인지적 분석, 비처치보다 화와 갈등의 감소에 효과적인 전략이었다고 하였다.

공감의 요소

공감은 정서적(하위 뇌), 인지적(상위 뇌) 요소 모두에서 복잡한 신경생물학적 과정이며 지구 상에 인간이 존재하는 동안 진화해 왔다(Ludy-Dobson & Perry, 2010). 오래되고 가장 원시적인 공감 기능은 식별을 적게 하고 무의식적으로 반응하는 반면 새로운 상위 공감 기능은 더 많은 식별을 하면서 천천히 반응한다. 원시적인 공감 반응과 진화된 공감 반응 모두 우리에게 훨씬 확장된 생존 기술을 준다. 이 중 가장 뛰어난 기술은 타인을 위하고 애정을 나누며 양육적인 유대를 형성하는 능력이다(Svalavitz & Perry, 2010). 지금까지 공감의 신경생물학적 기능을 충분히 이해하지는 못했지만, 정서신경과학은 아동과 치료적으로 놀이하는 놀이치료자의 능력을 확장해 주는 새로운 관점과 이해를 강화해 주었다(Gaskill & Perry, 2012).

공감의 정서적 측면

공감의 정서적 측면의 하향식 과정은 타인의 정신 상태를 관찰할 때 개인의 정서 경험으로 나타난다. 하위 뇌에서 일어나는 이 현상은 거울 뉴런계와 관련되며 정서 전염, 카멜레온 효과 또는 모방으로 언급된다(Rizzolatti, 2005; Shamay-Tsoory, Aharon-Peretz, & Perry, 2009). 전전두엽 피질에 의해 편도체와 연결된 거울 뉴런계(브로카 영역과 복측 전운동 피질)는 사회적 상호작용에 중요한 역할을 수행한다. 이 체계는 타인의 행동 및 움직임과 개인의 행동, 의도, 정서 사이에 연결 고리를 만든다(Pfeifer, Iacoboni, Mazziotta, & Dapretto, 2008). Pfeifer 등(2008)은 자동적, 무의식적으로 타인의 정서 경험을 따라하려는 성향의 강화로 이 과정을 설명하였다. 동시에 나타나는 타인의 얼굴 표정, 발성, 몸짓, 버릇, 움직임을 관찰함으로써 모방을 하게 되는데 이 과정이 정서적 조율을 이끈다(Decety & Lamm, 2006). 근육 수축은 관찰자가 무의식적으로 타인의 정서 반응을 인식하고 이해할 수 있게 해 준다(Lawrence et al., 2006). 기능적 뇌 영상 연구는 경험의 정서적, 동기적 측면을 처리할 때 관찰자와 피관찰자 모두 동일한 뇌 메커니즘이 활성화된다는 것을 입증했다(Decety, 2011). Decety(2011)은 또한 얼굴 모방이 관찰자와 피관찰자에게 눈에 띄는 수준의 정서 및 자율 각성을 일으킨다는 것을 발견했다. Decety와 Lamm(2066)은 흥미롭게도 교감 반응만으로는 특정 정서를 구별하기 어렵지만, 부정적 정서 반응은 긍정 정서보다 강한 자율신경계 반응을 일으킨다고 하였다.

타인의 행동, 의도, 정서를 이해하기 위해 신경 기제는 무의식적인 모방을 사용한다(Pfeifer et al., 2008). 무의식적 모방은 사회적 관계에 대한 진실성, 긍정적 정서 반응, 타인의 기분에 대한 감정과 연관된다(Leslie et al., 2004). Leslie 등(2004)은 모방을 하면서 의식적으로 얼굴 근육을 통제하는 것이 무의식적 모방과는 다른 신경 과정을 활성화시킨다는 것을 발견했다. 이는 의식적 모방이 진실한 감정이라기보다는 '가면 쓰기'나 개인의 의도를 포함한 감정과 더 유사하다는 사실을 의미한다. 일반적으로 아동은 초기 10주 전에 타인의 감정 얼굴을 보고 모방하며 진실성과 진정성을 판단한다(Decety, 2011; Pfeifer et al., 2008).

발달심리학이 예측하듯이 공감의 정서적 측면은 인지나 조절 측면보다 훨씬 일찍 발달한다. 정서적 반응성은 생애 초기에 뚜렷하게 나타나고 무의식적이며 모방에 의존하는데 이는 아동과 타인 간 체감각적 공명을 이끈다(Decety, 2011). Decety는 이와 같은 공명이 아동의 생존과 애착에 중요한 가치를 갖는 반면, 아동의 인지적 조절 능력이 미흡하게 발달하였기 때문에 몹시 고통스러워 하는 사람을 볼 때 아동은 오히려 공명이 심한 고통을 초래할 수 있다고 보았다. 결과적으로 아동은 양육자가 그들의 정서 경험을 조절하는 것에 의존해야 한다. 초등학생조차도 성숙한 성인에 비하면 조절 능력이 미흡하다. 따라서 그들은 대개 가정 폭력과 같이 중요한 양육자의 고통을 목격할 때 정서적 과부하를 피할 능력이 없다. 정서 전염을 통제하는 능력의 부족은 흔히 과잉 각성된 공감, 개인적 고통, 자기 중심적 정서 반응을 초래할 수 있다.

　이것이 학대받은 아동이 성인보다 외상에 취약하다고 여겨지는 이유이다(Perry & Pollard, 1998; van der Kolk, 2006). 하위 뇌 수준의 공감 반응은 인지적 공감 기능 이전에 오랫동안 기능하기 때문에 놀이치료자는 놀이치료에서 하위 뇌 수준의 공감 반응을 다루어야 한다. 놀이치료자는 공감의 정서적 과정을 이해함으로써 초기 신경 수준에 제한적인 이점을 주는 인지 전략을 피하고 하위 뇌 기능에 영향을 주는 보다 강력한 공감 전략을 사용할 수 있다.

공감의 인지적 측면

다행스럽게도 인간에게 공감은 타인의 정서에 대한 수동적인 감정 메아리가 아니며 행동하는 사람과 관찰자 모두의 목표, 의도, 성향, 내용, 동기를 포함한다(Rizzolatti, 2005). Rizzolatti에 따르면 공감에는 정서 경험의 인식, 평가, 통합, 조절, 통제에 대한 실행 과정이 필요하다(하향식 정보 처리). 이 인지적 조절 과정은 상태, 정서, 반응의 신체적 조절에 필요한 복합적인 뇌 구조 및 체계에서 일어난다.

　대뇌 피질 구조, 자율 신경계, 시상하부 뇌하수체 부신축, 내분비 기관은 높은 수준의 공감 반응이 가능하도록 복잡한 다체계 과정으로 결합된다(Decety, 2011). 마음 이론, 작용 주체, 조망 수용에 대한 인지적 능력은 궁극적으로 인지 과정에서 사회적 판단을 내리도록 한다(Decety & Lamm, 2006). 분명히 아동의 인지 능력은 유아기에서 성인기까지 점진적으로 발달하며 이는 전략적인 놀이치료 개입을 위한 인지적 공감 기술의 발달적 관점을 필요로 한다(Pfeifer et al., 2008).

조망 수용　조망 수용은 타인이 경험하는 감각과 감정 및 행동을 공유하기 위해 인지적 상상력을 활용하는 능력이다. 물론 관찰자의 정서 경험이 덜 강하지만 정신적 연결은 공감 경험에 없어서는 안 된다. 조망 수용 능력은 공감, 도덕적 추론, 친사회적 행동과 연관된다(Decety & Lamm, 2006). Decety와 Lamm(2006)은 개인 관점의 하향식 통제가 관찰자와 타인 모두의 다양한 정서 경험에 의식적으로 주의를 기울임으로써 조절 관리를 향상시킨다고 하였다. 관찰자가 인식에서 1인칭 관점으로 자기에게 몰두할 때 더욱 자기 중심적이 된다. 타인 중심적 반응은 타인의 경험에 집중할 때 관점 전환의 힘을 통해 확대된다.

조망 수용은 운동 모방이나 정서 전염과는 달리 초기 아동기에서 청소년기까지 점차 발달하고 그 결과 실행 과정은 천천히 성숙한다(Decety, 2011; Decety & Lamm, 2006). Decety와 Lamm(2006)은 자기-조절, 계획하기, 인지적 유연성, 간섭에 대한 저항을 포함한 사고와 행동을 점검하고 통제하기 위해 이러한 정신 과정이 활용되며 모든 것은 전측두엽과 내측전두엽의 성숙에 의존한다고 언급하였다. 전두엽의 미성숙은 미흡한 사회적 상호작용, 자의식적 정서, 행동 및 인지적 과제에 대한 무관심과 연관된다.

아동은 실행 기능이 미성숙하기 때문에 타인이 자신과는 다른 감정과 경험을 한다는 것을 이해하지 못한다(Selman, 1971). Selman은 조망 수용의 다섯 가지 단계를 설명하였다. 3~5세의 아동은 타인이 다른 생각과 감정을 가진다는 것을 이해하지만 자주 혼동한다. 결과적으로 조망 수용은 아동에게 어렵다. 조망 수용의 꾸준한 향상이 7~12세까지 나타난다. Selman은 10~15세 아동이 제3자의 관점을 이해하는 데 향상된 기술을 가지게 되어도 객관적인 제3자가 어떻게 상황을 보는지를 이해하지는 못한다고 설명하였다. 마지막으로 14세에서 성인기까지의 아동은 제3자의 관점이 어떻게 체계나 사회적 가치에 의해 영향을 받는지 이해하기 시작한다. Selman은 아동이 성숙함에 따라 다양한 영향을 고려하고 동일한 상황에 대한 서로 다른 반응을 이해하며 복합적인 관점을 고려할 수 있다고 설명했다. 만일 인지에 중점을 둔 놀이치료 전략과 공감적 언어 표현에서 발달적 성숙을 고려하지 않는다면 아동에게 긍정적인 영향을 주지 못할 것이다. 놀이치료자는 천편일률적인 전략을 피하도록 주의해야 하고 아동의 발달 연령, 개인차, 경험사를 고려해야 한다.

공감의 발달 단계 일련의 습득 기술을 포함하는 공감의 발달 단계는 놀이치료 동안 효과적인 공감 반응의 중심이 된다(Commons & Wolfsont, 2002). 각 단계마다 나타나는 점진적인 복합적 공감 행동은 유아기에 시작되고 인지적으로 보다 정교하게 공감에 대해 이해하게 되는 성인기까지 이어진다. 이러한 능력은 Piaget의 인지 발달 단계와 매우 유사하다. Commons와 Wolfsont(2002)는 연속적인 공감 단계를 공감적 유능성으로 향하는 점진적인 단계라고 설명하였다. 출생부터 2세까지의 아동은 고통과 위안 자극에 대해 기본 반사 반응과 지지적인 사람에 대한 선호를 보인다(Decety, 2011). 18~25개월의 아동은 심지어 명확한 정서적 단서가 없을 때에도 타인에게 동정심을 느끼기 시작한다. Commons와 Wolfsont(2002)는 2~7세 아동이 이야기 주인공에게 감정 이입은 하지만 실제와 가상을 혼동하고 자주 잘못된 지각에 따라 행동한다고 묘사하였다. 아동은 고통을 겪는 사람의 정서와 일치하게 느끼지만(정서 전염) 그 정서를 그들 자신의 것으로 인식한다. 놀이치료자는 심지어 학령기의 아동 역시 정서 전염에 반응하지만 자신이 느끼는 것을 인지적으로 이해하고 조절적인 통제를 하려고 고심한다는 점에 유의할 필요가 있다. 7~11세 아동은 표현과 상황으로부터 추측하여 감정을 이해하기 시작하지만 아직 유사한 환경에서 그들 자신이 느끼는 동기를 통해 자기 중심적으로 이해한다. 11~16세 아동은 기분 및 표현과 상황적 변인을 연결 지을 수 있다. 또 청소년기를 지나면 정서 상태가 일시적인 관점과 지각에 영향을 미친다는 것을 알게 된다. 그들에게 친숙하지 않은 상황이더라도 그러한 상황에 처한 자신을 상상할 수도 있다. 불행히도 고통을 다루거나 공감을 향상시키기 위해 성인에 의해 사용되는 대부분의 인지 전략은 청소년기까지는 아동이 사용하지 못한다.

변화를 이끄는 공감의 역할

Piaget(1951)는 놀이를 통해 문명화된 인간이 태어난다고 말하였다. 따라서 놀이는 생물학적, 개인 내적, 대인 관계적, 사회 문화적 기능과 같은 건강한 발달을 뒷받침하는 많은 사회적 속성을 향상시키는 것으로 보인다(O'Connor, 2000). 놀이치료의 치료 도구이자 기대 성과인 공감은 이 모든 기능들을 통합한다.

감각 운동 놀이

O'Connor(2000)는 발달상 놀이의 생물학적 공헌에 대해 처음 언급하였다. 공감의 내적 특성은 양육자와의 따뜻하고 양육적인 상호적 관계에 의해 강하게 자극받고 이끌

리는 신체적인 신경학적 성숙의 기능이다(Szalavitz & Perry, 2010). 양육자와 아동이 서로에게 이끌리고 반복적이고 공감적이고 긍정적이며 조절적인 사회적 놀이에 참여함에 따라 유아의 신경계는 자극받고 발달하며 체계화된다. 출생 시 아동은 고통과 위안 자극 모두에 기본적인 반사 행동을 보인다. 아동은 반복적인 경험을 통해 이러한 감각을 신경학적으로 부호화하고 지속적으로 유쾌하거나 위협적인 연상(암묵 기억)을 점차 형성한다. 이러한 초기 연상은 안전, 안정성, 유쾌함 또는 위협, 위험, 불쾌를 평가하기 위한 안정적이며 무의식적이고 자동적인 지표가 된다(van der Kolk, 1994). 놀이치료자 및 양육자와의 애정 어리고 양육적이며 위안적인 접촉과 공감적 놀이는 모든 아동의 공감 정상 발달을 위해 신체적, 정서적, 사회적, 인지적으로 필수적인 양분이다(Brown, 2009). 놀이치료에서 아동이 양자 놀이에 참여할 때 아동과 놀이치료자 모두 정서적 조율 상태를 만드는 눈 맞춤을 하고 얼굴 표정을 보며 신체 움직임을 읽는다(거울 뉴런의 신경학적 연결).

감각 운동 놀이는 내외적 감각 자극으로부터 얻은 정확성과 의미를 눈에 띄게 향상시킨다. 피학대 아동은 흔히 잘 구조화되지 않은 감각 체계로 감각적 오인을 하기 쉬운데 이는 사회적, 정서적, 공감적, 인지적 어려움의 원인이 된다. 부적절한 신체 인식 또는 자기, 신체, 환경의 부적절한 통합은 감각 운동 문제가 자주 발견되는 피학대 아동의 공통 문제이다(van der Kolk, 1994). 신체 놀이는 공감 반응이 완전히 성숙하는 결정적인 능력 발달에 기여한다. 감각 운동 놀이는 극심한 어려움에 처한 아동에게 공감 능력 획득을 포함한 다양한 긍정적 성과가 있는 것으로 나타났다(Barfield, Dobson, Gaskill, & Perry, 2011; Hansen, 2011; van der Kolk, 2006).

가상 놀이

인지 능력의 발달은 아동이 가상 놀이를 통해 유능성을 발달시키고 상징적으로 갈등을 다루도록 해 준다(Brown, 2009; Elkind, 2007). 인지적으로 조율된 언어적 기술이 향상됨에 따라 아동은 점차 행동보다 언어로 감정을 표현하며 인식하고 명명할 수 있게 된다. 이 연속적인 발달 과정은 초기 아동기에 시작되어 11~16세가 되면 상황 변수들을 파악하고 자신과 타인의 관점을 이해하는 능력을 갖게 된다(Commons & Wolfsont, 2002). 역할극 놀이는 아동이 자신의 호불호, 관심사, 생애 사건에 대한 내적 반응들을 이해하고 생애 사건에 대처할 때 어떻게 내적 · 외적으로 자기를 통제하는지 배울 기회를 갖도록 돕는다(Elkind, 2007).

역할 놀이

조망 수용은 개인이 자아 중심성을 극복하고 타인의 관점을 이해하도록 돕는 매우 향상된 인지 기술이다(Lawrence et al., 2006). 조망 수용 동안 전두엽에서 나타나는 억제적 통제는 사회적으로 조화롭도록 도우면서 사회적 기대에 따라 자신의 행동을 수정하도록 해 준다. 또한 Lawrence 등(2006)은 타인의 관점 수용이 행동을 시작한 사람과 관찰자 간 정서적 공유에 작은 공통 부분을 만들며 관찰된 사람에 대한 공감적 관심을 증가시킨다고 언급하였다. 이것은 강력한 조절 능력이며 7세 이하 아동의 능력을 크게 능가한다. 아동은 정서 전염의 영향 때문에 타인의 정서를 그들 자신의 것으로 경험하는 경향이 있다(Selman, 1971). Selman에 따르면 7~12세 아동도 각성을 통제하고 타인의 관점을 이해하는 능력이 아직 미성숙하기 때문에 조망 수용이 여전히 어렵다.

그럼에도 불구하고 아동은 신경학적 잠재력을 발달시키고 강화하기 위해 역할극 놀이에 참여해야 한다. 만일 공감 반응을 배우고 연습하는 기회가 없다면 신경학적 성장과 발달 그 자체로는 공감 행동을 보장하지 못한다. 잠복기 아동은 역할 놀이를 하는 동안 그들이 연기하는 인물과 그들이 꾸민 상황에 대한 사고, 감정, 반응을 탐색, 발견하고 시연하기 시작한다. 하나의 역할을 맡은 연기자는 다른 아동이 연기하는 대조적인 인물 또한 경험하게 된다. 아동은 놀이치료실에서 극을 시연할 때 현실 세계이지만 안전한 장에서 폭넓은 사회적, 관계적 실재를 접한다.

아동은 현실 세계를 다룰 만한 크기로 줄임으로써 제한된 위험 안에서 지지적인 놀이치료자와 함께 어떻게 사회적 삶이 서로 다른 의견, 관점, 생각, 느낌, 전략을 만들 수 있는지 점진적으로 이해하게 된다. 아동은 각각의 시연으로 각 인물이 사회적 상황에 대해 어떻게 생각하고 느끼고 반응하는지에 관해 사회적으로 보다 숙련되고 알고 이해하게 된다. 신경학적으로 성장함에 따라 새로운 기술과 사회적 유능성은 가능해지고(공유, 순서 바꾸기, 존중 표현) 역할극 놀이를 통해 모두 연마되어야 한다.

아동의 사회적 레퍼토리는 언어 능력이 확장되면서 크게 증진된다. 아동은 이제 몸짓만 사용할 때보다 효과적으로 사고, 느낌, 소망을 표현할 수 있다. 이 새로운 기술은 다른 사람들이 어떻게 느끼는지 관심(공감)을 갖게 한다. 성숙의 마지막 신경 구조인 공감적 말하기는 동기와 사회적 영향에 대한 이해를 돕는다. 그때까지 아동은 동일한 상황에서 자신이 느끼는 동기를 통해 이러한 다양성을 이해할 것이다.

마지막으로 인지적으로 미성숙한 아동이 가진 조망 수용의 잠재적인 부정적 영향에 관해 주의하는 것이 필요하다(Lawrence et al., 2006). 조망 수용은 아동이 인지적으로 미성숙하기 때문에 걱정스러운 정서 상태, 공감적이지 않은 자기 중심적 고통 및 불안을 상상으로 느끼게 한다. Pynoos(1996)는 아동이 주변 성인의 불안에 의해 크게 영향 받을 수 있다고 주의를 주었다. 또한 그는 아동이 효과적으로 정서 전염을 조절할 만큼 정서적으로 성숙하지 않았기 때문에 전기 미디어의 폭력적 내용이 불안 감을 준다고 생각했다. 잠재적으로 압도적인 고통 자극을 주는 또 다른 예는 폭력적 비디오, 영화, 뉴스 미디어, 가정 폭력, 범죄 활동, 테러 사건 혹은 기타 충격적 사건들인데 이는 미성숙한 조절 능력을 압도하는 강력한 정서적 각성을 유발한다.

게임 놀이

O'Connor(2000)는 아동이 문화적 규준과 법칙을 배우는 매개체로서 놀이의 사회 문화적 기능을 설명했다. 아동의 게임 놀이는 보통 문화적, 사회적으로 매우 독특하며 문화적 관습, 가치, 승인된 행동을 이끈다. 아동의 자유 놀이 또는 극놀이를 관찰하면 사회적, 문화적으로 흥미로운 사실이 나타난다. O'Connor는 아동이 이 같은 놀이에서 성 역할과 바람직한 행동을 연습한다고 덧붙였다. 역할과 연관된 사고, 행동 및 신념에 대한 학습 등이다. 아동은 사회적 세계에서 접하는 바라고 기대할 만하거나 두려움을 느끼게 하는 상황, 역할, 환경 모두를 재연하면서 사회에서 규정된 행동에 대해 예행 연습을 한다. 이것은 아동에게 유능감, 공감적 이해, 성인 생활을 준비하는 기술을 제공한다.

스토리텔링

이야기는 아동이 타인의 사고와 감정, 동기에 대해 이해하도록 촉진해 준다. 따라서 아동은 이야기를 들음으로써 타인에 대한 공감과 동정심을 발달시킨다.

Manney(2008)에 따르면 책의 단어를 사고와 감정으로 해석하는 청자와 독자의 행위는 창의 적이며 그들이 인물의 시각을 통해 세계를 바라보고 감정을 느끼도록 해 준다. 그것은 또한 인간이 공동 유대와 목적, 열망을 공유하는 것에 대한 인식이다. 만일 당신이 정기적으로 다른 인물의 입장이 되어 생각하고 그들에 대해 공감해 본다면 이 반복 행동은 분명 더욱 공감적인 성격을 만들 것이다(Manney, 2008). 공감은 정기적인 훈련으로 점차 힘을 얻으면서 강해진다.

(Schaefer, 2012)

임상 적용

공감이 결핍된 아동은 따돌림과 같은 분노 증상이나 품행 장애, 정신병, 자폐 스펙트럼 장애를 보이는 아동들처럼 놀이의 치료적 힘을 통해 도움을 받을 수 있다.

전략과 기술

모든 공감적 놀이치료 전략은 앞서 설명했던 신경생물학적 과정으로부터 도출되어야 한다. 이 과정은 타인의 주관적 상태에 대한 정서적 공유와 진화적으로 정교화된 대뇌 피질 과정을 포함한다. 즉 정서의 출처에 대한 이해, 정서 경험의 조율, 타인과 자신의 사고 구분, 사고의 행동화, 경험을 타인의 관점으로 바라보는 것을 포함한다(Decety & Meyer, 2008). 특별한 놀이 전략을 활용하여 발달 수준에 맞는 공감 반응을 하는 놀이치료자의 능력은 행동과 감정을 조절하는 아동의 능력, 사회적 관계 및 학업적, 직업적 성취를 매개하는 요인이다(Carr et al., 2003; Decety & Lamm, 2006; Gaskill & Perry, 2012; Lawrence et al., 2006; Ludy-Dobson & Perry, 2010).

임상 적용

공감은 분리된 두 신경생물학적 체계로부터 나타나는 구성 요소이다(Shamay-Tsoory et al., 2008). 먼저 발달하는 것은 정서적 공감 체계로서 이전의 긍정적 혹은 부정적 연상을 통한 자율 신경계의 반응, 거울 뉴런계와 밀접하게 연관된다. 둘째는 인지적 공감 체계로서 대뇌 피질의 실행 기능에 의해 영향을 받는다. 다행히도 선행 연구는 치료 환경에서 공감 행동을 발달시키는 능력들에 대해 강하게 뒷받침해 준다(Shirtcliff et al., 2009). Shirtcliff 등(2009)은 청소년이 치료로부터 가장 많은 도움을 받는 반면 아동은 발달적인 뇌의 가소성에 의해 가장 많은 도움을 받는다고 하였다.

　7세 이하 아동과 피학대 아동에게 가장 우선적인 일은 건강한 정서적 공감(하위 뇌) 연상을 발달시키는 것이다. 이 유형은 흔히 발달적으로 퇴행된 놀이 형태로 놀이 치료실에서 관찰된다. 몇몇 아동은 유아적 행동, 아기 말투, 젖병 빨기, 안고 흔들어 주기, 자장가로 재워 주기를 원하는 등의 퇴행을 하기도 한다. 아동은 이 같은 놀이를 하는 동안 흔히 놀이치료자를 주의 깊게 바라보고 놀이치료자의 양육적이고 다정하며 능숙한 돌봄에 대해 기쁘게 반응한다. 아동과 놀이치료자는 눈 맞춤, 마주 보고 응시하기, 부드러운 목소리 톤, 다정한 접촉을 통해 신경학적으로 조율된다.

　신경학적으로 아동의 거울 뉴런은 아동이 이전 발달에서 잃어버린 감각 경험(기억들)을 재형성하도록 놀이치료자의 신경 상태를 일치시킨다. 어떤 면으로 보면 아동은 놀이치료자와의 놀이를 통해 사랑받고 돌봄 받는 신경학적 경험을 부호화한다. 아동의 하위 뇌는 아동과 성인의 따뜻하고 사랑스러우며 배려적인 연상을 부호화한다. 그것은 조용하고 안전하며 신체적으로 안심이 되는 느낌과 같다. 이러한 연상은 아동 이후 삶의 자기-조절, 타인과의 배려적 관계, 부모 양육 행동에 대한 연상도(associational template)가 된다. 하위 뇌의 정서적 공감 학습은 이러한 경험의 무수한 반복으로 일어난다. Viola Brody(1993)는 아동의 어머니처럼 행동할 것이 아니라 아동의 어머니가 '돼라'고 놀이치료자에게 권고하면서 이 과정의 본질을 설명하였다.

　놀이치료에서의 공감 반응을 설명하면서 연령에 따라 다른 공감 반응을 설명하기 위해 전형적인 외상 증상에 집중한 가상 사례를 제시하였다. 다음 사례는 가정 위탁 기관에서 의뢰된 6세 여자아이다. 이 아동은 인형과 성적 표출 행동을 하고 위탁모의 가슴을 움켜쥔다고 보고되었다. 그녀는 낯선 사람에 대한 두려움은 거의 보이지 않지만 자주 놀람 반응을 보인다. 자주 타인에게 매달리거나 거부하고 소유욕이 강하며 공격적이다. 그녀는 안기고 싶어 하고 자주 젖병을 달라고 한다. 침대나 탁자 아래에서 태아 자세로 웅크려 잠을 잔다. 또 식탐이 있고 폭식과 편식을 한다. 담당 소아과 의사는 구토와 위장 문제에 대해 의학적 문제가 아닌 행동 문제라고 말한다. 아이는 하루 종일 머리카락을 뽑고 몸을 흔들며 젖어 있거나 더러워져 있다. 그녀는 율동적으로 움직이며 잠을 잘 못 자고 밤에 집을 돌아다닌다. 그리고 언어는 아주 적은 단어를 말할 정도로 최소한으로만 발달하였다.

　명백하게 연령에 적합한 상태 조절이 가능하지 않았다. 그녀는 만성적으로 과잉 각성되고 과하게 활동하기 때문에 이런 점에서 인지 중심 놀이치료에 잘 반응하지 않을 거라고 추측된다. 그 대신 과잉 활동적인 자율 신경계를 진정시키기 위한 정서적인 공감 반응에 우선적인 치료 초점을 둘 필요가 있다. 아동을 위해 안전하고 조절되며 관계에서 긍정적이고 만족감을 주는 환경을 조성하는 것에 중점을 두게 된다(Perry, 2006).

놀이치료는 우선적으로 놀이치료자의 긍정적 관심을 제공하는 놀이와 대면 접촉을 최대화하는 정서적 조절 반응에 집중해야 한다. 놀이치료자의 얼굴 표정과 목소리 톤은 아동의 정서적 표현과 일치해야 한다. 정서적 반영은 조율 상태, 놀이치료자에 대한 긍정적 감정, 자극된 하위 뇌 영역의 하향 조절 기회뿐 아니라 감각적 연상 반응에서 활용되는 긍정적, 친사회적 암묵 기억을 형성하도록 촉진한다. 감각 운동 놀이와 신체 놀이, 양육자와 놀이치료자의 양육적인 상호작용은 매일이나 한 주에 여러 번 촉진되어야 한다.

아동 : 내가 당신의 아기인 것처럼 나를 안고 흔들며 놀아 주세요.

놀이치료자 : 너는 나의 소중한 어린 소녀란다. 나는 너를 따뜻한 담요로 싸서 네가 필요한 모든 음식을 주고, 네가 자랄 때까지 안전하게 지켜줄 거야. (놀이치료자는 아동을 먹이고 베개로 작은 침대를 만들어 담요로 아동을 덮는 시늉을 한다.) 나는 침대 옆에 앉아서 네가 잠들 동안 안전하게 지켜줄 거란다. (놀이치료자는 아동의 침대를 천천히 흔들고 좋아하는 자장가를 계속 불러 준다.)

또한 아동은 물, 모래, 진흙, 물감, 찰흙, 면도 크림, 푸딩과 기타 감각적 재료를 가지고 감각 운동 놀이를 즐길 것이다. 이것은 영아의 놀이와 비슷하며 본질상 매우 퇴행적일 수 있다. 이 감각 놀이의 본질은 아동이 상당히 나이가 많을 때에도 유아적 혹은 영아적인 놀이와 함께 할 수 있는 것이다.

아동 : 목욕하고 싶어요.

놀이치료자 : 음, 오늘 네가 정말 열심히 놀이하느라 지저분해졌네. 깨끗이 씻어야겠다. 그러면 너는 완전히 깨끗해져서 잠들 준비가 될 거야. 그건 네가 밤새도록 잘 자고 좋은 꿈을 꾸도록 도와줄 거야. (놀이치료자는 따뜻하고 편안한 톤으로 말하면서 양육적인 접촉으로 아동의 머리를 감기고 수건으로 감싸며 침대에 놓는 시늉을 한다.)

하위 뇌가 반복에 의해 학습하기 때문에 감각 놀이와 신체 놀이, 위안을 주고 진정시키는 양육을 가능한 한 자주 하는 것이 중요하며 매일 하는 것이 가장 좋다. 치료 동안 부모에게 과제를 주거나 부모-자녀 관계 놀이 요소를 적용하는 것은 치료 효과를 최대화하도록 도와줄 것이다. 그러나 부모의 과제는 가장 하위의 비조직적 뇌 영역에서 시작하는 표준 신경 발달 가이드라인을 따라야 한다(Gaskill & Perry, in press). 아동은 흔히 이러한 유형의 놀이를 의식처럼 많은 놀이 회기 동안 반복하고 매번 동일한 방식으로 놀이하기를 고집한다. 또한 이 신경학적 수준의 아동에게 예측 가능하고 풍부한 상호적 환경에서의 위안을 주는 감각적, 운동 감각적 진정 경험이 언어와 합리적 사고보다 중요하다는 사실을 잊지 않는 것이 중요하다. 진정시키는 체성 감각적 느낌, 부드러운 접촉, 시선 응시, 따뜻한 목소리 톤은 특별한 말 없이 유아를 진정시키는 것처럼 아동의 조절을 돕는다. 이것은 다른 감각 자극을 비교할 항상성 기준을 세우는 데 활용되는 내외적 경험의 정밀한 지표가 된다.

7세를 지난 잠복기 아동의 놀이에서 인지적 측면은 점차 명확해진다. 심각한 피학대 아동을 제외하고 정서적 공감과 상태 조절은 이 시점에서 확립되었어야 한다. 놀이치료에서 나타나는 명시적인 인지적 문제(죄책감, 수치심, 자기-가치, 통제, 분노, 두려움, 상실, 포기 등)는 암시적인 정서적 문제만큼 중요하다. 그러나 명시적 문제는 인지적 해결을 요구한다. 예를 들어, 극 놀이 동안 아동은 그들 생애 사건이 '왜' 이 방식대로 일어났는지 이것이 무슨 '의미'가 있는지에 대한 어려운 질문의 답을 알아내려 한다. 틀림없이 인지적으로 개입되는 중요한 주제이다.

아동 : 아기 강아지가 울고 있어요. 강아지는 엄마가 어디에 갔는지 몰라요!

놀이치료자 : 엄마가 다시 돌아올지 몰라서 강아지가 무섭겠구나. 왜 엄마가 자기를 떠났는지 아기 강아지가 이해하지 못하는 것처럼 들린다.

아동 : 네. 엄마 개는 남자 개와 있는 게 좋아서 떠났어요.

놀이치료자 : 아기 강아지는 엄마가 자기보다 남자 개와 있는 걸 좋아할까 봐 걱정되는구나.

아동 : 네. 아기 강아지는 침대에 쉬를 해서 엄마 개가 화를 낼까 봐 걱정해요.

이 아동은 자신의 두려움을 탐색하고 아동이 인식한 유기에 관한 어머니의 생각과 동기를 이해하려고 애쓴다. 아동은 자신의 상황에 대한 몇 가지 인지적 판단을 내리기 위해 노력하고 있다.

공예나 예술 작업, 스크랩북 만들기 또한 아동이 이해할 수 있는 방식대로 자신의 고통스러운 이야기를 이해하도록 돕는 데 활용할 수 있다. 아동은 신문, 카드, 편지, 성적표, 사진, 날짜, 사람, 사건들을 자신의 삶의 논리적 일부로 체계화하는데 이는 아동이 효과적인 대처 방식을 찾도록 일어난 일들을 체계화해 주는 논리적, 현실적 방식을 가질 수 있게 돕는다. 이것은 아동이 어떻게, 왜, 한 위탁 가정에서 다른 가정으로 옮겨졌는지, 자기 삶의 사람들은 누구였는지, 누가 자신을 돌보았는지, 자신이 사는 곳은 어디인지, 자신은 무엇을 했고 좋아했는지, 고통스러운 경험을 이겨내기 위해 무엇을 했는지를 이해하도록 도울 수 있다.

요약

결론적으로 공감은 여러 다른 유형들로 이루어진 구성 요소이다(Decety & Lamm, 2006). 먼저 공감은 상향식 정보 처리 과정에 의존하며 타인의 경험에 대한 지각과 초기 생존 반응에 대한 상태 기억을 형성하는 직접적인 정서 경험에 의해 이루어진다. 하위 뇌에서 일어나는 암시적인 비언어적 연상은 언어나 논리, 추론에 비해 상당히 정서 지향적이다. 이 하위 수준의 처리 과정은 이후의 향상된 인지적 처리과정을 위한 정서적, 인식적 기반이 된다. 둘째로 공감은 우리가 정서 반응을 통제하고 조절하며 타인의 관점을 이해하고 사회적으로 적합한 결정을 내리도록 해 주는 하향식 정보 처리 과정을 수반한다. 놀이치료자는 신경과학 개념을 적용함으로써 아동과 그들의 가족, 지역 사회의 복지뿐 아니라 아동의 공감 발달에 크게 기여하는 매우 효과적인 치료 전략 형성의 독특한 기회를 얻는다. 공감이 부족한 아동의 잠재적인 대가는 아동과 가족뿐 아니라 지역 사회에게도 대재앙일 수 있음을 잊지 말아야 한다(Malchiodi, 2010).

참고문헌

Axline, V. (1947). *Play therapy*. London, England: Ballantine Books.

Barfield, S., Dobson, C., Gaskill, R., & Perry, B. D. (2011). Neurosequential model of therapeutics in a therapeutic preschool: Implications for work with children with complex neuropsychiatric problems. *International Journal of Play Therapy*. Advance online publication. doi: 10.1037/a0025955.

Batson, C. D. (2009). These things called empathy: Eight related but distinct phenomena. In J. Decety & W. Ickes (Eds.), *The social neuroscience of empathy* (pp. 3–15) Cambridge, MA: MIT Press.

Bohart, A. (1977). Role playing and interpersonal-conflict resolution. *Journal of Counseling Psychology*, 24(1), 15–24.

Bratton, S., & Landreth, G. (1995). Filial therapy with single parents: Effects of parental acceptance, empathy, and stress, *International Journal of Play Therapy*, 4(1), 61–80. doi: 10.1037/h0089142.

Brody, V. (1997). *The dialogue of touch: Developmental play therapy*. Northvale, NJ: Aronson.

Brown, S. (2009). *Play: How it shapes the brain, opens the imagination, and invigorates the soul*. New York, NY: Avery.

Carr, L., Iacoboni, M., Dubeau, M. C., Mazziotta, J. C., & Lenzi, G. L. (2003). Neural mechanisms of empathy in humans: A relay from neural systems for imitation to limbic areas. *Proceedings of the National Academy of Sciences, USA, 100*, 5497–5502. doi: 10.1073pnas.0935845100.

Commons, M. L., & Wolfsont, C. A. (2002). A complete theory of empathy must consider stage changes. *Behavioral and Brain Sciences, 25*, 30–L 31. doi: 10.1017/s0140525x02320016.

Connolly, J., & Doyle, A. (1984). Relation of social fantasy play to social competence in preschoolers. *Developmental Psychology, 20*(5), 797–806.

Decety, J. (2011). Dissecting the neural mechanisms mediating empathy. *Emotion Review, 3*(1), 92–108. doi: 10.1177/1754073910374662.

Decety, J., & Jackson, P. L. (2010). The functional architecture of human empathy. *Behavioral and Cognitive Neuroscience Reviews, 3*(2), 71–100. doi: 10.1177/1534582304267187.

Decety, J., & Lamm, C. (2006). Human empathy through the lens of social neuroscience. *Scientific World Journal, 6*, 1146–1163. doi: 10.110tsw.2006.221.

Decety, J., & Meyer, M. (2008). From emotion resonance to empathic understanding: A social developmental neuroscience account. *Development and Psychopathology, 20*, 1053–1080. doi: 10.1017/S0954579408000503.

Egan, G. (2002). *The skilled helper: A problem-management and opportunity-development approach to helping*. Pacific Grove, CA: Brooks/Cole.

Elkind, D. (2007). *The power of play: learning what comes naturally*. Philadelphia, PA: Da Capo Press.

Elliott, R., Bohart, A. C., Watson, J. C., & Greenberg, L. S. (2011). Empathy. *Psychotherapy, 48*, 43–49. doi: 10.103/a0022187.

Gallese, V. (2009). Mirror neurons, embodied simulation, and neural basis of social identification. *Psychoanalytic Dialogues, 19*(5), 519–536. doi: 10.1080/10481880903231910.

Garza, Y., & Bruhn, R. A. (2011). Empathy in play therapy: A case analysis through two theoretical perspectives. In D. J. Scapaletti (Ed.), *Psychology of empathy* (pp. 167–184) Hauppauge, NY: Nova.

Gaskill, R. L., & Perry, B. D. (2012). Child sexual abuse, traumatic experiences, and their impact on the developing brain. In P. Goodyear-Brown (Ed.), *Child sexual abuse: Identification, assessment, and treatment* (pp. 29–47) Hoboken, NJ: Wiley.

Gaskill, R. L., & Perry, B. D. (in press). The neurobiological power of play: Using the Neuro-sequential Model of Therapeutics to guide play in healing process. In C. Malchiodi & D. A. Creshaw (Eds.), *Play and creative arts therapy for attachment trauma*. New York, NY: Guilford Press.

Gottman, J., & Parker, J. (1986). *Conversations of friends: Speculations on affective development*.

Cambridge, England: Cambridge University Press.

Green, E. J., Crenshaw, D. A., & Kolos, A. C. (2010). Counseling children with preverbal trauma. *International Journal of Play Therapy, 19*, 95–105.

Hansen, L. (2011). Evaluating a sensorimotor intervention in children who have experienced complex trauma: A pilot study. *Honor Project*. http.//digitalcommons.iwu.edu/psych_honproj/151

Howes, C. (1988). Peer interaction of young children. *Monographs of Society for Research in Child Development, 217, 53*(1).

Iannotti, R. (1978). Effect of role taking experiences on empathy, altruism, & aggression. *Developmental Psychology, 14*, 119–114.

Ivey, A. E. & Ivey, M. B. (2007). *Intentional interviewing and counseling: Facilitating child development in a multicultural society* (6th ed.). Pacific Grove, CA: Brooks/Cole.

Landreth, G. L. (2002). *Play therapy: Art of the relationships*. New York, NY: Brunner-Routledge.

Landreth, G., & Bratton, S. (2006). *Child parent relationship therapy (CPRT): A 10 session filial therapy model*. New York, NY: Routledge.

Leslie, K. R., Johnson-Frey, S. H., & Grafton, S. T. (2004). Functional imaging of face and hand imitation: Towards a motor theory of empathy. *NeuroImage, 24*, 601–607. doi: 0.1016/j.neuroimage.2003.09.038

Lawrence, E. J., Shaw, P., Giampietro, V. P., Surguladze, S., Brammer, M. J., & David, A. S. (2006). *NeuroImage, 29*, 1173–1184. doi: 10.1016/j.neuroimage.2005.09.001.

Ludy-Dobson, C. R., & Perry, B. D. (2010). The role of healthy interactions in buffering the impact of childhood trauma. In E. Gil (Ed.), *Working to heal interpersonal trauma, the power of play* (pp. 26–43) New York, NY: Guilford Press.

Malchiodi, C. (2010). *What a rubber duck and empathy have in common*. Retrieved from http: tlcinstitute.wordpress.com/2010/08/02/what-a-duck-and-empathy-have-com

Manney, P. (2008, September). Empathy in the time of technology: How storytelling is the key to empathy. *Journal of Evolution 7 Technology, 19*(1).

Nelson, E. (2012). The neurobiological basis of empathy and its development in the environment of evolutionary adaptedness. In D. Narvaez, J. Panksepp, A. Shore, & T. Gleason (Eds.), *Evolution, early experience and human development: From research to practice and policy*. New York, NY: Oxford University Press.

O'Connor, K. J. (2000). *The play therapy primer*. New York, NY: Wiley.

Perry, B. D. (2000). The neurobiology of childhood maltreatment: The neurodevelopmental cost of adverse childhood events. In K. Franey, R. Geffner, & R. Falconer (Eds.), *The cost of maltreatment: Who pays? We all do*. San Diego, CA: Family Violence and Sexual Assault Institute.

Perry, B. D. (2001). The neurodevelopmental impact of violence in childhood. In D. Schetky & E. Benedek (Eds.), *Textbook of child and adolescent forensic psychiatry*. Washington, DC: American Psychiatric Press.

Perry, B. D. (2006). Applying principles of neurodevelopment to clinical work with maltreated and traumatized children. In N. B. Webb (Ed.), *Working with traumatized youth in child welfare*. New York, NY: Guilford Press.

Perry, B. D. (2008). Child maltreatment: The role of abuse and neglect in developmental pathology. In T. P. Beauchaine & S. P. Henshaw (Eds.), *Textbook of child and adolescent psychopathology* (pp. 93–128) Hoboken, NJ: Wiley.

Perry, B. D., & Pollard, R. (1998). Homeostasis, stress, trauma, and adaptation: A neuro-developmental view of childhood trauma. *Child and Adolescent Psychiatric Clinics of North America, 7*(1), 33–51.

Pfeifer, J. H., Iacoboni, M., Mazziotta, J. C., & Dapretto, M. (2008). Mirroring others' emotions relates to empathy and interpersonal competence in children. *NeuroImage, 39,* 2076–2085. doi: 10.1016/j.neuroimage.2007.10.032.

Piaget, J. (1951). *The psychology of intelligence.* London, England: Routledge and Kegan.

Pynoos, R. S. (1996). Exposure to catastrophic violence and disaster in childhood. In C. R. Pfeffer (Ed.), *Working with traumatized youth in child welfare.* New York, NY: Guilford Press.

Rizzolatti, R. (2005). The mirror neuron system and it function in humans. *Anatomy and Embryology, 210,* 419–421. doi: 10.1007/s0049-005-0039-z.

Rogers, C. (1980). *A way of being.* Boston, MA: Houghton Mifflin.

Rogers, C. R. (1957). The necessary and sufficient conditions of therapeutic personality change. *Journal of Consulting Psychology, 21,* 95–103.

Schaefer, C. E. (2012). *The therapeutic powers of play.* Unpublished manuscript.

Selman, R. (1971). Taking another's perspective: Role taking development in early childhood. *Child Development, 42*(6), 1721–1734. doi: 10.2307//127580.

Shamay-Tsoory, S. G., Aharon-Peretz, J. A., & Perry, D. (2009). Two systems of empathy: A double dissociation between emotional and cognitive empathy in inferior frontal gyrus versus ventromedial prefrontal lesions. *Brain, 132,* 617–627. doi: 10.1093/braib/awn279.

Shirk, S. R., & Karver, M. (2010). Alliance in child and adolescent psychotherapy. In J. Norcross (Ed.), *Evidence-based relationships.* Available at http://www.nrepp.samhsa.gov/Norcross.aspx

Shirtcliff, E. A., Vitacco, M. J., Graf, A. R., Gostisha, A. J., Merz, J. L., & Zahn-Waxier, C. (2009). *Behavioral Science Law, 27*(2), 137–171.

Spehar, C. L. (2012). *Being mindful of "kindfull" play: Empathy-building play therapy.* Retrieved from http://www.goodtherapy.org/blog/being-mindful-empathy-building-play-therapy-0112114/

Strayer, J., & Roberts, W. (1989). Children's empathy and role taking: Child & parental factors, and relations to prosocial behaviors. *Journal of Applied Developmental Psychology, 10,* 227–239.

Szalavitz, M., & Perry, B. D. (2010). *Born for love: Why empathy is essential and endangered.* New York, NY: Harper-Collins.

van der Kolk, B. (1994). The body keeps the score: Memory and the evolving psychobiology of post-traumatic stress. *Trauma Information Pages: Articles.* Retrieved from www.trauma-pages.com/a/vanderk4.php

van der Kolk, B. A. (2006). Clinical implications of neuroscience research in PTSD. *Annals of the New York Academy of Science, 1071*(IV), 277–293.

개인의 능력 향상

놀이는 클라이언트가 내면의 약점과 외면의 스트레스 요인들을 모두 극복하도록 도와주는 개인의 다양한 능력을 기르는 데 활용되었다. 특정한 놀이는 클라이언트의 발달과 자기-통제, 창의력, 그리고 회복력을 향상시킬 수 있다.

- 창의적 문제 해결
- 회복 탄력성
- 도덕 발달
- 심리적 발달의 가속화
- 자기-조절
- 자아 존중감

16

창의적 문제 해결

SANDRA W. RUSS and CLAIRE E. WALLACE

서론

아동은 문제를 해결하기 위해 놀이를 활용한다. 놀이에서의 문제 해결은 정상 아동 발달의 한 부분이다. 특히 가상 놀이는 확산적 사고(다양한 의견과 해결책을 창출하는 능력)와 통찰력 같은 다양한 종류의 창의적 문제 해결 능력과 연관되고 이러한 능력을 촉진시킨다(Fisher, 1992; Russ, Fiorelli, & Spannagel, 2011). 아동은 놀이, 역할 놀이의 다양한 시나리오에서 여러 가능성들을 상상하고 문제에 대한 대안적 해결들을 연습한다. 또한 아동은 놀이에서 정서 표현 및 처리와 조절 방법을 배우며 두려움을 극복하고 갈등을 해결한다. 일상생활에서 흔히 새로운 방식의 문제 해결은 일상적 창의성의 한 유형이다(Richards, 1990). 가상 놀이에 참여하고 놀이에서 정서를 표현하는 아동은 유연하게 사고할 수 있고 문제에 대한 대안적 해결책을 만들며 독창적인 해결책에 대해 떠올릴 수 있다. 이 능력은 일상생활에서의 문제 해결과 스트레스 대처를 총괄한다.

    놀이치료자는 치료에서 주호소 문제와 증상을 명료하게 하기 위해 놀이의 장을 활용할 수 있다. 언어와 함께 다양한 유형의 놀이는 아동을 돕기 위해 놀이치료자가 활용할 수 있는 도구이다. 아동 놀이치료자들은 놀이치료에서 자연적인 발달 과정을 활용할 수 있다. Chethik(1989)이 말한 바와 같이 놀이는 유아의 모국어이다. 아동 놀이치료자는 아동이 그들의 문제를 해결할 수 있도록 돕기 위해 어느 정도 놀이를 활용할 필요가 있다.

창의적 문제 해결에 대한 설명

가상 놀이는 인지적, 정서적 과정 모두에 능동적인 방식으로 관여한다는 점에서 독특하다. 아동은 메모, 생각, 이야기, 정서, 정서로 가득 찬 이미지들로부터 가상 놀이를 만들어내고 이 요소들을 통합시킨다. 가상 놀이와 창의성 모두에 관여하는 주요 인지 과정 중 하나는 확산적 사고이다. 확산적 사고는 다양한 생각과 연상을 창출하는 능력이다(Guilford, 1968). 아동은 가상 놀이에서 확산적 사고를 연습한다(D. Singer & Singer, 1990). 이야기는 다양한 결말을 갖고 있고 많은 다양한 것들이 장애물이 된다. 아동은 문제에 대한 다양한 관점과 대안적 해결책에 대해 역할 놀이를 한다. 아동은 실제 삶의 문제에 대한 이러한 사고 유형을 연습함으로써 이와 같은 방식으로 문제를 다루는 습관을 기르게 된다. 만일 많은 해결책을 숙고하고 고려할 수 있다면 문제에 대한 해결책을 떠올릴 수 있을 것이다. 또한 가상 놀이는 사실인 것처럼 상상하기(make-believe)를 포함하고 아동 자신의 상황으로부터 거리를 두게 한다. 캐릭터 피규어는 형제 경쟁 의식을 표출하게 하고, 가족 인형은 아동 자신의 가족이 될 수 있다. 놀이치료자가 상상하게 하고 이름 붙인 개입을 통해 아동은 원인과 결과를 이해할 수 있게 되며 어려운 생애 사건에 관한 내러티브를 발전시킬 수 있다. 남아는 아빠가 떠났기 때문에 화가 났고 여아는 엄마가 슬프기 때문에 두렵다.

정서는 놀이의 안전한 장에서 표현된다. 아동이 속도를 책임진다. 힘든 감정과 기억들이 표현되고 숙고될 수 있다. 정서 주제들은 상징적인 형태로 놀이될 수 있다. 정서는 처리되고 조절될 수 있다. 아동은 정상 발달 과정에서 정서를 처리하기 위해 놀이를 활용한다. 놀이치료자는 치료에서 아동이 이를 위해 놀이를 활용할 수 있도록 이끌고 개입한다. 만일 아동이 정서와 정서 주제 및 기억에 접근할 수 있다면 아동은 내용을 조작하고 이를 가상 세계와 현실 세계로 통합할 수 있게 된다.

변화를 이끄는 창의적 문제 해결의 역할

Russ(2004)는 경험적 문헌들을 검토하며 놀이가 다음을 촉진시키거나 연관되어 있다고 결론을 내렸다.

- 확산적 사고 능력
- 문제 해결에서의 유연성
- 통찰력을 요구하는 문제 해결
- 일상 문제를 다루기 위해 대안적인 대처 전략에 대해 사고하는 능력
- 긍정 정서 경험
- 정서 주제(긍정적, 부정적)에 대한 사고 능력
- 타인의 정서를 이해하고 타인의 관점을 취하는 능력
- 보편적 적응의 측면

치료에서 놀이를 활용할 때 놀이치료자는 놀이 활용의 이점을 유념할 수 있다. 아동과의 작업에서 우선적인 결정은 얼마나 직접적으로 개입할지에 대한 것이다. 확산적 사고 훈련은 상당히 직접적일 수 있다. 아동이 병원 가기에 대한 다양한 이야기를 생각하거나 괴롭힘을 다루는 대안적 방식에 대해 역할 놀이를 하도록 격려하는 것은 변화를 이끄는 주요 방식이다. 아동은 문제 해결에 대해 배운다. 확산적 사고 능력이 대처 능력과 관련되어 있다는 증거들이 늘어나고 있으며 놀이 역시 대처 능력과 연관이 있다고 밝혀졌다. 대처는 스트레스를 다루는 능력을 나타낸다(Lazarus & Folkman, 1984). 놀이와 확산적 사고 간 관계는 놀이와 대처의 상관을 부분적으로 설명해 준다. 확산적 사고를 잘하는 사람은 분명 실제 삶의 문제에 대한 대안적 해결책을 생각할 수 있을 것이다. 이 개념에 대한 몇몇 경험적 증거들이 있다. Russ(1988)는 5세 남아를 대상으로 교사가 보고한 확산적 사고와 대처의 상관관계를 발견하였다. 이와 유사하게 Carson, Bittner, Cameron, Brown, Meyer(1994)는 교사가 보고한 형상학적인 확산적 사고와 대처 사이의 유의미한 관계를 발견하였다. Russ, Robins, Christiano (1999)는 자기 보고식 평가에서 확산적 사고와 대처 반응의 질 간의 관계를 밝혔다. 즉 문제에 대한 다양한 해결책을 창출하는 능력은 일상 대처의 요인 중 하나라는 증거들이 있다.

또한 놀이 참여는 아동이 정서를 처리하도록 돕는다. 놀이는 정서를 표현하는 자연스러운 방식이기 때문에 아동이 정서를 다루는 것을 배우는 주된 방식 중 하나이다. 경험 및 관계를 드러내는 정서 상징의 조작에 관한 Fein(1987)의 개념은 놀이에서의 정서 표현을 이해하는 데 중요하다. 정서 주제들은 흔히 관계와 기억, 두려움, 갈등을 상징한다. 놀이에서 아동은 정서로 가득 찬 기억들을 실연하고 수많은 방식으로 대본을 바꾼다.

또한 아동은 그들의 기분을 고양시키기 위해 놀이를 활용한다. Kenealy(1989)는 50%의 아동이 우울할 때 기분을 낮게 하기 위해 4~11개의 놀이 전략을 활용한다고 보고하였다. 흔히 긍정적인 감정은 놀이를 동반하며 아동은 실제적으로 즐거움을 느끼며 참여할 수 있다.

아동이 부정적인 정서를 다루기 위해 놀이를 활용한다는 사실은 아동 심리치료에 특히 중요하다. 놀이는 어떻게 아동이 두려움이나 화, 슬픔을 다루도록 돕는가? D. Singer와 J. Singer(1990)는 놀이가 긍정적인 정서를 표현하고 부정적인 정서를 적절히 통제하도록 강화한다고 주장했다. Golomb와 Galasso(1995)의 연구는 이러한 주장을 뒷받침한다. 그들은 취학 전 아동을 대상으로 한 연구에서 가상 상황의 정서적 균형이 부정적일 때 아동이 친절한 몬스터 상상하기와 같이 그들의 두려움을 줄이기 위해 주제를 수정한다고 하였다. 아동은 긍정적인 정서 상황에서 놀이를 즐기기 위해 충분히 정서적으로 관여하면서 일정한 한계를 넘지 않기 위해 놀이 안에서 정서를 모니터링하고 조절한다. 아동은 놀이를 통해 정서를 다루기 쉽도록 만든다.

J. Singer(1995)는 Tomkin(1970)의 '소형화' 개념에 대해 언급했다. 놀이는 아동이 '다룰 만한 비율로 큰 크기의 물건을 줄이는' 방법이다. 가상적이고 안전한 환경에서 다루기 쉬운 상황을 만듦으로써 부정적인 정서를 표현할 수 있다. Singer는 아동이 놀이를 통해 긍정 정서를 증가시키면서 부정 정서를 감소시킬 수 있다고 제안하였다. 이 개념은 놀이가 아동이 자신의 정서 조절에 대해 배우는 한 가지 방법이라는 생각과 일치한다. Waelder(1933)는 놀이 과정에 대하여 아동이 다룰 수 있게 될 때까지 계속해서 불쾌한 경험을 반복하는 것이라 설명했다. 그가 말한 것과 같이 아동은 그 사건을 소화한다. Erikson(1963)은 아동이 놀이를 통해 외상 사건과 갈등을 다루는 존재라고 보았다.

아동이 중요한 주제를 표현하면서 새로운 내러티브가 발전된다. Pennebaker(2002)

는 표현적 글쓰기가 성인의 정신 건강을 증진시킨다는 가능성 있는 추론을 언급하면서, 구성된 내러티브의 일관성이 정서적 사건의 전환을 이끈다고 하였다. 사건의 새로운 의미는 개발된다. 새로운 의미는 또한 놀이 상황에서도 개발된다. 아동은 정서를 표현하고 내러티브를 발전시킨다. 놀이치료자는 놀이치료에서 그 내러티브를 아동 자신의 삶과 연결시키고, 놀이 사건을 의미 있는 맥락에 놓도록 돕는다.

임상 적용

치료 기간 동안 창의적 문제 해결을 교육하는 많은 유형의 치료들이 있다. 그것은 심지어 유아에게도 치료 과정의 필수적 측면으로 인식된다. 문제 해결은 아동에게 흔히 몇몇 유형의 놀이를 통해 교육된다. 외상을 경험한 아동은 치료하는 동안 놀이를 사용할 수 있다. 외상에 초점을 둔 인지행동치료(TF-CBT)는 PRACTICE 모델의 마지막 단계에서 문제 해결을 촉진하는 게임과 역할 놀이를 사용하는데 이는 안정성과 이후 발달을 증진시킨다(Cohen, Mannarino, & Deblinger, 2006). 외상 회복 맥락에서의 역할 놀이는 아동이 다양한 상황을 직면하고 초래되는 반응들을 연습하도록 한다. 목표는 외상의 회복을 도우면서 불안을 유발하거나 위협적인 상황에 반응하는 아동의 능력에 대한 신뢰를 높이는 것이다. Trick Hat 게임은 역할 놀이 과정에서 아동에게 게임과 유사한 환경을 만들어 주기 위해 개발되었다(Briggs, Runyon, & Deblinger, 2011). 놀이치료자가 모자에 다양한 시나리오가 담긴 여러 장의 종이를 놓으면 아동은 자신이 뽑은 시나리오에 대해 역할 놀이를 해야 한다. 이때 문제 해결 기술은 아동에게 접근하기 쉬운 게임과 유사한 방식으로 의사소통이 된다.

또한 TF-CBT는 외상 내러티브의 발달에 놀이를 활용한다(Briggs et al., 2011). 놀이는 아동이 외상 경험의 측면들을 재창조할 수 있도록 어느 정도의 거리를 제공해 준다. 인형이나 인형의 집은 아동이 불안을 초래하는 경험에 대해 말하는 것을 주저할 때 사용된다.

정신역동적 관점에서 일관된 내러티브의 발달은 어린 아동에게 Gaensbauer와 Siegal(1995)이 사용한 구조화된 놀이 기술의 핵심이다. 그들은 외상 사건을 경험한 아동에게 구조화된 놀이 기술들을 사용한다. 놀이치료자들은 이들과 함께 외상 사건을 재창조하기 위해 놀이를 능동적으로 구조화한다. Gaensbauer와 Siegel(1995)은 구조화된 놀이 재연의 세 가지 목적을 설명하였다. 첫째, 놀이는 아동이 분열된 경험들을 의미 있는 내러티브로 조직화할 수 있게 한다. 둘째, 놀이치료자의 해석 작업은 아동이 외상의 개인적 의미를 이해하도록 도와준다. 셋째, 외상과 관련된 불안과 두려움 및 기타 부정적인 정서들을 둔감화한다.

Gaensbauer와 Siegel(1995)은 그들이 외상을 경험한 아동들과 어떻게 작업하는지를 설명한다. 그들은 이 특정 아동을 위해 외상과 관련된 놀잇감들을 활용한다. 예를 들어 아동이 차 사고를 경험했다면 여러 차와 병실을 활용할 수 있다. 그 후 아동에게 '다음에 무엇이 일어날지'에 대해 놀이하도록 요청한다. 놀이치료자는 아동을 따라가며 사건들을 실연하는 데 매우 적극적인 태도를 취한다. 보통 재연에 부모도 참여하는데 부모는 놀이치료자처럼 아동을 안정시키고 위안을 준다. 그들은 이 아동들이 '자신의 미해결된 감정을 표현할 기회를 제공하는 놀이 수단으로 반복해서 돌아온다.'고 결론을 내렸다. 또 아동이 반복적인 방식 대신에 적응적으로 놀이를 활용할 수 있는 핵심 요소도 강조하였는데 이 요소는 '아동이 감정들을 정의하고 더 적응적 방식으로 통합할 수 있게 표면화하는 정도'이다.

문제 해결 기술 훈련은 아동 불안의 맥락에서 특히 중요한데 그 이유는 불안을 경험하는 아동은 흔히 문제 상황에서 해결책을 만들 만큼 정서와 충분한 거리를 두지 못하기 때문이다(Pincus, Chase, Chow, Weiner, & Pian, 2011). 문제 해결 연습은 아동이 문제를 해결할 다양한 전략을 시도하며 문제를 보다 작은 부분으로 나누고 불안을 일으키는 상황을 다루는 자신의 능력에 대해 확신을 가지도록 해 준다.

놀이는 불안한 아동을 대상으로 한 치료에서 문제 해결을 가르치는 보편적인 매개 수단이다. 예를 들어 어떤 놀이치료자들은 Quick Decision Catch(Pincus et al., 2011)를 활용한다. 이 게임에서 놀이치료자는 하나의 문제를 정하고 아동에게 하나의 해결책을 물어 보며 공을 넘긴다. 아동이 공을 다시 놀이치료자에게 넘기면 놀이치료자는 빠르게 또 다른 해결책을 떠올린다. 가능한 모든 해결책을 사용하면 놀이치료자는 그들이 사용한 하나를 선택해 아동에게 상기시킨다. 이 게임은 보통 불안한 아동이 결정을 내릴 때 오랫동안 반추하는 것을 피하면서 아동이 계속해서 참여하고 긍정적일 수 있게 공을 활용한 능동적 놀이이다.

아동 불안의 맥락에서 문제 해결을 가르치기 위해 인형을 활용하는 것 또한 보편적이다. 놀이치료자는 아동이 'Mr. OCD'와 같은 인형으로 어려움을 표출하도록 격려한다(Pincus et al., 2011). 그 후 아동은 그들의 어려움을 '물리치는' 다양한 방식을 탐색하기 위해 문제 해결 기술을 활용하면서 인형을 통해 놀이에 참여한다.

3~8세 아동을 위해 개발된 인지행동 놀이치료(CBPT)(Knell, 1993; Knell & Dasari, 2006)는 인지행동치료(CBT)의 주요 구성 요소들을 아동에게 적용한 놀이에 의존한다. 비록 CBPT가 연구의 초기 단계에 있지만 이 모델은 문제 해결 기술과 대처 기제와 같은 CBT의 특정 원리들이 효과적이라는 광범위한 증거에 기반을 두고 있다. CBPT는 이러한 기술을 가르치기 쉬운 매개체를 활용한다. 창의적 문제 해결을 포함한 치료의 심리 교육적 측면은 구조적이고 목표 지향적인 놀이를 통해 나타난다(Knell & Dasari, 2011). 놀이치료자는 많은 회기에서 특별한 '문제들'에 대해 이야기하기 위해 정해진 인형을 활용한다. 놀이치료자는 도중에 실수를 보완하는 문제 해결 과정을 보여 주기 위해 대처 모델을 사용한다. 인형은 아동의 것과 유사한 어려움을 말로 표현하고 창의적 문제 해결을 시연해 보도록 한다. CBPT는 아동의 인지적, 행동적 변화를 촉진하는 효과적 방법으로써 문제 해결 기술 모델링의 중요성을 강조한다.

정신역동 이론 및 치료는 아동이 놀이를 통해 안전한 환경에서 불쾌한 정서를 재경험하도록 돕는 데 초점을 둔다. 놀이치료자는 아동이 치료에서 주된 발달적 갈등이나 상황적 외상들을 재경험하도록 도우며 감정을 명명하고 해석하며 각기 다른 정도로 놀이를 이끌고 과정을 훈습하도록 돕는다. Freedheim과 Russ(1992)는 갈등이 포함된 내용에 접근하고 해결될 때까지 그것을 놀이화하는 점진적인 과정에 대해 설명하였다. Chethik(1989)은 놀이에서 판타지의 출현이 중요함을 설명하였다. 이 놀이는 과거의 외상과 힘든 상황에 대해 다루기 시작한다. 치료에서 과거의 결과가 바뀌게 된다. 놀이치료자는 표현된 놀이와 감정을 수용하고, 언어나 놀이를 통해 새로운 해결책과 결과를 갖도록 해석한다.

경험적 근거

아동의 놀이와 다수의 영역에서의 적응 기능 간 관계를 증명하는 광범위한 아동 발달 연구 문헌이 있다[Russ(2004)의 고찰 연구를 보라]. 놀이는 창의적 문제 해결, 조망 수용과 같은 아동 발달의 다수의 주요 기능과 연관되고 그 기능들을 촉진시킨다(Fisher, 1992). 하지만 발달적 놀이 연구 문헌과 치료 효과 연구에는 차이가 있다(Russ &

Niec, 2011). 보통 치료 효과 및 효과성 연구에서 놀이 구성 요소는 구분되지 않기 때문에 치료에서 놀이와 결과 간 인과 관계를 밝히는 것은 어렵다(Russ & Niec, 2011). 집중적 놀이 개입이 불안을 감소한다는 사실을 밝힌 소수의 우수한 연구들이 있다. 비록 이러한 연구가 불안 감소의 원인이 되는 기제를 밝혀 주지는 않지만 연구와 실제를 위한 방향은 가리켜 준다[Russ(2004)의 고찰 연구를 보라].

Phillips(1985)는 수술을 앞둔 아동의 불안을 감소하기 위해 인형 놀이를 활용한 두 연구를 검토하였다. Johnson과 Stockdale(1975)은 수술 전후의 손바닥 땀 지수(Palmar Sweat Index)를 측정하였다. 이때 인형 놀이는 수술에 대한 시연을 포함하였다. 또한 Cassell(1965)은 비처치 통제 집단과 비교할 때 인형 놀이 집단에서 수술 전 불안이 감소하였음을 발견하였다. 수술 후에는 차이가 없었다. 처치 집단은 심장도관술 동안 적게 동요하였고 이후 치료를 위해 병원으로 돌아가려는 의지가 더 높았다.

Rae, Worchel, Upchurch, Sanner, Daniel(1989)의 중요한 연구는 급성 질환으로 입원한 아동 46명의 적응에 미치는 놀이의 효과에 대해 조사하였다. 아동은 네 실험 집단 중 하나에 무선 배정되었다.

1. 아동이 의학적, 비의학적 도구들로 놀이하도록 격려하는 치료적인 놀이 환경. 연구 보조자는 언어적 지지, 반영, 감정에 대한 해석을 하였다.
2. 아동이 놀잇감으로 놀이하도록 허용하지만 상상 놀이는 격려하지 않는 분산적 놀이 환경. 제공된 놀잇감이나 연구 보조자는 상상을 촉진하지 않았다.
3. 아동이 감정과 불안에 대해 말하도록 격려하는 언어 중심의 지지적 환경. 연구 보조자는 관련 주제들을 직접적으로 꺼냈고 과정에 대해 물었다.
4. 연구 보조자가 아동과 어떠한 접촉도 하지 않는 통제 환경.

모든 처치 환경은 30분간의 2회기로 구성된다. 주된 결과는 치료적인 놀이 집단의 아동이 자기 보고에서 다른 세 집단의 아동보다 병원과 관련된 두려움이 크게 감소하였다는 것이다. 이 연구는 상상 놀이를 통제한 비교 집단과 이해심 있는 성인과 언어적 표현을 하도록 통제된 비교 집단이 있었기 때문에 상상 놀이가 아동이 두려움을 다루도록 돕는 요소라는 사실을 보다 명확하게 결론내릴 수 있다.

또한 집중적 놀이 개입은 아동의 분리 불안을 줄이는 데 효과적이었다. Milos와 Reiss (1982)는 주의 깊게 통제된 연구에서 교사가 높은 수준의 분리 불안이 있다고 평가한

취학 전 아동 64명을 대상으로 놀이 개입을 활용하였다. 아동은 네 집단 중 하나에 무선 배정되었다. 세 놀이 집단은 주제와 관련되었다. 자유 놀이 집단은 적합한 놀잇 감을 가진다. 지시적 놀이 집단은 엄마 인형이 아동을 학교에 데려다주는 장면이 설정된다. 모델링 집단은 분리 장면을 시연하는 실험자가 있다. 통제 집단은 분리 장면과 연관이 없는 놀잇감(블록, 퍼즐, 크레파스)으로 놀이를 한다. 모든 아동은 다른 날에 10분간 3번의 놀이 회기를 가진다. 놀이의 질 또한 측정된다. 그 결과로 세 주제 놀이 집단이 통제 집단과 비교했을 때 분리 불안 감소에 효과적임이 나타났다. 흥미로운 결과는 자유 놀이와 지시적 놀이 집단이 혼합될 때 놀이의 질 점수가 사후 불안 점수와 유의미하게 부적 상관되었다는 것이다(r=−.37). 높은 질의 놀이는 분리 주제와 갈등 해결 시도를 보다 잘 보여 주는 놀이로 나타났다. 놀이를 잘하는 아동은 자신의 불안을 다루기 위해 놀이 회기를 보다 잘 활용하는 것으로 나타났다. 이 결과는 자유 놀이가 오직 놀이에서 가장 놀이를 활용할 수 있는 아동에게만 창의성을 향상시킨다는 Dansky(1980)의 창의성 연구 결과와 일치한다.

Barnett(1984)은 또한 분리 불안을 검토하여 자유 놀이가 갈등 상황에 뒤따르는 아동의 고통을 감소시킨다는 Barnett과 Storm(1981)의 연구를 확장하였다. 1984년의 연구에서 자연적인 스트레스 요인이 활용되었다. 학교에 간 첫날. 74명의 취학 전 아동과 어머니의 분리를 관찰하고 불안한지 아닌지를 측정하였다. 두 집단은 놀이 상황과 비놀이 상황으로 구분되었다. 놀이 상황은 자유 놀이 상황이었다. 비놀이 상황은 이야기 듣기 상황이었다. 놀이 회기의 절반은 혼자 놀이를 하였고 나머지는 또래가 있었다. 이야기 상황 또한 동일한 방식으로 나뉘어졌다. 관찰자가 놀이를 평가하고 놀이의 유형에 따라 유형화하였다. 손바닥 땀 지수를 통해 불안을 측정하였다. 주요 결과는 불안이 높은 집단에서 놀이가 유의미하게 불안을 감소시킨다는 것이다. 불안이 낮은 집단에서는 효과가 나타나지 않았다. 불안한 아동에게는 혼자 놀이가 불안 감소에 가장 적합하였다. 불안이 낮은 아동이 기능적이고 조작적인 놀이를 많이 하는 것에 비해 불안이 높은 아동은 상상 놀이에 보다 많은 시간을 보냈다.

이러한 놀이 개입 연구들은 놀이가 아동의 두려움과 불안을 감소시키도록 돕고 놀이 그 자체에 변화 수단의 역할을 하는 무언가가 있다고 주장하였다. 이 연구들은 상상과 가장의 관여가 불안 감소와 관련됨을 암시한다. 이미 숙련된 놀이 기술을 가진 아동은 불안을 낮추기 위해 놀이를 보다 효과적으로 사용할 수 있다. Russ와 그 동료들은 숙련된 놀이 기술을 갖지 않은 아동을 위해 놀이 기술 향상을 위한 놀이 개입 방법을 개발하였다(Hoffman, 2012; Moore & Russ, 2008; Russ, Moore, & Farber, 2004). 아동이 놀잇감으로 놀이하며 높은 수준의 상상 내용(물속에 살기)과 정서(소년이 개를 잃어버려서 슬픔을 느낌)를 가진 이야기를 시연하게 함으로써 상상과 정서 표현을 증가시킬 수 있었다(Moore & Russ, 2008; Russ, Moore, & Farber, 2004). 놀이 촉진자는 가상과 정서 표현을 모델링 하고 그 놀이를 장려하며 치료에서 감정이 경험될 수 있게 위축된 아동이 더 많은 정서를 표현하도록 돕는 데 이 기술을 사용할 수 있다.

Russ와 Pearson(2011)은 치료에서의 놀이 개입에 대해 다음과 같은 연구를 추천한다.

- 불안을 목표로 둔 놀이 개입에 집중하라.
- 구체적인 놀이 기술을 찾고 매뉴얼을 개발하라.
- 변화 기제를 탐색하라.
- 특정 문제와 대상을 위한 놀이 개입 요소의 활용에 대해 조사하라.

임상 사례

다음은 분리 불안을 가진 6세 남아의 사례에 대한 설명이다. 이 사례는 Russ(2004)의 연구에서 소개되었지만 여기에서는 치료에서 나타난 아동의 공격 표현과 어떻게 그 표현이 그의 상상으로부터 자유롭도록 도왔는지에 초점을 둔다. 존은 학교에 머무르는 데 어려움이 있었다. 그는 아프다고 하며 양호실에 가거나 집으로 돌아온다. 흥미롭게도 담임 교사는 그를 행동과 학습 능력의 측면에서 '완벽한' 아이라고 묘사하였으나 분리 불안의 기저에 내적 갈등이 있다고 개념화되었다. 그는 잠재적인 충동, 특히 공격성에 대해 불안을 느끼는 것으로 보였다. 존은 평가 기간 동안 상상과 상징을 사용하며 능숙하게 놀이하였지만 놀이에서 감정을 표현하지는 않았다. 초기 놀이 회기는 그가 화, 공격성에 다가가 그 감정들을 표현하도록 돕는 데 집중하였다.

#3회기

존은 점토와 그림 도구를 사용하였다. 그는 놀이치료자가 제안하는 다양한 동물들을 만들었다.

존은 먼저 악어를 만들었다.

놀이치료자 : 뭘 만들고 있니?

아동 : 악어예요. (이것은 또 다른 동물로 바뀌었다.)

놀이치료자 : 지금은 어떤 거지?

아동 : 황새치예요.

놀이치료자 : 오, 황새치구나. 지금은?

아동 : 거북이요.

놀이치료자 : 그리고 지금은?

아동 : 하마예요.

(다른 활동에서)

놀이치료자 : 그건 뭐지?

아동 : 공룡이요. (그는 공룡이 절벽에서 떨어지는 것을 보여 주었다.) 지금은 독수
리예요. (독수리를 위해 후광을 만들었다.) (그리고 나서 또 다른 무언가를 만들
었다.)

아동 : 이건 정말 많이 먹는 사람이에요. 너무 무거워서 계속 넘어질 만큼 뚱뚱해요.

놀이치료자 : 그는 정말 무겁고, 계속 넘어질 만큼 많은 음식을 먹는구나.

(그 후에 존은 그림을 그렸다.)

놀이치료자 : 거기에 무슨 일이 일어났니?

아동 : 이건 거인이에요. 그는 도시를 짓밟고 있어요. 모든 건 불에 타고 있어요.

놀이치료자 : 거인이 모든 걸 짓밟고 있구나. 아마 그는 무언가에 대해 화가 났나 보
구나.

놀이치료자는 주로 존의 활동 내용을 반영하면서 정서에 이름을 붙였다. 놀이치료
자는 그가 상상력을 활용하고 공격적인 감정을 표현하도록 허용해 주려고 애썼다. 존
은 공격적인 동물(악어)과 비공격적인 동물(거북)을 번갈아 만들었다. 그는 다양한 배
경(점토, 그림)을 사용하였다. 그림에서 거인은 공격성을 표현하였고 놀이치료자는
그 감정을 명명하였다.

#5회기

존은 곧장 점토로 모양을 만들고 그걸 부수었다. 놀이치료자는 부수는 행동에 대해 지속적으로 언급하였다. "네가 정말 그걸 부수었구나." 그러고 나서 존은 하나의 점토 피규어로 다른 것을 부수기 시작했다. 그는 괴물 놀이를 하며 공격을 시작했다가 멈추었다. 놀이치료자는 그의 공격 놀이를 지지해 주면서 "괴물이 공격하고 있구나." 또는 "괴물은 정말로 화가 났구나."와 같이 말하였다. 그 후 존은 인형극을 하였다. 악어와 하마 인형은 사람을 먹기 시작하였다. 그 사람은 사라졌다.

존은 5회기까지 다양한 방식으로 좀 더 자유롭게 공격성을 표현하였다. 그는 공격적 상상을 더 떠올리며 표현할 수 있게 되었다.

#6회기

존은 인형극을 하였다. 아빠 인형과 아들 인형이 있었다. 먼저 아들이 전기 충격을 받고 바닥에 넘어졌다. 그 후에 개구리가 와서 "내가 너를 저녁 식사감으로 요리하겠다."라고 말하였다. 다음에는 뱀이 와서 그의 손을 먹기 시작했다. 그 이후에 아빠 인형이 와서 괴물들을 쫓아냈다. 그는 아들을 병원에 데려갔다. 아빠는 의사에게 말을 걸고 무얼 할 수 있는지 물었다. 의사들은 아들을 수술하였고 곧 낫게 되었다. 아빠는 아들을 집에 데려갔고 그들은 여행을 떠났다. 산을 올라 꼭대기에 다다르자 뛰면서 기뻐했다.

놀이치료자 : 아빠가 아들을 돌봐 주었구나. 아들을 병원에 데려가 의사와 말을 했지. 그리고 낫게 되었어. 그러고 나서 그들은 산을 올랐고 행복해하며 뿌듯해했어.

그 후에 존은 놀이치료자에게 함께 인형극을 하자고 요청하였다. 그는 점토로 차들을 만들어 인형들을 태웠다. 차는 빨랐고 인형은 좋은 시간을 보냈다.

아들과 아빠의 이야기는 상상 속에서 나타난 몇몇 갈등 해결을 보여 준다. 아빠는 아들을 구하고 그는 낫게 되었다. 아빠가 그를 보호하였고 그들은 함께 즐거워했다. 이 시나리오는 많은 방식으로 해석될 수 있지만, 놀이치료자는 해석을 하지 않았다. 아동은 그가 투쟁하고 있는 내적 문제를 해결하기 위해 놀이를 사용하였다. 놀이치료자의 주된 역할은 존에게 상상 놀이에서 자신의 생각과 감정을 따르도록 허용해 주는 것이었다. Messer와 Warren(1995)은 많은 아동에게 해석적 개입과 인지적 통찰이 필수적이지는 않다고 강조하였다. 놀이 과정은 정서와 상상을 함께 다루고 문제를 해결할 수 있는 새로운 방식으로 통합할 수 있게 한다. 이것은 무의식적 수준에 있고 의식적 수준을 요구하지 않는 창의적 문제 해결의 한 종류이다.

마지막 회기에서 존의 놀이는 자유로웠고 감정들로 가득 차 있었다. 그의 이야기는 보다 가상적이고 정교했다. 그는 놀이에서 쉽게 공격성을 표현하였고 긍정적인 감정 또한 표현했다. 존은 성공적으로 학교에 복귀하였다. 치료 기간 동안 학교에 대해 몇 몇 논의를 하였지만 주된 치료적 변화는 놀이를 하는 동안 일어났다.

치료에서 놀이를 활용할 때 중대한 결정 중 하나는 놀이를 어느 정도 구조화하여 표출 문제에 초점을 둘 것인지에 있다. 놀이치료자는 존의 치료에서 놀이를 구조화하지 않았다. 대안적 접근은 학교를 대표하는 놀잇감을 사용하고 학교 불안을 주제로 한 이야기를 소개하는 것이다. 놀이치료자는 상황들을 제시하고 가능한 해결책들을 모델링 하였다. 추후 연구에서 이 특정 질문을 탐색하는 것은 중요하다. 놀이치료자는 얼마나 놀이를 구조화해야 하고, 얼마나 아동의 인도를 따라야 하는가? 각 유형의 아동에게 가장 효과적인 접근은 무엇인가? 치료에서 놀이의 활용이 개선될 수 있도록 연구에서 이러한 질문들에 대해 다루어야 한다.

참고문헌

Barnett, I. (1984). Research note: Young children's resolution of distress through play. *Journal of Child Psychology and Psychiatry, 25*, 477–483.

Barnett, I., & Storm, B. (1981). Okay, pleasure, and pain: The reduction of anxiety through play. *Leisure Science, 4*, 161–175.

Briggs, K. M., Runyon, M. K., & Deblinger, E. (2011). The use of play in trauma-focused cognitive-behavioral therapy. In S. W. Russ & L. N. Niec (Eds.), *Play in clinical practice: Evidence-based approaches* (pp. 168–200). New York, NY: Guilford Press.

Carson, D., Bittner, M., Cameron, B., Brown, D., & Meyer, S. (1994). Creative thinking as a predictor of school-aged children's stress responses and coping abilities. *Creativity Research Journal, 7*, 145–158.

Cassell, S. (1965). Effect of brief puppet therapy upon the emotional response of children undergoing cardiac catheterization. *Journal of Consulting Psychology, 29*, 1–8.

Chethik, M. (1989). *Techniques of child therapy: Psychodynamic strategies.* New York, NY: Guilford Press.

Cohen, J. A., Mannarino, A. P., & Deblinger, E. (2006). *Treating trauma and traumatic grief in children and adolescents.* New York, NY: Guilford Press.

Dansky, J. (1980). Make-believe: A mediator of the relationship between play and associative fluency. *Child Development, 51*, 576–579.

Erikson, E. (1963). *Childhood and society*. New York, NY: Norton.

Fein, G. (1987). Pretend play: Creativity and consciousness. In P. Gorlitz & J. Wohlwill (Eds.), *Curiosity, imagination and play* (pp. 281–304). Hillsdale, NJ: Erlbaum.

Fisher, E. (1992). The impact of play on development: A meta-analysis. *Play and Culture, 5*, 159–181.

Freedheim, D., & Russ, S. (1992). Psychotherapy with children. In C. Walker & M. Roberts (Eds.), *Handbook of clinical child psychology* (2nd ed., pp. 765–781). New York, NY: Wiley.

Gaensbauer, T., & Siegel, C. (1995). Therapeutic approaches to posttraumatic stress disorder in infants and toddlers. *Infant Mental Health Journal, 16*, 292–305.

Golomb, C., & Galasso, L. (1995). Make believe and reality: Explorations of the imaginary realm. *Developmental Psychology, 31*, 800–810.

Guilford, J. P. (1968). *Intelligence, creativity and their educational implications*. San Diego, CA: Knapp.

Hoffmann, J. (2012). *A pretend play group intervention for elementary school children*. (Unpublished doctoral dissertation) Case Western Reserve University, Cleveland, OH.

Johnson, P., & Stockdale, D. (1975). Effects of puppet therapy on palmar sweating of hospitalized children. *Johns Hopkins Medical Journal, 137*, 1–5.

Kenealy, P. (1989). Children's strategies for coping with depression. *Behavior Research Therapy, 27*, 27–34.

Knell, S. M. (1993). *Cognitive-behavioral play therapy*. Northvale, NJ: Aronson.

Knell, S. M., & Dasari, M. (2006). Cognitive-behavioral play therapies for children with anxiety and phobias. In H. G. Kaduson & C. E. Schaefer (Eds.), *Short-term play therapy for children* (2nd ed., pp. 22–50). New York, NY: Guilford Press.

Knell, S. M., & Dasari, M. (2011). Cognitive-behavioral play therapy. In S. W. Russ & L. N. Niec (Eds.), *Play in clinical practice: Evidence-based approaches* (pp. 236–263). New York, NY: Guilford Press.

Lazarus, R., & Folkman, S. (1984). *Stress, appraisal and coping*. New York, NY: Springer.

Messer, S. B., & Warren, C. S. (1995). *Models of brief psychodynamic therapy*. New York, NY: Guilford Press.

Milos, M., & Reiss, S. (1982). Effects of three play conditions on separation anxiety in young children. *Journal of Consulting and Clinical Psychology, 50*, 389–395.

Moore, M., & Russ, S. (2008). Follow-up of a pretend play intervention: Effects on play, creativity, and emotional processes in children. *Creativity Research Journal, 20*, 427–436.

Pennebaker, J. (2002, January/February). What our words can say about us: Toward a broader language psychology. *APA Monitor*, 8–9.

Phillips, R. (1985). Whistling in the dark? A review of play therapy research. *Psychotherapy, 22*, 752–760.

Pincus, D. B., Chase, R. M., Chow, C., Weiner, C. L., & Pian, J. (2011). Integrating play into cognitive-behavioral therapy for child anxiety disorders. In S. W. Russ & L. N. Niec (Eds.), *Play in clinical practice: Evidence-based approaches* (pp. 218–235). New York, NY: Guilford Press.

Rae, W., Worchel, R., Upchurch, J., Sanner, J., & Daniel, C. (1989). The psychosocial impact of play on hospitalized children. *Journal of Pediatric Psychology, 14*, 617–627.

Richards, R. (1990). Everyday creativity, eminent creativity, and health: Afterview for CRT issues on creativity and health. *Creativity Research Journal, 3*, 300–326.

Russ, S. (1988). Primary process thinking on the Rorschach, divergent thinking, and coping in children. *Journal of Personality Assessment, 52*, 539–548.

Russ, S. W. (2004). *Play in child development and psychotherapy: Toward empirically supported practice*. Mahwah, NJ: Erlbaum.

Russ, S, W., Fiorelli, J., & Spannagel, S. C. (2011). Cognitive and affective processes in play. In

S. W. Russ & L. N. Niec (Eds.), *Play in clinical practice: Evidence-based approaches* (pp. 3–22). New York, NY: Guilford Press.

Russ, S. W., Moore, M., & Farber, B. (2004, July). *Effects of play training on play, creativity and emotional processes*. Poster session presented at the annual meeting of the American Psychological Association, Honolulu, HI.

Russ, S. W., & Niec, L. N. (2011). Conclusions and implications for the use of play in intervention and prevention programs. In S. W. Russ & L. N. Niec (Eds.), *Play in clinical practice: Evidence-based approaches* (pp. 335–341). New York, NY: Guilford Press.

Russ, S. W., & Pearson, B. L. (2011). Play intervention and prevention programs in school settings. In S. W. Russ & L. N. Niec (Eds.), *Play in clinical practice: Evidence-based approaches* (pp. 318–334). New York, NY: Guilford Press.

Russ, S. W., Robins, A., & Christiano, B. (1999). Pretend play: Longitudinal prediction of creativity and affect in fantasy in children. *Creativity Research Journal, 12*, 129–139.

Singer, D. G., & Singer, J. L. (1990). *The house of make-believe: Children's play and the developing imagination*. Cambridge, MA: Harvard University Press.

Singer, J. (1995). Imaginative play in childhood: Precursor of subjunctive thoughts, daydreaming, and adult pretending games. In A. Pellegrini (Ed.), *The future of play therapy* (pp. 187–219). Albany: State University of New York Press.

Tomkins, S. (1970). A theory of memory. In J. Antrobus (Ed.), *Cognition and affect* (pp. 59–130). Boston, MA: Little, Brown.

Waelder, R. (1933). Psychoanalytic theory of play. *Psychoanalytic Quarterly, 2*, 208–224.

17

회복 탄력성

JOHN SEYMOUR

심리치료 연구 경향을 따르는 놀이치료 연구는 놀이치료 모델에 대한 비교 연구에서 내담자에 대한 치료적 접근과 일치된 치료 관계 연구로 옮겨가고 있으며 놀이치료의 치료 기제는 놀이치료 모델 간에 공유된다(Drewes, 2011). 놀이치료의 14가지 변화 기제는 Schaefer(1993)의 놀이의 치료적 힘에서 처음으로 밝혀졌다. Schaefer는 이 목록(Schaefer & Drewes, 2010, 2011)을 계속해서 발전시켜 왔고, 이 책의 앞선 장에서 언급한 내담자의 내적 힘을 증가시켜 주는 6가지 놀이의 치료적인 힘(가속화된 발달, 자아 존중감, 도덕성, 자기-통제, 자기에 대한 감각)에 회복 탄력성을 포함하여 확장하였다.

회복 탄력성은 보편적으로 '힘든 삶의 역경을 견디고 다시 회복하는 능력'으로 이해된다(Walsh, 2003). 회복 탄력성 연구는 서로 다른 문제 위험 수준의 아동들을 비교하는 초기 기술 연구에서 Rutter의 연구와 같은(1985, 1987, 1993, 1999) 회복 탄력성 향상의 근본적 기제를 밝히는 보다 다양한 연구로 옮겨 가고 있다. 회복 탄력성 연구는 문제에 직면한 아동과 가족들을 돕기 위한 사회 맥락적 강점에 기반을 두었다(Tedeschi & Kilmer, 2005). 회복 탄력성 연구는 회복 탄력성의 특징을 설명해 주고 회복 탄력성이 어떻게 건강한 아동 발달에서 교정 및 예방의 역할을 하는지에 대해 확고한 증거를 가지고 있다(Masten & Coatsworth, 1998; Meichenbaum, 2009).

회복 탄력성은 놀이치료(May, 2006; Seymour, 2009), 가족 놀이치료(Seymour & Erdman, 1996), 집단 놀이치료(Alvord & Grados, 2005; Alvord, Zucker, & Grados, 2011; Chessor, 2008), 예방적 집단 놀이 개입(Pedro-Carroll & Jones, 2005)에 유용한 치료적 관점을 제공하였다. 놀이의 심리학(Brown, 2009; Gray, 2011; Sutton-Smith, 1997, 2008), 대인 관계 신경생물학(Barfield, Dobson, Gaskill, & Perry, 2012; Perry, 2006; Perry & Hanbrick, 2008; Siegel, 2010, 2012), 놀이치료(Drewes, Bratton, & Schaefer, 2011; O'Connor & Braverman, 2009; Reddy, Filed-Hall, & Schaefer, 2005; Schaefer, 2011)에 대한 연구는 최근 급격히 성장하였고 이는 놀이의 치료적 힘으로의 회복 탄력성을 이해하는 데 도움을 준다.

회복 탄력성 기제는 경험적이고 상대적인데(Siegel, 2012) 이것은 회복 탄력성을 촉진하는 놀이의 역할과 회복 탄력성이 어떻게 임상 현장에서 놀이의 치료적 힘이 되는지를 설명해 주며 놀이치료가 놀이의 타고난 기능을 발휘하도록 하는 방식에 대해 알려 준다(Brooks, 2009; Masten, 2001). 놀이치료에서 회복 탄력성 기제는 치료 과정으로서 놀이를 이해하도록 하고 새로운 성과 측정 방식을 일깨우는 중요한 치료적 시각을 제공한다(Kazdin, 2009; Shirk & Russell, 1996). 추후 연구를 위한 제언과 활용된 놀이치료 방법을 참고하도록 돕기 위해 마지막 사례에 놀이의 치료적 힘으로서의 회복 탄력성을 적용하여 설명하였다.

회복 탄력성에 대한 설명

Masten, Best, Garmezy(1990)는 회복 탄력성을 '도전적이거나 위협적인 상황임에도 성공적으로 적응하는 과정이나 능력 혹은 결과'로 정의했고, 이 정의는 회복 탄력성 문헌에서 자주 인용된다. 30년 이상 회복 탄력성을 연구한 Rutter는 회복 탄력성을 '심리 사회적 위험 경험에 대한 상대적인 저항(Rutter, 1999)' 혹은 '정신병적 발달의 중대한 위험을 수반한다고 여겨지는 상황 경험에 반하는 좋은 결과'로 이해했다. 놀이의 치료적 힘으로서 회복 탄력성은 두 가지 효과를 갖고 있다. 위험 요인의 감소와 보호 요인의 증가이다(Rutter, 1987, 1999, 2007).

회복 탄력성에 대한 초기 연구는 보다 탐색적인 성격이었는데 삶의 도전 대부분을 견뎌 낼 수 있는 아동의 개인 특성에 대해 설명하고 목록화하였다(Wright & Masten, 2006). 회복 탄력성을 상호적 기제라기보다 내적 기제로 본 초기의 이해는 대부분의 장애물을 극복할 수 있으며 초인에 가까운 탄력적인 아동에 대한 불행한 신화를 부추겼다. Waller(2001)에 의하면 회복 탄력성은 취약함이 없는 것이 아니다. 주로 내적 기제로 이해되는 회복 탄력성은 아동의 고통을 존중하지 않는 것으로 보이거나 회복 탄력성의 부족을 아동의 책임으로 보는 단순한 강점 기반의 관점을 갖도록 만들 수 있다. Crenshaw(2006, 2008)은 아동의 고통을 부정하고 최소화하거나 경시하지 않는 방식으로 강점 기반의 관점을 적용한 확고한 사례를 제시하였다.

회복 탄력성은 상호적 기제로서 처음으로 이해되기 시작하였고(Rutter, 1999; Siegel, 2012) 아동과 그들의 사회적 맥락인 가족과 지원 체계, 문화 간 상호적 관계에 초점을 두었다(Benzies & Mychasiuk, 2009; Buckley, Thorngren, & Kleist, 1997; Johnson, 1995; Masten, 2001; Masten & Coatsworth, 1998; Ollendick & Russ, 1999; Rutter, 1999; Rutter, Pickles, Murray, & Eaves, 2001; Wright & Masten, 2006). 이 상호적 접근은 임상 실제에 적용된 회복 탄력성 연구를 이해하는 데 중요한 다리 역할을 한다(Brooks, 2009; Walsh, 2002, 2003).

Brooks(2009)는 놀이치료자가 회복 탄력성을 치료적 관계 및 과정에 포함시키도록 안내해 주는 8가지 사고 방식을 설명하였다. 이 원칙에 포함되는 것은 다음과 같다. 아동은 역경을 극복할 수 있는 능력이 있다. 카리스마가 있는 성인은 아동의 회복 탄력성을 촉진하는 중요한 역할을 한다. 아동은 배우고 성공하려는 선천적인 동기를 가지고 있다. 모든 아동에게는 능력의 섬—분명히 발견되고 개발될 수 있는 특별한 재능과 능력—이 있다. 공감은 아이의 경험을 이해하는 데 필수적이다. 이야기와 비유는 우리가 아동을 이해하고 아동이 세상을 이해하도록 촉진하는 풍부한 방식을 제공한다. 아동은 타인을 도움으로써 유익을 얻는다. 놀이치료의 다양한 수단을 통해 적용된 이러한 회복 탄력성 기제들은 치료적 과정에서 놀이에 대한 이해를 향상시킬 수 있고 특정 내담자에게 보다 잘 맞는 방법을 제시할 수 있다(Goldstein & Brooks, 2006; Seymour, 2009; Seymour & Erdman, 1996).

변화를 이끄는 회복 탄력성의 역할

놀이는 인간 발달을 뒷받침하는 다양한 주요 기능들을 제공하고(Piaget, 1962; Vygotsky, 1978; Winnicott, 1971, 1984) 오랜 시간 동안 아동 심리치료에 포함되어 왔다(Drewes, 2006). 놀이는 건강한 인간 발달을 위한 자연적인 상호적 매개체이며 전 생애에 걸쳐 사용되는 기술과 관계를 위한 토대가 된다(Brown, 2009; Russ, 2004). Sutton-Smith (2008)는 놀이의 많은 측면들을 이러한 방식으로 설명하였다.

> 놀이는 실제 갈등과 기능의 전적인 변화로 시작된다. 놀이는 아동에게나 성인에게나 항상 치
> 유적 기능을 제공하고자 하며 삶의 암울하고 위험한 측면을 거부하는 태도를 보다 가치 있게
> 만든다. 놀이는 편도체의 신경학적 반응 욕구이며 편도체는 전형적인 충격, 분노, 두려움, 혐
> 오감, 슬픔에 반응하는 곳이다. 그러나 놀이는 또한 압도적인 통제와 행복감, 자긍심을 얻으
> 려 하는 전두엽 창구에서 유발된다. 포유류 진화의 주된 특징으로 놀이가 시작되었고 그것은
> 여전히 우리의 존재를 현재 세계로 조화시키는 주된 방법이다.

놀이는 명확한 임의성과 불확실성을 포함하기 때문에 대처 기술의 개인 레퍼토리를 확장하며 성공적으로 관계를 맺고 문제 해결 방법을 강화할 기회를 준다. 놀이치료에서의 놀이는 자기와 환경에 대한 새로운 관점을 가질 수 있도록 변형되는데 이것이 놀이의 치료적 힘으로서 회복 탄력성의 핵심적 부분이다.

Russ(2004)는 놀이치료자가 놀이치료에서 증진시키려 하는 놀이의 4가지 전반적 기능에 대해 정의하였다. 아동을 위한 표현 수단 제공, 의사소통과 관계 구축, 통찰과 훈습, 새로운 유형의 표현과 관계 맺기, 문제 해결 연습 등이다. 포유류 놀이 연구는 놀이가 불안을 다루고 위협과 관련된 문제 해결을 발달시키는 데 중요하다는 사실을 입증하였다(Siviy, 2010). Sutton-Smith(1997, 2008)는 인간은 다른 포유류처럼 기쁨의 본질적 가치를 위해 놀이를 활용하고 이는 나아가 회복 탄력성과 안녕에 기여한다고 하였다.

Siegel(2012)은 '뇌와 정신 및 대인 관계 간 상호 연결에 대해 이해하기 위해' 대인 관계 신경생물학(Interpersonal neurobiology, IPNB) 모델을 제안하였다. 인간의 내적 발달은 경험과 관계를 통해 상호작용을 하고 흔히 자연적 놀이를 통해 매개된다. 신경계의 유전적 유산이 관계 내 상호작용에서 유발되는 신경 상호작용에 의해 형성되

기 때문에, 뇌의 발달 구조와 기능까지도 경험을 통해 결정된다. Fredrickson(2001, 2004)의 확장과 수립 이론은 관계를 통한 긍정 정서가 어떻게 '심리적 회복 탄력성을 불러일으키는지'에 대해 밝혀 주었다(2004).

임상 적용

Brooks(1994a, 1994b)는 회복 탄력성 연구와 임상 실제 사이의 강한 연관 관계에 대해 설명하였다. 회복 탄력성 연구는 역경에 직면한 아동 및 가족과 협력할 때 포괄적이고 종합적인 접근을 하기 위한 유용한 가이드를 제공해 준다(Tedeschi & Kilmer, 2005). 회복 탄력성 연구는 놀이치료자가 '아동의 강점, 활용 가능한 가족과 지역 사회의 자원, 아동의 즉각적 대처 능력과 이후 삶의 도전에 대비하는 장기적 능력을 강화할 수 있게 아동을 참여시키는 과정들을 이해하도록' 도울 수 있다(Seymour, 2009). Rutter(1999)는 8가지 회복 탄력성 과정에 대해 정의함으로써, 내담자의 회복 탄력성 향상을 위해 놀이를 치료 관계에 어떻게 적용하는지에 대한 아웃라인을 놀이치료자에게 제공해 준다.

놀이에서의 회복 탄력성 : 1. 불안 감소와 문제 해결 향상

Rutter(1999)는 위험 요인이 보통 연속적인 영향을 미친다고 언급하였다. 부모의 분리를 경험한 아동은 확대된 가족과 만나는 것에 대한 변화, 학교 또는 또래 관계에서의 변화, 부모와의 취미 공유나 스포츠 팀 참여, 음악적 재능 개발과 같이 자기 효능감을 향상시키는 의미 있는 활동의 부재를 경험할 수 있다. 또한 저소득 가정에서 부모의 분리는 식사 거르기, 생활 질서의 변화, 병원 또는 치과 진료의 연기 등을 포함할 수 있다. 시간이 지남에 따라 이러한 위기 요인은 상당한 대가를 지불할 수 있다. 이런 연속적인 영향을 경험한 아동은 놀이치료에서 사방으로부터의 끊임없는 위협을 받거나 한정된 자원의 딜레마를 드러내는 놀이 주제들을 보일 수 있다. 부모 면담에서 중복되는 장황한 재정적, 관계적, 법적, 영적 스트레스 요인이 두드러지게 나타난다.

놀이치료자는 아동이 놀이에서 연속적 영향으로 인한 불안을 표현하고 위험을 감소시키거나 대처에 필요한 자원들을 찾아 문제를 해결할 기회를 가지도록 할 수 있다. 보다 어린 아동과의 작업은 휴전 동맹을 맺을 때까지 계속해서 싸우는 용들과 같은 놀이의 은유를 통해 이루어질 수 있다. 시간이 지남에 따라 놀이치료자는 놀이에 포함된 지지와 해결의 주제들을 강조한다. 인지행동 놀이치료 접근은 정서 표현, 관점의 변화 또는 새로운 위험 제한적 기술을 연습하기 위한 보다 구체적인 대안들을 구조화하는 데 활용될 수 있다(Drewes, 2009; Knell, 1993, 1994, 1997, 2011).

놀이치료자는 부모-자녀 관계를 다룰 때 확인된 스트레스 요인을 다루고 그에 대한 긍정적인 대처 반응을 개발하며 활용 가능한 자원을 활용하도록 도울 수 있다. 위험 요인의 연속적 영향이 직계 가족을 넘어 확대되면 놀이치료자는 필요한 가족, 학교 및 지역 사회 자원의 연계와 사례 관리에서 보다 큰 역할을 맡아야 한다. 놀이치료자는 최소한 아동과 가족을 돕기 위해 다른 제공자와 돌봄이 지속되도록 주의해야 할 것이다(Seymour, 2009).

놀이에서의 회복 탄력성 : 2. 자기 비난의 감소

위에서 설명한 연속적인 위험의 직접적인 영향을 완화시키는 것에 더불어 회복 탄력성 기반 놀이치료의 두 번째 초점은 내담자, 특히 치료 과정이나 서비스의 전반에 걸쳐 효과를 얻기 힘든 내담자가 위험에 대한 민감성을 낮추도록 돕는 것이다(Rutter, 1999). 내담자에 따라 환경 위험에 대해 민감하게 느끼는 기준이 다양한데 대인 관계 신경생물학의 최근 연구는 계속되는 스트레스가 스트레스를 극복하는 개인의 능력을 감소시키고(Barfield et al., 2012; Perry, 2006; Perry & Hanbrick, 2008), 아동의 인지 수준(스트레스를 완화하는 자신의 능력에 대한 마술적 사고와 과대 평가)과 결합됐을 때 O'Conner(2000)가 설명한 인과 관계에 대한 중대한 관점 왜곡으로 이어질 수 있다고 한다.

이러한 아동들은 놀이치료에서 자기 비난이나 지나친 책임감에 대한 놀이 주제를 보일 수 있다. 이전부터 그들은 부모화된 자녀 또는 양육자라고 불려졌다(Seymour, 2009). 놀이치료 현장에서 자기 위로와 자기-조절을 위한 도구와 전략들은 아동을 돕기 위한 중요한 자원이다(Hughes, 2011; Jernberg & Booth, 1999; Perry & Hanbrick, 2008; Siegel, 2010, 2012). 아동들은 양육자 역할 때문에 놀이치료자의 관계 초대에 대해 다양하게 반응하는데 때로는 양육자 역할을 분담하거나 참여하는 데 주저하고, 때로는 그 역할을 다시 체험하려는 열망을 보이기 때문에 놀이치료자는 유연성 있는 지시를 해야 한다(Shelby, 2010; Shelby & Felix, 2005). 인지행동적 전략은 오인을 다루고 둔감화 기술을 익히기 위해 활용된다(Knell, 1993, 1994, 1997, 2001; Drewes, 2009). 환경적 위험의 영향을 완화시키기 위해 자기 위로와 상호적 타인 위로 기술을 배우는 것 또한 부모-자녀 관계치료와 같은 부모-자녀 심리치료(Cohen, Mannarino, & Deblinger, 2006)와 외상 중심 인지행동치료(Cohen, Mannarino, Berliner, & Deblinger, 2000)에서 활용된다.

놀이에서의 회복 탄력성 : 3. 타인에 의한 비난 감소

또한 위험에 대한 아동의 민감성은 흔히 아동이 어떤 특정한 나이에서 책임을 질 수 있다는 과도한 자기감과 타인의 비난을 통해 대인 관계적으로 강화될 수 있다(Rutter, 1999). 아동은 놀이에서 자기 비난 주제를 보이거나 놀이치료자와의 관계에서 자기 비하적일 수 있다. 놀이치료자는 특정 아동이 희생양이 되는 가족 패턴을 가족 면담에서 듣거나 관찰할 수 있다. Gil(1994)은 각자가 타인의 불안을 일으키면서 더 많은 불안 유발 행동을 하게 하는 부모와 아동 간 불안 순환에 대해 설명하였다. 불안 경험을 보다 심화시키는 불안과 비난의 순환은 가족 구성원 간의 대인 지각을 경직되게 만들 수 있고 편안한 관계를 이끄는 변화의 기회를 깨닫지 못하게 만든다.

부모는 놀이치료자가 아동 행동에 대한 부모의 민감성과 오인을 직접적으로 다룸으로써 도움을 얻을 수 있다. 또한 부모는 아동과 부모-자녀에 대해 공동 작업을 하는 부모 개인의 심리치료를 통해 도움을 받을 수도 있다. 부모는 자녀에 대한 새로운 기술들을 개발시키고 가족 치료 놀이(Munns, 2000, 2009, 2011), 가족 놀이치료(Gil, 1994; Gil & Sobol, 2000; Schaefer & Carey, 1994; Seymour & Erdman, 1996), 부모-자녀 놀이치료(Guerney, 1991, 1997; VanFleet, 1994a, 1994b, 2000), 부모-자녀 관계치료 (Landreth & Bratton, 2006a, 2006b)와 같은 접근을 통해 애착을 증진시킬 수 있다. 아동의 자기 비판에 대한 사회적 강화는 가족, 또래, 학교 관계를 확장시킨다. 놀이치료자는 지시적 상담을 통해서나 이 문제를 다루도록 부모를 안내함으로써 확대 가족 또는 학교 현장에서 아동이 희생양이 되는 문제를 유용하게 다룰 수 있다는 사실을 발견할 것이다.

놀이에서의 회복 탄력성 : 4. 고립의 감소와 애착 증진

연속되는 부정적 사건 경험은 아동에게 파급 효과를 초래할 수 있다(Rutter, 1999). 이러한 아동은 놀이치료에서 참여를 어려워하고 애착 문제에 대한 신호를 보내거나 사회적으로 위축되며 놀이 참여를 위한 다양한 놀이 도구 및 관계 요청에 대해 적게 반응할 수 있다. 어떤 아동들은 과잉 행동, 충동성, 혼란스럽거나 무질서한 놀이 패턴을 보일 수 있다. 그들은 광범위한 참여 기회를 주는 충분히 갖추어진 놀이치료실에 잘 반응할 수 있고 혹은 아동의 연령, 발달 수준, 치료적 필요에 의해 신중히 선택된 놀이 도구와 자극이 적은 놀이 환경에서 보다 도움을 받을 수도 있다.

Crenshaw(2006)는 아동과의 놀이에 두 가지 개입 수준이 있다고 설명하였는데 이 수준은 아동의 수용 정도에 달려있다. 아동에게 느리게 개입하는 경우는 초대 과정에서 더 고통스럽고 외상적인 작업이 필요하며 가장 큰 고통을 초래하는 것들을 다루기에 앞서 아동의 강점을 지원하고 적응 기제를 강화하며 친사회적 기술과 문제 해결 능력을 개발하도록 돕는 대처 과정에 많은 시간이 필요한 것으로 보인다. Frederickson (2001, 2004)은 부정적 정서를 유발시키는 사고 방식이 어떻게 대안적 관점을 고려하고 긍정적 행동을 취하거나 강점을 회복하게 하는 개인의 능력을 감소시키면서 싸움과 도피 혹은 얼어붙음 반응을 초래하는지 입증하였다. 놀이의 치료적 힘으로서 회복 탄력성은 아동의 강점을 극대화하는 놀이 경험을 위한 안내서를 제공해 주며 보다 어려운 작업을 하는 데 사용되는 에너지를 공급해 준다. 앞선 회복 탄력성 과정 중에서 아동을 진정시키기 위해 먼저 부모를 진정시키는 데 목적을 둔 부모-자녀 개입은 가족 치료 놀이, 가족 놀이치료, 부모-자녀 놀이치료, 부모-자녀 관계치료와 같은 부모-자녀 모델들을 활용할 때 매우 효과적일 수 있다.

놀이에서의 회복 탄력성 : 5. 자아 존중감과 자기 효능감 향상

Rutter(1999)는 또한 부적 연쇄 반응을 정적 연쇄 반응의 발달을 통해 다룰 수 있음을 관찰하였다. 아동과 부모가 거치는 초기 단계는 편안감과 즐거움 또는 개인적 성취감으로 충족되고 자아 존중감과 자기 효능감 향상이 추가적인 변화를 이끌어 줌으로써 강화된다. 놀이치료에서 아동은 놀이 중 더 많은 자신감과 주도성, 놀이 결과에 대한 만족 경험을 보이는 것으로 이것을 입증하기 시작한다. 놀이치료실에서 이러한 작은 성취들은 학교와 가족 생활에서의 새로운 성취로 전환될 수 있다.

Brooks(2009)의 회복 탄력성 연구는 아동과 그의 가족이 아동을 위한 능력의 섬을 찾도록 돕는 것이 중요하다고 설명하고 있다. 특별한 재능, 기술, 관심사 또는 이러한 것을 숙달하도록 자신을 격려하고 도전하게 하는 아동의 자질 등. 이 능력의 섬을 찾음으로써 놀이치료 환경은 아동에게 노력에 대한 긍정적인 피드백과 성공을 경험할 우선적인 기회를 제공한다. 부모, 확대 가족, 학교와의 상담을 통해 이 능력의 섬과 수반되는 성취감은 강점 자원이 지속해서 생기고 자급자족할 수 있게 한다.

긍정 정서에 대한 Fredrickson(2001, 2004)의 확장과 수립 이론은 기쁨, 흥미, 만족, 사랑의 정서가 어떻게 이후 성장을 위한 개인의 잠재력에 기여하는지에 대한 모델을 제공한다. 긍정 정서는 개인의 순간적인 사고 행동 레퍼토리를 확장시킨다. 기쁨은 놀이 충동을, 흥미는 탐색 충동을, 만족은 즐기고 통합하려는 충동을 일으키고, 사랑은 안전하고 밀접한 관계 안에서 각 충동이 반복하여 순환하도록 이끈다(2004). 확장된 사고 방식을 통해 확장된 사고 행동 레퍼토리에 다가가고 위험 요인이 특히 높을 때 필요한 강점을 강화하는 사회적 자원에 접근한다. 놀이치료자는 부적 연쇄를 감소시키는 회복 탄력성 과정으로 가족들이 놀이치료실에서 보다 큰 세계로 그들의 성공을 확장하도록 돕는 가족 치료 놀이, 가족 놀이치료, 부모-자녀 놀이치료, 부모-자녀 관계치료와 같은 부모-자녀 모델들을 활용할 수 있다.

놀이에서의 회복 탄력성 : 6. 창의적 놀이는 창의적 문제 해결을 함양한다.

아동과 그 가족이 성취를 해 가면서 회복 탄력성 과정의 다음 도전 과제는 그들이 놀이치료실에서 가족, 학교, 사회 현장으로 성장을 확장해 가는 노력을 지속하도록 돕는 것이 되었다(Rutter, 1999). 놀이치료실에서 위협과 무력감의 주제가 보다 희망적이고 미래 중심적인 계획으로 바뀌면서 숙달의 주제가 나타나기 시작한다. 때때로 성공적이라고 생각되는 놀이치료 회기는 아동이 새로 발견한 가족, 학교, 또래의 기술과 강점을 유지하는 것이 힘든 일임을 알아챔으로써 낙담과 좌절을 하게 되는 그 다음 회기에 뒤따라온다. 심지어 좌절은 기회와 전환점으로 재구성될 수 있다(Seymour & Erdman, 1996). 놀이는 낙담을 표현하고 새로운 위험에 대한 불안을 낮추며 치료 과정을 삶의 과정으로 전환하는 새로운 노력을 시도해 볼 수 있는 환경과 관계를 제공한다.

또한 Webb(2007)은 아동과 부모가 그들의 사회 및 가정 환경에서 신뢰와 긍정적 자원을 발견하도록 놀이치료자가 도와야 한다고 하였는데 이는 환경에서 긍정적인 변화를 높이고 높은 스트레스 상황에 놓인 가족들이 지원 체계로부터 점차 고립되는 공통적인 패턴을 다루도록 돕기 위한 것이다. Walsh(2002, 2003)는 문제에 대해 체계적으로 이해하여 처음에는 아동과 가족 구성원이 다루고자 하는 문제만큼 어렵고 새로운 대처 행동 시도의 위험성을 낮추도록 도움으로써 좌절을 기회로 바꾸었다. 놀이는 아동과 부모가 좌절에 대한 반응을 점검하고 연습하는 안전한 장을 제공하며 직면한 문제에 기술을 적용하기 위한 구체적인 지침과 향상된 자신감을 제공한다.

놀이에서의 회복 탄력성 : 7. 양육 관계의 증진

놀이치료실 저 너머로

치료 관계에서 회복 탄력성이 향상되기 시작하면 아동들이 놀이치료실 밖에서 갖는 양육 관계에 대해 확인하는 것으로 관심을 기울일 필요가 있다(Rutter, 1999). 아동은 놀이에 양육자 피규어를 포함하기 시작하면서 추가 경험을 위한 그들의 욕구를 보여주고 긍정적 또래 관계에 대한 신호와 놀이치료 관계를 시작하며 능력 향상을 나타내기 시작한다. 위험 또는 위협의 주제에서 안전과 안정의 주제로 나아가기 시작한다. 놀이에서 다양한 인물 간의 대화는 보다 폭넓은 감정을 드러내고 자연스러우며 유연해진다. 아동이 놀이에 보다 적극적으로 끌어들이는 사람이 되고, 때로 덜 바쁜 부모가 되기도 하고 심지어 대기실의 다른 누군가나 놀이치료실 직원이 되기도 한다. 아동은 단지 놀이 파트너가 필요한데 이것은 긍정적인 감정이 어떻게 놀이의 치료적 힘으로써 회복 탄력성을 지원하는지 다시 보여 준다(Fredrickson & Losada, 2005).

놀이치료자는 가족이 아동의 자아 존중감과 자기 효능감을 향상시키는 활동과 관계에 대해 현명하고 균형 잡힌 선택을 내리도록 도움으로써 이러한 놀이의 치료적 힘을 놀이치료실 너머로 확장할 수 있다. Brooks(2009)는 아동의 인생에서 카리스마적인 성인, 즉 삶의 스트레스에 대처하는 아동의 능력을 향상시키면서 지속적인 긍정적 관계를 제공할 수 있는 사람(부모, 양육자, 혹은 다른 중요한 성인)의 중요성을 강조하였다.

놀이에서의 회복 탄력성 : 8. 삶의 경험에 대한 의미 부여 배우기

성장 유지를 위한 인지적·정서적 경험 처리 과정이 위험을 줄이고 자아 존중감과 긍정적 관계를 강화하는 데 중요하다는 회복 탄력성 연구의 증거가 증가하고 있다(Rutter, 1999). 놀이치료에서 이러한 회복 탄력성 과정에 있는 아동은 보통 자기 놀이에 대한 서술이나 이야기를 제공할 것이다. 놀이치료자의 반영적인 피드백은 아동에 의해 결정적인 의미 부여로 변화한다. 이전의 놀이 주제는 아동이 변화시킬 수 있는 은유와 이야기의 원재료가 되고 의미와 힘, 관계를 강화할 수 있게 된다. Cattanach (2008)는 생애 사건들과 이 사건에서 아동이 어떠한 역할을 하는지에 대한 내러티브를 창조해 보는 공동 스토리텔링에 적극적으로 아동을 참여시키는 다수의 접근 방법에 대해 설명하였다. Freeman, Epston, Lobovits(1997)는 문제로 가득 찬 가족 생활의 이야기들이 어떻게 아동과 가족 구성원에 대한 강점 중심의 이야기로 바뀌는지 보여 주었다.

회복 탄력성의 마지막 과정은 자신에 대한 내적 확신감과 자기 보상을 주는 자기와 세계의 일관된 내러티브를 통해 7가지 과정을 통합하는 메타 과정이다. Siegel(2012)의 대인 관계 신경생물학 모델에서 뇌를 발달시키는 신경 경로는 경험을 통해 마음과 세계에 의해 함께 연결되고 관계를 통해 의미가 부여된다. 이러한 뇌, 신체, 마음, 관계의 연결은 회복 탄력성 과정을 뒷받침하는 통합을 제공한다. 개인은 대인 관계의 의사소통에 의해 뇌 반구 간 통합의 상태로 들어선다. 놀이의 치료적 힘으로서 회복 탄력성은 공유된 내러티브의 창조를 통해 아동이 역경에 직면했을 때 매우 개별적인 시작점에서 자기에 대한 확신감, 강점 목록, 가족 및 사회적 지원과의 견고한 연결과 같은 공동의 종점으로 아동이 나아가도록 한다.

경험적 근거

Kazdin(2009)은 아동 심리치료의 연구 문헌에 가치가 있지만 아동 심리치료 과정과 성과에 대한 경험적 이해에는 여전히 한계가 있다고 언급하였다. 연구를 설득력 있게 뒷받침하는 가장 효과적인 연구 및 실천 방법이 무엇인지에 대한 논쟁이 있지만 이를 위한 노력 역시 계속되고 있다(Steele, Elkin, & Roberts, 2008). 지난 25년 동안 놀이 중심 및 놀이치료 개입에 대한 연구는 학문적으로 성장해 왔고(Reddy et al., 2005) 메타 분석 연구는 놀이 개입의 이점을 보여 주었다(Bratton & Ray, 2000; Bratton, Ray, Rhine, & Jones, 2005; LeBlanc & Ritchil, 1999; Ray, Bratton, Rhine, & Jones, 2001). 경험적으로 타당화된 놀이 개입에 대한 Reddy, Files-Hall, Schaefer(2005)의 저서에 따르면 이러한 연구들은 이후 보다 엄격한 성과 연구를 위한 중요한 기초를 제공하였다.

Kazdin(2009)은 아동 치료 과정에 대한 검토 연구에서 치료적 변화의 기제에 관심을 기울여야 한다고 말하였다. 놀이의 치료적 힘을 설명하기 위한 지속적인 노력을 통해 치료적 힘이 어떻게 그리고 왜 작용하는지에 초점을 둔 연구를 이끌 수 있다고 보았다.

놀이 개입과 회복 탄력성 증진에 관한 구체적인 연구는 부족하지만 증거에 기반을 두는 실천 기준에 맞게 연구를 명확하게 하는 질문과 방법을 포함하고 놀이치료 임상에서 회복 탄력성 과정의 지속적인 활용을 지지해 주는 연구가 유용한 연구로 이해되고 있다.

다음은 이러한 내용을 포함한다.

- 회복 탄력성 개념을 놀이치료에 활용한 설명적인 목적의 임상 연구 이후 (Seymour, 2009; Seymour & Erdman, 1996) 놀이치료에 회복 탄력성 개념을 활용한 증거 기반 연구들이 시작되었다(Alvord & Grados, 2005; Alvord, Zucker, & Grados, 2011; Chessor, 2008; Pedro-Carroll & Jones, 2005).
- 회복 탄력성 연구는 적합하게 확립되었고 회복 탄력성 기제는 다양한 환경에서 성공적으로 연구되었으며 회복 탄력성 향상은 치료 성과를 증진시킨다는 것이 나타났다(Rutter, 1998 Rutter et al, 2001; Werner, 1993).
- 회복 탄력성 연구는 애착, 권위적인 양육 태도, 지능, 자기-조절, 자기 효능감, 숙달 만족감, 내적 동기, 긍정 심리학 등의 잘 확립된 다른 연구 분야들과 많은 영역을 공유한다(Masten, 2001).
- 놀이 연구는 다른 놀이의 치료적 힘뿐 아니라 회복 탄력성을 촉진하는 놀이의 역할을 성공적으로 입증하였다(Russ, 2004).
- 최근 대인 관계 신경생물학의 연구(Siegel, 2010, 2012)는 놀이의 중요성을 입증하는 관계와 인간 발달 사이에 중요한 다리 역할을 하고 있고, 우리가 놀이치료의 치료적 기제에 대해 밝힐 수 있도록 놀이 기능의 세부적인 설명을 해줄 수 있다.

임상 사례

11세 매트와 5세 루시는 어머니의 양육권이 상실되고 이모와 이모부에게 위탁되면서 아동 보호국에 의해 놀이치료로 의뢰되었다. 매트와 루시의 아버지는 절도와 마약 혐의로 감옥을 들락거렸기 때문에 그와는 아주 제한되게 교류하였다. 어머니의 양육권 상실 직전, 아동들은 한정된 정부 보조금과 마약 거래를 통한 그녀의 수입으로 원룸 아파트에서 생활하였다. 부모의 범죄 행위와 중독은 아동들이 서로를 돌보도록 방치시켰고 매트는 어머니를 대신해 여동생 루시를 돌보는 역할을 하였다. 가족이 점점 더 범죄 행위에 관여하게 됨에 따라 확대 가족과의 교류는 점점 줄어들었다. 아동 보호 상담사는 분리 시에 아파트의 끔찍한 생활 환경과 한정된 음식, 아주 적은 아동 소지품에 대해 묘사하였다. 아동들은 방임과 영양 결핍의 징후를 보였지만 생활 환경에 비해 건강 상태는 양호했다.

이모와 이모부는 초기에 두 성인과 아동들이 함께 하는 회기와 남매간 회기, 매트와 루시의 개별 놀이 평가 회기를 포함한 가족 초기 사정 면접을 위해 만났다. 이후 회기들은 참여 대상과 부모 상담을 위해 소요되는 시간, 아동과의 놀이치료(분리되거나 개별적으로 진행) 또는 성인과 아동이 함께 하는 가족 놀이치료 등으로 다양화되었다. 이 가족과 작업하면서 Rutter(1999)의 8가지 회복 탄력성 과정이 가족과 함께 한 18개월의 다양한 회기 동안 다루어졌다. 회복 탄력성 과정은 아래에서 설명된 것과 같이 놀이치료에서 다양한 방식으로 적용될 수 있다.

놀이에서의 회복 탄력성 : 1. 불안 감소와 문제 해결 향상

매트와 루시에게 지속적인 영향을 미치는 몇 가지 위험 요인은 아동 보호 서비스가 방임적이고 안전하지 않은 환경으로부터 그들을 분리하는 것으로 다루어졌지만, 부모와의 분리와 새 장소에서의 어려움은 그들에게 새로운 위험이 될 수 있다. 따라서 아동들과 그들의 새 위탁 부모에게 있어 위에서 언급한 개별화된 심리치료 서비스뿐 아니라 지역 사회 복지사와 추가 시행하는 사례 관리 역시 중요하다. 두 아동은 초기에 위험과 예측 불가능에 대한 주제로 놀이하였고, 매트는 놀이 피규어들의 수많은 짧은 전투 이야기를 반복하였다. 매트는 함께 하는 회기에서 루시를 그의 전투 놀이에 참여시키거나 놀이치료실에서 어떻게 놀아야 하는지 설명하면서 계획을 세울 때

나 설득할 때 전형적인 양육자의 역할을 하였다. 성인과 아동이 함께 하는 초기 놀이 회기에서 그들은 서로에게 정확히 무엇을 해야 할지 불확실해 보였고 무계획적이었다. 성인과 아동이 함께하는 초기 회기는 놀이치료자가 놀이에서의 아동의 모습과 서로의 상호작용, 성인과의 상호작용(위탁 부모와 놀이치료자)을 관찰함으로써 비구조적인 평가를 하는 기회를 주었다. 각 아동과 위탁 부모를 위한 안전한 치료 환경을 설정하는 것은 지속적인 위험 요인을 줄이는 중요한 첫 단계였다.

놀이에서의 회복 탄력성 : 2. 자기 비난의 감소

아동들이 원래의 가정과 분리될 당시 루시에게는 보다 뚜렷한 방임의 징후가 있었다. 그녀는 힘이 없고 호흡기 감염 증상이 있었으며 연령에 비해 키가 작고 체중도 적었다. 그녀가 속상해할 때 위로하려고 하면 거부하고 사회적 활동에 별로 흥미를 보이지 않는다고 위탁 부모는 보고했다. 루시는 첫 개별 회기에서 빠르고 간단하게 레고로 아동 피규어를 만들어 크고 깨끗한 놀이 도구 상자를 그 아동 피규어 위에 놓았다. 마치고 나면 뒤로 물러나 안도의 한숨을 조용히 몰아쉬었다. 잠시 후 그녀는 지금 아동 피규어가 '어떤 나쁜 사람도 들어올 수 없는' 보호 방패 안에 있어 안전하다고 언급하였다. 다른 놀이 피규어로 왜 동물 피규어와 다른 레고 인간들이 돌파할 수 없는지를 보여주었다. 보호받는 이 아동의 은유는 조금씩 바뀌면서 루시의 초기 회기에서 지속적으로 나타나는 부분이 되었다. 그녀는 동물과 사람이 방패를 뚫을 수 있는 방법들을 실험하였고 방패는 때때로 잠시 사라졌다가 다시 나타났다. 여러 회기가 지난 후 방패는 사라지고 동물과 사람 피규어들이 상호작용하였다. 방패에 대한 특별한 물리적 묘사는 놀이에서 다시 나타나지 않았지만 보호 방패에 대한 주제는 루시와 그녀의 놀이치료에서 중요한 은유가 되었다.

대인 관계 신경생물학(Barfield et al., 2012 Perry, 2006; Perry & Hanbrick, 2008; Siegel, 2010, 2012)의 최근 연구 결과는 만성적인 스트레스 환경에 있는 아동이 고통을 느낄 때 스스로를 위로하는 능력을 발달시킬 수 있도록 돕는 것이 중요하다고 강조하였다. 매트에게 능동적인 신체 놀이의 경험은 자기-조절을 향한 첫 단계를 시작하게 하였다. 루시에게 간단한 이완 기술을 포함한 놀이의 경험은 그녀가 환경에 적게 끌려가면서 보다 자기-조절을 할 수 있도록 도왔다. 놀이치료실에서의 이러한 초기 학습은 매트와 루시가 환경에서 자기-조절을 보다 잘 할 수 있게 이러한 순간들을 제공하도록 치료자가 부모와 교사를 도와주면서 가정과 학교로 확대되었다.

놀이에서의 회복 탄력성 3 : 타인에 의한 비난 감소

매트에게 방임의 징후는 거의 없었다. 그는 더 많은 에너지와 자원을 가지고 있었으며 루시보다 더 외향적으로 보였다. 이것은 그에게 확실한 강점인 반면 루시와 어머니가 그에게 '돌보기'를 기대하고 가족 안에서 매트가 양육자 역할을 하도록 만들었다. 초기 놀이 회기에서 매트는 루시를 도와주고 안심을 시키는 존재였으며 가족사에 대한 놀이치료자의 질문들에 위탁 부모가 답변할 수 있도록 특별한 노력을 기울였다. 가족을 돕기 위해 역할을 훌륭히 수행하는 모습이었지만 그의 나이인 11살이 할 수 없는 희생에 가까웠다. 보다 공격적인 놀이 재료로 전투 놀이를 하는 다른 아동들과는 다르게 매트는 무관심해 보였다. 심지어 놀이치료실에서 다른 사람이 선택한 놀이 재료를 '유치하다'며 무시했다. 그러나 이러한 다양한 놀이 재료들은 여러 회기가 지나가면서 매트가 단지 11살일 뿐 아니라 양육자 역할을 하느라 어떤 놀이들을 놓쳤을지 모른다고 떠올리게 하는 환경적 단서를 주었다. 그는 더 다양한 놀이 재료를 사용하기 시작하였고 전투에서보다 긍정적인 상호작용을 포함하는 쪽으로 주제가 확장되었다. 그는 폼볼(foam ball)과 상상의 타깃을 이용한 간단한 기술 게임에 놀이치료자를 적극적으로 참여시켰고 위탁 부모와 함께 있을 때 그들 역시 놀이에 참여시켰다. 놀이는 매트가 자신의 나이를 다시 경험하고 스스로 이완하며 즐길 수 있는 간단한 방법들을 재발견하도록 도왔다. 또 그가 양육자 역할을 하기보다 즐거워하면서 긍정적인 태도로 성인과 관계를 맺도록 돕기 시작하였다.

놀이에서의 회복 탄력성 4 : 고립의 감소와 애착의 증진

매트와 루시는 많은 과거 경험을 공유하였지만 그들은 매우 다른 발달 연령과 관계 양식을 갖고 있었다. 매트는 대략적으로 위험 투쟁에서 이기는 것으로 위험을 줄이려 애쓰며 삶의 많은 스트레스에 자신의 책임을 늘리는 것으로 반응해 왔다. 루시는 위험한 원인으로부터 스스로를 분리시키려고 애쓰면서 더 방어적인 양식으로 반응하였는데 그 결과 자신을 더 고립시켰다. 각 아동은 어떤 점에서는 위험을 감소시키는 적응적인 양식을 갖고 있었다. 매트의 공격적 양식이나 루시의 철수 양식 모두 싸우거나 도망치려는 그들의 노력에도 불구하고 결국 시간이 지날수록 결국 위험을 증가시켰다. 놀이치료에서의 대처 경로(coping track)와 초대 경로(invitational track)에 대한 Crenshaw(2006)의 이해는 놀이치료자가 아동 양식에 맞춰 치료적 접근을 일치시키도록 이끌었다. 놀이치료자는 보다 사회적인 매트와 상당히 빠르게 라포를 맺을 수 있었지만 매트가 그의 양육자 역할을 버리고 보다 도전적인 초대 경로의 과업을 할 수 있을 만큼 충분히 안전하다고 느끼기 위한 대처 경로까지는 상당한 시간이 걸렸다. 루시 또한 연령과의 조합, 미묘한 환경의 신호에 대한 민감성, 적게 발달된 사회 기술과 같은 대처 경로에 상당히 많은 시간이 소요되었다. 그러나 그녀 역시 초대 경로로 이동할 수 있었다. 이러한 양식의 차이를 고려한 위탁 부모와의 부모 교육은 가정에서 부모가 이 차이에 더 잘 반응할 수 있도록 도왔고 회기 안에서 노력이 증진되었다.

놀이에서의 회복 탄력성 5 : 자아 존중감과 자기 효능감 향상

부모가 아동을 위해 일상을 보다 안정감 있게 유지하고 아동의 개별적 욕구에 맞춰 상호작용을 할 수 있게 되면서 놀이치료 과정은 가족 및 학교 생활로 옮겨가기 시작하였다. 위탁 부모는 학교 교사와 직원들에게 아동의 필요를 전달할 수 있도록 놀이치료자에게 도움을 받았고 그 결과 교사와 직원들은 행동과 학업 분야에서 아동의 노력에 반응하고 지지할 수 있게 되었다. 각 아동은 Brooks(2009)가 능력의 섬이라고 칭한 것을 발견하기 시작하였다. 매트(이제 12살 중학생)는 음악에 대한 관심을 표현하고 학교의 기초 밴드에서 악기를 배우는 기회를 갖게 되었다. 루시(이제 6살로 1학년)는 과학에 대한 애정을 발견하고 동물이 어떻게 스스로를 보호하는지—털, 보호색 또는 단단한 껍데기와 같은—에 대한 특별한 매력을 느끼게 되었으며 회기에 와서 자신이 최근에 발견한 것을 말하고는 했다. 이러한 새로운 활동들은 자신만의 길에 있는 아동들에게 놀이가 어떻게 모든 삶의 측면에서 사고 행동 레퍼토리의 확장을 이끌 수 있는지를 보여 주고 은유적 수준에서 오래된 치료 주제들과 이 주제의 새로운 전환을 서로 통합시켰다(Fredrickson, 2004, 2008).

놀이에서의 회복 탄력성 6 : 기회를 열어 주고 변화를 극대화

놀이치료 성과를 놀이치료실 밖으로 넓히고 사고 행동 레퍼토리를 확장하는 것은 매트와 루시가 위험을 이기고 성장을 위한 새로운 기회이자 싸움, 도피, 얼어붙음의 세 가지 기본적인 방식을 넘어 사고와 행동을 선택할 수 있는 전환점으로 위기를 바라볼 수 있게 새로운 차원으로 이끌었다. 놀이는 매트와 루시에게 그들의 삶을 변화시키는 힘이 되었다. 놀이치료자는 매트와 루시가 일상의 역경에 직면할 때 문제 해결 기술을 지속해서 발달하도록 위탁 부모가 도움으로써 그들 자신과 아동을 위한 기회로 위기를 재구성할 수 있게 긴밀히 작업하였다(Walsh, 2002, 2003). 또한 놀이치료자는 Webb(2007)의 제안에 따라 아동과 위탁 부모가 확대 가족, 학교, 지역 사회 조직, 신앙 집단 등에서 가족을 지원하는 추가적인 자원들을 찾도록 도왔다. 놀이치료자는 매트와 루시의 위탁 부모가 아동 주변 다른 조력자들에게 그들의 필요를 전달할 수 있는 가장 좋은 방법을 시도하도록 상담하였다. 놀이치료자는 매트, 루시와 함께 가정과 학교에서 시도하기에 앞서 놀이치료실에서 새로운 방식의 생각이나 행동을 시연할 수 있도록 간단한 역할 놀이를 자주 활용하였다.

놀이에서의 회복 탄력성 7 : 양육 관계의 증진

놀이치료실 저 너머로

보다 넓은 사회 체계로부터 지원을 받게 된 초기의 성과는 카리스마적인 성인에 대한 Brooks(2009)의 개념과 매트, 루시에게 이러한 성인이 누구일지에 대해 위탁 부모와 논의하도록 이끌었다. 둘째 이모와 이모부가 양육 자원으로 확인되었다. 각 아동의 담임 교사는 매트의 밴드 교사와 함께 잠재적인 후보로 확인되었다. 위탁 부모는 아동이 그들의 집에 도착한 첫 주부터 시작한 기본적인 노력들을 지속하도록 격려받았다. 기본적인 일과 제공하기, 각 가족 구성원의 역할과 연령에 적합한 책임감 정의하기, 부모와 특별한 시간을 갖도록 아동과 정해진 시간 설정하기, 가끔 위탁 부모 둘만을 위한 시간 갖기 등 가족으로서 기능하도록 초기에 안전하고 지지적인 환경을 제공하는 일과는 가족에 의해 만들어진 과정을 유지시켜 주는 중요한 일과가 된다. 매트와 루시의 위탁 부모는 아동이 회복 탄력성을 유지하기 위해 필요한 장기적 지원에 대해 정보를 얻고 격려받아야 한다.

놀이에서의 회복 탄력성 8 : 삶의 경험에 대한 의미 부여 배우기

매트와 루시의 놀이치료에서 경험에 대한 의미 부여는 경험을 언어화하도록 돕는 놀이치료자의 초기적 반영에서부터 놀이에 대한 호기심 많은 질문과 제안으로, 그리고 재구성과 은유를 통한 보다 복잡한 의미 부여로 나타났다. '탐색'의 주제는 매트의 놀이에서 18개월간 다양한 방식으로 나타났다. 다시 말해 자신의 걱정을 의미하는 자원을 필사적으로 찾는 줄거리(도움을 구하는 군인, 음식을 찾는 동물)에서 시작해 그가 가장 좋아하고 반복했던 탐색 구조 작전의 장난감 헬리콥터 이야기와 같이 자원 발견에 보다 창의적이고 문제 해결적인 주제로 나타났다. 타인을 위해 자원을 찾는 그의 재능은 이제 자신의 자원을 찾고 발견하는 것을 포함한다. 루시의 경우 첫 회기에 묘사된 '보호'의 주제가 다양한 방법으로 지속·반복되었고 이후 동물의 보호 기제에 대한 관심으로 나타났는데 종종 은유적 의미와 역경에 새로 개발된 적응 기술을 적용하여 표현할 수 있게 되었다.

　매트와 루시 가족의 사례는 놀이의 치료적 힘으로써 회복 탄력성이 아동과 가족 구성원들을 어떻게 역경에 직면한 개별적인 시작점에서부터 자기에 대한 자신감, 내재된 강점 목록, 가족과 사회적 자원의 견고한 연결과 같은 공동의 종착점으로 이끄는지 놀이치료자가 이해하도록 도왔다. 놀이의 치료적 힘으로써 회복 탄력성은 주요 놀이치료 이론의 중요한 원칙들을 통합하지만 동시에 주요 치료들을 초월하지는 않기 때문에 회복 탄력성을 폭넓은 범위의 치료 모델에 적용할 수 있도록 만들었다. Rutter(1999)의 8가지 회복 탄력성 과정은 놀이치료에서 변화가 어떻게 일어나는지를 바라보는 새로운 관점을 제공해 주고, 다양한 모델의 놀이치료자들이 아동의 놀이에 반응할 때 더 나은 결정을 내리도록 이끌어 준다(Seymour, 2006; Seymour & Erdman, 1996).

참고문헌

Alvord, M. K., & Grados, J. J. (2005). Enhancing resilience in children: A proactive approach. *Psychology: Research and Practice, 36,* 238–245.

Alvord, M. K., Zucker, B., & Grados, J. J. (2011). *Resilience builder program for children and adolescents: Enhancing social competence and self-regulation—A cognitive-behavioral group approach.* Champaign, IL: Research Press.

Barfield, S., Dobson, C., Gaskill, R., & Perry, B. D. (2012). Neurosequential model of therapeutics in a therapeutic preschool: Implications for work with children with complex neuro-psychiatric problems. *International Journal of Play Therapy, 21,* 30–44.

Benzies, K., & Mychasiuk, R. (2009). Fostering family resiliency: A review of the key protective factors. *Child & Family Social Work, 14*(1), 103–114.

Bratton, S. C., & Ray, D. (2000). What the research shows about play therapy. *International Journal of Play Therapy, 9,* 47–88.

Bratton, S. C., Ray, D., Rhine, T., & Jones, L. (2005). The efficacy of play therapy with children: A meta-analytic review of treatment outcomes. *Professional Psychology: Research and Practice, 36,* 376–390.

Brooks, R. B. (1994a). Children at risk: Fostering resilience and hope. *American Journal of Orthopsychiatry, 64,* 545–553.

Brooks, R. B. (1994b). Diagnostic issues and therapeutic interventions for children at risk. *American Journal of Orthopsychiatry, 64,* 508–509.

Brooks, R. B. (2009). The power of mind-sets: A personal journey to nurture dignity, hope, and resilience in children. In D. A. Crenshaw (Ed.), *Reverence in the healing process: Honoring strengths without trivializing suffering* (pp. 19–40). Lanham, MD: Aronson.

Brown, S. (2009). *Play: How it shapes the brain, opens the imagination, and invigorates the soul.* New York, NY: Avery/Penguin Group.

Buckley, M. R., Thorngren, J. M., & Kleist, D. M. (1997). Family resiliency: A neglected family construct. *Family Journal: Counseling and Therapy for Couples and Families, 5,* 241–246.

Cattanach, A. (2008). *Narrative approaches in play with children.* London, England: Kingsley.

Chessor, D. (2008). Developing student wellbeing and resilience using a group process. *Educational and Child Psychology, 25,* 82–90.

Cohen, J. A., Mannarino, A. P., & Deblinger, E. (2006). *Treating trauma and traumatic grief in children and adolescents.* New York, NY: Guilford Press.

Cohen, J. A., Mannarino, A. P., Berliner, L., & Deblinger, E. (2000). Trauma-focused cognitive behavioral therapy for children and adolescents: An empirical update. *Journal of Interpersonal Violence, 15,* 1202–1223.

Crenshaw, D. A. (2006). *Evocative strategies in child and adolescent psychotherapy.* New York, NY: Aronson.

Crenshaw, D. A. (Ed.). (2008). *Child and adolescent psychotherapy: Wounded spirits and healing paths.* Lanham, MD: Rowman & Littlefield.

Drewes, A. A. (2006). Play-based interventions. *Journal of Early Childhood and Infant Psychology, 2,* 139–156.

Drewes, A. A. (2009). *Blending play therapy with cognitive behavioral therapy: Evidence-based and other effective treatments and techniques.* Hoboken, NJ: Wiley.

Drewes, A. A. (2011). Integrating play therapy into practice. In A. A. Drewes, S. C. Bratton, & C. E. Schaefer (Eds.), *Integrative play therapy* (pp. 21–35). Hoboken, NJ: Wiley.

Drewes, A. A., Bratton, S. C., & Schaefer, C. E. (Eds.). (2011). *Integrative play therapy.* Hoboken, NJ: Wiley.

Fredrickson, B. L. (2001). The role of positive emotions in positive psychology: The broaden-and-build theory of positive emotions. *American Psychologist, 56,* 218–226.

Fredrickson, B. L. (2004). The broaden-and-build theory of positive emotions. *Philosophical Transactions of the Royal Society of London: Biological Sciences, 359,* 1367–1377.

Fredrickson, B. L., & Losada, M. F. (2005). Positive affect and the complex dynamics of human flourishing. *American Psychologist, 60,* 678–686.

Freeman, J., Epston, D., & Lobovits, D. (1997). *Playful approaches to serious problems: Narrative therapy with children and their families.* New York, NY: Norton.

Gil, E. (1994). *Play in family therapy.* New York, NY: Guilford Press.

Gil, E., & Sobol, B. (2000). Engaging families in therapeutic play. In C. E. Bailey (Ed.), *Children in therapy: Using the family as a resource* (pp. 314–283). New York, NY: Norton.

Goldstein, S., & Brooks, R. B. (Eds.). (2006). *Handbook of resilience in children.* New York, NY: Springer.

Gray, P. (2011). The decline of play and the rise of psychopathology in children and adolescents. *American Journal of Play, 3,* 443–463.

Guerney, L. (1991). Parents as partners in treating behavior problems in early childhood settings. *Topics in Early Childhood (Special Ed.) 11*, 74–90.

Guerney, L. (1997). Filial therapy. In K. J. O'Connor & E. M. Braverman (Eds.), *Play therapy theory and practice: A comparative presentation* (pp. 130–159). New York, NY: Wiley.

Guerney, L. (2001). Child-centered play therapy. *International Journal of Play Therapy, 10*, 13–32.

Hughes, D. A. (2011). *Attachment-focused family therapy workbook*. New York, NY: Norton.

Jernberg, A., & Booth, P. (1999). *Theraplay* (2nd ed.). San Francisco, CA: Jossey-Bass.

Johnson, A. C. (1995). Resiliency mechanisms in culturally diverse families. *Family Journal: Counseling and Therapy for Couples and Families, 3*, 316–324.

Kazdin, A. E. (2009). Understanding how and why psychotherapy leads to change. *Psychotherapy Research, 19*, 418–428.

Knell, S. (1993). *Cognitive-behavioral play therapy*. Northvale, NJ: Aronson.

Knell, S. (1994). Cognitive-behavioral play therapy. In K. J. O'Connor & C. E. Schaefer (Eds.), *Handbook of play therapy* (Vol. 2, pp. 111–142). New York, NY: Wiley.

Knell, S. (1997). Cognitive-behavioral play therapy. In K. J. O'Connor & L. M. Braverman (Eds.), *Play therapy theory and practice: A comparative presentation* (pp. 79–99). New York, NY: Wiley.

Knell, S. M. (2011). Cognitive-behavioral play therapy. In C. E. Schaefer (Ed.), *Foundations of play therapy* (2nd ed., pp. 313–328). Hoboken, NJ: Wiley.

Landreth, G. L., & Bratton, S. C. (2006a). *Child parent relationship therapy (CPRT): A 10-session filial therapy model*. New York, NY: Routledge.

Landreth, G. L., & Bratton, S. C. (2006b). *Child parent relationship therapy (CPRT): Treatment manual*. New York, NY: Routledge.

LeBlanc, M., & Ritchie, M. (2001). A meta-analysis of play therapy outcomes. *Counselling Psychology Quarterly, 14*, 149–163.

Masten, A. S. (2001). Ordinary magic: Resilience processes in development. *American Psychologist, 56*, 227–238.

Masten A. S., Best, K., & Garmezy, N. (1990). Resilience and development: Contributions from the study of children who overcome adversity. *Development and Psychopathology, 2*, 425–444.

Masten, A. S., & Coatsworth, J. D. (1998). The development of competence in favorable and unfavorable environments: Lessons from research on successful children. *American Psychologist, 53*, 205–220.

May, D. (2006). Time-limited play therapy to enhance resiliency in children. In C. E. Schaefer & H. G. Kaduson (Eds.), *Contemporary play therapy: Theory, research, and practice* (pp. 293–306). New York, NY: Guilford Press.

Meichenbaum, D. (2009). Bolstering resilience: Benefiting from lessons learned. In D. Brom, R. Pat-Horenczyk, & J. D. Ford (Eds.), *Treating traumatized children: Risk, resilience and recovery* (pp. 183–191). New York, NY: Routledge/Taylor & Francis.

Munns, E. (2000). *Theraplay: Innovations in attachment-enhancing play therapy*. Northvale, NJ: Aronson.

Munns, E. (Ed.). (2009). *Applications of family and group theraplay*. Landham, MD: Aronson.

Munns, E. (2011). Theraplay: Attachment-enhancing play therapy. In C. E. Schaefer (Ed.), *Foundations of play therapy* (2nd ed., pp. 275–297). Hoboken, NJ: Wiley.

O'Connor, K. J. (2000). *Play therapy primer* (2nd ed.). New York, NJ: Wiley.

O'Connor, K. J., & Braverman, L. M. (Eds.). (2009). *Play therapy theory and practice: A comparative presentation* (2nd ed.). Hoboken, NJ: Wiley.

Ollendick, T., & Russ, S. (1999). Psychotherapy with children and families: Historical traditions and current trends. In S. Russ & T. Ollendick (Eds.), *Handbook of psychotherapy with children and families* (pp. 3–13). New York, NY: Kluwer Academic/Plenum.

Pedro-Carroll, J., & Jones, S. H. (2005). A preventive play intervention to foster children's resilience in the aftermath of divorce. In L. A. Reddy, T. M. Files-Hall, & C. E. Schaefer (Eds.), *Empirically based play interventions for children*. Washington, DC: American Psychological Association.

Perry, B. D. (2006). The neurosequential model of therapeutics: Applying principles of neuroscience to clinical work with traumatized and maltreated children. In N. B. Webb (Ed.), *Working with traumatized youth in child welfare* (pp. 27–52). New York, NY: Guilford Press.

Perry, B. D., & Hanbrick, E. P. (2008). The neurosequential model of therapeutics. *Reclaiming Children and Youth, 17*, 38–43.

Piaget, J. (1962). *Play, dreams, and imitation in childhood*. New York, NY: Norton.

Ray, D., Bratton, S., Rhine, T., & Jones, L. (2001). The effectiveness of play therapy: Responding to the critics. *International Journal of Play Therapy, 10*, 85–108.

Reddy, L. A., Files-Hall, T. M., & Schaefer, C. E. (Eds.). (2005). *Empirically based play interventions for children*. Washington, DC: American Psychological Association.

Russ, S. W. (2004). *Play in child development and psychotherapy: Toward empirically supported practice*. Mahwah, NJ: Erlbaum.

Rutter, M. (1985). Resilience in the face of adversity: Protective factors and resistance to psychiatric disorder. *British Journal of Psychiatry, 147*, 598–611.

Rutter, M. E. (1987). Psychosocial resilience and protective mechanisms. *American Journal of Orthopsychiatry, 57*, 316–331.

Rutter, M. E. (1993). Resilience: Some conceptual considerations. *Journal of Adolescent Health, 14*, 626–631.

Rutter, M. E. (1999). Resilience concepts and findings: Implications for family therapy. *Journal of Family Therapy, 21*, 119–144.

Rutter, M. E. (2007). Resilience, competence, and coping. *Child Abuse & Neglect, 31*, 205–209.

Rutter, M., Pickles, A., Murray, R., & Eaves, L. (2001). Testing hypotheses on specific environmental causal effects on behavior. *Psychological Bulletin, 127*, 291–324.

Schaefer, C. E. (Ed.). (1993). *The therapeutic powers of play*. Northvale, NJ: Aronson.

Schaefer, C. E. (Ed.). (2011). *Foundations of play therapy* (2nd ed.). Hoboken, NJ: Wiley.

Schaefer, C. E., & Carey, L. J. (Eds.). (1994). *Family play therapy*. Northvale, NJ: Aronson.

Schaefer, C. E., & Drewes, A. A. (2010). The therapeutic powers of play and play therapy. In A. A. Drewes & C. E. Schaefer (Eds.), *School-based play therapy* (2nd ed., pp. 3–16). Hoboken, NJ: Wiley.

Schaefer, C. E., & Drewes, A. A. (2011). The therapeutic powers of play and play therapy. In C. E. Schaefer (Ed.), *Foundations of play therapy* (2nd ed., pp. 15–26). Hoboken, NJ: Wiley.

Seymour, J. W. (2009). Resiliency-based approaches and the healing process in play therapy. In D. A. Crenshaw (Ed.), *Reverence in the healing process: Honoring strengths without trivializing suffering* (pp. 71–84). Lanham, MD: Aronson.

Seymour, J. W., & Erdman, P. E. (1996). Family play therapy using a resiliency model. *International Journal of Play Therapy, 5*, 19–30.

Shelby, J. S. (2010). Cognitive-behavioral therapy and play therapy for childhood trauma and loss. In N. B. Webb (Ed.), *Helping bereaved children: A handbook for practitioners* (3rd ed., pp. 263–277). New York, NY: Guilford Press.

Shelby, J. S., & Felix, E. D. (2005). Posttraumatic play therapy: The need for an integrated model of directive and nondirective approaches. In L. A. Reddy, T. M. Files-Hall, & C. E. Schaefer (Eds.), *Empirically based play interventions for children* (pp. 79–103). Washington, DC: American Psychological Association.

Shirk, S. R., & Russell, R. L. (1996). *Change processes in child psychotherapy: Revitalizing treatment and research*. New York, NY: Guilford Press.

Siegel, D. J. (2010). *Mindsight: The new science of personal transformation*. New York, NY: Random

House.

Siegel, D. J. (2012). *The developing mind: How relationships and the brain interact to shape who we are* (2nd ed.). New York, NY: Guilford Press.

Siviy, S. M. (2010). Play and adversity: How the playful mammalian brain withstands threats and anxieties. *American Journal of Play, 2*, 297–314.

Steele, R. G., Elkin, T. D., & Roberts, M. C. (Eds.). (2008). *Handbook of evidence-based therapies for children and adolescents: Bridging science and practice.* New York, NY: Springer.

Sutton-Smith, B. (1997). *The ambiguity of play.* Cambridge, MA: Harvard University Press.

Sutton-Smith, B. (2008). Play theory: A personal journey and new thoughts. *American Journal of Play, 1*, 82–125.

Tedeschi, R. G., & Kilmer, R. P. (2005). Assessing strengths, resilience, and growth to guide clinical interventions. *Professional Psychology: Research and Practice, 36*, 230–237.

VanFleet, R. (1994a). *Filial therapy: Strengthening parent-child relationships through play.* Sarasota, FL: Professional Resource Press.

VanFleet, R. (1994b). *Filial therapy: Strengthening parent-child relationships.* Sarasota, FL: Professional Resource Exchange.

VanFleet, R. (2000). *A parent's handbook of filial therapy: Building strong families with play.* Boiling Springs, PA: Play Therapy Press.

Vygotsky, L. (1978). *Mind in society: The development of higher mental processes.* Cambridge, MA: Harvard University Press.

Waller, M. A. (2001). Resilience in ecosystemic context: Evolution of the concept. *American Journal of Orthopsychiatry, 71*, 290–297.

Walsh, F. (2002). A family resilience framework: Innovative practice application. *Family Relations, 51*, 130–137.

Walsh, F. (2003). Family resilience: Strengths forged through adversity. In F. Walsh (Ed.), *Normal family process: Growing diversity and complexity* (pp. 399–423). New York, NY: Guilford Press.

Webb, N. B. (Ed.). (1999). *Play therapy with children in crisis: Individual, group, and family treatment* (2nd ed.). New York, NY: Guilford Press.

Webb, N. B. (Ed.). (2007). *Play therapy with children in crisis: A casebook for practitioners* (3rd ed.). New York, NY: Guilford Press.

Werner, E. E. (1993). Risk, resilience, and recovery: Perspectives from the Kauai longitudinal study. *Development and Psychopathology, 5*, 503–515.

Winnicott, D. W. (1971). *Playing and reality.* London, England: Tavistock.

Winnicott, D. W. (1984). *Deprivation and delinquency.* London, England: Tavistock.

Wright, M. O., & Masten, A. S. (2006). Resilience processes in development. In S. Goldstein & R. B. Brooks (Eds.), *Handbook of resilience in children* (pp. 17–38). New York, NY: Springer.

18

도덕 발달

JILL PACKMAN

도덕적 존재는 과거 자신의 행동과 그 동기에 대해 어떤 것은 좋고 어떤 것은 그렇지 않다고 반추
할 수 있는 사람이다.

– Charles Darwin

덕성은 모든 문명화의 기본이다. 법은 집단 사회에서 받아들여지는 일반적 개념에 근거한다. 한 사회의 시민들은 명시적 또는 암묵적으로 이러한 법과 규율을 준수하는 데 동의한다. 사람들이 보편적 법에 어긋나는 방식으로 행동하고자 할 때 집단은 그러한 법들을 재평가하게 된다.

아동은 한 사회에 태어나 그 사회의 법에 적용을 받는다. 보통 사람들은 벌 때문에 법을 따르는데 어떤 이들은 옳은 것과 그릇된 것이 무엇인지 배우고 인식하기 때문에 법을 따르기도 한다. 또 다른 이들은 내적 잣대를 따른다. 비슷한 이유로 법을 어기기도 한다. 일부는 규칙 자체들을 무시하여 어기기도 하고, 어떤 이들은 얻을 수 있는 이익을 위해 규칙을 어기기도 하며, 결과를 무시하여 어기기도 하고, 남들에 대한 배려가 결여되어 규칙을 어기기도 한다. 마지막으로 특별한 경우 법들이 최상의 해결책이 아니라는 것을 알 때 법과 규칙을 어길 수 있다.

이러한 결정들을 어떻게 내리는가? 사람은 어떻게 규칙을 지키거나 어기기로 결정하는가? 이러한 기술은 배우는 것인가, 변경되는 것인가, 아니면 생물학적 요인인가? 놀이치료는 다양한 문제들을 다루기 위해 사용되어 온 개입 방법으로서 아동에게 적용할 수 있다. 그러나 놀이치료가 아동의 도덕 발달에 미치는 영향에 대해서는 연구

된 바가 거의 없다.

도덕 발달에 대한 설명

Piaget의 도덕 발달 이론은 아동의 놀이를 관찰하면서 발전되었다. 그는 아동이 규칙에 서로 다른 가치를 부여하고 자신의 발달 수준에 맞추어 그러한 가치들을 결정한다는 것을 알아냈다. 그는 아동이 인지 발달과 유사한 방식으로 도덕 발달 과정을 거친다는 이론을 구축하였다. 아동의 관점은 다른 아동과 상호작용하고 인지적으로 발달하며 변화한다. 도덕성의 이해와 발달은 인지 발달 없이는 이루어질 수 없다(Piaget, 1965).

유아들은 처음에는 타율적이다. 이 용어는 권위의 규칙들에 대한 엄격한 준수를 말한다. 이 발달 단계의 아동은 상당히 자기 중심적이며 다른 사람의 관점에서 볼 수가 없다. 또한 도덕 발달에 있어 타율적 단계에 있는 아동은 '벌을 어기면 바로 벌을 받는 것'을 믿으며 이 정의는 '즉각적이며 권위자로부터 온 것'을 말한다.

관찰을 통해 Piaget는 아동이 다른 아동과의 상호작용을 하면서 다른 관점으로 볼 수 있게 된다고 믿었다. 그는 이것을 도덕 발달의 자율적 단계로 여겼다. 이 단계의 아동은 추론하고 규칙을 비판적으로 생각할 수 있는 단계까지 인지적으로 발달한다. 아동이 규칙에 있어 '왜'라는 것과 그 상호 관계를 이해할 때 그들은 더욱 더 법을 지키게 된다.

Kohlberg의 도덕 발달 이론은 아마도 가장 잘 알려지고 가장 자주 논의되는 이론일 것이다. Kohlberg(2008)는 Piaget의 도덕 발달을 보다 정교하게 만들고 대상을 유아에서 청소년으로 확장시켰다. Kohlberg는 도덕 발달이 아동기 이후에도 계속된다고 믿었고 정의, 권리, 평등 및 인간의 복지를 포함시켰다(Kohlberg, 2008).

Kohlberg는 도덕 발달의 여섯 단계가 순서대로 이동하며 늘 높은 단계 쪽으로 이동한다고 밝혔다. 일단 아동이 다음 단계로 전진하게 되면 다시 하위 단계로 갈 수는 없다. Kohlberg의 이론에는 세 가지 일반 수준들이 있으며 각각의 수준에는 두 단계가 있다. 첫 번째는 전인습적 수준이다. 이 단계는 사실적이며 자기 중심적인 과정을 특징으로 가지고 있다. 전인습적 수준에서 첫 번째 단계는 타율적 지향성이다. Kohlberg의 타율적 단계는 Piaget의 단계와 이름이 같으며 특징도 유사하다. 이 단계의 특징은 벌을 피하는 것과 다른 사람의 관점에서 보는 능력이 결여되어 있다. 두 번째 단계의 특징은 아동이 다른 사람의 관점으로 보기 시작한다는 것이다. 개인주의와 물물교환으로 불리는 이 단계에서 아동은 상호성을 경험하게 된다. 아동은 자신이 원하는 것을 당신이 가지고 있다면 그것을 얻기 위해 당신이 원하는 무언가를 주어 맞바꾸는 것이 좋겠다고 여기기 시작한다. 이 단계에 있는 아동은 한 번에 한 사람의 관점만을 취할 수 있고 다른 사람들이 다른 의견을 가질 수 있으며 '옳은' 것이 상대적이란 것을 이해하기 시작한다. 인습적 수준은 Kohlberg 이론의 두 번째 수준이다. 이 수준의 특징은 규칙이 무엇인지 알 수 있고 사회가 옳거나 그르다고 여기는 것을 기준으로 행동하는 능력이다. 세 번째 단계에서 아동은 공감, 신뢰, 사랑, 그리고 다른 사람에 대한 관심을 발달시킨다. 그들의 관점은 사회적 역할보다는 그들의 가정 안에서 형성된다. 그들은 자신에게 가까운 사람들을 전형적인 역할의 맥락에서 바라본다(Kohlberg, 2008).

아동이 네 번째 단계에 접어들면 일반 사회에 대해 생각하고 법을 따르기 시작한다. 이 단계에서는 사회의 법이 기본 인권과 충돌할 때 갈등이 생긴다. 이러한 갈등이 발생하면 개인은 법을 어길지 사회 규칙들을 따를 것인지 결정해야 한다. 세 번째 수준은 후인습적 수준이다. 이 수준에서 사람들은 외부에서 정해진 규칙보다는 자신만의 개인 가치들을 고려하게 된다. 모든 사람들이 이 수준의 도덕 발달에 이르는 것은 아니다(Kohlberg, 2008).

다섯 번째 단계는 청소년기 후반이나 초기 성인기에서 나타난다. 이 단계에서 사람들은 단지 기존 규칙과 법들에 대한 생각이 아니라 사회를 가정하여 이상적인 사회가 어떤 사회인지에 대해 생각하기 시작한다. 이 단계에서 이상주의의 목적은 전반적으로 사회를 바꾸고 개선하는 것이다. 상당히 이론적이고 선험적으로 지지받지 못했던 여섯 번째 단계에 이르면 모든 관련자들의 관점과 감정들을 받아들이고 주어진 모든 정보에 의거해 결정하는 법을 배우는 것이 목표가 된다. 그것은 공평과 인간의 복지에 대한 원칙들에 기반을 둔 이타적 사회의 형성이다(Kohlberg, 2008).

Kohlberg의 이론이 여성에 대해 편견을 갖고 있다고 믿은 이들은 그의 이론을 비판했다. Carol Gilligan(1982)은 여성의 도덕 발달이 정의의 도덕(평등)에 비해 배려의 도덕(비폭력)에 초점을 맞추는 경향이 있다고 제시하며 성 차이를 강조했다. 여성의 도덕 발달은 관계에 초점을 두기 때문에 여자아이들의 발달은 대인 관계에 초점을 두어야 한다(Gilligan, 1982).

공감

도덕 발달에는 공감과 차이가 있지만 이 둘은 불가분 관계에 있다. Eisenberg와 Fabes (1998)은 공감을 다음과 같이 정의한다.

> 다른 사람의 감정 상태나 상황에 대한 염려 또는 이해에서 오는 정서적 반응 및 다른 사람이 느끼거나 느낄 것이라고 예상하는 것과 동일하거나 매우 유사한 정서적 반응이다.

Eisenberg(2000)는 죄의식과 수치심이 도덕 발달의 최고봉이라고 밝혔다. 도덕 발달과 연결된 다른 감정들로는 공감, 분노 및 공포가 있다. 사람들은 어떤 사회적 규범을 위반하면 이에 대해 남들이 자신을 판단할 것을 알고 죄책감이나 수치심을 느끼기 때문에 이러한 감정들은 중요하다(Eisenberg & Morris, 2001; Zhou et al., 2002).

Kohlberg의 유명한 도덕적 딜레마 중 가장 익숙한 것이 하인즈 딜레마인데 독자들은 하인즈가 어떻게 해야 하는지 질문을 받게 된다. 줄거리는 암으로 죽어 가는 아내를 둔 남자의 이야기로서 그는 치료비를 감당할 수 없어 약사에게 도움을 구한다. 약사가 거절하자 하인즈는 어떻게 해야 할지 결정하려고 애쓴다. 만일 자신이라면 어떻게 할 것인가 외에도 왜 그런 선택을 한 것인가에 대해서 질문을 받는다. 도덕적 추론을 시험받게 되는 것이다. 보다 높은 도덕 발달 단계들에서 결정하기 위해 독자들은 각 등장인물들의 느낌을 고려해야만 하고 그들의 관점에서 그 상황을 이해해야만 한다. 여기에서는 하인즈와 약사 모두에게 공감하는 개인의 능력 또는 능력의 부재를 고려해야 하며, 그것이 어떻게 의사 결정에 영향을 주었는지 생각해야 한다. 따라서 도덕 발달은 우리가 왜, 어떻게 어려운 결정을 내리는가를 이해하고 또 다른 사람의 관점을 이해하는 능력에 관한 것이다.

비행 청소년의 도덕 발달 연구는 많은 경우 친사회적 행동 대 반사회적 행동에 대한 연구와 이러한 행동에서 공감의 역할에 초점을 맞춘다(Barriga, Sullivan-Cossetti, & Gibbs, 2009). 친사회적 행동에는 공감이 존재한다. 개개인은 그들의 행동이 또 다른 이들에게 어떤 영향을 줄 것인지를 이해하고 또 다른 존재에 해가 되는 것을 피하려 한다. 그러나 반사회적 행동에는 공감이나 후회, 남에 대한 배려가 결여되어 있다.

유아들에게서 공감과 감정은 인지 이전에 발달한다. 영아들은 근처에 있는 또 다른 아이가 우는 소리를 듣고 따라서 울기 시작할 것이다. 추가적으로 영아들은 매우 어린 나이에도 애착을 통해 부모의 얼굴 표정과 기분에 맞추기 시작한다. 이러한 거울 뉴런 체계는 일찍 발달하며 청소년기 후반까지 계속해서 발달한다(Kristjansson, 2004). 거울 뉴런 체계는 공감 반응의 초기 표현으로 향후 공감 발달의 기본이 된다.

다른 사람들의 감정을 동일시하는 능력의 부재와 감정적 일치의 결여는 품행 장애 진단을 받은 아동에게 대부분 나타난다(Barriga et al., 2009). 청소년기 후반 또는 성인기에서의 도덕 발달과 감정의 동일시 결여는 반사회적 인격 장애에 있어 중요한 진단 요인이다(진단 및 통계 편람 IV-TR, 미국 정신의학회, 2000). 종종 품행 장애를 진단받은 비행 청소년들 또는 아동을 위한 중재는 도덕적 추론과 발달을 증진시키기 위한 공감 발달에 초점을 맞춘다.

신경생물학

의학의 발달로 심리학과 의학이 합쳐졌다. 오늘날 우리는 어떤 심리적 구성체가 뇌에서 '보이고' 발달하는지 알아낼 수 있다. 영아가 감정에 반응하는 능력에 영향을 주는 초기 체계는 변연계이다. 투쟁 도피 반응과 연결되는 변연계는 반사적이다. 사람들이 성장해 가면서 반응은 점점 변연계의 지시를 받지 않고 전두엽의 지시를 받게 되는데 이로 인해 반사적 반응이 줄어들고 보다 집행 기능적이 된다. 전두엽 피질의 발달은 최소한 청소년기 후반이나 초기 성인기까지 완성되지 않는다. 이것은 도덕 발달 이론들과 일치한다(Shirtcliff et al., 2009).

연구자들은 감정의 반응성을 변연계에서 편도체의 영역까지 좁혔다. 심한 스트레스 상황에서 편도체는 지속적으로 활성화되어 불편함을 유발한다. 개인에게서 공감 반응이 줄어들면 종종 편도체 기능도 줄어든다. 이와 반대로 높은 자극 상태에 있을 경우 편도체가 활성화될 때의 전형적 반응으로 인해 사람들은 그러한 상황을 피하고 싶어진다. 예를 들어 보통 사람이 불편함을 느끼고 그러한 반응을 피하려 하는 반면 몰인정한 도둑은 똑같은 편도체의 활성화가 일어나지 않아 보통 사람과 같은 불편함을 겪지 않게 되고 그러한 상황도 피하려 하지 않을 것이다. 오히려 편도체의 저반응으로 인해 보통 사람들이 불편하다고 느끼는 상황에서도 편안해한다(Shirtcliff et al., 2009).

공감과 도덕 발달은 자신을 다른 사람의 상황에 투사하는 것과 연관이 있다. 신경학적 과정을 밝히기 위해 우리는 1인칭 감정 반응이 어떻게 3인칭 감정 반응과 연결되는지 숙고해야 한다. Decety, Jackson(2004)은 자기를 유지하면서 다른 사람의 감정 상태와 동일시할 수 있는 능력을 공감이라고 설명한다.

변화를 이끄는 도덕 발달의 역할

놀이치료는 아동과 함께 작업하는 데 있어 발달적으로 민감한 접근이다(Landreth, 2002). 아동은 자신들의 염려를 말로 옮길 인지 능력이 없기 때문에 문제를 놀이로 나타낸다. 말은 사실적인 것들에 대한 추상적 기호이다. 전조작, 조작, 구체적 발달 단계에 있는 아동은 아직 이러한 인지적 도약을 할 능력이 없다. 이것은 아동이 잘못된 행동을 할 때 나타난다. 어른들은 아이에게 '왜' 이런 행동을 했는지 묻고 아이가 "모르겠는데요."라고 말하면 좌절한다. 그러나 아동은 왜 자신이 그런 일을 했는지 추상적인 말로 표현할 줄 모른다는 것이 사실이다.

아동의 발달을 돕기 위해 우리는 먼저 그들이 있는 그곳에서 아동을 만나야만 한다. 아동에게 어떤 것들에 '대해' 말하려고 시도하는 것은 그들에게 추상적인 개념을 기억하도록 요구하는 것과 같다. 가정이나 학교에서 일어나는 특수한 일들이 놀이치료실에서 '재연되지' 않을지라도 비슷한 감정이나 반응을 불러일으키는 상황들은 다시 발생할 수 있다. 놀이치료실은 아동이 사는 세상의 축소판과 같다(Landreth, 2002). 화가 난 아동은 놀이치료실에서 화를 낸다. 슬픈 아동은 놀이치료실에서 슬픔을 나타낸다. 놀이치료자는 아동에게 무슨 일이 일어났는지 말해야 하는 것에 대해 고민을 거의 하지 않는다. 그것은 발달상 적절하지 않다(Piaget, 1965).

아동은 자신의 발달 수준에 이르게 되면 학습을 시작한다. 우리는 미취학 아동을 초등학교 수준의 교실에 놓을 생각은 전혀 없다. 당연한 반응은 '그 아이들은 배울 능력이 없을 것'이라는 것이다. 도덕적 학습에서도 이는 마찬가지이다. 아동과 도덕 발달에 대해 함께 작업할 때 인지 발달을 고려해야 한다(Kohlberg, 2008; Piaget, 1965). Piaget와 Kohlberg 모두 도덕 발달이 일어나기 위해 상호작용과 관계가 필요하다고 했다. Kohlberg는 다른 견해들을 이해하는 데 초점을 맞추며 다른 사람들이 자신을 이해할 수 있도록 자신의 견해와 관점을 표명하는 논의를 이끌어 주는 조력자가 포함된 도덕 교육을 옹호했다. Bandura는 사회 모형에서 도덕 발달을 설명했는데 그는 아동이 모델링, 상호작용, 행위를 통해 배운다고 믿었다(Kristjansson, 2004). 도덕적 잣대를 발달시키려면 상호작용을 해야 한다.

개별 놀이치료 기법

놀이치료에서는 아동과 놀이치료자 간의 관계가 가장 중요하다(Landreth, 2002). 놀이치료자는 놀이와 놀잇감을 사용하여 아동이 자신의 관점을 표현할 수 있게 하고 반영을 사용하여 동기와 내적 대화에 대한 아동의 이해를 깊어지게 한다. 아동이 놀이를 할 때 놀이치료자가 그들의 정서를 반영하면 아동은 정서적 어휘를 습득한다. 정서는 육체적으로 경험된다. 놀이치료자가 이러한 감정 단어를 전달할 때 그것은 트럭을 가리키고, 그것의 이름을 알려 주는 것과도 같다. 결국 아동은 그들 스스로 감정을 말할 수 있게 된다.

이러한 공감 반응은 누군가가 자신을 이해해 준다고 아동이 느끼게도 만든다. Landreth(2002)는 "당신이 소유하지 않은 것을 나누어 줄 수는 없다."고 말한다. 아동이 결코 공감을 경험한 적이 없다면 그들이 어떻게 다른 누군가를 이해할 수 있을까? 놀이치료는 아동에게 그러한 경험을 제공한다. 아동이 이해받지 못할 경우 그들은 이해받으려는 노력의 일환으로 주의를 끌기 위해 성인에게 강요하는 방식으로 행동한다. 그들이 결코 이해받지 못하면 다음의 몇 가지 일들이 일어날 수 있다. 아동의 행동은 점점 심해져서 다른 관점으로 볼 기회를 얻지 못한 것에 대해 이해받기 위해 싸움으로 소모하게 되는 지점까지 이르게 된다. 또 자신들은 이해받을 가치가 없고 아동 자신의 의견과 감정은 고려되지 않는다고 믿게 된다. 일반화된 이러한 신념으로 인해 감정은 불필요하다고 느끼며 다른 관점에 대해 생각해 보지 않게 된다. 놀이치료를 통해 아동은 이해받게 되고 이해받는 것이 중요한 구성 개념이라는 것을 배운다.

인지 발달 때문에 아동은 자신이 선택한 이유를 말로 설명하지 못할 수도 있다(Landreth, 2002). 이것은 Kohlberg(2008)의 도덕 교육에서 설명한 것과 같은 요건이다. 개인적인 기준으로 판단을 하지 않는 놀이치료실의 환경으로 인해 아동은 말보다 놀이를 통해 그들의 정서와 관점을 안정적으로 탐색할 수 있게 된다. 또한 이러한 환경을 통해 아동은 여러 상황에 대해 다른 행동과 반응을 시도할 수 있게 된다.

　놀이치료에서 아동은 자기-통제, 자기 주도, 책임감, 자신 및 타인에 대한 존중을 배워 문제에 직면했을 때 창의성을 발휘하고 자기 자신과 자신의 감정을 수용하게 된다. 놀이치료자는 적절한 상호작용 및 경계를 보여 주고 이러한 경계를 넘었을 때 알려 준다. 아동은 자신이 다른 사람을 침해했다는 것을 모르거나, 이러한 위반에 대해 공격적이거나 화난 어조로 들을 수도 있으며, 그로 인해 거의 이해하지 못하고 투쟁-도피 반응을 유발할 수 있다. 개인적 판단을 피하는 방식으로 차분하고 적절한 제한을 설정함으로써 아동은 그 제한에 반응할 기회가 생기며 자신의 행동에 있어서 더 친사회적인 결정을 하게 된다. 아동은 놀이치료실에서 직접 체험하면서 자신의 태도와 행동에 대해 생각하고 조절하는 법을 배운다.

집단 놀이치료 기법

집단 놀이치료 또는 집단 활동치료에서는 집단 형성을 고려해야 한다. Ginott(1961, 1975)는 어울림에 대한 아동의 갈망을 설명했다. 아동이 다른 아동과 똑같이 행동하려고 자신의 행동을 수정할 때 이러한 갈망을 확인할 수 있다. 이것은 집단을 모을 때 중요한 개념이다. 매우 적극적이거나 공격적 또는 자기 중심적인 두 명의 아동으로 이루어진 놀이치료 집단은 어느 누구에게든 유익하지도 즐겁지도 않을 것이다. 이상적인 집단은 서로 다른 성격의 아동으로 이루어지는 것인데 이를 통해 각 아동은 다른 아동의 관점을 배울 수 있다. 따라서 다른 아동의 관점을 배우는 것은 집단 놀이치료 또는 집단 활동치료에서 가장 자연스럽게 일어날 수 있다. 아동들이 놀이치료실이나 활동실에 있을 때 놀이치료자는 전체 집단 구성원의 생각과 감정을 반영하려고 노력한다. 이때 아동은 다른 아동의 생각을 들음으로써 생각의 과정을 쫓아가고 그것을 이해하게 되는데 이 과정은 놀이치료자와 일정 범위까지 원활히 진행된다. 또래 모델링에 대해서도 언급할 것이 많은데 이는 집단 놀이치료에서 자연스럽게 생기는 이점이다. 한 아동이 다른 아동의 관점에 대해서 들을 때 아동은 그것에 대해 생각해 보게 되고 도덕적 발달이 촉진된다(Kurtz & Eixenberg, 1983).

　집단에서 일어나는 자연스러운 갈등은 문제를 해결할 수 있는 기회를 제공한다. 갈등이 발생할 때 놀이치료자는 그 갈등을 먼저 인정함으로써 문제 해결을 촉진시킨다. 아동이 다른 아동과 대립하고 있다는 것을 이해하게 하고, 같은 행동을 하려고 했으며 그들을 방해하는 것은 실제로 갈등이 일어난 것이라는 사실에 그들 스스로가 주의를 기울이게 한다. 두 번째로 놀이치료자는 각 아동의 목표가 달성될 수 있는 방법이 있는지 생각해 보게 한다. 갈등을 해결하는 방법에 대해 생각하는 과정을 크게 말하게 함으로써 목표가 충족될 수 있는 사고 과정이 시작된다. 마지막으로 놀이치료자는 각 아동이 그 상황을 해결하기 위해 선택한 방법을 반영한다. 문제가 해결될 경우 "와아, 너희 둘이 원하는 것을 할 수 있는 방법을 생각해냈구나."라는 식으로 격려해 준다. 갈등이 해결되지 않은 경우 놀이치료자는 그 과정을 다시 반복해 시작한다. 이 과정은 문제 해결에 대한 모델링과 공감을 제공한다.

게임 놀이치료

Piaget(1965)는 다른 아동과의 상호작용을 통해 아동이 관계, 규칙, 놀이를 협상한다고 말했다. 이러한 협상 안에서 도덕적 발달의 밑거름이 생긴다. 한 명 또는 여러 아동들과 함께 활동함으로써 수용될 수 있는 것에 대한 의견을 배우게 된다(Kamii & DeVries, 1980). Ginott(1961, 1975)가 제안한 것처럼 집단에 함께 있으면 아동은 종종 다른 아동의 행동과 일치시키기 위해 자신들의 행동을 수정한다. 아동은 조직화된 게임을 하면서 그룹에 어울리려 하고 즐거움을 지속하려는 바람에 대한 자연스러운 결과로 자신의 행동과 생각을 수정하게 된다.

아동이 게임을 갓 시작할 때 그들은 규칙을 따르기가 어렵다. 그들은 자신들의 규칙을 만들고 기존 규칙을 수정하여 자기 중심적인 욕구를 충족시킨다. 그들의 첫 번째 '놀이 친구'나 양육자는 이러한 행동 때문에 인내심을 발휘하게 된다. 그러나 나이가 들어가면서 이러한 행동은 별로 바람직하지 않게 된다. 게임은 아동이 규칙에 동의하여 따르는 것을 배우는 기회가 된다. 아동이 규칙을 따르지 않을 경우 아동은 감정을 다치거나 슬픔, 분노, 절교라는 결과를 맛보게 된다(Ewing, 1997, Kamii & DeVies, 1980). 외적인 강제와 같은 규칙보다도 이러한 결과들에 대한 직접적인 경험이 아동의 발달을 돕는다.

부모-자녀 관계치료

도덕 발달이 생물학적으로 일어나고 우리가 놀이치료자로서 발달을 도울 수 있는 반면 부모는 자녀의 발달에 지대한 영향을 끼친다. 공감 및 도덕 발달에 관한 최근 연구는 부모-자녀 관계의 애착 및 상호작용 방식의 영향에 대해 설명하고 있다(Eisenberg & Morri, 2001; Spinrad et al., 1999; Valiente et al., 2004). 따뜻하고 견고한 애착과 같은 양육 방식은 아동의 친사회적 행동과 상당히 높은 관계가 있다(Hyde, Shaw & Mollanen, 2010; Spinrad et al., 1999). Eisenberg와 McNally(1993)의 초등학생 대상 연구에서는 긍정적인 방법으로 자녀를 격려하는 부모의 자녀들이 다른 사람의 관점을 더 잘 받아들일 수 있다는 것을 보여 주었다(Farrant, Devine, Maybery & Fletcher, 2012). 아동은 감정에 노출될 때 자신을 표현하고 다른 사람들에게 공감하는 것을 두려워하지 않는다. 그러나 그 감정이 부정적이거나 너무 감정적인 방법으로 표현될 때 동정 및 감정 표현을 발달시키는 아동의 능력은 저해받는다(Valiente et al., 2004). 또한 벌을 주거나 사랑과 인정을 억제하는 양육 방식은 더 낮은 친사회적 행동과 매우 관련이 높다(Eisenberg & Morris, 2001).

CPRT(부모-자녀 관계치료)는 부모와 자녀가 상호작용할 때 아동중심 놀이치료 기법을 활용할 수 있게 가르치는 과정이다. 특히 부모는 교육받는 동안 1주일에 한 번씩 자녀와 실시한 30분 놀이 회기에 대한 질문을 받는다(Bratton, Landreth, Kellam & Blackard, 2006). 이 교육을 통해 부모는 자녀의 감정적 측면에 반응하고 자녀의 놀이 언어를 말하며 무반응일 때를 정하고 자녀와 자기 자신을 받아들이는 법을 배운다. 이 놀이치료 모델은 칭찬 대 격려의 차이를 다루며 부모의 양육 방식에서 더 많은 적극성을 띄고 더 적은 반응을 하는 것을 배운다.

부모는 CPRT를 시작하면 종종 자기 자신과 자녀 모두에게 실망한다. 그들의 행동은 그러한 실망을 반영한다. 부모는 자녀를 피하거나 그들이 원하지 않았던 방식으로 행동할 수도 있다. CPRT는 부모가 그들이 혼자가 아니라는 것을 배울 수 있는 심리교육 집단 환경에서 이상적으로 작용한다. 부모들은 놀이치료자에게 공감을 받기만 하는 것이 아니라 다른 부모에게도 공감을 해 준다. 그들은 집단에서 새로 발견한 자신의 공감적 이해를 가지고 자녀들에게도 공감적 이해를 할 수 있다. 부모들은 자신을 수용하고 무비판적으로 자녀를 받아들이는 것에 대해 배운다. 이것을 통해 그들은 자녀에게 감정적 언어를 가르치고 자녀의 행동에 감정적으로 반응하기보다는 전과 다르게 더 긍정적으로 반응하는 것을 배운다. 그러면 자녀는 두려움 없이 도덕적으로 성장할 기회를 얻게 된다.

놀이치료와 도덕 발달에 대한 연구

놀이/활동치료가 도덕 발달에 미치는 영향에 대한 실험 연구는 부족하다. 여러 가지 이유가 있을 수 있겠지만 그 중 하나는 도덕 발달을 정량화하여 측정하기 어렵다는 점이다. DIT(The Defining Issues Test)는 도덕 발달을 측정하기 위해 설계되었지만 읽기 수준이 낮은 어린 아동이나 청소년에게 적용시키기 어려울 수도 있다. 도덕적 추론에서 발생하는 또 다른 과제는 흐름이다. 어떤 연구가 지속되는 기간 동안 도덕 발달에서 통계적으로 유의한 변화를 정량화하는 것 역시 어려울 수 있다.

그러나 Paone 등(2008)은 위험에 처한 고등학교 신입생들을 대상으로 대화치료와 집단 활동치료를 비교해서 연구했다. 이 연구에서는 61명의 학생들을 실험(집단 활동치료) 집단이나 비교(대화치료) 집단 중 하나로 배정하였다. 그들은 10주 동안 50분씩 연구에 참여했다. 학생들에게 첫 주에 DIT를 주고 다시 10주가 끝날 때 DIT를 주었다. 2번의 평가 결과 연구자들은 집단 활동치료에 참여한 학생들이 비교 집단의 학생들과 비교했을 때 DIT의 규칙 도식 척도가 크게 증가했다는 것을 밝혀냈다. 게다가 그 효과 크기는 보통 이상이었다. Paone 등(2008)에 의해 집단 활동치료가 위험에 처한 청소년들의 도덕 발달을 개선하기에 발달적으로 적절한 방법임이 밝혀졌다.

임상 사례

치료 작업의 양상을 가장 잘 관찰하고 이해하는 것은 문맥 속에서 해야 하는 경우가 많다. 다음 사례들은 놀이치료의 여러 형태를 이용한 상호작용을 설명하여 도덕 발달 과정에 대한 통찰을 제공한다(사례는 구체적인 것이 아니며 비밀 보장을 위해 가명을 사용했다).

개별 놀이치료

제이슨의 부모는 이혼 소송 중이었다. 그의 어머니는 폭력이 없었다고 보고했지만 제이슨은 부모의 심한 싸움을 여러 번 목격했다. 그는 부모에게 점점 공격적으로 대했다. 아버지의 해결책은 그를 체벌하고 그의 행동에 대해 언성을 높이는 것이었다. 어머니의 해결책은 소리치고 우는 것이었다. 제이슨은 놀이치료에 왔을 때 매우 화가나 있었다. 처음에 그의 놀이는 탐색적이었다. 아이는 놀이치료자가 반영하면 화를내는 것 같았고 심지어 놀이치료자가 자신과 함께 방에 있는 것에도 화가 나 보였다. 그는 수용받고 존중받는 것을 매우 불편해했다. 이것은 그에게 낯선 것이었다. 치료과정이 진행되면서 제이슨은 더욱 주장이 강해져 놀이치료자에게 이것저것을 하라고 명령하는 단계까지 갔고 놀이치료자가 그대로 하지 않으면 화를 냈다. 그는 제한을 했음에도 놀잇감을 던지고 놀이치료자를 향해 다트 총을 쏘기도 했다. 놀이치료자는 무기력하고 화가 나는 그 아이의 감정을 계속해서 반영했다. 어느 치료 회기 중에 놀이치료자가 반영을 하자 제이슨은 일방경에서 자신을 보며 소리쳤다. "닥쳐. 개새끼야." 놀이치료자는 그의 감정을 차분하게 반영했다. 그 후 치료 회기에서 제이슨은 놀이치료자 앞의 바닥에 앉아 놀이치료자에게 놀잇감을 던지며 반응하였다. 놀이치료자는 다시 차분하게 대응하며 네가 화가 났다는 것을 이해하기는 하지만 놀잇감은 던지는 것이 아니라고 제한을 설정하고 두 가지 선택권을 주었다. 놀잇감은 결국 놀이치료자의 머리에 맞았다. 놀이치료자가 화를 내지 않자 제이슨은 자신의 행동을 방어하고 정당화할 필요가 없었다. 그는 즉시 사과를 하기 시작했는데 이 놀이치료실에 들어오기 전에는 해본 적이 없는 것이었다. 그의 잘못과 감정 표현에 대해 공격을 받지 않자 그는 자기의 행동이 다른 사람에게 어떤 영향을 미치는지에 대해 생각할 기회를 갖게 되었다. 그 치료 회기 후부터 제이슨의 행동이 변했다. 아이는 놀이치료자에게 더 협조적이 되었고 놀이치료자를 방 안의 다른 물체처럼 대하기보다 놀이 속에 포함시켰다. 그의 놀이는 관계적인 것으로 변했다. 어떤 경우 그는 놀이치료자를 향해 다트 총을 겨누며 이렇게 말했다. "사람을 쏘면 안 된다는 걸 알아요. 쏘면 아플 거예요. 저는 그냥 천장을 쏠래요." 그는 제한을 내재화했을 뿐만 아니라 그의 행동을 다른 사람이 어떻게 느낄지 생각하기 시작했다. 제이슨의 어머니는 집에서 그의 공격적인 행동이 줄었다고 보고했다. 어머니는 안심하게 되자 아이에게 다르게 반응할 수 있는 능력이 생겼다. 이러한 두 가지 변화로 제이슨과 그의 어머니는 더 끈끈한 관계를 발전시킬 수 있었다. 그는 이제 집에서 자기 감정을 더 수용 가능한 방식으로 표현할 수 있었고 그의 어머니 역시 더 이상 두려워하지 않게 되어 아이의 이야기를 듣고 공감할 수 있게 되었다. 이 사례에서 제이슨은 놀이치료에서 놀이치료자와 확립된 관계를 통해 공감과 이해를 받아들일 수 있었고 그러한 감정을 통해 공감과 이해를 표현할 수 있게 되었다. 그는 자기 행동을 방어할 필요가 없었으므로 다르게 행동하기로 선택한 것이다.

집단 놀이치료/집단 활동치료

학교에서 3명의 초등 고학년 여학생 집단이 집단 활동치료에 의뢰되었다. 한 소녀는 부끄러움이 매우 심했고(도나), 한 명은 충동적이고 과민했으며(수잔), 마지막 한 명은 발달 장애가 있었다(로라). 도나는 부끄러움이 많았지만 또래 집단에서 인기가 많았고 때로는 적절하지 못하게 행동하며 속마음을 털어놓았다. 수잔은 또래와 어울리기를 원했다. 그녀는 사회성이 부족해서 도나를 우러러봤다. 로라 또한 잘 어울리고 싶어 했지만 어려운 시간을 보냈다. 집단 전체에서 소녀들은 함께 어울리면서도 로라의 행동을 다루기가 너무 힘들 때는 그녀를 배제시켰다. 로라의 놀이는 미숙한 편이었고 다른 두 소녀들은 인내심이 부족했다. 잠깐 쉬는 시간에 소녀들은 둘러 앉아 쿠키를 먹었다. 로라의 얼굴 전체가 음식으로 범벅이 되었다. 다른 두 소녀들은 공개적으로 무례해지지 않으려고 노력하느라 아무 말도 하지 않았지만 표정으로 분명하게 말하고 있었다. 놀이치료자는 그들이 진저리치는 것으로 보인다고 반영했다. 그들은 이를 인정하며 로라에게 얼굴 전체에 음식이 묻었다고 말했다. 로라는 "내가 그랬어?"라는 반응을 보였다. 다른 두 소녀들은 "그래."라고 대답하면서 어디에 묻었는지 알려 주었다. 로라는 재빨리 얼굴을 닦으며 다른 두 아이들에게 자신의 얼굴에 종종 음식이 묻어 있었는지를 물었다. 두 소녀는 로라가 그랬었다고 확인해 주었다. 그 후 로라는 사람들이 점심 시간에 자신과 함께 앉으려 하지 않는 이유가 바로 그것 때문이었는지 물었다. 두 소녀는 그 생각이 맞다고 대답했다. 로라는 풀이 죽은 것처럼 보였다. 놀이치료자는 로라가 이 사실을 몰랐기 때문에 얼마나 슬플지 반영했다. 다른 두 소녀들은 즉시 로라에게 걱정하지 말라고 말했고 이제부터는 그녀에게 알려 주겠다고 했다. 그 회기부터 도나와 수잔은 로라에게 정직했고 그녀에게 친절하게 자신들의 의견을 말하려고 노력했다. 그 집단이 종결될 때 소녀들은 집단에서 가장 좋았던 부분이 어떤 것이었는지에 대해 질문을 받았다. 도나는 자신이 알지 못했던 다른 사람들에 대해 알아가는 것이 가장 좋았다고 대답했다. 수잔은 사람들의 생각이 각각 다르다는 것을 배우게 되어 기뻤다고 대답했다. 로라는 이제 점심 때에 옆에 앉는 친구들이 생긴 것이 가장 좋다고 대답했다. 집단에서의 행동은 교실과 학교 식당에서도 일반화되었다. 도나와 수잔은 로라가 일부러 사람들을 불쾌하게 하려고 행동한 것이 아니라는 것을 이해하고 로라가 어떻게 느끼는지 알게 되면서 기꺼이 로라를 도왔다. 도나와 수잔은 구내식당에서, 그리고 휴식 시간에 로라를 받아들였으며 다른 아이들도 그렇게 했다.

부모-자녀 관계치료

트레이시는 좌절했다. 트레이시는 항상 좋은 부모이기를 원했지만 그녀가 생각한 것처럼 제대로 되지 않는다는 것을 알게 되었다. 아들 톰은 7살이었다. 그는 항상 화가 난 것처럼 보였고 엄마와 선생님, 다른 아이들에게 소리 질렀다. 트레이시는 양육에 관한 책을 몇 권 읽었고 톰의 학교에서 하는 1일 워크숍에도 몇 번 참석했다. 트레이시는 남편인 톰의 아빠를 2년 전에 잃었다. 그녀는 자신들이 잘 지내고 있다고 생각했지만 톰이 학교에 입학한 후 그의 행동을 관리하기 어려워졌다. 트레이시는 부모로서 실패감을 느꼈다. 그녀는 톰에게 소리 지르고 벌 주겠다고 협박하며 본인이 쉬려고 몇 시간 동안 톰에게 TV를 보게 하는 등 자신이 결코 하지 않겠다고 한 모든 행동을 하고 있다는 것을 깨달았다. 첫 번째 CPRT 집단에서 트레이시는 울었다. 그녀는 아이를 원했던 만큼 이런 부모인 것을 싫어했고 아들에게 분노했다는 것을 받아들였다. 그녀는 다른 집단 구성원들도 자녀를 좋아하려고 노력한다는 것에 놀랐다. 자신이 유일한 사람이 아니라는 것을 알게 된 것이다. 그 다음 주에 그녀는 이 폭로로인해 자녀와 이전과 다르게 상호작용하게 되었다고 보고했다. 그 집단 활동이 계속됨에 따라 그녀는 더 많은 지지와 공감을 받았다. 실제로 어느 부모는 그녀가 남편의 죽음을 극복할 수 있을 거라고 생각하지 않았다고 말하면서 트레이시의 강점에 대해 칭찬했다. 트레이시는 한 번 더 놀랐다. 10주 내내 트레이시는 아들과 집에서 놀이 회기를 시작했다. 그녀는 매주 톰과 얼마나 즐겁게 보낼 수 있는지에 대해 알고 놀랐으며, 마침내 아이를 원했던 이유에 대해 기억해 내기 시작했다. 몇 주가 진행됨에 따라 트레이시는 톰과 더욱 더 즐기게 되었다. 그녀는 놀이 시간 외에 톰이 그녀 옆에 앉아 그녀를 끌어안거나 등을 쓰다듬며 "괜찮아요, 엄마."라고 말해서 놀랐던 때에 대해 이야기했다. 트레이시가 집단에서 공감을 얻었기 때문에 톰의 행동에 대한 반응이 변할 수 있었다. 톰은 어머니로부터 공감을 얻었을 때 그 공감을 되돌려 줄 수 있었다. 교육 후기에서 트레이시는 자신이 좋아하지 않는 일을 톰이 할 때에도 더 이상 위협하지 않는다고 말했다. 그녀는 다르게 반응하는 방법을 알게 되었고 아들과 자기 자신을 좋아하기 때문에 다르게 반응할 수 있었다.

적용

다양한 진단과 일반 행동 문제를 해결하기 위해 아동의 도덕 발달을 더욱 촉진하는 것은 도움이 된다. 예를 들어 주의력 결핍 장애 진단을 받은 아동은 종종 다른 사람들의 감정을 처리하는 데 어려움을 겪는다. 그들의 충동성은 다른 아동과 좋은 관계를 맺는 능력에 방해가 되며 종종 관계를 유지하는 것도 어려워진다. 자폐증의 특성 중 하나는 공감에 어려움이 있다는 것이다. 자폐 스펙트럼에 있는 아동은 반복되는 상호작용과 피드백을 통해 다른 사람에 대해 기대하고 이해하는 것을 배울 수 있다. 인지 능력이 지체된 아동도 공감하는 법을 배우고 긍정적인 상호작용을 통해 다른 아동과 연결될 수 있다. 품행 장애 및 반사회적 성격 장애도 공감이 결여되어 있고 조종하려는 행동 특징이 있다. 이러한 특성은 반복되는 상호작용을 통해 바뀔 수 있다.

불량 행동과 일반 행동 문제는 도덕적 이해 및 발달을 통해 추가적으로 감소될 수 있다. 학교에서 규칙을 따르지 않는 아동은 외부에서 강요되는 규칙에 반항하고 이러한 규칙을 내면화하는 데 부족하다. 불량 아동은 종종 그들 자신을 사회적으로 드러내거나 그들 자신을 더 좋아 보이게 하고 싶은 욕구를 충족시키기 위해서 폭력 행위를 한다. 또 자신들의 행동을 다른 사람이 어떻게 느끼는지 신경 쓰지 않거나 의식하지 못하기 때문에 친구들을 괴롭힌다. 나아가 도덕 발달이 향상되면서 더 나은 상호작용을 통해 그들 자신에 대해 더 좋게 느끼며 또래와 의미 있는 관계를 전개시키는 것에 대해 배우기 때문에 이러한 유형의 아동 모두에게 외부적 통제에서 내부적 통제를 사용하여 자신들의 행동을 고치도록 하는 데 도움이 된다.

이론가들에 따르면 도덕 발달은 상호작용, 신경학적 발달 및 직접적 학습을 통해 아동을 성숙하게 하는 자연스러운 현상이다. 그러나 도덕 발달이 일어나지 않을 것 같은 경우에는 어떻게 해야 하는가? 놀이치료를 통해 아동이 도덕적으로 발달하는 데 필요한 구성 요소들을 제공할 수 있다.

참고문헌

American Psychiatric Association. (2000). *Diagnostic and statistical manual of mental disorders* (4th ed., text rev.). Washington, DC: Author.

Barriga, A. Q., Sullivan-Cosetti, M., & Gibbs, J. C. (2009). Moral cognitive correlates of empathy in juvenile delinquents. *Criminal Behaviour & Mental Health*, *19*(4), 253–264. doi: 10.1002/cbm.740

Bratton, S., Landreth, G., Kellam, T., & Blackard, S. (2006). *Child parent relationship therapy (CPRT) treatment manual: A 10-session filial therapy model for training parents*. New York, NY: Routledge.

Decety, J., & Jackson, P. L. (2004). The functional architecture of human empathy. *Behavioral and Cognitive Neuroscience*, *2*(2), 71–100.

Eisenberg, N. (2000). Emotion, regulation, and moral development. *Annual Review of Psychology*, *51*(1), 665.

Eisenberg, N., & Fabes, R. (1998). Prosocial development. In N. Eisenberg (Ed.) and W. Damon (Series Ed.), *Handbook of child psychology: Vol. 3. Social, emotional, and personality development* (5th ed., pp. 701–778). New York, NY: Wiley.

Eisenberg, N., & McNally, S. (1993). Socialization and mothers' and adolescents' empathy-related characteristics. *Journal of Research on Adolescence*, *3*(2), 171–191.

Eisenberg, N., & Morris, A. (2001). The origins and social significance of empathy-related responding. A review of empathy and moral development: Implications for caring and justice by M. L. Hoffman. *Social Justice Research*, *14*(1), 95–120.

Ewing, M. (1997). *Promoting social and moral development through sports*. Unpublished manuscript, U.S. Youth Soccer Parents Resource Library, Frisco, TX.

Farrant, B. M., Devine, T. J., Maybery, M. T., & Fletcher, J. (2012). Empathy, perspective taking and prosocial behaviour: The importance of parenting practices. *Infant & Child Development*, *21*(2), 175–188. doi: 10.1002/icd.740.

Gilligan, C. (1982). *In a different voice: Psychological theory and women's development*. Cambridge, MA: Harvard University Press.

Ginott, H. (1961). *Group psychotherapy with children: The theory and practice of play therapy*. New York, NY: McGraw-Hill.

Ginott, H. (1975). Group play therapy with children. In G. Gazda (Ed.), *Basic approaches to group psychotherapy and group counseling* (2nd ed., pp. 327–341). Springfield, IL: Thomas.

Hyde, L. W., Shaw, D. S., & Moilanen, K. L. (2010). Developmental precursors of moral disengagement and the role of moral disengagement in the development of antisocial behavior. *Journal of Abnormal Child Psychology*, *38*(2), 197–209. doi: 10.1007/s10802–009–9358–5.

Kamii, C., & DeVries, R. (1980). *Group games in early education: Implications of Piaget's theory*. Washington, DC: National Association for the Education of Young Children.

Kohlberg, L. (2008). The development of children's orientations toward a moral order. *Human Development (0018716X)*, *51*(1), 8–20. doi: 10.1159/000112530.

Kristjánsson, K. (2004). Empathy, sympathy, justice and the child. *Journal of Moral Education*, *33*(3), 291–305. doi: 10.1080103057240420000733064.

Kurtz, C., & Eisenberg, N. (1983). Role-taking, empathy, and resistance to deviation in children. *Journal of Genetic Psychology*, *142*(1), 85.

Landreth, G. (2002). *Play therapy: The art of the relationship* (2nd ed.). New York, NY: Routledge.

Paone, T. R., Packman, J., Maddox, C., & Rothman, T. (2008). A school-based group activity therapy intervention with at-risk high school students as it relates to their moral reasoning.

International Journal of Play Therapy, 17(20), 122–137. doi: 10.1037/a0012582.

Piaget, J. (1965). *The moral judgment of the child.* New York, NY: Free Press.

Shirtcliff, E. A., Vitacco, M. J., Graf, A. R., Gostisha, A. J., Merz, J. L., & Zahn-Waxler, C. (2009). Neurobiology of empathy and callousness: Implications for the development of antisocial behavior. *Behavioral Sciences & the Law, 27*(2), 137–171. doi: 10.1002/bsl.862.

Spinrad, T. L., & Losoya, S. H., Eisenberg, N., Fabes, R. A., Shepard, S. A., Cumberland, A., . . . Murphy, B. C. (1999). The relations of parental affect and encouragement to children's moral behavior. *Journal of Moral Education, 28*(3), 323.

Valiente, C., Eisenberg, N., Fabes, R. A., Shepard, S. A., Cumberland, A., & Losoya, S. H. (2004). Prediction of children's empathy-related responding from their effortful control and parents' expressivity. *Developmental Psychology, 40*(6), 911–926. doi: 10.1037/0012–1649.40.6.911.

Zhou, Q., Eisenberg, N., Losoya, S. H., Fabes, R. A., Reiser, M., Guthrie, . . . Shepard, S. A. (2002). The relations of parental warmth and positive expressiveness to children's empathy-related responding and social functioning: A longitudinal study. *Child Development, 73*(3), 893–915.

19

가속화된 심리적 발달

SIOBHÁN PRENDIVILLE

서론

아동의 심리적 발달을 촉진시키는 놀이의 힘은 상당하다. 놀이는 인지, 언어, 사회, 감정 등의 다양한 기술을 사용해 보고 발달시킬 수 있는 기회를 제공한다(Drewes & Schaefer, 2010; Lindon, 2001; Molyles, 2005). 놀이는 아동 발달에서 인과적 요인으로 알려져 있으므로 아동 발달 수준을 정상 범위에 가깝게 혹은 정상 범위 내에 놓을 수 있다(Bluiett, 2009; Daunhauer, Coster, & Cermak, 2010; Russ, 2007). 이와 같이 놀이는 어떠한 영역에서(예 : 광범위 발달 지연, 언어에서의 특정한 지연, 인지적 또는 사회적 정서 발달, 애착 장애, 자폐 스펙트럼 장애, 주의력 결핍 과잉 행동 장애, 외상 및 방임) 발달이 지체되거나 중단된 아동들에게는 더욱 중요하다. 어린 시절 동안의 또는 전반적이거나 만성, 일시적인 외상은 아동의 감정, 행동, 인지적, 사회적, 그리고 신체적 기능에 상당한 지속적 지연을 초래한다(Perry, 2001; Perry, Pollard, Blakley, & Baker, 1995).

놀이의 힘에 대한 중요성

놀이치료자로서 우리는 아동의 현재 발달 수준을 가늠하고 평가하려는 것만이 아니다. 때로는 아동의 발달 수준을 정상 범위에 가깝게 또는 정상 범위 내에 올 수 있도록 발달의 가속화 촉진을 목표로 한다.

경험적 근거

지난 한 세기에 걸쳐 아동의 놀이가 사회적, 정서적, 언어적 그리고 인지적 발달에 미치는 이로움에 대하여 확실한 연구 기초가 쌓여 왔다(Fantuzzo & McWayne, 2002; Hoffman & Russ, 2012).

놀이와 사회적/정서적 발달

놀이와 사회적 기술 및 사회성의 발달은 여러 방식으로 연결되어 있다. Fantuzzo와 McWayne(2002)는 또래 놀이의 상호작용과 학습 준비도의 관계를 조사하였다. 그들은 놀이의 역량이 교실에서의 친사회적 행동과 크게 관련이 있음을 발견하였다. 또한 놀이는 협력 및 대화의 시작, 사회적 인식과 창의적인 문제 해결의 발달과 같은 구체적인 사회적 기술들을 발전시키는 것으로 나타났다(Zigler, Singer, & Bishop-Josef, 2006). 사회적 능력에 어려움을 겪는 아동들을 위한 치료 방법을 검토한 후, Manz와 McWayne(2004)는 놀이와 놀이 기반 방법들을 포함하는 치료 방법이 또래 놀이 상호작용을 향상시키는 데에 있어 가장 효과적이라고 결론 내렸다.

긍정적인 정서 발달을 돕고 촉진시키는 데 아동의 놀이의 중요성 또한 잘 확립되어 있다. 놀이는 정서 조절 능력(Elias & Berk, 2002; Fantuzzo, Sekino, & Cohen, 2004; Hoffman & Russ, 2012), 자신의 정서를 설명하고 다른 사람들의 정서를 이해하는 능력(Russ, 1999), 그리고 전반적인 정서 능력(Lindsey & Colwell, 2003)의 발달을 촉진하는 것으로 나타났다.

놀이와 읽기 쓰기/언어 발달

다양한 연구들에서 아동들의 놀이와 읽기 쓰기 및 언어 발달 간에 확연한 상관관계가 있음이 입증되었다. Fantuzzo 등(2004)은 놀이가 수용 어휘력 기술을 발전시키는 것을 발견하였고, Newland, Roggman, Pituch, Hart(2008)는 놀이에서 공동주의(joint attention) 능력이 협력적이고 상호 호혜적이 되는 것을 돕고, 유아의 언어 발달을 촉진하는 풍부한 언어적 상호작용을 돕는다는 것을 발견하였다. 이와 유사하게 Zigler, Singer, Bishop-Josef(2006)과 Neuman, Roskos(1997)는 아동들의 기본적인 읽기 쓰기 능력의 발달에서 놀이의 평상시 역할을 강조하였다. Saracho(2002)는 문자 언어의 다양한 활용을 발견할 수 있도록 하는 놀이의 능력에 대해 연구하였다. Roskos와 Christie(2004)는 놀이와 읽기 쓰기 능력의 발달 간의 관계에 대한 20가지 연구 결과를 가지고 임계 분석을 실시하였다. 그들은 놀이와 읽기 쓰기 능력 발달 간의 연결을 용이하게 하는 것으로 보이는 중요 영역을 3가지로 판단하였다. (1) 놀이는 읽기와 쓰기, 기술, 활동, 전략을 촉진시키는 기반을 제공할 수 있고, (2) 놀이는 아동들이 말로 하는 대화와 글로 쓴 대화를 연결 지을 수 있도록 언어적 경험으로서의 기능을 수행할 수 있으며, (3) 놀이는 읽기 쓰기를 가르치고 배울 수 있는 기회를 제공할 수 있다.

놀이와 인지 발달

많은 연구에서 놀이가 어린 아동들의 창의적 사고와 문제 해결 능력을 발전시키는 것으로 나타났다. Hoffman과 Russ(2012), Moore과 Russ(2008), Singer과 Lythcott(2004), Kaugars와 Russ(2009)는 그들의 연구에서 놀이와 놀이성이 아동의 창의성과 상당한 관련이 있음을 나타내었다. 연구 결과에 따르면 놀이는 창의성(예 : 확산적 사고, 통찰 능력, 변혁적 능력, 감성이 가득한 공상, 감성을 표현하고 정서를 경험하는 능력, 능동적 시연, 개인 의식과 체계적인 정신 구조의 활용 등)과 관련된 다양한 인지적, 정서적, 성격적 발달의 과정에 중요하다. 이러한 과정들은 놀이에서 발생하고 표현되며 놀이를 통해 발달하는 것으로 나타났다(Russ, 1999). 이처럼 다양한 과정들(특히 추상적 사고 및 확산적 사고)이 발달함에 따라 문제 해결 능력도 증진된다(Russ, 1933, 1999).

Dansky(1980)과 Pellegrini(1992)는 유연성이 놀이와 문제 해결 능력 간의 연결을 중재한다고 주장하였다. 놀이는 아동에게 여러 가지 재료를 체계적인 방법, 비체계적인 방법 등 다양한 방식으로 가지고 놀 수 있는 기회를 제공한다. 통상적이지 않고 색다른 방식으로 물체를 가지고 노는 그러한 놀이는 이 물체에 대한 사고의 발달을 촉진하고 아동이 그것을 어떻게 사용할지에 대해 탐구 및 개발할 수 있도록 하며 기존의 다른 물체들과의 새로운 연관성을 전개시킬 수 있도록 한다. 그리고 아동 놀이의 상징적 측면은 구체적 사고에서 추상적 사고로의 전환을 촉진하고 창의적인 해결 방법을 찾을 수 있는 능력을 발달시킨다(Russ, 2003; Russ & Fiorelli, 2010). 아동들이 다양한 활동에 참여하고 다양한 역할을 받아들이며 다양한 플롯, 테마, 스토리 라인을 통합할 때 가상 놀이는 사고 방식에서의 이러한 중요 변화를 촉진한다.

Fisher는 1992년에 놀이가 아동 발달에 미치는 영향에 대해 발표된 46개의 연구 내용을 분석하였다. 연구의 절반은 놀이와 인지 발달에 관련이 있었고 1/4은 놀이와 언어 발달에 관련이 있었으며 나머지 1/4은 놀이와 사회정서적 발달에 관련이 있었다. Fisher는 아동들의 놀이(특히 사회극 놀이)가 인지, 언어, 사회적 및 정서적/감정적 영역에서의 능력을 향상시킨다는 설득력 있는 증거가 존재한다고 결론을 내렸다. 최근 연구에서도(Bluiett, 2009; Doaunhauer et al., 2010; Lindsey & Colwell, 2003) 놀이가 아동의 심리적, 언어적, 인지적, 정서적 발달에 긍정적인 영향을 미친다는 것이 계속 나타나고 있다. Bluiett(2009)는 미취학 아동들의 사회극 놀이에 대해 연구하였는데, 놀이가 언어의 요소들을 사용하고 조합하는 다양한 방법의 경험에 안전한 상황을 제공하기 때문에 아동의 언어 습득에 도움이 된다는 것을 발견하였다. Daunhauer 등(2010)은 인지 기능과 놀이행동 간의 관계에 대해 연구하였으며 놀이행동이 더욱 능숙하게 발달하는 것이 인지 기능 시험에서 더 좋은 결과를 보이는 것과 뚜렷한 관련이 있음을 발견하였다.

놀이와 두뇌 발달

신경과학이 등장하면서 놀이가 포유류와 아동들의 두뇌 개발을 촉진시키는 중요한 역할을 한다는 결과를 지지하고 강조한다. 신경과학자인 Panksepp(1998, 2003)도 놀이가 두뇌 성장을 촉진시킨다는 것을 발견하였다. 특히 전두엽 피질에 손상을 입은 쥐와 손상이 없는 쥐의 수행 능력을 비교한 그의 논문에 따르면 놀이가 배외측 전전두엽 피질의 성장을 촉진시켜서 충동성을 감소시키는 것으로 나타났다. 쥐의 놀이에 대한 Panksepp(1998)의 연구에서도 놀이가 사회적 및 정서적 기능을 관장하는 뇌의 영역인 편도체의 신경 성장을 촉진한다는 주장에 대한 증거가 발견되었다. 포유류의 놀이에 대해 신경과학 분야의 다른 연구자들(Brown, 2009; Pellis & Pellis, 2009)은 동물에게 최적인 두뇌 발달은 어렸을 때의 건강한 놀이 경험에 달렸다고 판단하였다. 생애 초기 동물들의 놀이는 소뇌의 발달을 촉진시키고 뇌의 전전두엽과 전두엽 피질 부위의 발달을 촉진하는 것으로 보이며 편도체의 신경 성장을 촉진시킨다. 이와 유사한 두뇌 성장은 사회적 행동(예 : 자기-조절, 순서 바꾸기, 상호작용, 운동 제어, 균형 잡기, 평형, 근육 긴장도, 집중 등의 인지 과정, 언어적 과정, 자기-조절 등의 집행 기능) 발달과 정서 처리에 영향을 미치는 놀이를 하는 어린 아동들에게서도 나타난다.

이와 마찬가지로 아동의 두뇌가 특히 유아기 동안 신경 발달 과정에 크게 영향을 미치며 이를 돕는 경험 및 환경에서 '활동 의존적인' 방식으로 변화하고 체계화된다는 사실이 이제는 알려져 있다(Perry, 2002; Schore, 2001). 최적의 경험과 촉진적인 환경에의 접근이 일반적으로 건강하고 유연하며 다양한 능력들의 발달을 가져오는 반면에 학대, 방임, 외상, 감각 결핍 같은 부정적인 경험과 부적절한 환경은 신경이 일반적 양상으로 발달하는 것을 방해한다(Perry, 2009; Schore, 2001). 그러한 경험과 환경은 두뇌 기능을 크게 손상시키고 적절한 행동 및 인지적, 정서적 능력의 발달도 크게 악화시킨다(Perry, 2002). Brown(2009)과 Jennings(2011)는 임산부와 태아의 놀이는 (아기의) 두뇌 성장에 지대한 영향을 미친다고 제시했다(Jennings, 2011).

Perry와 Pollard(1997)는 방임당한 아동들의 다양한 신경 발달 측면에 대해 조사하였는데 감각적 유입의 수준이 낮은 것이 특징적인 유아기 때 방임되면 뇌의 피질 부위가 충분히 발달하지 못할 수 있다고 주장하였다. 연구에서는 전반적인 방임(global neglect)을 당한 아동들과 혼돈된 방임(chaotic neglect)을 당한 아동들을 구분하였다. 전반적인 방임은 하나 이상의 영역에서의 감각 결핍(예 : 감촉, 언어, 사회적 상호작용 등에 노출이 거의 안 되어 있음)을 특징으로 한다. 혼돈된 방임에는 신체적, 정서적, 사회적, 또는 인지적 방임이 있다(Perry & Pollard, 1997). 또한 태아일 때 약물에 노출된 경험이 있는 아동들을 구체적으로 분류하였다. 아동들을 전반적 방임을 당한 아동, 태아 때 약물에 노출되고 전반적 방임을 당한 아동, 혼돈된 방임을 당한 아동, 태아 때 약물에 노출되고 혼돈된 방임을 당한 아동 이렇게 네 가지 유형으로 나누고, 키, 체중, 전두-후두 둘레(머리 크기를 측정하는 방법으로 뇌의 크기를 측정하기에 적절한 방법으로 받아들여지고 있다) 등을 포함하여 아동의 성장을 측정하는 다양한 방법들을 조사하였다(Perry, 2002). 그리고 각 집단과 표준의 결과를 교차 비교하였다. 또한 MRI와 CT 스캔을 찍을 수 있는 경우에는 다시 이를 표준 결과와 비교하였다. 그 결과 전반적 방임을 당한 아동의 전두-후두 둘레가 표준과 비교하여 크게 차이가 났는데, 이는 아동들의 두뇌 성장이 비정상적으로 이루어짐을 나타낸다. 전반적인 방임을 당한 아동의 경우 이들이 한번 무관심한 환경 속에 내버려져 있었어도 위탁 시설로 옮겨지면 뇌 기능과 크기가 일부 회복되었다. 이러한 발견은 뇌 기능이 긍정적인 경험과 촉진적인 환경에 대응하여 향상된다는 Perry의 주장(2009)을 뒷받침한다.

Perry(2006)는 학대당한 아동의 뇌 기능을 향상시키기 위한 임상적 접근법인 Neuro-sequential Model of Therapies(NMT)를 개발하였다. 신경생물학적으로 잘 알려진 이 접근법은 학대에 의해 악영향을 받은 두뇌의 시스템을 확인하고 평가하는 데 초점을 둔다. 그리고 그 초점은 놀이 활동과 같이 아동 개개인에 대해 발달적으로 적절한 치료적, 교육적, 심화 활동을 선택하고 순서대로 배열하는 것으로 이동한다. 이를 통해 제공되는 중재 및 경험은 순차적인 방식으로 적용되는데 이는 신경 발달이 되풀이될 수 있도록 하는 것을 목표로 한다. Barefield, Dobson, Gaskill, Perry(2012)는 미취학 아동에 대한 NMT의 효과에 대해 조사한 두 가지 연구를 제시하였다. 연구 결과에 따르면 치료 방법은 사회정서적 발달 및 행동을 성공적으로 개선시켰고 12개월의 기간에 걸쳐 분명히 그 효과가 남아 있었다.

변화를 이끄는 것에 대한 가속화된 심리적 발달의 역할

Vygotsky(1967)는 아동 발달의 가장 높은 수준에 접근하고 기능할 수 있도록 하는 놀이의 중요성을 강조했다. 그는 아동들이 독립적으로 완수할 수 있는 업무와 어른 혹은 고도로 숙련된 아동들의 지도와 도움(그는 이를 '근접 발달 영역'이라고 명명하였다)으로 완수할 수 있는 업무 간에는 상당한 차이가 있음을 제시하였다. 이때 숙련된 놀이 파트너에 의해 제공되는 도움(비계)은 아동이 다음의 높은 발달 수준으로 나아가는 데 도움이 된다.

놀이는 활동에서 아동의 흥미와 관심을 완전히 사로잡는다. 또한 놀이는 매우 즐겁고 기쁘기 때문에 아동들은 본질적으로 학습 활동을 지속할 동기를 부여받게 된다. 실제로 해 보면서 배우게 되면 그 지식이나 기술을 보다 잘 이해하게 되며 간직하기 쉬워진다. Vygotsky(1978)는 아동들이 그들의 일상적인 행동이나 활동보다 놀이를 할 때 더 높은 수준으로 기능한다고 제시하였는데 그는 "아동은 놀이에서 항상 그의 평균 나이를 넘어서 그리고 그의 일상 행동을 넘어서 행동한다. 놀이를 할 때 아동은 마치 자기 키보다 머리 하나는 더 큰 것 같다."고 하였다.

Piaget는 아동의 인지 발달에서 가상 놀이를 매우 중요하게 만드는 것은 아동들 가상 놀이의 상징적 측면이라고 믿었다(Pulaski, 1981). Piaget의 생각처럼 놀이에서 상징을 사용하는 것은 아동이 구체적인 대상에 대한 의존에서 벗어나 정신적 표상으로 이동하는 것을 가능케 한다. 이러한 방식으로 가상 놀이는 '구체적 경험과 추상적 생각 간의' 발달을 촉진시킨다(Pulaski, 1076). 마찬가지로 물체를 마치 다른 것처럼 이용할 수 있는 이런 능력은 다양한 문제 해결 능력, 창의적 사고, 가상 놀이 간을 연결해 주는 근간으로 받아들여지고 있다(Stagnitti, 2009b). Piaget는 놀이를 아동들이 새로운 지식을 기존 지식에 통합시켜야 하는 과정인 동화(assimilation)라고 보았으며 아동들이 가상 놀이 동안에 새로운 지식을 창조할 것이라고는 믿지 않았다. 이와 대조적으로 Vygotsky(1967)는 아동이 가정을 통해 하나의 물질이 다른 것을 대표할 수 있음을 배우기 때문에 가상 놀이가 하나의 주요한 요소임을 제시하였다. 그는 상징적으로 생각할 수 있는 이런 능력이 언어 발달의 기초를 형성한다고 믿었다.

읽기 쓰기 능력의 발달은 수용적이고 표현적인 언어 능력의 발달, 조기 학습에 기반한 읽기 쓰기 능력(읽기, 쓰기, 서사적 능력) 발달, 그리고 이야기 스키마(story schema)의 구조화 및 정신적 표상을 가리키고 내포한다. Stagnitti에 따르면 아동들은 다른 사람들과 놀이에서 가장할 때 극의 장면에 나타나는 역할을 풀어내는 묘사 방식으로(가상 놀이의 논리적 연속 동작들에 반영되어 있음) 연기한다(2009a). 이렇게 연극 스토리를 만들어 보는 것은 읽기 쓰기 능력의 발달을 촉진시킨다.

전략 및 기술

놀이치료자들은 아동의 심리적 발달을 촉진시키기 위해 놀이의 힘을 이용할 때 다양한 임상적 접근 방법을 활용한다.

상호작용을 하는 놀이치료자/아동 놀이

놀이의 성공은 아동의 총체적인 발달에 중요하다(Stagnitti, 1998). 아동들이 발달 지연을 나타내는 경우 놀이치료자는 놀이 기술을 조성, 발달시키고 이를 발달적으로 진전시키기 위해 상호작용을 하는 놀이를 활용할 수도 있다. 발달 지연은 자폐 스펙트럼 장애나 언어 장애, 놀이 결핍, 아동 학대 및 방임, 어린 시절의 외상 같은 어려움으로 인한 것일 수도 있다.

상호작용하는 놀이 회기에서 놀이치료자는 아동을 사로잡고 아동과 연결됨으로써, 어떻게 도구들을 사용할 수 있는지 입증하고 놀이 기술들을 모델로 삼아 비계를 설정한다. 또 아동을 놀이 공간으로 데려와서 재미있는 방식으로 행동함으로써 아동 놀이의 질을 높이는 것을 목표로 한다. 놀이 상호작용의 목적은 아동을 다음의 높은 발달 수준으로 끌어올리는 것에 있다. 상호작용을 하는 놀이 회기는 같은 일에 대해 동시에 놀이치료자와 아동이 함께 주목하는 것을 수반한다(Greenspan & Wieder, 1998, 2006). 이는 처음엔 짧게 나타날 수도 있다. 놀이치료자의 주된 역할은 아동이 배운 것을 활용하고 그것을 유지하도록 하는 동기 부여의 목적을 가지고 회기가 재미있고 활발하게끔 만드는 것이다. 놀이치료자는 아동의 감각적 안전 영역(반응성 수준)에 맞추어야 하며 아동과 접촉하기 위해 필요하지만 아동을 압도시키지는 않는 수준의 강도에 적응해야 한다. 아동과 놀이치료자 간 관계가 형성되면 놀이를 통하여 양방향 상호작용이 촉진되기 시작한다.

Stagnitti(1998)는 아동의 놀이 기술을 정상 범위에 가까이 혹은 정상 범위 내로 이끌어 오기 위해 아동의 자발적이고 독립적인 창의적 놀이 기술을 조성하고 발달시키는 데 그 목적을 갖는 놀이 배우기(Learn to Play)라는 특정한 놀이 기반 프로그램을 개발하였다. 이 프로그램은 동적이고 상호적이며 놀이치료자, 작업놀이치료자, 선생님 등의 다양한 전문가가 이용할 수 있다. 이 프로그램은 콘텍스트 이론가(contextualist)의 접근 방식을 사용하며 놀이치료를 하는 동안 가정에서의 지원을 장려한다. 아동의 부모는 일반적으로 몇몇 회기에 참여하며 가정 환경에서 아동의 놀이행동 목록을 늘리기 위한 목적의 놀이 기반 활동을 수행하도록 격려받는다.

성공적인 프로그램 구현의 핵심은 놀이치료자가 아동의 가상 놀이 발달에 대해 명확히 이해하는 것이다(Stagnitti, 2009b). 아동과 함께 놀이 회기를 시작하기 전에 놀이치료자는 평가를 통해 아동의 가상 놀이의 현재 발달 수준을 확립하는 것이 필요하다. 상징적, 창의적 놀이 발달 체크 리스트(Symbolic and Imaginative Play Development Checklist, SIP-DC)(Stagnitti, 1998) 같은 발달 평가법은 부모 그리고/또는 선생님용 놀이 현장 체크 리스트와 함께 사용할 수 있다. 프로그램은 다음의 영역에서 가상 놀이 기술 발달의 윤곽을 보이고 어떠한지를 설명한다. 전창의적 놀이(preimaginative play), 연극 대본, 연극에서의 연기 행동 순서, 객체의 대체, 사회적 상호작용, 역할극, 인형극 등이다. 그리고 각 분야에서 아동의 놀이 능력을 발달시키는 놀이 활용을 프로그램으로부터 제공한다. 이때 놀이 활동은 SIP-DC로 상호 참조되므로 놀이치료자가 아동 개개인의 놀이 수준에 적절한 놀이 활동을 선택할 수 있게 된다. 재현할 수 있는 놀이 활동은 놀이 회기에서 활용되는 유사한 활동들뿐만 아니라 부모가 집에서 자녀와 함께할 수 있도록 고안되었다(Stagnitti, 1998).

프로그램은 놀이치료자와 아동 간의 개별 회기, 놀이치료자, 부모, 아동이 참여하는 회기, 또는 아동과 어른의 수가 1 : 1인 소규모 회기를 통해 시행할 수 있다. 처음에 놀이치료자는 지시적인 접근 방식을 채택하는데, 아동에게 독립적인 놀이 기술이 나타나고 발달함에 따라 점차 덜 지시적인 상호작용으로 접근 방식을 바꾸어 나간다. 놀이치료자는 회기 동안 아동의 참여 수준에 따라 놀이의 발달 수준, 놀이 소재를 조절해야 할 수도 있다. 놀이행동의 반복적인 비계 설정(scaffolding)과 모델링 그리고 아동이 놀이에 참여하고, 모방하고, 몰입하도록 하는 따뜻한 격려를 하면 일반적으로 아동은 특정 놀이행동을 하기 시작할 것이다. 아동이 놀이를 이끌기 시작하면 놀이치료자의 상호작용은 덜 지시적이게 될 것이고 반영을 통해 아동의 놀이행동을 격려하고 강화시킬 것이다. 아동의 놀이 기술이 점점 발달하게 되면 놀이치료자는 아동의 리드에 따르며 놀이를 확장시키기 위해 문제를 추가하기 시작할 것이다. 이 단계에서 놀이치료자가 하는 질문들은 놀이 내에서 아동의 묘사 능력 발달을 촉진시킨다. 프로그램을 실시하는 내내 놀이치료자는 아동의 수준에 맞추고 아동의 놀이 수준보다 높거나 낮은 놀이로 소재를 바꿔 가며 아동에 반응할 준비를 갖추고 있다(Stagnitti, 2009b).

상호작용을 하는 게임 놀이

Carter(2001)는 자폐가 있는 아동들을 위해 고안된 놀이 중재에 선택 사항을 포함시키는 것의 중요성을 강조하였다. 그의 연구 결과에 따르면 놀이를 하는 동안 발생하는 선택과 게임 놀이의 특성을 갖춘 언어 중재는 파괴적 행동을 줄이면서 동시에 아동의 사회 기능, 학습, 반응성에서 유의한 변화를 일으킬 수 있고 한다.

상호작용을 하는 또래 놀이

연구 결과에 따르면 또래 놀이 행동을 포함하는 것은 사회적 발달에 초점을 맞춘 중재법에서 중요한 구성 요소가 된다(Oden & Asher, 1977; Wolfberg, 2004).

통합적인 놀이 집단 Wolfberg(1999, 2003, 2004)는 자폐 스펙트럼 장애를 지닌 아동들을 위한 놀이 개입에서 단지 어른이 부여하는 가르침에만 의존하는 것보다 또래 놀이를 개입의 일부로 포함시킬 때 최적의 놀이 발달이 나타난다고 주장하였다. Wolfberg와 Schuler(1993)에 의하면 또래 아동들이 참여하여 함께 놀고, 놀이 방법을 바꾸어 확장하고, 놀이 방법에 대해 서로 이야기하고, 어떻게 놀지 서로 놀이 방법을 타협하는 것이 없으면 아동의 놀이는 딱딱하고 창의성이 부족한 상태로 남아 있게 된다. 통합적인 놀이 집단 모델(Wolfberg & Schuler, 1993)은 자폐가 있는 아동들이 또래나 형제와 함께 놀 수 있도록 돕고, 아동의 사회적 상호작용 및 의사소통, 놀이 능력과 상상력이 증진될 수 있도록 고안되었다(Wolfberg, 1999). 통합적인 놀이 집단에서는 성인의 놀이 감독하의 적절하고 지원적인 환경에서 놀이를 처음 해 보는 아동들(ASD가 있는 아동들)과 놀이에 숙련된 아동들(일반적으로 ASD가 있는 아동들보다 발달한 동료나 형제)이 함께 정기적으로 놀이에 참여하게 된다. 성인은 직접적으로 아동들을 지시하기보다는 '인도된 참여(guided participation)'를 한다(Rogoff, 1990). 이러한 방식으로 성인은 놀이의 개시, 비계의 상호작용을 관찰하고 사회적 의사소통 및 놀이 지도를 한다(Wolfberg, 2004; Wolfberg & Schuler, 1999). 이러한 통합적인 또래 집단 모델은 놀이행동이 진전되도록 하는데 이는 다른 상황들로 보편화되고 이때 언어 능력의 증가도 수반된다. 다른 연구들(Lantz, Nelson, & Loftin, 2004; Yang, Wolfberg, Wu, & Hwu, 2003)에서도 놀이 기술 및 사회적 기술이 잘 발달하지 못한 아동들을 위한 놀이 개입으로서 상호작용하는 놀이 집단 모델이 효과가 있음을 강조하고 있다.

사회적 기술 놀이 집단 Oden과 Asher(1977)는 성인의 지지와 또래와의 놀이를 아동의 사회성을 증가시키기 위한 목적의 놀이 개입에 포함시키는 것의 중요성을 강조하였다. 그들은 사회적으로 고립된 아동들과 함께 하면서 모델링, 역할극, 언어 설명을 활용하였다. 연구 결과 4주간 사회적 기술을 지도하고 난 뒤 1년 동안 지속적으로 사회성이 증가했음이 나타났다. 그들의 지도 전략으로는 세 가지 주요 요소들이 있는데 이는 적절한 사회적 기술을 갖춘 성인으로부터 직접적 · 간접적 · 구두적 지시와 또래 놀이를 통해 이러한 기술을 사용해 볼 기회를 갖는 것, 그리고 놀이를 한 뒤 성인과 함께 이에 대해 검토하는 것이다.

NMT

놀이치료자는 아동 발달을 촉진하기 위해 Perry(2006)의 Neurosequential Model of Therapies(NMT)를 이용할 수 있다. NMT는 평가, 인원 배치, 중재에 초점을 맞춰 다차원적이며 신경생물학적으로 인정받고 있는 학제적 연구법이다. NMT는 치료, 교육, 돌봄 현장에서 실행할 수 있다(Perry, 2006). NMT에는 여러 학문 분야에서의 NMT 직원들이 필요하다(Perry, 2009)(이는 아동 발달, 신경생물학, 임상외상학적 지식과 경험이 있는 상위 임상의학자들이 이끈다). 아동 발달 이력, 현재 건강 상태, 뇌에 의해 매개되는 특정 기능과 관련된 현재의 강점 및 취약점을 파악하는 철저한 평가 과정을 통해 아동의 감각적 통합, 자기-조절, 관계 및 인지 능력이 어떠한지 알아보고 이를 맵핑(mapping)한다(Perry, 2006). 적절하게 반복적으로 수행한 치료적 및 교육적 활동과 경험은 뇌에 체계적인 신경 신호를 공급하고 뇌 영역을 활성화시킬 것이다. 이를 통해 기능 부전을 매개하는 뇌 영역을 선택하고 순서를 배열하여 시험을 수행하게 된다.

　NMT에서는 위험에 처해 있는 아동들과 함께 작업할 때 사회적 접근법을 채택하는 것이 중요함을 인지한다(Bronfenbrenner, 1979). 아동의 생활에 중요한 성인들이(예 : 주 보호자, 선생님) 중재법을 배우고 중재 요소를 지키는 것에 능동적으로 참여하는 것이 이 접근법에서의 핵심이다(Perry, 2006). 이 접근법의 또 다른 주요 특성은 놀이와 같이 풍부하고, 일관성 있고, 예측 가능하며, 양육적이고, 관계적이며, 안전하고, 발달적으로 적절하고, 발달과 관련이 있으며, 반복적이고, 정형화되어 있으며, 율동적이고, 보상적이며, 정중한 치료적 경험들을 제공한다는 것이다(Perry, 2006). NMT의 기본은 두뇌의 계층적 발달을 되풀이하고 아동의 신경 발달 수준을 일치시키는 방식으로 중재, 활동, 경험들을 순서에 맞게 배열하는 것이다(Perry, 2006). NMT 중재법에 적절한 놀이 기반의 경험 및 활동에는 체성 감각적 활동(예 : 로킹, 마사지, 노래 부르기, 율동적인 움직임, 드럼 연주, 감각적 놀이, 접촉치료, 운동 및 진정 활동, 스토리텔링 및 창의적 예술 등)이 있다(Perry, 2006). 낮은 뇌 기능과 관련 기술이 향상되면 인지행동적이나 정신역동적인 치료적 접근법을 실시할 수 있다(Perry, 2009).

임상 적용 및 사례

마리, 5세

마리는 양부모에 의해 놀이치료를 받게 되었다. 그녀는 집과 학교 모두에서 어려움을 겪고 있었다. 마리는 미숙아로 태어나서 생후 2달간은 동유럽에 있는 병원에 있었다. 마리는 병원에서 고아원으로 옮겨져 2세 때 입양되었고 아일랜드에서 양부모와 함께 살고 있다. 그녀는 집중력이 매우 낮고 비정상적인 운동 활동 수준을 보이는 등의 상당한 발달 장애를 겪고 있었고 정서 조절에 어려움이 있었으며 언어를 표현하고 수용하는 능력이 모두 지체되어 있었다. 마리는 정규 학교 교육 과정에 들어가 당시 1학년이었다. 학교에 입학하자 학교 측에서는 마리가 또래의 생활 연령보다 약 18~20개월 정도 어린 수준이고 수업에서의 읽기 쓰기와 수학에서의 학습 성취도도 확연히 지체되어 있음을 인지하였다. 마리의 선생님은 그녀가 특히 다음의 영역에서 반의 평균보다 기능하는 수준이 낮다고 평가하였다. 청해, 구두 표현, 음운 인식, 읽기, 글의 표현, 수학적 사실의 이해 및 기억, 추론, 문제 해결, 탐구 분석, 의사소통 등이었다.

처음의 놀이치료 회기는 치료적 관계의 발달을 촉진하기 위한 일차적 목표로서 비지시적으로 진행되었다. NMT(Perry, 2006) 모델에 따라 몇몇 신경학적 극 놀이(Jennings, 2011) 기술을 마리와 집에서 함께 하는 것(상호작용하고 차분한 취침 의식을 확립시키며 마리가 지닌 여러 문제가 되는 행동들을 감성적이고 세심한 방법으로 다루기 위한 놀이 전략)에 관한 놀이치료 회기에 마리의 부모도 함께 참여하였다.

놀이치료 회기가 진행됨에 따라 상호작용하는 놀이 기술이 감각적 놀이 및 율동적인 움직임 등의 NDP 기술로 활용되었다. 이러한 기술은 마리가 공유된 정서적 경험을 통해 놀이를 강화시키고 신체적 접촉과 상호 규제를 경험하는 관계에 참여하는 것이 가능하도록 만들었다. 놀이치료 회기가 진행될수록 마리의 감각 놀이 및 어지럽히는 놀이(Messy play)는 점점 더 중요해졌다. 모래, 물, 끈적거리는 것, 페인트, 플레이 도우, 심지어 음식을 가지고도 놀이를 하였다. 마리는 만지고, 냄새를 맡고, 맛을 보고, 듣고, 보고, 움직여서 세상을 경험하기 시작했다. 치료자는 그녀의 리드에 따랐고 아이의 감각을 자극하기 위해 고안된 놀이 활동들과 몇몇 게임을 도입하기 시작했다. 신체 부위에 이름을 붙여 이를 만져보고, 몸을 두드려 보고, 게임을 해 보고, 접착 가방과 바디 로션으로 놀이를 하는 것은 마리의 놀이 회기에서, 그리고 집에서의 놀이에서 정기적으로 이루어졌다. 좋아하고 싫어하는 감각을 인지하는 능력이 나타났고 이는 그녀의 자아 정체감이 형성되고, 발달하는 것을 입증하였다. 거친 신체 놀이, 칼 싸움, 몸동작으로 하는 놀이 또한 치료에서 중심이 되었다. 놀이의 발달적 단계들을 거치면서 마리에게 '마치 ~인 것 처럼' 놀이의 상징적 수준이 등장하기 시작했다. 놀이의 감각적 수준에서 마리가 탐구하였던 모래는 우리가 빠져들 수 있는 '끈적이는 진흙'이 되었다. 원래 마리와의 접촉을 만들기 위해 가지고 놀았던 스카프는 음악에 맞추어 움직이는 놀이를 통해 우리의 새로운 가상 놀이를 위한 커튼이 되었다. 마리와 놀이치료자가 그랬던 것처럼 인형, 곰 인형, 강아지 인형에게도 역할이 생기기 시작했다. 마리의 역할 놀이는 모델링, 비계 설정, 반영, 질문, 시퀀스, 배역, 문제 상황의 추가를 통해 보충되고 보강되었다. 이윽고 앞을 바라보고 역할 놀이에 맞춰 논리 정연한 내러티브를 짜는 능력이 잘 발달하게 되었다.

1년간의 놀이치료를 하고 난 뒤 마리의 발달 상태와 행동에는 상당한 변화가 나타났다. 마리는 처음에 보였던 고도의 공격적인 행동을 더 이상 보이지 않았다. 그녀의 선생님은 마리의 놀이 기술, 사회적 기술, 수업과 과제에 독립적으로 참여할 수 있는 능력, 그리고 전반적인 행동들이 뚜렷하게 향상되었다고 말했다. 마리는 많은 아동들과 성공적으로 친구가 되었고 정기적으로 친구들의 생일 파티와 놀이 모임에 초대받았다. 마리는 또한 다른 아동들을 향해 적절한 공감을 나타냈고 이제는 선생님에게 애정을 담아 '의사 선생님!'이라고 부르며 학교에서 넘어지거나 다친 아동을 돕기 위해 달려오게 되었다. 그녀는 여전히 높은 운동 활동을 보이지만 이제는 적절한 시간 동안 학교 수업과 관련된 일에 참여할 수 있게 되었으며 정기적으로 또래 친구들과 좀 더 오랜 시간 동안 놀았다. 마리의 수면과 관련된 문제도 해결되었는데 이제는 자러 가야 된다고 말하며 침대에서 들려 주는 이야기를 듣고, 포옹하고, 굿나잇 키스를 하는 10분 정도의 긍정적인 취침 의식을 갖는다. 표현하고 받아들이는 언어 능력에도 상당한 진전이 나타났다. 그리고 모든 학교 수업의 교과 영역에서(특히 말하기, 읽기, 쓰기)에서도 이러한 진전이 나타났다. 그녀의 선생님은 마리의 모든 교과 영역 능력이 향상되었으며, 처음에 따라가기 어려워 했던 영역들도 이제는 또래 아동들 수준만큼 올라왔다고 말했다. 특히 선생님은 지속적인 관찰과 교실 기반 평가 결과로 마리가 이제는 숫자와 다른 수학적 개념을 확실히 이해하고 음운의 인식과 이해에서도 상당한 진전이 일어났음에 주목했다. 또 선생님은 마리가 간단한 일반 단어들을 읽고 쓰기 위해 글자, 발음, 단어들을 규칙적으로 사용하고 좀 더 복잡한 단어들의 경우에도 그럴듯하게 사용하려 한다고 말하였다.

톰, 5세

톰은 그의 부모가 톰의 사회성에 대해 염려하여 놀이치료를 받게 되었다. 톰은 정규 교육 과정에 들어갔으나 1학년 과정에 적응하는 것이 어려웠다. 톰의 선생님은 톰이 또래 아동들과 함께 어울리거나 놀지 못하며 주로 혼자 놀거나 병행 놀이(parallel play)를 한다고 하였다. 톰은 또한 학교 수업의 학습(특히 언어 능력 및 읽기 쓰기 능력 발달)면에서도 어려움을 겪었다. 톰의 선생님은 톰이 언어 표현 및 읽기 쓰기 영역에서 또래 아동들의 수준보다 떨어진다고 말했다. 그녀는 톰이 특히나 언어 수용력, 언어 및 활자의 개념을 발달시키는 데 상당한 어려움을 겪으며 일상어와 읽기 기술 및 전략을 사용할 때 능숙함과 자신감이 떨어진다고 하였다. 초기 과정 동안 톰의 전창의적 놀이 기술은 발달되어 있으나 학교에서 대부분의 또래 아동들이 참여하는 가상 놀이에 참여에는 어려움을 겪는다는 것이 명확해졌다. 톰의 부모용과 선생님용 가상 놀이 체크 리스트가 만들어졌고, 그 결과 톰의 경우 창의적 놀이 기술들이 모든 영역에서 그 나이대에 기대되는 표준 수준보다 떨어지는 것으로 나타났다. 톰의 놀이 치료 목표는 이런 놀이 기술들을 발달시키고 강화시키는 것이었으므로 상호작용하는 놀이치료 프로그램이 선택되었다. 또한 톰의 부모님과 선생님도 상호작용하는 놀이 중재에 참여하는 것으로 결정되었다. 톰의 부모는 가이드로서 모사가 가능한 활동인 놀이 배우기(Stagnitti, 1998)를 톰과 함께 집에서 하도록 격려받았다. 톰의 학교 선생님은 놀이를 하는 동안 모델로 작용하고 톰의 놀이행동 비계 설정을 하며 또한 그가 아동들과 함께 집단 놀이에 참여할 수 있도록 하기 위해 교실에 역할극을 할 장소를 설정하도록 하였다.

톰의 개인 놀이치료 회기에 대해 역할극 발달 수준과 향상해야 할 특정 기술들을 바탕으로 하여 놀이 소재와 주제를 주의 깊게 선택하였다. 그리고 난 뒤 놀이치료자는 톰이 놀이에 관심을 갖도록 하기 위해 장난스러운 목소리 톤과 몸짓을 사용하였고 놀이 활동을 재미있게 시작하게 되었다. 또한 놀이치료자는 이 단계에서 논리적인 시퀀스를 놀이에 넣고, 체계화되지 않은 물체를 '마치' 다른 것인 양 이용하는 등 특정 놀이행동들을 반복하여 비계 설정하며 모델링 하였다. 톰의 놀이 기술이 점차 발달하여 자발적으로 놀이에 대한 아이디어, 논리적 시퀀스, 음향 효과, 새로운 역할, 소재, 해결해야 할 문제와 가능한 해결책들을 놀이에 도입하게 되면서 놀이치료자의 역할도 바뀌어 놀이에서 톰의 파트너 역할을 하기 시작했다.

4주간의 놀이치료 후 톰의 놀이 기술은 크게 발달하였다. 이제 톰은 자발적이고 독립적으로 다양한 가상 놀이행동에 참여한다(또래 아동들과 함께 집단 가상 놀이에 참여하고 놀이 모임도 갖는다). 선생님과 부모는 톰의 놀이행동과 사회정서적 능력이 향상되었을 뿐만 아니라 그의 학습 성취도에서도 뚜렷한 향상이 나타났음을 알아차렸다(특히 언어와 읽기 쓰기 능력이 발달하고 문제 해결 능력이 발달하였다). 선생님은 톰이 앞에서 언급했던 영역들에서 더 이상 어려움을 겪지 않는다고 하였다. 그는 이제 간단한 지시 사항을 인지하고 준수하며 파트너의 관심을 지키고 유지하기 위해 적절한 언어적 · 비언어적 행동을 사용한다. 또한 다양한 감정을 표현하기 위해 목소리 톤을 사용하고 이를 해석하며 사회적 기능을 수행하고 대화를 시작 및 지속하기 위해 언어를 사용한다. 그리고 일반적으로 사용하는 단어들에 대한 어휘력을 쌓고 문자와 소리와의 상관관계를 이해하며 함께 읽기 활동에 참여한다. 뿐만 아니라 그는 이제 수학 문제를 풀고 놀이하는 동안의 문제를 창의적으로 해결하는 능력의 수준이 나이에 적합하다는 것을 입증하였다.

참고문헌

Barefield, S., Dobson, C., Gaskill, R., & Perry, B. D. (2012). Neurosequential model of therapeutics in a therapeutic preschool: Implications for work with children with complex neuropsychiatric problems. *International Journal of Play Therapy, 21*, 30–44.

Bluiett, T. E. (2009). *Sociodramatic play and the potentials of early language development of preschool children.* (Unpublished doctoral dissertation.) University of Alabama, Tuscaloosa, AL.

Bronfenbrenner, U. (1979). *The ecology of human development: Experiments by nature and design.* Cambridge, MA: Harvard University Press.

Brown, S. (2009). *Play, how it shapes the brain, opens the imagination and invigorates the soul.* London, England: Penguin Books.

Carter, C. M. (2001). Using choice with game play to increase language skills and interactive behaviors in children with autism. *Journal of Positive Behavior Interventions, 3*, 131–151.

Dansky, J. (1980). Make-believe: A mediator of the relationship between play and associative fluency. *Child Development, 51*, 576–579.

Daunhauer, L., Coster, W., & Cermak, S. (2010). Play and cognition among young children reared in an institution. *Physical and Occupational Therapy in Pediatrics, 30*(2), 83–97.

Drewes, A. A., & Schaefer, C. E. (Eds.). (2010) *School-based play therapy* (2nd ed.). Hoboken, NJ:

Wiley.

Elias, C. L., & Berk, L. E. (2002). Self-regulation in young children: Is there a role for socio-dramatic play? *Early Childhood Research Quarterly, 17,* 1–17.

Fantuzzo, J. S., & McWayne, C. (2002). The relationship between peer-play interactions in the family context and dimensions of school readiness for low-income preschool children. *Journal of Educational Psychology, 94*(1), 79–87.

Fantuzzo, J. S., Sekino, C., & Cohen, H. L. (2004). An examination of the contributions of interactive peer play to salient classroom competencies for urban head start children. *Psychology in the Schools, 41,* 323–336.

Fisher, E. P. (1992). The impact of play on development: A meta-analysis. *Play & Culture, 5*(2), 159–181.

Greenspan, S. I., & Wieder, S. (1998). *The child with special needs: Encouraging intellectual and emotional growth.* Cambridge, MA: Da Capo Press.

Greenspan, S. I., & Wieder, S. (2006). *Engaging autism: Using the floortime approach to help children relate, communicate, and think.* Cambridge, MA: Da Capo Press.

Hoffman, J., & Russ, S. (2012). Pretend play, creativity, and emotion regulation in children. *Psychology of Aesthetics, Creativity, and the Arts, 6*(2), 175–184.

Jennings, S. (2011). *Healthy attachments and neuro-dramatic-play.* London, England: Kingsley.

Kaugars, A., & Russ, S. (2009). Assessing preschool children's play: Preliminary validation of the affect on play scale-preschool version. *Early Education and Development, 20*(5), 733–755.

Lantz, J. F., Nelson, J. M., & Loftin, R. L. (2004). Guiding children with autism in play: Applying the integrated play group model in school settings. *Exceptional children, 37,* 8–14.

Lindon, J. (2001). *Understanding children's play.* Cheltenham, England: Nelson Thornes.

Lindsey, E., & Colwell, M. J. (2003). Preschoolers emotional competency: Links to pretend and physical play. *Child Study Journal, 33,* 39–52.

Manz, P. H., & McWayne, C. M. (2004). Early interventions to improve peer relations/social competence of low-income children. In R. E. Tremblay, R. G. Barr, & R. DeV. Peters (Eds.), *Encyclopedia on early childhood development.* Montreal, Canada: Centre of Excellence for Early Childhood Development. Available at http://www.child-encyclopedia.com/documents/Manz-McWayneANGxp.pdf

Moore, M., & Russ, S. (2008). Follow-up of a pretend play intervention: Effects on play, creativity and emotional processes in children. *Creativity Research Journal, 20,* 427–436.

Moyles, J. (Ed.). (2005). *The excellence of play* (2nd ed.). New York, NY: Open University Press.

NCCA. (1999). Primary School Curriculum Dublin: Government of Ireland Publications.

Neuman, S. B., & Roskos, K. (1997). Literacy knowledge in practice: Contexts of participation for young writers and readers. *Reading Research Quarterly, 32,* 10–32.

Newland, L. A., Roggman, L., Pituch, K., & Hart, A. (2008). Play and attention: Social foundations of early language. *International Journal of Psychology: A Biopsychosocial Approach, 2,* 29–54.

Oden, S., & Asher, S. R. (1977). Coaching children in social skills for friendship making. *Child Development, 48,* 495–506.

Panksepp, J. (1998). *Affective neuroscience: The foundations of human and animal emotions.* New York, NY: Oxford University Press

Panksepp, J. (2003). At the interface of the affective, behavioral, and cognitive neurosciences: Decoding the emotional feelings of the brain. *Brain and Cognition, 52,* 4–14.

Pellegrini, A. D. (1992). Rough and tumble play and social problem solving flexibility. *Creativity Research Journal, 5,* 13–26.

Pellis, S. M., & Pellis, V. C. (2009). *The playful brain: Venturing to the limits of neuroscience*. Oxford, England: Oneworld Press.

Perry, B. D. (2001). The neurodevelopmental impact of violence in childhood. In D. Schetky & E. Benedek (Eds.), *Textbook of child and adolescent forensic psychiatry* (pp. 221–238). Washington, DC: American Psychiatric Press.

Perry, B. D. (2002). Childhood experience and the expression of genetic potential: What childhood neglect tells us about nature and nurture. *Brain Mind*, *3*, 79–100.

Perry, B. D. (2006). Applying principles of neurodevelopment to clinical work with maltreated and traumatized children. In N. Webb (Ed.), *Working with traumatized youth in child welfare* (pp. 27–52). New York, NY: Guilford Press.

Perry, B. D. (2009). Examining child maltreatment through a neurodevelopmental lens: Clinical application of the neurosequential model of therapeutics. *Journal of Loss and Trauma*, *14*, 240–255.

Perry, B. D., & Pollard, R. A. (1997). *Altered brain development following global neglect in early childhood*. Society for Neuroscience, Proceedings from Annual Meeting, New Orleans.

Perry, B., Pollard, R., Blakeley, T., Baker, W., & Vigiliante, D. (1995). Childhood trauma, the neurobiology of adaptation and use-dependent development of the brain: How "states" becomes "traits." *Infant Mental Health Journal*, *16*(4), 271–291.

Piaget, J. (1962). *Play, dreams and imitation in childhood*. New York, NY: Norton.

Pulaski, M. A. (1976). Play symbolism in cognitive development. In C. E. Schaefer (Ed.), *Therapeutic use of child's play* (pp. 27–41). New York, NY: Aronson.

Pulaski, M. (1981). The rich rewards of make-believe. In R. Storm (Ed.), *Growing through play: Readings for parents and teachers*. Monterey, CA: Brooks/Cole.

Rogoff, B. (1990). *Apprenticeship in thinking*. New York, NY: Oxford University Press.

Roskos, K., & Christie, J. (2004). Examining the play-literacy interface: A critical review and future directions. In E. F. Zigler, D. G. Singer, & S. J. Bishop-Josef (Eds.), *Children's play: The roots of reading* (pp. 95–124). Washington, DC: Zero to Three Press.

Russ, S. W. (1993). *Affect and creativity: The role of affect and play in the creative process*. Hillsdale, NJ: Erlbaum.

Russ, S. W. (Ed.). (1999). *Affect, creative experience, and psychological adjustment*. Philadelphia, PA: Brunner/Mazel.

Russ, S. W. (2003). Play and creativity: Developmental issues. *Scandinavian Journal of Educational Research*, *47*, 291–303.

Russ, S. (2007). Pretend play: A resource for children who are coping with stress and managing anxiety. *NYS Psychologist*, *XIX*(5), 13–17.

Russ, S. W., & Fiorelli, J. (2010) Developmental approaches to creativity. In J. Kaufman & R. Sternberg (Eds.), *The Cambridge Handbook of Creativity* (pp. 233–249). New York, NY: Cambridge University Press.

Saracho, O. N. (2002). Teachers' roles in promoting literacy in the context of play. *Early Child Development and Care*, *172*(1), 23–34.

Schore, A. N. (2001). The effects of early relational trauma on right brain development, affect regulation, and infant mental health. *Infant Mental Health Journal*, *22*, 201–269.

Singer, J. L., & Lythcott, M. A. (2004). Fostering school achievement and creativity through sociodramatic play in the classroom. In E. F. Zigler, D. G. Singer, & S. J. Bishop-Josef (Eds.), *Children's play: The roots of reading* (pp. 77–93). Washington, DC: Zero to Three Press.

Stagnitti, K. (1998). *Learn to play. A program to develop a child's imaginative play skills*. Melbourne, Australia: Co-ordinates.

Stagnitti, K. (2009a). Pretend play assessment. In K. Stagnitti, & R. Cooper (Eds.), *Play as therapy* (pp. 87–101). London, England: Kingsley.

Stagnitti, K. (2009b). Play intervention—The learn to play program. In K. Stagnitti & R. Cooper (Eds.), *Play as therapy* (pp. 176–186). London, England: Kingsley.

Vygotsky, L. S. (1967). Play and its role in the mental development of the child. *Soviet Psychology*, *17*, 66–72.

Vygotsky, L. S. (1978). *Mind in society.* Cambridge, MA: Harvard University Press.

Wolfberg, P. J. (1999). *Play and imagination in children with autism.* New York, NY: Teachers College Press, Columbia University.

Wolfberg, P. J. (2003). *Peer play and the autism spectrum: The art of guiding children's socialization and imagination* (IPG field manual). Shawnee Mission, KS: Autism Asperger.

Wolfberg, P. J. (2004). Guiding children on the autism spectrum in peer play: Translating theory and research into effective and meaningful practice. *Journal of Developmental and Learning Disabilities*, *8*, 7–25.

Wolfberg, P. J., & Schuler, A. L. (1993). Integrated play groups: A model for promoting the social and cognitive dimensions of play in children with autism. *Journal of Autism and Developmental Disorders*, *23*(3), 467–489.

Yang, T., Wolfberg, P. J., Wu, S., & Hwu, P. (2003). Supporting children on the autism spectrum in peer play at home and school: Piloting the integrated play groups model in Taiwan. *Autism: The International Journal of Research and Practice*, *7*, 437–453.

Zigler, E. F., Singer, D. G., & Bishop-Josef, S. J. (Eds.). (2004). *Children's play: The roots of reading.* Washington, DC: Zero to Three Press.

20

자기-조절

MARCIE YEAGER and DANIEL YEAGER

서론

1960년대 후반 Walter Mischel과 스탠포드 대학의 한 연구팀은 우리에게 취학 전 아동이 자신의 의도에 맞게 행동할 수 있는지 아동의 능력에 대해 통찰력을 제공한 일련의 실험(일반적으로 마시멜로 실험이라고 통칭)을 수행하였다. 연구진은 몇 가지 질문에 대해 답을 하고자 하였다. (1) 강한 자극을 받으면 아이들은 얼마나 의도적으로 자신의 반응을 통제할 수 있는가? (2) 어떠한 종류의 정신 과정이 의도적인 반응을 가능하도록 하는가?

실험 계획(만족 지연 실험이라고 불린다)은 간단하다. 연구자는 아이들을 각각 아무것도 없는 작은 방의 탁자에 차례대로 앉히고 상(아이들이 선택한 마시멜로, 쿠키, 또는 프레첼)을 주었다. 연구자는 잠시 기다리면 지금 테이블 위에 있는 것 하나뿐만 아니라 선물로 준 간식을 나중에 하나를 더 가질 수 있다고 아이에게 말하였다. 그리고 연구자는 방을 떠났다.

몇몇 아이들은 기다리려 하지도 않고 받았던 선물을 즉시 먹었지만 대부분의 아이들은 2개를 받으려는 의사를 표출하였다. 이들은 모두 즉각적인 만족은 미루고 좀 더 이후의 선호하는 결과를 얻고자 원했다. 그러나 연구원이 아이들과 선물을 남겨둔 채 방을 떠나자 몇몇 아이들(강한 자기-조절자)만이 행동을 제어하고 기다려서 두 배의 간식을 얻으려는 목적을 지킬 수 있었다. 다른 아이들(약한 자기-조절자)은 즉각적인 기쁨을 주는 방식에 반응하였지만(이들은 간식을 앞서 먹었다) 그들이 선호하였던 두 배의 선물을 얻을 수는 없었다(Mischel, Shoda, & Rodrigues, 1989).

자극과 반응 사이의 '간격'에는 어떠한 일이 발생하는가?

스탠포드 대학 연구진의 목표 중 하나는 사람들이 만족을 지연시킬 수 있도록 하는 정신 과정이 무엇인지 확인하는 것이었다. 아이를 방에 홀로 남겨둠으로써 그들은 자극(하나의 간식 또는 두 배의 간식 제공)과 최종 반응(하나 혹은 두 배의 간식을 먹는 행동) 사이의 시간 동안 아이의 행동을 관찰할 수 있었다. 이 시간을 이용하는 방법에 있어서 강한 자기-조절자와 약한 자기-조절자 간의 차이점은 무엇인가?

연구진(아이들을 다른 반에서 관찰한다)은 약한 자기-조절자가 일반적으로 간식을 똑바로 응시한다는 것에 주목했다. 이들의 관심사는 즉각적인 지각 영역에 집중되어 있는 것처럼 보였다(아마도 간식을 먹으려는 열망에 의해 자극받은 내적 상태를 포함). 이와 대조적으로 강한 자기-조절자는 자주 눈을 피하거나 다른 활동을 하며 주의를 다른 곳으로 돌렸다(Mischel et al., 1989). 강한 자기-조절자는 관심과 자극을 조절하는 정신적 전략을 활용하고 있었고 그들의 의도에 맞게 행동할 수 있는 것처럼 보였다.

이러한 전략들이 아동 자신을 향한 것이라는 사실이 특히 주목할 만하다. 성인 없이 아동만 홀로 방에 남겨지는 상황은 미취학 아동이 자신이 원하는 것을 얻기 위해 일반적으로 쓰는 다양한 전략들을 사용하기 어렵게 한다. 우리는 집에서와 유사한 상황에서 아이가 기다리는 시간을 줄여달라고 조르거나, 좀 더 나은 것을 협상하거나(만약 내가 기다리면 2개 말고 3개를 먹을 수 있나요?), 우는 소리를 내거나, 떼를 쓰거나, 부모 뒤에서 몰래 먹는 등의 행동을 하는 것을 쉽게 상상할 수 있다. 이들 각각의 방법은 바깥으로 향한다. 그러나 강한 자기-조절자들이 행한 것은 안으로 향한 것이었다. 자극과 반응 사이의 '간격' 동안 다른 사람이나 다른 즉각적 환경에 영향을 미치려 하기보다는 그들 자신의 생각, 감정, 행동에 책임을 졌다. 이들은 자기-조절자의 힘을 발견했었던 것이다.

자기-조절의 힘

자기-조절에 대한 연구는 신경과학 분야에서 뇌의 집행 기능(executive function, EF)이라고 칭하는 것에 초점을 둔다. 집행 기능이란 우리의 행동을 체계화하고 행동에 명령을 내려 시간에 걸쳐 우리의 행동이 목표를 향할 수 있도록 하는 정신 과정을 말한다(Barkley, 1997). 표 20.1을 참조하라. 집행 기능은 다음과 같은 정신 과정들을 포함한다.

- **반응 억제**(Response inhibition)—우리의 의도나 목표를 방해하는 행동을 억제하는 것이다[Barkley(1997)에 따르면 이는 우세(초기의, 자연스러운) 반응을 자제하는 것, 초기 반응이 억제될 때 지연 기간을 지키는 것, 만약 그 반응이 그 사람의 최대 관심사가 아닌 경우 계속되는 반응을 중단시키는 것을 포함한다].
- **작업 기억**(Working memory)/**내재 언어**(Internalized language)—우리가 무엇을 하려는 사이 몇몇 정보를 마음속에 가지고 있는 것(예 : 문제를 이해하고 해결하거나 업무를 수행하는 것), 우리의 행동을 관찰하고 지도하기 위해 자기 주도적인 언어를 사용하는 것이다.
- **인지 유연성**(Cognitive flexibility)—문제를 해결하거나 목적을 달성하기 위한 대안을 창출하는 것이다.

이들 세 가지 주요한 EF는 다음과 같이 다른 자기-조절 활동들이 가능하도록 한다.

- **자기 점검**(Self-monitoring)—인지하는 바와 행동이 의도에 부합하는지 확실히 하도록 작업 기억이 이들을 점검하기 위해(점검에) 활용된다.
- **관심의 이동**(Shifting focus)—반응 억제와 인지 유연성은 목표 달성에 중요할 수도 있는 다른 상황적 측면들에 관심을 돌리기 위해 그리고 지속적으로 반응하지 못하도록 방해하기 위해(계속되는 반응을 중단하는 데) 이용된다.

표 20.1 집행 기능의 정의 및 신경학적 기초

집행 기능은 미래의 목표를 달성하기 위한 문제를 해결하는 방법의 유지 능력으로 정의된다(Welsh & Pennington, 1988).

집행 기능은 우리가 자기-통제하고, 목표 달성을 위해 행동하고, 앞으로 발생할 결과물을 극대화시키기 위해 스스로에게 행하는 행동들이다(Barkley, 1997).

집행 기능은 개인이 자동적이거나 확립된 사고, 반응을 무시할 수 있도록 하는 적응적, 목표 지향적 행동이다 (Garon, Bryson, & Smith, 2008).

집행 기능은 목표를 정하고, 계획하고, 달성하기 위한 계획들을 실천하고, 이를 효과적으로 수행할 수 있는 능력들을 포함한다(Jurado & Roselli, 2007).

집행 기능은 목표를 달성하기 위해 자기 자신 및 자신의 자원을 관리하는 것과 관련된 일련의 모든 과정들이 다. 이것은 정신 제어 및 자기-조절을 수반하는 신경학적 기술들에 대한 포괄적인 용어이다(Cooper-Kahn & Diezel, 2008).

집행 기능은 앞으로에 대해 계획하고, 수행에 반영하며, 필요할 경우 수행을 변경할 수 있는 능력 등 전전두엽 피질에서 관장하는 목표 지향적 기능들을 포함하는 포괄적 용어로서 기능한다(Best, Miller, & Jones, 2009).

집행 기능의 신경학적 기초

하버드 대학의 아동 발달 센터(Harvard University's Center on the Developing Child)에 따르면, 과학자들은 어떻게 이러한 정신 과정들이 뇌에서 중재되는지를 보여 주는 데에서 발전을 이루고 있다. 연구 결과들을 검토한 결과, 전전두엽 피질이 집행 기능을 주관하는 주된 뇌 영역이지만 전측 대상회, 두정엽 피질과 해마 또한 역할을 하는 뇌 영역임이 나타났다. 우리가 아이들의 행동에서 보는 것들(유아기에서 시작하여 늦은 사춘기에 이르기까지 집행 기능이 점차적으로 향상되는 것)은 회로 및 체계가 등장하고 연결을 만들어 내면서 이러한 전전두엽 피질 영역이 발달하는 것과 정확하게 부합한다(Center on the Developing Child, 2011). 전두엽 피질에서의 특정한 발달적 변화와 아이들의 집행 기능에서 특정 변화가 어떠한 관련이 있는지에 대해 서는 상대적으로 알려진 것이 별로 없지만 이 주제를 다루는 연구의 수는 증가하고 있다(Zelazo & Paus, 2010).

집행 기능은 목표 지향적 행동을 가능하게 한다

집행 기능이 어떻게 의도적이고 목표 지향적인 행동을 가능하게 하는지에 대한 예로 마시멜로 실험은 공식적·비공식적으로 비슷한 많은 실험들을 낳았다. 4살의 소피라 는 아이가 있다고 가정하자. 이때 소피는 만족을 지연시켜서 그녀가 좋아하는 간식 (쿠키)을 1개 대신 2개를 받으려 한다. 연구원이 테이블 위에 쿠키 하나를 올려놓은 후 소피를 테이블 앞에 앉힌다. 그녀를 홀로 두고 방을 떠난 뒤 소피는 입에 침이 고이지만 바로 간식을 먹지 않고 참는다(반응 억제). 소피는 갈망이 가득한 눈으로 간 식을 보지만 자기 자신에게 큰소리로 "나는 기다렸다가 2개를 받을 거야."라고 말하며 자신의 의도를 상기시킨다(작업 기억/내재 언어). 소피는 기다리는 동안 할 수 있는 것을 찾아 빈방을 둘러본다. 아무것도 발견하지 못하자 'The Itsy Bitsy Spider' 노래를 부른다(인지 유연성). 소피는 (아마도) 연구원이 다시 방에 들어와 자기에게 두 번째 간식을 주기를 바라면서 방문을 응시한다. 문은 여전히 닫혀 있고 소피는 이번에 손뼉을 치며 두 번째 노래를 부른다. 노래를 몇 개 더 부르며 닫힌 방문을 꽤 여러 번 바라보고 난 뒤 소피는 의자에서 일어나 다른 할 것이 없나 찾으며 방 안을 탐색하기 시작한다(인지 유연성). 아무것도 없자 테이블 앞 자기 자리로 돌아와서는 쿠키를 집어 들고 냄새를 맡는다. 소피는 입술을 핥다가 갑자기 자기 자신에게 큰소리로 "안 돼, 기다려!(반응 억제)" "나는 아저씨가 오면 쿠키를 2개 받을 거야(작업 기억/내재 언어)."라고 말하며 간식을 내려놓는다(자기 점검). 그리고는 테이블 위로 고개를 숙이고 눈을 감아 노래를 흥얼거린다(관심의 이동, 인지 유연성). 노래에 맞춰서 다리를 흔들며 계속 흥얼거리다가 노래를 만들어 내기 시작한다. 연구원이 방으로 들어오자 소피는 고개를 들고 웃는다. 소피는 "내가 해냈어. 난 기다렸어!"하고 큰소리로 외친다. 그녀는 기쁘게 두 번째 간식을 받고는 쿠키 2개를 먹는다.

　소피(강한 자기-조절자)는 즉각적인 인지 영역보다 그녀의 내적 관념에 의해 지시 받았기 때문에 의도적으로 행동할 수 있었다. 소피의 인지 영역은 두 번째 간식을 기다릴 수 없었던 아이들의 인지 영역과 동일했다. 그들처럼 소피도 간식을 볼 수 있고 냄새를 맡을 수 있으며 맛보기를 열망할 수 있다. 그러나 소피가 성공할 수 있도록 한 것은 그녀의 반응 억제를 통한 (잠깐 동안 반응 억제를 더욱 강화시키고 이로 인해 쿠키 2개의 목표를 이룰 확률을 높이며 자기 주도적인) 정신적 전략이었다.

역량 강화의 경험 : 자기-조절에서 '자기'를 강조하는 것

우리는 스탠포드 대학 연구진의 연구에서 아이를 격려하거나 관찰하기 위해 성인 한 명이 4살짜리 아이와 함께 방에 있었다면 약한 자기-조절자 중 좀 더 많은 아이들이 자신의 반응을 지연시키고 더 큰 보상을 기다릴 수 있었을 것임을 추측할 수 있다. 이러한 상황에서 아이의 표면상 행동은 강력한 자기-조절자의 표면상 행동과 유사하게 보였을 수도 있다. 그러나 그것은 아이가 다른 사람들로부터 영향을 받은 결과로서 자신의 행동을 통제하는 한 가지 방법이다. 아이가 자신의 정신적 자원을 잘 다룸으로써 어떠한 경우의 결과에 영향을 미칠 수 있는지 배우는 것은 근본적으로 다른 경험이다(그리고 힘을 실어 주는 경험이다).

마시멜로 실험에서 외부 요인들에 의해 주로 영향을 받은 결과들은 상대적으로 미미하다. 아이는 결국 마시멜로나 쿠키를 2개가 아니라 1개밖에 받지 못하게 된다. 그러나 아이들이 매일 그들의 생활환경에 반응하며 발달해 나갈 때 그 결과는 어떠한가? 이러한 자기 주도적 정신 전략을 활용하는 능력이 장기적으로 봤을 때 변화를 만들어 내는가? 자기-조절의 힘은 한 사람의 삶의 질에 얼마나 많은 영향을 미치는가?

경험적 근거 : 연구가 보여 준 내용

Mischel, Shoda, Rodriguez(1989)는 미취학 아동들을 10대 중후반이 될 때까지 수년간 추적하였다. 그 결과 강력한 자기-조절자였던 미취학 아동들의 경우 높은 수준의 학업성취도를 달성하고 좌절 및 스트레스에 잘 대처하며 더욱 인지적·사회적으로 유능한 청소년으로 발달하였다(Mischel et al., 1989).

이러한 발견은 최근 Terrie Moffitt와 Avsholom Caspi의 장기간 연구 프로젝트에 의해 뒷받침되었다(Moffitt et al., 2011). 아이들이 태어났을 때부터 32세가 될 때까지 추적한 이들의 연구 결과, 미취학 아동(3~5세)일 때 아이의 자기-조절 능력은 성인이 되었을 때 건강, 교육적 성취도, 경제적 후생, 범죄 경력에 대한 하나의 강력한 예측인자가 된다는 것이 나타났다(Moffitt et al., 2011). 또한 이러한 결과는 특히 아이의 자기-조절 점수와 연관되고 사회 계급 같은 변수들에 독립적인 것처럼 보인다. 그들의 연구 내용 중에는 500명의 이란성 쌍둥이를 대상으로 한 연구도 있었다. 이 연구에서는 동일한 부모와 가정 생활을 하는 아이들의 경우에도 5세 때 자기-조절 능력 점수가 더 낮은 아이는 12세 때 학업 성취도가 낮고 반사회적 행동을 하게 될 가능성이 더 높을 것으로 예견되었다. 그들은 형제자매 간 IQ 차이를 통제한 경우에도 결과가 그러하다는 것에 주목한다(Moffitt et al., 2011).

이를 뒷받침하듯이 Moffitt과 Caspi의 연구는 또한 어린 시절 동안의 자기-조절 능력의 향상이 성인이 되어 더 나은 결과를 낳는다는 것을 나타낸다(Moffitt et al., 2011). 그들의 연구는 연구 대상자에서 자기-조절 향상을 낳는 요소들을 확인하지 않았다. 그러나 그들은 조절력 점수가 조금만 향상되어도 더 나은 결과를 낳는다는 것에 주목한다. 끝으로 그들은 조절력의 '핵심 요소'를 이해하는 것이 앞으로의 연구에서 우선 되어야 한다고 결론을 내린다.

어떠한 요소가 자기-조절을 향상시키는가?

앞에서 언급한 바와 같이 스탠포드 대학의 마시멜로 실험은 자기-조절을 가능토록 하는 정신적 전략을 확인하는 것이 목표였다. 덜 알려진 한 연구에서 연구원들은 약한 자기-조절자인 아이에게 간식을 2개 받을 수 있는 기회를 한 번 더 주었다. 그러나 다시 아이를 방에 혼자 두기 전에 연구진은 이 시간을 보낼 '정신적 요령'을 가르쳤다. 연구진들이 아이들에게 가르친 전략은 자극과 반응 사이의 시간 동안 다르게 생각하는 기술(인지 유연성)이었다. 예를 들면 연구진들은 마시멜로를 고른 아이들에게는 마시멜로를 푹신푹신한 구름으로 생각하고, 프레첼을 고른 아이들에게는 프레첼을 작은 갈색 통나무로 생각할 것을 제안했다. 그들은 또한 아이들에게 다른 간식의 자극이 일으키는 특성에 대해 생각하는 등 관심을 다른 곳으로 돌리는 방법을 가르쳤다(마시멜로를 고른 아이들은 짜고 바삭바삭한 프레첼의 맛을 떠올리도록, 프레첼을 고른 아이들은 반대로 마시멜로를 생각하도록 가르침). 실제로 연구진은 아이들에게 자신의 관심을 간식의 유혹적인 특성으로부터 유연하게 옮길 수 있도록 하는 정신적인 도구로 생각을 사용하라고 가르쳤다. 이러한 관심의 이동은 아마도 아이들이 자극받는 수준을 조절하고, 침착함을 유지하고, 원하는 목표를 달성하는 데 도움이 될 것이다.

아이들에 따라 정도는 달랐지만 이 전략은 효과가 있었다. 이러한 정신 전략을 배운 충동적인 아이들은 정말로 다음 번 실험에서 훨씬 자신의 반응을 잘 조절할 수 있었고 심지어 이들 중 몇몇은 원래 강력한 자기-조절자인 아이들만큼의 모습을 보였다(Mischel et al., 1989). 특정 과업에 대해 자극과 반응 사이의 시간 동안 사용할 정신 전략을 배우는 것은 천성적으로 좀 더 충동적인 아이들을 위한 더 많은 수준의 놀이 영역을 만들어 냈다.

최근의 한 연구는 특정 종류의 자기 주도 언어(self-directed language)가 반응 억제를 잘 일어나도록 함을 나타냈다. 연구자들은 아이가 자신의 의도를 말하기 위해 '만약에 ~그러면(if-then)'이나 '~할 때 ~그러면(when-then)' 공식을 사용할 때 작업을 수행하면서 원치 않는 행동을 더 잘 억제할 수 있음을 발견했다. 아이들에게 특정 그림을 보면 키를 누르지만 그림이 소리와 함께 나타날 경우에는 키를 누르지 않아야 하는 어느 컴퓨터 작업을 하도록 하였다. 몇몇 아이들에게는 "나는 그림에 소리가 나면 키를 누르지 않을 거야."라는 간단한 말을 하도록 가르쳤다. 다른 아이들에게는 '만약에 ~그러면' 공식을 사용하여 "만약에 내가 소리를 들으면, 나는 키를 누르지 않을 거야." 라고 스스로에게 말하도록 가르쳤다. 자기 주도 언어에서의 이 차이점은 아이들의 이후 행동에 큰 변화를 낳았는데 '만약에 ~그러면' 공식을 사용한 아이가 자신의 의도를 단순히 말한 아이보다 확연하게 업무를 더 잘 수행하였다(Gawrilow, 2011). 이 '만약에 ~그러면' 공식은 아이에게 작업 기억을 가지고 수행 포인트에서[자극(소리를 들음)과 반응(키를 누르기를 삼가는 것) 사이의 '시간'] 참조를 가능하게 하는 특정한 자기 주도 학습을 제공하였다.

이전 연구들은 단일 업무들에 관한 향상된 자기-조절을 보여주었다. 그러나 총체적인 자기-조절 능력이 행해질 수 있는가? Bodrova와 Leong이 개발한 '마음의 도구' 라는 교육 과정(2007)은 어린 아이들의 EF 발전을 촉진하기 위해 특별히 고안된 유아 교육 과정이다. 도구 접근법에서 아이들은 작업 기억과 반응 억제를 증진시키기 위해 사이몬 가라사대나 **빨간불-초록불**과 유사한 놀이를 한다. 또한 아이들은 많은 극 놀이에 참여하지만 이들의 극 놀이는 대부분의 유치원에서 행하는 극 놀이와는 다른 새로운 방식을 포함한다. 가상 놀이를 하기 전에 아이들은 그들이 무엇을 하고 싶은지 계획을 세워 크게 말한 뒤 그 계획에 따른다. 그들은 놀이 주제를 수행할 때 일부러 그들의 작업 능력 / 내재 언어 및 자기 점검에 의존한다(Bodrova & Leong, 2007). 2007년 Adele Diamond와 동료들의 연구에 따르면 '마음의 도구'라는 교육 과정은 최소한의 비용으로 정규 교실에 일반 교사들과 있는 미취학 아동들의 EF를 향상시키는 것으로 나타났다(Diamond, Barnett, Thomas, & Munro, 2007). 2011년의 논문에서 Diamond와 Lee는 최근 연구에 따라 아이들의 특정한 그리고 일반적인 EF 능력을 발달시키는 데 도움이 되는 것으로 보이는 활동들과 다른 프로그램들을 검토하였다. 이들 프로그램에는 작업 능력을 향상시키는 컴퓨터 기반 프로그램, 운동 프로그램, 그리고 '마음의 도구' 방식과 유사한 학급 교과 과정뿐만 아니라 일반적으로 EF를 향상시키는 무술(태권도) 이 포함된다(Diamond & Lee, 2011).

이처럼 다양한 연구들은 우리가 아이들에게 신중히 그들의 생각, 감정, 행동을 조절하는 방법을 보여 줄 때 아이가 그들의 의도와 목적에 따라 행동할 수 있도록 힘을

실어 줄 수 있음을 제시한다. 최근 하버드 대학 아동 발달 센터에서 발표한 논문에서
는 현재의 연구들을 검토하여 아이들의 자기-조절을 계획적으로 촉진시키기 위해 고
안된 계획에 훨씬 더 많은 노력이 쏟아졌음을 보증할 수 있을 만큼 증거 기반이 강하
다고 결론 내렸다(Center on the Developing Child, 2011).

발달 관점 : 어떻게 자기-조절이 내면화되는가

어떻게 아이들은 그들의 생각에 행동을 종속시키는 법을 배우고 그때그때 주변 상황
에 독립적으로 행동하는 선택권을 획득하는가? 생각에 행동을 종속시키는 것은 집행
기능에서 필수적인 것이므로 아이의 발달에서 이러한 종속화가 어떻게 일어나는지
이해하게 되면 이는 EF를 어떻게 발달시킬 수 있을지 이해하는 데 기초가 될 것이다.

EF 발달은 보편적인 패턴을 따른다 : 외부에서 내부로

Barkley는 이러한 발달이 보편적인 패턴을 따른다는 이론을 세운다. 집행 기능은 처
음에 '외부 세계를 감지하고 통제하기 위해' 작용하는 외부의 좀 더 공공적인 행동들
에서 발생한다(Barkley, 1997). 시간이 지남에 따라 이 행동들은 자신의 행동을 개발
하고 통제하기 위한 수단으로 자기 자신에게 향하게 되고, 이러한 과정 중에 외부적
이며 공공연히 볼 수 있었던 그들의 행동 특성들이 사라지게 된다. 이를 내면화된다고
한다(Barkley, 1997).

러시아의 심리학자인 Vygotsky와 프랑스 심리학자 Piaget는 수십 년 전 이와 유사
한 관찰을 하였다. Vygotsky는 이러한 뇌 기능(그는 이를 고등 정신 기능이라 하였다)이
공동 활동에서 시작하며 그리고 난 뒤에는 개개인에 의해 전유되고 내적 능력으로
바뀌게 되어 아이들이 좀 더 효과적으로 생각, 감정, 행동을 스스로 조절할 수 있도록
이끈다는 이론을 세웠다(Vygotsky, 1978).

언어가 공동 활동으로서의 기원에서 언어적 작업 기억의 내적 능력으로 변화한다고
볼 때 우리는 이러한 원리에 대한 한 예를 볼 수 있다. 언어는 그 기원이 사회적이다.
유아기의 언어 능력은 다른 사람들과 의사소통을 하기 위한 수단으로 존재한다. 이는
유아를 향해 말을 하는 다른 사람들과 함께 시작된다.

클로에의 부모는 일상생활을 할 때 물체의 이름을 부르고 행동을 설명하며 클로에에게 말을 한다. 그들은 또한 클로에의 행동을 지시하기 위해 언어를 사용한다. "안 돼, 클로에. 강아지의 꼬리를 잡아당기면 안 돼." "클로에, 가게에 갈 수 있게 모자 쓰자."

유사한 방식으로 아이는 자신이 인식한 것을 다른 사람들과 공유하기 위해 그리고 다른 사람들과의 사건 과정에 영향을 미칠 수 있도록 하기 위해 언어를 배운다.

"안 갈 거야!" 클로에는 모자를 잡아 당겨 벗으면서 엄마가 자기를 가게에 데리고 가지 않을 수 있도록 엄마에게 말한다.

앞의 예에서 언어는 외적 형태로 존재하고 개개인 사이의 의사소통을 위해 사용된다. Vygotsky에 따르면 2살 즈음이 된 아이는 다른 방식으로 언어를 사용하기 시작한다. 그들은 사회적 말(다른 사람들을 향한 말)을 자신을 향해 안쪽으로 돌린다. 이런 자기 주도적 언어는 작업 기억이 되어 아이가 자기 자신의 활동을 계획하고, 점검하고, 관리하기 위해 내면에 정보를 지니는 능력을 갖게 한다(Vygotsky, 1978).

클로에가 집에서 기르는 강아지에게 다가가면 강아지는 약간 으르렁거린다. "꼬리 잡아당기면 안 돼." 클로에는 자신에게 크게 말한다. "착하다." 클로에가 강아지에게 다가가 쓰다듬자 강아지는 안심하고 클로에에게 몸을 맡긴다.

클로에는 이 단어들을 전에 부모가 자신을 가르쳤을 때 들었지만, 이제는 자신의 행동 지시를 위해 사용하고 있다. 내적으로 표현된 형태의 정보 통제하에 그녀의 행동을 조화시킴으로써 외부의 조절이 덜 필요해졌다. 작업 기억/자기 주도 언어는 클로에를 덜 충동적으로 만든다. 작업 기억/자기 주도적 언어는 그녀에게 즉흥적인 행동보다는 계획을 세우기 위한 전략을 제공한다.

자기 주도적 언어는 아이가 효과적으로 물체 및 환경을 조작할 수 있도록 할 뿐만 아니라 아이에게 인지, 정서, 행동을 조절하는 수단을 제공한다.

클로에가 우유를 쏟자 오빠는 소리를 지르고 그녀는 울음을 터뜨린다. 엄마가 "괜찮아, 우리 걸레 가지고 와서 닦자." 하며 중재에 나섰다. 엄마가 걸레 두 장을 들고 와서 하나는 클로에에게 준다. "클로에, 네가 도와줄 수 있어. 우리 같이 우유 치우자." 클로에는 울음을 멈추고 걸레로 바닥을 닦는다. "클로에, 이걸 보렴." 그녀의 엄마는 말한다. "괜찮아. 우리가 치웠으니까 이젠 괜찮아." 클로에는 웃으며 말을 따라한다. "괜찮아."

이 공유된 상호작용에서 클로에의 엄마는 클로에가 상황에 대한 관점을 바꿔서 감정을 변화시킬 수 있도록 언어를 사용하였다. 우유를 쏟고 1주일 후, 클로에는 다시 우유를 쏟는다. 처음에는 괴로워하는 것처럼 보였으나 이내 이전에 우유를 쏟았을 적에 들은 엄마의 부드러운 말을 자신에게 큰소리로 말하며 반복한다. "괜찮아, 클로에. 닦자, 울지 마." 그녀는 수건을 가지고 오고 감정도 괴로움에서 활기차게 변한다. 자기주도적 언어는 초기 자극과 반응 사이의 내적 '간격'을 여는 역할을 하여 아이가 즉각적인 시각적 영역에는 있지 않은 정보에 접근하는 것을 가능하게 한다(Vygotsky, 1978).

스스로 지시하고 진정하기 위해 유아는 마치 다른 사람들에게 말하는 것처럼 큰소리로 자신에게 말한다. 연구자 Laura Berk(1984)는 이러한 '사적인 말'에 대해 연구하였고 이것이 미취학 아동 구어(spoken language)의 20~60%를 차지함을 발견하였다. 아이가 행동들을 배워 나가게 됨에 따라 사적인 말은 간략해지고 소리는 작아진다(Berk, 1994). 아이들은 단어를 말하기보다는 '단어를 생각하기' 시작한다. 공유된 언어는 내재 언어가 되는 사적인 말이나 언어적 작업 기억이 된다.

발달의 내적 측면과 외적 측면 사이의 역동적인 관계

Barkley는 내재화 및 더 큰 자기-통제로의 이러한 움직임이 크게 보면 본능의 문제라는 이론을 세운다. 그는 "자기-조절 능력은 배우는 것이 아니라 자기-조절에 관한 아이의 성숙한 신경학적 능력(실행 기능) 간 상호작용과 그러한 행동을 자극하고 촉진하며 중요하게 여기는 사회적 환경, 아이와의 상호작용 결과로 나타난다."고 하였다(Barkley, 1997). Barkley는 자기-조절이 전전두엽 피질이 성숙한 결과로 발달된다고 강조한다. 사회적 환경은 집행 기능을 펼치는 데 있어 중요함에도 집행 기능의 존재 이유가 되지는 않는다(Barkley, 1997).

Vygotsky는 자기-조절을 향한 선천적인 동기에 대한 개념에는 확실히 동의하지만 그러한 집행 기능의 전개가 일어나는 사회적 상황에 주의를 돌렸다. EF의 발달 이해에 Vygotsky가 가장 크게 기여한 것은 그가 발달의 내적 측면과 외적 측면 간의 동적인 상관관계를 강조한 점이다. Vygotsky는 고등의 정신 기능이 '사회적으로 형성되고 문화적으로 결정되며' 만약 누군가 아이가 사용 가능한 정신 도구를 바꾼다면 아이의 마음 구조를 바꿀 수 있다고 믿었다(Vygotsky, 1878). 현대 신경심리학적 연구에 따르면 뇌의 발달에 확연한 가소성이 있음이 나타나 Vygotsky의 이론에 신빙성을 더했다. 집행 기능을 하는 기술들이 유전적·환경적 파괴에 취약하게 하는 뇌 신경 가소성은 이들 기술이 성공적으로 발달할 수 있도록 능동적으로 촉진시킬 가능성도 지닌다(Center on the Developing Child at Harvard University, 2011).

근접 발달 영역

Vygotsky 이론의 중요한 점은 발달과 학습 간의 상관관계를 이해한 것이다(Vygotsky, 1978). 그는 학습이 발달의 원인이 된다고 믿지 않았고(행동학적 이론은 이를 지지할 수도 있다) 학습이 발달을 뒤따라야만 한다고 믿었다(보편적인 발달학적 단계 이론은 이를 지지할 수도 있다). Vygotsky의 이론에서 가장 중요한 특성은 발달이 지연되어 학습 과정보다 뒤쳐지게 되면 이러한 순서가 근접 발달 영역(zone of proximal development, ZPD)을 낳는다는 것이다.

Vygotsky(1978)에 의하면 어떠한 새로운 능력의 발달은 ZPD의 경계 안에서 일어난다.

수많은 기술들이 발달적 준비가 된 아이의 영역 바깥에 존재한다. 이와 동시에 아이들이 스스로 확실하게 보일 수 있는 기술들이 있다—아이의 독립적 수행 수준(Level of Independent Performance). (마시멜로 실험은 연구자가 자기-조절에 대하여 아이의 독립적인 수행 수준을 평가하는 것을 가능하게 하였다. 성인이 없이도 간식 2개를 기다릴 수 있는 아이들은 자신의 생각, 감정, 행동을 독립적으로 다루는 자기-조절 능력이 성숙한 수준에 도달한 것이다.)

그러나 외부의 도움이나 보조가 있어야만 아이들이 수행할 수 있는 기술들도 존재한다. 이것이 보조받는 수행 수준(Level of Assisted Performance) 또는 근접(가까운, 인접한) 발달 영역이다(마시멜로 연구의 연구진이 좀 더 충동적인 아이들에게 '정신적 요령'을 가르치자 아이들의 이후 행동들은 보조받는 수행 수준에 대한 정보를 드러냈다). 우리는 이러한 보조를 받는 행동들을 아이의 독립적 수행 수준의 일부가 될 잠재성을 지닌 '새로운' 능력으로 생각할 수 있다.

Vygotsky는 '아이가 사람들과 상호작용하고 있는 중에만 작동할 수 있는 다양한 내적 발달 과정을 학습이 일깨운다'는 점에서 적절히 체계화된 학습은 발달을 이끌 수 있다고 믿었다(Vygotsky, 1978). 예를 들어 2살 된 클로에는 스스로 양말을 신으려 하지만 발뒤꿈치까지만 양말을 잡아당길 수 있다. 그리고 클로에는 발뒤꿈치는 맨살인 채로 그리고 양말은 발가락 앞에서 덜렁거리는 채로 걸어 다닌다. 클로에는 앉아서 양말을 좀 더 끌어당겨 보려 하지만 실패한다. 이때 엄마는 클로에가 끙끙대는 것을 보고 언어를 사용하며 쉽게 양말 신는 방법을 알려 준다.

> "클로에, 보렴. 양말엔 발가락과 발꿈치가 있어. 여기가 양말의 발가락이야." 엄마는 양말을 모아서 발가락이 더 잘 들어가도록 만들며 말한다. "먼저 양말의 발가락에 네 발가락을 넣는 거야." 클로에는 자신의 발가락을 양말의 발가락 부분에 넣는다. 클로에의 엄마는 그 뒤 양말을 클로에 발뒤꿈치까지 끌어당긴다. "여기가 양말의 발뒤꿈치야. 여기에 발뒤꿈치가 들어간단다." 엄마는 클로에의 발뒤꿈치를 간신히 덮을 만큼 양말을 끌어당긴다. "자, 이제 클로에가 양말을 끌어당겨 보렴." 클로에는 양말을 제자리에 끌어당기고 미소 짓는다.

클로에는 엄마가 말하는 것을 다 이해하지는 못한다. 다음에 클로에가 양말과 씨름하고 있을 때 그녀의 엄마는 "기억하렴, 발가락이 먼저야."라고 말할 것이다. 이 공유된 언어는 클로에의 작업 기억을 도와주고 양말을 신을 때 전략이 있음을 상기시켜 준다. 클로에는 비생산적인 분투를 멈추고(반응 억제) 다른 방법들을(인지 유연성) 고려할 수 있다(작업 기억). 처음에는 여전히 양말 신는 과정을 시작하는 데 도움을 필요로 한다. 그녀의 엄마는 양말 신는 방법을 보여 주고 도와줄 때마다 언어를 축약된 형태로 반복한다. 마침내 클로에는 말로만 도와주어도 그 일을 할 수 있게 된다. "클로에, 기억하렴. 발가락, 뒤꿈치, 당기는 거야." 그리고 마침내 그녀는 스스로 행동을 이끌기 위해 같은 말을 사용한다.

이 예에서 우리는 학습이 어떻게 발달을 이끄는지 볼 수 있다. 마침내 클로에는 시도와 오류를 경험하며 스스로 양말을 신는 방법을 이해하게 된다. 그리고 이 활동을 엄마와 공유함으로써 즉흥적으로 행동하기보다 계획을 세우는 전략을 배운다. 엄마는 그녀에게 그 활동이 두 부분으로 나뉨을 보여 주었다. (1) 언어를 통해 문제를 해결할 방법을 확인하고, (2) 행동을 통해 해결책을 실천하는 것이 그것이다. 직접적인 조작은 시간이 미뤄진 내부 동기 부여와 상호작용이 그들의 발달 및 인지를 촉진하는 복잡한 심리학적 과정으로 대체된다(Vygotsky, 1978).

외부로부터 내부로의 이동에 대한 관점에서 아이의 ZPD는 능력들이 여전히 외부의, 그리고 공유되는 형태로 존재하는 곳이다. 아이가 독립적인 수행 수준에 도달하면(클로에가 스스로 양말을 신는 방법을 배우고 나면) 그 행동은 내면화되었다고 하며 아이는 더 이상 그 행동에 대해 외부의 도움을 필요로 하지 않는다.

미래의 아이

능력들이 여전히 ZPD에서 외면화된 형태로 존재하는 동안 우리는 이들 능력을 통해 Vygotsky가 '미래의 아이(the future child)'라고 부르는 것을 어렴풋이 엿볼 수 있다. 클로에가 스스로 양말을 신으려고 시도하는 것을 보고 엄마는 클로에가 발달학적으로 어디를 향해가고 있는지 어렴풋이 알 수 있다. 클로에의 엄마는 아이가 스스로 양말을 신는 법을 배울 때라고 해서 학습 계획 실행을 독립적으로 정하지 않는다. 대신 그녀는 클로에의 ZPD 내에서 이미 나타나고 있는 과정들에 반응한다. 클로에의 행동은 자신이 지금 발달학적으로 어디에 있는지를 드러내며 그녀의 어머니는 미래의 능력을 향한 클로에의 움직임을 직관적으로 돕는다. 그녀는 미래의 아이와 상호작용하는 것이다.

Vygotsky에 따르면 사람들은 아직 성숙하지는 않으나 곧 성숙해질 잠재력을 지닌 기술 및 기능들에 반응하며 ZPD 내에서 미래의 아이와 상호작용할 수 있는 기회를 갖는다. 그리고 그는 어린 시절의 활동 중 한 가지가 미래의 아이를 관찰하고 상호작용하기에 특히 적절하다고 믿었다. 그 활동이 놀이이다.

자기-조절 능력의 발달에 있어서 놀이의 역할

Barkley는 인지 유연성의 집행 기능[그는 이를 재구성(reconstitution)이라 하였다]이 놀이라는 외부의 관찰 가능한 행동에서 발생한다는 가설을 세운다. 유아는 물리적 대상(놀잇감이나 일상적인 물체)을 가지고 노는 것으로 시작한다. 유아들은 이들 놀잇감/물체를 집어 올리고 모든 감각을 사용하여 그 특성을 탐구한다. 또한 유아들은 물체를 조작하거나 종종 떨어뜨려 새로운 방법으로 사용한다.

이런 물리적 대상을 가지고 노는 외현적 놀이는 학령 전기가 되면 성인들을 흉내 내며 소꿉놀이, 가게 놀이, 의사 놀이를 하는 역할극으로 변화하게 된다. 이 가상 놀이에서 물리적 대상은 여전히 중요하다. 이들은 나중에 아이들이 연기하는 역할과 내적으로 상상한 주제의 대상인 소도구가 된다.

클로에는 2살이 되자 인형을 가지고 부모님의 양육 행동을 흉내 내며 논다(옷을 갈아입히거나 유모차 안에 인형을 넣고 유모차를 끌거나 한다). 이날 클로에는 인형과 놀다가 아빠가 통화를 마치고 전화를 커피 테이블 위에 놓는 것을 본다. 클로에는 블록이 들어 있는 박스로 가서 블록 하나를 집어 들고는 그것을 귀에 가져다 댄다. 그녀의 아빠는 이를 발견하고 클로에를 향해 미소 짓는다. 그는 전화기를 들어 귓가에 댄다. "클로에, 안녕." 아빠가 말한다. "클로에니?" 그녀는 고개를 끄덕인다.

클로에는 이전 놀이와는 완전히 다른 블록을 사용하기 시작했다. 그녀는 '마치' 블록이 전화인 양 행동하고 있다. 그녀의 행동은 문제를 해결하기 위한 의도적인 시도이다. 그녀는 아빠의 행동을 따라하고 싶지만 가지고 놀 장난감 전화기가 없다. 가장 인지적으로 명확한 환경적 측면으로 눈길을 돌리기보다(예 : 아빠의 전화를 사용하려한다) 문제를 해결하기 위하여 안쪽으로 주의를 돌린다(Bodrova & Leong, 2007). 그녀의 행동은 더 이상 즉각적인 인지 영역만에 의해 조절되지 않는다. 그녀는 내적 관념에 따라 행동하고 있다.

"클로에는 무얼 하고 있니?" 아빠가 말한다. "아가를 돌보고 있어?" 클로에는 여전히 블록을 귓가에 댄 상태로 "응."이라고 말한다. "클로에의 아기는 책 읽기를 좋아하니?" 클로에는 다시 고개를 끄덕인다. "아기를 여기로 데리고 오면 아빠가 클로에랑 클로에 아가한테 책을 읽어 줄게." 아빠는 전화기를 든 채 이렇게 제안한다. 클로에는 블록을 쥔 채 인형을 들고 아빠에게로 간다. "여기 테이블 위 아빠 전화기 옆에 전화기를 둘까?" 클로에는 테이블 위에 블록을 놓고 이야기 속으로 빠져든다.

클로에의 아빠는 그녀가 블록을 새로운 용도로 사용하는 것을 보았을 때 '미래의 아이'를 흘끗 보게 되고 클로에를 좀 더 높은 수준의 놀이로 안내한다. 그녀는 아빠의 인도를 따를 수 있고 '마치' 전화로 대화하듯이 아빠와의 대화에 참여하여 그 인도에 반응한다. 아빠는 클로에와의 이런 상호작용을 '단순한 놀이'로 볼 수도 있지만 그녀는 그날 발달적으로 큰 진전을 한 것이다. 이러한 종류의 놀이(내적으로 떠올린 생각으로 노는 것)가 그녀의 일상적인 생활의 한 부분이 되기까지 오래 걸리지는 않을 것이다.

그로부터 1년 후, 클로에의 유치원에서의 하루 대부분은 가상 놀이가 차지한다. 클로에와 또래 친구들은 이제 '함께 놀기'에 더 익숙해진다. 이 가상 놀이에서 물리적 대상은 여전히 중요하지만 이들은 대개 내적으로 상상한 주제나 아이들이 연기하는 역할의 대상이 되는 일종의 소도구로서 기능한다. 그러나 놀이는 여전히 외부 현실과 연결되어 있다. 미취학 아동들의 놀이는 그들이 일상생활에서 관찰하는 외부 현실을 모방한 것이다.

그러나 놀이는 곧 일상 놀이 주제와 역할이 추상적인 가상 놀이(해적, 우주선, 군인)가 되면서 더욱 내면화된다. 좀 더 나이를 먹은 아이들은 물리적인 소도구 없이 놀 수도 있다. 이들은 자신이 칼, 우주 식량, 총 또는 군대 식량을 '가지고 있다고 상상하는' 인지 유연성을 갖추고 있다. 이들의 활동은 확연하게 외부의 물리적 대상보다 내적 관념에 집중되어 있다. 그들은 특정 가상의 주제와 관련된 아이디어로 '놀며' 몇 시간에서 며칠까지도 보낼 수 있다. 이 놀이의 한가운데를 차지하고 있는 것은 그 아이디어이다. Barkley(1997)에 따르면 성숙해진 형태의 놀이는 행동 상황들을 은밀히 재연하는 등 아이디어를 분석하고 만들어 내는 능력(재구성 또는 인지 유연성)으로서 완전히 내면화된다. 즉, 성숙해짐에 따라 우리는 선택하여 행동하기 전에 아이디어와 가능성으로 놀이를 할 수 있다. 이러한 인지 유연성은 우리의 일상생활에서 높은 수준의 자기-조절이 가능토록 한다.

인지 유연성이 가상 놀이의 큰 부분을 차지하지만 또래와의 가상 놀이 또한 다른 집행 기능들을 많이 요구한다. 또래 아이들과 함께 가상 놀이를 하기 위해 아이는 먼저 어떠한 놀이를 하고 각자 무슨 역할을 맡을지 계획을 세우며 서로 이야기한다. 그들은 그 계획을 염두에 두기 위해 작업 기억을 활용한다. 그들은 역할을 맡기 위해 행동을 점검하고, 계획과 맞지 않는 행동들을 억제하며, 동시에 상상 속 상황으로 관심을 이동한다. 그들의 가상 놀이는 즉흥적이고 자유로워서 격식을 차리지 않은 구경꾼처럼 보이는데 사실 어떠한 놀이 형태의 공상적인 상황은 이미 행동 규칙을 포함하고 있다

(Vygotsky, 1978). 자기-조절 수준은 그들이 일반적으로 다른 일상 활동을 할 수 있는 것보다 더 높다. Vygotsky에 따르면 놀이 자체는 근접 발달 영역을 만들어 내는 학습의 장이 된다. 놀이에서 아이는 항상 자신의 평균 나이, 자신의 일상적인 행동 수준을 뛰어넘어 행동한다. 또한 놀이를 할 때 아이는 마치 머리 하나는 더 커진 것처럼 보인다(Vygotsky, 1978).

놀이에 의해 촉진되는 자기-조절 능력의 발달은 **빨간불-초록불** 놀이같이 좀 더 나이가 있는 아이들의 전통적인 놀이에서 더 명확하게 나타난다. 이런 게임들은(표 20.2를 참조하라) 신흥 기능들을 외적으로 지지하는 공동 활동으로서 기능한다.

토요일 오후, 5살이 된 클로에는 아빠와 오빠의 공놀이에 참여했다. 게임을 지켜보는 것은 클로에의 흥미를 끌지 못했고 그녀는 지겨움에 가만히 있기 힘들어 훌쩍이기 시작했다. 클로에와 아빠는 아빠의 친구가 두 명의 딸(8살 사샤, 9살 리타)를 데리고 오자 안도한다. 나이가 많은 두 여자아이들은 같이 놀자며 클로에를 부르고, **빨간불-초록불**(*Red Light-Green Light*) 게임을 하기 위해 다른 아이들을 모은다.

빨간불-초록불 같은 게임의 경우 관찰과 조절이 게임의 주된 목적이 된다. 이 게임의 가상적인 측면은 매우 적다. 실제로 빨간 불도 없으며, 어떠한 종류의 소도구도 없다. 놀이의 외적인 장식은 더 이상 중요하지 않다. 중요한 것은 놀이를 하는 사람의 내적 능력이다. 이것이 외부에서 내부로의 움직임을 일으키는 전부이다.

무리에서 가장 어린 클로에는 충분히 빠르게 움직임을 멈추지 못하거나 멈춰 있는 상태에서 자세를 유지하지 못하고 휘청거려 출발선으로 자주 되돌려 보내진다. 그러나 그녀는 계속 놀이에 참여하고 게임을 하는 능력이 향상된다. 오빠의 공놀이를 보거나 관중석에서 놀이를 구경하는 것보다 놀이를 하는 것을 훨씬 좋아하게 된다.

관중석에서 아빠와 함께 오빠가 공놀이 하는 것을 보고 있을 때 클로에의 자기-조절 수준은 전형적인 5살 아이의 것이었다(지겨움에 몸을 가만히 두지 못하고, 수다스러웠으며 모든 관중석 위를 타고 넘어 다녔다). 잠시 후 클로에가 게임을 할 때 우리는 행동 조절 수준이 훨씬 높아진 것을 보게 된다. 마치 두 명의 다른 여자 아이를 보는 것 같다. 그때 게임 능력을 향상시키고 싶어하는 클로에의 열망에서 우리는 미

표 20.2 전통적인 아동기 놀이와 집행 기능

많은 전통적인 아동기 놀이들이 **작업 기억**과 **반응 억제**의 집행 기능들을 두드린다. 몇몇 연구자들은 **작업 기억 및 억제 조절**(working memory and inhibition control, WMIC)을 EF의 핵심을 형성하며 실질적으로 불가분한 구성 요소로 본다.

게임	필요한 집행 기능
Mother, May I? (엄마, 나 이거 해도 돼요?)	**1. 반응 억제[우세 반응(prepotent response)의 억제]** 자연적인(우세한) 반응은 움직이는 쪽으로 반응하는 것이다("*크게 한걸음 내딛어라.*"). 놀이를 하는 사람은 적절한 구두 신호("*네, 해도 돼요*")가 있기 전까지 이 반응을 억제해야 한다. **2. 작업 기억** 놀이를 하는 사람은 어떠한 행동이든 취하기 전에 Mother, May I?(*엄마, 나 이거 해도 돼요 ?*)하고 물어 봐야 함을 기억해야 한다. 또한 "*아니요, 하면 안돼요.*"라는 구두 신호에 따라 모든 지시 사항은 버리고 "*네, 해도 돼요.*"라는 구두 신호 직전의 지시 사항을 따르며 지속적으로 작업 기억을 새롭게 갱신해야 한다.
Red Light-Green Light (빨간불-초록불)	**1. 반응 억제(진행 중인 반응의 중단)** 놀이를 하는 사람들은 *Green Light*라는 구두 단서가 주어지면 반응을 시작한다(앞으로 이동함). 그들은 *Red Light*라는 단서가 떨어지면 그 즉시 하고 있었던 행동을 완전하게 멈추어야 한다.
Statues (조각상 게임)	**1. 반응 억제(진행 중인 반응의 중단)** 술래에 의해 빠르게 돌고 난 뒤 잠시간 지속적이고 자유로운 움직임을 하다 이 반응을 완전히 멈추어야 한다('조각상'이 되는 것). **2. 반응 억제(지연 기간을 지키는 것)** 그리고 난 뒤 놀이를 하는 사람들은 연장된 시간 동안 모든 행동(말하는 것도 포함)을 계속 멈춘 상태로 있어야 한다. 이때 개개인은 촉각적 신호에 반응하여 행동을 개시해야 하고(조각상이 '켜지는' 것을 말함), 다른 촉각적 신호에 의해 모든 반응을 다시 멈추어야 한다(조각상이 '꺼지는' 것을 말함). 이들은 'off' 상태일 때 리더의 말, 다른 조각상의 행동, 내적으로 불편한 상태(가려움, 근육이 지침) 등 다른 모든 자극들을 무시해야 한다.
Freeze Tag (얼음 땡)	**1. 반응 억제(진행 중인 반응의 중단)** 놀이를 하는 사람들은 촉각적 신호에 반응하여 모든 움직임을 멈추어야 하고(술래가 칠 때) 다른 촉각적 신호(놀이를 하는 다른 사람이 칠 때)를 받기 전까지는 모든 움직임을 멈춘 채로 있어야 한다.
Simon Says (사이먼 가라사대)	**1. 작업 기억** 놀이를 하는 사람들은 "사이먼 가라사대(Simon Says)"라는 신호와 함께 말하는 지시 사항에만 반응해야 한다. 이들은 작업 기억으로부터 그 외의 다른 모든 지시 사항을 버려야 하고 적절한 신호와 함께 주어진 지시 사항에만 따라야 한다. **2. 반응 억제[우세 반응(prepotent response)을 억제하는 것]** 놀이를 하는 사람들은 다양한 명령에 자연스럽게 반응하려는 것을 억제해야 하고(펄쩍 뛰기, 혀 내밀기), 올바른 구두 신호("사이먼 가라사대. 혀를 내밀어라.")에 뒤이어 나온 명령에만 반응해야 한다. 술래는 놀이를 하는 다른 사람들이 즉각적으로 반응하도록 의도적으로 이들을 속이려 한다.

래의 클로에를 볼 수 있다. 이 게임에서 행동 관찰은 클로에의 ZPD 내에서 일어나고 결국 클로에는 이를 내재화시켜 놀이가 아닌 다양한 상황에서 행동을 자기 점검할 수 있는 능력을 갖추게 될 것이다.

평가 및 치료 전략 : 영역 내에 머물기

아동의 자기-조절 능력 발달은 개인 간에 큰 차이가 있다. 이는 특히 학교에서 명확한데 학교 구조는 학습적, 행동적, 사회적으로 아이들의 집행 기능을 강하게 요구하기 때문이다.

몇몇 아이들은 클로에처럼 학교에 들어가서 이러한 요구를 충족시키기에 이미 잘 적응되어 있다. 그러나 모든 아이들이 클로에처럼 운이 좋은 것은 아니다. 아이들은 다양한 이유로 EF 발달 지연을 경험한다. 주의력 결핍 과잉 행동 장애(ADHD), 자폐 스펙트럼 장애, 학습 장애, 불안 장애와 같이 유전적으로 기반된 경우는 EF의 발달 지연 및 발달 파괴와 관련이 있는 것으로 알려져 있다. 하버드 대학의 아동 발달 센터에 따르면 이러한 해로운 환경은 '유독한 스트레스의 뇌 구조 발달에 대한 파괴 효과' 때문에 집행 기능의 발달을 해칠 수 있다(Center on the Developing Child, 2011).

위에서 언급한 조건에 속하는 아이는 발달 중 어떤 단계에서 정신 건강 전문가의 도움이 필요할 가능성이 높다. EF의 발달과 ZPD에 대한 지식은 이러한 아이들에게 필요한 것에 놀이치료자가 적절히 대응할 수 있도록 한다. 특히 학습과 발달 간의 역동적 관계에 대한 Vygotsky의 이론은 (1) 평가 과정과 (2) 치료 개입을 안내하여 놀이치료자가 발달적으로 세심한 치료 계획을 세울 수 있도록 돕는다.

평가

자기-조절 능력의 전통적인 평가는 아이의 수행 성과를 정적인 용어(아이의 **독립적 수행 성과의 수준**)로 설명하고 아이를 행동적 기대 사항을 충족하는 다른 또래 아이들과 비교한다. 예를 들면, 미취학 아동의 평가에서 아이의 학업적 기술은 제대로 발달하고 있지만 다른 아이들을 자주 밀치고 때리기 때문에 행동적으로는 다른 아이보다 느리다고 할 수도 있다. 이런 평가는 흑백 논리적이어서 아이가 할 수 있는 것과 할 수 없는 것을 독립적으로 설명한다. 이는 **보조를 받는 수행 성과 수준** 내에 있는 여러 행동들을 무시한다.

　평가 목적이 앞으로의 중재를 가이드하기 위한 것이기 때문에 아이의 독립 수행 성과 수준보다는 아이의 보조받은 수행 성과의 수준을 이해하는 것이 사실상 더 중요하다 (Vygotsky, 1978). 마시멜로 연구에서 충동적인 아이들(실제 발달 수준으로는 필요한 자기-조절을 할 수 없음)이 다양한 정신 전략을 배웠을 때 그들의 수행 성과가 바뀌었다는 것을 상기하라. 실제로 연구진은 아이들의 보조받은 수행 성과 수준(또는 잠재적 발달 수준)을 관찰할 수 있었다. 특정 아이가 어떻게 다양한 종류의 도움에 반응하는지에 대한 지식은 우리가 아이의 잠재적인 발달을 돕고 앞으로 발달할 수 있도록 이끌기 위해 중재법을 고안하는 데 도움이 될 수 있다.

　그러므로 역동적 평가는 ZPD의 보조받은 수행 성과 수준 내에서 부상하는 능력들에 초점을 맞춘다. 역동적 평가는 새로 나타나는 EF를 입증하는 것을 추구하므로 미래의 아이를 들여다 볼 수 있도록 한다. 역동적 평가의 목표는 어떠한 종류의 공동 활동(학습 활동)이 현재 수준에서 아이와 연결되고 아이를 다음 발달 수준으로 나아갈 수 있도록 할 것인지를 확인하는 것이다.

- 역동적 평가는 아이의 독립적인 기능 수준에 대한 정적인 설명을 뛰어넘어 아이의 보조받는 수행 성과 수준을 완전히 탐구한다.
- 역동적 평가는 문제를 나타내는 상황을 뛰어넘고 아이의 잠재력을 완전히 탐구하기 위해 다양한 상황에서 목표 행동을 고려한다. 이는 다음과 같은 질문을 한다. 아이는 어떠한 상황에서 원하는 행동을 보일 수 있는가?
- 역동적 평가는 놀이를 수반하는 상황들을 포함한다. Vygotsky가 주목한 바와 같이 놀이는 특히 우리에게 '미래의 아이'의 모습을 제공하기에 적합하다. 즐거운 상황은 그렇지 않으면 알 수 없었을 아이의 잠재력에 대한 정보를 낳는다. 그러므로 놀이를 하는 아이를 관찰하는 것은 어린 아이에 대한 역동적 평가의 필수적인 부분이 된다.
- 역동적 평가는 부분적으로 발달된 행동이나 새로운 행동을 기대하며 완전히 발달한 목표 행동에만 중점을 두는 것은 아니다. ZPD의 유동적인 특성 때문에 적절한 외부의 도움으로 아이가 나타낼 수 있는 목표 능력들은 항상 존재한다. 역동적 평가는 자기-조절이 점진적인 과정이고 조금씩 발달이 일어날 수도 있음을 인지한다.

- 역동적 평가는 높은 수준의 기능을 드러낼 수도 있는 새로운 상황들(공동 활동)을 만들어 낸다. 아이가 목표 행동을 수행할 수 있는 상황을 발견하면 이는 다른 상황에서 아이에게 어떠한 종류의 외부 도움이 될 수 있는지 중요한 정보를 낳는다.

치료

학습과 발달 간의 역동적 관계에 대한 Vygotsky의 이론은 성인들(놀이치료자, 교육자, 다른 전문가, 부모)이 발달적으로 민감한 자기-조절 능력을 발달시키기 위한 중재법을 만드는 데 도움이 될 수 있다. (주의 : Vygotsky의 이론적 가정은 이 역동적 개념에 기반을 두지 않으며 일반적으로 받아들여지는 다른 이론적 가정들과 구분하는 것이 중요하다. 표 20.3을 참조하라.)

아이의 ZPD에 근거한 치료 개입은 다양한 상황에서 나타나는 집행 기능들을 촉진시키고 지지하는 연속화 및 비계 설정 같은 개념을 활용할 수 있다(표 20.4를 참조하라).

- 연속화(Sequencing)란 ZPD에서 발견되는 부분적인 행동들로 시작하고 거기에서 확장하여 조금씩 단계적으로 이동하는 것을 뜻한다. 예를 들어, 한 아이가 주의를 돌리는 것(작업 기억, 반응 억제, 인지 유연성의 집행 기능에 의존함)에 어려움이 있을 경우, 놀이치료자는 단지 반응 억제에 대해서만 애쓰는 것으로 시작하여 요건들을 추가하기 전에 아이가 그 행동을 조금이라도 습득한 모습을 보일 때까지 기다릴 수도 있다. 연속화의 또 다른 방법은 가장 덜 어려운 상황에서 시작하여 조금씩 어려운 상황으로 이동하는 것이다. 연속화의 목적은 문제가 보이는 상황에서 원하는 행동을 점차적으로 완전하게 수행하도록 하는 것이다.
- 비계 설정(Scaffolding)은 행동을 완전히 수행할 수 있도록 충분한 도움을 제공하고 (그것을 연속화하기보다) 그 뒤 배우는 사람이 점점 숙련될수록 도움을 줄이는 것을 말한다. 클로에의 엄마는 클로에가 스스로 양말을 신을 수 있도록 도와줄 때 비계를 제공하였다. 양말을 신는 일은 바뀌지 않았다. 바뀐 것은 시간이 지남에 따라 그녀가 제공한 외적 도움의 정도이다. 비계 설정을 이해하는 것은 '수행 포인트'의 중재를 고안하는 경우 특히 중요하다.

표 20.3 학습과 발달 간 상관관계 : 기본 가정

학습이 발달을 이끈다

Vygotsky의 이론은 발달과는 동일하지 않지만 학습이 **적절한 상황하에서 발달을 이끌 수 있음**을 강조한다. 근접 발달 영역(ZPD)에 대한 그의 개념은 발달을 촉진하는 데 최적인 환경을 확인하기 위한 토대를 제공한다. 아이의 ZPD에 이미 존재하는 자기-조절 능력에 주목함으로써 관련된 성인들은 도움을 주고 아이의 집행 기능을 발달시키며 아이가 역량 강화 및 자기-조절로의 발달 경로를 따라 나아갈 수 있도록 도울 수 있다.

학습은 발달이다

이와는 대조적으로 성인들이 **학습은 발달**이라는 기본 가정에서 노력할 경우 이들은 원하는 기술/행동의 수행을 가르치고, 연습하고, 강화할 개입 방법을 계획할 것이다. 개입법은 아이의 ZPD 내에 목표 능력이 있는 경우 좋은 결과를 낳을 것이다. 그러나 만약 목표 능력이 아이의 ZPD 내에 없는 경우 *자기-조절* 능력은 발달되지 않을 것이다. 몇몇 행동 변화가 일어날 수도 있으나(특히 아이가 즉각적인 긍정적 또는 부정적 강화를 받아들이는 상황에서) 그 행동은 오로지 *자기-조절* 능력이 발달한 경우에만 다른 상황으로 이동할 것이다. 이는 종종 성인이 관여한 부분에서 좌절을 일으킬 수 있다(아이가 어느 상황에서 행동을 나타내어 발달이 일어났으므로 다른 상황에서도 똑같은 행동을 나타낼 수 있어야 한다고 생각하기 때문이다). 이는 아이가 기대한 만큼 수행하지 못할 때 부적절하게 벌을 주는 것으로 이어질 수도 있다.

발달은 학습이 선행되어야 한다

반면에 만약 성인들이 발달적 성숙은 학습이 선행되어야 한다는 기본 가정에서 노력할 경우 그들은(이상적으로) 발달 수준이 또래 아이들과 같지 않은 아이에게 편의를 제공할 것이다. 예를 들어, 자기-조절 능력이 부족한 아이는 교사가 관찰하고 행동을 지도할 수 있도록 교사의 책상 옆자리에 앉힐 수도 있다.

이러한 편의는 이론적으로 아이의 성숙 정도가 또래 아이들 수준을 따라올 때까지 또는 영구적으로 남아 있다. 이러한 편의가 원하는 결과를 낳지 못할 경우 다음 단계는 아이에게 발달을 촉진시키는 학습 경험을 제공하기보다 아이를 반에서 제외하는 등의 좀 더 심각한 조치가 될 수도 있다(Center on the Developing Child, 2011).

표 20.4 수행 포인트 중재 및 비계 설정

수행 포인트(Point of Performance) Barkley는 나타나는 문제가 특정 상황에 집중될 때(예 : 학교 환경에서의 낮은 자기-조절 능력) 가장 유용한 중재는 자연스러운 환경의 '원하는 행동이 일어날' 수행 포인트에서 도입되는 것이라고 강조한다(Barkley, 1997).

비계 설정(Scaffolding) 수행 포인트에서 특정 행동에 대해 일시적으로 도움을 제공하는 방법이다. 비계 설정으로 과제가 좀 더 쉽게 이루어지지는 않지만 외부의 도움은 조정된다. 처음에 아이는 기대되는 행동을 보일 수 있도록 외부로부터 충분한 도움을 받는다. 비계는 개인 대 개인일 수도 있지만 목표 행동을 수행하는 데 아이를 도와주는 외부 '중재자'의 형태일 수도 있고, 또 이 둘을 조합한 형태일 수도 있다. 외부로부터의 도움은 일시적인 것으로 간주되고 점차적으로 줄어들어 독립적인 수행으로 이어지게 된다(Bodvora & Leong, 2007).

임상 사례 : 아만다

놀이의 치료적 힘, 특히 놀이가 어떻게 자기-조절 능력 발달을 돕는지 입증하기 위해 하나의 예를 제시한다. 아만다의 경우 자기-조절 능력 발달은 그녀가 폭넓은 학급 활동을 즐기고 또래와 가까이 지내면서 유치원 수업에 완전히 참여할 수 있도록 한다. 이 사례에서 우리는 다음을 입증할 것이다.

- 집행 기능의 개념은 아이가 나타내는 문제를 이해하기 위한 토대를 제공한다.
- 아이의 자기-조절 능력의 역동적 평가는 근접 발달 영역을 드러낸다.
- 동적 평가를 통해 얻은 정보는 발달적으로 적절한 중재법을 계획하는 데 사용할 수 있다.

이 사례에서는 아만다를 돕기 위해 여러 명의 전문가가 참여하게 된다. 아만다가 학교에 입학한 해의 담임 교사인 미스 블룸은 전통적인 평가 및 중재 방법을 사용한다. 10월에 반을 맡은 미스 르블랑은 좀 더 역동적인 평가와 중재 과정을 도입한다. 놀이치료자는 발달 과정에 대한 그의 지식(특히 집행 기능과 근접 발달 영역에 관한)을 사용하여 미스 르블랑이 결과를 극대화하기 하기 위해 평가와 중재를 미세하게 조정할 수 있도록 돕는다.

집행 기능의 개념은 아이가 나타내는 문제를 이해하기 위한 토대를 제공한다. 4살의 아만다는 체계 있는 유치원 프로그램의 1학년이다. 아만다는 관심을 돌리는 것과 관련한 EF에 어려움이 있다. (이후에 나올 표 20.5를 참조하라.)

아만다는 반 아이들의 행동에 쉽게 화가 난다. 그녀를 괴롭히는 행동은 그녀와 너무 가까이에 서 있거나, 그녀가 '자기' 의자라고 생각하는 의자에 앉거나, 너무 지저분하게 칠하거나, 너무 큰 소리로 노래를 부르는 등 주로 사소한 것들이다. 아만다는 다른 아이들의 행동을 지시하려는 시도로 반응하는데 만약 이것이 저항에 부딪히면 그녀는 언어적 또는 물리적 공격성으로 반응한다. 그 뒤 교사나 보조 교사가 개입하면 아만다의 공격적인 행동은 종종 고조되어 감정적 '붕괴'에 달한다. 가능한 경우 아만다는 스스로 다른 아이들과 떨어져 혼자 활동하는 것을 선호한다. 또한 그녀는 교사의 지시가 그녀가 빠져 있는 활동을 중지할 때 자주 저항적인 모습을 보인다.

학급의 기대 사항을 충족시키는 아만다의 어려움을 고려하여 미스 블럼은 처음에 전통적인 중재법(미리 알림, 재지시, 칭찬, 보상, 특히 부적절한 행동에 대한 타임아웃)으로 대응한다. 보조 교사는 종종 문제 행동을 방지하려 아만다를 보호하며 또한 그녀가 감정적인 붕괴를 일으키고 난 뒤 그녀를 진정시킨다.

이러한 중재법이 개선의 차도를 보이지 않자 미스 블럼은 아만다의 부모님을 면담에 호출한다. 그녀는 아만다의 부모님에게 자신이 알고 있는 모든 전학업적 기술을 사용하고 있지만 아만다가 학급 규칙을 따르는 능력이 반 친구들보다 뒤쳐져 있다고 말한다. 미스 블럼은 개선할 필요가 있는 두 가지 행동을 발견한다. (1) 다른 사람의 허락 없이 만지지 않는 것과 (2) 교사의 지시에 따르는 것이다.

이것은 아이의 행동 성숙도를 평가하는 전통적인 방법(체크 리스트와 구두 설명으로 아이가 할 수 있고 할 수 없는 것을 평가)이다. 전통적인 평가 방법은 관찰 가능한 행동들과 **독립적 수행**의 기대 수준에 초점을 맞춘다.

아만다의 부모는 놀랐지만(아만다는 집에서 전혀 행동에 문제가 없기 때문이다) 돕고 싶어 한다. 미스 블럼은 아만다의 부모님에게 '일일 보고서'를 보내게 될 것이며 아이의 행동에 따라 웃는 얼굴 또는 슬픈 얼굴의 두 가지 표시를 받게 될 것이라고 말한다. 미스 블럼은 부모님에게 아만다가 웃는 얼굴을 받은 것에 칭찬해 주고, 아만다에게 규칙을 따르는 것의 중요성을 상기시켜 달라고 부탁한다. 또 미스 블럼은 아만다가 슬픈 얼굴 표시를 받아도 아이를 벌하지 말아 달라고 당부한다.

이 중재법의 기본 가정은 아만다에게 학급의 행동 기대 사항을 충족시키기 위한 적절한 동기 부여만 필요하다는 것이다. 이 가정은 아마도 아만다의 학업적 진전도에 기반을 두며 아이가 집에서는 문제가 없다는 사실에도 기반을 두었을 것이다.

아만다는 대부분 슬픈 얼굴을 받아왔고 아만다의 부모는 그녀에게 무슨 일이 있었냐고 물어보지만 그녀를 벌하지는 않는다. 때때로 아만다가 웃는 얼굴을 받아 오면 부모는 그녀를 칭찬해 주고 심지어 그녀에게 특권을 주기도 한다. 그러나 주로 슬픈 얼굴을 받아오는 레포트의 패턴은 계속 이어졌다. 아만다는 부모님이 유치원에서의 하루가 어땠는지 이야기하려고 하면 훌쩍거리거나 울기 시작한다.

진척이 없음에도 불구하고 그 중재법은 계속된다. 레포트는 매일 집으로 보내지고 부모님은 그것을 아만다와 함께 검토한다.

10월에는 미스 블럼이 연장된 출산 휴가를 받아야 해서 미스 르블랑이 반을 맡게 된다. 미스 르블랑은 아만다의 조절력에 대해 자신이 평가하기로 결정한다. 그녀는 어머니를 호출하여 아만다를 잘 알게 될 때까지 일일 레포트를 보내지 않을 것이라고 말한다. 아만다의 엄마는 안도감을 표현한다. 일일 레포트가 부부 간에 문제를 일으키는 원인이 되기 때문이었다(아만다의 아버지는 아이가 개선되지 않는 것에 화가 났고 이렇게 지속되는 잘못된 행동들에 대해 벌을 주어야 한다고 생각한다).

미스 블럼이 아만다의 부모님에게 일일 레포트를 가지고 집에서 학교에서의 행동을 혼내지 말아달라고 당부하였으나, 아만다에게는 동기 부여만 되면 된다는 기본 가정이 부모님으로 하여금 그녀가 고의로 따르지 않는 거라고 느끼게끔 한다. 그들은 아이에게 동기를 부여하기 위해 최선을 다한다고 생각하기 때문이다. 미스 르블랑은 아만다의 조절력을 평가하기로 하였을 때 이러한 가정으로부터 큰 변화를 주었다. 이것은 관찰 가능한 행동에만 관련되기보다는 근본적인 EF와 관련된 능력에 관해 문제 행동들을 생각하는 첫걸음이 된다. (나중에 상담자/놀이치료자가 관심을 돌리는 것에 관해 이러한 능력들을 미스 르블랑이 더 상세히 정의할 수 있도록 도와주게 된다.)

자기-조절 능력의 역동적 평가는 아이의 근접 발달 영역을 드러낸다. 목표 행동을 재구성하는 것에 더하여 미스 르블랑은 평가의 관점도 넓힌다. 그녀는 아만다의 자기-조절 능력을 관찰하기 위해 새롭고 재미있는 상황을 만들어 낸다.

미스 르블랑은 학생들에게 새로운 활동 한 가지를 도입하는데 그것은 **멈춰 & 가**(Stop and Go) 게임이다. 아이들이 원을 만들기 위해 모이면 미스 르블랑은 음악을 튼다. 그러면 아이들은 제자리에 서서 음악에 맞춰 몸을 움직인다. 미스 르블랑이 "멈춰!"라고 말하고 밝은 빨간색의 Stop 사인을 들면 아이들은 그 자리에서 '얼음'이 된다. 아이들이 멈춰 있는 동안 미스 르블랑은 아이들 사이를 걸어 다니며 모든 재미있는 '조각상들'에 대해 코멘트를 한다. 아이들은 그녀가 "가!"라고 말하고 Stop 사인을 그녀의 등 뒤에 둘 때까지 멈춰 있다. 아이들은 1분이 지나면 다시 움직이고, 음악이 멈추면 Stop 사인이 치워지는데 이때 아이들은 이야기를 위해 자리에 앉는다.

멈춰 & 가 게임은 미스 르블랑이 아만다의 조절력의 한 측면인 반응 억제에 대해 평가할 수 있는 상황을 만들어 낸다.

미스 르블랑은 게임을 할 때 아만다가 우수한 조절력을 보일 수 있다는(심지어 몹시 보이고 싶어 한다는) 것에 주목한다. 반을 가르치게 된 뒤 첫 2주 동안 미스 르블랑은 아만다가 주변에 다른 아이들이 없는 경우에만 유난히 지시 사항을 잘 따른다는 것도 관찰한다. 다른 아이들이 근처에 있으면 아이는 그들의 행동에 집중한다. 미스 르블랑은 또한 아만다가 존경하는 것처럼 보이는 셀리아라는 이름의 한 여자아이가 있다는 것을 알아차렸다. 아만다는 절대로 셀리아에게 위세를 부리지 않았다.

그 새로운 게임을 제외하고 아만다는 미스 블럼과 있을 때와 행동하는 데 있어서 차이가 없었다. 아만다의 하루 중 적절한 행동과 부적절한 행동의 비율은 동일했다. 그러나 미스 르블랑은 다양한 상황에서 아이의 행동을 평가하고 상황에 따른 자기-조절 정도를 관찰한다. 미스 르블랑의 이 평가법이 **역동적 평가 방법**이다. 다양한 상황 속에서 아만다의 행동에 주목함으로써 역동적 평가는 바람직한 행동을 끌어내며, 지지하는 데 도움이 될 수도 있는 몇몇 중재법에 대해 주의를 환기시킨다. 다음날 미스 르블랑은 아만다에게 셀리아와 같이 놀 기회를 준다.

센터 타임(center time) 동안 셀리아와 두 명의 다른 아이들(엠마와 드류)은 '집' 놀이를 하기로 한다. 미스 르블랑은 아만다가 그들이 노는 모습을 보고 있다는 것을 알아차린다. 그녀는 아만다에게 저들과 같이 집 놀이를 하고 싶은지 물어본다. 아만다가 고개를 끄덕거리자 그녀는 아만다를 아이들이 노는 곳에 데리고 가서 옆으로 비켜나 아이들이 역할을 정하는 것을 관찰한다. 엠마는 엄마이고, 드류는 아빠이고, 셀리아는 큰언니이다. 아만다는 자기는 아기 역할을 하고 싶다고 말한다.

셀리아는 아만다에게 바닥에 앉으라고 한 뒤 그녀에게 '빨대 컵'을 준다. 다른 아이들이 테이블에 접시를 놓고 오븐 위에서 요리를 하는 척하는 동안 아만다는 컵을 들고 마시는 척한다. 아만다가 식사에 대해 제안하자 셀리아는 아기는 아기 말만 써야 한다고 말한다. 아만다는 이 지시에 따랐을 뿐만 아니라 그대로 바닥에 앉아 있었다. 셀리아는 그녀의 머리를 쓰다듬고는 "착하지."라고 말한다. 아만다는 미소 짓고 더 많은 아기 말로 반응한다. 다른 아이들은 놀이를 계속한다.

미스 르블랑이 나중에 돌아와서 확인했을 때 그녀는 아만다가 의존적인 역할을 요청했을 뿐만 아니라 10분 이상 아이들의 기대 사항에 협력하고 있었다는 사실에 놀라워했다(아만다는 주로 다른 아이들을 지배하려든다).

미스 르블랑은 계속해서 다양한 상황에서의 정보를 모았고, 이는 아만다가 자신의 행동을 조절하는 능력을 더욱 깊이 이해할 수 있도록 했다. 그녀는 이 정보를 유치원장과 공유했고 유치원장은 미스 르블랑이 훈련된 놀이치료자인 정신 건강 상담사의 도움을 받을 수 있도록 자리를 주선했다.

놀이치료자는 10월 말에 유치원장을 만나 아만다의 행동과 이전 중재법에 대한 이력을 듣는다. 그는 멈춰 & 가 게임을 포함하여 교실에서의 아만다의 모습을 1시간 동안 관찰한다. 그는 미스 르블랑을 짧게 만나 아이의 반응을 약간 다른 상황에서 관찰하기 위해 게임을 일부 바꿀 것을 제안한다.

　놀이치료자가 제안한 변화는 신호를 주기 전에 아이의 이름을 불러서 한번에 Stop 신호를 한 아이에게 집중시키라는 것이다. 단지 지목된 아이만 '얼음'이 되어 있고 다른 아이들은 계속해서 음악에 따라 몸을 움직이게 될 것이다. 멈추라는 말에 의한 지연된 기간 동안 미스 르블랑은 그 아이에게 다가가 조용히 신호를 받고 멈춰 있을 수 있는 능력을 칭찬하며 아이를 풀어 주기("가!"라고 말하고 Stop 사인을 다시 등 뒤로 가져감으로써) 전에 짧은 질문을 하게 될 것이다.

놀이치료자는 미스 르블랑이 그녀의 역동적 평가를 미세하게 조절하고 EF 관련 능력들에 대한 정보도 더 많이 모을 수 있도록 도움을 주고 있다. 미스 르블랑에게 원래 (모든 아이들이 반응하는) 멈춰 & 가 게임 진행 중에 반응을 중단하는 능력을 평가하기 위한 상황을 제공한다. 새로운 상황(한 번에 한 아이가 반응을 억제함)에서는 더 높은 수준의 자기-조절이 요구된다. 지목받은 아이는 행동을 억제해야 할 뿐만 아니라 (1) 산만함 속에서(다른 아이들은 행동을 계속함) 지연 기간을 지켜야 하고 (2) 음악과 다른 아이들의 움직임으로부터 교사과의 대화에 일시적으로 주의를 옮겨야 한다. 이러한 새로운 상황에서 아만다의 행동은 교실에서의 특정 문제(다른 아이들의 행동에서 벗어나 교사의 말로 주의를 돌리는 것)와 관련된 정보를 낳을 것이다.

11월 말에 놀이치료자는 미스 르블랑을 한 번 더 만난다. 그녀는 아만다가 게임 상황 속에서 반응을 억제하고 주의를 돌릴 수 있다고(심지어 다른 아이들이 행동을 계속하고 있을 때에도) 하였다.

타임아웃 절차에 대한 학교의 대대적인 변화로 인해 교실에는 또 다른 변화가 일어나게 된다. 각각의 유치원 교실에는 이제 '편안한' 의자(아이의 크기에 맞는 의자)가 있다. 그 의자 옆에는 곰 인형, 촉감 책, 부드러운 담요, 아이들이 자기 진정을 위해 이용할 수 있는 물품들이 담긴 통이 있다. 아만다가 감정적으로 화가 나서 진정할 필요가 있으면 보조 교사는 이제 그녀를 편안한 의자로 데리고 간다. 아만다는 보조 교사와의 직접적인 상호작용 없이 이러한 물건을 사용하여 스스로를 진정시킬 수 있다.

이 편안한 의자는 아만다의 ZPD에 대해 추가적인 정보를 제공한다. 이는 그녀가 이용할 수 있는 다른 종류의 외부 도움을 보여 준다. 사람 대 사람으로 제공받았던 비계의 일부를 제거하고 대신 매개체를 사용하는 방법은 아이들이 더 많은 성인들의 관리가 필요할 상황에서 독립적으로 수행할 수 있도록 도움을 주는 외적 수단이다 (Bodrova & Leong, 2007).

역동적 평가로부터 얻은 정보는 발달적으로 적절한 중재법을 계획하는 데 사용된다. 미스 르 블랑이 모은 모든 정보로 그녀와 놀이치료자는 아만다의 어려움과 아이에게 필요한 것에 대해 이전 교사보다 더욱 상세히 이해할 수 있게 된다.

미스 르블랑이 평가의 일부로 시도했던 변화들은 그들에게 유용했지만 그저 아만 다가 다양한 상황에서 자기-조절 능력을 보였기 때문에 이제 자발적으로 이러한 기술들을 문제 상황에 적용할 것이라고 가정하는 것은 적절하지 않을 수 있다. 역동적 평가에서 정보를 수집하고 '수행 포인트'에서 필요한 외부 지원을 구축하는 것은 필수적이다.

미스 르블랑과 놀이치료자는 만나서 아만다의 행동에서 그들이 보고 싶은 변화들에 대한 중재 목표를 세운다. 그들은 아만다가 자신을 괴롭히는 무엇인가를 다른 학생이 행동할 때 보이는 언어적·신체적 공격성을 목표로 하기로 결정한다. 놀이치료자는 문제 행동의 기초가 되는 정신 과정을 향상시키는 데에 집중하여 목표를 세울 것을 추천한다. 그들은 함께 다음의 목표를 세운다. 아만다는 다른 아이들의 행동에 의해 괴로워하는 상황에서 관심을 돌리는 능력[표 20.5 참조]을 개선하게 될 것이다.

표 20.5 관심의 이동

성숙한 자기-조절은 변화하는 사건과 새로운 정보에 대한 책임 안에서 자신의 관점과 행동을 바꿔야만 하는 것을 의미하는 관심의 이동 능력을 요구한다. 그것은 (1) 자기 점검(개인이 지속하는 반응이 상황에 적합한 것인지를 결정하기 위한 작업 기억의 사용), (2) 만약 적합하지 않다면 지속하는 반응을 중단하는 것, 그리고 (3) 인지와 행동의 유연성(심사숙고하여 인지나 행동의 대안적인 방법을 선택하는 것)을 수반한다.

　관심의 이동에 어려움을 가진 아동들에게 교실에서의 행동적 기대는 좌절감을 느끼게 할 수 있다. 학교에서 아동은 다양한 상태로의 이행을 요구받는다. 교사로부터의 신호에 아동은 지속하는 활동(아마도 즐거운 활동)을 중단하고 새로운 활동으로 전환하기를 기대받는다. 또한 유연하게 생각할 수 있기를, 자신만의 관심을 넘어선 것을 볼 수 있고 다른 아이들의 관점 또는 교실 규칙의 관점으로 상황을 보고 이에 준거하여 확장된 관점으로 행동하기를 기대받는다. 유치원 교실에서 아동들은 계속하여 그러한 행동의 기대를 받아들이는 것에 대해 배운다. 아동들이 자신의 행동에 대해 독립적인 점검자가 되는 것을 예상할 수 없기 때문에 유치원 선생님은 자주 아동의 규칙을 상기하도록 하고, 그들 자신만의 관심을 포기하는 내적 도전을 하는 아동의 고군분투에 정서적 지원과 격려를 준다. 그러나 교사의 이러한 지원은 요청에 따라 아동들이 부적합한 반응을 중단할 수 있다는 것을 예상하게 만들며 교실의 기대대로 그들이 행동하는 결과를 가져온다.

　아만다는 이미 자신이 다른 아이들에게 무엇을 할지 말하거나 신체적으로 그들의 행동을 중단시키려 하는 것이 '규칙을 어기는 것'임을 알고 있다. 교실의 다른 아이들은 이미 이 규칙이 내재화되었거나 교사가 그들이 지켜야 할 규칙에 대해 상기시켜 주면 관심을 돌리고 이에 따를 수 있다. 그러나 아만다는 이 규칙을 내재화시키지도 못하고 규칙을 상기시켜도 주의를 옮기지 못한다. 그녀는 규칙을 상기시켜 주는 것보다 더 많은 외부 도움을 필요로 한다. 이 목표는 성인들이 그러한 외부 도움을 제공할 수 있는 중재법을 계획하는 데 도움이 될 것이다.

　　그들은 멈춰 & 가 게임의 상황에서 진행 중인 반응을 중단시키고 아이의 관심을 교사로 돌리는 능력에 대해 토의한다. 놀이치료자는 미스 르블랑에게 게임에서의 신호를 '수행 포인트'에 사용할 것을 권장한다. 교실에서 문제가 발생할 때 미스 르블랑은 아만다에게 "멈춰!"라고 신호를 주고 아만다가 '얼음'이 되는 그 반응에서의 지연을 사용하여 그녀와 이야기하며 규칙과 이를 지키는 것의 중요성을 상기시켜 줄 수 있다.

　시행 포인트 중재법을 고안하는 것은 정확한 순간과 문제 행동이 발생하는 경우의 비계 제공을 의미한다. 놀이치료자는 게임에 기반을 둔 '얼음' 반응에 의해 제공되는 외부 도움(아만다의 진행 중 행동을 중단시키고 지연시킴)이 미스 르블랑이 아만다와 짧게 대화를 나누어 그녀의 생각을 교실 규칙의 중요성으로 전환시킬 수 있도록 하는 활동 동안의 '간격'을 만들어 낼 것이라고 가정한다. 또한 그는 중재법들을 연속화할 것을 제안한다.

> 놀이치료자는 처음에 미스 르블랑이 문제가 발생한 초기 단계(아만다가 말로 다른 아이들을 간섭할 때)에서 아만다를 잡을 수 있을 경우에만 중재법을 사용할 것을 권장한다. 그 단계에서 중재법이 효과가 있었을 경우에만 이후 아만다가 다른 아이들에게 신체적인 공격성을 보였을 때 그것을 활용할 수 있다.

2달이 지난 뒤 미스 르블랑은 이 중재법으로 상당한 효과를 본다.

> 그녀(또는 보조 교사)는 아만다가 다른 아이를 방해하는 것을 발견하게 되면 'Stop' 신호를 준다. 아만다가 동작을 멈추고 난 뒤 그녀는 먼저 아이와 긍정적인 눈 맞춤을 한다. 그 뒤 아만다에게 상냥하게 교실 규칙에 대해 상기시켜 주면 아만다는 다른 사람들이 자기를 그런 식으로 대하는 것을 원치 않을 것이라고 말한다. 이러한 도움으로 아만다는 자신의 행동을 바꿀 수 있다.
>
> 이를 많이 반복한 뒤 미스 르블랑은 그녀가 제공하는 비계의 규모를 줄일 수 있게 된다. 그녀는 더 이상 자세히 들어갈 필요가 없다. 대신 "아만다, 멈춰."라 말하고 그 뒤 "규칙을 생각해 보렴.", "시작해."라고 말할 수 있다. 아만다는 이제 어떠한 추가적인 외부 도움 없이도 자신의 주의를 돌릴 수 있다.

그러나 미스 르블랑은 다음 번에 놀이치료자를 만났을 때 아만다에게 새로운 문제가 생겼다고 말한다.

> 미스 르블랑은 놀이치료자에게 아만다가 이제는 교사들에게 자주 다가와서 작은 문제로 다른 아이들을 '고자질'한다고 말한다. 예를 들어 아침에 수업을 시작한 지 얼마 되지 않아 아만다는 루시가 너무 큰 소리로 노래를 부르고 드류와 오웬은 책상 밑에 숨어 있다고 불평했다.

아만다가 교사에게 이르는 다른 아이의 행동들은 성인들에게는 사소할지라도 아마 항상 자신을 괴롭혀 왔던 종류일 수 있다. 과거에 다른 아이들의 성가신 행동에 직면하게 될 경우 아만다는 자신을 고립시키거나 다른 아이에게 지시를 하려 했다. 아이에게 있어서 다른 아이들을 방해하지 않는다는 교실의 규칙은 자기 자신에게서 유도

표 20.6 역동적 평가 : 아만다의 근접 발달 영역

- 아만다는 정규 반 활동보다 가상 놀이를 하는 중에 더 나은 수준의 자기-조절 능력을 보여 준다.
- 일상 활동에서 아만다는 다른 아이들의 행동에 의해 주의가 흐트러지지 않을 경우 교사의 지시에 더 잘 따를 수 있다.
- **멈춰 & 가** 게임에 의해 제공되는 외부 도움으로 아만다는 진행 중인 반응을 중단시킬 수 있을 뿐만 아니라 주의를 산만하게 만드는 것들을(음악, 다른 아이들의 행동) 다수 있어도 지연 기간을 지키고 교사가 말하는 것에 주의를 돌릴 수 있다.
- 아만다가 일상생활을 하는 동안 감정적으로 매우 흥분한 경우 보조 교사의 도움과 '매개체(편안한 의자)'의 도움으로 정서적 평형을 되찾을 수 있다.

된 것이 아니라 외부로부터 부과된 것이다. 그러나 이제는 규칙을 기억해낼 수 있는 것처럼 보이고(작업 기억) 다른 아이에게 무엇을 하라고 말하는 것도 자제할 수 있는 것처럼 보인다(반응 억제). 이러한 두 가지 기능은 내재화되었다. 그녀는 다른 대체 반응을 고려할 수 있는 공간을 스스로 만들어 낼 수 있다. 그러나 아이는 여전히 인지 유연성(상황에 대해 다르게 생각하는 것)에 어려움을 겪고 있다. 그래서 자신의 감정 조절을 위한 도움을 바라고 교사들에게 다가가는 것이다.

놀이치료자는 아만다가 고자질하는 것을 아이 스스로 다른 아이들과 그들의 행동에 대해 좀 더 유연하게 생각할 수 있도록 교사들이 도울 수 있는 기회로 반겨야 한다고 말한다. 그는 고자질을 하는 것으로 아만다를 질책하기보다 무슨 일이 일어났는지 이야기를 나눌 것을 권장한다. 만약 루시가 매우 큰 소리로 노래를 부를 때 그것이 그렇게 시끄럽지 않게 하려면 아만다가 얼마나 멀리 이동할 필요가 있을까? 만약에 드류와 오웬이 테이블 밑에 숨어 있다면 이들은 누구를 피해서 숨어 있을까? 놀이를 하는 걸까? 아만다가 그 아이들과 같이 놀고 싶은 걸까? 놀이치료자는 교사와의 의사소통 도움으로 아만다가 자기를 화나게 하는 상황에 대해 유연하게 생각할 능력이 향상될 수도 있다고 말한다.

Bodrova와 Leong(2007)에 의하면 '아이들은 공유에 의해 정신 과정을 사용하는 법을 배우거나 다른 사람들과 상호작용할 정신 과정을 활용하며' 이러한 공유 경험의 기간을 가진 후에만 정신 과정을 내면화할 수 있고 이를 독립적으로 활용할 수 있다 (Bodrova & Leong, 2007). 이 사례에서 아만다는 상황들에 대해 좀 더 유연하게 생각할 수 있도록 이러한 공유 경험을 찾고 있는 것으로 보인다.

2학기 초반에 들어서자 미스 르블랑은 놀이치료자에게 아만다가 확실히 학급 규칙을 따르게 됐다고 말한다. 아이는 또한 많은 다른 아이들과 다양한 종류의 놀이에 참여한다. 아만다는 아직 다른 아동의 문제 행동을 교사에게 이야기하러 오지만 결코 신체적 공격성을 보이지는 않으며 다른 아이들과 다투는 것 또한 그 나이의 아동에게는 일반적인 것이다.

요약

아만다가 유치원에 들어갔을 때 그녀는 유치원 생활의 규칙에 적응하는 데 어려움을 겪었다. 아이들은 교실 스케줄에 따라서 진행 중인 활동을 중단하고 새로운 활동으로 주의를 돌릴 수 있을 것으로 기대된다. 또한 그들은 유연하게 생각(다른 사람들의 관점에서 상황을 보거나 교실 규칙의 관점에서 상황을 보는 것)하고 좀 더 큰 관점에 따라 유연하게 행동할 수도 있을 것으로 기대된다. 이러한 요구는 아만다의 자기-조절 능력을 압도하였고 그녀는 다른 아이들로부터 자신을 고립시키거나 군림하려 드는 태도, 때로는 공격적인 태도로 행동하여 대처하였다.

처음에 아만다의 수행이 향상되는 것을 도울 수 있도록 설정되었던 중재법은 효과가 없었다. 아마도 이는 아만다의 교사, 부모, 그리고 아만다 자신 모두를 무기력하게 하고 좌절감을 느끼게 하여 상황을 더 악화시켰을 것이다. 아만다의 경우 운이 좋게도 새로운 교사가 반을 맡았을 때 새로운 관점을 도입하였다. 그 후의 중재는 자기-조절 능력의 발달을 돕는 데 있어 성공적이었다. 성공으로 이끈 요소들로는 (1) 자기-조절 능력에 기초한 관점에서 아만다의 문제 행동들이 무엇인지 틀을 잡은 것, (2) 아만다의 잠재적인 자기-조절 능력 수준이 어떠한지 밝히기 위해 놀이를 활용한 것, 그리고 (3) 최근 생겨난 능력들을 지지하고 강화시키기 위해 놀이 기반의 중재를 계획한 것 등이 포함된다.

참고문헌

Barkley, R. (1997). *ADHD and the nature of self control*. New York, NY: Guilford Press.

Berk, L. E. (1994). Why children talk to themselves. *Scientific American*, 78–83.

Best, J. R., Miller, P. H., & Jones, L. I., (2009). Executive functions after age 5: Changes and

correlates. *Developmental Review, 29*(3), 180–200. doi: 10.1016/j.dr.2009.05.002. http://www
.ncbi.nlm.nih.gov/pmc/articles/PMC2792574/pdf/nihms144836.pdf

Bodrova, E., & Leong, D. J. (2007). *Tools of the mind: The Vygotskian approach to early childhood education*. Upper Saddle River, NJ: Pearson.

Center on the Developing Child at Harvard University. (2011). *Building the brain's "Air Traffic Control" system: How early experiences shape the development of executive function: Working Paper No. 11*. Retrieved from www.developingchild.harvard.edu

Cooper-Kahn, J., & Dietzel, L. (2008). *Late, lost, and unprepared: A parent's guide to helping children with executive functioning*. Bethesda, MD: Woodbine House.

Diamond, A., Barnett, W. S., Thomas, J., & Munro, S. (2007). Preschool program improves cognitive control. *Science, 318*(5855), 1387–1388.

Diamond, A., & Lee, K. (2011). Interventions shown to aid executive function in children 4 to 12 years old. *Science, 333,* 959–964. Available at www.sciencemag.org

Garon, N., Bryson, S. E., & Smith, I. M. (2008). Executive function in preschoolers: A review using an integrative framework. *Psychological Bulletin, 134*(1), 31–60.

Gawrilow, C., Gollwitzer, P.M., & Oettingen, G. (2011). Self-regulation in children with ADHD: How if–then plans improve executive functions and delay of gratification in children with ADHD. *ADHD Report, December, 19*(6), 4–8.

Jurado, M. B., & Rosselli, M. (2007). The elusive nature of executive functions: A review of our current understanding. *Neuropsychology Review, 17,* 213–233. Available at http://acdl.crpp .nie.edu.sg/documents/jurado%20rosselli%202007.pdf

Mischel, W., Shoda, Y., & Rodriguez, M. L. (1989). Delay of gratification in children. *Science, 244,* 933–938.

Moffitt, T. E., Arseneault, L., Belsky, D., Dickson, N., Hancox, R., Harrington, H. L., . . . Caspi, A. (2011). A gradient of childhood self-control predicts health, wealth, and public safety. *Proceedings of the National Academy of Sciences, USA, 108,* 2693–2698. http://www.ncbi.nlm .nih.gov/pubmed/21262822

Vygotsky, L. S. (1978). *Mind in society: The development of higher psychological processes*. Cambridge, MA: Harvard University Press.

Welsh, M. C., & Pennington, B. F. (1988). Assessing frontal lobe functioning in children: Views from developmental psychology. *Developmental Neuropsychology, 4,* 199–230.

Zelazo, P. D., & Paus, T. (2010). Developmental social neuroscience: An introduction. *Social Neuroscience, 5,* 417–421.

21

자아 존중감

DIANE FREY

서론

'너 자신을 알라'는 그리스 시대의 격언이다. 자기(self), 자기 개념(self-concept), 그리고 자아 존중감(self-esteem)에 대한 관심은 역사 전체에 걸쳐 계속되고 있다. 셰익스피어는 "너 자신에 대해 정직하도록 하라. 그렇게 하면 마치 밤이 낮을 뒤따르듯 너는 다른 누구에게도 거짓되지 않게 될 수 있다."라고 하였다. 좀 더 최근엔 Gloria Steinem(1993)이 "나는 자아 존중감이 전부는 아니라는 것을 이해하기 시작했다. 단지 자아 존중감이 없으면 아무것도 아닐 뿐이다."라고 하였다.

한 세기 이상 전에 쓰인 미국 최초의 심리학 교과서에서 William James(1980)는 자아 존중감에 대해 한 사람이 스스로에 대해 생각할 수 있는 모든 것의 합[신체적 자신, 심리적 특성, 감정, 가족, 중요한 타인(significant others), 재산, 부업, 직업]이라 정의하며 자아 존중감에 대한 주제를 도입하였다.

만약 과거사가 한 현상의 중요한 지표라 한다면 자아 존중감은 하나의 중요한 요소이다. 자아 존중감의 역사적 중요성에 더하여 이 주제의 폭은 자아 존중감의 중요성을 보여 주는 또 다른 지표가 된다. 2012년 봄, 구글에서 검색을 했을 때 사람의 행동에서의 중대한 요소로서 자아 존중감에 중점을 두는 58,300개 이상의 논문, 챕터, 책이 나왔다. 자아 존중감과 놀이치료에 대해 구글을 검색해 보면 2012년 봄 기준 7,320개의 결과가 나온다. 이러한 숫자는 업데이트가 있을 때마다 크게 증가하는데 이는 사회과학에서 자아 존중감이 기초적이고 근본적인 개념이라는 것을 입증한다. Rodewalt와 Tragakis(2003)는 자아 존중감이 '성별 및 부정적 감정 상태와 함께 개성, 사회 심리학 연구에서 가장 많이 사용되는 세 가지 공변인(coavariate)중 하나'라고 하였다.

자아 존중감에 대한 설명

자아 존중감에 대한 문헌들을 역사적으로 살펴보면 자기(self), 자기 개념(self-concept), 그리고 자아 존중감(self-esteem)이라는 용어는 종종 서로 통용되었다. 그러나 이들은 뚜렷이 구분된다.

조해리의 창(The Johari Window)(Luft, 1969)(그림 21.1 참조)은 자기 자신이 다른 사람들에게 알려지거나 알려지지 않은 면뿐만 아니라 스스로 알고 있거나 그렇지 않은 면으로도 구성된 것이라고 정확하게 설명한다.

개방 영역(그림 21.1의 영역 I)은 자기 자신과 다른 사람이 알고 있는 자신에 대한 모든 부분을 나타낸다. 여기에 포함되는 것은 인간의 행동에 대한 기본적인 요소들(생각, 감정, 행동)이다. 이 영역은 개인이 자신에 대해 더 많이 알수록 육성하거나, 관리하거나, 변화시키는 데 더 많은 에너지를 쏟을 수 있기 때문에 성장의 가능성이 크다. 또한 개개인은 다른 사람들로부터의 피드백에 많은 덕을 볼 수 있는데 이는 이 영역이 그들에게도 알려진 부분이기 때문이다.

	자신이 알고 있는 부분	자신이 알지 못하는 부분
타인에게 알려진 부분	I. 개방 영역(Open)	III. 무지 영역(Blind)
타인에게 알려지지 않은 부분	II. 사적 영역(Private)	IV. 미지 영역(Unknown)

그림 21.1 ● 조해리의 창(Johari Window)

영역 II(그림 21.1)은 자기 자신은 알고 있으나 다른 사람들은 알지 못하는 생각, 감정, 행동을 나타내며 이를 사적 영역이라고 한다. 이 영역은 자신이 인지하고 있는 부분이기 때문에 변화를 가능토록 한다. 영역 II는 관계에서 신뢰와 수용이 발달할수록 점점 작아진다.

영역 III(그림 21.1)은 무지 영역으로 자신은 알지 못하나 다른 사람들은 알고 있는 개인의 생각, 감정, 행동을 말한다. 이 영역은 그 사람이 다른 사람들로부터의 피드백에 개방적인 경우 변화에 대해 열려 있다.

영역 IV(그림 21.1)는 미지 영역으로 아무도 알지 못하는 그 사람의 생각, 감정, 행동을 말한다. 이 영역에는 억압된 생각, 감정, 행동 그리고 그 사람의 알려지지 않은 미래 행동 등이 포함될 수 있다. 따라서 이 영역은 일반적인 대인 관계로 변화할 가능성이 낮다.

이러한 4개의 영역은 일반적으로 그 크기가 다르다. 건강한 대인 관계가 형성되면 영역 I은 커지며 따라서 나머지 다른 영역들의 크기가 바뀌게 된다. 조해리의 창(그림 21.1)은 자기 자신을 나타낸다. 영역 I과 II는 자기 개념(개인이 자신에 대해 아는 것)을 나타낸다. 자기 수용은 개인이 자기 개념에 대해 편하게 생각하는 정도이다.

자아 존중감은 개인이 자기 개념을 긍정적, 중립적, 부정적, 그리고 모호하게 판단하는 것을 이르는 평가적인 용어이다. 자기애가 아니라 더 정확히 말하면 개인의 자기 개념에 대한 평가이다.

자아 존중감엔 두 가지의 상호 연관된 요소가 있다. 살 능력이 있다는 느낌과 살 가치가 있다는 느낌이 그것이다. 능력이 된다는 것은 개인의 생각, 감정, 행동 속에 가지고 있는 자신감을 포함한다(생각, 감정, 행동은 자신의 존재 실체와 관련되어 있기 때문이다). 가치를 느낀다는 것은 자신을 긍정적으로 여기고 자존감을 느낀다는 것을 의미한다.

자기 개념의 일반적인 평가는 전반적 자아 존중감으로 간주된다. 이는 자기 개념을 종합적으로 평가하는 것이다. 자기 추정(self-estimate)이라는 용어는 개인이 특정 특성과 관련하여 자기 개념을 평가하는 방법을 말한다. 어떤 사람은 전반적으로 낮은 자존감을 가지지만 자기 추정에 대해 긍정적인 면이 하나는 있다고 인정할 수도 있다. 이때 그 한 가지는 주로 사람에 의해 평가되지 않는 것이다. 예를 들어 어떤 이는 일반적으로 자아 존중감이 낮거나 부정적이지만 자신이 사려 깊은 사람이라고 인정

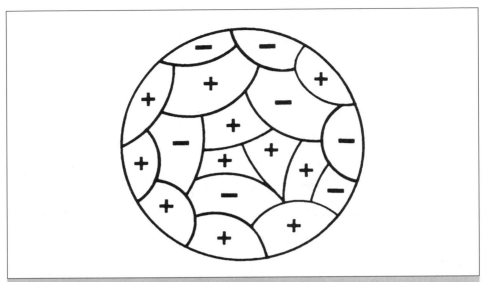

그림 21.2 ● 자아 존중감이 높은 사람의 자기 추정 평가
출처 : *From Practical Technique for Enhancing Self-Esteem,* by D. Frey and J. Carlock, 1991, Bristol, PA : Accelerated Development. Reprinted with permission of Taylor & Francis.

할 수도 있는 반면 어떤 이는 전반적 자아 존중감은 높으나 자신이 관대하지 못하다고 인정할 수도 있다. 이와 같이 자기 추정은 개인이 자기 개념의 요소인 생각, 감정, 행동을 평가하는 것이다. 그림 21.2와 21.3은 높은 자아 존중감을 가진 사람의 자기 추정과 낮은 자아 존중감을 가진 사람의 자기 추정을 각각 보여 준다.

　놀이치료의 목적 중 하나는 그들 자신을 모두 긍정적이거나 모두 부정적인 것으로 평가하는 일반적인 전반적 자아 존중감으로 보기보다는(이들은 둘 다 비현실적인 평가이다) 개인이 자기 자신을 다면적인(많은 자기 추정을 갖는) 사람으로 보도록 돕는 것이다.

　자아 존중감은 사람의 모든 면(인지적, 정서적, 행동적)에 영향을 미친다. "자신감은 위대한 과업의 첫째 요건이다."라고 말한 사람은 영국의 시인 사무엘 존슨이다. 미국의 철학자이자 시인인 랠프 왈도 메머슨은 "우리 뒤에 놓여있는 것과 우리 앞에 놓여 있는 것은 우리 안에 있는 것과 비교하면 작은 것이다."라고 상정했다. 자아 존중감의 중요성은 사람들이 생각하고, 느끼고, 행동하는 방식 중 어떠한 것도 자아 존중감의 영향을 받지 않는 것은 없다는 사실에 있다. 자아 존중감은 인간의 기본적인

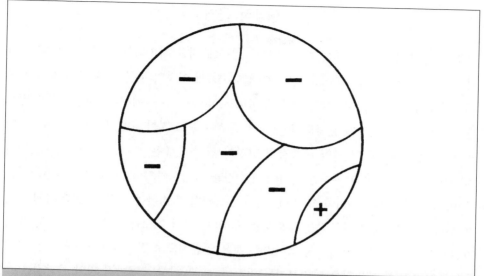

그림 21.3 ● 자아 존중감이 낮은 사람의 자기 추정 평가
출처 : *From Practical Technique for Enhancing Self-Esteem*, by D. Frey and J. Carlock, 1991, Bristol, PA : Accelerated Development. Reprinted with permission of Taylor & Francis.

욕구 중 하나이다. Maslow는 그의 욕구 단계 모델에 자아 존중감을 포함시켰다. 그에 따르면 개인은 자아 존중감 욕구의 충족 없이 자기 실현을 얻을 수 없다. 자아 존중감은 학업적 성취와 연결되어 있으며 심리적 안녕과 밀접한 관계가 있기 때문에 중요한 성과이다. Eric Fromm은 다른 사람들의 사랑과 자신의 사랑은 선택할 수 있는 것이 아니라는 것을 알아차렸다. 자기를 사랑하는 태도는 다른 사람을 사랑할 수 있는 모든 사람에게서 발견된다. 본질적으로 자아 존중감은 개인의 삶의 모든 측면에 영향을 미치는 매우 만연하는 성질이다.

또한 낮은 자아 존중감은 정신 장애의 진단적 및 통계적 매뉴얼인 DSM-5의 24가지 정신 장애에 대한 진단 기준이나 이들 장애와 관련된 특성 중 하나로 확인되었다. 최소 15%의 미국인이 진단 가능한 정신 장애에 대한 기준을 충족하는데 자아 존중감은 또한 다른 경미한 정신 건강 상태와도 관련이 있다. 따라서 자아 존중감은 상당한 사회적 의미를 갖는다. 이러한 모든 개인들이 가족과 우정을 통해 어떤 식으로든 연결되어 있으므로 자아 존중감은 모든 사람의 삶에 직접적으로 또는 간접적으로 관여할 수 있다.

경험적 근거

학위 논문 및 논문의 주제는 자아 존중감 연구에 대한 지속적인 관심을 나타내는 하나의 지표이다. 1960년에서 2008년 사이에 14,000개 이상의 논문 및 논문 주제가 자아 존중감을 주요 주제로 하였다. 이들 중 1/4(24.9%)이 2000년에서 2008년 사이에 발표된 것이다. 연구 결과는 혼합되어 있는데 일부 논란도 자아 존중감 연구와 연관되어 있다. 모든 연구자들이 자아 존중감의 향상이 건강에 좋은 효과를 보인다는 것을 지지하지는 않는다. 반면 학자들은 자아 존중감을 향상시키기 위한 노력을 정당화하는 좀 더 정확한 방법을 요구하고 있다. 자아 존중감을 측정하는 것은 복잡한 과정이다. 첫 번째 과정은 자아 존중감을 정의하는 것이다. 그림 21.2와 21.3에서 보이는 것과 마찬가지로 자아 존중감이 다면적이라는 것은 일반적으로 받아들여지지만 많은 측정 도구들이 이러한 개념화를 반영하지는 않는다. 일부 실험은 전반적 자아 존중감을 측정하고 일부는 특정한 자기 추정을 측정한다. 자아 존중감은 안정적인 특성이 아니라 일생에 걸쳐 변화한다. 이는 해결되어야 할 평가법의 문제점이다. 자아 존중감에는 성차가 있다. 내재적인 자아 존중감 또는 자신에 대한 인정이 남아들에게 좀 더 자주 나타나는 반면 여아들은 외재적인 자아 존중감 또는 다른 사람들에 의한 인정이 좀 더 자주 나타난다. 어린 아이들을 위한 검사를 고안하는 것은 이들 연령대의 발달 문제(언어 기술, 인지 발달, 주의 지속 시간, 기억, 시험을 치르는 기술) 때문에 어렵다. 자아 존중감 연구에는 방법론적 문제가 있다. 자아 존중감을 명백히 나타내는 개인의 자기 보고에 의존하는 것은 내재하는 자아 존중감(자아 존중감의 인지하지 못하는 문제) 측정에 어려울 뿐만 아니라 측정하는 것도 문제가 된다. 또한 자아 존중감의 복합 개념과 기타 관련 개념도 중복되는 부분이 있다.

　마지막으로 자아 존중감이 실제로 변화할 수 있는지에 대한 중요한 문제가 있다. 자아 존중감 연구에서 가장 최신 동향 중 하나는 자아 존중감과 유전적 연관성을 연구하는 것이다. Neiss, Stevensen, Sedikides(2003)는 이러한 주제에 대한 문헌을 검토하였고 유전적 영향이 형제자매에서 자아 존중감 수준 차이의 30~40%를 차지한다는 결론을 내렸다. 놀이, 학교, 동료, 직업과 같이 공유된 환경 요인은 나머지 차이의 가장 큰 부분을 차지한다. 생물학이 에너지 수준, 기질, 신체 능력, 사회적 능력, 인지 능력 같은 특정 성향을 야기하는 것으로 보인다. 쌍둥이와 자아 존중감에 대한 한 연구에서 Niess, Sedikides, Stevensen(2006)은 "형제자매와 함께 경험하는 것이 아닌 혼자만의 경험은 독특한 환경적 영향이 되는데 이는 수준과 안정성 모두에 가장 큰 영향을 미친다."라고 결론 내렸다. 이와 같이 유전적 성향이 더 이상 무시될 수 없다하더라도 자아 존중감은 주로 환경의 영향을 많이 받는다.

자아 존중감의 측정에 대해 몇 가지 논쟁이 있지만 자아 존중감 중재는 적어도 행동, 자기가 보고한 성격의 기능, 학업 성취도 등 변화하는 다른 기능 영역에서의 중재법만큼은 된다(Haney & Durlak. 1998, Trzesniewski et al., 2006에서 인용).

자아 존중감 성과에 대한 연구는 다섯 가지 영역으로 분류될 수 있다. (1) 사회적 지지, (2) 인지행동적 전략, (3) 개별 및 집단 전략, (4) 신체적 건강 전략, (5) 기타 전략들이다.

자아 존중감은 사회적 지지의 경험에 반응한다. 영장류의 연구에서는 신경 전달 물질인 세로토닌의 변동이 자아 존중감의 수준을 돕는다고 제안한다. 세로토닌 결핍을 가장 잘 뒷받침하는 것이 긍정적인 사회적 피드백이다(Sylwester, 1997). Kuehner와 Buerger(2005)는 자아 존중감과 사회적 지지가 삶의 질에 기여하는 속성이 있다는 것을 발견하였다.

인지행동적 중재법은 자아 존중감에 대한 가장 일반적인 치료 방법이며 매우 효과적인 것으로 밝혀졌다(Guindon, 2010). 인지행동적 접근법은 전반적 자아 존중감과 학문적 자아 존중감을 향상시킬 뿐만 아니라 우울증도 감소시키는 것으로 나타났다.

개인, 가족, 집단 중재법은 자아 존중감을 향상시키는 것으로 보이며 개별 상담은 자아 존중감 강화를 위한 우선적 치료법이다. 자아 존중감과 관련하여 취약한 가족 기능, 효과적이지 못한 양육 문제는 가족 치료에서 직면할 수 있는 문제들이다. 집단 상담은 자아 존중감 향상을 위한 효과적인 치료법이다(Guindon, 2010).

체력 전략은 신체적 자아 존중감을 향상시킨다(Guindon, 2010). 남아들이 더 높은 수준의 전반적 자아 존중감을 보임에도 스포츠 참여는 남아와 여아 모두의 신체적 자아 존중감에 강한 영향을 미쳤다(Guindon, 2010).

기타 전략들 중에서 자아 존중감 향상에 효과적이라고 알려진 것은 현실치료, 해결 중심치료, 이야기치료, 창조적 예술치료 및 놀이치료이다(Guindon, 2010). 사춘기 소녀들의 모래 놀이 집단치료에서 자아 존중감이 향상되었다(Shen & Armstrong, 2008).

Mruk(2006)는 자아 존중감을 효과적으로 향상시키는 프로그램들에서 공통적인 8개의 영역을 확인하였다.

1. 수용과 배려 : 무조건적인 긍정적 관계를 제공하는 놀이치료자는 친밀감을 쌓고 치료적 동맹을 맺는다.
2. 일관된 긍정적인 피드백 : 놀이치료자는 시간이 지남에 따라 조금씩 진심 어린 피드백으로 응한다.
3. 인지적 재구조화 : 놀이치료자는 아동이 상황에 맞게 합리적이고 현실적인 반응을 대체할 수 있도록 돕는다. 이 과정은 느끼고, 생각하고, 행동하는 것에 대한 새로운 습관이 생기는 것으로 이어진다.
4. 자아 존중감을 느끼는 자연스러운 순간 : 아동은 일상생활 속에서 자아 존중감의 역할에 대한 인식을 높이고 순간의 변화를 만들어 내기 위해 배운다. 의식을 높이는 기술은 이 변화를 돕는다.
5. 적극성 훈련(역량 강화) : 가치감은 자아 존중감을 향상시키는 데 필수적이다. 적극성 훈련은 사람들이 가치와 권리를 갖는다는 생각에 기반을 둔다.
6. 모델링 : 놀이치료자는 내담자에게 중요한 타인이 자아 존중감에 적절한 수준의 모델링을 하고 아동이 모델의 능력과 가치 있음을 배우는 것을 돕는다.
7. 문제 해결 기술 : 아동에게 문제를 해결하는 방법을 가르치면 성공의 가능성이 높아지고 능숙해지므로 자아 존중감이 향상되게 된다.
8. 연습 기회 : 자아 존중감을 강화시키는 것은 시간이 필요하다. 빠르고 쉬운 방법은 없다. 자아 존중감을 향상시키는 데 시간과 연습은 핵심 요소이다. 느끼고 생각하고 행동하는 예전 패턴은 잊고 자아 존중감 강화의 촉진을 배워야 한다.

요약하면 수용과 긍정적인 피드백은 다른 사람들에 의해 가치 있게 여겨지는 것인데 이는 자아 존중감 향상의 필수 요소이다. 모델링과 문제를 해결하는 기술은 자아 존중감 강화의 또 다른 필수 요소인 역량을 키운다. 인지 재구조화, 적극성 훈련, 자아 존중감의 현실적 순간은 가치 있음과 능숙함을 모두 요한다. 마지막으로 연습은 자아 존중감 강화에 필수적이다.

변화를 이끄는 자아 존중감의 역할

누구도 미리 정해진 자기 평가를 가지고 태어나진 않는다. 유전은 대개 자기 평가에 간접적인 영향만 미친다. 아이들은 어린 나이에 자아 존중감이 발달한다. 아이의 자아 존중감의 상당 부분은 놀이를 통해 학습된다. Russel Mears(1994)가 말하였듯이 놀이 영역은 넓게 보면 자신에 대한 감각이 생성되는 곳이다. 놀이치료자는 아이가 자신을 자유롭게 표현할 수 있는 환경을 조성한다. 또한 놀이치료자는 아이들을 있는 그대로 받아들인다. 이 수용은 아이들에게 그들이 가치 있는 사람이라는 것(이는 자아 존중감의 강화와 관련된 핵심 요소임)을 보여 준다. 자유 놀이는 진실한 표현을 가능하게 한다. 놀이치료자는 수용, 공감, 일치, 끊임없는 관심, 진정성을 놀이치료의 기반으로 두기에 필요한 제한만을 현실 세계의 환경 속에서 제공한다. 이러한 환경 속에서 아이들은 안심하게 되고 이들의 감정은 받아들여진다. 아동 중심 놀이치료(CCPT) 접근(인본주의적)에서 발견되는 이러한 특성들은 비인본주의적-지시적 접근법(humanistic-directive approaches)보다 더 큰 치료 효과를 가져오는 것으로 발견되었다(Bratton, Ray, Rhine, & Jones, 2005). 이러한 놀이치료의 특성이 자아 존중감 강화에 필요하다는 것은 분명하다(다른 놀이치료 이론들은 이러한 조건들이 필요 조건이기는 하지만 충분 조건은 아니라고 할 수도 있다). 이러한 조건들은 아이들이 놀이치료자에게 인정받는다고 느끼게 하며 결국에는 아이들에게 자기 수용을 갖게 한다. 무조건적인 자기 수용은 자아 존중감 강화의 중요한 요소가 된다.

앞에서 논의한 Mruk(2006) 모델에 포함되어 있는 수용뿐만 아니라 놀이치료는 일관적인 긍정적 피드백(Mruk 2006 모델의 영역 2)도 허용한다. 유아기일 때 아이들은 신체적 특성, 신체 활동 및 운동의 성과를 알게 된다. 아이들은 자기 중심적 성향을 띠기 때문에 자신을 다른 사람과 비교하지 않는다. 어린 아이의 자아 존중감은 다른 사람과의 비교에 영향을 받지 않는다. 자기 중심 주의가 줄어드는 6세 즈음이 되면 아이들은 다른 사람에 의한 자신의 평가를 더욱 인지하게 된다. 이때는 반대로의 혹은 자기 반영적인 평가가 더욱 분명해지는 시기이다. 중요한 타인은 자신을 정의할 수 있는 사회적 거울이다. 이 개념은 Cooley(1902)가 적절히 말하였는데 그는 "서로가 거울이 되어 통과하는 것들을 반영한다."라고 하였다.

놀이치료는 안전하고, 돌보고, 수용하는 환경 속에서 아이에게 일관적인 긍정적 피드백을 제공할 수 있도록 한다. Vonk(in Kernis, 2006)는 "다른 사람에 의한 긍정적 존중은 진정한 자아 존중감 변화로의 '입구'가 된다."고 하였다. 놀이치료자는 아이의 자아 존중감을 강화시키는 생각, 감정, 그리고 행동에 대해 이야기함으로써 시간이 지남에 따라 조금씩 아이에게 정확하고 자세한 긍정적 피드백을 해줄 수 있다. 놀이 치료 게임, 모래 상자, 극놀이 인형, 퍼즐, 그림, 마술, 모형(미니어처), 인형 등은 그러한 피드백을 위한 충분한 기회를 제공한다.

또한 긍정적 피드백의 역할과 관련하여 자아 존중감을 강화시키는 데 있어서 격려는 아이의 내적 자아 존중감(예 : 아이의 실제 행동 능력에서 비롯된 자기 평가) 발달에 중요하다. 내적 자아 존중감은 아이에게 주어지는 것이 아니라 능숙한 행동과 기술이 발달하는 아이들로부터 배우게 되는 것이다. 내적 자아 존중감이 있는 아이들은 자신의 평가에 대해 다른 사람들에게 의존적이지 않으며 지속적인 칭찬을 필요로 하지도 않는다. 이들은 자기 자신 속에서부터 동기 부여를 이끌어낸다. 나이가 증가함에 따라 아이들은 다른 사람의 피드백을 고려하는 것 외에도 자신의 자아 존중감을 근거로 자기 평가를 할 필요가 있다.

처음에 자아 존중감을 위한 놀이치료 중재 시 놀이치료자가 진실하고 긍정적인 피드백을 제공하는 것이 필요하다. 이는 아이들이 자기 대화나 그들이 레고로 얼마나 대단한 것을 만들었는지, 모래 상자로 얼마나 흥미로운 마을을 만들었는지, 또는 점토로 얼마나 창조적인 물체를 만들었는지에 대한 이야기처럼 아이들이 그들 자신에 대해 긍정적인 피드백을 받는 곳에서 진행되어야 한다.

또한 긍정적인 피드백에는 건설적인 비판의 구성 요소가 있어야 한다. Frey와 Carlock(1989)의 연구에서 건설적 비판에 대한 긍정적 피드백의 비율은 5 : 1이어야 한다고 권장하는데, 이는 누가 비판을 한 번 하거나 또는 자기 자신을 비판하게 될 때마다 긍정적 피드백이 5번은 일어나야 된다는 것을 의미한다. 완벽한 사람은 아무도 없다. 긍정적인 생각, 감정, 행동에만 집중하는 것은 비현실적이고 이는 자신에 대해 잘못된 인식을 갖게 한다. 그것은 또한 개선 또는 대처 전략을 가능하게 하고 아이가 자신을 혹평하는 방식을 다루기 위해 약점들에 직면하는 것을 방지한다. 인형극 놀이, 동물 인형 놀이, 인형 놀이, 분장 놀이는 놀이치료자와 아이가 상징적으로 의사소통을 할 수 있도록 하므로 놀이치료는 위협적이지 않은 방법으로 긍정적 피드백과 건설적 비판의 비율을 지키는 데 매우 효과적이다.

Mruk(2006) 중재법에서 언급된 바와 같이 모델링은 자아 존중감 강화의 중요한 측면이다. 낮은 자아 존중감의 아이들은 유능하고 가치 있는 사람을 모델로 삼을 기회가 거의 없는데 놀이치료는 놀이치료자가 '행동으로 보여 주는' 것을 가능하게 한다. 임상가는 상상 놀이, 인형극, 모형, 인형 놀이, 영상 놀이치료, 역할극, 게임 놀이를 통해 갈등과 어려운 상황을 다루는 방법을 보여 준다. 자아 존중감이 낮은 아이의 부모는 부모-자녀 놀이치료를 통해 효과적인 중재법을 배운다. 모델링은 복잡한 기술들을 배우기 위해 선호되는 양식이다. 놀이치료에서 아이들은 놀이치료자와 부모가 아이에게 보여 주는 것을 모델로 삼을 수 있다. 전통적인 이야기치료에서와 같이 말로 하는 것보다 행동으로 보여 주는 것이 더욱 중요하다. 모델링은 건강한 자아 존중감을 위한 무대를 설정한다. 학습의 운동 감각적, 시각적, 청각적 측면을 강조하는 놀이치료는 이 모델링을 통해 자아 존중감을 강화시키는 이상적인 전달자로서 기능하도록 한다.

아동이 문제 해결 기술을 배우도록 보조하는 것은 놀이치료를 통해 자아 존중감을 강화시키는 또 다른 중요한 측면이다. 자율성 지지는 자아 존중감에 좋은 대인 환경적 측면이다. 이러한 유형의 지지는 아동이 스스로 문제를 해결하도록 격려하여 자신의 행동을 선택할 수 있도록 한다. 스스로 문제를 해결할 때 아동은 해냈다는 성취감과 자신 내에서 역량이 강화된 느낌을 느끼게 된다. 아동이 그들의 성공적인 행동에 대해 주인 의식을 경험하게 될 때 자신이 역량을 갖춘다는 건강한 느낌이 발달하게 된다.

위험에 처한 4~6학년 아동들의 자아 존중감에 미치는 영향에 대한 놀이치료의 연구에서 Post(1999)는 놀이치료가 자아 존중감과 내적 통제감(internal locus of control)이 감소하는 것을 방지한다고 하였다. 아동 중심 놀이치료가 활용된 놀이치료 접근법이었다.

놀이치료에서 명백하게 나타나는 수용은 아동을 주도적이게 하고 스스로 결정을 내릴 수 있도록 촉진한다. 아동은 안전한 환경에서 그들의 문제 해결 기술에 대해 실제로 시험해 볼 수 있는 기회를 제공하는 역할극, 자신만의 인형극, 상상 놀이의 줄거리, 모래 상자 세계, 칼과 총 놀이의 시나리오를 만들어 낼 수 있다.

놀이치료는 연습을 해 볼 많은 기회를 제공한다. Mruk(2006)는 연습의 중요성을 강조하였다. 아이들은 놀이치료에서 인지 재구조화, 자연스러운 자아 존중감의 순간들,

적극성 훈련 같은 새로운 행동들을 시험해 볼 수 있는 기회를 갖는다. 이러한 행동들은 반복될 수 있거나 여러 번에 걸쳐 순화될 수 있다. 전통적인 이야기치료에서 그러한 반복은 종종 저항에 부딪힌다. "나는 이미 그걸 배웠어요.", "그건 다시 얘기하지 않기로 해요."와 같은 말들이 주로 나타난다. 놀이치료에서 연습 놀이는 종종 즐거운 경험이 된다.

아동은 다음의 네 가지 과정을 통해 자아 존중감이 발달된다. 다른 사람 관찰하기, 관찰받기, 피드백받기, 피드백해주기이다. 놀이치료에서 놀이치료자는 이러한 과정들을 통해 아이의 감정을 인지하고 이를 입증하며 아이가 행동에 대해 통찰할 수 있도록 이를 아이에게 표현한다. 자신에 대한 그러한 통찰과 자아 존중감 간에는 강한 상관관계가 있다(Brandt & Vonk, 2006). 많은 연구에서 명확한 자기 개념은 긍정적인 자아 존중감과 크게 관련되어 있음이 나타났다(Campbell et al., 1976).

놀이가 어떻게 자아 존중감을 강화시키는지는 D. W. Winnicott(1994)의 다음 인용구에서 요약하여 이해할 수 있다.

놀이에 의해서, 그리고 놀이를 하는 중에만 개개인의 아이가 창의적일 수 있고 자신의 모든 성격을 활용할 수 있으며 아이는 창의적일 때에만 자신에 대해 발견할 수 있다.

전략 및 기술

Virginia Satir(1989)는 "자신에 대해 가치 있게 생각하는 법을 배우고 자신감을 갖는 높은 자아 존중감은 과거의 경험에도 불구하고 누구에게나 나타날 수 있다."고 말했다. 놀이치료에 관해 Haim Ginott(1994)은 "놀잇감을 가지고 놀면서 아동이 자신과 자신의 삶에서 중요한 타인과 일들에 대해 어떻게 느끼는지 말을 통할 때보다 더 자세하게 보여줄 수 있다."고 하였다.

다음의 기술들은 통합적인 주제로 수용, 공감, 일치성, 진실성, 놀이치료자가 아동에게 주는 지속적인 관심을 요소로 갖는다. 앞에서 언급한 바와 같이 놀이에서의 이러한 특성들은 더 큰 치료 효과를 가져오는 것으로 나타났다(Bratton et al., 2005). 이러한 특성들은 아동 중심 놀이치료(CCPT)에서 필요 충분 조건이며 다른 놀이치료 이론에서는 필요 조건이지만 충분 조건은 아니다. 자아 존중감의 향상과 관련하여 놀이치료자가 제공하는 이러한 조건들의 중요성은 아무리 강조해도 지나치지 않는다. 놀이치료자와 아동의 관계에서 이러한 특성뿐만 아니라 자존감을 향상시키는 여러 특정 놀이치료 기술들도 사용할 수 있다. 이 기술들은 아동에게 가치가 있고 능력이 있다는 느낌을 가질 수 있도록 한다. 자아 존중감을 강화시키기 위한 다음의 놀이치료 기술들은 앞에서 보았던 Mruk(2006) 모델에 잘 부합한다. 이들은 넓은 연령대에 적절하다. 이러한 많은 기술들은 개별 또는 집단 놀이치료에서 사용될 수 있다.

자아 존중감은 개인이 자기 개념을 평가하는 것으로 간결하게 정의되고 자신을 아는 것은 자아 존중감이 발달하는 데 중요하기 때문에, 자아 존중감을 강화하기 위한 첫 단계는 아동이 자신에 대한 통찰력을 갖고 자신에 대해 알게끔 도와주는 것이다. '나는 ~한 이웃이 좋아요(I Like My Neighbor Who)'(Frey & Fitzharris, 1998)라는 이름의 기술은 개별 또는 집단 놀이치료에서 사용할 수 있다. 이는 충분한 수의 의자를 가지고 시작하는데 여기서 하나를 뺀다. 의자가 없는 사람은 서서 "나는 갈색 눈을 가진 이웃이 좋아요."와 같이 어느 특성에 대해 말한다. 갈색 눈을 가진 모든 사람들은 다른 의자로 이동해야 한다. 의자가 없는 사람은 "나는 안경을 쓴 이웃이 좋아요."와 같이 다른 특성을 말한다. 그러면 안경을 쓴 사람들이 다른 의자로 이동한다. 이는 놀이치료에 참여한 사람들이 서로 어떠한 면이 비슷하고 다른지 알게 되며 놀이치료자가 중단시킬 때까지 계속된다. 놀이에 참여한 사람들이 지닌 특징들의 특성은 놀이치료자가 각 아이들의 나이나 집단에 있는 사람들에 따라 모델링을 함으로서 조절될 수 있다.

'그건 가방 안에 있어요(It In the Bag)'는 자기 개념을 구축하는 또 다른 기술이다. 아이에게 자기가 이 근처에 더 이상 있지 않을 것이라고 상상해 보라고 말한다(이동할 수도 있고… 기타 등등). 그리고는 가방 안에 자신을 대표하는 물건을 넣으라고 말한다. 이 물건은 자신이 누구인지를 떠올리게 할 것이다. 물건, 사진, 그림이 무엇인지 알아보고 난 뒤 아이는 자신을 의미하는 것에 대해 토의한다. 이것을 집단 놀이치료에서 실시한 경우에 놀이치료자는 아이들에게 모여서 다른 참가자들의 이름을 골라 보라고 할 수 있다. 그러면 아이들은 끌리는 이름의 물건을 가방 안에 넣는다. 이는 다른 사람들이 자기를 어떻게 보는지 아는 데 도움이 된다.

미스터리 메시지(Mystery Messages)(Frey & Fitzharris, 1998)의 경우 아이에게 자신에 대해 고유한 무엇인가를 하얀 종이 위에 하얀색 크레파스로 그리도록 한다. 그 뒤에 무엇을 그렸는지 '스무고개' 형식으로 물어 본다(집단을 대상으로 할 경우 승자는 가장 먼저 맞춘 사람이 된다). 수채화 그림 물감으로 종이를 칠하면 그림이 나타나게 된다.

'나는 누구일까요?(Who Am I?)'의 경우(Frey & Fitzharris, 1998)에서도 아이는 자신에 대해 배운다. 아이에게 너를 더 잘 알기 위해서 마법을 사용할 것이라고 말한다. 그리고 눈을 가린 채로 모자에서 아이의 이름이 적힌 종이 한 장을 뺄 수 있다고 말한다. 아이 앞에서 종이를 크기가 동일한 9개의 조각으로 찢는다. 그리고는 한가운데의 조각을 아이에게 건넨다. 아이에게 그 종잇조각에 이름을 쓰도록 한다. 남은 8장의 종잇조각에는 아이에게 다음과 같은 사항들을 채워 넣게끔 한다. (1) 내가 좋아하는 활동은…. (2) 나는…. (3) 나는 …하는 것을 좋아한다. (4) 나는 …할 때 제일 행복하다. (5) 아무도 내가 …할 수 있다는 것을 모른다. (6) 나는 …일 때 가장 문제를 잘 처리한다. (7) 나는 …하기를 희망한다. (8) 나의 가장 자랑스러운 업적. 아이가 기입을 완료했으면 9장의 종잇조각을 모두 모자 안에 넣도록 한다. 눈가리개를 쓰고 아이에게 눈을 가린 상태에서 이름이 적혀 있는 종이를 찾아낼 것이라고 말한다. 그리고는 모자에 손을 넣어 종이를 뒤적거린다(한 장의 종이를 찢어서 9장의 조각을 만들었기 때문에 다른 8장의 종이는 한 모서리가 매끄러운 면이 있다. 이름이 적혀 있는 종이는 모든 모서리가 거칠 것이므로 이름이 적힌 종이를 구분할 수 있을 것이다). 그 다음에는 아이에게 한 번에 종이를 한 장씩 뽑은 뒤 적혀 있는 것을 읽게 한다. 각 문장을 조사한다.

어떤 이가 누구인지 알리고 상징하기 위해 수 세기동안 배너가 어떻게 사용되어 왔는지를 소개한다(예 : 백합 문장은 프랑스 왕실을 상징한다). 그리고 난 뒤 아이에게 자아 존중감 배너를 만들도록 한다(Frey & Carlock, 1991). 아이에게 서로 다른 여러 가지 모양(정사각형, 삼각형, 직사각형)이 그려져 있는 배너 하나를 준다(아이의 나이에 따라 영역의 수를 조절할 수 있다). 그리고 한 영역 안에는 모든 사람이 알고 있는 '나'에 대해 쓰거나 그림을 그리게 한다. 다른 영역에는 사람들이 잘 모르는 '나'에 대해 그리거나 쓰도록 한다. 또 다른 영역에는 '실제' 자기 자신에 대해 그리거나 쓰게끔 한다. 다른 영역에는 상상 속의 자신에 대해(예 : 갖고 싶은 신비한 힘이 무엇인지) 쓰거나 그림을 그리게 한다. 또 다른 영역에는 만약 오늘 죽는다면 무엇을 말하고 싶은지 쓰거나 그림을 그리게 한다. 진행의 순서는 자신의 면에 대해 표현하기 가장 쉬운 것에서부터 가장 어려운 것으로 한다[이 기술에는 그림 21.1에서 보았던 조해 리의 창의 개념(자아 존중감은 다면적이라는 개념)이 내재해 있다].

'동전 치기(Flick of Coin)'(Frey & Fitzharris, 1998)는 자신에 대한 지식을 촉진한다. 머핀 틀을 테이블 위에 놓아 두 줄로 만든다. 자신의 정체에 대한 사실(외양, 가족, 학교 성적 등), 좋아하는 것과 싫어하는 것(음식, 색깔, 냄새, TV 프로그램), 믿음(종교, 약물, 술), 꿈(돈, 명망), 재능(노래, 스포츠, 예술, 연기) 같은 여러 가지 측면들을 나타내는 스티커를 선택한다. 그리고 그 스티커를 머핀 틀의 각각의 컵 안에 둔다. 종이 한 장에 각각의 스티커가 무엇을 나타낼 수 있는지 표시한다. 포스터 보드 위 머핀 컵에 사용하였던 각각의 스티커를 왼쪽에 붙인다. 붙인 각 스티커의 오른쪽에는 스티커가 해당하는 자신을 표현하는 영역이 무엇인지 쓴다. 머핀 팬과 근처의 포스터 보드를 바닥에 정렬한다. 그리고 아이에게 머핀 컵의 수만큼 동전을 준다. 그리고 머핀 팬과 2~3피트 떨어져서 아이들을 세운다(거리는 아이의 나이, 아이의 체격에 따라 조절한다). 그리고 아이에게 동전을 튕겨서 컵 안에 집어넣도록 한다. 성공하여 동전이 들어갈 때마다 아이에게 해당 머핀 컵 안에 있는 자신의 측면에 대한 사항을 확인토록 한다. 예를 들어, 동전이 재능을 나타내는 머핀 컵으로 들어가면 아이는 자신이 가지고 있는 재능에 대해서 이야기한다. 이것의 목적은 아이가 자신의 다양한 측면을 확인할 수 있도록 하는 것이다. 동전은 회기의 기념품으로 아이에게 주는데 동전의 각 면에는 스티커를 붙여서 준다. 이는 동전을 튕겨서 성공하였다는 것을 나타낼 뿐만 아니라 아이가 자신에 대해 배운 것을 상기시켜 주기 위해서이다.

아이가 다른 사람들과 자신의 비슷한 점이 무엇이고 차이점은 무엇인지 인지하도록 돕기 위해서는 '눈 내리자(Let It Snow)'(Frey & Fitzharris, 1998)가 유용한 중재법이다. 아이들에게 종이로 눈송이를 만들게 하는데 이때 눈송이를 만들기 위해서 종이 한 장을 반으로 접고 그것을 또 반으로 다시 접는다. 그리고는 접힌 상태의 종이를 다양한 모양으로 자른다(예 : 부채꼴, 지그재그). 뒤 종이를 펼치면 눈송이 모양이 만들어진다. 만들어진 눈송이는 반짝이 스프레이로 반짝거리게 만든다. 이렇게 만든 눈송이들의 모양이 서로 어떻게 비슷한지 여러 면에서 어떻게 다른지 알아본다. 또한 이들 눈송이들이 어떻게 비슷하게 보이며 각각 독특하고 특별한지도 알아본다. 그리고 아이에게 자신이 어떠한 점에서 다른 사람들과 공통점을 가지고 있으며 또한 어떻게 독특하고 특별한지 물어본다. 집단 놀이치료 회기에서는 위에서 말한 바와 같이 이를 진행하고, 각 눈송이의 뒷면에 아이들 각자를 상징적인 특정 아이콘으로 표시하도록 한다(예 : 다이아몬드, 원, 정사각형, 삼각형). 그리고 놀이치료자는 모든 눈송이를 모아서 공중에 던진다. 이때 "눈 내리자!"라고 모든 사람들이 소리칠 수 있다. 눈송이가 바닥에 떨어지면 집단 구성원들에게 자신의 것이 아닌 눈송이를 선택하도록 한다. 구성원은 각자 자신이 선택한 눈송이를 누가 만들었을지 추측해 본다.

'병 안의 메시지(Message in a Bottle)'(Frey & Fitzharris, 1998)는 아이들이 자신의 관심사와 능력을 확인할 수 있도록 도와준다. 회기 전에 각각의 종이에 15~20가지의 자아 존중감에 대한 메시지를 쓴다. 이런 메시지의 예로는 '당신이 자랑스러워하는 재능을 쓰시오.', '나는 …를 잘한다.', '나의 최고의 기억은…' 등이 있다. 이렇게 메시지를 쓴 종이를 각각 말아서 고무 밴드로 고정한다. 그리고 그 종이를 깨끗한 주스병에 담고(이때 라벨을 제거했는지 확인한다) 병뚜껑을 닫는다. 병은 바닥에 '10핀 형식(볼링 핀이 배열되는 방식)'으로 정렬한다. 뒷줄에는 4개의 병, 그 다음 줄에는 3개의 병, 그 다음은 2개, 그리고 맨 앞줄은 1개의 병이 놓이게 된다. 이 배열 모양은 역피라미드 모양이다. 아이에게는 자아 존중감 볼링 놀이를 할 것이라고 말한다. 아이는 테니스 공을 바닥의 '통로'에 굴려 10개의 핀을 모두 무너뜨리도록 시도한다. 쓰러진 각각의 핀에 대해 아이는 병 안에 있는 메시지를 읽고 이에 응답한다. 게임이 끝난 뒤 아이에게 자신에 대해 새로이 알게 된 정보가 무엇인지 그리고 그들의 능력에 대해 무엇을 확인하였는지 물어본다. 이 활동은 집단 놀이치료에서 '볼링 팀'을 만들어 할 수도 있다.

이러한 모든 놀이치료 기법들은 아동이 자기 개념을 더 잘 확인할 수 있도록 자신에 대해 더 많은 지식을 얻는 것을 돕는 데 목표가 있다. 또한 이러한 중재법들은 아이들이 자신을 더 많이 받아들일 수 있도록 돕는다. 이것은 놀이치료가 자아 존중감이 향상되도록 돕는 주된 방법 중 하나이다. 수용은 또한 앞에서 논의한 Mruk (2006) 모델의 첫 단계이다.

자아 존중감을 강화시키는 것에서 두 번째 단계는 아동이 자기 개념을 평가하는 것을 돕는 것이다. 핑퐁의 언어적 변형은 이러한 목표를 이룰 수 있도록 보조할 수 있다. 놀이치료자는 아이들에게 '핑퐁 게임'을 할 것이라고 말해 주는데, 놀이치료자가 먼저 긍정적인 자기 진술(아이들의 관심사와 관련)을 하면 아이들이 긍정적인 자기 진술을 하면서 이를 시작한다. 게임은 핑퐁 경기처럼 앞뒤로 계속된다. 이 기법은 놀이치료자가 긍정적인 자기 진술의 모델을 만들어서 아이들에게 긍정적인 자기 진술의 경험을 제공할 수 있도록 한다.

'위로 띄우기(Float to the Top)'는 아이들이 긍정적인 자기 진술의 힘을 이해하는 것을 돕는 기술이다. 놀이치료자는 회기 전에 소금에 식용 색소를 몇 방울 섞어서 '마법의 가루'를 만든다. 그리고 약 30분 동안 이 혼합물을 건조시킨다. 건조되고 나면 이를 용기에 담아 둔다. 회기 동안 놀이치료자는 아이들에게 달걀이 물에 뜨도록 만들 수 있다고 말한다. 달걀을 유리 텀블러에 담고 물을 약 반 정도 채운다. 그러면 달걀은 즉시 바닥으로 가라앉을 것이다. 이때 놀이치료자는 아이들에게 긍정적인 자기 진술에 대해 생각하고 있으면 안 된다고 말한다. 마법의 가루(예 : 소금)를 집어서 텀블러에 많이 넣는다. 소금이 바닥으로 가라앉을 때 즈음 달걀은 떠오르기 시작하여 위에 둥둥 뜨게 될 것이다. 이 마법의 가루를 텀블러에 붓는 동안 놀이치료자는 아이들의 자아 존중감 문제와 관련된 긍정적인 자기 진술을 해야 한다. 예를 들어, 만약 아이가 자신이 운동을 못한다 하며 자신을 깎아 내린다면 놀이치료자는 "나는 운동을 못할 수도 있어. 하지만 나는 정말 미술을 잘해."라고 말할 수 있다. 놀이치료자는 아이들과 함께 긍정적인 자기 진술을 통해 어떻게 (달걀처럼) 자신을 끌어 올릴 수 있을지 알아보아야 한다.

아이들은 극놀이 인형을 사용하여 낮은 자아 존중감과 높은 자아 존중감의 특성을 보여주는 스킷(짧은 극)을 할 수 있다(Frey, 2009). 놀이치료자(또는 집단 놀이치료의 경우 다른 아이)는 어떠한 특징이 스킷의 제스처에서 많이 보이는지 추측할 수 있다. 몇 개의 인형극을 하고 난 뒤 낮은 자아 존중감을 지닌 인형이 어떻게 향상되었는지에 대해 토론할 수 있다. 또한 아이들은 자신을 나타내는 자아 존중감의 역할을 선택하고 인형을 사용하여 연기할 수 있다. 그림 21.4는 높은 자아 존중감과 낮은 자아 존중감에 대한 일부 지표들을 보여 준다.

다른 이들로부터 받은 부정적인 피드백을 다루는 데 어려움을 겪는 아이들의 경우, '솔로 털기(Brush It Off)'(Frey & Fitzharris, 1998)가 유용한 기술이다. 아이들에게 5센트짜리 동전 하나를 손바닥 위에 올려놓도록 한다. 그리고 수세미(세탁용 브러시)를 주고 솔질을 하여 동전을 손에서 쓸어내도록 한다. 이때 아이들에게 일반적인 솔질 방법만 사용해야 하고 솔 끝부분만 사용해야 한다고 명시한다. 아이들이 솔질로 손에서 동전을 떨어뜨리는 것은 불가능하다는 것을 발견할 때, 때때로 다른 사람들의 부

높은 자아 존중감	낮은 자아 존중감
안심함 자신감이 있음 배우려 함 다른 사람들에게 긍정적인 피드백을 해 줌 협력적인 새로운 경험을 두려워하지 않음 적극적임 친구를 쉽게 사귈 수 있음	안심하지 못함 소심함 자신에 대해 확신하지 못함 다른 사람들을 깎아내림 심하게 자랑함 새로운 경험을 두려워함 공격적임 친구를 사귀는 데 어려움이 있음

그림 21.4 ● 높은 자아 존중감과 낮은 자아 존중감에 대한 지표

정적인 의견을 '쓸어버리는 것'이 얼마나 어려운지에 대해 토의한다. 그리고 아이들과 생각을 바꿔서 상황을 변화시키는 방법에 대해서도 토의한다. 아이들에게 그들 자신을 대표하는 인형과 적대적인 사람을 대표하는 인형을 선택하게 한다. 그리고 고통스러운 상황을 재현하는데 이때 놀이치료자는 아이의 역할을 맡고 아이는 적대자의 연기를 한다. 놀이치료자는 긍정적인 '나 진술법'(예 : "나는 네가 말한 것을 좋아하지 않아.")과 직접적인 문구(예 : "그건 내 기분을 상하게 해.")를 사용하여 적극적이고 긍정적인 아이를 모델로 삼는다. 그리고 이 방법이 어떻게 아이가 적대적인 말들을 털어내는 것을 도울 것인지 강조한다. 그리고 난 뒤 상황을 재현하는데 이번에는 역할을 바꾸어 실시한다.

'자아 존중감 빙고(Self-Esteem Bingo)'는 다양한 연령대의 아이들에게 적용할 수 있는 효과적인 방법이다. 일반적인 빙고는 25개의 칸이 있다. 각 칸에 놀이치료자는 "당신이 할 수 있어서 자랑스러운 것에 대해 말하시오.", "당신을 깎아 내리는 한 가지 방법을 말하시오.", "스스로에 대해 좋아하는 것 한 가지를 말하시오.", "빙고 카드의 상단에 글자 E, S, T, E, E, M을 놓으시오."와 같은 문장들을 기입할 수 있다. 각 문자의 아래에 있는 열을 E는 1~15까지, S는 16~30, T는 31~45와 같이 다양한 숫자로 표시한다. 문자와 숫자가 함께 들어가도록 한 75개의 사각형을 절단하여 다양한 숫자를 만든다(예 : S20 또는 T40). 아이의 빙고 카드에 그 숫자가 있는 경우 그들은 그 사각형 안에 있는 진술에 응답하고 칩을 하나 가진다. 놀이치료자는 숫자와 참가자를 동시에 부를 수 있으므로 이는 또한 놀이치료자가 적절한 자아 존중감, 생각,

감정, 행동에 대한 모델을 설정할 수 있도록 한다. 자아 존중감 빙고의 예에 대해서는 자아 존중감을 강화시키는 실제 기술(Practical Techniques for Enhancing Self-Esteem)을 참조하라(Frey & Carlock, 1991).

'자아 존중감 포춘 쿠키(Self-Esteem Fortune Cookies)'는 아이들이 다양한 측면의 자아 존중감을 시험할 수 있도록 돕는 또 다른 방법 중 하나이다. 놀이치료자는 포춘 쿠키를 구워서 쿠키 안에 "당신이 할 수 있다고 생각하든 그렇지 않든 당신은 옳다 (Henry Ford).", "대부분의 사람들은 자신의 마음으로 만들어낸 만큼 행복해한다 (Mark Twain)." 등의 자아 존중감과 관련된 다양한 인용구를 넣을 수 있다. 놀이치료자와 아이들은 교대로 포춘 쿠키를 열어 보고 이 메시지가 그들과 어떻게 관련되어 있거나 그렇지 않은지 토론한다.

갖춰 입은 의상, 모래 상자, 인형극, 예술 또는 동물 인형과 함께 독서치료 또한 자아 존중감을 강화하는 데 도움이 될 수 있다. Virginia Waters는 4권의 책으로 이루어진 시리즈 한 편(1980a, 1980b, 1980c, 1980d)과 이에 수반하는 합리적 정서치료 (Rational Emotive Therapy, RET)의 이론적 관점으로부터 자아 존중감의 역동성에 대한 부모용 팸플릿을 저술하였다. 허둥대는 프레디(*Freddie the Flounder*)라는 이야기에서 주제는 자기 수용이다. 프레디는 자신이 좋은 행동과 나쁜 행동을 모두 가진 실수를 할 수 있는 물고기라는 사실을 받아들이는 것을 배운다. 그는 인지적 왜곡과 부정확한 자기 평가에 도전하는 것을 배운다. 루드비히에게 배우기(*Ludwig Learns to Light*)에서 빛을 내는 벌레인 루드비히는 긍정적인 자기 진술의 가치에 대해 배운다. 코넬라의 대처 방법 배우기(*Cornella Cardinal Learns to Cope*)는 긍정적인 자기 대화의 가치에 대한 어린이용 이야기이다. 세 다람쥐(*Fasha, Dasha, and Sasha Squirrel*)에서 각각의 다람쥐들은 생각이 감정에 미치는 효과에 대해 배운다. 다양한 독서치료 양식들을 통해 아이들은 이러한 주제를 연기하거나 그림으로 그릴 수 있다. 이 밖에도 자아 존중감의 주제에 대한 많은 독서치료용 자료를 구할 수 있다.

'틱-택-토(Tic-tac-toe) 게임'은 자아 존중감을 강화시키기 위해 사용할 수 있는 또 다른 놀이치료 기술이다. 놀이치료자는 자아 존중감을 향상시키기 위한 효과적인 대처 기술과 비효과적인 대처 기술을 이용하여 틱-택-토 보드를 개발할 수 있다. 아이는 자아 존중감 강화의 대처 기술을 설명하는 박스 안에 X를 표시하고 비효과적인 전략을 나타내는 박스에 O를 표시한다. 이러한 박스에 들어갈 내용의 예로는 '자신에게 긍정적인 자기 대화를 하라.', '다른 사람들이 당신에 대해 말하는 모든 것을 받아 들여라.' 등이 있을 수 있다.

Mruk(2006) 모델에서 문제 해결 기술의 중요성은 자아 존중감에서의 중요성과 관련하여 검토된다. 많은 놀이치료 기술은 문제 해결 기술들을 발달시키는 데 유용하다. 놀이치료자는 물 한 잔을 바깥쪽으로 뻗은 오른손에 놓고 아이가 물을 마시지 못하도록 한다. 그런 다음 놀이치료자는 아이에게 양손으로 놀이치료자의 오른팔을 쥐고 팔을 아래로 당기도록 하며 잔을 들어 올려 물을 마시지 못하도록 만든다. 그러면 놀이치료자는 자신의 왼손을 내밀고 오른손에 있는 물 잔을 들어 올려 물을 마신다. 이 기술은 해결할 수 있는 문제가 어떻게 해결할 수 없는 것으로 보이는지에 초점을 두어 진행된다. 또한 이 활동은 사람들이 다른 사람들을 깎아 내리려 할 수 있지만 만약 효과적인 대처 기술을 사용할 경우에는 그럴 수 없다는 것을 토론함으로써 진행될 수도 있다.

아이들의 대처 기술을 발달하도록 돕는 또 다른 놀이치료 기술에서는 밀대, 크래커, 종이, 크레파스, 연필을 사용한다. 놀이치료자는 아이와 그들이 가지고 있는 자아 존중감 문제가 무엇인지 상의한다. 그리고 아이에게 크래커 위에 그것에 대해 하나씩 쓰라고 한다(예 : "나는 항상 누가 나에 대해 말하는 것을 모두 믿어요.", "나는 나를 많이 깎아내려요."). 아이와 함께 아이의 강점에 대해 이야기하고 이들을 종이 한 장에 나열하여 기입한다. 그리고는 그 종이를 밀대 주변에 둘러 이를 테이프로 붙인다. 그 후 크래커를 테이블 위에 두고 아이에게 밀대 위에 쓰여 있는 강점들을 다시 한 번 보라고 말한다. 그리고 이들 강점이 함께 자아 존중감 문제보다 더 강한지 토론하고 크래커를 밀대로 밀어서 부순다. 이를 다른 아이에 의해 정의된 자아 존중감에 해당하는 크래커를 가지고 반복한다. 약간의 크래커는 남겨 두고 아이에게 크래커를 불어 날리도록 한다. 이는 가능하지만 롤러로 하는 만큼 쉽지는 않다. 이후에 아이가 어떻게 자아 존중감 문제를 극복하기 위해 강점을 동원할 수 있는지에 대해 토론한다.

자아 존중감과 관련된 문제 해결을 돕기 위한 또 다른 놀이치료 기술에서는 감자와 빨대를 사용한다. 아이에게 빨대를 감자에 밀어 넣어 보라고 한다. 수차례의 시도 뒤에도 아이는 이 일을 성공하지 못할 것이다. 그러면 놀이치료자는 빨대의 한쪽 끝을 접은 다음 그것을 감자에 꽂는다. 그렇게 하면(빨대의 한쪽 끝이 막혀 있기 때문에) 빨대 내부에 존재하는 압축된 공기로 인해 빨대는 감자 안으로 들어갈 것이다. 놀이치료자는 아이와 함께 아이가 문제를 해결할 수 없다고 생각한 경우에 대해 이야기를 나눈다. 다른 사람과의 상호작용을 통해 아이는 이러한 장애를 높은 자아 존중감으로 극복할 수 있다. 다른 사람의 도움과 피드백을 구하는 것은 하나의 좋은 전략이다.

이 놀이치료 기술은 집단 놀이치료에서 모든 연령대의 아이들과 함께 사용할 수 있다. 놀이치료자는 사탕 접시나 과일이 담긴 접시를 집단의 한가운데에 둔다. 한 사람을 제외하고 모든 집단 구성원들은 '사탕/과일을 천천히 먹고 마치 이것이 매우 맛있는 것처럼 행동할 것'이라는 지시 사항이 적혀 있는 종이를 받는다. 남은 한 명의 집단원에게는 '어떠한 경우에도 사탕/과일을 가져가거나 먹지 말 것'이라는 지시 사항이 쓰여 있는 종이를 준다. 그리고 모든 사람들에게 지시 사항은 비밀로 할 것을 당부한다. 이 상태로 5분을 보낸다. 그러고 난 뒤 저항하는 사람이 된 것이 어땠는지에 대해 토론한다. 그 저항했던 사람에 대해 다른 모든 사람들은 어떻게 생각하였는가? 집단에서 특정한 행동을 나타내는 유일한 사람이 된 느낌은 어떤가? 아이가 특정 방식으로 행동할 동료로부터의 압력을 느꼈는지에 대해 토의한다. 어떻게 그 사람은 자신에게 진실할 수 있는가? 이 기술은 특히 문제가 되는 행동을 하도록 종종 압박을 받는 청소년(나중에 이에 대해 후회하고 이는 자기 혐오를 일으킬 수 있음)에게 유용하다.

'둘을 위한 식사(Dinner for Two)'(Frey & Fitzharris, 1998)에서는 아이에게 저녁 식사에 어려움을 가진 한 사람을 초대하는 척 가장하도록 한다. 그리고 아이에게 왜 그 사람이 저녁 식사가 어려운지에 대한 이유를 자세히 설명해 보라고 한다. 아이는 놀이치료자가 제공하는 콜렉션에서 식기, 냅킨, 식탁 깔개, 안경, 커트레이를 선택한다. 놀이치료자는 그 '손님'의 역할을 하여 어떻게 저녁이 나올 것인지에 대해 역할극을 한다. 아이의 적극적인 행동, 감정을 조절하는 능력, 지시적인 목소리를 가진 것 등에 대해 긍정적인 피드백을 준다. 이는 또한 멀린(미술사)이나 아이가 존경하는 다른 누군가같이 지혜로운 사람과 함께 저녁을 먹는 것으로 역할극을 할 수도 있다. 아이는 그 현명한 사람과 자신이 원하는 사람이(실제 자신) 되는 방법에 대해 토의한다. 이 공상적인 역할극은 상황에 적절한 경우 아이와 함께 끝낼 수 있다.

'자아 존중감 편지(E-steem Mail)'(Frey & Fitzharris, 1998)는 아이가 긍정적인 사고로 기분을 바꿀 수 있도록 돕는다. 컴퓨터 모니터 화면에 워크시트를 만든다. 회기 중에 아이 스스로에게 편지를 작성하도록 한다. 메시지는 "잘했어!", "해냈어!", "넌 좋은 사람이야." 등의 긍정적인 내용이어야 한다. 그리고 아이에게 그 메시지를 큰소리로 읽도록 하고 그 내용에 대한 지시 사항을 알아본다. 그러고 난 뒤 그 메시지를 봉투 안에 넣고 자신의 주소를 쓰게 한다. 이 기술을 하고 난 몇 주 후에 그 메시지를 아이에게 보낸다. 그리고 그 편지를 받을 때의 반응에 대해 아이와 토론한다. 어떻게 긍정적인 생각을 통해 기분을 변화시킬 능력을 가지게 되는지에 대해서도 알아본다.

놀이치료자가 이용 가능한 것 중 자아 존중감을 주제로 하는 상업적으로 제작된 보드게임이 있다. 그러한 게임 중 하나는 '자아 존중감 탐험하기(Exploring My Self-Esteem)'(Loeffler, 1998)인데 이는 5~12세의 아동들에게 적절하고 개별 또는 집단 놀이치료에 사용한다. 많은 놀이치료용 카드 게임 중 일부는 자아 존중감에 초점을 둔 것이며 놀이치료자는 이를 이용할 수 있다. 부모들은 아이의 자아 존중감 발달에 매우 중요한 존재이기 때문에 부모-자녀 놀이치료 또한 좋은 중재법이 된다.

자아 존중감 강화를 위한 자유 놀이에는 큰 가치가 있다. 아이들은 자유 놀이에 참여할 때 긍정적이고 무엇이든 할 수 있다고 느낄 수 있다. 상상 놀이에서 아이들은 공주 또는 영웅이 될 수 있다. 모래 상자에서 아이들은 인물들의 생각, 감정, 행동을 직접 조절하는 자신의 세상을 만들어 낼 수 있다. 칼과 총 놀이, 의사, 소방관, 용, 마녀, 그리고 고블린으로의 역할극 또한 자유 놀이에 도움이 된다. 자유 놀이에서 아이들은 점토 등으로 물체를 만들어 내고, 건물을 세우고, 퍼즐을 풀고, 다양한 장난감으로 세상을 만들어 냄으로써 유능감이나 숙달감을 얻을 수 있다.

임상 적용 및 사례

자아 존중감에 초점을 맞춘 놀이치료는 모든 아이들에게 도움이 될 수 있다. 낮은 자아 존중감은 우울증에서 나타나며 이는 또한 주의력 결핍 과잉 행동 장애, 학습 장애, 공포증, 발달 지연, 학습된 무기력, 과잉 의존, 집이 없는 상태(homelessness), 낮은 학문적 성취도, 섭식 장애, 학대의 경험이 있는 아이와도 연관되어 있다. 자아 존중감은 행동에 대한 하나의 예측인자이며 이는 다양한 임상적 상황에 대한 매개체 또는 지표가 된다는 증거가 있다(Shirk, Byrwell, & Harter, 2003).

다음의 사례 연구에서는 자아 존중감을 강화시키기 위해 여러 놀이치료 기술들에 대해 토의하였다. 본 장의 앞에서 보았던 자아 존중감의 강화를 촉진하는 놀이에 대

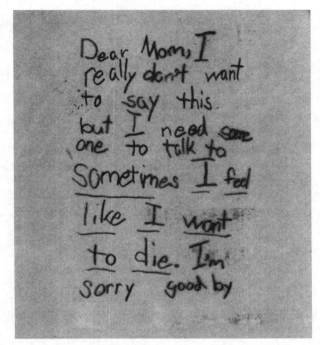

(엄마, 이건 정말 말하고 싶지 않지만 전 말할 수 있는 누군가가 필요해요. 때때로 전 죽고 싶다는 생각을 해요. 죄송해요. 안녕.)

그림 21.5 ● 엄마에게 쓴 메모

한 필요 조건들(예 : 수용, 공감, 일치, 끊임없는 관심, 진정성)이 이들 중재법의 기초 역할을 한다는 것을 아는 것이 중요하다.

그리고 이러한 중재법의 순차적인 특성도 중요하다. 놀이치료자는 아이가 실제로 자기 개념에 대해 알기 전에는 자신에 대한 10가지의 긍정적인 면을 나열해 보라고 할 수 없다. 효과적인 연속 과정은 처음에 자신에 대해 아는 것에서 시작하여 자기 수용을 하고 스스로 보살피며 마지막으로 자기 성장을 하는 순서를 갖는다.

7살의 캐롤은 다음과 같은 메모(그림 21.5)를 쓰고 난 뒤 그녀의 엄마에 의해 놀이 치료를 받게 되었다. 그녀는 편모 가정의 외동딸이었다.

당시는 2학년 말이었는데 캐롤이 자살 생각을 가지고 있었을 뿐만 아니라 실행 가 능한 계획도 가지고 있었음이 발견되었다. 아이는 자신에 대해 긍정적인 것을 한 가지도 말할 수 없었다. 아이와 친밀한 관계를 형성한 다음 놀이치료자는 '나는 ~한 이웃이 좋아요.' 기술을 도입하며 놀이치료를 시작하였다. 놀이치료자는 또한 자아 존중감 배너와 자아 존중감 포춘 쿠키를 도입하였다. '경첩이 달린 집(Hinged House)' 기술은 그 다음에 사용되었다(Frey & Fitzharris, 1998). 회기 전에 놀이치료자는 서류 파일을 잘라서 뒤집어진 'V' 모양으로 지붕을 만들어 서류 파일 집을 만들었다. 집은 다 만들고 났을 때 집의 왼쪽에 경첩이 달린 집과 닮아 보여야 한다[오려낸 모양은 집의 모양에서만 인사 카드(greeting card)를 닮아야 한다]. 그리고 아이에게 그녀의 집을 나타내는 것을 집의 앞면에 그리도록 했다. 안쪽에는 그녀의 방을 그리고 그곳에서 무엇을 하는지 그리도록 하였다. 집의 뒷면에는 뒤뜰, 안뜰, 그리고 집의 '비밀'에 대해 그리도록 했다. 다 그리고 난 뒤 아이와 함께 '경첩이 달린 집'에 대해 이야기하고, 그 집의 좋은 점과 좋아하지 않는 점에 대해 이야기하였다. 그 결과, 아이의 엄마는 캐롤과 거의 시간을 보내지 않는다는 것이 발견되었다.

캐롤의 엄마는 저녁 대부분의 시간을 자신의 방에서 보낸다. 그녀는 매우 직업 지향적이었고 대부분은 컴퓨터 작업을 하고 있었다. 캐롤은 엄마와 함께 놀거나 더 많은 관심을 받을 수 있도록 수많은 노력을 하였다. 그녀는 엄마에게 메모를 써서 침실이나 사무실 문 아래에 밀어 넣었다. 메모에는 "저랑 놀아주세요.", "저는 관심이 필요해요.", "책 읽어 주세요.", "이야기 들려주세요." 등이 쓰여 있었다. 그러나 닫힌 문 뒤의 엄마는 이를 모두 무시하였다. 엄마는 메모들을 모아 놓은 것(거의 30개)을 회기에 들고 와서 이것들이 혹시 딸의 문제와 관련이 있는지 물어 보았다. 캐롤의 엄마는 분명히 캐롤을 사랑했지만 편모이며 까다로운 직업을 가진 것에 압도되어 있었다. 아이와의 놀이치료에서 캐롤의 자기 비하는 캐롤에 대한 어머니의 완벽주의 및 지나치게 높고 비현실적인 기대와 관련이 있음이 나타났다. 그래서 부모-자녀 치료가 엄마에게 도입되었다. 그리고 엄마에게 5 : 1의 비율로 딸에게 긍정적인 피드백을(이에 대해서는 앞에서 설명함) 하도록 격려하였다. 캐롤의 엄마는 이전에는 딸에게 긍정적인 피드백을 해 주지 않았으나 딸이 메모 쓰는 것을 좋아하는 것으로 보였기 때문에 긍정적인 내용의 메모를 쓰게 되었다. 아이에게는 '힘 놀이(Power Play)'와 '둘을 위한 식사(Dinner for Two)'를 활용하였다. 둘을 위한 식사에서 엄마 역은 놀이치료자가 하였는데 엄마는 '저녁 파티'에서 '저녁 손님'으로 초대되었다. 추가로 캐롤의 아빠가 2마일 떨어진 거리에서 살면서 아이에게 관심이 없다는 것도 알게 되었다.

완벽주의에 대한 문제를 다루기 위해 고안된 기술로 독서치료와 놀이치료가 병행되었다. 일의 실수(*Mistakes That Worked*)(Jones, 1991)라는 책은 놀이치료자가 캐롤의 인지를 재설정화하는 데 도움이 되었다. 이 책은 실수로 시작되어 지금은 인기 있는 많은 일상 제품들을 검토한다(예 : 청소기 '409'는 성공적인 제품이 만들어 질 때까지 409번의 시험을 하였기 때문에 그렇게 명명되었다). 이 책에 있는 다양한 짧은 이야기들로 분장극 또는 인형극 연기도 가능하다. 엄마에게 이 책을 읽도록 격려했으며 캐롤의 엄마와 캐롤은 책에 나오는 제품 중 세 가지에 대해 인형극도 실시하였다.

캐롤에게 자신의 인생에서 가장 행복했던 10개의 일을 그려 보도록 하였다. 그 뒤에 아이에게 각각의 일들이 얼마나 완벽하였는지 물어보았다. 예를 들어 캐롤이 친구의 생일 파티에 간 것을 썼다면 그때가 얼마나 완벽했는지에 대해 묻는다. 각각의 일에는 항상 불완전한 것이 있었다. 이때는 캐롤의 엄마가 아이를 파티에 20분 늦게 데려다 준 것이었다. 각각의 행복했던 일들이 완벽했는지 또는 그러지 않았는지 평가한 다음 캐롤은 완벽과 행복은 동일하다는 미신을 떨쳐버리기 시작했다. 캐롤의 행복했던 시간과 불완전성에 대한 그림은 놀이치료자에게 이런 오해를 다잡을 수 있도록 하는 매개체가 되었다. 동시에 캐롤의 엄마에게도 동일하게 가장 행복했던 10가지 일을 그려 보도록 하고 캐롤 때와 동일한 과정을 진행하였다.

방금 보았던 인지 재구성화, 자연적인 자아 존중감 순간들, 연습 기회 등 Mruk(2006) 모델의 모든 요소들이 이 경우에 포함되었다(대부분 앞에서 다루었다). 캐롤에게 한 주 동안 엄마가 자신에게 해준 많은 긍정적인 이야기들을 기억하고 이를 놀이치료자에게 말하도록 '보물 찾기 게임(Scavenger Hunt)'을 시작하게 하였다. 그리고 캐롤에게 5 : 1의 비율로 자신을 향한 긍정적인 말을 하도록 하였다. 치료 과정에 걸쳐 놀이치료자는 역시 캐롤에게 긍정적인 피드백과 건설적인 비판을 5 : 1의 비율로 해 주었다.

캐롤의 엄마는 매일 저녁 딸과 함께 놀이를 하고 긍정적인 피드백과 완벽주의에 대한 생각을 다시 잡아 주기 시작했다. 그녀는 다양한 단계에서 적절하게 기대되는 아이의 행동에 대해 열거한 아동 발달 서적을 참조하였다.

캐롤은 또한 '머릿속의 그림'을 활용하여 자신에게 자아 존중감을 위한 짧은 휴식 시간을 주는 방법에 대해 배웠다. 자신에 대해 매우 좋게 느꼈던 시간을 회상하게 하였다. 그때는 캐롤이 유치원생 시절로 선생님이 그녀에게 그림을 잘 그렸다고 칭찬했을 때였다. 캐롤에게 그때 무슨 일이 있었고 어떤 이야기를 들었는지 마음속으로 그려 보도록 하였다. 그리고 당시의 느낌에 집중하게 하였다. 2분이 지난 후 캐롤에게 그때에 대한 그림을 그려 보게 하였다. 놀이치료자는 캐롤과 특히 나빴던 날에 대해 공유하였고, 아이는 눈을 감고 아까의 그림을 기억하며 자신에게 '자아 존중감을 위한 휴식'을 줄 수 있었다.

놀이치료 기술 중 하나인 '미래의 집(Home of the Future)'(Frey & Fizaharris, 1998)이 그 다음에 도입되었다. 이 기술에서 캐롤은 레고 블록, 듀플로 블록, 나무 블록, 통나무 집짓기 블록 등을 사용하여 미래의 '꿈의 집'을 만들어 보았다. 캐롤은 또 사람, 자동차, 미끄럼틀, 그네, 나무 덤불, 꽃 같은 미니어처 모형을 가졌다. 집을 완성한 다음 캐롤에게 미래의 집은 어떻고 지금의 집과 어떻게 다른지 물어 보았다. 미래의 집에서의 캐롤과 엄마는 지금의 집에서의 모습과는 긍정적으로 다른 모습을 보였다. 미래의 집에서 그들은 긍정적으로 상호작용하고 놀이를 하며 재미있게 지냈다. 캐롤은 그 미래의 꿈의 집에 대해 그림을 그렸고 이 그림이 더 나은 미래를 위한 긍정적인 촉매로서의 역할을 할 것이라고 치료자는 말해 주었다. 아이는 그 그림을 집에 가져가서 엄마와 이에 대해 이야기를 나누었다.

이 일이 있고 난 후 캐롤은 그림 21.6에 있는 메모를 놀이치료자에게 주었다. 그림 21.6에서 찢어진 하트는 그녀가 자신에 대해 어떻게 느끼는지를 나타내고, 이를 바느질한 표시는 놀이치료의 자아 존중감을 강화시키는 치료적 측면을 나타낸다.

캐롤에게 '자아 존중감 편지'를 하게끔 하였고 그로부터 1달 후 놀이치료자는 그 '편지'를 캐롤에게 보냈다.

이런 완벽주의의 극단적인 예는 마이클 조던의 다음과 같은 인용문에 요약되어 있다.

나는 내 직업에서 9,000개 이상의 숏을 놓쳤다. 나는 시합에서 300번 졌다. 나는 26차례의 시합에서 숏을 던지는 일을 맡았으며 골을 넣지 못했다. 그리고 나는 내 인생에서 실패하고 계속해서 또 다시 실패했다. 그리고 그것이 내가 성공한 이유이다.

캐롤과 그녀의 엄마는 완벽한 사람은 없으며 모두 실수로부터의 배움에서 이로움을 얻을 수 있다는 것을 깨닫게 되었다. 또한 캐롤의 엄마는 딸에게 주는 긍정적인

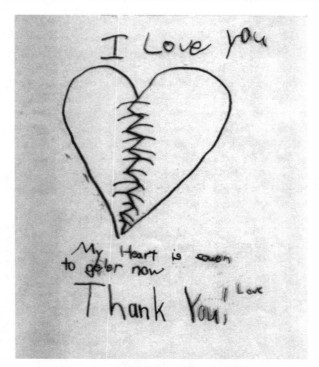

(사랑해요, 내 심장은 이제 다시 합쳐졌어요. 사랑해요, 감사해요.)

그림 21.6 ● 엄마에게 보내는 캐롤의 또 다른 메모

피드백과 관심의 가치에 대해서도 배웠다. 놀이치료는 이러한 결과를 촉진하고 자아 존중감을 강화시키는 데 매우 중요한 역할을 하였다.

9살의 제이크는 '아들로서의 그에게 실망한' 부모에 의해 상담을 받게 되었다. 그들은 자신들이 바란 것은 단지 제이크가 남동생처럼 좋은 성적을 받는 것과 운동을 잘하는 것이라고 말하였다. 그들은 놀이치료자에게 제이크가 이를 거부한다고 말했다. 제이크가 놀이치료실에 들어왔을 때 그는 종이, 펜, 크레파스, 마커에 끌렸다. 그가 처음으로 그린 그림은 그림 21.7과 같다.

이 모습을 보고 제이크가 그림 그리기를 좋아한다는 사실을 발견한 다음 놀이치료자는 제이크에게 다른 성별에 대해 그림을 그려 보도록 했다. 그림 21.8은 이때 그린 그림을 보여 준다.

그림 21.7 ● 제이크의 그림

그림 21.8 ● 제이크가 엄마를 그린 그림

그리고 제이크에게 자신의 모습에 대해 그리게 하였다(그림 21.9). 그림 21.10은 제이크가 자신의 가족에 대해 그린 그림을 나타낸다.

제이크에게 그의 그림에 대해 설명을 해 보라고 하였다. 그는 그림 21.8은 엄마라고 하였다. 그림 21.9에서 제이크는 자신이 미국 국기를 들고 소비에트(구 소련) 국기를 향해 가운데 손가락을 들어 보이는 것(이는 욕이다)이라 설명하였다. 그의 과한 꾸밈은 무능력 감정에 대한 보상으로 인한 것일 가능성이 매우 높다. 제이크의 아버지는 그림 21.10에도 나와 있는 것처럼 육군 장교였고 자주 파견 근무를 떠났다. 그림 21.10에 대해 제이크는 아빠가 파견 근무를 떠나고 있고 자기 남동생을 총검으로 찌

그림 21.9 ● 제이크가 그린 자신의 모습

그림 21.10 ● 제이크가 자기 가족을 그린 그림

르고 있는 동안 엄마는 그저 거기에 서 있다고 하였다. 그 후 그는 스스로 동생을 자신의 발만큼 작게 그리기로 결정했다. 자신을 지나치게 크게 묘사하고 그의 남동생은 매우 작게 그린 것은 무능력에 대한 감정의 과잉 보상을 반영하는 것으로 보인다(그림 21.10).

제이크의 남동생은 학교에서 모두 A를 받았으며 모든 운동을 매우 잘했다. 제이크에게는 예술적 재능이 있었음에도 그는 자신이 무능력하고 운동 쪽으로는 재능이 없다는 것을 알고 있었다. 이 사례는 '적합도(goodness of fit)' 개념을 반영하는 것으로 보였다. 제이크의 부모가 생각하는 좋은 아들에 대한 믿음과 가치는 아이의 능력과는 매우 달랐기 때문에 이는 제이크가 그의 가족에 '잘 안 맞고' 낮은 자아 존중감을 갖게 하였다.

제이크의 부모에게 아이의 예술적 재능에 대해 알리자 그들은 이를 크게 과소평가하였다. 제이크는 부모에게 상당히 부정적인 피드백을 받았다. 그는 또한 동생과 수없이 많이 싸웠다.

제이크에게 '나는 ~한 이웃이 좋아요.'와 '자아 존중감 배너'에 참여하게끔 하였다. '눈 내리자' 놀이치료 기술에서 제이크는 사람들은 서로 다르지만 그것이 그들을 '보다 덜 하게' 만들지는 않는다는 것을 깨닫기 시작했다. 제이크는 '경첩이 달린 집' 기술에서 집에 갈등이 많이 일어난다는 것과 동생에 대한 편애가 크다는 것을 드러냈다. 가족 인형극 활동을 통해 가족은 가족 역동(family dynamics)에 대한 통찰력을 얻기 시작했다.

앞에서 살펴 본 '솔로 털기' 기술도 제이크에게 적용되었다. 그는 또한 '뚜껑을 닫아!(Put A Lid On It!)'(Frey & Fitzharris, 1998)라 불리는 놀이치료에 참여하였다. 이는 아이들이 자신의 내적 비판을 반박할 수 있도록 돕는다. 놀이치료자는 회기 전에 캔의 바깥 면에 '뚜껑을 닫아!'라고 쓰인 글을 붙여서 꾸민다. 회기에서는 제이크에게 그가 자신에 대해 어떻게 비판을 하는지 단어나 문구로 작성하도록 한다(예 : "난 멍청해.", "실패자.", "난 할 수 없어.", "난 잘하는 게 없어."). 각각의 문구는 뒷면에 찍찍이 스티커가 붙어 있는 작은 동전 봉투에 넣는다. 이 봉투는 그 뒤 캔의 뒷면에 붙여 놓았던 찍찍이 판에 붙인다. 그 후 아이에게 이러한 말을 자신에게 하는 역할극을 하도록 하였다. 그리고 썼던 종이를 용기 안에 넣고 뚜껑을 닫으라고 하였다. 제이크에게 회기 밖에서 이러한 말들을 생각하게 되면 자신에게 "뚜껑을 닫아!"라고 말할 것을 기억하라고 하였다. 회기는 아이에게 자신에 대해 "나는 할 수 있어!"와 같은 긍정적인 말을 하도록 당부하며 끝이 났다. 이 기술과 함께 제이크는 또한 긍정적인 자기 진술을 할 수 있도록 하기 위해 '위로 띄우기'도 하였다.

아이는 또한 '자아 존중감 포춘 쿠키' 놀이도 하였다. 그가 뽑은 문구 중 하나는 "삶이 당신에게 못이 가득 있는 가방을 하나 준다면 그걸로 무언가를 만들어라."였다. 그는 자신의 부모가 말하는 부정적인 말들을 받아들여야 할 필요가 없다는 것을 깨닫기 시작했다. 동시에 그의 부모에게도 본 장의 앞에서 언급하였던 5 : 1 비율을 지키도록 하였다. 그리고 이를 지키는지 확인하기 위한 방법으로 이 비율을 맞춰 제이크에게 메모를 써서 그것을 회기 때 가져오게 하였다.

그림 21.1와 21.2에서 보이는 것처럼 사람들이 모두 '나쁜 사람'이거나 또는 모두 '좋은 사람'은 아니라는 것을 이해할 수 있도록 돕기 위한 한 가지 방법으로 제이크에게 유명한 러시아 중첩 인형이 제시되었다. 놀이치료자와 제이크는 다양한 측면의 자신(중첩 인형으로 표현됨)에 대한 이야기를 만들고 그 상황에서 자아 존중감이 하는 역할이 무엇인지 이야기를 나누었다.

더 정확한 자기 개념과 자아 존중감을 발달시키기 위해 제이크에게 '동전 치기'와 '병 안의 메시지' 놀이를 도입하였다. 동시에 부모는 제이크의 생각, 감정, 행동에 대해 계속해서 긍정적인 메모를 하도록 하였다. 놀이치료자도 5 : 1의 비율을 지켜나갔다.

제이크가 자신의 강점에 집중하고 그에게 힘을 부여하는 것을 중단시키는 생각의 이용을 돕기 위해 '힘 놀이'에 대해 토의했다. 아이는 이 활동에서 그리고 일상생활에서 사용하기 위해 "난 좋은 사람이야."라는 문장을 만들었다.

'나는 할 수 있어(I Can)'(Frey & Fitzharris, 1998)는 개인이 난관을 극복하는 데 문제 해결 기술을 활용할 수 있도록 하기 위해 개발되었다. 놀이치료자는 빈 캔을 씻고 말려서 장식한다. 각각의 종이에는 문제 해결과 관련하여 미완성된 문장들이 쓰여 있다. 각 종이에 '나는 할 수 있어.'라고 굵은 글씨로 쓰여 있다. 이러한 문장의 예로는 '나는 무엇인가가 나를 놀릴 때 …할 수 있다.', '나는 시험을 잘 못 치렀을 때 …할 수 있다.' 등이 있다. 이러한 형식으로 쓰여 있는 메시지를 6개의 깡통에 각각 배치한다. 캔을 피라미드 형식으로 쌓는다(바닥에는 3개, 가운데는 2개, 맨 위에는 1개). 그리고 공을 던져서 캔을 쓰러뜨려 보라고 하였다. 캔이 쓰러지면 제이크는 캔에 있는 메시지를 크게 읽고 자신만의 긍정적인 해결책을 대답하였다. 놀이치료자는 또한 제이크와 순서를 바꾸어 이 게임을 하면서 긍정적인 역할 모델을 제공하였다.

제이크의 가족에게 '모자 안에 뭘까(What's In a Hat)'(Frey & Fitzharris, 1998) 놀이에 참가토록 하였다. 이 활동에서 목표는 어떻게 다른 사람들이 자신의 피드백으로 한 사람의 자아 존중감 형성을 돕는지 이해하는 것이다. 모든 가족 구성원들에게 모자를 부여하였다. 놀이치료자는 회기에 앞서 다음의 메시지를 써서 카드를 만들었다.

1. 내가 생각하는 건 다 멍청하다.
2. 나에게 조언을 구하라.
3. 나를 무시하라.
4. 내가 말하는 모든 것에 동의하라.

이들 메시지는 각각 1개씩 각 가족 구성원의 모자에 테이프로 붙인다. 개개인은 자신의 모자에 무슨 메시지가 있는지 모른다. 이 케이스에서 제이크의 모자에는 메시지 4번을, 엄마의 모자에는 3번, 아빠의 모자에는 2번, 그리고 동생의 모자에는 1번 메시지를 붙였다. 그리고 가족 구성원들에게 함께 '내가 좋아하는 영화'라는 주제에 대해 토의하도록 하고 이들에게 다른 구성원의 모자에 붙어 있는 메시지를 따르라고 지시하였다. 10분이 지난 뒤 가족에게 모자를 벗고 무엇을 느꼈는지 물어 보았다. 그리고 이것이 일상생활에서 실제로 어떻게 일어나는지에 대해 논의토록 하였다. 그리고 이들에게 다른 사람들에게 어떻게 반응하고 싶은지를 보여 주는 모자에 대한 표식을 만들도록 하였다. 그들은 이전에 붙어 있던 메시지를 떼고 모자에 새로운 메시지를 붙였다. 이 경험은 '가족 휴가 때 무엇을 할 것인가?'라는 주제로 반복되었다. 놀이치료자는 뒤 활동을 진행하였다. 이 놀이치료의 주된 목적은 제이크가 주로 부정적인 피드백을 받으면 기분이 어떠할지 가족들이 이해하는 것을 돕는 데 있다.

치료의 끝 무렵에 제이크는 '나는 승자야!(I'm a Winner!)' 기술(Frey & Fitzharris, 1998)에 참여하였다. 놀이치료자는 리본, 메달, 트로피를 회기에 가져왔다. 그리고 제이크에게 이 중 하나를 고르고 특별한 능력이나 재능으로 받은 것처럼 연기해 보도록 하며 짧은 수상 소감을 해 보라고 하였다. 이때 소감은 "나는 상을 받았는데 왜냐하면……."이라는 문구(긍정적인 단언)가 들어가도록 하였다. 제이크는 그의 예술적 재능에 초점을 맞추었다. 그의 부모들에게는 왜 제이크가 승자라고 생각하는지 아이에게 말하라고 하였다.

마지막으로 제이크에게 '미래의 집' 놀이(앞의 사례에서 다루었음)를 하도록 하였다. 그의 미래의 집은 가족 구성원들 간의 상호작용에 중점을 두고 있었는데, 여기에서 가족 구성원들은 좀 더 긍정적이고 개개인의 강점에 집중하며 각 개인의 개성을 가치 있게 여기는 사람들이었다. 그리고 뒤이어 이것이 어떻게 이루어지게 할 것인지에 대해 토론하였다. 그러고 난 뒤 제이크는 "다른 사람들이 뭐라고 말을 하든 난 여전히 좋은 사람이야. 나는 괜찮아."와 같은 긍정적인 자기 진술을 포함하는 그의 '자아 존중감 편지'를 만들었다.

이 가족은 아인슈타인이 다음과 같이 말한 것을 깨닫게 된 것처럼 보였다.

모든 사람들은 천재이다. 그러나 만약 당신이 물고기 한 마리를 나무를 오르는 능력으로 판단한다면 물고기를 멍청하다고 믿는 채로 평생을 허비할 것이다.

결론

자아 존중감을 강화시키는 과정은 오즈의 마법사와 많이 비슷한 것처럼 보인다. 대부분의 경우 긍정적 자질은 개인의 내부에 있다. 이들 자질이 활성화되기 위해서는 종종 다른 사람들이 필요하다. 놀이치료는 개인이 그들 속에 있는 '마법사'를 발견할 수 있도록 돕는 효과적인 방법이다. Charles Schaefer(2010)가 말했다.

현대의 놀이치료 직업은 모든 연령대의 사람들에서 심리적 발달과 안녕을 증진시키기 위해 놀이를 활용하였던 오래되고 전 세계적인 전통에서 그 기원을 찾는다.

참고문헌

Brandt, A. C., & Vonk, R. (2006). Who do you think you are? On the link between self-knowledge and self-esteem. In M. Kernis (Ed.), *Self-esteem: Issues and answers* (pp. 224–229). New York, NY: Psychology Press.

Bratton, S. C., Ray, D., Rhine, T., & Jones, L. (2005). The efficacy of play therapy with children: A meta-analytic review of treatment outcomes. *Professional Psychology: Research and Practice, 36*, 376–390.

Campbell, J. D., Trapnell, P. D., Heine, S. J., Katz, I. M., Lavallee, L. F., & Lehman, D. (1976). Self-concept clarity: Measurement, personality correlates, and cultural boundaries. *Journal of Personality and Social Psychology, 70*, 141–156.

Cooley, C. H. (1902). *Human nature and the social order*. New York, NY: Scribner.

Einstein, A. Retrieved February 13, 2013 from http://www.quoteworld.info/perspective.html

Emerson, R. W. Retrieved February 13, 2013 from http://quoteinvestigator.com/2011/01/11/what-lies-within/

Frey, D. (2009). In Drewes A. (Ed.), *Blending play therapy with cognitive behavioral therapy*. Hoboken, NJ: Wiley.

Frey, D., & Carlock, J. (1989). *Enhancing self-esteem*. Bristol, PA: Accelerated Development.

Frey, D., & Carlock, J. (1991). *Practical technique for enhancing self-esteem*. Bristol, PA: Accelerated Development.

Frey, D., & Fitzharris, T. (1998). *From human being to human becoming*. Dayton, OH: Mandala.

Ginott, H. (1994). The nature of play: Quotation. In C. E. Schaefer & H. Kaduson (Eds.), *The quotable play therapist* (p. 33). Northvale, NJ: Aronson.

Guindon, M. (2010). *Self-esteem across the lifespan*. New York, NY: Routledge.

James, W. (1890). *Principles of psychology*. New York, NY: Holt.

Johnson, S. Retrieved February 13, 2013 from www.brainyquote.com/quotes/authors/s/samuel_johnson.htm

Jones, C. (1991). *Mistakes that worked*. New York, NY: Doubleday.

Jordan, M. Retrieved February 13, 2013 from http://www.quotedb.com/quotes/2194

Kuehner, C., & Buerger, C. (2005). Determinants of subjective quality of life in depressed patients: The role of self-esteem response styles, and social support. *Journal of Affective Disorders, 86*, 205–213.

Loeffler, A. (1998). *Exploring my self-esteem*. Torrance, CA: Western Psychological Services.

Luft, J. (1969). *Of human interaction*. Palo Alto, CA: National Press.

Meares, R. (1994). In C. Schaefer & H. Kaduson (Eds.), *The Quotable Play Therapist* (p. 49). Northvale, NJ: Aronson.

Mruk, K. C. (2006). *Self-esteem — research, theory, and practice: Toward a positive psychology of self-esteem* (3rd ed.). New York, NY: Springer.

Neiss, M. B., Sedikides, C., & Stevenson, J. (2006). Genetic influences on level and stability of self-esteem. *Self and Identity, 5*, 247–266.

Neiss, M. B., Stevenson, J., & Sedikides, C. (2003). The genetic basis of optimal self-esteem. *Psychological Inquiry, 14*(1), 63–65.

Post, P. (1999). Impact of child-centered play therapy on the self-esteem, locus of control, and anxiety of at-risk 4th, 5th, and 6th grade students. *International Journal of Play Therapy, 8*, 1–18.

Rodewalt, F., & Tragakis, M. W. (2003). Self-esteem and self-regulation: Toward optimal studies of self-esteem. *Psychological Inquiry, 14*(1), 66–70.

Satir, V. (1989). Preface. In D. Frey & C. Carlock (Eds.), *Enhancing self-esteem* (p. vi). Bristol, PA: Accelerated Development.

Schaefer, C. E. (2010). Personal communication.

Shakespeare, W. Hamlet, Act 1, Scene 3. Retrieved February 13, 2013 from complete Moby Shakespeare, www.william-shakespeare.info/william-shakespeare-quotes.htm

Shen, Y., & Armstrong, S. A. (2008). Impact of group sandtray therapy on the self-esteem of young adolescent girls. *Journal for Specialists in Group Work, 33*, 118–137.

Shirk, S., Burwell, R., & Harter, S. (2003). Strategies to modify low self-esteem in adolescents. In M. Reinecke, F. Dattilio, & A. Freeman (Eds.), *Cognitive therapy with children and adolescents* (pp. 189–213). New York, NY: Guilford Press.

Steinem, G. (1993). www.yummy-quotes.com/gloria-steinem-quotes.html

Sylwester, R. (1997). (Educational leadership). *The neurobiology of self-esteem and aggression 1997, 54*(5), 75–79.

Trzesniewski, K. H., Donnellan, M. B., Moffit, T. E., Robins, R. W., Poulton, R., & Caspi, A. (2006). Low self-esteem during adolescence predicts poor health, criminal behavior, and limited economic prospects during adulthood. *Developmental Psychology, 42*(2), 381–390.

Vonk, R. (2006). Improving self-esteem. In M. Kernis (Ed.), *Self-esteem issues and answers*. New York, NY: Psychology Press.

Waters, V. (1980a). *Cornelia cardinal learns to cope*. New York, NY: Institute for Rational Living.

Waters, V. (1980b). *Freddie flounder*. New York, NY: Institute for Rational Living.

Waters, V. (1980c). *Fasha, dasha, sasha squirrel*. New York. NY: Institute for Rational Living.

Waters, V. (1980d). *Ludwig learns to light*. New York, NY: Institute for Rational Living.

Winnicott, D. W. (1994). In C. E. Schaefer & H. Kaduson (Eds.), *The Quotable Play Therapist* (p. 136). Northvale, NJ: Aronson.

찾아보기

편저자 소개

Charles E. Schaefer는 철학 박사(PhD)이자 공인 놀이치료 지도감독자(RPT-S)로, 미국 뉴저지 티넥에 위치한 페어레이디킨슨대학의 심리학과 명예교수이다. 그는 놀이치료학회(Association of Play Therapy)의 공동 창립자이며 명예임원이다. 또한 뉴저지 놀이치료 훈련기관(Play Therapy Training Institute in New Jersey)과 매년 전 세계에 걸쳐 열리는 국제 놀이치료학술대회의 창립자이다.

놀이치료와 관련된 그의 저서는 다음과 같다. 취학 전 아동을 위한 놀이치료(Play Therapy for Preschool Children), 아동을 위한 경험 기반 놀이 개입(Empirically-Based Play Interventions for Children), 현대 놀이치료(Contemporary Play Therapy), 아동을 위한 단기 놀이치료(Short-Term Play Therapy for Children), 놀이의 치유 : 특별한 아동 문제에 대한 개별화된 놀이치료(The Playing Cure : Individualized Play Therapy for Specific Childhood Problems), 게임놀이와 아동심리치료(Game Play), 101가지 놀이치료기법(101 Favorite Play Therapy Techniques), 성인을 위한 놀이치료(Adult Play Therapy), 청소년을 위한 놀이치료(Adolescent Play Therapy), 유아를 위한 놀이치료(Play Therapy for Very Young Children), 놀이 진단과 평가(Play Diagnosis and Assessment) 등.

그는 2006년에 놀이치료학회로부터 공로상을 받았다. Schaefer 박사는 국내 또는 국제 놀이치료 컨퍼런스에서 자주 발표를 한다. 그는 또 ABC 굿모닝 아메리카와 NBC 투데이쇼, 오프라 윈프리 TV쇼에 출연하기도 하였다. 현재 뉴저지 해컨색에서 아동심리치료를 하고 있다.

Athena A. Drewes는 심리학 박사(PsyD)이자 공인 놀이치료 지도감독자(RPT-S)로, 자격을 취득한 아동심리학자이자 학교심리학자이고 등록된 놀이치료사 및 슈퍼바이저이다. 그녀는 뉴욕에서 가장 규모가 큰 다중 서비스 비영리 정신건강단체인 아동 및 가족을 위한 애스터 서비스(Astor Services for Children & Families)의 임상 수련과 놀이치료학회에서 공인받은 박사과정 인턴십 슈퍼바이저이다. 그녀는 학교와 외래 및 입원 현장에서 성적 학대와 외상을 경험한 아동 및 청소년과의 30년 이상의 임상 경험을 가지고 있다. Drewes 박사는 치료 중인 가정 위탁 아동과 17년 이상을 일하였다. 그녀의 치료 전문 분야는 복합 외상,

성 학대 혹은 애착 문제를 가진 아동이다.

그녀는 놀이치료학회의 전 이사회(2001~2006)이고 뉴욕 놀이치료학회를 창립하여 초기 회장(1994~2000)을 역임하였으며 회장으로 재선출되었다. 그녀는 놀이치료에 대해 다양한 저서를 남겼고 미국, 영국, 웨일스, 타이완, 오스트레일리아, 아일랜드, 아르헨티나, 이탈리아, 덴마크, 멕시코, 캐나다 등에서 인기 있는 초청 강사이다.

기고자 소개

Kristin Bemis(MEd, LPC, RPT)는 댈러스에 있는 아동의료센터에서 여러 자격으로 10년 이상 일했다. 그리고 최근에는 정신의학상담팀의 임상 치료사로 다양한 분야의 의학과 정신 건강 상태를 진단하여 가족들과 아이들에게 놀이치료와 상담 서비스를 제공하고 있다. 또한 그녀는 텍사스 놀이치료협회 이사이며 지방이나 주는 물론 국가 기관에서 활발하게 강의를 하고 있다.

Mary Morrison Bennett(PhD, LPC-S, RPT-S)은 텍사스주립대학(샌 마르코스) 전문 상담 프로그램의 부교수이다. Bennett 박사는 텍사스 주 놀이치료협회 이사이며 텍사스 놀이치료협회 전 회장이다. 그녀는 미국, 영국, 아일랜드, 그리고 러시아를 오가며 놀이치료를 강의를 해왔다. 그녀는 아이티 포르토프랭스 보육원 아이들에게 정신 건강 상담가로서 놀이치료를 제공했다. 그녀의 연구 관심은 해외 입양, 정신적 외상, 그리고 놀이치료 과정 분야이다.

Angela M. Cavett(PhD, RPT-S)은 아동·청소년 심리 치료사이자 놀이치료 슈퍼바이저이다. 그녀는 노스다코타 웨스트 파고에 있는 Beacon 행동 건강 서비스 및 훈련 센터 공동 운영자로 개인, 가족의 놀이치료와 심리 평가를 제공한다. 그녀는 노스다코타대학의 부교수로 국제아동정신병리 교육 및 치료를 제공한다. 그녀는 아동·청소년을 위한 구조적 놀이 기반 개입 치료(Structured Play-Based Interventions for Engaging Children and Adolescents in Therapy)와 아동을 위한 재미있는 인지행동기법(Playful Cognitive Behavioral Techniques for Children)의 저자이다.

David A. Crenshaw(Phd, ABPP)는 뉴욕 포킵시에 있는 아동 보육원의 임상 책임자이다. 그는 뉴욕 놀이치료협회 전 회장이자 APA의 회원이며 아동·청소년 심리학회 회원이다. Crenshaw는 놀이치료와 아동의 정신적 외상, 공격성에 관한 다수의 책을 낸 저자이자 편저자이다. 그가 최근 Cathy Malchiodi와 공동 편집한 책은 애착 외상에 대한 창조적인 예술 및 놀이 치료(Creative Art and Play Therapy with Attachment Trauma)이다.

Athena A. Drewes(PsyD, RPT-S)는 임상 교육 및 APA 공인 박사과정 인턴십 책임자이자 뉴욕에 있는 아동 및 가족을 위한 애스터 서비스의 임상의이다. 그녀는 놀이치료협회 이사이며 창립자이자 창립학회장이었으며 현재 뉴욕 놀이치료협회장이다. 30년 이상의 임상 경험을 가진 그녀는 여러 기사와 놀이치료 관련 장들을 쓰는 다작가이며 인지행동치료를 융합한 놀이치료 및 통합 놀이치료(Blending Play Therapy with Cognitive Behavioral Therapy and Integrative Play Therapy)을 포함한 6권 가량의 놀이치료 관련 책의 저자이자 공동저자이다. 그녀는 국내 및 국외에서도 유명한 놀이치료 강사이다.

Stephanie Eberts(PhD)는 텍사스주립대학의 전문 상담 프로그램의 조교수이다. 그녀는 상담과 교육을 하기 전에는 K-12학교에서 10년간 일했다. 그녀는 놀이치료, 학교상담, 집단 작업 분야에 관한 저자이자 강사이다.

Lennis Echterling(PhD)은 제임스메디슨대학의 책임자이자 상담교수이다. 그는 미국, 라틴 아메리카, 유럽, 중동, 그리고 인도의 위기와 재난 상황 뒤 회복력 촉진을 위해 30년 이상 일했다. 그의 책으로는 위기 개입 : 어지러운 시대의 회복과 해결을 촉진하고 성장하기! 남을 돕는 직업을 원하는 학생들의 교육 지침서(Crisis Intervention : Promoting Resilience and Resolution in Troubled Times and Thriving! A Manual for Students in the helping Professions) 등이 있다. Echterling 박사는 제임스메디슨대학의 탁월한 교수상, 버지니아 상담협회의 인도주의상, 국제 상담의 미래와 혁신상, 버지니아의 우수 교수상을 받았다.

Theresa Fraser(MA, CPT-S)는 캐나다 놀이치료사이자 입양 아동, 위탁 아동과 그들의 가족 분야의 전문 국제 강사이다. 그녀는 Billy는 떠나야만 했다(Billy Had to Move)와 정신적 외상과 애착 혼란을 가진 아이 입양하기(Adopting a Child With a Trauma and Attachment Disruption History) 두 권의 책을 출판했다. Theresa는 또한 쉐리던대학의 전임교수이자 현재 아동놀이치료 캐나다 협회장이다.

Diane E. Frey(PhD, RPTS)는 라이트주립대학의 명예교수이자 오하이오에서 40년간 공인 심리학자와 개인 전문의로 활동했다. Frey 박사는 놀이치료협회와 국제 놀이치료학술지 편집국 일을 맡고 있다. 그녀는 APT의 Lifetime Achievement상을 받았다. 그녀는 주로 자신감, 놀이치료, 심리사회적 욕구에 관한 수많은 장과 학술 기사 그리고 17권 책을 쓴 저자이자 공동 저자이다. Frey 박사는 자신감과 성인놀이치료에 관련해서 ABC 뉴스 20/20, NPR에 출연했다. 그녀는 국내 및 국외에서 잘 알려진 놀이치료 강사이다.

Richard L. Gaskill(EdD, LCP, RPT-S)은 38년 이상 정신건강 분야에서 일했다. 최근에 그는 캔자스 주 웰링턴에 있는 Sumner 정신건강센터에서 임상의로 근무한다. 그는 심리치료사, 상담사, 그리고 국제공인 놀이치료 슈퍼바이저이다. Gaskill 박사는 위치토주립대학에서 놀이치료를 가르쳤고 2004년에 아동정신외상기관 회원으로 지명되었다. 그는 1997년 Future's Unlimited와 2005년 Kansas Head Start Partner of the Year에서 의장상을 받았다. Gaskill 박사는 놀이치료의 신경생물학에 대한 기사와 책의 여러 장을 썼으며 미국, 캐나다, 호주 전역에서 강의했다.

Terry Kottman(PhD, NCC, RPT-S, LMHC)은 Encouragement Zone을 설립하고 놀이치료 훈련과 슈퍼비전, 라이프 코칭, 상담, 여성을 위한 'playshops'을 진행한다. Terry는 개인심리학의 이론과 기술을 결합한 접근으로 아들러(Adler) 놀이치료를 개발했다. 그녀는 정기적으로 세미나에 참석해 강의하고 놀이치료, 활동 기반의 상담, 학교상담, 라이프 코칭에 대한 글을 쓰며 **놀이의 동반자, 놀이치료 : 이론과 실제**(Partner in Play, Play Therapy : Basics and Beyond) 그리고 다른 여러 책들의 저자이다.

Julie Nash(PhD, RPT-S)는 공인임상심리전문가이다. 그녀는 지역 보건소에서 위탁보호 임상 코디네이터와 심리학 박사 후 레지던트 훈련 프로그램의 책임자로 근무한다. Nash 박사는 심리 평가와 치료뿐 아니라 박사 후 과정 레지던트들에게 슈퍼비전도 제공한다. 그녀는 또한 포스트대학교의 교수진이며 놀이치료, 특히 사회적 기술 발전을 위한 놀이치료의 활용과 관련된 수많은 책을 공동 집필했다. Nash 박사는 뉴잉글랜드 협회에서 놀이치료 책임위원회에 있으며 놀이치료 매거진의 평론가이다.

Jill Packman(PhD, RPT-S)은 공인된 심리학자이며 놀이치료 슈퍼바이저이다. 그녀는 네바다대학교의 부교수이다.

Eileen Prendiville은 인본주의적이고 통합적인 심리치료와 놀이치료를 위한 MA, 그리고 아일랜드에 있는 아동심리치료센터 아동심리치료와 놀이치료의 석사 과정 책임자이다. 그녀는 위기 아동을 위한 아일랜드 협회의 창립 멤버였고 2004년까지 국가 임상 책임자였다. 그녀는 심리치료사, 놀이치료사, 슈퍼바이저이자 교사이다. 그녀는 현재 Irish Association of Humanitic & Integrative Psychotherapy의 회장이다. 그녀의 첫 공동 집필 책은 2014년 Routledge에서 출간하는 **최신 놀이치료 : 개인, 집단 상담과 상담가의 실제**(Play Therapy Today : Contemporary Practice With Individuals, Groups and Carers)이다.

Siobhan Prendiville(MEd)은 놀이치료와 심리학을 수료했고 교사, 심리학자이자 교육과 치료에서 놀이의 활용을 연구하는 놀이치료사이다. 그녀는 현재 초등학교에서 아이들을 가르치며 아일랜드의 다양한 학회에서 전문화된 훈련을 실시하고 있다. 그녀는 인문주의적이고 통합적인 놀이치료에서의 예술 프로그램을 석사들에게 강연하고, 아일랜드초등학교에서 활용되는 교수 방법에 영향을 주는 신설 프로그램 교육 및 훈련에도 개입하고 있다. 또한 가르치는 입장에 따라서 개인 놀이치료 진행도 병행한다.

Sandra W. Russ(PhD)는 케이스웨스턴리저브대학교의 심리학 교수이다. 그녀는 APA에서 Society for Personality Assessment, Division of Aesthetics, Creativity and the Arts의 회장을 역임했다. 그녀의 연구는 아동의 가상 놀이, 창의력, 적응 기능에 초점을 맞추었다. 그녀는 아동들의 가상놀이의 놀이 척도를 개발하였다. 그녀는 아동 발달과 심리치료에서의 놀이(Play in Child Development and Psychotherapy : Toward Empirically Supported Practice)와 임상 실제에서의 놀이 : 근거 기반 접근(Play in Clinical Practice : Evidence-Based Approaches)을 포함한 몇몇 책들의 저자이다.

Charles E. Schaefer(PhD, RPT-S)는 뉴저지, 티넥, 페어레이디킨슨대학교의 심리학 명예교수이다. 그는 캘리포니아 프레즈노 놀이치료협회의 공동 설립자이자 명예 감독자다. Schaefer 박사는 놀이치료의 기초 2판, 경험에 기초한 아동을 위한 놀이 개입(Foundation of Play Therapy, 2nd Edition, Empirically Based Play Interventions for Children)과 영유아를 위한 놀이치료(Play therapy for Very Young Children)를 포함하여 60권 이상의 책을 낸 저자이자 편집자이다.

John W. Seymour(PhD, LMFT)는 멘케이토의 미네소타주립대학에서 대학원 과정 학생들에게 가족치료, 놀이치료, 임상 슈퍼비전을 가르치는 상담 교수이다. 그는 30년 이상 가족치료자였고 에이전시, 거주치료센터, 개인치료와 같은 다양한 환경에서 근무했다. 전문적 출판과 발표는 상담가 윤리, 임상 슈퍼비전, 복원력, 만성 질병을 겪는 가족, 그리고 놀이치료와 같은 주제를 포함하고 있다. 그는 맨케이토의 Journey Toward Healing Counseling Center에서 그의 지도에 따라 아동과 청소년, 그리고 가족들과 함께 작업하는 것을 계속하고 있다.

Anne Stewart(PhD)는 제임스메디슨대학교의 교수이며 addressing man-made 프로젝트와 캄보디아, 조단, 그리고 베트남의 자연 재해 프로젝트를 시행했고, 카트리나 태풍과 9.11

사태, 버지니아기술대학교와 샌디훅학교 총격 사건, 그리고 다른 비극적 사건들의 상담자로 근무하였다. 그녀는 놀이치료, 위기 개입, 복원, 그리고 슈퍼비전에 대한 책과 글을 썼다. Anne는 놀이치료협회의 Distinguished Service Award와 the Virginia Outstanding Faculty Award의 수상자이다. 그녀는 놀이치료 버지니아 협회의 설립자이고 25년간 놀이치료 분야에서 놀이성 넘치는 임상가이다.

Aideen Taylor de Faoite는 교육 심리학자이자 놀이치료사로 25년 이상 건강과 교육 환경에서 아동들과 일했었다. 그녀는 가장 최근의 책 **이야기 놀이치료, 이론과 실제**(Narrative Play Therapy, Theory and Practice)을 비롯한 수많은 간행물이 있다. Aidden은 아동의 복지를 지원하는 놀이의 활용 방법에 대해 지속적으로 연구·개발하고 있다.

Kathleen S. Tillman(PhD)는 뉴욕의 뉴팔츠대학교에서 놀이치료 및 아동 장애에 대한 정신 건강 상담 과정과 미래의 학교에 대해서 가르치는 심리학 조교수이다. 재난 후 가족과 아동을 돕는 임상가를 위한 치료 매뉴얼을 함께 작성하고, 학대와 외상의 슈퍼바이저로 아동들과 함께 거주치료센터에서 일하고 있다. 그녀는 최근에 초등학생을 위한 **집단상담**(Group Counseling with Elementary Students)이라는 책을 썼다.

Tammi Van Hollander(LCSW, RPT)는 펜실베이니아의 Admore 심리 서비스 센터의 책임자이다. 그녀는 20년 이상 아동, 가족, 그리고 개인들과 함께 작업했다. 그녀는 Cross Country Education와 함께 또는 독립적으로 전국 도처의 전문가들에게 강의와 워크숍을 제공했다.

Claire Wallace(BS)는 케이스웨스턴리저브대학교에서 임상 심리학 박사 과정 중에 있으며 아동 및 가족 분야를 전공하고 있다. 그녀는 Sandra Russ와 함께 아동의 창의성 및 가상놀이에 대해 연구하고 있다. 학위 논문의 주제이기도 한 그녀의 연구는 아동의 가상놀이 경험과 이후의 회복력, 창의성, 그리고 대처 능력 간의 상관관계를 실험하는 것으로 장기간에 걸쳐 진행 중이다. Claire는 가상놀이와 어린 아이들의 임상 치료에 있어 가상놀이의 잠재적 역할에 대해 계속 연구할 계획을 가지고 있다.

William F. Whelan(PsyD)은 버지니아 주의 샬로츠빌에 위치한 Mary D. Ainsworth Child-Parent Attachment Clinic의 공동 책임자이다. Bill은 버지니아의과대학의 학부생이었으며 (소아과 및 정신과에서 14년), 현재 장애 위험 아동들과 보호자들을 위한 사정 도구와 증거 기반의 개입 요강에 대하여 교육 및 상담을 제공하고 있다. 그는 NIH의 후원으로 연구하고 있으며 고위험 애착 장애의 사정 및 치료와 통제 유형들에 관하여 논문과 책의 단원들에 글을 올렸다.

Daniel Yeager(LCSW, RPT-S)는 루이지애나 주 라피엣에 위치한 Yeager Center for Children and Families의 심리치료사이며 정신건강 상담사이다. 그는 전국의 전문가들에게 ADHD와 집행 기능, 그리고 놀이치료와 관련된 주제로 실습을 제공한다. 그는 집행 기능과 아동 발달(Executive Function and Child Development)과 사이먼 가라사대, 주목하세요 : ADHD 아동에게 유용한 놀이(Simon Says Pay Attention : Help for Children With ADHD)의 공동 저자이다.

Marcie Fields Yeager(LCSW)는 루이지애나 주 라피엣에 위치한 Yeager Center for Children and Families의 심리치료사이다. 그녀는 또한 치료를 위한 게임인 Think It Over를 개발하여 수상한 바 있다. 그녀는 전문가들에게 ADHD와 집행 기능, 그리고 놀이치료와 관련된 주제로 실습을 제공한다. 그는 집행 기능과 아동 발달(Executive Function and Child Development)과 사이먼 가라사대, 주목하세요 : ADHD 아동에게 유용한 놀이(Simon Says Pay Attention : Help for Children With ADHD)의 공동 저자이다.